Erhebe deine Augen

Andachten für Nachfolger

Christopher Shaw

Lichtzeichen Verlag

aus dem Englischen
Lift up your eyes
Published by CLC Publications

ISBN 978-0-87508-989-5

Wenn nicht anders angegeben, wurden die zitierten Bibelstellen der Luther Bibel 1984 entnommen.

Christopher Shaw
Erhebe deine Augen
Andachten für Nachfolger

1. Auflage 2014

Übersetzung: Marco Schnell
Titelfoto: shutterstock.com, Vladis Chern
ISBN: 978-3-86954-146-4
Bestell-Nr. 548146

Dieses Buch ist meiner geliebten Frau Iris gewidmet

Wer eine Ehefrau gefunden hat,
der hat etwas Gutes gefunden
und Wohlgefallen erlangt vom HERRN.
(Sprüche 18:22)

Vorwort

Nachfolger, in einer von Beliebigkeit geprägten Gesellschaft, haben es schwer. Christopher Shaw hat ein belebendes Andachtsbuch für diejenigen geschrieben, die in unseren heutigen Kirchen und Gemeinden zur Leiterverantwortung, egal in welcher Position, berufen sind. Mit Hilfe der Schrift bringt er behutsam lebensnahe und dauerhaft gültige Perspektiven ans Licht, die in unserer heutigen schnelllebigen Kultur so leicht übersehen werden.
Leiter sind täglich mit übervollen Programmplänen, zweckfremden Autoritätsstrukturen, Anpassungsdruck und schier unerfüllbaren Forderungen der Gemeinde konfrontiert. In diesem herausfordernden Buch führt Christopher Shaw die Grenzen und Fallen menschlicher Lösungsansätze vor Augen. Warmherzig, aber realistisch, konzentrieren sich seine täglichen Reflexionen darauf, dass nur Christus in Seinen Nachfolgern, den notwendigen Charakter für einen fruchtbaren Dienst hervorbringt.

Luis Palau - Weltevangelist

1. Januar — Gehorsam(er) sein!

Da stand Abraham früh am Morgen auf und gürtete seinen Esel und nahm mit sich zwei Knechte und seinen Sohn Isaak und spaltete Holz zum Brandopfer, machte sich auf und ging hin an den Ort, von dem ihm Gott gesagt hatte. 1.Mose 22:3

Glaube sollte ein wichtiges Merkmal im Leben eines Leiters sein. Dennoch scheint es immer noch viel Verwirrung über die wahre Bedeutung des Glaubens zu geben.

Für die meisten ist Glaube nicht mehr als eine vage Hoffnung, dass alles ein gutes Ende nehmen wird oder sich zu wünschen, dass die Umstände zumindest günstig sind. Oft werden wir dazu aufgerufen, größeren Glauben an den Tag zu legen oder unsere Lieder mit stärkerem Glauben zu singen – was beweist, dass das Wort Glauben häufig als Ersatz für Enthusiasmus verwendet wird.

Wie Abraham Gott in 1. Mose 22 antwortet, zeigt uns klar, was Glaube wirklich bedeutet. Gott wies Abraham an, seinen einzigen Sohn Isaak zu nehmen und ihn als wohlgefälliges Opfer dem Herrn zu bringen. Zweifellos mussten diese Worte eine tiefe persönliche Krise beim Patriarchen auslösen. Als die Nacht langsam dahinzog, muss er tiefe Qualen durchlitten haben, als er darum kämpfte, sich mit dieser unglaublichen Forderung zu versöhnen. Wie konnte Gott von ihm verlangen, diesen lang erwarteten Sohn, der als Erbe versprochen war, zu opfern?

Abraham erlaubte jedoch seinen Gefühlen, nicht seine Entscheidung zu beeinflussen. Er wusste, dass Gehorsam ein Grundsatz in jeder Gottesbeziehung ist, auch wenn es den Anschein hat, dass Gottes Anweisungen überhaupt nicht sinnvoll sind. Wenn wir an seiner Seite gehen, sind wir *„Knechte geworden der Gerechtigkeit“* (Römer 6:18).

Interessant ist die Vielzahl an Verben die der Autor verwendet: Er *stand* früh *auf, gürtete* den Esel, *nahm* sich zwei seiner Knechte mit, *spaltete* Holz und *machte* sich *auf* und *ging* an den Ort den Gott ihm mitgeteilt hatte. Ungeachtet seiner tiefen Qual, machte sich Abraham sehr früh auf den Weg, um Gottes Anweisungen auszuführen. Damit vermittelt er uns den Kern des Glaubens. Glaube ist die Gewissheit, dass wir Gottes Treue nur erleben können, wenn wir uns innerhalb Seines Wortes bewegen. Es ist die Zusicherung, dass, egal wie schwierig unser Weg scheinen mag, der Herr uns auf jedem Schritt begleitet. In dieser bestimmten Situation traute es Abraham Gott zu, *„dass er Isaak sogar von den Toten auferwecken könnte, und bildlich gesprochen hat Gott Isaak das Leben ja auch noch einmal geschenkt“* (Hebräer 11:19, HfA).
Wir leben in einer Zeit, in der Gottes Volk ständig mit Versuchungen konfrontiert wird. Wenn wir von denen, die wir anleiten erwarten, dass sie aus dem Glauben leben, müssen wir selbst ein ebenso festes Vertrauen in Gott leben, so wie Abraham das tat. Der wichtigste Beleg unseres Gottvertrauens findet sich nicht in unserer eleganten Ausdrucksweise wieder, sondern in unserem gelebten Gehorsam.
Möge Gott uns helfen, dass jemand möglichst viele Verben verwendet, um unseren Glauben zu beschreiben.

Denkanstoß

Wie oft fühlen Sie sich durch Gottes Wort herausgefordert? Welche Reaktion stößt diese Forderung nach absolutem Gehorsam in Ihnen an? Welche Schritte können Sie konkret gehen, um Ihren Glauben aktiver zu gestalten?

Josef aber sprach zu ihnen: Fürchtet euch nicht! Stehe ich denn an Gottes statt? Ihr gedachtet es böse mit mir zu machen, aber Gott gedachte es gut zu machen, um zu tun, was jetzt am Tage ist, nämlich am Leben zu erhalten ein großes Volk. *1.Mose 50:19-20*

Es ist einfacher Opfer zu bringen und harte Proben durchzustehen, wenn man Sinn in ihnen sieht. Wenn wir jedoch zum Opfer ungerechter Behandlung werden, fühlen wir uns verletzt und verraten, besonders wenn die Wunde von jemandem verursacht wurde, den wir lieben. Diese Qual wird auch vom Psalmisten ausgedrückt: *„Wenn mein Feind mich schmähte, wollte ich es ertragen; wenn einer, der mich hasst, großtut wider mich, wollte ich mich vor ihm verbergen. Aber nun bist du es, mein Gefährte, mein Freund und mein Vertrauter“* (Psalm 55:12-14).

Reife Leiter müssen mit Ungerechtigkeit umgehen lernen. Wenn sie es nicht tun, wird ihnen Bitterkeit langsam aber sicher die Freude und den Frieden rauben und letztendlich auch die Wirksamkeit ihres Dienstes. Josefs Brüder sind ein gutes Beispiel dafür, wie ungelöste Konflikte zu Gift werden. Obwohl an die 40 Jahre vergangen waren, seitdem sie Josef gnadenlos als Sklave verkauften, quälte sie immer noch, was sie getan hatten und sie fürchteten zutiefst Josefs Rache. Etwas das so lange zurück lag, verfolgte sie noch immer!

Wir können nicht genau sagen, wodurch sich Josef von den verheerenden Folgen, dass ihn seine eigenen Brüder verkauft hatten, erholen konnte. Doch im heutigen Text finden wir zwei Prinzipien, die ihm geholfen haben, seine Krise zu überwinden. Als Erstes begriff Josef, dass er nicht Gott ist und es ihm daher auch nicht zusteht seine Brüder zu verurteilen. Unsere Urteilsfähigkeit ist immer durch die Begrenzungen unseres Menschseins eingeschränkt. Nur Gott selbst kann wahrheitsgemäß urteilen, daher ist diese Verantwortung auch nicht dem Menschen übergeben worden. Sogar der Sohn Gottes verzichtet darauf, andere zu verurteilen. Er erklärt den Juden: *„Ihr richtet nach dem Fleisch, ich richte niemand"* (Johannes 8:15).

Zweitens besaß Josef eine tiefe Überzeugung, dass Gott hinter all dem stand, was ihm widerfahren war. Und das ist auch die Grundlage für Gottes Volk. Meistens ist unsere erste Reaktion auf Ungerechtigkeit, Gottes Güte in Frage zu stellen und zu fragen, wie Er so etwas zulassen konnte. In Josefs Fall mussten jedoch Jahre vergehen, bis er den wahren Sinn dessen erkannte, weshalb Gott so eine Tragödie in seinem Leben erlauben konnte. Dennoch hatte ihn die tiefe Überzeugung, dass Gott selbst das schlimmste Übel in Segen verwandeln kann, nie verlassen und dies half ihm sein Herz vor Bitterkeit und Feindseligkeit zu bewahren.

Denkanstoß

Schauen wir uns einen Moment die Schönheit der heutigen Geschichte an. Josef, der so ungerecht von seinen Brüdern behandelt wurde, war von ihrer Furcht zu Tränen gerührt. Dann sprach er zärtlich zu ihnen und versprach ihnen, für ihre Zukunft zu sorgen. Das ist der überzeugendste Beweis, dass Gott in seinem Leben gearbeitet hatte: Die verletzte Person wurde fähig denen zu dienen, die ihn verletzt hatten. Das ist wahrhaftig ein Geschenk von oben.

Ein Knecht des Herrn aber soll nicht streitsüchtig sein, sondern freundlich gegen jedermann, im Lehren geschickt, der Böses ertragen kann und mit Sanftmut die Widerspenstigen zurechtweist, ob ihnen Gott vielleicht Buße gebe, die Wahrheit zu erkennen. *2. Timotheus 2:24-25*

Menschen haben die natürliche Angewohnheit, von den Wegen Gottes abzuweichen. Als logische Folge ist eine Aufgabe christlicher Leiterschaft, vielen zu helfen *„von ihren falschen Wegen umzukehren“* (Maleachi 2:6, HfA). Doch sollten wir die Art und Weise *wie* wir das tun, sorgsam abwägen.

Paulus erinnert Timotheus zuallererst, dass ein Diener Gottes sich aus allen hitzigen Diskussionen heraushalten sollte. Diese Mahnung wird mehrmals in den apostolischen Briefen an den jungen Pastor wiederholt. Wir neigen dazu zu glauben, dass es von unserer Argumentationsfähigkeit abhängt, was an Wahrheit in den Herzen der Menschen ankommt. Doch je schärfer wir unseren Standpunkt denen gegenüber vertreten, deren Meinung von unserer Eigenen abweicht, desto mehr tritt dadurch unsere Ungeduld und Lieblosigkeit zum Vorschein.

Zweitens hebt Paulus seinem geistlichen Sohn gegenüber hervor, dass er zum Leiden berufen ist. Und dieses Leiden kann sich manchmal dadurch ausdrücken, dass man zu schweigen hat. Wir haben zwar die Verantwortung andere vor den Konsequenzen zu warnen, sich gegen Gottes Wahrheit aufzulehnen, aber wir können sie nicht dazu zwingen unseren Rat anzunehmen. So wie Christus Petrus warnte, dass er Ihn verraten würde, müssen wir es manchmal aushalten und dabei zusehen, wie jemand in sein Unglück rennt. Zweimal wiederholte der Herr die Warnung an seinen Jünger. Dann sagte er nichts mehr. Er wusste, dass das Wort weiter in seinem Herzen arbeiten und zur rechten Zeit das erwünschte Resultat hervorbringen würde. Zu wissen, dass wir niemanden davon abhalten können durch unsinniges Verhalten zu leiden, lässt uns mitleiden.

Drittens warnt uns Paulus, dass alle Zurechtweisung im Geist der Sanftmut zu geschehen habe. Zurechtweisung geht üblicherweise mit Ärger und Kritik in Form von überhitzten Anschuldigungen einher. Gottes Diener sollten aber eher aus Mitgefühl und in dem Wissen handeln, dass es nicht ihr Einfluss ist der zur Buße führt, sondern Gott, der zu den Herzen spricht. Wir brauchen diese feste innere Überzeugung, dass jedes Leben in Gottes Händen liegt. Jegliche Zurechtweisung sollte also das begleiten, was Gott ohnehin gerade im Leben der Person tut. Wir geben ein Wort Gottes weiter und schweigen dann. Damit erlauben wir Gottes Geist *„den Menschen die Augen für ihre Sünde öffnen, für Gottes Gerechtigkeit und sein Gericht“* (Johannes 16:8).

Wenn wir wissen, dass jemand schuldig geworden ist, sind wir dafür verantwortlich, ihm zur rechten Zeit das richtige Wort zu geben, aber die restliche Zeit verwenden wir besser darauf, mit Gott über diese Angelegenheit zu reden. So wird unsere Hilfe um ein Vielfaches wirksamer.

Denkanstoß

Wie ist Ihre erste Reaktion, wenn Sie fehlerhafte Einstellungen oder Verhalten in anderen sehen? Was sagt das über Sie aus? Was müssten Sie ändern, um andere auf eine warmherzigere Art und Weise korrigieren zu können.

4. Januar — Geschärftes Schwert – Scharfer Dienst!

Und er sprach: Diese Art kann durch nichts ausfahren als durch Beten. *Markus 9:29*

Aus dem Text geht nicht genau hervor, was für die Jünger frustrierender war: der Fakt, dass es ihnen nicht gelang, einen Epileptiker zu heilen oder Jesus' Erklärung, warum sie es nicht konnten. Es sollte uns jedenfalls nicht überraschen, dass die Jünger beschämt waren. Anstatt dem jungen Mann zu helfen, verstrickten sie sich in Streitereien mit den Pharisäern. Als Jesus zu ihnen kam, stand Sein einfaches aber dennoch bestimmtes Auftreten dem Jungen gegenüber im krassen Gegensatz zum unsicheren Verhalten der Jünger. Wahrscheinlich war ihnen ihre Unfähigkeit peinlich, so dass sie Jesus um Erklärung baten!

Aber die Antwort des Herrn bringt nicht viel Licht in die Situation. Warum sagte Er, dass es nötig sei zu beten – und zu fasten – wie es einige alte Manuskripte ausdrücken, wenn nicht einmal Er fastete oder betete, als er den jungen Mann befreite? Er sprach lediglich mit seinem Vater über die Situation und vertrieb dann den Dämon – einfach so! Wie konnte Er also sagen, dass Fasten und Beten die „Schlüssel zum Erfolg“ seien? Meinte Er vielleicht, dass die Jünger stärker beten sollten, da sie anscheinend noch nicht dieselbe Autorität besaßen, wie Er? Ich bezweifle, dass dies der Punkt war. Jesus' Anmerkung zeigt, dass Gebet ein grundlegender Bestandteil unserer geistlichen Waffenrüstung im Kampf gegen das Böse sein sollte. Der richtige Moment zum Beten ist jedoch nicht mitten im Kampf. Wir können unsere Waffen nicht in dem Augenblick schärfen, wenn der Feind uns angreift. Wenn eine Situation auftritt, die sofortige Reaktion erfordert, muss jeder Diener Gottes bereit sein zu handeln,

weil er *vor* dem Kampf Zeit im Gebet verbracht hat. Nur durch Zeit in Gottes Gegenwart können wir die Autorität und Weisheit erlangen, die für einen wirkungsvollen Dienst wichtig sind. Wahrscheinlich ist das einer der Gründe, warum sich Jesus immer wieder zum Gebet zurückzog.
Zu diesem Zeitpunkt war Jesus gerade vom Berg der Verklärung, auf dem Er ein einzigartiges Erlebnis mit dem Vater hatte, herabgekommen. Geistlich gesehen wurden seine Sinne in dieser Begegnung mit Gott geschärft, Er war bereits durch Gebet vorbereitet gewesen. Als der Moment für den Dienst kam, war Er bereit, entsprechend zu handeln.
Während der gesamten Geschichte Gottes mit uns Menschen war dies immer eine Eigenschaft eines fruchtbaren Dienstes. Diejenigen die kraftvolle Dienste hatten, besaßen ein ebenso stark entwickeltes Gebetsleben. Und das soll sich heute auch für uns bewahrheiten. Leiterschaft bringt uns tagtäglich mit unvorhersehbaren Situationen in Berührung. Oft warnt uns niemand vor. Wir müssen sofort handeln. Wie können wir es auf die leichte Schulter nehmen, Zeiten der Ruhe nicht für unser geistliches Fitnesstraining zu nutzen, die wir in anderen Momenten, wenn wir unter Druck stehen, so dringend benötigen? Wenn wir den Feind besiegen wollen, müssen wir unsere Schwerter schärfen.

Denkanstoß

Wie viel Zeit widmen Sie täglich Ihrem geistlichen Wachstum? Welche persönliche Disziplin nutzen Sie, um es zu erreichen? In welcher Ihrer geistlichen Übungen brauchen Sie mehr Schärfe?

Denn der Tag ist unserm Herrn heilig. Und seid nicht bekümmert, denn die Freude am HERRN, sie ist euer Schutz!
Nehemia 8:10 (ELB)

Während sie die Mauern von Jericho aufbauten, hatten die Israeliten gegen vielerlei Widerstände vorzugehen. Sie kämpften gegen Gerüchte, Zwietracht, Opposition und Erschöpfung. Mehr als einmal fühlten sie sich überwältigt und waren kurz davor aufzugeben. Eine derart schwierige Situation ist wie geschaffen, um zu verzweifeln. Der Boden ist bereitet, damit Erschöpfung in unsere Seele Einzug hält. Ausgelaugt und schweren Herzens machen wir aber weiter. Diese Reaktion ist normal in einer problematischen Situation, die sich endlos hinzieht. Jesus selbst wurde traurig und niedergeschlagen, als er mit der Endgültigkeit des Kreuzes konfrontiert wurde. Er gestand seinen Jüngern: *„...Meine Seele ist betrübt bis an den Tod; bleibt hier und wacht mit mir!“* (Matthäus 26:37)

Weise Nachvolger geben sich keinerlei Illusionen hin, wenn es um ihre wahren Gefühle geht. Nichtsdestotrotz wissen sie auch, dass sie lernen müssen, mit diesen Emotionen auf die richtige Art und Weise umzugehen, damit sie nicht ihr geistliches Leben beeinträchtigen. Jesus zögerte keinen Augenblick und bat seine drei Freunde um Beistand, während er betete. Er wusste, wenn diese Art der Verzweiflung sich einmal fest in unserem Leben verwurzelt hat, wird es unsere Perspektive und Reaktion von Grund auf verändern. Wir neigen stärker zu negativem und mutlosem Verhalten. Wir wollen aufgeben und glauben, dass es keine Lösung für unsere Situation gibt. Diese Aussichten führen direkt in die Depression. Entmutigte Menschen sind bereits besiegt, da sie den Willen zum Kämpfen verloren haben.

Jesus wusste genau wie Nehemia, dass es unabdingbar war, die Freude als Quelle unserer Kraft neu zu beleben. Seine Todesangst in Gethsemane hielt solange an, bis er seine Freude wiedererlangt hatte. So gestärkt ertrug er das Kreuz *„um der vor ihm liegenden Freude willen"* (Hebräer 12:2). Diese Art von Freude ist kein Gefühl, sondern eine geistliche Überzeugung. Umstände mögen höchst unvorteilhaft sein, aber Freude erfüllt unser Herz, wenn wir unsere Augen von den sichtbaren Dingen weg lenken und fest auf das Unsichtbare richten (2.Korinther 4:18).
Nachvolger, mit einem Herzen voller Freude, sind wahrhaft unbesiegbar, denn ihre Herzen sind fest in den ewigen Dingen verwurzelt und nicht in vergänglichen Vergnügungen. Sie werden von der Überzeugung angetrieben, dass ein souveräner Gott über allem regiert und dass Er sogar Unglück und Niederlagen dazu nutzt, um Seine Leute zu segnen.
Lassen Sie sich von Krisen nicht einschüchtern! In Zeiten der Not legen Sie Ihre Seele in Gottes Hände, so wie Christus es in Gethsemane tat. Was auch immer geschieht, finden Sie die Freude wieder, zu einem unbesiegbaren Gott zu gehören. Diejenigen die Ihnen folgen, müssen einen Leiter sehen können, der keine Furcht davor hat Schwierigkeiten ins Auge zu blicken; der sich sicher ist, dass unser himmlischer Vater das letzte Wort behält.

Denkanstoß

Wie reagieren Sie normalerweise, wenn Sie Krisen und Schwierigkeiten zu bewältigen haben? Welche Schritte können Sie gehen, um Gefühle der Niedergeschlagenheit und Entmutigung zu überwinden? Wie können Sie an jedem neuen Tag die Freude in Ihrem Leben pflegen?

Und Saul legte David seine Rüstung an und setzte ihm einen ehernen Helm auf sein Haupt und legte ihm einen Panzer an. Und David gürtete Sauls Schwert über seine Rüstung und mühte sich vergeblich, damit zu gehen; denn er hatte es noch nie versucht. Da sprach David zu Saul: Ich kann so nicht gehen, denn ich bin's nicht gewohnt; und er legte es ab. *1. Samuel 17:38-39*

Nachahmungen sind im Leib Christi an der Tagesordnung. Ein gut bekannter Evangelist pocht auf die Bibel und schreitet auf eine bestimmte Art über die Bühne. Nach kurzer Zeit werden plötzlich verschiedene neue Evangelisten auftauchen, die auf dieselbe Art auf die Bibel pochen und über die Bühne schreiten. Wenn ein bekannter Musiker bestimmte Formulierungen verwendet, um die Massen zu bewegen, wird es nicht lange dauern, bis man dieselben Phrasen auch von anderen zu hören bekommt. Wenn ein Fernsehprediger einen weißen Anzug mit schwarzen Schuhen trägt, werden wir bald auch andere sehen, die ebenso gekleidet sind.

Wir sehen daran, wie sehr es in unserer Natur liegt, zu glauben, dass die Art, *wie* wir Dinge tun, wichtiger sei, als *wer* wir in Gott sind, damit Gott uns segnet. Wir denken, wenn wir nur den Stil eines anderen kopieren, sichern wir uns damit automatisch die Gunst die ihm und seinem Dienst von Gott verliehen ist.

Als David anbot gegen Goliat zu kämpfen, war Saul skeptisch. Er meinte: *„du bist ein junger Mann, er aber ist ein Kriegsmann von seiner Jugend auf."* (1.Samuel 17:33). Aber Jesses jüngster Sohn wollte durchstarten. Da David entschlossen war, ließ ihn der König gewähren und lieh ihm seine Waffenrüstung. Vielleicht aus Respekt probierte der

junge Schafhirte die schwere Rüstung an und nahm das Schwert in seine Hand, bis ihm bewusst wurde, dass er es auf keinen Fall führen könne und so legte er es wieder ab. Stattdessen wählte er den Hirtenstab und die Schleuder, die er täglich gebrauchte.
Sogar wenn Sauls Rüstung ihm gepasst hätte, wäre sie nicht gut für David gewesen. Es waren die Waffen eines anderen Mannes. Davids Entscheidung zeigt uns ein wichtiges Prinzip: Wenn Gott Menschen gebraucht, dann mit ihren eigenen Gaben und Fähigkeiten. Sie sollen gar nicht erst versuchen, mit den Techniken anderer weiter zu kommen.
Genau so wenig benötigt die Kirche Kopien von Star-Geistlichen. Sie braucht Männer und Frauen, die treu mit dem umgehen was sie erhalten haben. Wenn Sie versuchen, jemand zu sein der Sie nicht sind, gibt es niemanden der ihre Lücke füllen könnte. Sie sind derjenige, den Gott für Ihre Position vorgesehen hat. Schämen Sie sich weder dafür, wer Sie sind, noch für Ihre Waffen. Vielleicht sind sie nicht so beeindruckend wie die von anderen, aber sie waren Ihnen in der Vergangenheit dienlich. Rechtfertigen Sie sich nicht für sich selbst. Der Segen Gottes ruht auf Ihrem Leben, wenn sie wahrhaftig zu dem werden, den Gott schon jetzt in Ihnen sieht.
Kein noch so gutes Imitat kann so gut sein wie das Original! Erheben Sie Ihr Haupt und seien Sie zuversichtlich. Der Herr ist mit Ihnen!

Denkanstoß

Sind Sie sich der gottgegebenen Gaben Ihrer Berufung bewusst? Wie können Sie diese am effektivsten einsetzen? Was glauben Sie wäre das Resultat, wenn Sie die Gaben eines anderen für Ihren Dienst benutzen würden?

Jesus sprach zu ihm: Wahrlich, ich sage dir: In dieser Nacht, ehe der Hahn kräht, wirst du mich dreimal verleugnen. Petrus sprach zu ihm: Und wenn ich mit dir sterben müsste, will ich dich nicht verleugnen. Das Gleiche sagten auch alle Jünger. *Matthäus 26:34-35*

Es ist wunderbar jemanden zu erleben, der voller Enthusiasmus von seinem Glauben Zeugnis gibt und leidenschaftlich seine Überzeugungen vertritt. Wir können nicht anders, als von seiner Inbrunst bewegt zu sein und durch seine ansteckende Begeisterung angeregt zu werden. Es tut gut, sich mit solchen Menschen zu umgeben. Petrus war ein Mann, der sein Leben leidenschaftlich lebte. Er war derjenige, der sich auf das Wasser wagte, auch wenn ihm nicht bewusst war was er tat, bis die Wellen ihn umspülten. Er war es auch, der voller Enthusiasmus vorschlug, auf dem Berg der Verklärung Hütten zu bauen, auch wenn Gottes Wort uns sagt, dass er nicht wusste, was er sagte (Markus 9:6). Wenn Jesus seinen Jüngern eine Frage stellte, war es immer Petrus, der zuerst antwortete.

Enthusiasmus ist eine wichtige Qualität, die jeder Leiter haben sollte. Wie können wir Menschen motivieren, wenn unsere eigenen Worte und unser Verhalten wenig Überzeugungskraft in sich tragen, oder schlimmer noch, Gleichgültigkeit ausstrahlen? Zweifelsohne spielt Leidenschaft eine wichtige Rolle in unserer Arbeit. Trotzdem sollten wir im Blick behalten, dass Enthusiasmus auch gefährlich sein kann. Petrus liebte den Herrn von ganzem Herzen! Er wollte unbedingt zeigen, wie groß seine Einsatzbereitschaft war. Glühend erklärte er, niemals würde er Jesus verlassen, selbst wenn es alle anderen täten. Jesus versuchte ihn zweimal zu warnen, doch sein inneres Feuer war so groß, dass er nicht einmal vom Sohn Gottes einen Rat annehmen wollte, geschweige denn von irgendjemand anderem.

Meinetwegen füllen Sie Ihren Dienst bis zum Rand voll mit Begeisterung und feiern Sie, Teil eines Planes zu sein, der in Gottes Herz geboren ist! Aber vergessen Sie nicht vor lauter Leidenschaft, dass diese von mehr als einer Quelle gespeist sein kann – nicht immer ist es Gottes Geist. Es gibt eine fleischliche Leidenschaft und diese kann unseren Untergang bedeuten. Paulus spricht von den Israeliten mit Trauer und sagt: *„Denn ich bezeuge ihnen, dass sie Eifer für Gott haben, aber ohne Einsicht."* (Römer 10:2) Wer könnte das besser bezeugen als er? In seiner Sturm- und Drangzeit hatte er aus falsch verstandenem Eifer Christen verfolgt.

Obwohl sehr wichtig, müssen wir doch äußerst vorsichtig mit unserer Leidenschaft umgehen. Ihr Dienst soll nicht staubtrocken sein. Sie können und sollen durchaus Eifer an den Tag legen. Aber folgen Sie nicht blindlings Ihren Emotionen. Sie könnten am Ende das tun, was sie niemals wollten: den Herrn verleugnen.

Denkanstoß

Sind Sie eine leidenschaftliche Person? Wie zeigen Sie es? Was können Sie tun, um sich davor zu schützen, dass ihr Enthusiasmus nicht auf Abwegen gerät?

„Weint mit den Weinenden." *Römer 12:15*

Durch Tränen fühlen wir uns unbehaglich. Wenn wir jemanden weinen sehen, wissen wir nicht immer, wie wir uns verhalten sollen. Wir versuchen etwas Hilfreiches zu sagen, die Person aufzuheitern oder zumindest sie dazu zu bewegen, aufzuhören. Das geschieht, weil die meisten von uns – Dank unserer Erziehung – Tränen für nicht akzeptabel halten. Ganz unterschwellig wurde uns zu verstehen gegeben, dass Sieger nicht weinen.

Die Tränen eines Leiters können jedoch seine Menschlichkeit sichtbar machen. Jesus weinte. Er weinte an Lazarus' Grab und dann wieder, als Er Jerusalems geistlichen Zustand wahrnahm. Nach dem Hebräerbrief wurde Er in Getsemane gehört, denn *„er hat in den Tagen seines irdischen Lebens Bitten und Flehen mit lautem Schreien und mit Tränen dem Herrn dargebracht"* (Hebräer 5:7).

Jesu' Sanftmut steht im starken Kontrast zur Haltung der israelischen Hirten. Hesekiel weist die Leiter in der folgenden Schriftstelle deutlich zurecht: *„Das Schwache stärkt ihr nicht und das Kranke heilt ihr nicht, das Verwundete verbindet ihr nicht, das Verirrte holt ihr nicht zurück und das Verlorene sucht ihr nicht; das Starke aber tretet ihr nieder mit Gewalt."* (Hesekiel 34:4).

Es scheint offensichtlich, dass das Thema „Mitgefühl" eine ernsthafte Angelegenheit für Leiter ist. Wenn wir jedoch auf zerbrochene Menschen treffen, finden wir es schwer uns zurückzuhalten und nicht sofort gutgemeinte Ratschläge oder Römer 8:28 anzubieten. Wir sind regelrecht davon überzeugt, dass das Einzige, was Menschen benötigen, eine Antwort auf ihre Probleme sei.

Hilfe *ist* wichtig, aber Paulus weist uns auf etwas Einfacheres und zugleich viel Effektiveres als Worte hin. Er sagt uns nicht, dass wir einem trauernden Menschen Ratschläge geben sollen, sondern mit den Weinenden weinen sollen. So einfach ist das.

Das bedeutet nicht unbedingt, dass wir Tränen vergießen müssen, aber unser Herz sollte tief vom Leid unseres Gegenübers berührt sein. Während einer Krise ist nicht in erster Linie ein Rat vonnöten, sondern Trost zu spenden und dem anderen zu vermitteln, dass man ihm auch im tiefen Schmerz zur Seite steht. Fähig zu sein, sich mit der leidenden Person zu identifizieren, ist viel heilsamer für sie, als alle weisen Worte die wir uns ausdenken könnten; denn es öffnet einen Kanal, damit Gottes Liebe von unserem Herzen zu ihrem fließen kann.

Zu seiner Zeit werden dann Möglichkeiten für Gespräche und Seelsorge entstehen. Aber versäumen Sie nicht die Chance, sich mit denen eins zu machen, die leiden. Gott wird heilend in deren Leben eingreifen, aber auch Ihr Herz berühren. Mögen Tränen ein Erkennungsmerkmal unserer Leiterschaft werden.

Denkanstoß

Durfte bei Ihnen zu Hause geweint werden? Wenn Sie eine Person sehen, die weint, wie ist ihre erste Reaktion? Wie können Sie Mitgefühl für diejenigen zeigen, denen Sie dienen?

Und es erhob sich großer Sturmwirbel und die Wellen schlugen in das Boot, so dass das sich schon füllte. Und er war hinten im Boot und schlief auf einem Kissen. Und sie weckten ihn auf und sprachen zu ihm: Lehrer, kümmert es dich nicht, dass wir umkommen? Markus 4:37-38 (ELB)

Die Entrüstung der Jünger ist sehr gut verständlich! Stellen Sie sich die Szene einmal vor. Ein furchtbarer Sturm wütet, der Wind braust und die Wellen brechen mit voller Wucht gegen das Boot.

Die Jünger sind von der Meeresgischt und dem sich im Boot sammelnden Wasser nass bis auf die Knochen und versuchen mit aller Kraft, das Boot über Wasser zu halten. Und wo ist Jesus? Er schläft im Heck. Es überrascht nicht, dass sie glauben, Ihm wäre alles egal.

Warum schlief der Herr? Höchstwahrscheinlich war Er einfach erschöpft, denn er hatte den ganzen Tag über zu den Massen gepredigt. Seine Ruhe wurde jedoch aus einer anderen Quelle gespeist. Er hatte seine Jünger angewiesen, den See zu überqueren. Doch können wir mit Sicherheit sagen, dass diese Idee ihm nicht einfach nur in den Sinn gekommen ist. Er sagte: *„Denn ich bin vom Himmel gekommen, nicht damit ich meinen Willen tue, sondern den Willen dessen, der mich gesandt hat"* (Johannes 6:38). Die Anweisung, den See zu überqueren, kam in erster Linie von seinem Vater.

Dies war auch der Grund für Jesus' Gelassenheit inmitten des Sturms. Er war nicht besorgt; Er wusste, das Sein Vater, der Ihn angewiesen hatte den See zu überqueren, Ihn auch sicher zum anderen Ufer bringen würde. Sein Frieden kam von einer tiefen inneren Überzeugung, dass jemand größeres sein Wohlergehen bewachen würde. Wenn Gott sie über den See geschickt hat, was könnte sie aufhalten?

Leiter brauchen dieses innere Vertrauen, das dann entsteht, wenn sich jemand seines Ziels sicher ist. Wäre es nicht wunderbar, wenn der Friede, den die Jünger am Ende von Jesus empfingen, derselbe Friede sein könnte, den unsere heutige sorgenvolle Gesellschaft in der Gemeinde finden würde? Damit das passiert, brauchen wir heute Leiter, die nicht nur wissen *wohin* sie gehen, sondern auch *warum*. So wie Mose zu den Israeliten sprach, als sie das Rote Meer durchquerten, müssen wir auch unseren Leuten sagen können: *„Fürchtet euch nicht, steht fest und seht zu, was für ein Heil der HERR heute an euch tun wird. Denn wie ihr die Ägypter heute seht, werdet ihr sie niemals wiedersehen. Der HERR wird für euch streiten, und ihr werdet stille sein"* (2.Mose 14:13-14).

Wir können diese vertrauensvolle innere Haltung haben und mit Frieden erfüllt sein, wenn wir uns absolut sicher sind, wohin wir gehen. Der einzige Weg diese Sicherheit zu erlangen, ist den Willen Gottes zu suchen, dem wir dienen. Wenn wir die *„guten Werke, die Gott zuvor bereitet hat"* (Epheser 2:10) tun, kann kein Sturm unseren Weg versperren. Gehen Sie voll Vertrauen vorwärts – Gott hat die Kontrolle!

Denkanstoß

Können wir unser Ziel klar formulieren? Wissen wir, warum wir diesen Weg gehen? Welchen Beweis haben wir, dass dieser Weg von Gott kommt?

10. Januar — Teamwork: mit Vor-Sicht und Nach-Sicht

Und die Apostel kamen zurück und erzählten Jesus, wie große Dinge sie getan hatten. Und er nahm sie zu sich, und er zog sich mit ihnen allein in die Stadt zurück, die heißt Betsaida. *Lukas 9:10*

Am Ende ihrer ersten „Dienstreise" kehrten die Jünger mit dem Koffer voller Abenteuergeschichten zu Jesus zurück. Sie brachten auch Fragen mit, die durch herausfordernde Situationen geweckt wurden. Jesus nahm sich die nötige Zeit um zuzuhören und sie dann an einen stillen Ort zu führen.
In Seiner Reaktion auf den Erzählfluss Seiner Jünger, können wir ein Stück mehr vom pastoralen Herzen Jesu erkennen.
Jesus kannte den Verschleiß, den der Dienst an anderen mit sich bringt, nur zu gut. Endlose Anforderungen, intensivste Konzentration, Ressourcenverschwendung und Stress sind alle Teil und Gepäck der Aufgabe, die wir *Dienst* nennen. All diese wirken sich auf den Leiter aus. Diejenigen unter Ihnen, die andauernd dienen und es versäumen, ihre Kraft zu erneuern, werden komplett ausgebrannt enden. Ihr Dienst wird kraftlos und Sie werden enorm frustriert werden. Ihre Arbeit wird Ihnen wie eine nie enden wollende Hängepartie vorkommen. Wir brauchen jedoch Zeiten zum Ausruhen und Aufladen, damit wir weiterhin im Geist dienen können und nicht im Fleisch. Darum nahm Jesus seine Jünger mit sich.
Als Leiter ist es eine unserer vorrangigsten Aufgaben, das Wohlergehen unseres Teams zu sichern. Vielleicht haben unsere Teamglieder nicht unsere Erfahrung und kennen ihre Grenzen nicht, sodass sie sich über ihre Kräfte hinaus in zu viele Projekte einbringen. Wir andererseits, haben die Bean-

spruchung des Dienstes kennengelernt und sind dazu aufgefordert, unsere Leute vor übertriebenem Enthusiasmus zu bewahren.
Es ist traurig mit ansehen zu müssen, wie viele Mitarbeiter durch ständig überhöhte Anforderungen ihres Leiters völlig ausgezehrt sind. Ihnen wurde beigebracht, dass jegliche Erschöpfung ein Zeichen geistlicher Schwäche ist, und das Sie jederzeit bereit sein müssten, jede Ihnen von der Gemeindeleitung übertragene Aufgabe zu übernehmen.
Machen Sie es ihnen nicht nach! Nehmen Sie die Arbeit derjenigen, die an Ihrer Seite arbeiten, nicht als selbstverständlich hin. Ihre Mitarbeiter sind Ihr größtes Vermögen. Ein fröhlicher Mitarbeiter erledigt einen vollen und fruchtbringenden Dienst, während ein Frustrierter nur Bitterkeit mit anderen teilen wird.
Gehen Sie darum großzügig mit der Dankbarkeit Ihren Mitarbeitern gegenüber um. Sorgen Sie für ihr geistliches und emotionales Wohlergehen. Zeigen Sie Interesse an dem, was sie tun und ermutigen Sie Ihre Mitarbeiter. Bieten Sie ihnen immer Ihre Unterstützung an! Jeder dieser Mitarbeiter erleichtert Ihre Arbeit und das ist keine Kleinigkeit!

Denkanstoß

Stehen Sie in der Gefahr sich in Ihrem Dienst zu überspannen? Was können Sie dafür tun, dass Ihre Mitarbeiter sich nicht in dieselbe Gefahr begeben? Wie können Sie sich heute für sie Zeit nehmen, um ihnen Ihre Anteilnahme und Zuneigung zu zeigen?

11. Januar Aufstand gegen die Niederlage!

Da sprach der HERR zu Josua: Steh auf! Warum liegst du da auf deinem Angesicht? *Josua 7:10*

Unsere Niederlagen erscheinen uns wohl oftmals viel katastrophaler, als sie es für den Herrn sind. Es ist schwer Misserfolge in einer Gesellschaft hinzunehmen, die so auf Erfolg getrimmt ist. Dementsprechend fühlt sich für uns ein Fehlschlag im Dienst oder in einer Beziehung wie ein Schlag ins Gesicht an; wir werden schnell entmutigt oder pessimistisch.

Die Israeliten waren nach dem großen Sieg, den Gott ihnen über Jericho geschenkt hatte, überglücklich. Daraufhin machten sie sich mit großer Zuversicht daran, eine kleine Stadt einzunehmen, die nicht einmal ein Zehntel der Größe Jerichos besaß. Sobald sie vergessen hatten, dass es der Herr war, der ihnen den Sieg gegeben hatte, wurden sie übermütig. Die ekstatischen Gefühle des Sieges über Jericho lullten sie ein und ließen sie glauben, dass sie die Stadt Ai, ihr nächstes militärisches Ziel, im Schlaf erobern könnten.

Wir kennen alle die demütigende Niederlage, die sie daraufhin haben einstecken müssen. Niederlagen sind immer dann besonders schwer zu akzeptieren, wenn wir uns des Sieges vorher absolut sicher waren. Josua fühlte sich tief enttäuscht, sogar betrogen. Er warf sich auf den Boden und rief aus: *„Hätten wir uns doch entschlossen, jenseits des Jordan zu bleiben!“* (Josua 7:7 ELB).

Erleiden wir Misserfolge, können wir viel Zeit damit vergeuden, uns selbst zu kasteien und unsere Entscheidungen auf ewig zu bereuen. Natürlich sollten wir aus unseren Fehlern lernen, doch übertriebene Selbstanklagen ändern nichts an dem, was passiert ist. Wenn wir gefallen sind, müssen wir aufstehen und den Grund für unseren Fehler suchen. Deshalb fragte der Herr Josua: *„Wozu liegst du auf deinem Angesicht?"* Stattdessen sollte er aufstehen um das zu tun, was ihm aufgegeben war; sein Volk zur Buße führen.

Wenn Sie niedergeschlagen sind, will der Feind, dass Sie es bleiben, im Selbstmitleid versinken und sich von Ihrer Situation treiben lassen. Unser himmlischer Vater dagegen möchte, dass wir wieder auf die Beine kommen. Wenn wir Sünde bekennen müssen, sollten wir das tun. Wenn wir Dinge zwischen uns und anderen klar stellen müssen, sollten wir auch dies anpacken. Egal was wir tun, weiteres Selbstmitleid oder Beschwerden gehören nicht zum Programm!

Richard Foster erinnert uns in seinem herausragenden Buch *„Prayer: Finding Hearts True Home"* (*„Gebet: Das wahre Zuhause des Herzens finden"*) daran: *„Wir machen Fehler, viele Fehler; wir sündigen, wir fallen und das oft genug. Doch jedes Mal stehen wir wieder auf und beginnen von vorn. Wir beten von Neuem. Wir wollen Gott neu nachfolgen. Und wieder schlägt uns unsere Dreistigkeit und Maßlosigkeit nieder. Macht nichts! Wir bekennen es und beginnen von Neuem ... und von Neuem ... und von Neuem."*[1]

Denkanstoß

Wie gehen Sie damit um, wenn Sie entmutigt sind? Lassen Sie es als geistlicher Leiter zu, dass Niederlagen verhindern, dass Sie Gottes Ziele erreichen? Was können Sie unternehmen, um sich in Zeiten der Niederlagen und Schwierigkeiten selbst zu stärken?

Nur er (Jakob) blieb noch allein zurück. Plötzlich stellte sich ihm ein Mann entgegen und kämpfte mit ihm bis zum Morgengrauen. Als der Mann merkte, dass er Jakob nicht besiegen konnte, gab er ihm einen so harten Schlag auf das Hüftgelenk, dass es ausgerenkt wurde.

1.Mose 32:25-26 (HfA)

Diese Schriftstelle ist schwer nachvollziehbar für uns: Gott – in einen nächtlichen Nahkampf verwickelt? Warum finden wir ein derart merkwürdiges Ereignis in den Geschichten der Patriarchen?

Um sie zu verstehen, müssen wir uns Jakobs vorhergehendes Leben genauer anschauen. Er wurde als Kind der Verheißung geboren. Er war Enkel Abrahams, der von Gott auserwählt wurde Vater einer großen Nation zu sein. Aus diesem Grund lag Gottes Segen auf Jakob, selbst als er noch im Mutterleib war.

Wenn wir einen kurzen Blick auf sein Leben werfen, lernen wir schnell eine Person kennen, die versucht, sich Gottes Segen auf Biegen und Brechen anzueignen. Wieder und wieder nutzt er die Schwächen anderer aus und übervorteilt sie. Er zögert weder zu lügen noch zu betrügen und wurde dadurch im Laufe der Zeit selbst zum Betrugsopfer. Er sammelte große materielle Reichtümer an; allerdings machte er sich damit im Laufe der Zeit Feinde, inklusive seinem Bruder Esau, der schwor, ihn umzubringen. Jakobs Leben hält nicht die Art Inspiration bereit, die wir uns von einem Glaubenshelden wünschen würden.

Manchmal vergehen Jahre, bis wir Gottes Stimme Beachtung schenken. Zuerst spricht Er durch ein *„leises Säuseln“*. Wenn wir dann nicht hören, geht Er zu direkteren Maßnahmen über, wie in Jakobs Fall. Gott offenbart ihm seine ei-

gene Lebenseinstellung: ein schier endloser Kampf um sich Gottes Segen anzueignen!
Der Herr besiegte Jakob nicht, denn in diesem Kampf ging es nicht um physische Überlegenheit. Stattdessen wollte er Jakob zeigen, wie zermürbend und erschöpfend der Weg war, den er gewählt hatte.
Auf sehr reale Weise vermittelt Gott dem Patriarchen: „Du hast dein ganzes Leben lang mit mir gerungen und immer noch nicht verstanden, dass ich *an deiner Seite* bin. Wann wirst du aufhören dich zu sträuben? Halte endlich still und lass mich dich ein für alle Mal segnen!" Der Herr war mehr an Jakobs Wohlergehen interessiert als Jakob selbst. Aber Er wollte es ihm nicht auf den menschlichen Wegen zukommen lassen, die Jakob im Blick hatte.
Als Leiter suchen wir manchmal so verzweifelt nach Wegen, um uns Gottes Segen zu sichern, dass wir jeden Strohhalm ergreifen, den wir auf dem Weg finden. Die Ekstase, mit der wir oft an die Arbeit gehen zeigt, dass wir glauben, dass unser Erfolg von dem abhängt was *wir* einbringen. Manchmal erreichen wir damit tatsächlich unser Ziel, aber der Weg hätte viel einfacher sein können, wenn wir von Anfang an Hand in Hand mit unserem Herrn gearbeitet hätten.

Denkanstoß

Vielleicht ist es gut hier einmal inne zu halten. Nehmen Sie sich einen Moment Zeit, um wieder die richtige Perspektive zu erlangen: Sie arbeiten nicht *für* Gott, sie arbeiten *mit* Gott. Er will nicht, dass Sie *alles* tun. Lernen Sie, in Ihm zu ruhen und Ihre Bemühungen werden bessere Resultate zeigen.

Am nächsten Morgen sprach Mose zum Volk: Ihr habt eine große Sünde getan; nun will ich hinaufsteigen zu dem HERRN, ob ich vielleicht Vergebung erwirken kann für eure Sünde. Als nun Mose wieder zu dem HERRN kam, sprach er: Ach, das Volk hat eine große Sünde getan, und sie haben sich einen Gott von Gold gemacht. Vergib ihnen doch ihre Sünde; wenn nicht, dann tilge mich aus deinem Buch, das du geschrieben hast. *2.Mose 32:30-32*

Wer von uns wäre nicht daran verzweifelt, ein so hartherziges Volk aushalten zu müssen, jederzeit willens gegen Gott zu rebellieren? Auf jeder Etappe ihrer Pilgerreise fielen sie in Sünde und provozierten Gott ständig mit neuen Gräueltaten.

Jeder Leiter weiß was es bedeutet, mit Menschen zu arbeiten die nicht hören wollen. Oft genug mussten wir uns mit denen abgeben, die wie Motten vom Licht angezogen immer wieder auf ihre schuldhaften Wege zurückkehrten. Wir haben Stunden mit denen in Seelsorge verbracht, die trotz unserer größten Anstrengungen immer wieder in alte sündhafte Muster zurückfielen. Sie blieben gebunden, schwächten sie und besiegten sie letzten Endes.

Mose weist die Israeliten wegen der Tragweite ihrer Sünde streng zurecht. Sie hatten damit zutiefst Gottes Heiligkeit verletzt und ihre Rebellion hatte Seinen Zorn geweckt. Ihr Verhalten war komplett inakzeptabel und der Prophet zögerte nicht, ihnen die Schwere ihrer Situation vor Augen zu führen. Trotz allem bot er an, in Gottes Gegenwart zu gehen und für sie zu verhandeln, auch wenn er dem Ergebnis skeptisch gegenüber stand.

Achten Sie aber auf Moses veränderten Tonfall als er mit dem Herrn sprach. Nicht einen Moment lang spielt er die

Dramatik ihrer Sünde herunter, sondern bat Gott um Vergebung für die Israeliten. Er machte klar, dass er zum Volk Gottes gezählt werden wollte. Wenn sie bestraft würden, war er bereit, dieselbe Bestrafung auf sich zu nehmen. Eigentlich sagte er zu Gott: „Bestrafe sie wenn nötig, aber denke daran, dass ich einer von ihnen bin."

Was für eine erstaunliche Illustration für den tiefgehenden Bund, der uns mit unserer Gemeinde verbindet. Das ist der Kern eines Leiterherzens. Menschen ermüden uns, wir fühlen uns entmutigt. Wir können es mit Paulus halten, der sagte: *„außer dem Übrigen noch das, was täglich auf mich eindringt: die Sorge um alle Gemeinden. Wer ist schwach, und ich bin nicht schwach? Wer nimmt Anstoß, und ich brenne nicht"* (2.Korinther 11:28-29, ELB)? Manchmal ist uns nach weglaufen zu Mute, doch Gott hat unser Herz mit Liebe erfüllt und die lässt nicht zu, dass wir gehen. Die Menschen unserer Gemeinde gehören zu uns – durch dick und dünn. Ihre Siege sind unsere Siege. Ihre Niederlagen sind unsere Niederlagen. Das ist unsere gesegnete Last!

Denkanstoß

Nehmen Sie sich einen Moment Zeit dafür, um Gott für die Menschen zu danken, die Er in Ihre Obhut gegeben hat. Bitten sie den großen Hirten, Ihre Leidenschaft für sie von Neuem zu erwecken. Rufen Sie zu Ihm, dass Er Ihnen dieselbe Sanftmut und Güte des Geistes geben möge, die Er uns erweist. Segnen Sie ihre Anvertrauten, egal wie sie sind, denn dazu sind Sie berufen.

Und während sie so miteinander redeten und sich Gedanken machten, trat Jesus selbst zu ihnen und schloss sich ihnen an. Doch es war, als würden ihnen die Augen zugehalten: Sie erkannten ihn nicht. »Worüber redet ihr denn miteinander auf eurem Weg?« fragte er sie.

Lukas 24:15-17 (NGÜ)

Wie groß muss die Überraschung unter den Jüngern gewesen sein, als Jesus das Brot brach und ihnen bewusst wurde, wer Er war! Wie überwältigend muss ihre Freude gewesen sein, als ihnen bewusst wurde, dass Der, der ihnen die Schrift ausgelegt hatte, niemand anders war, als der Messias selbst!

Durch die mangelnde Erkenntnis, Gottes Wort richtig zu verstehen, wurde jedoch dieses Happy End der Begegnung überlagert. Lukas beschreibt, dass sie auf ihrem Weg die zurückliegenden Begebenheiten diskutierten. Wir können uns lebendig vorstellen, wie ihr Gespräch sich immer wieder um die Tragödie des Kreuzes gedreht haben musste. Sie diskutierten jeden möglichen Blickwinkel und versuchten, irgendeine Erklärung zu finden, um ihren Schmerz etwas zu lindern. Ihnen war elend zumute. Trauer hatte sie völlig eingenommen.

Doch warum waren sie so traurig? Sie glaubten, Christus sei für immer gestorben. Und um das Ganze noch schlimmer zu machen, berichteten einige Frauen davon, Ihn gesehen zu haben. Wie hätte das wahr sein können? Jeder hatte seine Kreuzigung und das anschließende Begräbnis mit ansehen können.

Die Wahrheit war jedoch, dass Christus nicht tot war. Er war wahrhaft lebendig. Er hatte ihnen gesagt, dass Er am dritten Tage wieder auferstehen würde. Nun hatten Ihn einige

Frauen gesehen, doch waren die Jünger dermaßen verzagt, dass sie diese Wahrheit nicht anerkennen konnten. Sie waren von der Lüge geblendet.

Die Kraft dieser Lüge war so stark, dass selbst, als Jesus ihnen die Schrift auslegte, seine Worte ihre Verblendung nicht durchbrechen konnten. Bei Mose angefangen, arbeitete sich der Sohn Gottes durch die Propheten vor und erklärte ihnen, dass all das Geschehene nichts weiter war, als die Erfüllung der Schrift. Doch die Männer waren so entmutigt, dass sie die Worte, die die Kraft hatten, sie von der Lüge freizusetzen, nicht annehmen konnten.

Unsere Gedanken haben einen enormen Einfluss auf unser Verhalten und unsere Emotionen. Deshalb lehrt uns Paulus: *„wir sind zwar Menschen, doch wir kämpfen nicht mit menschlichen Mitteln. Wir setzen die mächtigen Waffen Gottes und keine weltlichen Waffen ein, um menschliche Denkweisen zu zerstören. Mit diesen Waffen zerschlagen wir all die hochtrabenden Argumente, die die Menschen davon abhalten, Gott zu erkennen. Mit diesen Waffen bezwingen wir ihre widerstrebenden Gedanken und lehren sie, Christus zu gehorchen"* (2.Korinther 10:3-5, NLB)

Ein Leiter muss schonungslos gegen jeden Gedanken, der sich Gottes Wahrheit entgegenstellt, vorgehen. Identifizieren Sie diesen Gedanken, nehmen Sie ihn gefangen und binden Sie ihn im Namen Jesu.

Denkanstoß

„Unsere größten Sünden entstehen in unserem Kopf." (Thomas Goodwin)[2]

Siehe, ich setze dich heute über Völker und Königreiche, dass du ausreißen und einreißen, zerstören und verderben sollst und bauen und pflanzen. *Jeremia 1:10*

Viele Christen glauben heute, dass das Ziel unseres Glaubens darin besteht, unser unordentliches Leben ein wenig aufzuhübschen. Aus diesem Grund erleben viele, die sich der Kirche anschließen, wenig Veränderung. Auch nach Jahren eines gewollten gottgefälligen Lebens kann so mancher Kirchengänger zwischen sich und dem Durchschnittsbürger wenig Unterscheidendes erkennen.

Jeremias gottgegebene Mission wird in diesem Text lebendig beschrieben. Danach bleibt kein Zweifel, dass wir dazu berufen sind, tiefgreifende und dramatische Veränderungen in unserer Gemeinde hervorzubringen. Gott hält sich nicht mit Flickschusterei oder kleineren Reparaturarbeiten in unserem Leben auf, damit wir endlich in seinem „Kingdom-Business" mitmischen können. Damit Er uns gebrauchen kann, muss Er *alles* in uns entfernen, was nicht Seinem Zwecke dient. Folglich gibt es einige schmerzhafte Aspekte in der Grundsanierung unseres Lebens, die sowohl Einreißen als auch Ausreißen einschließen. Merken Sie, wie radikal und unnachgiebig diese Worte sind? Wir reißen gewöhnlich keine Dinge aus oder ab, die wir später noch einmal gebrauchen wollen. Wir reißen nur Dinge aus, die uns nicht länger von Nutzen sind.

Ich glaube, dass der Frust vieler Pastoren daher stammt, dass sie manchen Situationen ein „Facelifting" verpassen, wo nur noch der Abbruchhammer hilft. Viele Arbeitsweisen in der Gemeinde heute basieren auf weltlichen Ideen, die von Gemeinde-Wachstumsexperten vertrieben werden. Viele von ihnen scheinen einen Großhandelseinkauf an Ideen in der Geschäftswelt gemacht zu haben, die völlig ungeeignet für die Aufgabe sind, zu der wir berufen wurden.

Diese Methoden ermutigen Christen an ihrer Bequemlichkeit und ihren weltlichen Wegen festzuhalten und bringen eine Geistlichkeit hervor, die abgestumpft und lasch ist. Viele Gemeinden geben zu, mehr mit der Welt gemein zu haben, als mit dem Reich Gottes. Auch wenn wir die weißeste Farbe verwenden, um unser Leben von außen schön erscheinen zu lassen, bleibt doch das Fundament verfault. Der einzige Weg um Veränderung zu bewirken, ist das einzureißen, was nicht mehr dienlich ist.

Bestimmt dachte Jesus daran als er sagte: *„Niemand schneidet ein Stück Stoff aus einem neuen Kleid und flickt damit ein altes; sonst ist das neue Kleid zerschnitten, und zu dem alten passt das herausgeschnittene Stück ja gar nicht“* (Lukas 5:36, NGÜ). Er will uns damit Folgendes bewusst machen: es kommt die Zeit, dass die Kleidung so abgetragen ist, dass es sich nicht mehr lohnt, sie zu flicken. Die Lösung ist also, das alte Stück wegzuwerfen und die neue Kleidung dafür einzusetzen, wofür sie geschaffen wurde.

Denkanstoß

Der Apostel Paulus weist darauf hin: *„Durch die Taufe sind wir also mit Christus gestorben und begraben. Und wie Christus durch die Herrlichkeit und Macht seines Vaters von den Toten auferweckt wurde, so sollen auch wir ein neues Leben führen“* (Römer 6:4, HfA). Das Ziel derjenigen, die ihr Leben mit Christus beginnen, ist nicht der Schönheitssalon, es ist der Tod. Nur durch den Tod kann etwas Neues geboren werden.

Da riefen die Zwölf die Menge der Jünger zusammen und sprachen: Es ist nicht recht, dass wir für die Mahlzeiten sorgen und darüber das Wort Gottes vernachlässigen.

Apostelgeschichte 6:2

Diejenigen die schon seit einiger Zeit im Dienst stehen, haben mit der oben stehenden Schriftstelle wahrscheinlich schon ihre eigenen Erfahrungen gemacht. Oftmals übernehmen wir die Verantwortung für mehrere Projekte gleichzeitig, weil mehr Arbeit als Arbeiter vorhanden ist. Das ist die Normalsituation in den meisten Gemeinden. Pastoren und Leiter werden als eierlegende Wollmilchsau angesehen, die mit jeder Art Aktivität souverän umzugehen hat.

Die Apostel fanden sich in ähnlichen Situationen wieder. Da immer mehr Essen gespendet wurde, musste auch immer mehr verteilt werden. Diese Aufgabe musste organisiert, Probleme gelöst und neue Herausforderungen angegangen werden. Die Liste der Dinge die getan werden mussten, war einfach endlos.

Mittendrin hielten sie jedoch inne und bewerteten, was gerade passierte. Obwohl sie in einem Projekt arbeiteten, das sowohl lobenswert, als auch notwendig war, vernachlässigten sie ihren eigentlich Ruf, sich dem Gebet und dem Wort Gottes zu widmen. Auf den ersten Blick scheint der Kommentar der Apostel uns ein kleinwenig elitär. Ich habe einige Leute sagen hören, dass sich die Leiter nicht mit Arbeit die Hände schmutzig machen wollten, die sie in ihrer Position als unter ihrer Würde ansahen.

Doch nichts könnte weiter von der Wahrheit entfernt sein. Die Jünger wollten damit nicht sagen, dass sie sich für den Tischdienst zu schade seien. Stattdessen wussten sie, dass sie ihrer Berufung untreu werden würden, wenn sie die Dinge tun, zu denen sie *nicht* berufen sind! Die Entscheidung Diakone zu berufen, zeigt also eine bemerkenswerte Disziplin ihrerseits. Trotz der hektischen Geschäftigkeit ihres Dienstes haben sie nicht die Fähigkeit verloren, die Basis ihrer Berufung im Blick zu behalten.

Fakt ist, Gott hat uns zu einer speziellen Aufgabe berufen. Alle anderen Aktivitäten, so nobel und ehrenwert sie auch sein mögen, dienen nur als Ablenkung von unserer eigentlichen Berufung. In der neugeborenen Kirche gab es viele andere, die den Tischdienst gut erledigen konnten, wahrscheinlich sogar noch effektiver und begnadeter als die Apostel selbst. Aber die Aufgabe, die Gemeinde zu leiten und das Wort Gottes zu lehren, konnte nicht delegiert werden, denn es war ihnen anvertraut worden.

Dieser Vorfall zeigt ein allgemeines Problem, dem sich Leiter stellen müssen: der Versuchung zu widerstehen, den Hansdampf in allen Gassen spielen zu wollen und am Ende nichts richtig hinzubekommen. Sich in zu vielen Gemeindeaufgaben zu verlieren, bedeutet oft auch den Richtungsverlust für den gesamten Dienst. Unablässige Betriebsamkeit bedeutet nicht immer, dass sich jemand auf ein bestimmtes Ziel zubewegt. Manchmal zeigt es einzig und allein, dass jemand durch und durch desorientiert ist.

Denkanstoß

Kennen Sie ihre stärksten Gaben? In welchen Arbeitsbereichen sollten Sie diese einsetzen? Wie viel Zeit verwenden Sie auf diese Bereiche? Welche praktischen Schritte können Sie gehen, um Ihre Effizienz auf diesen Gebieten zu erhöhen?

Ich sage euch: So wird man sich auch im Himmel freuen über einen Sünder, der zu Gott umkehrt - mehr als über neunundneunzig andere, die nach Gottes Willen leben und nicht zu ihm umkehren müssen. *Lukas 15:7 (HfA)*

Vor einiger Zeit sprach ich mit einem Pastor, der gerade eine Evangelisation beendet hatte. Zwei Wochen lang hielt seine Gemeinde nächtliche Versammlungen in einem öffentlichen Park ab. Viele Detailaufgaben hatte er organisiert und zusätzlich jeden Abend gepredigt. Er sah physisch und seelisch ausgelaugt aus und ich fragte ihn, wie die Dinge gelaufen seien. Unfähig seine Enttäuschung zu verbergen, antwortete er: „Nur fünfzehn Menschen entschieden sich für Christus." Die Ergebnisse schienen einfach nicht die enormen Anstrengungen zu rechtfertigen; Gebetsketten rund um die Uhr, Einladungen von Tür zu Tür, gemietetes Equipment und die Organisation von Arbeitsgruppen.

Pastoren stehen unter konstantem Druck, ihren Erfolg anhand von Zahlen zu messen. In den letzten 30 Jahren hat sich eine neue Schule entwickelt, deren einziger Schwerpunkt auf dem Gemeindewachstum liegt. Ihre Leiter bieten Seminare an, veröffentlichen Artikel und ganze Bücher, die „das Geheimnis" des verborgenen Potentials Ihrer Gemeinde entschlüsseln sollen. Uns werden „Super-Pastoren" vorgestellt, die Mega-Kirchen vorstehen, die bis an den Rand mit glühenden, eifrigen Christen gefüllt sind.

Aber diese Mega-Kirchen sind nicht der Normalfall. Christian Schwarz, Autor des Buches *„Natürliches Gemeindewachstum"* betont, dass die Durchschnittszahl einer Gemeinde weltweit zwischen 80-150 Menschen liegt – ähnlich wie bei Ihrer und meiner[3]. Der Dienst in diesen Gemeinden hat seine Spannungen, Rückschritte und Frustmomente. Als

Leiter tun wir das, was wir tun können. Wir beten inbrünstig für Wachstum, sehen aber selten die Massen so hereinströmen, wie wir das gerne hätten.
Hilfreich ist, uns dann an Jesus' Gleichnis zu erinnern. In seiner Geschichte verließ der Hirte seine 99 Schafe, um das eine zu suchen, das verloren gegangen war. Als es gefunden wurde, gab er ein großes Fest und lud alle Nachbarn und Freunde ein, an seiner Freude teilzuhaben. Dasselbe, sagt Jesus, passiert im Himmel, wenn ein Sünder Buße tut und damit den Grund für eine so große Feier legt.
Was ist los mit uns, dass wir nur in Begeisterungsstürme verfallen, wenn sich auf einer Evangelisation 1.000 Menschen bekehren? Haben wir die Relationen Gottes verloren? Was drücken wir damit aus, wenn wir sagen, dass „nur 15" eine Entscheidung für Christus getroffen haben? Diese fünfzehn haben fünfzehn himmlische Feiern ausgelöst und jeder einzelne von ihnen ist unglaublich wertvoll für unseren himmlischen Vater. Auch wenn nur einer zur Buße gekommen wäre, würde Er sagen, „das war's wert"!
Freuen Sie sich Pastor! Sie haben das Privileg an dieser himmlischen Feier Ihren Anteil zu haben. Jeder Konvertierte löst ein neues Fest aus. Verlieren Sie nicht den Segen, weil Ihre Zahlen angeblichen nicht mit denen übereinstimmen, die normalerweise mit Erfolg assoziiert werden. Erfolg nach Gottes Mathematik ist, wenn ein verlorenes Schaf gefunden wurde.

Denkanstoß

Gemeindewachstumsexperten würden Johannes den Täufer als Versager titulieren. Als sein Dienst zu Ende ging, hatte er fast keine Nachfolger mehr. Der Sohn Gottes jedoch nannte ihn einen der größten Propheten aller Zeiten. Anscheinend sah er ihn mit anderen Augen als wir.

Zwölf von ihnen erwählte er zu Aposteln. Sie sollten ständig bei ihm bleiben und von ihm lernen. Er wollte sie mit dem Auftrag aussenden, die Botschaft von Gott zu predigen und Menschen von der Macht der Dämonen zu befreien.

Markus 3:14-15

Dieser Vers gibt uns eine konkrete Vorstellung davon, was sich Christus bei der Auswahl seiner Zwölf gedacht hatte. Seine „Strategie“ enthielt drei klare Ziele:

1) Sie würden Zeit mit ihm verbringen. 2) Er würde sie zum Predigen aussenden. 3) Er würde ihnen Autorität über Krankheiten und Dämonen geben.

Bei manchen Schriftstellen können wir die Reihenfolge der enthaltenen Teilsätze verändern, ohne die inhaltliche Bedeutung zu verlieren, doch in diesen Versen baut ein Element auf dem anderen auf. Die Reihenfolge ist nicht beliebig. Wir können die Kranken heilen und Dämonen austreiben, doch hätte dies wenig Wirkung, wenn wir sie nicht mit dem Wort Gottes nähren würden. Sogar wenn wir die Verkündigung des Wortes zum Befreiungs- und Heilungsdienst hinzufügen würden, aber nicht in einer engen Beziehung zu Jesus gegründet sind, wäre es uns unmöglich, andere zur wahren Erkenntnis Christi hinzuführen.

Als Leiter müssen wir größte Vorsicht mit dieser Ordnung walten lassen. Die Geschäftigkeit des Dienstes kann uns dazu verleiten, die Reihenfolge der genannten Punkte zu verändern, sodass wir in eine nie enden wollende Flut von Aktivitäten hineingezogen werden. Obwohl es den Eindruck von Frömmigkeit vermittelt, rauben sie uns das Wertvollste und Wesentlichste unseres Dienstes: unsere Beziehung mit dem Herrn.

Wenn ich Pastoren begegne, suche ich immer nach der Gelegenheit, sie nach ihrem geistlichen Leben zu befragen. Es wäre zu einfach, schlusszufolgern, dass Leiter, bloß weil sie im vollzeitlichen Dienst stehen, sich automatisch einer engen Beziehung mit dem Herrn erfreuen. Denn nicht immer ist dies der Fall. Oft sprach ich mit Pastoren, die ihre Leidenschaft zu dem Gott verloren haben, dem sie mit solcher Anstrengung dienen.

Das Matthäusevangelium konfrontiert uns mit einer erschreckenden Szene. Am Tag des Jüngsten Gerichts, werden manche versuchen, ihre vernachlässigte Beziehung mit dem Herrn zu rechtfertigen, indem sie auf die vielen guten Werke verweisen, die sie in Seinem Namen getan haben. *„Es werden viele zu mir sagen an jenem Tage: Herr, Herr, haben wir nicht in deinem Namen geweissagt? Haben wir nicht in deinem Namen böse Geister ausgetrieben? Haben wir nicht in deinem Namen viele Wunder getan? Dann werde ich ihnen bekennen: Ich habe euch noch nie gekannt; weicht von mir, ihr Übeltäter“* (Matthäus 7:22-23)! Jesus zögert nicht, sie „Übeltäter“ zu nennen. Starke Worte! Sie machen uns klar, dass alle Werke, die nicht durch eine Beziehung mit Gott untermauert sind – auch wenn sie *für* ihn getan werden – tatsächlich üble Werke sind.

Denkanstoß

Wir haben festgestellt, dass alle Betriebsamkeit für Gottes Reich keine Entschuldigung dafür ist, den König selbst zu vernachlässigen. Haben Sie die Disziplin, Zeit mit Ihm zu verbringen und Sein Angesicht zu suchen, vernachlässigt? Sind Sie durch die konstanten Forderungen der Gemeinde ausgelaugt? Warum nutzen Sie nicht diesen Tag, um die Dinge wieder zurechtzurücken? Nähern Sie sich Ihm mit Zuversicht und erneuern Sie diese Beziehung zu Ihrem eigenen Besten! Der Herr wartet auf Sie!

Da erschien ihm der Engel des Herrn und sagte: „Der Herr steht dir bei, du starker Kämpfer!“ „Aber wie soll ich Israel denn retten?“, rief Gideon. „Meine Sippe ist die kleinste in Manasse, und ich bin der Jüngste in unserer Familie.“

Richter 6:12, 15

Gideon war komplett am Boden zerstört, als der Herr ihm erschien. Jahrelang haben die Midianiter dem Gottesvolk das Leben unmöglich gemacht. Sie durchstreiften das israelitische Land und stahlen das Beste ihrer Ernte. Es war so schlimm, dass just in dem Moment, als der Herr zu Gideon sprach, dieser gerade dabei war, die Ernte vor den Dieben zu verstecken.

Achten Sie auf den scharfen Kontrast zwischen dem Gruß des Engels und Gideons Antwort; der Engel nannte ihn starker Kämpfer, doch Gideon fühlte sich weder stark noch als Kämpfer. Im Gegenteil. Er empfand seine Familie als schwach und sich als Geringsten unter ihnen. So wie David erging es auch Gideon – er wäre sicher nicht die erste Wahl seiner Familie gewesen, egal worum es ging. Er war daran gewöhnt, übersehen zu werden. Zieht man seine Familienposition in Betracht, war seine Antwort ziemlich verständlich: „Was um alles in der Welt kann *ich* schon tun?“

Vor uns sehen wir eines der großen Mysterien in Gottes Wirkungsweise. Um nach seinem Verständnis und seinen Plänen erfolgreich zu sein, spielt es nicht die geringste Rolle, wie wir uns sehen oder über uns denken. Das einzig Wichtige ist, wie Gott uns sieht!

Sarah sah sich selbst als alte, unfruchtbare Frau, ohne Hoffnung ein Kind zu bekommen. Aber der Herr sah in ihr die Mutter vieler Menschen. Mose stotterte und schien nur dafür zu gebrauchen zu sein, Schafe zu hüten. Aber Gott erachtete ihn als idealen Mann, um Sein Volk aus ägyptischer Gefangenschaft zu führen. Petrus erschien allen als tollpatschiger galiläischer Fischer, aber Christus sah ihn als Felsen, als Leiter mit einer Schlüsselrolle bei der Gründung seiner Kirche. Ananias sah in Paulus die Personifizierung der Christenverfolgung, aber der Herr sah diesen Mann als sein auserwähltes Instrument, um das Evangelium zu den Heiden zu tragen.

Nun Leiter, wie sehen Sie sich selbst? Sehen Sie sich als jemand Armen, Unglücklichen, mit nur wenigen Fähigkeiten und noch weniger Ressourcen? Denken Sie, Gott sieht Sie im selben Licht? Was würden Sie dem Engel des Herrn antworten, wenn er eines Tages vor Ihnen stehen würde?

Denkanstoß

Vielleicht ist es wahr, dass Sie arm sind und über nur geringe Ressourcen verfügen. Gideon gehörte ebenfalls zu einer armen Familie. Doch die wirkliche Schwierigkeit liegt nicht in unseren Umständen – sie liegt im Glauben, dass unsere Position Gottes Wirken und Ziele beeinträchtigen könnte. Doch Er sieht keinerlei Hindernisse für seine Pläne, denn *Er* übernimmt die Arbeit, nicht wir. Der Engel sagte zu Gideon „geh hin in deiner Kraft." Er bat ihn nicht darum, erst noch größere Mittel oder Reichtümer anzuhäufen, die er nicht hatte. Der Engel wollte einzig und allein, dass Gideon seine Schwäche in die Hände des allmächtigen Gottes legt. Ein sonst nutzloser Diener kann sich in den Händen Gottes zu einer überaus wirkungsvollen Waffe verwandeln.

Als nun Mose vom Berge Sinai herabstieg, hatte er die zwei Tafeln des Gesetzes in seiner Hand und wusste nicht, dass die Haut seines Angesichts glänzte, weil er mit Gott geredet hatte. *2.Mose 34:29*

Der Mensch, der Zeit in Gottes Gegenwart verbringt, kann gar nicht anders, als komplett verändert zu werden! Gibt es eine bessere Textstelle, um das zu verdeutlichen, als diese? Die Begegnung die Mose mit Gott hatte, war so intensiv, dass sein Angesicht zu leuchten begann. Es geht gar nicht anders, als dabei an Christi Verklärung zu denken, die Seine Jünger miterlebten: *„und seine Kleider wurden hell und sehr weiß, wie sie kein Bleicher auf Erden so weiß machen kann“* (Markus 9:3). Dieses Leuchten bezieht sich nicht nur auf seine Kleidung, sondern beschreibt ein sehr intensives geistliches Leuchten. Wer von uns würde so etwas nicht gerne einmal erleben? Die mit Christus auf dem Weg sind, sehnen sich nach einer solchen Nähe mit dem Herrn. Wie muss sich ein derartiges Erlebnis anfühlen? Wären wir fähig, uns auf den Beinen zu halten, wenn wir auf diese Weise von Gott heimgesucht würden?
In unserem „gerechtfertigten Neid“ auf Moses Erlebnis übersehen wir jedoch ein kleines Detail: Der Prophet war sich nicht bewusst, dass sein Gesicht leuchtete. Klingt ziemlich nebensächlich, nicht wahr? Tatsächlich begreifen wir durch dieses Detail zumindest teilweise, welches Mysterium in einer solchen Veränderung wirkt. Geistliche Verwandlung, die mit gewissen Erlebnissen einhergeht, ist nicht zu unserem Vergnügen gedacht. Oftmals wird uns gar nicht bewusst, dass Gott an uns arbeitet. Das Ziel Seines Wirkens ist, dass andere Seine Herrlichkeit in uns widergespiegelt sehen, damit wir nicht mit unserer geistlichen Reife angeben können.

Daher ist es notwendig, unserer versteckten Herzensmotivation auf den Grund zu gehen. Oftmals sehe ich einen unterschwelligen Wettbewerb zwischen Pastoren, wem von ihnen wohl die größere Ehre bei Treffen mit anderen wichtigen Leitern zuteil wird. Der Apostel Paulus ermutigt die Gemeinde in Phillippi: *„Tut nichts aus Eigennutz oder um Eingebildetheit willen, sondern in Demut achte einer den andern höher als sich selbst"* (Philipper 2:3). Der etwas hölzerne Begriff „Eingebildetheit" wird auch mit „eitle Ehre" übersetzt und meint Ehre, die echt scheint, aber an sich keinen Wert besitzt. Sie gründet sich auf die Bestätigung und den Applaus von Menschen, anstelle der Bestätigung unseres himmlischen Vaters. Als solche ist sie dazu bestimmt, zu verlöschen.

Als Leiter ist es unsere Aufgabe, unser Leben so in Heiligkeit und in der Nähe Gottes zu leben, dass Er unsere himmlische Ehre leuchten lässt. Unsere Gegenwart allein sollte von der Herrlichkeit unseres Gottes Zeugnis geben. Aber Vorsicht! Sobald wir unseres Leuchtens gewahr werden, wird es verschwinden. Unser gütiger Vater weiß, wie schnell wir stolz werden können, selbst auf etwas, das nicht einmal unser ist. Darum hatte Paulus auch einen Dorn in seinem Fleisch, damit seine „Größe" nicht ihm gehörte sondern Christus.

Denkanstoß

Reflektieren Sie einmal über folgenden Rat von Samuel Wilberforce, einem der Heiligen des 19. Jahrhunderts: *„Denke so wenig wie möglich über dich selbst nach. Wende deine Augen entschieden ab von jeglicher Beobachtung deines Einflusses, deines Erfolges, deiner Nachfolger. Vor allem; rede so wenig wie möglich über dich selbst."*[4]

Die unheiligen Altweiberlegenden aber weise ab; dagegen übe dich in der Gottesfurcht!

1.Timotheus 4:7 (Schlachter 2000)

Wir haben leider die Tendenz, mehr über Dinge zu reden, als sie zu tun. Wir glauben, dass es fast das Gleiche ist, über die Wichtigkeit des Gebetslebens zu reden, wie wenn wir tatsächlich beten. Wir denken, unsere Brüder darin zu ermutigen, von ihrem Glauben Zeugnis zu geben, wäre dasselbe, wie es selbst zu tun. Wenn wir das minuziöse Studieren des Wortes Gottes als Tugend preisen, bedeutet es für uns dasselbe, als selbst über das Wort nachzusinnen. Und wer ist mehr dieser Gefahr ausgeliefert, als Leiter. Wir, die wir uns selbst dem Lehren und der Verkündigung der Wahrheiten Gottes widmen.

Paulus kennt dieses potentielle Problem für Leiter, besonders für die Jüngeren unter ihnen. Deswegen betont er gegenüber Timotheus, dass sein Leben nicht aus leeren Worten bestehen sollte. Diese Ermahnung ist ein Thema, das den Apostel zutiefst besorgt haben muss, denn er wiederholt es siebenmal in den Briefen an den jungen Pastor. Seine Botschaft ist eindeutig: „Verwickele dich nicht in endlosen Wortgefechten, denn Geistlichkeit misst sich nicht in Worten!" Der Apostel hatte bereits im Brief an die korinthische Gemeinde darauf hingewiesen: *„das Reich Gottes besteht nicht im Wort, sondern in Kraft"* (1.Korinther 4:20, ELB). Welche Alternative schlägt er vor? Den Weg der Disziplin.

Interessanterweise besitzt das Ursprungswort das er benutzt, dieselbe Wurzel, wie das Wort Gymnastik. In anderen Worten, Paulus ermutigt Timotheus „Sport zu treiben", um geistlich in Form zu bleiben. Die Gymnastik von der er spricht, hat natürlich nichts mit einem Fitnessprogramm zu

tun, obwohl er klarstellt, dass auch dies sich lohnt. Was Paulus aufzählt, sind allesamt Tätigkeitsworte, die uns die Tür zu einer größeren Nähe Gottes öffnen: *anbeten, lesen, beten, fasten, sich zurückziehen, Stille halten.*
Viele von uns führen ein diszipliniertes Leben, doch unsere Disziplin kann fehlgeleitet sein. Wir verbringen viel Zeit in öffentlichen Veranstaltungen, die uns letzten Endes am meisten Befriedigung verschaffen. Nichtsdestotrotz verhelfen sie uns nicht zu größerem Tiefgang in unserer Gottesbeziehung. Brauchen wir Veränderung in unserem öffentlichen Auftreten, erlernen wir das am besten, wenn wir allein und ungestört sind. Ausgezeichnete Qualität in jeglicher Unternehmung hat seinen Preis. Will ein Musiker ausgezeichnet sein, kann er sich nicht nur auf sein natürliches Talent verlassen, sondern muss Stunden im Proberaum verbringen. Der Athlet, der den begehrten Preis erhalten will, muss lange zermürbende Stunden trainieren. Ebenso müssen wir bereit sein, belebende geistliche Disziplinen anzuwenden, wenn wir wirklichen Tiefgang in unser geistliches Leben bringen wollen.

Denkanstoß

„Er aber zog sich zurück und war in einsamen Gegenden und betete" (Lukas 5:16, ELB), lehrt uns die Schrift. Kann man von Ihrem Leben dasselbe sagen? Wenn Sie die Intensität Ihres geistlichen Lebens messen müssten, welche Punktzahl würden Sie sich geben? Welche Hindernisse halten Sie von Ihren geistlichen Übungen ab? Welche praktischen Schritte können Sie gehen, um an dieser Stelle zu wachsen?

Und als er allein war, fragten ihn, die um ihn waren, samt den Zwölfen, nach den Gleichnissen. *Markus 4:10*

Haben Sie jemals bemerkt, wie oft sich diese Szene in den Evangelien wiederholt? Jesus lehrte einerseits die Massen und andererseits die Jünger, die immer unter den Zuschauern waren, auch wenn sie nicht immer verstanden, was sie hörten. So warteten sie oftmals, bis sie alleine waren, um Ihn um einige Klarstellungen und Erklärungen zu bitten oder darum, dass Er seine Gedanken mit ihnen teilte.

An dieser Szene, die sich oft in den drei Jahren ihres Zusammenseins wiederholte, können wir zwei wichtige Prinzipien für Leiter, die im Lehrdienst tätig sind, ableiten. Zuerst einmal sollte ein Lehrer niemals voraussetzen, dass die für ihn offensichtlichen und deutlichen Dinge, es ebenso für seine Zuhörer sind. Jeder Einzelne hört und analysiert das Gesagte vor seinem persönlichen Hintergrund. Zusätzlich geht üblicherweise immer etwas im Kommunikationsprozess verloren. Was der Redner als eine ihm einfache und leicht verständliche Idee ausdrücken wollte, kann beim Hörer als unverständliche und verstümmelte Botschaft ankommen. Glauben Sie nicht, dass Ihre Predigt oder Lehre immer so aufgenommen wird, wie Sie es gerne hätten.

Zweitens versteht der lebenserfahrene Lehrer, dass Lernen ein Prozess ist. Wahrheit fällt nur stückweise in das Herz des Zuhörers. Manchmal ist die anfängliche Reaktion des Zuhörers feindlich gestimmt, aber das Wort Gottes arbeitet sich voran und schlägt Wurzeln im Herzen des Empfängers. Dies vor Augen, wird uns bewusst, dass Lernen eher ein Prozess, als ein einmaliges Ereignis ist. Im Laufe der Zeit denkt der

Zuhörer über das Gesagte nach und zieht seine Schlussfolgerungen, die die Tür für wirkliche Veränderung öffnen. Weise Leiter, die dieses Konzept verstehen, halten ihren engsten Mitarbeitern immer die Möglichkeit offen, Zweifel zu klären oder einfach mitzuteilen, wie sie vom Wort bewegt wurden. Dies ist ein grundlegender Teil des Lernprozesses. Derjenige Leiter der nur auf öffentliche Veranstaltungen angewiesen ist, um seine Anvertrauten zu unterweisen, wird bald merken, dass es nicht sehr tief geht. Noch wichtiger ist, dass ein guter Lehrer merkt, dass die zwanglosen Momente, in denen die Unterhaltung „sich verselbstständigt", Schlüsselmomente der Lehre sind, die oftmals den größten Eindruck im Leben anderer hinterlassen.

Denkanstoß

Halten Sie sich einen Augenblick lang Ihren eigenen Lehrstil vor Augen. Verlassen Sie sich zu sehr auf Ihren öffentlichen Dienst? Würden Ihre engsten Mitarbeiter von Ihnen sagen, dass Sie gerne für andere zur Verfügung stehen? Was können Sie tun, um sich zu vergewissern, dass das was sie lehren, auch wirklich bei Ihren Zuhörern ankommt? Wie können Sie häufiger ungezwungene Momente schaffen, so wie in der heutigen Schriftstelle geschildert?

23. Januar Damit Lehre nicht zur Leere wird

Da redete Jesus zu dem Volk und zu seinen Jüngern und sprach: Auf dem Stuhl des Mose sitzen die Schriftgelehrten und Pharisäer. Alles nun, was sie euch sagen, das tut und haltet; aber nach ihren Werken sollt ihr nicht handeln; denn sie sagen's zwar, tun's aber nicht. *Matthäus 23:1-3*

In einigen Gemeinden ist es nicht ungewöhnlich, bittere Kämpfe um den rechtmäßigen Leitungsanspruch in der Gemeinde zu erleben. Anschuldigungen machen die Runde und jeder versucht dem anderen zu zeigen, wie falsch er doch liegt.

Zweifellos hatten die Pharisäer und Schriftgelehrten eine einflussreiche Stellung innerhalb der jüdischen Gemeinde inne, die sie nicht verdienten. Dennoch griff Christus ihre Stellung nicht an. Sie saßen auf dem Lehrstuhl von Mose und hielten somit eine privilegierte Position. Anstatt zu hinterfragen, ob sie diese Ehre verdienten, stellte Christus die Anwendung ihrer Autorität in Frage.

Alle Lehrer werden gerichtet, egal ob sie ihre Position verdienen oder nicht. Jakobus warnt, *„Meine Geschwister, es sollen nicht so viele von euch darauf aus sein, Lehrer der Gemeinde zu werden! Ihr wisst doch, dass wir Lehrer einmal besonders streng beurteilt werden"* (Jakobus 3:1, NGÜ). Jesu Einwand war, dass ihre Lehre sich nicht in ihrem Lebensstil widerspiegelte, denn sie sagten eine Sache und lebten eine andere.

Das ist ein weit verbreitetes Problem. Lehre kann so theoretisch werden, dass sie ihre Wirkungskraft beim Zuhörer verliert. Diese Wirkungslosigkeit ist nicht damit zu verwechseln, eine falsche Lehre zu vermitteln; denn häufig ist das, was gelehrt wird, biblisch korrekt und sauber präsentiert. Dennoch schafft diese Lehre keinerlei Veränderung in seinen Zuhörern, da sie keinen Rückhalt in einem konkreten Lebensbeispiel findet.

Als Christus seine Bergpredigt beendete, war die Menge erstaunt, *„denn er lehrte sie mit Vollmacht und nicht wie ihre Schriftgelehrten“* (Matthäus 7:29). Die Wirkung, die seine Lehre hatte, lag mit Sicherheit darin, dass es keinen Unterschied zwischen dem gab, was er lehrte und dem, was er lebte. Sein Lebenszeugnis stützte sich in jeder Hinsicht auf das was er sagte.

Dies bedeutet nicht, dass Lehrer perfekt sein müssen. Wir stehen alle in einem Reifeprozess und werden Christi Ebenbild immer ähnlicher. Aber wir sollten uns ernsthaft dazu verpflichten, den Standard zu leben, den wir von anderen erwarten. Das hilft uns auch, die scharfen Kanten unserer Predigten abzuschleifen; denn wer versucht, die geistlichen Disziplinen zu leben, wird schnell feststellen, dass der Prozess weitaus schwieriger ist, als es unsere Worte glauben machen. Lehrer, die darum kämpfen, ihre Botschaft glaubhaft zu leben, können sanft und mitfühlend sein, denn sie haben verstanden, dass das Leben nicht so einfach ist, wie es scheint.

Denkanstoß

In seinem Buch „Seven laws of a learner“ schreibt Dr. Howard Hendricks: *„Du kannst nicht aus einem Vakuum heraus kommunizieren. Du kannst kein Leben vermitteln, wenn du selber keins besitzt. Der prägende Lehrer lehrt immer aus dem Überfluss des eigenen Lebens.“*[5] Je tiefgreifender Sie persönlich verändert werden, desto wirksamer werden Sie als Lehrer sein.

Ich habe deinen Namen den Menschen offenbart, die du mir aus der Welt gegeben hast. Sie waren dein und du hast sie mir gegeben, und sie haben dein Wort bewahrt.

Johannes 17:6

In Jesus' wunderbarem hohepriesterlichen Gebet finden wir eine ausgezeichnete Darstellung der Anliegen seines irdischen Dienstes. Er wollte zwei Hauptaufgaben erfüllen: Die Erste, den Namen des Vaters zu offenbaren, finden wir im heutigen Vers. Die Zweite, ihnen *„die Worte, die du mir gegeben hast"*, zu vermitteln in Johannes 17:8.

In mehrfacher Hinsicht ist dies auch die Aufgabe, die vor jedem Leiter liegt. Wir sind dazu berufen, Jünger zu machen und die Heiligen für den Dienst vorzubereiten. Doch erreichen wir es? Der heutige Vers gibt uns eine prägnante Vorstellung von Gottes Methodik. Wir sollen die *Worte* des Vaters vermitteln und gleichzeitig die *Merkmale seines Namens* offenbaren.

Die Vermittlung des Wortes Gottes ist in vielen Gemeinden zum Schwerpunkt der letzten Jahre geworden, wenn es auch in einigen Kirchen noch einen Mangel an biblischer Lehre gibt. Allgemein betrachtet, wird Gottes Volk jedenfalls nicht an einem Mangel Seines Wortes zugrunde gehen. Wir als Gottes Kinder verbringen einen großen Teil unserer Zeit in schier endlosen Veranstaltungen, in denen Seine Wahrheit gelehrt und gepredigt wird. Ebenso wahr ist aber, dass obwohl viele Christen das Wort Gottes kennen, viele nicht den *Gott des Wortes* kennen.

Auffallend ist dabei, dass Christus die Unterweisung im Wort mit der Offenbarung des Namens Gottes verbunden hat. Was bedeutet das? Christus übertrug nicht nur die Regeln des ewigen Wortes Gottes, sondern zeigte damit auch das Herz des Autors.

Den zweiten Teil können wir nicht vehement genug betonen. Das Wort allein, ohne Offenbarung des Herzens Gottes, führt zu einer strengen, erstickenden Gesetzlichkeit. Es gibt viele Ermahnungen in der Schrift und jemand, der den Vater nicht kennt, könnte zu der Schlussfolgerung kommen, dass Gott nichts weiter sei, als ein Tyrann.

Deshalb hat Jesus so darauf geachtet, Seinen Nachfolgern das pastorale Herz des biblischen Autors näher zu bringen. Wenn wir das Mitgefühl des Vaters wahrnehmen und Sein Verlangen verstehen uns Gutes zu tun, sehen wir Sein Wort in einem anderen Licht. Es scheint nicht länger gefüllt von launenhaften Forderungen eines strengen Gottes, sondern wird reich an sanften Richtlinien eines Vaters, der Seine Kinder segnen möchte. Wenn Menschen Gottes Güte aus erster Hand kennenlernen, fällt Gehorsam leichter.

Denkanstoß

Sie können den Namen Gottes nicht durch mehr Lehre vermitteln. Sie offenbaren Seinen Namen, wenn Sie Ihn aus tiefster Vertrautheit kennen. Die Offenbarung der Natur Gottes ist etwas, das von Menschen wahrgenommen wird. Es ist eine geistliche Realität, die sichtbar wird, wenn Sein Wort im Herzen ankommt. Wenn Sie sich nicht der Güte unseres himmlischen Vaters täglich erfreuen, können Ihre Worte Seinen Namen nicht offenbaren. Lassen Sie den heutigen Tag nicht vergehen, ohne sich Zeit mit dem Autor des Wortes genommen zu haben!

Elia war ein schwacher Mensch wie wir; und er betete ein Gebet, dass es nicht regnen sollte, und es regnete nicht auf Erden drei Jahre und sechs Monate. Und er betete abermals, und der Himmel gab den Regen und die Erde brachte ihre Frucht. *Jakobus 5:17-18*

Vor vielen Jahren nahm ich am iberoamerikanischen Missionskongress COMIBAN teil, der 1987 ihn São Paolo stattfand. Einer der am sehnlichsten erwarteten Momente war die Ankunft eines weltbekannten Evangelisten am letzten Tag. Als dieser Mann die Bühne betrat, hagelte ein Blitzgewitter aus Hunderten von Fotoapparaten auf ihn nieder. Das verursachte Chaos war so enorm, dass der arme Mann das Treffen unterbrach und das Publikum bat, das Fotografieren einzustellen.

Dieses Erlebnis ließ mich über die Vergötterung einiger prominenter Persönlichkeiten nachdenken, die oft Teil unserer christlichen Kultur ist. Seit diesem Treffen habe ich es wieder und wieder gesehen. Wir haben die Angewohnheit, unsere herausragenden Leiter auf ein Podest der Bewunderung und Bevorzugung zu stellen, was weder ihnen noch uns gut tut.

Warum dieses Drängen, ihnen so nahe kommen, mit ihnen zu reden oder sie berühren zu wollen? Tief in unserem Inneren hält sich die beharrliche Überzeugung, dass ihre strahlende Persönlichkeit von ihnen selbst erzeugt wird. Wir schauen sie uns und ihre Dienste mit Erstaunen an, als gehörten sie zu einer anderen Gattung Mensch, mit Qualitäten oder Charakteristiken, die wir nie erlangen könnten.

Jakobus möchte uns ermutigen, im Gebet kühner zu werden. Am Ende seiner Ausführungen gelangte er zu Elias kraftvollem Gebetsleben. Elia betete und es hörte auf zu regnen;

er betete erneut und es regnete wieder. Ich weiß nicht, wie Ihre Reaktion auf diese Geschichte ist, aber ich vermute, Sie würden sagen: „Ich könnte so etwas niemals tun."

Und das ist genau der Punkt gegen den der Apostel argumentiert. Bevor wir noch unsere Ausflüchte hervorholen können, wirft er uns entgegen, dass Elia genauso ein Mensch war, wie wir. Er hatte keine hervorragenden Qualitäten, war ebenso deprimiert wie wir und wurde wütend wie wir und manchmal fehlte ihm der Glauben, genauso wie uns. Trotzdem: Er betete und Gott antwortete.

Worauf kommt es Jakobus an? Elias Größe lag nicht in ihm selbst, sondern in dem Gott, an den er glaubte. Seine Bedeutung erlangte er nicht durch eigene Werke, sondern indem er die des Herrn tat. Deshalb sollte sich kein Christ durch sein Beispiel eingeschüchtert fühlen, denn derselbe Gott der in Elia wirkte, ist auch in Ihrem Leben und Dienst am Wirken.

Denkanstoß

Danken Sie Gott für das beispielhafte Leben und die Arbeit der Menschen, die internationale Anerkennung in der christlichen Welt erlangt haben. Aber fühlen Sie sich nicht von dem unter Druck gesetzt, was sie erreicht haben. Ihre Bedeutung kommt nicht von ihnen selbst, sondern von Gott, der in und durch sie wirkt. Nehmen Sie die Hand desselben Gottes und wagen sie daran zu glauben, dass Er auch in Ihrem Leben große Dinge bewirken will.

Sie binden schwere und unerträgliche Bürden und legen sie den Menschen auf die Schultern; aber sie selbst wollen keinen Finger dafür krümmen. *Matthäus 23:4*

Der bekannte christliche intellektuelle Francis Schaeffer beobachtete einmal: „Biblische Orthodoxie ohne Mitleid muss eine der unangenehmsten Dinge auf dem Angesicht der Erde sein." Einige Bibelausleger sagen, dass die Pharisäer eine Liste von 630 Regeln zu halten hatten, um gottgefällig zu leben. Das Gewicht dieser vielen Gesetze hat eher nicht dazu beigetragen, Menschen zu ermutigen, Gottes Angesicht zu suchen. Vielmehr haben sie dazu geführt, dass die meisten Menschen der Meinung waren, geistliches Leben sei nur etwas für eine handvoll Auserlesene.

Das Hauptproblem der Pharisäer war jedoch nicht die Vielzahl ihrer Gesetze, auch wenn sie sicher ein großer Hinderungsgrund für die Entwicklung geistlichen Lebens waren. Viel abstoßender war die Form, in der sie diese Regeln vermittelt haben. Sie glaubten, ihre Hauptverantwortung liege darin, den Menschen zu sagen, was sie zu tun und zu lassen hätten.

Wie viele Leiter arbeiten heute auf dieselbe Art und Weise! Wir verschwenden Unmengen an Zeit, um Drohtiraden auf Menschen loszulassen, damit sie dies tun und jenes lassen. Unsere Lehre und Predigt besteht aus einer endlosen Serie von Ermahnungen, um verschiedenste Pflichten zu erfüllen. Unter diesen Umständen sollte es uns nicht überraschen, die Leute ausgelaugt und frustriert vorzufinden.

Doch die meisten Glieder der Gemeinde kennen sehr wohl ihre Aufgabe. Oder haben Sie jemals einen Gläubigen angetroffen der nach Jahren in all den Gemeindeveranstaltungen immer noch nicht begriffen hatte, dass er seinen Nächsten zu lieben, die Bibel zu lesen, Zeugnis zu geben und mehr Zeit im Gebet zu verbringen hat? Was ist so originell an einer Predigt, die uns dazu auffordert, im Dienen, Geben und in der Anbetung zuzunehmen?

Unser Denkfehler ist es zu glauben, dass bloße Zurechtweisung Menschen motivieren würde. Ein Übermaß an Anweisungen erdrückt die Menschen jedoch mit der Zeit, so wie eine untragbar gewordene Last. Die Verantwortung des Leiters ist also nicht nur die der Zurechtweisung. Wir müssen die Bereitschaft dazu haben, unsere Anvertrauten in ihren Versuchen zu begleiten, das anzuwenden, was wir sie gelehrt haben.

Genau das hat Jesus Christus, unser oberster Hirte, auch getan. Er lehrte seine Jünger, wie sie bestimmte Wahrheiten in die Tat umsetzen konnten, aber gleichzeitig zeigte Er ihnen auch durch Sein eigenes Beispiel, wie sie es leben können. Als Er zum Vater zurückkehrte sendete Er den Heiligen Geist, um Seine Arbeit fortzusetzen. Der ureigene Name des Heiligen Geistes, *parakletos,* weist darauf hin, dass es seine Aufgabe ist, andere zu begleiten, um ihnen in ihrer Schwachheit zu helfen.

Das ist der Unterschied zwischen „Kanzelpastoren" und solchen, die nach „Herde riechen". Erstere ermahnen nur und hemmen dadurch Menschen, die jemanden brauchen, um sie auf ihrem Weg zu begleiten. Die Letzteren verwenden Zeit zum Vorleben, Begleiten und Korrigieren ihrer Herde, so dass sie lernt, an der Seite ihres Königs unterwegs zu sein.

Denkanstoß

Welche Menschen haben Ihnen am meisten bei Ihrer eigenen Pilgerreise mit Christus geholfen? In welcher Form halfen sie? Wie können Sie ein Gleichgewicht, zwischen Ermahnen und Unterstützen erreichen? Welche Dinge halten Sie davon ab, diese Balance *heute* zu finden?

Der HERR ist mein Hirte, mir wird nichts mangeln. Er weidet mich auf einer grünen Aue und führt mich zum frischen Wasser. *Psalm 23:1-2*

Welch glückselige Bilder uns die Worte des Hirten-Königs hier vor Augen führen! Dieser Abschnitt diente bereits unzähligen Generationen von Gläubigen vor uns als Kraftquelle und Ermutigung. Wie kein anderer Psalm offenbart uns dieser intime Details der Liebe unseres großen Hirten für sein Volk.

Schauen wir uns einmal die wichtige Rolle, die Verben in diesem Abschnitt spielen, an: Er *weidet* mich auf einer grünen Aue, Er *führt* mich zum frischen Wasser. Er *erquickt* meine Seele. Er *leitet* mich auf Pfaden der Gerechtigkeit, Sein Stecken und Stab *trösten* mich. Er *bereitet* vor mir einen Tisch. Er *salbt* mein Haupt mit Öl. Man braucht kein Germanistikstudium, um die Gleichförmigkeit der Satzstruktur in jedem Satz zu erkennen. Alle Tätigkeiten werden in der Passiv-Form ausgedrückt. In jeder der beschriebenen Situationen handelt das Schaf nicht, sondern es empfängt. Es empfängt, was der gute Hirte ihm gibt: Fürsorge, Richtung, Wiederherstellung, Führung, Dienst und Salbung.

Alle diese Gaben stammen vom Hirten, nicht vom Schaf. Er ist es, der Seine Herde liebt, für sie sorgt und der sich ständig um ihr Wohlbefinden kümmert. Ihre Beziehung basiert auf einer einfachen Grundlage: Er gibt und sie empfängt.

Warum ist das für uns so wichtig? Heutzutage gibt es unzählige Schafe die glauben, es sei ihre Verantwortung sicherzustellen, was der Hirte ihnen geben will. Sie laufen herum und versuchen sich selbst wiederherzustellen, suchen nach grünen Weiden und frischen Wassern. Die Hauptsorge eines Schafes sollte jedoch nur diese sein: Sich möglichst nahe beim Hirten zu halten. Er hat sich dazu verpflichtet, jedes ihrer Bedürfnisse zu stillen. Doch um für sie sorgen zu können, braucht Er ihr Einverständnis, von Ihm behütet zu werden. Dieses Prinzip nennt Norman Grubb – ein großer Held der modernen Missionsbewegung – ein zentrales Prinzip unseres geistlichen Lebens. Gott verhält sich immer entsprechend Seiner ewigen Natur und die Menschheit entsprechend der ihren. Ein Austausch dieser beiden ist nicht möglich. Gott ist immer derjenige, der gibt und wir diejenigen, die empfangen.[6]

Wenn wir das vergessen, verlieren wir unsere Abhängigkeit vom Hirten, die absolut notwendig ist für ein gottgefälliges Leben.

Wie schwer fällt es Leitern aus der Rolle des „Pflegepersonals" auszusteigen und selbst zum Schaf zu werden! Wir sind daran gewöhnt, andere zu umsorgen, aber nicht selbst umsorgt zu sein. Wenn wir es unserem Hirten jedoch nicht erlauben für uns zu sorgen, sind wir auch nicht dafür ausgerüstet, uns um die Bedürfnisse anderer zu kümmern.

Denkanstoß

Erlauben Sie Jesus für Ihr seelisches Wohlbefinden zu sorgen? Sie sind zwar Leiter, aber an erster Stelle auch Schaf und als Schaf brauchen auch Sie einen Hirten. Warum nehmen Sie sich nicht jetzt einen Moment Zeit und erlauben dem großen Hirten für Ihre Herzensnöte zu sorgen? Öffnen Sie Ihr Herz für die liebevolle Fürsorge des Hirten von Israel.

Selbst wenn ich durch ein finsteres Tal gehen muss, wo Todesschatten mich umgeben, fürchte ich mich vor keinem Unglück, denn du, Herr, bist bei mir! Dein Stock und dein Hirtenstab geben mir Trost. *Psalm 23:4 (NGÜ)*

Die Ursache für die Zuversicht des Psalmisten ist nicht seine Hoffnung auf veränderbare Umstände oder der Wunsch nach einem Leben ohne Schwierigkeiten und Hindernisse, im Gegenteil. Es ist dem Psalmisten durchaus bewusst, dass er wahrscheinlich durch das Tal der Todesschatten gehen muss. Die Stärke, dieser Tatsache ins Gesicht zu schauen, kommt aus der Überzeugung, dass der Herr mit ihm geht, auch und gerade in den widrigsten Umständen.

Ist Ihnen schon einmal aufgefallen, wie oft der Herr die Worte „Ich bin bei dir" in der Bibel wiederholt? Alle Texte mit dieser Wendung haben etwas gemein: Die Kernaussage des jeweiligen Textes dreht sich immer um eine furchterregenden Situation. Jakob zum Beispiel hatte Angst wieder nach Hause zurückzukehren, denn seine Brüder hatten geschworen ihn umzubringen. Der Herr erschien ihm und sagte: *„Ich will mit dir sein."* (1.Mose 31:3). Josua wurde von der Herausforderung eingeschüchtert, sein Volk bei der Eroberung des verheißenen Landes anzuführen. Der Herr ermutigte ihn: *„Sei stark und mutig. Erschrick nicht und fürchte dich nicht. Denn mit dir ist der Herr dein Gott, wo immer du hingehst." (*Josua 1:9, ELB). Als der Engel des Herrn Gideon dazu berief, Israel vom Joch der midianitischen Herrschaft zu befreien, fühlte er sich zu unbedeutend für eine solche Aufgabe. Aber der Herr betonte: *„Ich werde mit dir sein"* (Richter 6:16, ELB). Der junge Prophet Jeremia fand es hoffnungslos, Gottes Wort seinem Volk zu verkünden. So viele waren ge-

gen ihn! Aber der Herr erinnerte ihn: *„Und sie werden gegen dich kämpfen, dich aber nicht überwältigen, denn ich bin mit dir spricht der Herr, um dich zu erretten“* (Jeremia 1:19, ELB). Sogar der sonst so furchtlose Apostel Paulus war besorgt wegen der jüdischen Opposition in Athen. Nachts in einer Vision redete aber der Herr zu ihm: *„Fürchte dich nicht, sondern rede und schweige nicht! Denn ich bin mit dir.“* (Apostelgeschichte 18:9-10).
Wir leben in schwierigen Zeiten. Wirtschaftliche Stabilität wird weltweit zu einer immer größeren Sorge. In vielen Ländern nimmt die Arbeitslosenquote Tag für Tag unbarmherzig zu. Und als wäre das nicht genug, steigt auch die Kriminalitätsrate an und sorgt für Angst und Schrecken. Auf den Punkt gebracht: Unsere heutige Zeit ist wie dafür geschaffen, um sich vor ihr zu fürchten.
Wie erleichternd ist es dann, sich erneut die Worte des Psalmisten vor Augen zu führen: „Selbst wenn ich durch ein finsteres Tal gehen muss, wo Todesschatten mich umgeben, bist du bei mir!“ Zeiten der Krise sind unschätzbar wertvoll für jene, die in ihrer Abhängigkeit von Gott wachsen wollen!

Denkanstoß

Welcher Zeitpunkt würde sich besser eignen als dieser, um den Herrn fest bei der Hand zu nehmen und mit Mose zu bekennen: *„Wenn du nicht selbst mitgehst, so führe uns nicht von hier hinauf“* (2.Mose 33:15, Schlachter 2000). Oftmals fühlen wir Ihn nicht. Wir können Ihn auch nicht sehen, dennoch ist Er bei uns. Daher lasst uns furchtlos vorangehen!

Wer als Erster vor Gericht aussagt, scheint Recht zu haben; dann aber kommt sein Gegner und zeigt die andere Seite auf. *Sprüche 18:17 (HfA)*

Eine unserer Verantwortungen im Dienst ist es, anderen zuzuhören. Oftmals suchen Menschen Hilfe bei uns, um Schwierigkeiten in ihren Beziehungen zu lösen. Ein weiser Leiter sollte in diesen Situationen nicht vorschnell mit geistlichen Ratschlägen um sich werfen. Alles was uns Menschen mitteilen, ist natürlich durch ihre eigene Sichtweise gefärbt. Aber oftmals besitzen Einzelpersonen die Fähigkeit, ihre Geschichte dermaßen einzufärben, dass kein Zweifel an der Schuld der anderen Person bleibt. Ihre Worte sind überzeugend, ihre Argumente einschlägig und ihre Haltung erscheint tadellos und wie vom Geist Gottes berührt. Ohne, dass wir es bemerken, haben wir ihnen innerlich schon voll zugestimmt. Unsere Kommentare machen deutlich, dass wir den Schuldigen bereits ausgemacht haben: die Person, die gerade nicht anwesend ist!

Der Autor der Sprüche identifiziert eine Gefahr darin, sich vorschnell eine Meinung über eine bestimmte Situation zu bilden. Jedermann ist fähig einen Vorfall zu beschreiben, in dem seine eigene Handlungsweise tadellos erscheint. Aber Salomon warnt uns davor, dass wir es niemals als selbstverständlich hinnehmen sollten, dass eine Person die Wahrheit spricht. Ein aufmerksamer Leiter weiß, dass es selbst in den extremsten Situationen immer zwei Seiten einer Geschichte gibt. Es ist wichtig, dass wir den Herrn um ein gutes Urteilsvermögen bitten, aber ebenso wichtig, die Situation von allen Seiten zu betrachten, die Seite der abwesenden Person eingeschlossen.

sätzlich muss uns klar sein, dass, wenn wir von jemandem um Rat gebeten werden, wir auch nur dem Anwesenden weiterhelfen können. Daher sollten wir feinfühlig mit der Person umgehen, damit seine Einstellung und Herzenshaltung ans Tageslicht kommen. Wir mögen darin übereinstimmen, dass die abwesende Person sich auch falsch verhalten hat, aber im Moment haben wir keinerlei Zugang zu ihr. Deshalb können wir nur der Person, die vor uns sitzt dabei helfen, nach den ewigen Richtlinien der Bibel zu leben. Und genau das ist unsere Verantwortung.
Wenn wir bereits die vorgefertigte Meinung angenommen haben, dass die abwesende Person diejenige war, die „gesündigt hat", wird es uns sehr schwer fallen, auf diese im Nachhinein zuzugehen und ihr Hilfe anzubieten, denn unser Resümee wird sich in unserer Haltung und in unseren Worten widerspiegeln. Niemand sollte durch die Worte eines anderen verurteilt werden. Jedermann sollte mit der größtmöglichen Unvoreingenommenheit angehört und geprüft werden. Nur auf diese Art und Weise können wir wirkungsvolle Instrumente in der Konfliktlösung werden.

Denkanstoß

In vielfachen Situationen in den Evangelien, wurde Jesus darum gebeten, in die unterschiedlichsten Meinungsverschiedenheiten einzugreifen, u.a. in Lukas 10:40, Lukas 12:13 und Matthäus 20:20-21. Wenn Sie diese Schriftstellen lesen, überlegen Sie einmal Folgendes: Was fordert die jeweilige Person? Welche Lösung bietet der Messias an? Inwiefern passt Seine Antwort auf das, was sich der Bittende erhofft hatte? Welche geistliche Lektion kann man den verschiedenen Szenarien entnehmen?

Weil du teuer bist in meinen Augen und wertvoll bist und ich dich lieb habe, so gebe ich Menschen hin an deiner Stelle und Völkerschaften anstelle deines Lebens.

Jesaja 43:4 (ELB)

Henri Nouwen, bekannter Autor von mehr als 20 geistlichen Büchern, gibt die Auswirkungen einer Welt auf uns zu bedenken, die uns ständig verdammt. Er schreibt, dass uns unsere Welt von Kindheit an einimpft, dass unser Wert als Individuum „relativ" sei. Das System sagt, dein Wert hängt nicht davon ab, wer du bist, sondern was du tust, erreichst oder besitzt. Dieses zerstörerische Erbe hinterlässt Menschen mit extrem zerbrechlichem Selbstwertgefühl, was durch jedes negative Erlebnis sehr leicht zerstört werden kann.

In Christus neues Leben zu finden, sollte tiefreichende Veränderungen in unsere unglückliche menschliche Ausgangsposition bringen. Wir sollten entdecken, dass wir von unserem ewigen himmlischen Vater geschätzt und gewollt sind. Aber unsere Alltagserfahrung zeigt etwas anderes. Manche Gemeinde führt die weltliche Lehre fort und verkündet, dass unser Wert daran gemessen wird, was wir tun – mit dem einzigen Unterschied, dass *was wir tun*, nun in vielfältigen Gemeindeaktivitäten stattfindet. Die Kernaussage bleibt jedoch dieselbe.

Als Leiter haben wir den wertvollen Auftrag, das Zerbrochene und Erschöpfte wiederherzustellen. Wir sind dazu berufen, die Kranken zu heilen, die Verletzten zu verbinden, die Verirrten zurückzubringen und die Verlorenen zu suchen (Hesekiel 34:4). Unsere Gemeinden sollten therapeutische Gemeinschaften werden, in denen die von Schmerzen Bedrückten ins Ebenbild ihres Schöpfers wiederhergestellt werden.

Um diese Arbeit überhaupt tun zu können, müssen wir selbst den Segen, ein geliebtes Kind Gottes zu sein, erlebt haben. Unser Geist braucht das Zeugnis Seines Geistes, dass wir Teil Seiner Familie sind (Römer 8:16) und uns als solcher an Privilegien und Schätzen erfreuen. Unser Wert bemisst sich nicht danach, was wir leisten, sondern im für immer gültigen Opfer Christi.

Nur wenn wir uns unserer eigenen Position sicher sind, können wir auch andere segnen. Dies gehört zu unseren kostbaren Privilegien als Priester des Allerhöchsten. Nouwen warnt uns: *„Dieser Segen kann nur von denen gegeben werden, die ihn selbst empfangen haben."* Wenn wir immer wieder die Stimme hören, die uns *gesegnet* nennt, empfangen wir *„Worte mit denen wir andere segnen und zeigen ihnen, dass sie nicht weniger gesegnet sind, als wir."*[7]

Was für ein kostbarer Dienst: die Gewohnheit der Welt, alles zu verfluchen, als nichtig zu erklären und als Werkzeug in der Hand des Vaters, anzufangen zu segnen, aufzubauen und wiederherzustellen, was der Feind zerstören wollte! Wir sind dazu aufgerufen, den Verwundeten Leben zu spenden. Das ist nur möglich wenn *wir* Sein Leben genießen können.

Denkanstoß

Warum nehmen Sie sich nicht einen Moment Zeit zum Beten: *„Herr ich brauche es, dass du mir täglich sagst, wie sehr du mich lieb hast. Ich bin anfällig für verletzbare und schmerzhafte Worte. Gib meinem Geist Kraft, durch das belebende Zeugnis, dein geliebtes Kind zu sein und gebrauche mich, diese Worte voller Leben anderen zuzusprechen."*

Wenn du in der Not schwach und mutlos bist, dann bist du es auch sonst! *Sprüche 24:10 (HfA)*

Krisen, die wir in unserer heutigen, hedonistisch geprägten Welt um jeden Preis vermeiden wollen, sind enorm wertvoll für unser geistliches Wachstum. Extreme Situationen helfen uns, unsere eigentlichen geistlichen Reserven auszutesten.

Wenn es das Leben gut mit uns meint, strotzen wir nur so vor geistlicher und physischer Kraft. In diesen Zeiten versichern wir dem Herrn unsere Loyalität und bekräftigen unsere Hingabe nach Seinem Wort zu leben. Wenn jedoch die Stürme des Lebens anfangen zu wehen, löst sich unsere Frömmigkeit und Hingabe schnell in Wohlgefallen auf. An ihre Stelle tritt die häufige Leidensfrage: „Warum ich?“

Eine entscheidende Voraussetzung, um unser Leben zu verändern, ist sich des Lebensbereiches bewusst zu werden, den der Herr gerade bearbeitet. Solange dieser keiner Prüfung ausgesetzt ist, wissen wir nicht, wie tragfähig er ist. Wir halten uns dann wahrscheinlich für weitaus reifer als wir es eigentlich sind und sind blind dafür, welche großen Defizite wir in Wirklichkeit haben. Unser Mangel an Reife und Versagen heilig zu leben – all das kommt sehr schnell ans Tageslicht.

Um dieses Prinzip besser zu verstehen, brauchen wir bloß an den Apostel Petrus zu denken. Während des letzten Abendmahles, noch tief betroffen von den Voraussagen Christi, dass einer Seiner Jünger ihn betrügen würde, verkündete Petrus selbstbewusst, dass er willens sei, mit Ihm zu sterben. Nicht eine Sekunde lang bezweifelte er seine eigene Loyalität und Frömmigkeit. Jedoch, als die Prüfung kam, konnte er noch nicht einmal seinen Mund öffnen, um seinen Herrn zu bekennen.

Hat nun der erste Petrus ein größeres Potential für den Dienst oder der Zweite? Der besiegte Petrus hatte eine sehr wertvolle Lektion erlernt. Er hat entdeckt, dass er seiner Urteilsfähigkeit bezüglich seines eigenen geistlichen Tiefgangs nicht trauen kann.

Uns lehrt diese Geschichte zwei Besonderheiten: Erstens sollten wir vorsichtig damit sein, was wir in Zeiten des Überflusses und Segens verkünden. Es ist einfach, sich unbesiegbar zu fühlen, wenn alles in Ordnung ist. Zweitens sollten wir eine größere Dankbarkeit für Krisensituationen in unserem Leben entwickeln – keinem gefallen sie, doch bringen sie eine große Frucht hervor, wenn wir nicht vor ihnen weglaufen!

Denkanstoß

Denken Sie einmal über die folgende Beobachtung nach, die der bekannte Seelsorger Larry Crabb formulierte: *„Unsere Theologie wird erst dann reich, wenn sie die Angriffe des Leides überlebt... Es ist tiefes Leid, welches unsere Herzen für die Suche nach Gott öffnet."*[8]

Ich sage euch, dass unter denen, die von einer Frau geboren sind, keiner größer ist als Johannes; der aber der Kleinste ist im Reich Gottes, der ist größer als er. *Lukas 7:28*

Lassen Sie diese lobenden Worte Jesu einmal auf sich wirken. Der Sohn Gottes erklärt Johannes den Täufer zum größten Propheten aller Zeiten. Man muss dabei bedenken, dass Johannes nicht mit Unbekannten seiner Epoche verglichen wurde, sondern mit den wichtigsten Gottesmännern aus Israels prophetischer Geschichte: Mose, Elia, Amos, Daniel, Hesekiel – die allesamt einen tiefen und bleibenden Eindruck in der Nation hinterließen.

Doch sehen wir uns den Lebenslauf Johannes des Täufers etwas genauer an. Noch vor seiner Geburt bekam er den einzigartigen Ruf, die Ankunft des Messias zu verkünden. Die meiste Zeit seines Lebens verbrachte er in kompletter Anonymität. Als er dreißig Jahre später am Jordan auftauchte, ist das einzige über ihn bekannte Detail, dass er aus der Wüste kam. Manche spekulieren, dass er jenseits Israels Grenzen in einer Gemeinschaft großgezogen wurde. Tatsächlich aber ist die Lebensgeschichte Johannes des Täufer uns vollständig unbekannt.

Über die rasche Ausbreitung seines Dienstes wird in nur wenigen Abschnitten berichtet. Seine Predigten zogen große Mengen an, die ihm nachfolgten, um seinen radikalen Aufruf zur Buße zu hören. Sogar Jerusalems namhafteste religiöse Persönlichkeiten waren unter den Massen. Bald sammelt er eine Gruppe loyaler Jünger um sich. Der Höhepunkt seines Dienstes lag in der Taufe des Messias. Doch mit dem Beginn von Jesu öffentlichem Wirken war das Ende des johannitischen Dienstes eingeläutet. Kurz nachdem er den Herrn getauft hatte, wurde er gefangen genommen. Neun Monate später wurde er von Herodes geköpft. Sein öffentlicher Dienst hatte somit kaum sechs Monate angedauert.

Wie konnte ihn Jesus unter diesen Umständen zum größten Propheten aller Zeiten erklären? Die Dienste von Jesaja und Jeremia, zwei der prägendsten Propheten Israels, überspannte einen Zeitraum von mindestens 40 Jahren. Im Vergleich dazu war der Dienst des Johannes verschwindend gering.

Unsere Verblüffung darüber zeigt, wie sehr unser Verständnis, was eine große Persönlichkeit ausmacht, von Gottes Perspektive abweicht. Das Gewicht eines christlichen Dienstes bemessen wir normalerweise nach seiner Größe, Dauer und Einflusssphäre. In Gottes Reich wird Bedeutung aber nicht anhand von Zahlen ermittelt. Stattdessen schaut Gott auf die Treue des Einzelnen. Treue bezieht sich auf die Fähigkeit genau das zu tun, worum man gebeten wird. Niemand verstand das besser als Johannes. Als seine Jünger versuchten ihn davon überzeugen, seine Nachfolger davon abzuhalten, sich um Jesus zu scharen, erklärte er seine Mission in einem schlichten Satz: *„Er muss wachsen, ich aber muss abnehmen“* (Johannes 3:30, ELB).

Denkanstoß

Unser Effizienzdenken widerspricht einer solchen Talentverschwendung. Dreißig Jahre Vorbereitung, damit ein Mann sechs Monate lang dient? Sicher ist es viel effizienter, einen dreißig Jahre andauernden Dienst aus einer sechsmonatigen Vorbereitungszeit herauszuquetschen! Doch hier erteilt uns der Sohn des Zacharias eine wertvolle Lektion. Ein Mensch, der von Gott für einen bestimmten Dienst vorbereitet wurde und zu einem bestimmten Zeitpunkt eingesetzt wird, kann in wenigen Monaten mehr erreichen, als viele in einem mehrjährigen, gutgemeinten Dienst. Wir sollten uns danach ausstrecken, die Dinge zu tun, *„die Gott zuvor bereitet hat“* (Epheser 2:10).

„Es grüßt euch Epaphras, der einer von den Euren ist, ein Knecht Christi Jesu, der allezeit in seinen Gebeten für euch ringt, damit ihr fest steht, vollkommen und erfüllt mit allem, was Gottes Wille ist.“ *Kolosser 4:12*

Wir wissen sehr wenig über Epaphras. Viele Bibelausleger schätzen, dass er eine Schlüsselperson bei der Gründung der Gemeinde in Kolossä, sowie Paulus' Begleiter während seiner ersten Gefangenschaft war. Für uns bleibt er einer von tausenden anonymen Helden, die an der Ausbreitung der Kirche während des ersten Jahrhunderts Teil hatten.

Trotzdem gibt uns der heutige Vers einen Einblick in Epaphras Charakter. Er war ein Mann des Gebets, der verstanden hatte, dass er auch aus der Entfernung Menschenleben durch Fürbitte und andauerndes Gebet berühren kann. Nach Paulus Beschreibungen, war er ein Mann, der sich dem Dienst der Fürbitte mit Inbrunst hingab, was auf eine Leidenschaft hindeutet, wie sie unter Christus' Dienern heute nicht sehr verbreitet ist.

Und das ist nicht alles. Er legte auch eine spezielle Unterscheidungsfähigkeit an den Tag, wenn es um die Gemeinde ging. Seine Gebete beschränkten sich nicht nur auf die alltäglichen Details, von denen wir uns so oft einnehmen lassen. Epaphras bat darum, dass die Gemeinde fest sei, vollkommen und völlig sicher im Willen Gottes.

Es ist anzunehmen, dass Epaphras lediglich das Beispiel des Paulus nachahmte. In fast allen seiner Briefe können wir lesen, dass er für die Gemeinden, die er gegründet oder besucht hatte, häufig betete. Er schreibt ihnen: *„dass ich ohne Unterlass euer gedenke und allezeit in meinem Gebet flehe“* (Römer 1:9-10) und *„Ich danke meinem Gott allezeit euret-*

wegen" (1.Korinther 1:4). Und auch nach Ephesus schreibt er: *„Ich höre nicht auf, zu danken für euch, und gedenke euer in meinem Gebet"* (Epheser 1:16). In seinem Brief an die Gemeinde in Philippi fügt er an: *„Immer bin ich meinem Gott dankbar, wenn ich an euch denke, und das tue ich in jedem meiner Gebete mit großer Freude."* (Philipper 1:3-4, HfA). Der Gemeinde in Kolossä teilt er mit: *„Deshalb hören auch wir nicht auf, von dem Tag an, da wir es gehört haben, für euch zu beten und zu bitten"* (Kolosser 1:9, ELB). Und die Thessalonicher ermutigt er: *„Wir danken Gott allezeit für euch alle"* (1.Thessalonicher 1:2).

Diese Männer verstanden, dass Gebete eine der effektivsten Waffen ist, die ihnen zur Verfügung stehen. Durch Gebet erreichen wir Menschen, die auf anderem Wege unmöglich erreicht werden könnten. Ich mutmaße jedoch, dass die meisten von uns glauben, dass die *wirkliche* Arbeit unseres Dienstes eigentlich aus Zusammenkünften, Besuchen und Seelsorge besteht. Richard Foster erinnert uns in seinem Buch *„Prayer"* daran, *„wenn wir wirklich Menschen lieben, werden wir uns für sie viel mehr wünschen, als wir zu geben fähig sind und dieser Wunsch wird uns ins Gebet leiten. Fürbitte ist eine Form der Nächstenliebe."*[1]

Denkanstoß

Kann man von Ihnen sagen, dass Sie im Gebet um Ihre Gemeinde oder Gruppe *ringen*? Was hält Sie davon ab, mehr Zeit im Gebet für Ihre Gemeinde zu verbringen? Wie können Sie in diesem Bereich Ihrer *Gemeindearbeit* persönlich wachsen?

Als Jitro sah, wie viel Mose zu tun hatte, sagte er: „Du hast so viel Arbeit mit den Leuten! Du sitzt den ganzen Tag da, um Streitfälle zu schlichten, und die Leute stehen um dich herum, vom Morgen bis zum Abend. Warum tust du das alles allein?" Mose antwortete: „Die Leute kommen zu mir, um Weisung von Gott zu erhalten. 2.Mose 18:14-14 (HfA)

Mose war derart eingenommen vom Trubel des alltäglichen Dienstes, dass er nicht einmal merkte, wie sehr er die Balance verloren hatte. Von Morgens bis Abends standen Massen von Leuten vor ihm, um bei ihm Rat für ihre vielfältigen Probleme zu suchen. Jitro erkannte den Irrsinn seiner Methode und stellte seinen Schwiegersohn zur Rede.

Moses Antwort hätte, von einem heutigen Gemeindeleiter ausgesprochen, in etwa so lauten können: „Wenn ich bloß könnte, wie ich wollte, würde ich es anders machen, aber die Leute suchen mich auf, so muss ich ihnen doch helfen." Mit anderen Worten, unsere Prioritäten werden von den Forderungen der Menschen um uns herum diktiert. Anstatt unseren Dienst selbst zu leiten, werden wir von einer Menschenmenge und ihrer schier endlosen Liste von Angelegenheiten bestimmt.

Diese Situation findet sich wunderbar beschrieben in Gordon MacDonalds Buch *„Ordne dein Leben"* wieder. Mit einer gehörigen Prise Humor korrigiert MacDonald den wohlbekannten Ausspruch: „Jesus liebt dich und jeder hat einen Plan für dein Leben."[2] Fakt ist, wenn ein Leiter keine klaren Ziele und Prioritäten hat, wird die Gemeinde ihm ihre eigenen auferlegen. Das nimmt dem Leiter die Freiheit sich Gottes Ruf zu widmen. Ein ähnliches Problem hatten die Apostel in Apostelgeschichte 6 zu lösen. Die Notwendigkeit die

Witwen mit Mahlzeiten zu versorgen, hielt die Apostel von ihrer Hauptaufgabe ab, nämlich, sich dem Gebet und dem Wort Gottes zu widmen.

Einsichtige Leiter begreifen, dass gezielte Prioritätensetzung in der Gemeindearbeit unumgänglich ist. Einmal beschlossen, können die Aktivitäten der Bedeutsamkeit entsprechend geordnet werden. Ist dies geschehen, wird die Gemeinde deutlich die Richtung erkennen, in die sie sich bewegt. Dadurch schaffen sich die Leiter Freiräume, sich auf wichtige Bereiche festzulegen, wie z.B. der Schulung neuer Mitarbeiter. Dies wiederum versorgt die Gemeinde mit Mitarbeitern, die auf die individuellen Bedürfnisse der Menschen eingehen können. So wird vermieden, dass Ihre Prioritäten von Menschen mit den meisten Bedürfnissen bestimmt werden.

Denkanstoß

Was sind die genauen Aufgaben, zu denen Gott Sie berufen hat? Wie viel Zeit haben Sie für diese Prioritäten eingeplant? Können Sie Symptome erkennen, die anzeigen, dass Sie diesen nicht mehr treu sind? Welche Schritte können Sie gehen, um Ihren Beruf wieder auf eine Linie mit Ihrer Berufung zu bringen?

Denn Gott hat einmal zu Mose gesagt: „Ich erweise meine Güte, wem ich will. Und über wen ich mich erbarmen will, über den werde ich mich erbarmen. „Entscheidend ist also nicht, wie sehr sich jemand anstrengt und müht, sondern dass Gott sich über ihn erbarmt". Römer 9:15-16 (HfA)

Eines der attraktivsten Elemente ist im Allgemeinen die Möglichkeit, eine gewisse Kontrolle über Gottes Handeln ausüben zu können. Mit anderen Worten, wir glauben, dass das Einhalten eines bestimmten Regelkatalogs oder gewisser Rituale uns Seine Zusage und Seinen Segen sichern werden. Diese Vorstellung führt uns in den Glauben, dass unser Handeln Gott in unsere gewünschte Richtung lenken kann.

Mir scheint, dass diese Denkweise eine Reaktion auf Gottes Herrschaftsanspruch über unser Leben sein kann. Nehmen wir beispielsweise die aufgebrachten Israeliten, denen Moses Ausflug auf den Berg zu lange dauerte. Schon damals ging es den Leuten wie uns heute: alle hassten es zu warten! Das Volk ging zu Aaron und forderte: *"Auf, mach uns einen Gott, der vor uns hergehe!"* (2.Mose 32:1). Mit anderen Worten: *„Wir wollen einen Gott der das tut, was wir wollen!"* Ohne es zu merken, kann diese Vorstellung auch in unserer Gemeinde Einzug halten. Ein einfaches Beispiel soll dies illustrieren: Ein Christ wünscht sich etwas Besonderes von Gott, aber er zögert mit der Bitte noch, da sein Privatleben nicht in Ordnung ist. So versucht er sich für eine gewisse Zeit „anständig" zu verhalten, damit Gott beeindruckt ist und ihn mit Freuden erhört, wenn er Ihn nun bittet.

Indem uns unser heutiger Vers daran erinnert, dass Gott immer noch absolut souverän ist, wird es für uns ungemütlich. Ohne große Umschweife klärt uns Paulus darüber auf, dass Gottes Handeln nicht davon abhängt, *„wie sehr sich jemand anstrengt und müht, sondern dass sich Gott über ihn erbarmt“* (Römer 9:16). Wir fühlen uns unwohl, wenn wir das hören, besonders weil unsere Kultur uns lehrt, dass wir nur erfolgreich sein können, wenn wir die Menschen in unserem Umfeld kontrollieren. Unser Gott jedoch steht außerhalb dieses perversen Systems und somit ist uns die Kontrolle aus der Hand genommen.

Worauf stützt sich also unser geistliches Leben? Es ist etwas viel Größeres, als die sehr begrenzte Möglichkeit, uns gewisse Dinge zuzusichern, indem wir versuchen, Gefallen gegen Gefallen mit Gott austauschen. Unser Herz wird durch die tief gegründete Gewissheit gehalten, dass Gott unser himmlischer Vater ist und als solcher *immer* unser Bestes sucht. Wir sind sicher in Seiner Liebe, denn Seine Liebe ist *immer* bedingungslos. Wer Ihn kennt weiß, dass er *immer* zu unserem Besten handelt. Genau diese Erkenntnis wollte Christus Seinen Jüngern nahebringen: *„Wenn nun ihr, die ihr doch böse seid, dennoch euren Kindern gute Gaben geben könnt, wie viel mehr wird euer Vater im Himmel Gutes geben denen, die ihn bitten!“* (Matthäus 7:11)

Denkanstoß

Lassen Sie einmal diesen herrlichen Gedanken von Matthew Henry auf sich einwirken: *„Gottes Gründe für Seine Gnade stammen alle von Ihm selbst und von niemand anderem sonst.“*[3] Wir haben keine andere Möglichkeit, als vor Ihm niederzuknien und Ihm zu vertrauen. Bei Ihm sind wir in guten Händen.

„Simon, Simon, Satan hat sich erbeten, euch schütteln zu dürfen wie den Weizen im Sieb. Ich aber habe für dich gebetet, dass du deinen Glauben nicht verlierst. Wenn du dann umgekehrt und zurechtgekommen bist, stärke den Glauben deiner Brüder!“ *Lukas 22:31-32 (NGÜ)*

Jesus' Aussage zeigt, wie verbindlich Er sich in Seiner Beziehung zu Petrus macht. Er demonstriert dadurch, wie geistlich durchwirkt Seine irdische Pilgerreise war. Seine Worte enthalten mindestens vier wichtige Prinzipien für unseren Gemeindedienst heute.

Erstens war Christus zutiefst beteiligt am Leben Seiner Jünger. Das wird dadurch deutlich, dass Er sie um jeden Preis beschützt und jede verfügbare Reserve verwendet, um sicherzugehen, dass Gottes Willen in ihrem Leben geschieht. Er trug seine Nachfolger zu jeder Zeit und an jedem Ort in Seinem Herzen.

Zweitens führte Ihn seine Erkenntnis um die bevorstehende Prüfung des Jüngers dazu, für ihn Fürbitte zu halten. Wenn Schwierigkeiten kommen, vertrauen wir uns oft anderen an und beklagen gemeinsam unsere Situation, ohne zu bemerken, dass wir uns gegenseitig herunterziehen, denn nur über ein Problem zu reden, löst es noch nicht. Christus unterdessen tat das Beste was Er tun konnte: Er betete für das Leben des Jüngers.

Drittens betete Jesus nicht dafür, dass diese Prüfung an Petrus vorbeiginge. Unsere westliche Kultur, niemals müde nach noch bequemeren und lebenserleichternden Möglichkeiten zu suchen, hat unsere Perspektive dermaßen verdreht, dass viele unserer Gebete nichts weiter sind als Bitten, dass Gott unsere Umstände gefälligst nach unseren Vorstellungen zu verändern habe. Wir wollen die üblichen menschlichen Schwierigkeiten und Belastungen umgehen. Der Messias jedoch betete nicht dafür. Er bat darum, dass Petrus die Prüfung unversehrt überstehen möge und im Glauben bliebe, ohne den es doch unmöglich ist, Gott zu gefallen.

Und viertens spricht Jesus Petrus direkt an und erinnert ihn an sein Lebensziel: seine Brüder zu stärken. Wenn wir eine schweißtreibende Prüfung zu bestehen haben, versinken wir manchmal in Mutmaßungen darüber, wie das Leben wohl gewesen wäre, hätte sich dieses Übel uns nicht in den Weg gestellt. Folglich hören wir damit auf, uns weiter auf Gottes Ziel für unser Leben hinzubewegen. Christus erinnert Petrus daran, dass hinter der Prüfung eine Berufung liegt, die erfüllt werden will. Durch diese Ermahnung korrigierte der Messias nicht nur seine Sichtweise auf die Umstände, sondern drückte ihm Sein tiefes Vertrauen aus. Er glaubte fest, dass alle Dinge *zurechtkommen* würden und Er ermutigte Petrus dazu, weiterzumachen.

Denkanstoß

Amy Carmichael, die große Missionarin aus Indien, war während der letzten 20 Jahres ihres Dienstes körperlich behindert. Nichtsdestotrotz berührte sie die Leben tausender Menschen durch ihr Gebet. Cyril Powell schrieb über ihren Glauben: *„Bevor wir das Gebet tiefer Fürbitte beginnen, müssen wir zuerst entdecken, was Gottes Wille ist. Ein hörendes, empfangendes Herz, durch Gehorsam gefestigt, ist darin geübt Ihn zu erkennen und Ihm zu antworten. Selbst erdachte Vermutungen sind nicht dienlich. Wir müssen uns unserer Bitten so sicher sein, wie nur der Herr uns sicher machen kann... Unser Gebet stammt weniger von uns selbst, sondern es ist das Gebet Gottes in uns."*[4]

Und sie gingen hin und versammelten alle Ältesten der Israeliten. Und Aaron sagte alle Worte, die der HERR mit Mose geredet hatte, und Mose tat die Zeichen vor dem Volk. Und das Volk glaubte. Und als sie hörten, dass der HERR sich der Israeliten angenommen und ihr Elend angesehen habe, neigten sie sich und beteten an. *2.Mose 4:29-31*

Es stellte sich als keine einfache Angelegenheit für Gott heraus, Mose davon zu überzeugen, nach Ägypten zurückzukehren und das Volk Israel zu befreien. Mit großem Einfallsreichtum hatte sich der Patriarch immer neue Entschuldigungen einfallen lassen, um die Mission Gottes nicht erfüllen zu müssen. Letzten Endes stimmte er zu, jedoch ohne besonders tief von seinem Ruf überzeugt gewesen zu sein. Wie ermutigend müssen dann die anfänglichen Willkommensworte des Volkes für ihn gewesen sein. Er erklärte Israel die Mission und die Herzen der Menschen flogen ihm nur so zu.

Wie anders war dagegen der Empfang durch den Pharao! Er warf sie aus dem Palast und ordnete an, die Arbeitslast der israelitischen Sklaven zu verdoppeln. Es ist auffallend, wie schnell sich daraufhin der Enthusiasmus der Israeliten und ihre Unterstützung für Mose verabschiedeten.

„Der HERR sehe auf euch und halte Gericht darüber, dass ihr unseren Geruch beim Pharao und bei seinen Hofbeamten stinkend gemacht habt, indem ihr ihnen das Schwert in die Hand gegeben habt, uns umzubringen“ (2.Mose 5:21, ELB).

Sicherlich haben Sie als Leiter im Laufe der Zeit ähnliche Erfahrungen gemacht. Ich erinnere mich, dass ich vor einigen Jahren zusammen mit einem anderen Pastor an einem Bauprojekt beteiligt war. Die Geschwister der Gemeinde applaudierten lautstark, als das Projekt vorgestellt wurde und versprachen ihre Unterstützung. Doch nach kurzer Zeit verloren die meisten die Lust am Weiterarbeiten und der Großteil der Arbeit blieb auf uns Wenigen sitzen. Diese Reaktion innerhalb der Gemeinde sollte uns nicht verwundern. Die meisten Menschen besitzen kein großes Durchhaltevermögen und lassen sich leicht entmutigen. Ärgern Sie sich nicht darüber! Wenn die Geschwister ausdauernder wären, würden diese die Leitung haben und nicht Sie. Die Aufgabe sie zu motivieren und mit der Arbeit weiter zu machen liegt in Ihren Händen. Als Leiter sind Sie dazu gerufen, den Menschen Ermutigung einzuflößen und unerschrocken voranzugehen, auch dann, wenn viele bereits aufgegeben haben.

Das Paradebeispiel für diese Pastoralrolle ist Nehemia. Als er die Arbeit auf sich nahm, die Mauer wiederherzustellen, stellten sich ihm schier unüberwindliche Hindernisse und Herausforderungen in den Weg. Oftmals wollte das Volk das Handtuch werfen. Doch Nehemia wandte eine Vielzahl von Strategien an und ermutigte sie weiterzumachen, bis das Projekt abgeschlossen war.

Diese Ermutigung entsteht nicht, indem man das „Volk“ für ihre fehlende Einsatzbereitschaft zusammenstaucht, sondern wenn Sie ihnen ein Vorbild an Durchhaltevermögen inmitten der Schwierigkeiten sind, so dass die Mitarbeiter von Ihrem Glauben lernen können. Ermutigen Sie Ihre Gemeinde in Geduld und Sanftheit weiterzuarbeiten und Sie werden merken, dass Menschen dazukommen, wenn sie Ihren Einsatz sehen.

Denkanstoß

Im 2.Mose 5:22-23 können wir lesen, dass auch Mose entmutigt wurde. Aber er besaß eine Charakteristik, die einen wahren Diener Gottes auszeichnet. Er brachte Gott seine Enttäuschung und Gott baute ihn durch Sein Wort wieder auf. Sie sollten dasselbe tun. Gehen Sie mit Ihrer Verzweiflung zu Gott und erlauben Sie Ihm, dass Er in Ihnen den Hoffnungsfunken des Glaubens wieder neu entzündet. Durch Seine Gnade werden Sie Seine Projekte auch zu einem guten Ende bringen können.

Meine Brüder, ich schätze mich selbst noch nicht so ein, dass ich's ergriffen habe. Eins aber sage ich: Ich vergesse, was dahinten ist, und strecke mich aus nach dem, was da vorne ist, und jage nach dem vorgesteckten Ziel, dem Siegespreis der himmlischen Berufung Gottes in Christus Jesus.

Philipper 3:13-14

Um Paulus' Verse wirklich schätzen zu können, müssen wir uns vor Augen halten, dass es sich beim Philipperbrief um einen seiner letzten Briefe handelt, geschrieben, während er auf sein Urteil im römischen Gefängnis wartete. Seine Statement ist deshalb herausragend, da der Apostel zu dieser Zeit bereits mehr als 20 Jahre Dienst hinter sich und damit jedes Recht hatte, sich auf seinen Lorbeeren auszuruhen.

Es ist bemerkenswert, wie er sich trotzdem so klar auf die Zukunft ausrichtet. Mit zunehmendem Alter verbringen wir im Normalfall gedanklich mehr Zeit in der Vergangenheit und erinnern uns an die erreichten Siege und vielfältigen Erlebnisse. Stärker noch bedauern wir aber die verschenkten Möglichkeiten, die begangenen Fehler und unsere unrealistischen Erwartungen.

Auch wenn es notwendig ist, gelegentlich zurück zu schauen, um den zurückgelegten Weg zu reflektieren und Gottes Wirken zu unseren Gunsten zu feiern, ist es am wichtigsten, sich auf die Zukunft auszurichten. Niemand kann vorwärts kommen, wenn er in eine andere Richtung schaut. Darum sagt Paulus auch „ich vergesse was hinter mir liegt." Er macht mit diesem Satz deutlich, dass seine Hoffnung auf der Zukunft ruht und nicht an die Vergangenheit geknüpft oder durch sie bedingt ist. Was der alte Apostel früher durchleben musste, spielte für ihn keine Rolle mehr. Er wusste, das

Wichtigste lag noch vor ihm. Mit dieser Überzeugung bewegte er sich festen Schrittes auf das Ziel zu, das Gott für ihn seit langem vorbereitet hatte.
Als Leiter ist es ausschlaggebend, dass wir nach vorne schauen. Wir dürfen uns nicht von den Schwierigkeiten und den schlechten Erfahrungen der Vergangenheit unsere Sicht auf die Zukunft verbauen lassen. Ebenso wenig können wir es uns erlauben, uns auf vergangenen Erfolgen auszuruhen, die der Herr in Seiner Gnade erlaubt hat. Für Menschen in Christus wächst das Leben immer auf seine größtmögliche Fülle zu. Das Beste kommt erst noch.
Auch in Zeiten der absoluten Krise können wir unseren Blick fest auf die Zukunft richten, um inmitten des Sturmes Zuversicht zu erlangen. Als Christus in Gethsemane in Momenten völliger Verzweiflung mit sich haderte, sich dem Willen des Vaters zu beugen, schaffte Er es, seine Augen zu erheben und die Freude zu sehen, die vor ihm lag (Hebräer 12:3). Dadurch war Er dafür gerüstet, das Kreuz und alles was damit zusammenhing, mit klarem und vertrauendem Geist zu ertragen. Hierin erkennen wir die Kraft, die durch die richtige geistliche Haltung in unserem Leben entsteht.

Denkanstoß

Der bekannte Evangelist Dwight Moody sagte einmal: *„Ich gehe auf ein helles Licht zu. Und je mehr ich mich ihm nähere, desto stärker leuchtet es.“*[5] Im Laufe der Jahre kann das, was Sie in Ihrer Jugend nur unklar gesehen haben, nun mit größerer Klarheit und Schönheit erkannt werden. Das sollte Sie ermutigen, mit neuer Kraft voranzugehen.

Alle ihre Werke aber tun sie, damit sie von den Leuten gesehen werden. Sie machen ihre Gebetsriemen breit und die Quasten an ihren Kleidern groß. Sie sitzen gern obenan bei Tisch und in den Synagogen und haben's gern, dass sie auf dem Markt gegrüßt und von den Leuten Rabbi genannt werden. *Matthäus 23:5-7*

In einer Fernsehserie für Kinder gab es einmal einen Charakter, der von anderen immer als „Doktor" angeredet werden wollte. Wenn ihm sein Wunsch erfüllt wurde, strahlte er. Diese kleine Wichtigtuerei zeigt etwas in unserer Kultur Typisches: Wir geben mit unserem Titel und unseren Erfolgen gerne an.

Christus deckt im heutigen Vers ein ähnliches Verhalten bei den Pharisäern auf. Sie liebten alles, was sie vom Rest des Volkes abhob. Sie trugen längere Säume als das Volk, setzten sich immer in die erste Reihe in den Versammlungen und umgaben sich bewusst mit den Menschen, die sie mit „Rabbi, Rabbi" anredeten. Sie ließen mit diesem Verhalten keinen Zweifel daran, dass sie sich nicht zum gewöhnlichen Volk zählten, sondern eine höhere geistliche Dimension erreicht hatten. Anstatt sich dem Volk zu nähern, erzeugte ihr Verhalten eine große Distanz zum Otto-Normalverbraucher.

Der gereifte Leiter weiß, dass Distanz einem wirkungsvollen Dienst im Wege steht. Niemand verändert Leben von der Kanzel aus. Ein Leiter hinterlässt seine tiefsten Spuren, wenn er sich *unter* den Menschen bewegt. Das ermöglicht seinen Mitmenschen, ihn aus nächster Nähe zu betrachten. Wenn er sich unter sie mischt und ihre wahren Umstände begreift, wird sein Dienst eine mitfühlendere und praktischere Dimension bekommen, die durch realistische Lebenseinsichten untermauert werden.

Dies ist so wichtig, dass der gefeierte Pädagoge Howard Hendricks in seinem Buch „Seven Laws of a learner" *(*etwa: *„Die sieben Gesetze eines Schülers")* es als ein pädagogisches Fundament bezeichnet. Hendricks schreibt: *„Im Wort Kommunikation steckt das lateinische „comunis", was „gemein", im Sinne von gemeinsam, bedeutet. Bevor wir miteinander kommunizieren können, müssen wir erst einmal herausfinden, was wir gemein haben, was unsere gemeinsame Basis bildet. Je mehr wir mit denen, die wir lehren, teilen, desto größer ist das Kommunikationspotential."*[6]
Räumen Sie alles, was Sie von den Menschen Ihrer Gemeinde trennt, aus dem Weg. Verzichten Sie auf die Titel, die Ehrenplätze, die unterscheidende Kleidung und die bevorzugte Behandlung, die andere Ihnen zukommen lassen wollen. Unser Herz gewöhnt sich schnell an diese Äußerlichkeiten, jedoch tragen sie nicht zum Autoritätsgewinn unseres Dienstes bei. Nutzen Sie alles, was Ihnen die Distanz zu Ihren Mitmenschen verkürzen könnte. Dadurch werden Sie deren Herzen öffnen und können ihnen viel wirkungsvoller dienen.

Denkanstoß

Manchmal verstecken wir uns hinter dem Argument: *„Ich will gar nicht, dass mich die Leute bevorzugt behandeln, aber sie bestehen nun mal darauf."* Christus weist uns nicht nur darauf hin, dass wir andere nicht „Doktor" oder „Professor" nennen sollen, sondern auch, dass wir selbst auf Ehrentitel verzichten. Sie sind dafür verantwortlich, Ihren Mitmenschen dieses Thema zu vermitteln. Sie wollen nicht, dass von Ihnen gedacht wird, sie seien jemand Besonderes, sondern dass es nur Einen Besonderen gibt: Er sitzt auf dem Thron und regiert!

9. Februar Denn Er hat uns zuerst geliebt

Lasst uns lieben, denn er hat uns zuerst geliebt.
1.Johannes 4:19

Oft lerne ich frustrierte Christen kennen, die alles Mögliche versucht haben, Gott zu begegnen. Sie klagen: „Ich suche Ihn und versuche Ihn in allem zu ehren, aber Er antwortet nicht. Es scheint, als wäre Er abwesend." Der Frust dieser Menschen ist real, hat aber nichts mit der fehlenden Antwort des Vaters zu tun, sondern mit einer falschen Ansicht, die unter uns Christen weit verbreitet ist.

Viele von uns möchten gerne glauben, dass Gott uns selbst viel ähnlicher sei, als dem Gott, der in der Bibel beschrieben wird. Wir glauben Er sucht wählerisch aus, mit wem Er sich abgibt. Einige wenige erwählt Er und beschenkt sie mit außergewöhnlichen Erlebnissen und Begegnungen. Der unglückliche Rest von uns scheint Makel zu besitzen, die uns von dieser Art Erlebnisse zu disqualifizieren scheint. In der Konsequenz versuchen wir, ein Leben lang unser Leben zu verändern, damit Er endlich auf uns aufmerksam wird.

Beschreibt man geistliches Leben auf diese Art, erscheint Gott gleichgültig und entfernt. Wir sind scheinbar gezwungen einen Weg zu finden, Ihn davon zu überzeugen, dass Er unserem Leben und das was uns betrifft, ein wenig Aufmerksamkeit schenken sollte. Wir glauben, wir müssten Ihn dazu überreden, uns zu lieben.

Unser himmlischer Vater ist jedoch nicht launisch, so wie manche das von ihren irdischen Vätern kennen. Sein Wunsch uns nahe zu sein, ist viel größer, als all unsere Leidenschaft und unser Eifer für Ihn. Er sehnt sich danach, an unseren Leben teilzuhaben und uns den Segen zu spenden, den Er für seine Kinder vorgesehen hat.

Es muss Ihn keiner davon überzeugen dies zu tun, denn die Initiative uns zu suchen ging bereits von Ihm aus. *„Ihr habt mich nicht erwählt, sondern ich habe euch erwählt"* (Johannes 15:16).

Was verlangt dieser Perspektivwechsel von uns? Wir dürfen uns mal entspannen und einfach zulassen, von Ihm geliebt zu werden. Gehen unsere Kräfte, mit denen wir zwanghaft versuchen Ihn zu erreichen, zur Neige, wird uns plötzlich bewusst, dass wir schon längst durch Seine Liebe erreicht worden sind und dass Er uns täglich auf 1000 verschiedene Arten zeigt, wie er uns mit Seiner ewigen Liebe sucht.

Gott kann nicht mit Kraft erobert werden! Wir dürfen sein wie die Kinder und uns von Seiner unvergleichlichen Liebe einnehmen lassen.

Denkanstoß

Der Autor Thomas Kelly, der ein Kleinod namens „A testament of devotion" *(*etwa: *„Ein Testament der Hingabe")* verfasste, bemerkt: *„In unserem heutigen humanistischen Zeitalter glaubt der Mensch, dass er der Impulsgeber sei und Gott derjenige der antwortet. Stattdessen sendet Christus in uns den Impuls aus und wir sind diejenigen die antworten. Gott der Liebhaber, der herauslockt, Er der Licht und Schatten offenbart... Alle Initiative die scheinbar von uns ausgeht, ist bereits eine Antwort, ein Zeugnis seiner geheimen Gegenwart, die in uns arbeitet."*[7]

10. Februar Der Splitter im Auge des Anderen

Was siehst du aber den Splitter in deines Bruders Auge und nimmst nicht wahr den Balken in deinem Auge? Oder wie kannst du sagen zu deinem Bruder: „Halt, ich will dir den Splitter aus deinem Auge ziehen?“ und siehe, ein Balken ist in deinem Auge. *Matthäus 7:3-4*

Als ich noch junger Pastor war, haben wir vor Jahren mit ein paar Männern der Gemeinde beschlossen, einem Bruder bei der Erweiterung seines Hauses um ein zusätzliches Zimmer zu helfen. Doch einer von den anfangs motiviertesten Freiwilligen, die zugesagt hatten, erschien nicht. Ich konnte meine Wut kaum zügeln. Sofort hatte ich ein paar kritische Kommentare auf der Zunge und erwartete von meinem Mitarbeiter zumindest, dass er mir beipflichtete. Doch der andere Bruder, der schon in Christus gewachsen war, sagte nur: „Ich traue mich nichts über ihn zu sagen, denn meine eigene Schuld wiegt zu schwer.“ Ich – der Pastor – war tief beschämt.

Im Laufe der Jahre wurde mir bewusst, dass Kritik eher ans Licht bringt, was sich im Herzen des Kritikers befindet und weniger ein Problem des Beschuldigten ist. Fehlt es uns an Erbarmen, kritisieren wir gnadenlos das fehlende Erbarmen an anderen. Genauso handeln gesetzliche Menschen, die meistens die Gesetzlichkeit der anderen ärgert. Der Unpünktliche regt sich über die auf, die zu spät kommen. Und genau dieses Problem möchte Christus verdeutlichen.

Die Kritik kommt von dem Menschen, der sich noch nicht die Zeit genommen hat, sein eigenes Leben unter die Lupe zu nehmen. Der Splitter im Auge des anderen stört ihn, weil er den Balken im eigenen Auge noch nicht erkannt hat. Aus diesem Grund führt sein gutgemeinter „Rat“ nicht zum gewünschten Resultat. Ihm fehlt die klare Sicht, um mit einer feinen Operation das Sandkorn aus dem Auge des anderen zu holen. Christus führt uns in diesem Vers außerdem vor Augen, dass wir viel lieber am Leben der anderen herumkorrigieren, als an unserem eigenen. Dallas Willard hebt hervor: *„Wir glauben, dass Verurteilung das beste Mittel sei, um das Leben anderer gerade zu biegen."*

Wir halten Verurteilung für das probate Mittel, weil die Sprache in unserer Welt verurteilend ist. Doch der verständige Leiter weiß, dass er durch Kritik keine Lebensveränderung in anderen erreicht und schon gar nicht, wenn er diese von der Kanzel austeilt.

Die Zurechtweisung sollte zwar deutlich sein, aber aus einem sanftmütigen Geist heraus geschehen. Dabei sollte man auf sich selbst achtgeben, dass man nicht auch versucht wird (Galater 6:1). Kritik missfällt nicht nur dem Ohr, sondern entehrt auch Gott mit seiner lieblosen Art. Wenn wir Teil Seines Königreiches sind, sollten wir anderen nicht dann weitergeben, was gut ist, was sie erbaut und was notwendig ist, damit es ihnen Segen bringt? (Epheser 4:29)

Denkanstoß

Denken Sie einen Moment über Ihre eigene kritische Haltung nach. Welche Dinge kritisieren Sie am liebsten? Was sagt das über Ihr eigenes Herz aus? Wie können Sie auf bessere Art mit den Fehlern anderer umgehen? Trauen Sie sich, ab heute mit einer veränderten Haltung vor dem Herrn zu treten? *„Herr ich möchte, dass aus meinem Mund nur Worte hervorgehen, die aufbauen. Wenn ich dem anderen nichts Gutes zu sagen habe, sage ich lieber gar nichts. Amen."*

Und Petrus nahm ihn beiseite und fuhr ihn an und sprach: Gott bewahre dich, Herr! Das widerfahre dir nur nicht! Er aber wandte sich um und sprach zu Petrus: Geh weg von mir, Satan! Du bist mir ein Ärgernis; denn du meinst nicht, was göttlich, sondern was menschlich ist.

Matthäus 16:22-23

Das Schockierende an dieser Momentaufnahme ist, dass sie direkt auf einen der kostbarsten Augenblicke folgt, den Jesus mit seinen Jüngern geteilt hat: Petrus hatte Christus gerade als Sohn Gottes erkannt. Diese Erkenntnis war nicht die Folge eines detaillierten Schriftenstudiums, sondern wurde dem Jünger direkt vom Vater offenbart.

Nur kurze Zeit später erleben wir denselben Jünger mit einer Haltung mangelnder Unterscheidungsfähigkeit und ohne Verständnis für die Pläne, die der Vater für den Sohn hat. Dieser Jünger versuchte die Erfüllung des Wortes zu verhindern, die Christus selbst angekündigt hatte: dass es notwendig sei, dass der Messias viel erleiden müsse und bald darauf durch die Hände der Pharisäer und Schriftgelehrten umkommen würde.

Diese Schriftstelle hält uns einen erschütternden Teil unserer menschlichen Realität vor Augen. In derselben Person können wir in einem Moment eine tiefgehende Spiritualität entdecken und im nächsten die größte Fleischlichkeit erleben. Beide Realitäten existieren auch in uns und unsere Fähigkeit zu sündigen verlieren wir leider nie. Auch wenn es eine Reihe von Mutmaßungen darüber gibt, ob Paulus in Römer 7 den unerlösten Menschen beschreibt oder von Christen spricht, ist es am wahrscheinlichsten, dass er von sich selbst redet. Jeder von uns hat schon in seinem Innersten dieses starke Tauziehen zwischen Fleisch und Geist erlebt. *„Denn das Gute, das ich will, das tue ich nicht; sondern das Böse, das ich nicht will, das tue ich. Wenn ich aber tue, was ich nicht will, so tue nicht ich es, sondern die Sünde, die in mir wohnt“* (Römer 7:19-20).

Von dieser Beobachtung können wir zwei Schlüsse ziehen. Erstens, sollte sich ein Leiter nie für sündenresistent halten, sondern sich darüber im Klaren sein, dass er jederzeit mit einem lauten Knall „fallen“ könnte. Er sollte Situationen gegenüber wachsam sein, die ihn zur Sünde verleiten können. Vergessen wir nicht, dass schon heiligere Menschen als wir selbst vom Weg abgekommen sind.

Und zweitens: Verzweifeln Sie nicht an ihrer eigenen Fleischlichkeit. Manchmal passiert es, dass selbst nach Zeiten in Gottes herrlicher Gegenwart sich die furchtnbarsten Gedanken in unserem Kopf breit machen. Verurteilen Sie sich nicht dafür. Als Christus Seine Jünger ermutigte zu beten, damit Sie nicht in Versuchung kommen, zeigte Er ihnen damit, dass das Fleisch immer ein Hinderungsgrund sein wird, wenn man im Geist wachsen will. Daher können wir uns mit Apostel Paulus identifizieren, der sagt: *„Ich elender Mensch! Wer wird mich erlösen von diesem todverfallenen Leibe? Dank sei Gott durch Jesus Christus, unsern Herrn“* (Römer 7:24-25). Nicht die Sünde in Ihrem Leben disqualifiziert Sie von Ihrem Dienst, sondern wie Sie mit ihr umgehen.

Denkanstoß

„Die größten Kämpfe im Leben findet man nicht bei Ungläubigen, sondern im Leben der Erretteten.“[8] D.G. Barnhouse

Wir ermahnen euch aber, liebe Brüder: Weist die Unordentlichen zurecht, tröstet die Kleinmütigen, tragt die Schwachen, seid geduldig gegen jedermann.

1.Thessalonicher 5:14

Mit einer kleinen Übung können wir das Prinzip erkennen, das hinter Paulus Ermahnung steht. Vertauschen wir ein paar Worte des Verses, liest er sich nämlich folgendermaßen: „Wir ermahnen euch aber liebe Brüder: tröstet die Unordentlichen, tragt die Kleinmütigen, weist die Schwachen zurecht, seid geduldig gegen jedermann."

„Einen Moment" sagen Sie vielleicht, „das ist doch vollkommen falsch! Wir können doch niemals die Unordentlichen trösten und noch weniger die Schwachen zurechtweisen. Im Gegenteil, das was der Unordentliche braucht, ist strenge Zurechtweisung. Nur weil man nicht streng genug war, ist er zum Faulenzer geworden. Und was soll das mit dem Schwachen? Wenn ich ihn zurechtweise, werde ich ihn damit zerstören. Was er vielmehr braucht, ist einen Starken an seiner Seite, der ihn im Moment seiner Schwäche stützt, damit er weiter kommt. Genauso sollte man den Entmutigten Trost spenden, damit sie neue Kraft bekommen und weitermachen können."

Und Sie haben Recht! Genau diese Prinzipien will Paulus mit seinen Ermahnungen vermitteln. Der weise Leiter braucht die Unterscheidungsgabe, um die Verschiedenartigkeit der Probleme der Menschen zu erkennen, denen er weiterhelfen will. Die richtige *Methode* bei der falschen Person angewandt, würde zu schwerwiegenden Folgen führen. Schlimmer noch, sie verschärft die bisherigen Probleme, anstatt sie zu lösen.

Der kluge Leiter wählt nicht nur aus einer Vielfalt von Umgangsweisen, sondern muss auch wissen, welche die passende für jede Situation ist. Die meisten von uns besitzen einen dominanten Leitungsstil, den wir bei allem und jedem einsetzen. Doch die Menschen sind unterschiedlich. Daher müssen wir unsere Herangehensweise an jede Person und Situation anpassen, um wirklich helfen zu können. Wenn Sie sich die Zeit nehmen und sich die verschiedenen Paulusbriefe durchlesen, bemerken Sie, wie er jeder Situation und Personengruppe entsprechend seine Art anpasst. Er redet Tacheles mit der Gemeinde der Galater, mit Timotheus dagegen spricht er wie ein Vater zu seinem Sohn. Den Thessalonichern erklärt er, *„wir sind unter euch mütterlich gewesen: Wie eine Mutter ihre Kinder pflegt"* (1.Thessalonicher 2:7). Mit anderen Worten: Paulus wendete verschiedene Leitungsstile an, wodurch sein Dienst äußerst erfolgreich war.

Denkanstoß

Welcher Leitungsstil liegt Ihnen am meisten? In welchen Situationen liefert er Ihnen gute Resultate? In welchen Momenten versagt er? Welchen Stil müssten Sie in Ihren Dienst integrieren, um den Menschen, die Gott Ihnen in den Weg stellt, auf bessere Weise zu dienen? Wie können Sie dies praktisch angehen?

Darüber hätten wir euch noch sehr viel mehr zu sagen. Aber weil ihr so wenig hinhört, ist es schwer, euch etwas zu erklären. Eigentlich müsstet ihr es in eurem Glauben schon zum Meister gebracht haben und andere unterweisen. Tatsächlich aber seid ihr erst wie Lehrlinge, denen man die allerersten Grundlagen von Gottes Botschaft beibringen muss. Wie Säuglingen kann man euch nur Milch geben, weil ihr feste Nahrung noch nicht vertragt.

Hebräer 5:11-12 (HfA)

Die Frustration die der Autor des Hebräerbriefes beschreibt kennen viele von uns aus ihrem eigenen Dienst. Es geht darum, dass wir bereits seit Jahren Menschen auf ihrem Weg mit Jesus begleiten und sie trotzdem immer wieder an die Grundlagen des Glaubens erinnern müssen.

Der heutige Vers führt uns in diesem Zusammenhang zu einer interessanten Erkenntnis. Die natürliche Entwicklung des geistlichen Lebens eines jeden Gotteskindes sollte irgendwann darin münden, dass es selbst zum Lehrer herangereift ist. Wenn der Autor hier von *Lehrer* redet, meint er nicht die Dienstgabe, wie sie in Epheser 4 beschrieben ist, sondern bezieht sich auf die in Christus erwachsen Gewordenen, die nun beginnen sollten, das Leben das sie empfangen haben, anderen weiterzugeben. Es ist die logische Entwicklung des Lebens selbst. Auch unsere biologischen Kinder wachsen, reifen und gründen schlussendlich ihre eigenen Familien und geben Leben weiter.

Innerhalb der Gemeinde finden wir jedoch heute Gruppen, die sich nur darauf konzentrieren, dem eigenen geistlichen Leben Gutes zu tun. Sie leben für Konferenzbesuche, Kurse und Seminare oder lesen Bücher, die ihnen helfen sollen, zu

besseren Kindern Gottes zu werden. Leider lässt sich dies nicht umsetzen, solange sie sich mehr für ihr eigenes Wachstum interessieren, als für die Menschen um sie herum.
Die Ironie an der Sache ist, dass es nichts bringt, Wissen für sich selbst anzusammeln. Sie verwandeln sich in „Langsame zum Hören" und müssen immer wieder zurück zu den Grundlagen des Wortes Gottes, denn sie wenden nicht an, was sie bereits besitzen. Genau wie bei den Israeliten das Manna des gestrigen Tages schlecht wurde, so verkümmert auch die Lehre in einem, wenn man sie nicht zum Segen anderer anwendet.
Inwiefern beeinflusst das nun unsere Arbeit als Leiter? Oftmals verlieren wir sehr viel Zeit mit diesen Menschen, da ihr Interesse mehr zu lernen, uns anfänglich sehr geistlich vorkommt. Jedoch zeigt sich selbst nach langer Zeit keinerlei Anzeichen, dass sie ihren Egoismus, nur an die Pflege ihrer eigenen Geistlichkeit zu denken, endlich überwunden haben. Unsere Verantwortung ist es, diejenigen besonders zu fördern, die lernen wollen, selbst zu einem Lehrer zu werden.
Wie gehen wir nun mit der ersten Gruppe um? Lassen Sie diese nicht links liegen, aber stecken Sie auch nicht all Ihre Kraft in sie. Wenden Sie Ihre Zeit für die Jünger auf, die zeigen, dass sie sich in anderen Menschen reproduzieren wollen.

Denkanstoß

Vielleicht ist einer der Gründe, warum die Menschen immer mehr nach ihrer eigenen Seligkeit streben der, dass wir selbst nicht deutlich genug vermittelt haben, was die eigentliche Aufgabe eines Christen ist. Der bekannte Autor Gordon MacDonald schreibt, dass Christus, als die Massen die ihm folgten immer größer wurden, sich die größte Mühe gab, *„immer deutlicher den Preis der Nachfolge hervorzuheben. Es scheint, als wollte Er sagen, dass die hohe Anzahl seiner Nachfolger ein Indiz dafür ist, dass die Menschen Ihn nicht richtig verstanden haben. Wenn doch, wären Ihm nicht so viele Personen nachgefolgt."*[9]

Und der HERR sprach zu Samuel: Wie lange willst du um Saul trauern, den ich doch verworfen habe, dass er nicht mehr König über Israel sei? Fülle dein Horn mit Öl und geh hin! Ich will dich zu dem Bethlehemiter Isai senden; denn ich habe mir unter seinen Söhnen einen zum König ausersehen. *1. Samuel 16:1 (ELB)*

Der Herr hätte seinem Diener Samuel wirklich ein paar deutlichere Anweisungen geben können. Er hätte beispielsweise sagen können: „Wenn du ankommst, frage nach David, dem jüngsten Sohn Isais. Ihn habe ich als König erwählt. Salbe ihn und segne ihn in meinem Namen." Aber der Herr, Seinem eigenen Stil treu, gab Samuel gerade so viele Informationen wie er brauchte, um sich in Bewegung zu setzen.

Als Samuel nach Bethlehem kam, begann für ihn die Suche nach einem neuen König. Und Gott griff nicht ein. Als Samuel meinte, den neuen König seiner eigenen Vorstellung nach im ältesten Sohn gefunden zu haben, da erst schaltete sich Gott ein und gab ihm weitere Anweisungen. Er zeigte ihm nun das Prinzip, dass ihm bei seiner Auswahl helfen sollte: *„Der Herr sieht nicht auf das, worauf der Mensch sieht. Denn der Mensch sieht auf das, was vor Augen ist, aber der Herr sieht auf das Herz"* (1.Samuel 16:7, ELB).

Gottes unvollständige Anweisungen an Samuel, zeigen uns ein wichtiges Prinzip, wie Gott mit uns umgeht. Wir verstehen geistlichen Dienst häufig so, dass wir glauben, für Gott zu arbeiten. Doch wären wir in seinen Augen bloße Tagelöhner, würde Er uns vollständige Befehle erteilen und unsere alleinige Aufgabe wäre es, diese auszuführen.

Dies ist jedoch nicht unsere Funktion. Bei allen Aufträgen, die Gott uns erteilt, gilt sein Interesse immer auch der Weiterentwicklung unseres eigenen Lebens. Die unvollständigen Anweisungen die Gott Samuel gibt, fordern ihn erst einmal dazu auf, im Glauben loszugehen. Als er während der Auswahl den Fehler beging, nur auf das Äußere zu achten, erteilte ihm der Herr eine wichtige Lehre bezüglich seiner Auswahlkriterien. Die richtige Lektion zum richtigen Zeitpunkt blieb Samuel für den Rest seines Lebens im Herzen eingeschrieben.

Daran erkennen wir, dass bei jeder Aufgabe die Gott uns gibt, Er eigentlich zwei Ziele mit uns verfolgt. Zum einen, das uns anvertraute Projekt nach Seinen Maßgaben zu Ende zu führen. Doch das Zweite ist, im Lernen zu wachsen, wie wir Gottes Arbeit ausführen können.

Sehen Sie sich niemals als bloßen Angestellten Gottes an! Sie arbeiten nicht *für* Gott. Sie arbeiten als Lernender *mit* Gott. Wenn Sie an der Seite Ihres liebenden Vaters arbeiten, wird Er Sie korrigieren, aber auch in einige „Geschäftsgeheimnisse" einführen. Es ist mein Gebet für Sie, dass Sie niemals so sehr von Ihrem Dienst eingenommen sind, dass Sie dabei die Arbeit verpassen, die Gott so ganz nebenbei *in* Ihnen selbst verrichtet.

Jeder Tag hat sein eigenes Lernziel an der Seite des großen Töpfers.

Denkanstoß

Lassen Sie sich niemals von Ihren begangenen Fehlern entmutigen. Einige der wertvollsten und tiefgreifendsten Lektionen des geistlichen Lebens lernen wir in dem Moment, wenn wir uns bewusst Zeit nehmen, um uns mit unseren eigenen Niederlagen auseinanderzusetzen.

Er sagte ihnen aber ein Gleichnis darüber, dass sie allezeit beten und nicht nachlassen sollten. *Lukas 18:1*

Mangelnde Beständigkeit in unserem Gebetsleben ist ein häufig auftretendes Problem in unserer Beziehung zu Gott, besonders in unserer heutigen Zeit, in der alle unsere Bedürfnisse jetzt und sofort erfüllt werden können. Auch wenn wir uns immer wieder vornehmen, disziplinierter in unserem Gebetsleben zu sein, scheint es, als sei ein übermenschlicher Kraftakt nötig, um in diesem Bereich zu wachsen.

In dem Gleichnis das Jesus uns erzählt, gibt es zwei Dinge die uns dabei helfen, beim Thema Gebet nicht schachmatt gesetzt zu werden. Als Erstes müssen wir glauben, dass unsere Bitte vor Gott zulässig ist. Die arme Witwe besaß dem ungerechten Richter gegenüber die unzerstörbare Überzeugung, dass ihrer Sache Gerechtigkeit widerfahren muss und deswegen beharrte sie auf ihrem Standpunkt, bis eine Lösung gefunden wurde. Ich vermute, dass wir oft selbst nicht an die Erfüllung unserer eigenen Bitte glauben. Wir beten ein oder zweimal für eine bestimmte Sache, aber wenn sich das gewünschte Resultat nicht bald einstellt, lassen wir die Bitte, die uns vor ein paar Tagen noch lebenswichtig erschien, einfach fallen.

Zweitens brauchen wir die Überzeugung, dass die Antwort kommen wird, auch wenn es uns so vorkommt, dass sie sich sehr verzögert. Die Witwe gab nicht auf, denn sie glaubte fest daran, dass sie schlussendlich selbst von dem ungerechten Richter eine Antwort bekommen würde. Eine Zeitlang musste sie seine Gleichgültigkeit aushalten, doch letztendlich zermürbte ihn ihr anhaltendes Bitten, sodass er ihr Recht verschaffte. Auch wenn Christus klarstellt, dass unser himmlischer Vater keinesfalls mit diesem ungerechten Richter zu vergleichen ist, müssen wir dennoch lernen, das anscheinende Schweigen Gottes zu überwinden. Nur ein tiefes Vertrauen in die Güte Gottes und Sein eigener Wunsch Seine Kinder segnen zu wollen, lässt uns die Zeit der Spannung aushalten, bis die Antwort eintrifft.

Anscheinend müssen wir unsere lauen, sporadischen Gebete hinter uns lassen, um diese Art des Gebetes in uns zum Blühen zu bringen. Dick Eastmann, der viel zum Thema Gebet geschrieben hat, teilt die Beobachtung, wie wichtig es ist, Spannkraft im Gebet zu besitzen: *„Viele glauben, dass geduldiges Beten bedeutet, Wochen oder Jahre auf eine Antwort zu warten. Auch wenn das manchmal zutreffend ist, stimmt es nicht immer. Jemand kann eine Viertelstunde lang intensiv und ausdauernd beten. Es kommt nicht auf die Länge eines Gebets an, sondern darauf, wie intensiv wir beten. Wenn jemand sich im Gebet vor Gott beugt und sich seiner totalen Abhängigkeit von ihm bewusst ist, werden seine Gebete beharrlich."*[10]

Denkanstoß

Kann es sein, dass viele Dinge in Ihrer Gemeinde *nicht* geschehen, weil es an Gebet mangelt? Für welche Dinge besitzen Sie wirklich eine Leidenschaft? Welche dieser Dinge nähren Ihr Gebetsleben? Was hält Sie davon ab, für etwas zu beten? Wie könnten Ihre Gebete beharrlicher werden?

Es trat aber auch herbei, der das eine Talent empfangen hatte und sprach: „Herr ich kannte dich, dass du ein harter Mann bist: du erntest, wo du nicht gesät und sammelst, wo du nicht ausgestreut hast; und ich fürchtete mich und ging hin und verbarg dein Talent in der Erde; siehe da hast du das deine.“ *Matthäus 25:24-25 (HfA)*

Im Bekenntnis des dritten Dieners wird deutlich, warum viele Dienste nicht gedeihen. Der harte Herr bestreitet nicht, dass er erntet wo er nicht gesät hat und sammelt, wo er nicht ausgestreut hat. Doch diese Tatsachen beflügeln den Diener nicht, sondern jagen ihm Angst ein, denn er erkennt in ihnen die Eigenschaften eines harten Mannes. Er nimmt seinen Herrn falsch wahr und dies führt zu seinem Versagen.

Angst spornt uns weder an, noch motiviert sie uns, Risiken einzugehen. Stattdessen lähmt sie uns. Werden wir von der Angst überwältigt, verzerrt sich unsere Perspektive auf alle Dinge, die uns umgeben und wir sehen nur noch unüberwindbare Hürden. Wir glauben, dass egal welchen Schritt wir als nächstes tun werden, er zu einem Reinfall wird, so dass wir am Ende gar nichts mehr tun. Der Diener in der Geschichte hatte größere Angst vor der möglichen Bestrafung durch den harten Herrn, als vor einer möglichen Fehlinvestition.

Es scheint mir, dass wir manchmal unsere Leute durch Angst oder Schuldvorhaltungen zu motivieren versuchen. Wir erklären ihnen, dass, wenn sie nicht die Verantwortung für diese oder jene Gemeindearbeit übernehmen, es keiner tun würde. So akzeptieren sie zwar halbherzig die Verantwortung, jedoch ohne die innere Überzeugung, dass es wirklich Gottes Wille für sie ist. Vom ersten Tag an ist damit ihr

Dienst zum Scheitern verurteilt. Wenn der Mitarbeiter die Arbeit unmotiviert beginnt, wird sich dies auch in jedem Schritt zeigen.

Das einzig wirklich Beflügelnde für einen Dienst ist die Tatsache, dass wir von unserem himmlischen Vater geliebt sind. Wenn wir in Seiner Liebe bleiben, können wir das Risiko eingehen, dass unsere „Investitionen“ auch scheitern können, denn wir wissen, dass Gott uns nicht nach unseren Erfolgen beurteilt. Im Vertrauen können wir mit den Vorhaben, die vor uns liegen, weiter machen, denn wir wissen, dass Seine Liebe unsere Unternehmungen leitet und unterstützt.

Der Übergang von Jesus privatem Leben zu seinem öffentlichen Wirken wird durch das deutliche Bekenntnis seines Vaters markiert. Als Er aus dem Wasser stieg, hörte Er eine Stimme, die vom Himmel kam, sagen: *„Dies ist mein lieber Sohn, an dem ich Wohlgefallen habe“* (Matthäus 3:17). Bevor Jesus Seinen Dienst auf Erden antrat, drückte Sein Vater Seine bedingungslose Liebe Ihm gegenüber aus. Jegliche Schwierigkeit, Zweifel, sogar Verrat; all das was Ihn in der Zukunft erwartete, konnte die Kraft dieser Beziehung zwischen Vater und Sohn nicht zerstören. Wie hätte Er sich unter solchen Umständen nicht frei fühlen können, um voller Vertrauen den Weg weiterzugehen, der Ihm vorbereitet war!

Denkanstoß

Welche Dinge motivieren Sie, dem Herrn zu dienen? Wie können Sie die Menschen motivieren, die mit Ihnen zusammenarbeiten? Wissen diese, dass sie geliebt sind? Was könnten Sie unternehmen, damit Ihre Mitarbeiter wissen, dass, auch wenn sie eine Niederlage erleben, Sie weiterhin hinter ihnen stehen und sie weiterhin lieben?

Als nun das Volk aus seinen Zelten auszog, um durch den Jordan zu gehen, und als die Priester die Bundeslade vor dem Volk hertrugen und an den Jordan kamen und ihre Füße vorn ins Wasser tauchten - der Jordan aber war die ganze Zeit der Ernte über alle seine Ufer getreten -, da stand das Wasser, das von oben herniederkam, aufgerichtet wie ein einziger Wall, sehr fern, bei der Stadt Adam.

Josua 3:14-16

Das Volk, das Josua auf dem Weg ins verheißene Land folgte war nicht mehr dasselbe, das zuvor Moses Geduld während der 40jährigen Wüstenwanderung bis aufs Äußerste strapazierte. Die frühere Generation war nach den Angaben des Herrn selbst eine perverse Generation ohne Glauben (4.Mose 14:26-35). Das neue Volk dagegen hatte, wenn auch auf schmerzhafte Weise, gelernt wie wichtig es ist, den Anordnungen Jahwes zu folgen. Trotzdem waren die Herausforderungen die vor ihnen lagen nicht weniger riskant, so wie es alle Glaubensabenteuer bis auf den heutigen Tag sind. Gott hatte Josua angewiesen, dass die Priester mit der Bundeslade den Fluss überqueren sollten. Der Herr hatte sie darüber informiert, dass sich der Fluss vor ihnen teilen würde, damit die ganze Nation hindurchziehen könne. Trotzdem mussten sich die Priester zuerst die Füße nass machen, bevor sich das versprochene Wunder ereignen würde.

Frieren wir dieses Szenario einmal in dem Moment ein, als die ersten Wellen die Knöchel der Priester umspülen. Exakt *bevor* der Herr eingreift und genau dann, wenn wir am ehesten dazu zu verleiten sind, die Arbeit des Herrn an den Nagel zu hängen. An diesem Punkt wird unser Herz von Angst ergriffen und Zweifel breiten sich in unserem Kopf aus. Gott hat versprochen den Fluss zu teilen, doch obwohl wir schon im Wasser stehen, ist noch nichts passiert. Wenn wir noch weitergehen, müssen wir uns aufs Schwimmen einstellen. Haben wir Gottes Weisung richtig verstanden? Welche ähnlichen Erlebnisse haben wir schon durchlebt, die unseren Glauben jetzt stärken können? Niemand der Anwesenden, außer Josua und Kaleb hatte jemals erfahren, wie sich die Wasser teilen, damit das auserwählte Volk hindurchziehen kann.

Wir sind alle vom Ende begeistert, als das Volk endlich auf der anderen Seite des Flusses angekommen ist. Wir wünschen uns, unter den Feiernden zu sein, voller Euphorie über das Eingreifen des Allerhöchsten. Doch werden sich im Vorfeld wenige unter uns finden lassen, die bereit sind, sich die Füße nass zu machen und sich voll in die Projekte Gottes hineinzugeben, solange das Risiko und die Ungewissheit am größten sind.

Man läuft Gefahr, sich vor allen anderen lächerlich zu machen. Doch genau darin liegt der Unterschied im Leben eines engagierten Leiters: ohne Zögern in dem voranzuschreiten, was Gott einem vorbereitet hat. Bewaffnet mit demselben Mut wie Josua hört er nicht auf die einschüchternden Stimmen, die aus seinem Inneren kommen. Dieser Mensch weiß, auf wem sein Vertrauen ruht. Der unangenehme Moment geht vorüber und er wird unter denen sein, die den Sieg feiern, den der Herr ihnen gegeben hat!

Denkanstoß

Mut ist nicht die Abwesenheit der Furcht, sondern der korrekte Umgang mit ihr. (Quelle unbekannt)

David aber sprach zu Saul: Dein Knecht hütete die Schafe seines Vaters; und kam dann ein Löwe oder ein Bär und trug ein Schaf weg von der Herde, so lief ich ihm nach, schlug auf ihn ein und errettete es aus seinem Maul. Wenn er aber auf mich losging, ergriff ich ihn bei seinem Bart und schlug ihn tot. *1.Samuel 17:34-35*

Als David sich dem Riesen von Gat gegenüberstellte, bewies er einzigartigen Mut. Eine ganze Armee wurde tagtäglich vom Philister gedemütigt, herausgefordert und musste mitanhören, wie Israel und sein Gott mit Beleidigungen überschüttet wurden. Nur dieser junge Schafhirte traute sich, ihm entgegenzustehen.

Ohne seine kühne Tat aus dem Blick zu verlieren, wollen wir uns einmal die Erklärung anschauen, die David König Saul für sein Handeln bietet. Es war nicht das erste Mal, dass David sich in einem feindseligen Umfeld wiederfand. Als er während seiner Jugendzeit die Schafe seines Vaters hütete, hatte er sich oft gegen Angriffe von Bären oder Löwen zu verteidigen. Es war also nichts Ungewohntes für David, einer gefährlichen Situation die Stirn zu bieten.

Genau hier verbirgt sich ein wichtiges Leitungsprinzip. David musste sich einem Kampf stellen, bei dem die Augen einer ganzen Armee auf ihm ruhten und höchstgespannt die Heldentat des jungen Schafhirten verfolgte. Dies war sein erster öffentlicher Kampf. Die Vorbereitung darauf geschah jedoch in völliger Abgeschiedenheit. Die Einzigen, die ihn dabei beobachteten, waren seine Schafe. David bot sich nun an das zu tun, was er viele Male zuvor geübt hatte, als er alleine war.

Möchte ein Leiter in der Öffentlichkeit wirksam werden, sollte er die Qualitäten, die er im Dienst einsetzen will erst

im stillen Kämmerlein mit Gott einüben. Was wir in der Öffentlichkeit sind, wird Menschen nur dann erreichen und bewegen, wenn es in einem vor den Augen der Öffentlichkeit verborgenen und Gott hingegebenen Leben seinen Rückhalt findet.
Aus diesem Grund kommen viele Leiter nicht darüber hinaus, ihrer Gemeinde oder Gruppe bloße Unterhaltung zu bieten. Ihre Methoden mögen die Aufmerksamkeit auf sich ziehen, hinterlassen aber keine bleibenden Spuren im Leben der Menschen für die sie ihren Dienst tun. Ihrem Leben fehlt es an Heiligkeit und Verbindlichkeit – was nur im Privaten wachsen kann. Ein tiefgreifendes Erlebnis mit Gott an einem persönlichen Rückzugsort zu haben, ist genau das, was ihr Leben (von den Menschen oft unbemerkt) nachhaltig prägen wird. Diese im Privaten gewachsene geistliche Autorität bei einem Menschen wird immer von denjenigen wahrgenommen, deren geistliche Sinne geschärft sind.
Gottes Geist durchwirkt unsere Anstrengungen, um das Leben anderer zu berühren. Doch er fließt nur durch die Menschen, die eine permanente Gemeinschaft mit Gott leben und nicht durch diejenigen, die nur *heilig werden,* wenn sie unter Beobachtung der Öffentlichkeit stehen.

Denkanstoß

Wie verhalten Sie sich, wenn Sie allein sind und Ihnen keiner zuschaut? Tun Sie dieselben Dinge, wenn Sie im Licht der Öffentlichkeit stehen? Ihre wahre Persönlichkeit wird nur in Ihrem Rückzugsort sichtbar. Welche Schritte können Sie gehen, um die Kluft zwischen Ihrem öffentlichen Bild und Ihrem privaten Sein zu schließen?

Dann kehrte Jeftah nach Mizpa zurück. Als er sich seinem Haus näherte, kam seine Tochter heraus. Sie schlug das Tamburin und lief ihm tanzend entgegen. Sie war sein einziges Kind, er hatte sonst keine Tochter und keinen Sohn. Als er sie sah, zerriss er entsetzt sein Gewand und rief: „Meine Tochter, du brichst mir das Herz! Ausgerechnet du stürzt mich ins Unglück! Ich habe vor dem Herrn ein Gelübde abgelegt - es gibt kein Zurück!" (Richter 11:34-35 HfA)

Jeftah gelangte durch seinen törichten Schwur Gott gegenüber zu zweifelhaftem Ruhm. Auf der Suche nach einer Siegesmöglichkeit über die Amoniter, gegen die er kämpfte, versprach er dem Herrn das zu opfern, was ihm als Erstes bei seiner Ankunft zu Hause begegnete. Der heutige Vers berichtet vom dramatischen Moment seiner Heimkehr und den verheerenden Konsequenzen für den Richter. Ohne zu verharmlosen, wie unvernünftig ein solches Versprechen Gott gegenüber ist, können wir aus Jeftahs Beispiel eine wichtige Lehre ziehen: Er war ein Mann, der zu seinem Wort stand. Wir können diese Geschichte nicht lesen, ohne uns an das Wort des Psalmisten zu erinnern, der fragte: *„Wer darf weilen in deinem Zelt? Wer darf wohnen auf deinem heiligen Berge? Wer untadelig lebt...wer seinen Eid hält, auch wenn es ihm schadet"* (Psalm 15:1,4). Diese Eigenschaft im Leben eines Leiters ist von unschätzbarem Wert!

Im Trubel des täglichen Dienstes geben wir schnell Zusagen, die wir im Nachhinein bereuen. In anderen Situationen bringt unser Bedürfnis, anderen gefallen zu wollen uns dazu, vorschnell ein Versprechen abzugeben. Ist dann die Zeit gekommen, unser Wort zu erfüllen, merken wir, dass uns die Schuhe eigentlich ein paar Nummern zu groß sind.

Wenn wir mit Menschen arbeiten, müssen sie merken, auf uns ist Verlass! Das bedeutet auch, dass wir etwas durchziehen, wenn wir uns darauf festgelegt haben, selbst wenn es uns zum Nachteil wird.
Die Bemühung unser Versprechen zu halten, wird uns in Zukunft davor bewahren, jemandem unser Wort leichtfertig zu geben und beweist gleichzeitig anderen, wie wertvoll sie für uns sind.

Denkanstoß

Die Lösung für bereits gemachte, unbedachte Zusagen ist nicht, unser Versprechen zurückzunehmen, sondern vorher darüber nachzudenken, bevor wir jemandem etwas zusagen. Wir werden oft zu Gefangenen unserer eigenen Hast. Bevor Sie ein Versprechen abgeben, denken Sie gut darüber nach, ob es wirklich etwas ist, was Sie leisten können. Bitten Sie die Person, dass sie Ihnen Zeit gibt, darüber zu beten, bevor Sie eine Entscheidung treffen. Dadurch vermeiden Sie nicht nur Verpflichtungen, die Sie später bereuen, sondern gewöhnen sich auch daran, Entscheidungen nicht alleine zu treffen. Jede unserer Entscheidungen sollte mit der Zustimmung unseres himmlischen Vaters getroffen werden.

Denn die Waffen unseres Kampfes sind nicht fleischlich, sondern mächtig für Gott zur Zerstörung von Festungen; so zerstören wir überspitzte Gedankengebäude und jede Höhe, die sich gegen die Erkenntnis Gottes erhebt, und nehmen jeden Gedanken gefangen unter den Gehorsam Christi.
1.Korinther 10:4-5 (ELB)

Bei einem Treffen hörte ich vor kurzem das folgende Gebet: „Herr wir bitten dich, dass du unseren Verstand von allen Gedanken befreist, die dich nicht ehren und uns von allem reinigst, was dich verletzt." Als die Person ihr Gebet beendet hatte, musste ich an den heutigen Vers denken und an die Art von Bitten, die wir manchmal vor Gott bringen.
Dem Vers nach liegt es nicht in Gottes Verantwortung, uns die Gedanken zu entfernen, die uns Christus ungehorsam werden lassen. Es ist aber Gottes Versprechen, durch den Heiligen Geist die Sünde in unserem Leben ans Licht zu bringen. Wenn Er sie uns offenbart hat, ist es *unsere* Pflicht, diese Gedanken gefangen zu nehmen und Christus unterzuordnen. Unser himmlischer Vater wird uns diese Gedanken nicht mit Hilfe „geistlicher Chirurgie" entfernen, denn es ist unsere Aufgabe diese zu beseitigen. Diese Disziplin gehört zum geistlichen Fundament, durch das wir Christus ähnlicher werden.
Manchmal verstehen wir die Natur unseres geistlichen Lebens falsch und bitten Gott um Dinge, die wir selbst zu erledigen haben. Anderseits kümmern wir uns um Dinge, um die wir eigentlich unseren Vater bitten sollten. Es macht zum Beispiel keinen Sinn, Ihn um Frieden zu bitten, denn Er hat uns Frieden zugesagt, wenn wir Ihm unsere Bitten mit Danksagungen bringen (Philipper 4:6-7). Genausowenig bringt es

etwas zu versuchen, unser Leben aus eigener Kraft zu verändern, da es Gottes Werk ist (Römer 8:6-9).

Die Herausforderung für uns Leiter bleibt es, die Dynamiken des geistlichen Lebens so zu verstehen, dass wir unsere Kraft darauf lenken die Dinge zu verändern, zu denen Gott uns wirklich auffordert. Gleichzeitig sollten wir nur für Dinge beten, die wirklich erbeten sein wollen. So vermeiden wir Kraftaufwendungen für Dinge, die keine Frucht bringen und werden in dem gesegnet, was wir tun.

Denkanstoß

Einer der Heiligen der Kirchengeschichte W.E. Sangster fasst unsere heutige Erkenntnis zusammen: *„Viele Menschen beten für Dinge, die sich nur durch Arbeit realisieren lassen, andere arbeiten für Dinge, die erbeten sein wollen."*[11] Denken Sie einmal über Ihr Gebetsleben nach. Worauf konzentrieren sich Ihre Gebete? Welche Lasten bringen Sie normalerweise dem Herrn? Welche dieser Probleme brauchen einen stärkeren Einsatz Ihrerseits und welche Situationen kann nur der Herr lösen?

21. Februar „Ich zerschlage meinen Leib"

Ich weiß genau, wofür ich kämpfe. Ich laufe nicht irgendeinem ungewissen Ziel entgegen. Wenn ich kämpfe, geht mein Schlag nicht ins Leere. Ich gebe alles für diesen Sieg und hole das Letzte aus meinem Körper heraus. Er muss sich meinem Willen fügen. Denn ich will nicht andere zum Kampf des Glaubens auffordern und selbst untauglich sein.

1. Korinther 9:26-27 (HfA)

Ein tief verwurzeltes Konzept in den Köpfen vieler Gemeindeglieder besagt, dass das geistliche Leben vom Alltagsleben der Person getrennt sei. Das bedeutet, was wir in unserem Alltag treiben, hätte wenig Einfluss auf unser geistliches Leben und umgekehrt. Doch Christus verdeutlicht uns im größten Gebot, dass es das Wichtigste sei, Gott von ganzem Herzen, ganzer Seele, von ganzem Verstand und mit all unserer Kraft zu lieben. Er gibt uns damit zu verstehen, dass den Vater zu lieben unser ganzes Sein mit einbezieht.

Paulus verstand dieses Konzept. Er merkte, dass sein Körper zu einem Hindernis geistlichen Wachstums werden kann, wenn er ihn nicht mit seinem geistlichen Leben verbindet. Dies bedeutet nicht, dass der Körper per se schlecht ist, sondern, dass die Veränderung, die Gottes Geist in uns bewirkt, auch Auswirkungen im physischen Bereich haben müssen. Deshalb disziplinierte er seinen Körper, damit auch dieser unter die Herrschaft Christi komme.

Was ist an diesem Prinzip so wichtig? Denken Sie einmal an folgende Situation: Sie beschließen zu fasten. Aber nach kurzer Zeit macht Ihnen Ihr Magen unmissverständlich klar, dass er es nicht eine Minute länger ohne einen Happen aushält. Oder Sie haben sich vorgenommen, am nächsten Morgen extra früh aufzustehen, um ein bisschen mehr Zeit alleine mit dem Herrn zu verbringen. Doch als Ihr Wecker klingelt, meldet Ihr Körper an, dass er mindestens noch zwei Stunden Schlaf nötig hat. Oder Sie stehen im Gottesdienst zur Anbetungsmusik nur solange, bis Ihnen Ihre Beine kurze Zeit später anzeigen, dass es doch an der Zeit wäre, sich wieder hinzusetzen. Unser Körper hat oftmals das letzte Wort in unseren geistlichen Aktivitäten. Er protestiert, lamentiert und diskutiert wegen all dem, was er wegen uns ertragen muss. Kurzum: unser Körper besitzt einfach zu wenig Aufopferungsbereitschaft. Wenn Sie jedoch zu sehr auf Ihren Körper hören, werden Sie auch in Ihrem geistlichen Leben sehr schnell die Decke Ihres Wachstums erreichen.

Es sollte zu den selbstverständlichen Eigenschaften eines Leiters gehören, disziplinierter und ausdauernder zu sein, als seine Nachfolger. Genau diese Charakteristik ist es doch, die ihn als Leiter auszeichnet und dazu befähigt, andere anzuleiten. Damit wir darin wachsen ein diszipliniertes Leben zu führen, müssen wir unserem Körper beibringen, dass Jesus Herr über *alles* in unserem Leben ist. Den Leib „zu zerschlagen“ und unter die Herrschaft Christi zu stellen, gefällt uns nicht, tut uns aber gut.

Denkanstoß

Welche körperlichen Disziplinen üben Sie aus, um Ihrem Körper an Ihrem geistlichen Leben Anteil zu geben? Wie zeigen Sie ihm, dass Christus auch über Ihrem Körper Herr ist? Welche Schritte können Sie gehen, um mehr aus ihrem Körper herauszuholen, um nicht selbst untauglich zu werden?

Sechs Tage sollst du arbeiten und all deine Arbeit tun, aber der siebte Tag ist Sabbat für den HERRN, deinen Gott. Du sollst an ihm keinerlei Arbeit tun, du und dein Sohn und deine Tochter, dein Knecht und deine Magd und dein Vieh und der Fremde bei dir, der innerhalb deiner Tore wohnt.

2. Mose 20:9-10 (ELB)

Es liegen zwei interessante Prinzipien im heutigen Text verborgen. Als Erstes fällt uns auf, dass das Gebot auszuruhen, genau dieses ist: ein Gebot! Vielleicht überrascht uns das, denn in unserer Kultur sehen wir das Ausruhen als etwas an, das wir erst genießen dürfen, wenn wirklich nichts anderes mehr zu tun ist. Traurigerweise erreichen wir *niemals* den Tag, an dem es wirklich nichts mehr zu tun gibt und deshalb wird Zeit zum Ausspannen auch immer rarer. Genau aus diesem Grund ließ Gott seinem Volk an diesem Punkt keine Wahlfreiheit, darüber zu entscheiden, wann und ob sie auszuruhen haben. Er fragt uns weder um Rat, ob uns danach ist auszuruhen, noch kümmert es Ihn, ob wir unsere Arbeit schon fertig haben. Er ordnet einfach an, dass wir auszuruhen haben!

Wir merken daran, dass unser himmlischer Vater sich unserer Tendenz, uns selbst und unsere Gaben zu missbrauchen, bewusst ist. Mit der Erfindung der Elektrizität verlängerte der Mensch nicht nur seinen Tag, sondern wurde immer mehr zum Sklaven seines Tuns. Darum ordnete der Herr, der unsere Begrenzungen vollständig kennt, an, dass wir ausruhen um unsere mentale, geistliche und physische Kraft wiederherzustellen.

Zweitens bleibt festzuhalten, dass der Tag der Ruhe für Jahwe bestimmt ist. Auch dieser Teil des Gebots widerstrebt unseren kulturellen Vorstellungen. Nach unserer Sicht ist

ein Ruhetag hauptsächlich für uns selbst gedacht. Das ursprüngliche Gebot hatte jedoch eine geistliche Ebene. Der Tag war dazu gedacht, den Segen zu feiern, zum Volk Gottes zu gehören, für die empfangene Güte Gottes zu danken und das Leben nach Gottes Parametern neu auszurichten.
Will ein Leiter in seinem Dienst wirksam arbeiten, muss er das Prinzip der Ruhezeiten einhalten und in sein Leben implementieren. Viele Leiter leben in einem permanenten Erschöpfungszustand, der ihre Dienstfähigkeit ernsthaft beeinträchtigt. Zeiten der Erholung schließt nicht nur die Abwesenheit von Aktivismus ein, sondern ist mit einem lebenswichtigen Zeitraum im Zyklus der geistlichen Erneuerung eines Leiters gleichzusetzen, damit sein Dienst weiterhin frisch und lebendig ist. Wer versucht, ohne diese Erholungspausen auszukommen, tut dies zum Schaden derer denen er dient.

Denkanstoß

Der Herr fragt Sie nicht, ob Sie gerne ausruhen würden, sondern er formuliert es als Gebot. Vielleicht hilft es, das Ausruhen als eine weitere geistliche Disziplin zu sehen. Sie planen diese wie jede andere Aktivität in Ihrem Dienst und fügen sie als tägliche Übung ein, um sich geistlich fit zu halten. Auszuruhen bedeutet nicht, Zeit zu verlieren, sondern Zeit freizustellen, damit Ihre Aktionen die größtmögliche Frucht für Gottes Reich einbringen.

Immer wieder sangen die Frauen den Vers: „Saul hat tausend Mann erschlagen, David aber zehntausend!“ Saul hörte dieses Lied nicht gern, er wurde sehr zornig. „David trauen sie zu, dass er zehntausend erschlägt; und sie glauben, dass ich nur mit tausend fertig werde!“, dachte er voller Missmut. „Jetzt fehlt nur noch, dass sie ihn zum König machen!“ Seitdem war Saul eifersüchtig auf David.

1. Samuel 18:7-9 (HfA)

Es gibt keine traurigere Figur unter Gottes Himmel, als einen Leiter, der anderen ihre Erfolge neidet. Solche Menschen sind ständig von Furcht und Verdächtigungen angetrieben, sodass ihre Dienste zwangsläufig die Konsequenzen tragen müssen.

Goliaths Niederlage war ein großer Sieg für Israel und das Lied der Frauen verlieh dieser offensichtlichen Tatsache Ausdruck. Von Entschlusslosigkeit und Furcht wie gelähmt, hatte König Saul nicht die entscheidenden Anweisungen gegeben, die seine Männer zu diesem Zeitpunkt gebraucht hätten. Es war der junge Hirte aus Bethlehem, der an seiner Stelle Furchtlosigkeit und Tapferkeit bewies.

Wir können beobachten, dass David sich zu keiner Zeit selbst für seine Heldentat auf die Schulter klopfte, sondern dass das Volk seine Größe verkündete. Doch noch während des Feierns füllte sich das Herz des Königs mit Zorn. Die Bibel beschreibt, wie dieses Erlebnis Sauls Einstellung David gegenüber grundlegend verändert: *„Seitdem war Saul eifersüchtig auf David.“*

Sobald ein Leiter einmal Neid und Missgunst in seinem Herzen die Tür öffnet, wird er die Leistung anderer stets negativ bewerten. Sein Urteilsvermögen wird fortlaufend durch die eigene Herzenshärte eingetrübt. Das Handeln jeder Person, die ihm nahesteht, wird als Bedrohung aufgefasst und ein Großteil der Zeit darauf verwendet, die Arbeit anderer zu verunglimpfen. Tatsächlich lassen sich die restlichen Jahre Sauls unter dieser Überschrift zusammenfassen. Wie besessen suchte der König nach einer Möglichkeit, David umbringen zu lassen.

Die wahre Größe eines Leiters spiegelt sich darin wieder, wie er auf den Erfolg eines anderen reagiert. Reife Leiter haben keine Angst davor, durch die Dienste ihrer Nachfolger in den Schatten gestellt zu werden. Stattdessen arbeiten sie dafür, dass andere ihr maximales Potential in Christus ausschöpfen. Genauso, wie es einem Vater mit seinen Kindern geht, haben sie keine größere Freude, als mitzuerleben, wie ihre Mitarbeiter in ihrem Tun erfolgreich sind. Großzügig ermutigen und investieren sie sich in andere, auch wenn diese dadurch besser und wichtiger werden, als sie selbst. Leiter dieses Kalibers wissen, dass auch sie immer Wachstumspotential haben werden.

Denkanstoß

Achten Sie darauf, wie selbstlos Christi Worte an seine Jünger formuliert sind: *„Wahrlich, wahrlich, ich sage euch: Wer an mich glaubt, der wird die Werke auch tun, die ich tue, und er wird noch größere als diese tun; denn ich gehe zum Vater."* (Johannes 14:12). Der Messias definiert Größe nicht nach der Dimension der Aufgabe, sondern nach dem Grad der Treue, mit der sie umgesetzt wurde. Insofern spiegelte sich im Erfolg der Jünger die gute Vorbereitung durch den Meister wieder.

Und der Pharao hörte diese Sache und suchte, Mose umzubringen. Mose aber floh vor dem Pharao und hielt sich im Land Midian auf. Und er setzte sich an einen Brunnen.

2.Mose 2:15 (ELB)

Es ist gut vorstellbar, dass Gott es war, der in Mose das Mitgefühl für das Leiden seines Volkes hervorrief, als es unter dem ägyptischen Joch stand. Seine Eltern haben in ihm eine geistliche Wahrnehmung trainiert, die ihm in den Jahren am Hofe des Pharaos nicht abhanden gekommen waren. Dennoch hatte Mose eine wichtige Lektion noch nicht gelernt: Die Pläne Gottes lassen sich nicht mit menschlichen Methoden durchsetzen oder, wie es viele Jahrhunderte später Jakobus ausdrückte: *„Eines Mannes Zorn wirkt nicht Gottes Gerechtigkeit"* (Jakobus 1:20, ELB).

Damit Mose diese wertvolle Lektion lernen konnte, musste er durch die Wüstenschule gehen. Er vertraute noch zu sehr auf seine eigene Stärke, um für Gottes Zwecke nützlich zu sein und der Herr musste sein Leben noch eingehend verändern. Sein Feuereifer hatte ihn dazu getrieben, einen Mann umzubringen. Doch er verrauchte langsam. Übrig blieb das befriedete und einfache Leben eines Schafhirten. Erst als alles Wünschen und Sehnen in ihm verglommen war, betraute der Herr ihn erneut mit der Mission, sein Volk aus der ägyptischen Unterdrückung zu befreien.

Wie merkwürdig erscheinen uns die Wege Gottes manchmal. Als Mose Ihm dienen wollte, erlaubte Gott es ihm nicht und als der Prophet Ihm nicht mehr dienen wollte, forderte Er es ein. Der Grund dafür ist, dass es Gott viel wichtiger ist, *wer* wir sind als, *was* wir für Ihn tun können.

Der große Evangelist Dwight Moody äußerte sich einmal zu Mose: *Während seiner ersten 40 Lebensjahre dachte Mose er sei etwas Besonderes. In den 40 darauffolgenden Jahren wurde ihm klar, dass er niemand war. Und in den letzten 40 Jahren seines Lebens lernte er, was Gott mit einem „Niemand" alles anfangen kann.*[12] Eine bemerkenswerte Zusammenfassung, wie Gott mit dem Propheten umgegangen ist. Diese Lektion sollte jeder Leiter lernen. Gott braucht weder unsere Pläne, noch unsere Fähigkeiten, noch unsere Anstrengungen. Er braucht noch nicht einmal unsere Leidenschaft, wie auch Paulus herausfinden musste. Das Einzige, was Er von uns erwartet ist, dass wir uns seinen Händen anvertrauen, damit Er unser Leben führt und in uns die Verhaltensweisen und Qualitäten weckt, die Er jetzt schon in uns sieht. Dies ist die schwerste Art des Gehorsams, denn sie entspricht nicht unserer Vorstellungen davon, was wir tun *müssten*, um Gott zu gefallen.

Denkanstoß

Wie groß ist die Versuchung, im täglichen Dienst alles im Voraus zu planen und Gott dann um Seinen Segen für unsere Arbeit zu bitten. Viel schwieriger ist es, auf Ihn zu warten und nur zu handeln, wenn Er es anzeigt. Doch dürfen wir nie vergessen, dass der Mensch der sich komplett Gott unterordnet das kraftvollste Werkzeug ist, um Gottes Pläne in die Tat umzusetzen. Sie brauchen nichts überstürzen!

Niemand verachte dich wegen deiner Jugend; du aber sei den Gläubigen ein Vorbild im Wort, im Wandel, in der Liebe, im Glauben, in der Reinheit. *1. Timotheus 4:12*

Die Jugendzeit ist eine Zeit der Ideale. Junge Menschen beobachten ihre Umgebung und kritisieren eifrig jede Ungerechtigkeit und Heuchelei. Sie glauben, sie würden besser handeln, wo andere versagt haben. Ebenso klagt der Jugendliche in der Gemeinde sein Recht ein, gehört zu werden. Oftmals verschafft er sich Gehör ohne Rücksicht auf Verluste und ohne Feingefühl im Umgang mit anderen.

Paulus schätzt junge Menschen. Timotheus, der anscheinend sehr schüchtern gewesen sein muss, schärft er ein, nicht zuzulassen, dass andere ihn wegen seiner Jugend belächeln. Doch auf welche Weise konnte Timotheus den Respekt seiner Umgebung gewinnen?

Er sollte durch beispielhaftes Verhalten glänzen. Genau an diesem Punkt versagen die meisten jungen Leute. Mit Feuer und Leidenschaft wollen sie ihre Meinung an den Mann bringen, doch ihr eigenes Lebenszeugnis fällt unter der Last ihrer eigenen Forderungen zusammen. Es fällt ihnen leicht, die Fehler anderer aufzuzählen, doch dabei merken sie nicht, dass dies der einfachere Teil ist. Sie haben bisher noch nicht genügend Lebenserfahrung, um den Menschen wirkliche und praktische Lösungen für ihre Probleme anbieten zu können.

Paulus rät dem jungen Timotheus, dass er sich nicht auf endlose Diskussionen und Debatten einlässt. Sechsmal in seinen beiden Briefen warnt ihn Paulus, dass bloßes Gewese Gottes Plan nicht voran bringt. Anstelle dessen ermutigt er ihn, ein Leben zu führen, das ihm den Respekt verschafft, gehört zu werden.

Für einen jungen Leiter ist dies eine ziemliche Herausforderung. Er muss noch lernen, dass es wenig dazu beiträgt, tiefgreifende und dauerhafte Veränderungen herbeizuführen, indem man nur mit dem Finger auf die Gemeinde oder deren Leiter zeigt. Die Herausforderung liegt darin, durch sein Verhalten Alternativen aufzuzeigen. Als ich noch Single war, fiel mir nichts leichter, als die Fehler meiner Eltern anzukreiden. Aber bald darauf heiratete ich und danach kamen meine eigenen Kinder. Schnell wurde mir klar, dass es in der Theorie viel leichter schien, ein guter Vater zu sein, als es selbst in die Praxis umzusetzen. Und nicht nur das. Plötzlich fand ich mich in der Situation vor, dieselben Fehler zu begehen, die ich als junger Mann unmöglich fand.

Der junge Mensch, der die Herausforderung annimmt sein Verhalten und makellosen Umgang mit anderen in seinem Leben umzusetzen, wird an Gewicht gewinnen ohne danach zu suchen. Der Grund liegt auf der Hand: Theorien gibt es wie Sand am Meer, aber Taten sprechen lauter als Worte.

Denkanstoß

Der englische Autor und Poet Oscar Wilde beobachtete einmal: *„Die Jugend von heute ist immer bereit, die Älteren mit der ganzen Fülle ihrer fehlenden Erfahrung zu segnen.“*[13]

Trotz seines Sarkasmus steckt viel Wahres in seinen Worten. Falls Sie zu den Jungen gehören, lassen Sie Ihre Taten lauter sprechen als ihre Worte. Falls nicht, ebenso.

Und sie kamen zu Johannes und sprachen zu ihm: Meister, der bei dir war jenseits des Jordans, von dem du Zeugnis gegeben hast, siehe, der tauft, und jedermann kommt zu ihm. Johannes antwortete und sprach: Ein Mensch kann nichts nehmen, wenn es ihm nicht vom Himmel gegeben ist.

Johannes 3:26-27

Seit 400 Jahren hat Israel keinen derartigen Propheten mehr gesehen, wie Johannes den Täufer. Sein Erscheinen am Jordanufer zog sofort Menschen aus der ganzen Region an. Im Laufe der Tage und Wochen folgten dem Propheten große Menschenmassen.

All das änderte sich schlagartig, als der Messias kam. Mit Seiner Ankunft war die Mission des Täufers vollendet und nach kurzer Zeit folgten die Massen dem, der sich selbst vom Propheten hatte taufen lassen. Die treusten Nachfolger Johannes' sahen voller Wehmut, wie die Leute ihn verließen und gingen auf ihn zu, um ihn zu drängen, das Heft wieder in die Hand zu nehmen. Hinter der Forderung seiner Jünger stand die feste Überzeugung, dass Jesus ihrem Meister die Leute wegnahm, die Johannes durch seine Verkündigung gewonnen hatte.

In der Art wie Johannes auf ihre Forderung einging, bemerken wir schnell, warum Jesus sich später voller Lob über ihn äußerte. Der Prophet verstand, dass niemand aufgrund eigener Leistungen oder Errungenschaften Menschen *gewinnt*. All das, was er empfangen hatte, kam vom Vater dessen Herz voller Gnade ist. Er wusste, dass ihm die Massen nur für eine Zeitlang anvertraut waren und dass der Vater sie jederzeit wieder von ihm zurückfordern konnte, denn sie gehörten nicht ihm, sondern Gott. Aus diesem Grund kämpfte er nicht und verbitterte auch nicht, als die Leute sich um den Messias scharten.

Oftmals handeln wir als Pastoren so, als ob die uns anvertrauten Menschen unser Eigentum wären. Wir behalten uns vor, ihnen unsere Pläne und Wünsche aufzudrücken und entscheiden über sie, als wären wir ihre Herren. Doch Menschen ertragen diese Art der Behandlung gewöhnlich nicht lange und werden bald ihre Unzufriedenheit zeigen.

Wie anders war dagegen Johannes Haltung. Er war weit davon entfernt, verbittert zu werden. Stattdessen legte der Prophet eine Weitherzigkeit und Großzügigkeit an den Tag, die das Beste für die Menschen suchte. Wie konnte er sich der Abwanderung der Menschen entgegenstellen, wenn es das Beste für sie war, so nah wie möglich bei Christus zu sein?

Der reife Leiter wird immer den Weg suchen, der seinen Leuten am meisten dient, auch wenn es seinem Dienst einen „Imageschaden" bringt. Genauso wie Kinder den Eltern für ein paar Jahre anvertraut sind, so sind auch die Menschen Ihrer Gemeinde Ihnen nur für eine gewisse Zeit anvertraut. Sie haben alle Freiheit, sich so zu bewegen und zu handeln, wie sie den Willen Gottes für ihr Leben verstehen. Auch wenn sie sich einmal irren, respektiert der Leiter die Freiheit, die Gott auch ihm gegeben hat.

Denkanstoß

Wie gehen sie vor, wenn Sie den Ihnen anvertrauten Menschen Ratschläge geben? Wie reagieren Sie, wenn sie Ihren Rat nicht befolgen und einen anderen Weg einschlagen? Woran sieht man in Ihrer Gemeinde, dass die Menschen alle Freiheit haben, sich so zu entscheiden wie sie wollen? Was müssten Sie verändern um diese Freiheit zu fördern?

Der HERR rief abermals: Samuel! Und Samuel stand auf und ging zu Eli und sprach: Siehe, hier bin ich! Du hast mich gerufen. Er aber sprach: Ich habe nicht gerufen, mein Sohn; geh wieder hin und lege dich schlafen. Aber Samuel hatte den HERRN noch nicht erkannt, und des HERRN Wort war ihm noch nicht offenbart. *1. Samuel 3:6-7*

Es lassen sich zwei interessante Beobachtungen, anhand dieses Ereignisses im Leben des jungen Samuel ableiten. Zum Einen können wir annehmen, dass die Stimme, die Gott benutzte, derjenigen Elis so ähnlich gewesen sein muss, dass Samuel sie verwechselte. Nur in Hollywoodfilmen spricht Gott mit einer hallenden Donnerstimme. Im wahren Leben ist Gottes Stimme leicht mit der anderer zu verwechseln, auch mit unserer eigenen.

Zweitens sollten wir einen Moment innehalten und den folgenden Satz auf uns wirken lassen: *„Aber Samuel hatte den HERRN noch nicht erkannt, und des HERRN Wort war ihm noch nicht offenbart."* Wir haben hier die Beschreibung eines Schülers, der gerade am Anfang eines Lernprozesses steht, welcher am Ende einen großen Propheten und Richter Israels hervorbringt.

Es ist wichtig, das richtig zu verstehen. Manche Christen vertreten die Meinung, dass Geistlichkeit etwas ist, was man erbt oder durch Handauflegung übertragen bekommt. Viele Gläubige laufen von Konferenz zu Konferenz und suchen nach dieser besonderen „Salbung", die sie automatisch in einen großen Mann oder Frau Gottes verwandelt. Sie sind überzeugt, dass die Größe dieser illustren biblischen Figuren durch eine besondere Begegnung oder eine außergewöhnliche Gabe verursacht wurde, die sie vom Durchschnittschristen abgehoben hat.

In Wahrheit entsteht geistliches Leben jedoch durch den Prozess der Disziplin. Genau wie sich der menschliche Körper entwickelt, hängt auch das geistliche Wachstum oftmals von Faktoren ab, die sich außerhalb unserer Kontrolle befinden. Manchmal verstehen wir die mysteriösen Prozesse nicht, durch die wir hindurch gehen müssen, damit sich unser Herz verändert. Doch ist es klar, dass wir zur Treue unserem Herrn gegenüber berufen sind und ihm erlauben sollten, uns in die Reife zu führen.

Bei dieser Methode gibt es keine großen Sprünge oder Momente dramatischer Veränderung. Manchmal begegnet uns der Herr auf außergewöhnliche Weise, was wir als großen Segen empfinden, aber normalerweise ist geistliches Wachstum ein langsamer aber gezielter Prozess. Das wollte wohl der Autor des Hebräerbriefes ausdrücken, als er sagte: *„Feste Nahrung hingegen ist für Erwachsene, für reife Menschen also, deren Urteilsfähigkeit auf Grund ihrer Erfahrung so geschult ist, dass sie im Stande sind, zwischen Gut und Böse zu unterscheiden."* (Hebräer 5:14, NGÜ). Achten Sie besonders darauf, dass gesagt wird: *„auf Grund ihrer Erfahrung geschult"*. Das zeigt einen Lernprozess an, der sogar Fehler einkalkuliert, so wie bei dem jungen Samuel.

Denkanstoß

Matthew Henry hat folgendes beobachtet: *„Geistliches Wachstum besteht hauptsächlich im Heranwachsen der Wurzel. Es ist nicht sichtbar."*[14] Wodurch „üben" Sie Ihre Sinne, damit Sie besser zwischen Gut und Böse unterscheiden können?

Und er hat zu mir gesagt: Lass dir an meiner Gnade genügen; denn meine Kraft ist in den Schwachen mächtig. Darum will ich mich am allerliebsten rühmen meiner Schwachheit, damit die Kraft Christi bei mir wohne.

2.Korinther 12:9

Es gehört zu unserer Natur, unsere Schwächen verstecken zu wollen. Wir sind traurig aber setzen ein „Happy-Face“ auf. Uns ist zum Heulen zumute, doch wir halten die Tränen zurück. Wir fühlen uns überladen, doch erwecken den Anschein, alles unter Kontrolle zu haben. Wir kämpfen mit Entmutigung, doch versuchen andere davon zu überzeugen, dass wir „gut drauf sind“.

An diesem Verhalten wird deutlich, wie wichtig es uns ist, für andere ein gutes Bild abzugeben. Wir wollen, dass sie uns als Sieger sehen, die festen Schrittes auf ihr Ziel zugehen. Aus diesem Grund tun wir alles, damit die Menschen um uns herum nichts von unserer schwachen und zerbrechlichen Seite mitbekommen.

Paulus dagegen ist stolz auf sein Leiden und seine Schwäche. Haben Sie sich noch nie über diese merkwürdige Formulierung gewundert? Nicht nur, dass er seine Schwächen nicht versteckt, er ist auch noch stolz auf sie und weit davon entfernt, sich ihrer zu schämen! Stattdessen trägt er sie als wahrhafte Zeichen seiner Abhängigkeit von Christus. Ehrlich gesagt, erscheint mir diese Haltung des Apostels absolut unverständlich. Trotzdem komme ich nicht umhin, tief im Herzen eine gewisse Bewunderung für seine Art der Leiterschaft zu hegen.

Überfliegen wir einmal die Geschichte Israels. Fällt Ihnen irgendjemand ein, der wegen seines Könnens oder seiner besonderen Fähigkeiten von Gott gebraucht wurde? Abra-

ham war ältlich und unfähig Nachkommen in die Welt zu setzen. Josef war ein Sklave, im Gefängnis vergessen. Mose war ein stotternder Schafhirte. Gideon war der Geringste seines Hauses und arm noch dazu. David war ein einfacher Hirte. Nehemia war lediglich der Mundschenk des Königs. Jeremia war jung und unerfahren. Johannes der Täufer war ein Unbekannter, der in der Wüste lebte. Die Jünger waren einfache Fischer, ohne jegliche Ausbildung, die nicht einmal schreiben konnten. Paulus, den feurigen Verfolger der Gemeinde, schwächte Gott gezielt durch einen Stachel im Fleisch der ihn quälte. Und diese sind die Helden der Bibel! Was fällt uns zu Persönlichkeiten wie Augustinus, Luther, Wesley, Hudson Taylor, Moody, Spurgeon oder den vielen anderen ein, welche die Geschichte des Volkes Gottes so tiefgehend beeinflusst haben?
Sie alle haben eins gemeinsam: Gott gebrauchte sie, weil sie Ihm erlaubten, ihre Schwäche für Seine Ehre zu benutzen.

Denkanstoß

Versuchen Sie nicht länger Ihre Schwachstellen zu verbergen oder sie zu rechtfertigen. Wenn Sie Ihre Schwachpunkte zudecken oder negieren, verliert Christus seine Kraft in Ihrem Leben. Freunden Sie sich mit Ihren Schwächen an. Sie sind die Tür, damit die Fülle Gottes sich in Ihrem Leben offenbaren kann.

Was von allem Anfang an da war, was wir gehört haben, was wir mit eigenen Augen gesehen haben, was wir angeschaut haben und betastet haben mit unseren Händen, nämlich das Wort, das Leben bringt – davon reden wir.

Johannes 1:1 (GN)

Wir können nicht das ganze Ausmaß von Johannes Worten ermessen, wenn wir uns nicht bewusst machen, in welcher Zeit wir leben. Niemals zuvor in der Geschichte der Menschheit gab es eine derartige Informationsflut wie es heute der Fall ist. Wir haben täglichen Zugang zu Zeitungen, Magazinen und Journalen, Enzyklopädien und vielen anderen literarischen Mitteln, die vor 100 Jahren nur in Bibliotheken zu finden waren. Hinzu kommt die kolossale Datenmenge, die uns Dank des Internets praktisch überall und zu jeder Zeit zur Verfügung steht.

Problematisch ist nur, dass uns nicht einmal ein Bruchteil der Zeit zur Verfügung steht, die wir eigentlich bräuchten, um diese Informationsmengen zu verarbeiten. Der einzig mögliche Weg diese Überforderung zu überleben, scheint einen schonungslosen Pragmatismus an den Tag zu legen, wenn es um die Auswahl der Inhalte geht, die wir lesen und hören. Wir überfliegen Nachrichten in aller Eile, immer auf der Suche nach der Quintessenz und hoffen damit, Zeit und Aufwand für eventuell nutzlose Informationen zu minimieren.

Auch die Gemeinde gestalten wir immer mehr nach dem Nutzen-Prinzip und haben auch das Evangelium auf ein paar Kernwahrheiten reduziert. Wir suchen für andere oder uns selbst, „die drei Geheimnisse, damit Gebete erhört werden", „die fünf Prinzipien für einen effizienten Gemeindedienst" oder „die sieben Schritte, um ein schlagkräftiges Team auf-

zubauen". Wir versuchen dadurch irgendwie in diesem endlosem Meer aus Informationen den Kopf über Wasser zu halten.
Sehr erfrischend ist nun, dass Paulus bewusst allgemein in seiner Formulierung bleibt. Er will uns nicht die Schlagzeile des Tages vermitteln und ebenso wenig interessiert es ihn, sein Erlebnis auf die vier geistlichen Prinzipien, die jeder kennen muss, zusammenzuschrumpfen. Stattdessen versucht er das Unmögliche. Er strafft die Botschaft zu ein paar Worten, um seinen Lesern zu verdeutlichen, was es für die Jünger bedeutet, mit Christus unterwegs zu sein. Er versucht keine intellektuelle Erklärung zu entwerfen, sondern fügt zusammen, was sie gesehen und gehört haben und mit ihren Händen berührten.
Johannes' Herangehensweise erinnert uns daran, dass das Evangelium mehr ist, als ein Prinzip. Es geht um Beziehung. Und wie jede Beziehung hat es viele wunderbare Facetten, die nur wahrgenommen werden können, wenn man alle Sinne einsetzt. Manche werden wir nicht einmal beschreiben können, weil sie zu persönlich und zu tiefgehend sind, um sie mit bloßen Worten zu schildern. Doch alle weisen in dieselbe Richtung: Auf Gott, der Mensch geworden ist.

Denkanstoß

Wenn wir anderen dienen, sind wir gleichzeitig dazu berufen, das Evangelium auch durch unseren Lebenswandel sichtbar zu machen. Die Menschen in unserem Umfeld sollten Jesus sehen, spüren und erfahren, wenn sie mit uns zusammenkommen, denn die Gute Nachricht geht viel tiefer, als unsere Sinne bewusst wahrnehmen können.

Gott, du bist mein Gott, den ich suche. Es dürstet meine Seele nach dir, mein ganzer Mensch verlangt nach dir aus trockenem, dürrem Land, wo kein Wasser ist. *Psalm 63:2*

In diesem Psalm wird das unstillbare Verlangen Davids, mit seinem Gott zusammen zu sein, sehr deutlich. Das Interessanteste jedoch ist die Anfügung unter dem Titel: *Ein Psalm von David. Als er in der Wüste Juda war.* Das verleiht dem Text seinen ausgedrückten Gefühlen eine noch viel größere Tragweite.

David war zweimal in der Wüste Juda. Das erste Mal flüchtete er vor König Saul, der öffentlich versuchte, ihn umzubringen. Der Erzähler erklärt: *„Und David blieb in der Wüste auf den Bergfesten und er blieb im Gebirge der Wüste Sif. Und Saul suchte ihn alle Tage, aber Gott gab ihn nicht in seine Hand"* (1.Samuel 23:14, ELB). Das zweite Mal musste er in die Wüste fliehen, als er wegen der Rebellion seines Sohnes Absalom die Stadt Jerusalem aufgeben musste *„David aber ging die Anhöhe der Olivenbäume hinauf und weinte im Gehen; und sein Haupt war verhüllt, und er ging barfuß. Und alles Volk, das bei ihm war, sie hatten jeder sein Haupt verhüllt und gingen unter ständigem Weinen hinauf."* (2.Samuel 15:30, ELB).

Beide Situationen zeigen die Momentaufnahme eines Mannes in tiefster Furcht. Es scheint unglaublich, wie er inmitten dieser verheerenden Zwangslage ausrufen kann: *„Gott mein Gott, ... es dürstet nach dir meine Seele, nach dir schmachtet mein Fleisch."*

Welches Prinzip können wir aus diesem Psalm ableiten? Mitten in einer Krise braucht ein Leiter die Kapazität, Abstand zwischen seinem Leben und den ihn umgebenden Umständen zu schaffen, um in die Gegenwart Gottes eintreten zu können und sich dort die Hilfe zu suchen, die er benötigt.

Wenn er Gottes Unterstützung erlebt, verschieben sich auch seine Perspektiven und es wird ihm gelingen, seine Situation aus „himmlischer Perspektive“ zu sehen. Seine Prioritäten kommen in Einklang mit denen Gottes und er kann von Herzen ausrufen: „Nur du bist Gott, Herr!“

Wenn Sie sich einmal die Lebensgeschichten der großen Diener Gottes anschauen, werden Sie feststellen, dass jeder von ihnen die Fähigkeit hatte, sich an einen geheimen Zufluchtsort in die Gemeinschaft mit seinem Gott zurückzuziehen. Denken Sie an Christus im Garten Gethsemane, an Paulus und Silas im Gefängnis oder an Mose, als er das goldene Kalb entdeckte. Ebenso ging es Nehemia, als er von der verzweifelten Lage in Jerusalem hörte. Jeder von ihnen fand diesen persönlichen Zufluchtsort, wo er sein Herz dem ausschütten konnte, der regiert und für alle Zeiten lebt. Dort fanden sie Trost und die Kraft, die sie brauchten, um weiterzumachen.

Denkanstoß

Der Psalmist sagt: *„Gott ist uns Zuflucht und Stärke, als Beistand in Nöten reichlich gefunden. Darum fürchten wir uns nicht, wenn auch die Erde erbebt und die Berge mitten ins Meer wanken“* (Psalm 46:2-3, ELB). Nicht das Erkennen dieser Wahrheit bringt Trost. Hilfe erleben wir, wenn wir Ihm in die Arme laufen und in Ihm Schutz suchen. Seien Sie ein Leiter, für den es normal ist, seine Schwierigkeiten mit dem Herrn der Herren zu teilen!

Deshalb lasst nun auch uns, da wir eine so große Wolke von Zeugen um uns haben, jede Bürde und die uns so leicht umstrickende Sünde ablegen und mit Ausdauer laufen den vor uns liegenden Wettlauf. *Hebräer 12:1*

Der Autor der Hebräerbriefes nutzt, wie viele große Meister des Wortes, eine Analogie, damit wir die Herausforderungen des geistlichen Lebens besser begeifen. Das Gleichnis einer Rennstrecke das er hier verwendet, war sehr wahrscheinlich vielen der damaligen Leser bekannt: der Marathon. Für diesen sportlichen Wettkampf, von der Heldentat eines griechischen Kämpfers inspiriert, musste eine weite Strecke (42 km) ohne Pause zurückgelegt werden. Der Autor vergleicht im Text verschiedene Anforderungen, die ein Marathon mit sich bringt, mit den Prinzipien, die auch für unseren geistlichen Lebenslauf gelten.

Das erste Element, welches der Autor hervorhebt, ist die große Wolke von Zeugen, die uns umgibt. Damit bezieht er sich auf das vorhergehende Kapitel, in dem eine lange Liste von Helden aufgezählt wird, die bereits erfolgreich dieses Rennen absolvierten: Abel, Henoch, Abraham, Sara, Isaak, Jakob, Josef, Mose, Rahab, Gideon, Barak, Simson, Jeftah und David u.a. Es fehlte dem Autor die Zeit, von unzähligen weiteren Helden zu berichten, die *„aus der Schwachheit Kraft gewannen"* (Hebräer 11:34, ELB). Damit möchte er uns für das vor uns liegende Leben Mut zusprechen. Unser Weg ist gefüllt mit Herausforderungen und zahllosen Schlappen. Wir stehen dadurch manchmal kurz davor, zu resignieren, weil wir es für unmöglich halten, weiter voranzukommen. In diesen Momenten werden wir daran erinnert, dass bereits eine große Wolke an Zeugen diesen Lauf vor uns zurückgelegt und, was das Wichtigste ist, erfolgreich beendet hat!

Andererseits hebt der Autor hervor, dass wir dieses Rennen nicht allein in Angriff nehmen sollten. Im modernen Rennsport laufen gute Athleten immer im Team. Indem sie sich bei der Führung abwechseln, halten sie das zermürbende Tempo aufrecht, um zu siegen. Gleichzeitig ermutigen und motivieren sie sich untereinander, denn eine Gruppe setzt immer mehr Kraft frei, als ein Einzelner.
Viele Pastoren und Leiter haben schwer unter der Einsamkeit des Dienstes zu tragen. Zwar erlebt jeder Leiter auf seinem Weg immer mal Zeiten des Alleinseins. Oftmals ist sie bei Leitern jedoch selbst auferlegt. Sie erlauben es sich nicht, tiefgründige Beziehungen zu pflegen, die ihr geistliches Leben an- und bereichern würden. Ohne diese grundlegende Hilfe werden sie schnell entmutigt und sehen sich infolgedessen als Opfer, die von niemandem verstanden werden.
Reife Leiter wissen jedoch, dass jeder Christ einen Gefährten braucht, der an seiner Seite läuft.

Denkanstoß

Wer sind die Teamkollegen auf Ihrer Laufstrecke? Wenn Sie zu lange brauchen, um sie aufzuzählen, laufen Sie wahrscheinlich alleine. Unsere Teamgefährten sollten Teil unseres engsten Freundeskreises sein. Warum beten Sie nicht jetzt dafür, dass Gott Ihnen diese Art Freunde an die Seite stellt? Ein Teil des Reichtums den das geistliche Leben bereithält, liegt in den Händen dieser Freunde. Doch Sie können ihn erst entdecken, wenn sie gemeinsam unterwegs sind.

Deshalb lasst nun auch uns, da wir eine so große Wolke von Zeugen um uns haben, jede Bürde und die uns so leicht umstrickende Sünde ablegen und mit Ausdauer laufen den vor uns liegenden Wettlauf. *Hebräer 12:1*

Der Autor des Hebräerbriefes erklärt uns am Beispiel des Marathons, dem längsten Lauf der Welt, einige Dynamiken des christlichen Lebens. Er gibt uns verschiedene Empfehlungen, wie wir am besten diese Wegstrecke zurücklegen können. In der heutigen Reflexion soll es darum gehen, „jede Bürde abzulegen."

Wenn Sie schon die Gelegenheit hatten, einen Marathon mitzulaufen oder ihn sich anzusehen, haben Sie dabei vielleicht bemerkt, dass die Läufer alle mit minimalem Gewicht laufen. Ihre Kleidung ist aus ultraleichtem Stoff, ihre Socken sind spezielle Sportanfertigungen und wiegen kaum 250 Gramm. Einige Läufer rennen sogar barfuß, um auch dieses Gewicht zu vermeiden. Der Grund für eine solch konsequente Gewichtsvermeidung liegt auf der Hand: Wenn man eine solch lange Strecke zurücklegen möchte, geht man auf Nummer sicher, nicht ein Gramm mehr als notwendig dabei zu haben, um am schnellsten ans Ziel zu gelangen. Im antiken Griechenland liefen die Läufer sogar nackt.

Christus wies seine Jünger an, sich zu zweit auf den Weg zu machen, zu predigen und mit leichtem Gepäck zu reisen: *„Ihr sollt weder Gold noch Silber noch Kupfer in euren Gürteln haben, auch keine Reisetasche, auch nicht zwei Hemden, keine Schuhe, auch keinen Stecken. Denn ein Arbeiter ist seiner Speise wert."* (Matthäus 10:9-10). Er sprach sich damit gegen die normale menschliche (und besonders deutsche) Tendenz aus, durch Bevorratung alles abgesichert haben zu wollen. Stattdessen ermutigte Er sie, wenig auf den Weg mitzunehmen und dem himmlischen Vater zu vertrauen, dass Er sich um alles, was sie brauchen, kümmern würde.

Im heutigen Vers benutzt der Autor für „Bürde" dasselbe Originalwort, wie bei der Beschreibung einer schwangeren Frau. Wenn die Frau bereits ein fortgeschrittenes Schwangerschaftsstadium erreicht hat, bewegt sie sich langsam und jeder Schritt scheint einer zu viel. Ihr Bauch verhindert rasches oder besonders agiles Vorankommen. Ein prägnantes Beispiel, um zu verstehen, was es bedeutet, „alle Bürde abzulegen". Wir dürfen alle Dinge ablegen, die unseren Lauf mit Christus behindern. Viele Dinge sind uns nützlich, aber viele verkomplizieren unser Leben auch.

Der weise Mitarbeiter kann zwischen den Dingen unterscheiden, die seinen Dienst bereichern und denjenigen, die zwar interessant, letztendlich aber eher hinderlich sind und sich kaum dazu eignen, voran zu kommen. Es braucht Disziplin, um das Gute zu wählen und den Dingen, die andere für unverzichtbar halten, den Rücken zuzukehren. Das Ziel immer vor Augen, hilft Ihnen, sich munteren Herzens von all dem zu befreien, was sie grundlos belasten will.

Denkanstoß

Die Herausforderung liegt hierbei nicht darin, zwischen dem Guten und dem Schlechten zu wählen, sondern zwischen Notwendigem und Verzichtbarem. Selbst etwas Gutes kann für die Erfüllung unserer Aufgabe nutzlos werden und sich in ein zusätzliches Gewicht verwandeln, das uns straucheln lässt.

Deshalb lasst nun auch uns, da wir eine so große Wolke von Zeugen um uns haben, jede Bürde und die uns so leicht umstrickende Sünde ablegen und mit Ausdauer laufen den vor uns liegenden Wettlauf. *Hebräer 12:1*

Der Autor des Hebräerbriefes verwendet den Marathon, den längsten Lauf der Welt, als Gleichnis, um uns einige Dynamiken des christlichen Lebens zu vermitteln. Er gibt uns dazu verschiedene Empfehlungen, wie wir am besten diese Wegstrecke zurücklegen können.

Heute wollen wir uns darauf konzentrieren, „die uns so leicht umstrickende Sünde" abzulegen. Es gibt zwei wichtige Gedanken, die der Autor mit seiner Ermahnung aufgreifen will. Der Schlüssel zum Ersten ist das Wort „leicht". Sünde versteckt sich eher in feinsinnigen Verdrehungen des Wortes Gottes, als in offensichtlichen Widersprüchen, die Gottes Wahrheit deutlich widersprechen. Wir können beobachten, wie subtil der Feind den Sohn Gottes in der Wüste verführen wollte. Genau weil Sünde diese Charakteristik besitzt, sind wir oftmals in Gedankenstrukturen und Haltungen gefangen, die den Gott, den wir lieben, nicht ehren.

Der zweite Gedanke bezieht auf das Wort „umstricken". Das Originalwort im Griechischen, beschreibt den Vorgang, wenn ein Läufer von etwas gelähmt oder zurückgehalten wird, ein Hindernis, das sich ihm in den Weg stellt, egal in welche Richtung er sich bewegt. Es wäre, als wollte jemand, in einer Decke eingewickelt, laufen. Die Bewegung jedes einzelnen Körperteiles ist damit stark eingeschränkt.

Damit wird wunderbar illustriert, welchen Effekt Sünde auf unser Leben hat. Wenn wir erlauben, dass sie uns umstrickt, lähmt sie jeden Bereich unseres Lebens. Wir werden entweder verbittert oder von Trauer erfüllt. Unsere Gedanken füllen sich mit Verachtung und Kritiksucht. Unsere Sicht auf die

Dinge wird pessimistisch. Unsere Vision vernebelt sich und Berge von Problemen türmen sich vor uns auf. Unsere Worte verwandeln sich in verletzende und zerstörerische Waffen. Vor allem aber wird unsere Beziehung zu Gott tief in Mitleidenschaft gezogen. Das Geständnis des Psalmisten drückt es treffend aus: *„Solange ich meine Schuld verschwieg, wurde ich von Krankheit zerfressen, den ganzen Tag habe ich nur gestöhnt. Tag und Nacht lastete deine Hand auf mir. Da verging mir aller Lebensmut, ich verlor jede Kraft wie unter stechender Sonnenglut“* (Psalm 32:3-4, NGÜ).
Als Diener in Gottes Reich dürfen wir nicht einen Moment lang unsere menschliche Gesinnung, uns von der Sünde verleiten zu lassen, geringschätzen. In diesem Bereich unseres geistlichen Lebens müssen wir ständig auf der Hut sein. Petrus sagte dazu passend: *„Seid nüchtern und wacht; denn euer Widersacher, der Teufel, geht umher wie ein brüllender Löwe und sucht, wen er verschlinge“* (1.Petrus 5:8).

Denkanstoß

Martin Luther sagte zu diesem Thema einmal: *„Ich fürchte mich mehr vor meinem eigenen Herzen, als vor dem Papst mit all seinen Kardinälen!“*[1] Der Lauf der Jahre und seine Lebenserfahrung hatten ihn gelehrt, dass die meisten Angriffe und Lebensprobleme nicht von außen kamen, sondern von den Machenschaften unseres eigenen, leicht zu verleitenden Herzens. Aus diesem Grund achtete dieser große Reformator besonderen darauf, dass sein Herz rein blieb.

Geduldig bis zum Schluss

Deshalb lasst nun auch uns, da wir eine so große Wolke von Zeugen um uns haben, jede Bürde und die uns so leicht umstrickende Sünde ablegen und mit Ausdauer laufen den vor uns liegenden Wettlauf. *Hebräer 12:1*

Der Autor des Hebräerbriefes erklärt uns anhand des Gleichnisses eines Marathons, dem längsten Lauf der Welt, einige Dynamiken des christlichen Lebens. Er gibt uns verschiedene Empfehlungen, wie wir diese, ein Leben lang dauernde Wegstrecke, am besten zurücklegen können.

Im heutigen Text ermutigt er uns unter anderem, „mit Ausdauer zu laufen den vor uns liegenden Wettlauf". Der Apostel Jakobus, der uns dazu aufruft Freude selbst in größten Schwierigkeiten zu bewahren, wusste, dass eine der wichtigsten Charakteristiken, die Gott uns ein Leben lang lehren möchte, ist, geduldiger zu werden. Und wie wichtig ist diese Tugend für uns! Weil ihm die Geduld fehlte, zeugte Abraham ein Kind mit Hagar. Aus Ungeduld wollte Josef aus dem Gefängnis fliehen und bat den Mundschenk um Hilfe. Aus Mangel an Geduld tötete Mose einen Ägypter, so dass er in die Wüste fliehen musste. Paulus verweigerte die Zusammenarbeit mit dem jungen Markus, ebenfalls aus Ungeduld.

Der Marathon ist eine der wenigen Disziplinen, bei denen Jugend kein unbedingter Vorteil sein muss. Die schnellsten Läufer auf Weltniveau sind nicht 18 oder 20 Jahre alt, wie die Champions anderer Sportarten. Ihr Durchschnittsalter beträgt 35 Jahre. Warum? Den jungen Sportlern fehlt eine wichtige Eigenschaft, die für weite Wegstrecken unerlässlich ist: das Bewusstsein, seine Kräfte einzuteilen und den eigenen Rhythmus zu finden, um ans Ziel zu gelangen. Ich habe an einigen Marathons teilgenommen und dabei junge Leute gesehen, die losrannten, als ginge es nur bis zum Bäcker an der nächsten Ecke. Da der Lauf jedoch mehrere Stunden dauert, muss man die Kraftreserven seines Körpers kennen und sie richtig einzuteilen wissen, um den Lauf erfolgreich beenden zu können.

Diese Analogie lehrt uns eine wichtige Lektion. Im Leben gibt es viele Menschen, die ihren geistlichen Lebenslauf voller Leidenschaft und mit großem Feuereifer beginnen. In kurzer Zeit legen sie eine weite Strecke zurück und lassen Erfahrene hinter sich. Sie sind wie geblendet von ihrer eigenen Geschwindigkeit. Doch wenige schaffen es, ihren Rhythmus auf lange Sicht durchzuhalten. Die Mehrzahl fällt auf dieselbe Weise, wie sie aufgestiegen sind: mit lautem Getöse.

Der erfahrene Leiter weiß bereits, dass die Wegstrecke lang wird. Lassen Sie sich nicht von denen einschüchtern, die in kurzer Zeit geistlich scheinbar an Ihnen „vorbeiziehen". Den Preis erhält nicht, wer mit großem Tamtam und viel Energie an den Start geht, sondern, wer in seinem eigenen Tempo bedächtig läuft, aber letztendlich am Ziel ankommt.

Passen Sie Ihr dienstliches Leben einem erträglichen Rhythmus an. Bewahren Sie sich Kraftreserven, denn in Zeiten der Erschöpfung benötigen Sie diese. Sie werden heilfroh darüber sein, sie nicht zu Zeiten des Kraftüberhangs und der Begeisterung aufgebraucht zu haben. Dies ist das Geheimnis der großen Läufer: Wenn der Körper ihnen anzeigt, schneller zu laufen, verlangsamen sie, denn sie wissen, dass Sie diese Reserven später dringend benötigen, um das Ziel zu erreichen.

Denkanstoß

Augustinus beobachtete einmal: *„Die Geduld ist die Freundin der Weisheit."*[2] Die Gehetzten haben selten die Zeit, um die wichtigen Lektionen zu lernen, die nötig sind, um gut anzukommen. Was lässt Sie ungeduldig werden? Welche Reaktionen können Sie an sich in Momenten der Ungeduld beobachten? Wie können Sie Geduld lernen?

Auf das Ziel blicken

Dies tun wir, indem wir unsere Augen auf Jesus gerichtet halten, von dem unser Glaube vom Anfang bis zum Ende abhängt. Er war bereit, den Tod der Schande am Kreuz zu sterben, weil er wusste, welche Freude ihn danach erwartete. Nun sitzt er an der rechten Seite von Gottes Thron im Himmel! *Hebräer 12:2 (NL)*

Der Autor des Hebräerbriefes erklärt uns anhand des Marathons die Dynamiken des christlichen Lebens. Er gibt uns verschiedene Empfehlungen, wie wir unseren Lebenslauf erfolgreich zurücklegen können. Heute wollen wir überlegen, was einen Läufer inspiriert. Der Marathonlauf lässt sich auf die Odyssee eines jungen griechischen Soldaten zurückführen, der nach dem Kampf von Marathon eine weite Strecke zurücklegte, um von dem Ausgang des Kampfes zu berichten. Sieger in diesem Wettbewerb zu sein, brachte ein enormes Ansehen mit sich. Nicht nur, weil der Athlet seine physische Überlegenheit zeigte, sondern auch, weil der Sieger mit dem ersten Helden dieser einzigartigen Überlieferung identifiziert wurde.

Bei den modernen Marathonläufen ist Start- und Ziellinie häufig identisch. So kann jeder Läufer vor dem Start einen kurzen Blick auf das Siegertreppchen werfen und einen Moment lang davon träumen, von tosendem Beifall umgeben, die Treppe bis zum ersten Platz empor zu steigen. Diese Vorstellung, die zu einer fixen Idee werden kann, ist in den letzten Minuten vor Beginn des Rennens für jeden Sportler extrem stimulierend. Sogar die am schlechtesten vorbereitet sind, geben sich dieser motivierenden Phantasie hin, ihr Ziel als Erste zu erreichen, auch um sich selbst Mut zu machen, dass alles den Aufwand wert sei.

Während des Laufes durchlebt der Athlet verschiedene schwierige Phasen, in denen er jedes Mal versucht ist, aufzugeben. In diesen Momenten führen sich die besten Sportler wieder die Vorstellung des Sieges vor Augen und versuchen, aus diesem Gedanken Kraft zu schöpfen, sozusagen als Kostprobe auf die zu erwartende Ehre.

Der Autor des Hebräerbriefes wählt Jesus und seinen Kampf im Garten Gethsemane als Beispiel. Dort gestand Er seinen Jüngern, wie stark sein Wunsch sei, „seinen Lauf" aufzugeben. *„Meine Seele ist sehr betrübt bis zum Tode"* (Matthäus 26:38), sagte er. Er zog sich zurück und konzentrierte sich auf den heftigen Kampf, den Er in seinem Herzen durchzufechten hatte: einen Kampf zwischen dem Willen des Vaters und dem Wunsch nach dem eigenen Willen. Am Ende schaffte Er es, den Lauf fortzusetzen. Er nahm den Blick weg vom Kreuz und der unmittelbar bevorstehenden Todeslast und richtete Seinen Blick auf das, was Ihn mit neuer Zuversicht erfüllte: den Moment der Freude, wenn Er wieder mit seinem himmlischen Vater vereint ist.

Als Leiter brauchen Sie etwas Motivierenderes als lediglich die täglichen Umstände in ihrem Blickfeld. Vielleicht ist es die Erfüllung eines Wortes, das Gott Ihnen gegeben hat oder ein Projekt zu beenden, welches Gott ehrt. Was auch immer Ihr Schwerpunkt ist, das wird Sie animieren und inspirieren weiterzumachen, wenn die Kräfte zu ermatten drohen.

Denkanstoß

Worauf richten Sie hauptsächlich Ihre Augen? Welche Dinge ziehen Sie herunter? Was inspiriert Sie? Wie können Sie zukünftig Ihre Augen bewusster auf die Dinge richten, die Sie ermutigen?

Auf das Ziel blicken

Gedenkt an den, der so viel Widerspruch gegen sich von den Sündern erduldet hat, damit ihr nicht matt werdet und den Mut nicht sinken lasst. *Hebräer 12:3*

Der Marathon wird vom Autor des Hebräerbriefes dazu verwendet, uns einige Dynamiken des christlichen Lebens näher zu bringen. Er gibt uns verschiedene Empfehlungen, wie wir am besten diese Wegstrecke zurücklegen können. In der heutigen Reflexion soll es darum gehen, wie wir es vermeiden zu ermüden und in unserem Herzen entmutigt zu werden.

So wie er es bereits im vorhergehenden Vers getan hat, ermutigt uns der Autor auch heute mit dem Beispiel des Sohnes Gottes. Der Lauf war auch für den Messias nicht einfach. Auf seinem Weg sah Er sich mit Oppositionen, Unverständnis und Aggression konfrontiert. Er wurde verspottet, in Frage gestellt, letztendlich verraten und im Stich gelassen. All das hätte genügt, um selbst den Stärksten aus der Bahn zu werfen. Doch Christus war weit davon entfernt aufzugeben und setzte Seinen Weg Richtung Ziel mit dieser einzigartigen Zielstrebigkeit fort, wie sie die wahrhaft Großen zeigen. Sein Erfolgsgeheimnis lag in dem Wissen, dass jeder Sieg zuerst im Herzen errungen werden muss. Ein guter Athlet weiß, dass die Hälfte der Strecke schon mit der richtigen Haltung gewonnen ist. Er bereitet sich daher physisch wie psychisch vor. Er könnte einen beneidenswerten Körperbau besitzen und überragende Leitungen auf seinem Gebiet erbringen, aber den Sieg oder die Niederlage erringt der Sportler vor dem eigentlichen Kampf, nämlich in seinem Inneren. Wenn sein Herz davon überzeugt ist, keine Chance gegen den Gegner zu haben, wird er, auch wenn er seinem Gegenüber eigentlich überlegen ist, garantiert verlieren.

Als Leiter müssen wir uns im Klaren darüber sein, welches unser eigentlicher Kampf ist. Der bekannte christliche Autor Charles Swindoll hat einmal beobachtet: *„Ich bin überzeugt davon, dass 10% des Lebens Umstände sind, die wir nicht beeinflussen können. Die restlichen 90% des Lebens hängen von der Art und Weise ab, wie wir auf die Dinge reagieren, die uns passieren."*[3] Die wichtigen Entscheidungen des Lebens finden ihren Platz in *dem* Teil unseres Herzens, in dem auch das Fleisch als immerwährender Verführer seine eigenen Vorschläge macht. Unsere schlimmsten Probleme drängen nicht aus unserem Umfeld auf uns ein, sondern sind versteckt in unserem Innersten. *„Denn aus dem Herzen kommen böse Gedanken, Mord, Ehebruch, Unzucht, Diebstahl, falsches Zeugnis, Lästerung. Das sind die Dinge, die den Menschen unrein machen. Aber mit ungewaschenen Händen essen macht den Menschen nicht unrein."* (Matthäus 15:19-20)

Denkanstoß

Von Paulus lernen wir, dass das wesentliche Element, um ein siegreiches Leben zu führen, ein erneuter Sinn ist. *„Und stellt euch nicht dieser Welt gleich, sondern ändert euch durch Erneuerung eures Sinnes, damit ihr prüfen könnt, was Gottes Wille ist, nämlich das Gute und Wohlgefällige und Vollkommene."* (Römer 12:2). Welche Gedanken beschäftigen Sie während des Tages? Welche davon entmutigen Sie und welche regen Sie dazu an, den guten Kampf, zu dem Sie berufen sind, weiter zu kämpfen? Was könnten Sie unternehmen, um auf diesem Gebiet Ihres Lebens disziplinierter zu werden?

8. März Unterscheidungsfähigkeit im richtigen Moment

Am Acker eines Faulen kam ich vorüber und am Weinberg eines Menschen ohne Verstand. Und siehe, er war ganz in Nesseln aufgegangen, seine Fläche war mit Unkraut bedeckt, und seine steinerne Mauer eingerissen. Und ich schaute es, ich nahm es mir zu Herzen. Ich sah es, nahm mir daraus die Lehre. *Sprüche 24:30-32 (ELB)*

Heute spricht die Schriftstelle von einer Situation, die an den Wegen Israels häufiger vorkam. Viele Wanderer kamen an derselben Stelle vorbei und sahen die verwahrlosten Felder. Sie nahmen die Verwilderung vielleicht mit Erstaunen wahr, aber zogen weiter ihres Weges. Der Autor, so sagt eine Übersetzung, „bewahrte in seinem Herzen, was er gesehen hatte". Soll heißen, er versuchte den Grund für dieses traurige, sich ihm bietende Bild zu entschlüsseln. Er blickte über das Sichtbare hinaus, um die Lebensprinzipien, für die das zugewachsene Feld steht, zu entdecken. Menschen, die sich nur auf ihre eigenen Dinge konzentrieren und durch das Leben hetzen, übersehen diese Art Lebenslektionen leicht. Man nimmt sie nur wahr, wenn sich an den Beobachtungsprozess eine kritische Selbstreflexion anschließt. Im Falle des Autors der Sprüche konnte er durch sein Nachdenken eine wichtige Lehre ziehen.

Was in unserem Umfeld passiert, kann sich als wertvolle Lektionen für unseren eigenen Lebensweg erweisen und darin liegt eigentlich der wahre Wert der Beobachtung. Sind wir in Selbstreflexion geübt, bewahrt sie uns davor, einfach den Kopf über das fehlende Verantwortungsbewusstsein unseres Nachbarn zu schütteln oder unserer Kritik freien Lauf zu lassen, was in der jeweiligen Situation weder aufbauend noch hilfreich wäre. Traurigerweise erzeugen *unsere*

Beobachtungen häufig nicht viel mehr, als eine derart dürftige Reaktion.
Wenn man die Reflexion ernst nimmt, kann sie uns dabei helfen, aus Situationen, die uns das Leben vorgibt, zu lernen. Dieses Thema tritt immer wieder in den Sprüchen auf. Im ersten Kapitel stellt der Autor fest: *„Die Weisheit ruft laut auf der Straße und lässt ihre Stimme hören auf den Plätzen. Sie ruft im lautesten Getümmel, am Eingang der Tore, sie redet ihre Worte in der Stadt"* (Sprüche 1:20-21). An den erwähnten Orten – auf Straßen, an Plätzen und Toren – pulsiert unser tägliches Leben. Inmitten der alltäglichen Aktivitäten können wir wichtige Lektionen des Lebens erlernen. Dies ist in seinem Kern charakteristisch für einen weisen Menschen. Eine weit verbreitete Fehlauffassung ist, dass man nur in einer Aula oder einer speziellen Veranstaltung etwas zu einem Thema lernt. Weisheit steht jedoch jedem zur Verfügung, der Augen hat, um zu sehen und ein Herz, das bereit ist, über das, was um einen herum geschieht, zu meditieren.

Denkanstoß

„Es ist besser, Weisheit zu sammeln, als Gold. Gold gehört einem anderen, aber Weisheit kann zu unserem Gut werden. Gold dient nur dem Hier und Jetzt, aber Weisheit erfüllt die Seele und hält bis ins ewige Leben."[4] Matthew Henry

Glauben an die Jünger

Ich habe deinen Namen den Menschen offenbart, die du mir aus der Welt gegeben hast. Sie waren dein und du hast sie mir gegeben, und sie haben dein Wort bewahrt ... Solange ich bei ihnen war, erhielt ich sie in deinem Namen, den du mir gegeben hast, und ich habe sie bewahrt, und keiner von ihnen ist verloren außer dem Sohn des Verderbens, damit die Schrift erfüllt werde. *Johannes 17:6; 12*

Ein Jünger ist per Definition jemand, der ausgebildet wird. In dieser Lebensetappe geht es mit seinem geistlichen Leben ständig auf und ab. Manchmal glänzt er mit großer Weisheit in Wort und Tat, ein anderes Mal können seine „Wachstumsmängel" zu argem Fehlverhalten führen. So geschehen bei den Zwölf, die ihren Messias begleitet haben.

Manchmal gaben sie ihrem Meister Grund zu wahren Freudenausbrüchen, z.B. als sie mit den 70 zurückkehrten. Der Evangelist erzählt uns: *„Zu der Stunde freute sich Jesus im Heiligen Geist"* (Lukas 10:21). Er fing an, die Frucht seiner Arbeit mit den Jüngern zu sehen. Bei anderen Gelegenheiten aber waren die zwölf für ihren Meister eine herbe Enttäuschung. Als er vom Berg der Verklärung herabstieg, fand Er sie in Diskussionen mit den Pharisäern verwickelt, in denen es um die Frage ging, wie ein epileptischer Junge zu heilen sei. Jesus rief aus: *„O du ungläubiges Geschlecht, wie lange soll ich bei euch sein? Wie lange soll ich euch ertragen?"* (Markus 9:19). Es stellt sich uns also die besorgte Frage: Wie können wir es vermeiden, von den Menschen, die wir in die Reife führen wollen, enttäuscht zu werden?

Unser Text offenbart das Geheimnis, wie Jesus mit seinen Jüngern durchgehalten hat, obwohl wir an ihnen wohl verzweifelt wären. Christus schaute weder auf ihre Fähigkeiten, noch auf das Verhalten seiner Jünger, sonst hätte Er sie wahrscheinlich mehr als einmal nach Hause geschickt. Zum Ende seines Dienstes war Folgendes sein Gebet: *„Ich habe deinen Namen den Menschen offenbart, die du mir aus der Welt gegeben hast. Sie waren DEIN und du hast sie mir gegeben“* (Johannes 17:6). Und hier liegt der Schlüssel. Jesus hat Seine Männer nicht selbst ausgewählt, sondern aus den Händen des Vaters empfangen. Und weil Er sie von Ihm empfangen hatte, konnte Er darauf vertrauen, dass sich Sein Vater bei Seiner Entscheidung nicht geirrt hatte. Diese Überzeugung gab Ihm Standfestigkeit in etlichen widrigen Umständen.

Ein Leiter braucht dieselbe Überzeugung für die Leute, mit denen er arbeitet. Er benötigt die innere Gewissheit, dass er in die Leute investiert, die ihm der himmlische Vater anvertraut hat, denn er wird viele Momente erleben, in denen ihm nach Aufgeben zu Mute ist, weil es seinen Nachfolgern an Reife fehlt. Sieht er nur auf diese Enttäuschungen, wird er in seinem Dienst schnell aufgeben. Ich denke dabei an einen mir bekannten Pastor, der alle sechs Monate sein Team neu zusammenstellt. Jedes Mal, wenn ihn jemand enttäuscht, entlässt er ihn und ersetzt ihn durch jemand anderen. Selbst nach Jahren des Dienstes hat er nicht einen „Jünger“ ausgebildet. Einzig und allein eine tiefe geistliche Gewissheit hilft uns, inmitten der Enttäuschungen und Frustrationen, die uns manchmal unsere Nachfolger verursachen, festzustehen und durchzuhalten.

Denkanstoß

“Es ist oftmals der Durchhaltewillen, der den Unterschied zwischen Erfolg und Scheitern bringt.“[5] D. Sarnoff

Darum befahl der Pharao am selben Tage den Vögten des Volks und ihren Aufsehern und sprach: Ihr sollt dem Volk nicht mehr Häcksel geben, dass sie Ziegel machen, wie bisher; lasst sie selbst hingehen und Stroh dafür zusammenlesen. Aber die Zahl der Ziegel, die sie bisher gemacht haben, sollt ihr ihnen gleichwohl auferlegen und nichts davon ablassen, denn sie gehen müßig; darum schreien sie und sprechen: Wir wollen hinziehen und unserm Gott opfern.

2.Mose 5:6-8

Die Antwort des Pharao auf Moses und Aarons Bitte, war alles andere als erfreulich. Im Gegenteil! Er warf sie nicht nur aus seinem Palast, sondern belegte das ganze israelitische Volk, welches ohnehin schon unter schwierigsten Bedingungen arbeitete, nun noch mit einer zusätzlichen, unerträglichen Arbeitslast. Sie sollten weiterhin dieselbe Anzahl Ziegelsteine produzieren wie vor, jedoch ohne dass ihnen die Ägypter das benötigte Rohmaterial zur Verfügung stellten. Wie zu erwarten war, reagierte das Volk Mose und Aaron gegenüber mit großen Vorwürfen. Die Dinge liefen bereits schlecht, bevor nun *diese* beiden kamen, um für sie einzutreten. Doch nun war die Situation zehnmal schlimmer als vorher. Mit der einstimmigen Ablehnung des Volkes konfrontiert, fanden sich beide Leiter vollkommen isoliert wieder.

Setzt man sich einmal ausführlich mit der Geschichte des Volkes Israel während dieser Periode, einschließlich ihres unglücklichen Umweges durch die Wüste, auseinander, kommt man nicht umhin zu bemerken, dass die Israeliten immer wieder glaubten, sie wären in Ägypten besser dran gewesen. Vor jeder neuen Herausforderung oder Hindernis

schauten die Leute zurück und erinnerten sich, wie „gut" es ihnen doch im Land der Sklaverei ergangen war.
Halten wir uns diese Haltung vor Augen. Können wir vielleicht nachvollziehen, warum der Herr es zuließ, dass sich ihre Situation derart verschlimmerte, obwohl Mose und Aaron für sie eingetreten waren? Gott bereitete Sein Volk auf ihren Weg vor.
Es gibt Zeiten, in denen wir uns in sehr schwierigen Situationen wiederfinden, doch unsere Sturheit führt uns dazu, auf unsere Lage mit Resignation zu reagieren. „Lieber den Spatz in der Hand, als die Taube auf dem Dach", sagt das Sprichwort. Wir hören auf, uns nach etwas Besserem auszustrecken und dafür zu kämpfen. Wir ergeben uns widerstandslos unserem Schicksal. Wir verlieren die Hoffnung, dass sich etwas verändert – und wenn erst die Hoffnung stirbt, ist bald alles verloren.
Das Wunderbare ist, auch wenn wir die Hoffnung verloren haben, kämpft unser Gott für uns weiter. Die riesige Herausforderung, Menschen zu mobilisieren, die die Hoffnung schon völlig aufgegeben haben, jemals aus ihrer Situation herauszukommen, ruht auf Ihm. Und wie schafft Er das? Er greift ein, indem sich unsere Situation erst einmal verschlimmert, bis es uns so unangenehm ist, dass wir wieder offen werden für Veränderung. Oftmals ist dies der einzige Weg, jemanden zu bewegen, der bereits tief in das Loch der Resignation gefallen ist.

Denkanstoß

Jemand beobachtete einmal: *„Hinter Schwierigkeiten verstecken sich oft ungeahnte Möglichkeiten."* Wie reagieren Sie auf Schwierigkeiten? Wie können Sie die darin versteckten Möglichkeiten erkennen? Nehmen Sie sich vor, inmitten der Krise zu wachsen und vorwärts zu gehen. Es ist gut möglich, dass der Verursacher der Krise Gott selbst ist.

Versteckte Gefahren erkennen

Verirrungen – wer bemerkt sie? Von den verborgenen Sünden sprich mich frei! Auch von Übermütigen halte deinen Knecht zurück; sie sollen nicht über mich herrschen! Dann bin ich tadellos und bin rein von schwerem Vergehen.

Psalm 19:13-14 (ELB)

Die Frage, die uns der Psalmist heute stellt, ist eigentlich eine rhetorische. Die Antwort kann nur heißen: Niemand! Es gibt keinen einzigen Menschen, der seine eigenen Fehler vollkommen erkennt.

Wenn wir ehrlich sind, zeigen wir uns im Normalfall ziemlich selbstbewusst wenn es darum geht, unsere Unschuld zu beweisen. Im Gegensatz zu uns verstand der Psalmist ein grundlegendes Prinzip des geistlichen Lebens. Dieselbe Wahrheit wurde von Jeremia wieder aufgegriffen als er sagte: *„trügerisch ist das Herz mehr als alles und unheilbar ist es"* (Jeremia 17:9, ELB). So viel wir uns auch vornehmen, unser eigenes Leben bis ins Detail zu prüfen, werden wir unsere eigenen Unzulänglichkeiten doch nie ganz sehen können, denn der ureigene Charakter der Sünde ist die Täuschung. Das, was im Verborgenen liegt, kann nicht verändert werden und besitzt alle Macht, unser Leben entgleisen zu lassen. Deshalb ruft der Psalmist aus: „Vergib mir meine verborgenen Sünden".

Es ist auch kein Zufall, dass er an das Thema Übermut bzw. Stolz dachte, als er über die Frage der verborgenen Sünden nachdachte. Von allen Sünden ist Stolz am schwersten zu identifizieren. Wie einmal ein weiser Mensch ausgedrückt hat: *„Niemand steht so kurz vor dem Fall, als der, der glaubt, sicher zu stehen."*[6] Wir sind gut darin, die Stolzes-Sünde in unserem Nächsten zu identifizieren, aber uns fehlt völlig der Blick, unsere eigene entsprechende Schuld zu erkennen.

Der Psalmist wusste, dass Stolz, der nicht erkannt wird, bald zum unerbittlichen Herrn eines Menschen wird, der ihn direkt in den Untergang führt. Dieser Mensch verliert bald die Führung über sein Leben an seinen neuen Herrn, den Stolz, sodass dieser zur treibenden Kraft all seiner Handlungen wird. Niemand wird ihm etwas sagen können, keiner darf ihn korrigieren und niemanden lässt er an sich heran, es sei denn, der Mensch entdeckt seine eigene Bosheit und tut Buße.

Ein stolzer Leiter kann in seiner Gemeinde viel Leid verursachen. Aus diesem Grund ist es hilfreich, uns vor Augen zu führen, dass unsere Sicht auf unsere eigene Heiligkeit oftmals verschwommen ist. Der weise Leiter weiß, dass es Bereiche in seinem Leben gibt, die er einfach nicht erkennt und dass er nicht darauf wetten sollte, seine Herzenshaltung korrekt einschätzen zu können. Stattdessen lässt er sich vom Herrn prüfen, um Licht in die dunklen Bereiche zu bringen und erreicht so echte Integrität. Auch hat er keine Angst, sich anderen zu öffnen, um sich von ihnen prüfen zu lassen, denn genauso, wie er Sünde im Leben anderer aufdecken kann, erkennen andere seine Schuldhaftigkeit.

Denkanstoß

Der Heilige Augustinus sagte einmal: „*Wenn ein Mensch seine Schuld aufdeckt, bedeckt Gott ihn. Wenn ein Mensch seine Sünde bedeckt, deckt Gott sie auf. Wenn ein Mensch seine Sünde bekennt, vergibt Gott ihm.*“[7]

Und Jonathan und David schlossen einen Bund, weil er ihn lieb hatte wie seine eigene Seele. Und Jonathan zog das Oberkleid aus, das er anhatte, und gab es David, und seinen Waffenrock und sogar sein Schwert, seinen Bogen und seinen Gürtel. *1.Samuel 18:3-4 (ELB)*

Als Leiter voranzugehen ist oftmals eine einsame Aufgabe. Vielen Problemen muss er sich alleine stellen und erlebt Druck, den andere nicht verstehen, der aber oft durch die Erwartungshaltung der eigenen Gemeinde verursacht ist. Er trägt eine Vision in sich, die viele noch nicht erkannt haben und hat einen Blick für die Realität, der für die meisten verschlossen ist. Aus diesem und anderen Gründen ist der Leiter auf seinem Weg häufig auf sich allein gestellt.

Daher benötigt jeder Leiter um sich herum einen kleinen Kreis aus zwei, drei Menschen, die ihm wirkliche Freunde sind, mit denen er persönliche Dinge teilen kann, wie mit niemand anderem. Jonathan und David knüpften diese Art von Freundschaft. Beide hatten wichtige Positionen innerhalb des Königreiches inne und trugen Verantwortung für ihr Volk. Das verhinderte jedoch nicht, dass sie eine tiefe Freundschaft entwickelten, die ihnen in den täglichen Anforderungen oft Erleichterung und Trost spendete.

Es fällt auf, dass diese beiden eine Freundschaft pflegten, die weit über das Normale hinausging. Die meisten von uns erfreuen sich an schönen gemeinsamen Momenten mit unseren Freunden, aber unsere Beziehung beruht nicht auf einer bewussten, tiefen Verbindlichkeit. Wir erleben diese Augenblicke nur, wenn sie sich zufällig ergeben. David und Jonathan teilten aber nicht nur eine innige Freundschaft, sondern schworen sich einen gemeinsamen Pakt. Sie versprachen, sich selbst in den widrigsten Umständen des Lebens, gegenseitig zu beschützen und zu lieben. Sie verpflichteten sich, als Freunde zusammen zu wachsen und das Beste des anderen zu suchen. Nur wenige Freunde legen sich füreinander derart fest.

Wir entdecken in dieser Szene den Unterschied zwischen einem gewöhnlichen Leiter und einem großen Leiter. Die meisten von uns verbringen ihre Zeit damit, auf Situationen oder Personen zu warten, die uns in irgendeiner Form segnen werden. Der reife Leiter wartet nicht auf günstige Gelegenheiten um zu wachsen. Er selbst schafft sie, indem er die Initiative übernimmt, an den Dingen zu arbeiten und voran zu treiben, die bereits segenverheißend sind.

Die Freundschaft, die auf einem gemeinsamen Pakt beruht, so wie er auch die Basis für die Ehe stellt, ist der Tragfähigste, den es zwischen zwei Menschen gibt. Eine solche Beziehung kann jeden Angriff und jedes Unglück aushalten. Sie ist in einem Versprechen verankert, das Ewigkeitswert besitzt. Als solche hält sie ein Leben lang, auch wenn die Ursprungssituation, die zu dem Pakt geführt hat, gar nicht mehr existiert. Diese Art von Pakt hält auch unser himmlischer Vater mit uns.

Denkanstoß

Haben Sie Freunde? Wodurch zeichnen sich Ihre Freundschaften aus? Mit welchen von ihnen können Sie den Druck und die Lasten des Dienstes teilen? Mit welchen Elementen können Sie ihre Freundschaft bereichern, damit sie stetig vertieft wird?

13. März

Wenn das Unglück erbarmungslos zuschlägt

Und David geriet in große Bedrängnis, weil die Leute ihn steinigen wollten; denn die Seele des ganzen Volks war erbittert, ein jeder wegen seiner Söhne und Töchter. David aber stärkte sich in dem HERRN, seinem Gott, und sprach zu dem Priester Abjatar, dem Sohn Ahimelechs: Bringe mir den Efod her! Und als Abjatar den Efod zu David gebracht hatte, befragte David den HERRN. *1. Samuel 30:6-8*

David war gezwungen mit den Philistern zusammenzuleben, gegen die er Jahre zuvor hatte kämpfen müssen, weil er mehr als zehn Jahre lang von Saul verfolgt wurde. Während David und seine Männer weit weg von zu Hause waren, wurde ihre Stadt geplündert und die Frauen und Kinder gefangen genommen. Als die Krieger in ihre Heimat zurückkehrten, weckte der Anblick der Zerstörung in ihnen eine tiefe Verbitterung.

Wenn man Verantwortung für andere übernommen hat, werden einem von Zeit zu Zeit Krisen begegnen, die verheerende Auswirkungen auf die Gruppe haben. Dies gehört zur Leiterschaft dazu. In seltenen Situationen werden sich die Nachfolger gegen den Leiter stellen und sogar Vergeltungsmaßnahmen diskutieren. Doch die Männer Davids planten, ihn zu töten.

In Krisenzeiten treten in uns die fleischlichsten Reaktionen zu Tage. Wir klagen über unsere Verluste, fragen nach Gründen, die zu dem Unheil geführt haben und werden auf die wütend, die uns am nächsten stehen. Wir wollen auf irgendjemanden die Schuld abwälzen und treffen unvorsichtige und überstürzte Entscheidungen. All das ist für eine wirkliche Lösungssuche eher hinderlich.

Schauen wir uns Davids Verhalten in dieser tiefen Krise an, können wir einiges davon lernen. Als erstes fällt uns die instinktive Reaktion eines Mannes auf, der es gewohnt war mit Gott zu gehen: *„David aber stärkte sich im HEERN“*. Eine reife Person sollte in Krisenzeiten sofort versuchen, sich an den zu wenden, der ihm die richtige Perspektive auf das Problem geben kann, ihm das Gleichgewicht zurückgibt und zur Ruhe inmitten des Sturmes führt: zu Gott selbst. So wie er es gewohnt war, machte David es auch diesmal. Er zögerte nicht, die Kraft, die ihm selbst fehlte, von Gott zu suchen.
Zweitens, nachdem sich seine Gefühle stabilisiert hatten und sein Geist gestärkt war, setzte sich David *nicht* hin, um seine Lage erst einmal ausführlich zu betrachten und mögliche Lösungswege abzuwägen. Er rief nach dem Priester, um direkt ein Wort Gottes für diese missliche Lage zu bekommen. Er wusste, dass letzten Endes weder seine eigene Meinung, noch die seiner Männer von Belang war. Stattdessen war es das Wichtigste von *dem* Rat zu bekommen, *der* wirklich über allem steht. Am Ende war David nicht nur gestärkt, sondern konnte auch die nötigen Schritte einleiten, um alles Verlorene wiederzugewinnen und erlangte damit einen wichtigen Sieg für die ganze Gruppe.
Auch wenn man sie lieber vermeiden möchte, enthalten unsere schwersten Lebenskrisen die wertvollsten und bleibenden Lektionen für unsere Nachfolger, wenn sie unsere Reaktionen auf diese Krisen denn beobachten können. In diesen Momenten kommt das Beste – oder das Schlimmste – in unseren Herzen zum Vorschein.

Denkanstoß

Wie reagieren Sie in Krisenzeiten? Welche Ihrer Reaktionen verschlimmert das Problem eher noch?

14. März Das uns Anvertraute gut nutzen

Und der Geist des HERRN wird über dich kommen, dass du mit ihnen in Verzückung gerätst; da wirst du umgewandelt und ein anderer Mensch werden. Wenn bei dir nun diese Zeichen eintreffen, so tu, was dir vor die Hände kommt; denn Gott ist mit dir. *1.Samuel 10:6-7*

Wem würde es nicht gefallen, über seinem Leben diese Worte ausgesprochen zu bekommen? Wer könnte einen Mann aufhalten, dem so eine Verheißung zugesprochen wurde? Die Zusage versprach eine kraftvolle Heimsuchung des Heiligen Geistes, einen prophetischen Dienst und ein verändertes Herz. Mit einer derartigen Segnung ausgerüstet, kann dieser Mann jeglicher Herausforderung ins Auge blicken, denn der Allmächtige steht allzeit hinter ihm. Was für ein Geschenk! Was könnte sich ihm in den Weg stellen, wo doch Gott selbst seinen Dienst ins Leben gerufen hat?

Hätten wir in diesem Moment anwesend sein können, wären wir wohl ins Träumen geraten und hätten uns ausgemalt, welche großartigen Dinge Gott durch das Leben dieses Mannes tun würde. Wie sehr wären wir überrascht, wenn uns dann jemand gesagt hätte: *„Wissen Sie, wer das größte Hindernis bei der Erfüllung dieses Wortes sein wird? Er selbst."*

Und genau so war es. Derjenige, dem diese Worte zugesprochen wurden, war König Saul. Wie viele Zusagen über sein Leben hatte er erhalten? Das Leben des Königs zeigt uns dennoch ein wichtiges Prinzip unseres geistlichen Lebens. Jemand kann mit allen Gaben, der vollen Salbung und sonstigen nötigen Elementen für einen vollmächtigen Dienst ausgestattet sein – und manchmal glauben wir, dass das Fehlen dieser Gaben der Grund dafür sei, dass unser Leben nicht so großartig verläuft. Doch wenn dieses Leben nicht vollständig Gott untergeordnet ist, wird es dennoch Scheitern.

Vor kurzem las ich einen Artikel von Dr. J. Clinton, einem Mann, der die großen Leiter in der Geschichte des Gottesvolkes genauestens untersuchte.[8] Clinton stellte fest, dass die meisten Leiter in ihrer zweiten Lebenshälfte versagten. Sie fangen mit großem Feuereifer an und versprachen viel zur Ausdehnung des Reiches Gottes beizutragen. Auf dem Weg dorthin begingen jedoch viele Ehebruch, wurden von anderen Leidenschaften fehlgeleitet oder von ihrer eigenen menschlichen Größe gefangen genommen.

Saul ist dafür ein trauriges Beispiel. Er begann mit einem außergewöhnlichen Vorsprung gegenüber seinen Mitstreitern, aber endete verlassen auf dem Schlachtfeld, ohne die Unterstützung Gottes oder die seiner Leute. Er verstand es nicht, das, was er als Geschenk Gottes empfangen hatte, mit einem Leben der Gottesfurcht und des Gehorsams zu ergänzen.

Denkanstoß

Wenn Sie in diesem Moment Ihr geistliches Leben beschreiben sollten, wie würden Sie es bewerten? Haben Sie Ihre Leidenschaft für den Herrn verloren? Interessieren Sie sich stärker für Ihren Dienst, als für Gott? Nehmen Sie sich am besten gleich einen Moment Zeit, um Ihm Ihre bedingungslose Hingabe zu erklären? Kein Erfolg ist es wert, Ihn zu verlieren!

Als es aber Tag wurde, ging er hinaus an eine einsame Stätte; und das Volk suchte ihn, und sie kamen zu ihm und wollten ihn festhalten, damit er nicht von ihnen ginge.

Lukas 4:42

Der heutige Text schließt an eine intensive Nacht an, in der Jesus viele Kranke heilte und viele, die ihn aufsuchten, von Dämonen befreite. Wie es für Ihn üblich war, entfernte sich der Sohn Gottes danach an einen entlegenen Ort, um die Nähe seines Vaters zu suchen. Die Menge spürte ihn jedoch schnell auf und versuchte, Ihn an seinem Weggehen zu hindern.

Ihr Verhalten spiegelt auch unser intensives Verlangen heutzutage wieder, „Gott festhalten zu wollen", damit Er uns seinen Segen für unsere Pläne zusichert. Dieses Verlangen ist jedoch nicht auf das Wirken des Heiligen Geistes zurückzuführen, sondern zeigt eher unser Bedürfnis, einen Weg zu finden, um den Allerhöchsten für unsere eigenen Pläne einzuspannen. Dieselbe verdrehte Kreativität, die wir aufbieten, um andere Menschen an uns zu binden, versuchen wir auf geistlicher Ebene auf den Herrn anzuwenden. Wir zögern nicht, alle Möglichkeiten auszuschöpfen, um an dieses eine Ziel zu gelangen: Gott aufzuhalten, damit Er die verschiedenen Belange unseres Lebens segnet und uns seine Gunst erweist.

Sind wir von Neuem geboren, müssen wir begreifen, dass die Freiheit die einzige Basis für eine tiefe Beziehung mit unserem Herrn ist. Sich zur Reife zu entwickeln heißt, die Bedeutung der Worte Christi an Nikodemus zu verstehen: *„Der Wind bläst, wo er will, und du hörst sein Sausen wohl; aber du weißt nicht, woher er kommt und wohin er fährt. So ist es bei jedem, der aus dem Geist geboren ist"* (Johannes

3:8). Genausowenig, wie es in unserer Macht liegt, Wind zu erzeugen oder Ihn zu kontrollieren, können wir Gott festhalten, zurückhalten oder „umleiten". Wir können Ihm weder unseren Willen aufzwingen, noch auf Ihn unsere Erwartungen projizieren. Stattdessen lädt Er uns ein, eine Beziehung mit Ihm zu gestalten, bei der Er dieselbe Freiheit genießt, die Er uns zugesteht.

Der Grund, warum uns dieser Weg der Freiheit häufig schwierig erscheint, ist einfach: Wir Menschen leben in einer Welt voller Leid und Schmerz. Mehr als einmal wurden wir in unseren Beziehungen verletzt. Unsere negativen Erfahrungen machen uns daher glauben, dass der beste Weg, um weitere Enttäuschungen zu vermeiden der ist, Kontrolle über unsere Umstände und die Menschen in unserem Lebensumfeld auszuüben. Das Ziel ist, alles so hinzubiegen, dass es uns den größten Nutzen verspricht. Doch trotz unserer Bestrebungen ernten wir weiterhin Angst und Traurigkeit. Die Wahrheit ist, dass selbst unsere raffiniertesten Kontrollstrategien keinen Erfolg haben werden, da wir keine Handhabe über die Dinge Gottes besitzen.

Denkanstoß

Christus lädt uns ein, seinen Weg zu gehen, ohne die Welt und Gott nach unserem Gutdünken organisieren zu wollen. Dieser Weg erfordert eine Grundhaltung, die uns sehr riskant erscheint: wir müssen uns völlig ausliefern. Wenn unsere eigenen Kräfte zur Neige gehen, findet Gott den Raum, um Veränderung in uns hervorzubringen, damit wir mit der Welt, die so ganz anders ist, als wir es uns wünschen, Frieden zu schließen können.

Am Vorabend des Passahfestes wusste Jesus, dass nun die Zeit gekommen war, diese Welt zu verlassen und zum Vater zurückzukehren. Er hatte die Menschen geliebt, die zu ihm gehörten, und er hörte nicht auf, sie zu lieben.

Johannes 13:1 (HfA)

Hatten Sie es schon einmal Menschen zu tun, die durch tiefes persönliches Leid gegangen sind? Nur Wenige besitzen die Fähigkeit, über etwas anderes nachzudenken, als ihre eigenen Probleme. So monopolisieren sie das Gespräch oder verhalten sich anderen gegenüber völlig anteilnahmslos. Gottes Sohn war anders. Der Todeskampf, den Er bei seiner Kreuzigung erlebte, war Christus nicht unbekannt, auch wenn Er dies vorher noch nie selbst erlebt hatte. Die Römer hatten diese grausame Hinrichtungsmethode viele Jahre vor Christi Geburt eingeführt. Wir können also mit einiger Sicherheit annehmen, dass Christus mehr als einmal Kriminelle an Kreuzen vor den Toren israelitischer Städte gesehen hat. Das wahre Ausmaß der Ihn erwartenden Prüfung, schien sich jedoch erst in Gethsemane zu zeigen. Dort vertraute Er Seinem engsten Kreis Seine Furcht bis zum Tode an.

Es wäre also durchaus verständlich, wenn Er die Stunden und Tage vor Seinem Tod darauf verwendet hätte, um Seinen Geist zu stärken und Seine geistlichen Reserven aufzufüllen. Wenn jemals ein Mensch das Recht gehabt hätte, sich wegen einer existenziellen Krise auf sich selbst zu konzentrieren, dann war es Jesus in diesem Moment. Als Er vor dieser unaussprechlichen Prüfung stand, hätte jeder Verständnis dafür gehabt, wenn Er sich in sich selbst vertieft hätte und melancholisch geworden wäre.

Johannes teilt uns jedoch mit, dass Christus sich völlig bewusst war, dass Seine Stunde gekommen war, diese Erde zu verlassen und zum Vater zu gehen und dieser Schritt führte Ihn unumkehrbar zum Kreuz. In diesem entscheidenden Moment hörte Jesus jedoch nicht auf, an Seine Jünger zu denken und ließ auch nicht zu, dass Seine persönlichen Kämpfe Ihn von Seinem Versprechen ablenkten, sie immer und in jeder Situation zu lieben.

Die Lektion, die uns Sein Beispiel hinterlässt, ist offensichtlich: Wahre Liebe kennt keine persönlichen Umstände, die einen von seiner Verpflichtung entbinden würden, sich um andere auf praktische Weise zu kümmern. Viele von uns haben schon die Situation erlebt, in ein Krankenhaus gegangen zu sein, um einen Menschen in seinen letzten Stunden zu begleiten, um am Ende selbst gesegnet und ermutigt zu werden. Jesu Beispiel zeigt uns, dass wahre Liebe keine Feiertage oder Ferien kennt und auch keinen anderen Grund, um jemals von ihr abzulassen.

Diese Berufung unterscheidet sich allerdings grundlegend davon, sich vom Dienst versklaven zu lassen, so wie es Marta in Lukas 10 vorgelebt hat, als der Messias ihr Haus besuchte. Derjenige, der von ganzem Herzen liebt, liebt in jeglicher Situation, egal wie groß die persönlichen Prüfungen gerade sind.

Denkanstoß

„Die Liebe hört niemals auf, wo doch das prophetische Reden aufhören wird und das Zungenreden aufhören wird und die Erkenntnis aufhören wird.“ (1.Korinther 13:8)

Am Vorabend des Passahfestes wusste Jesus, dass nun die Zeit gekommen war, diese Welt zu verlassen und zum Vater zurück zu gehen. Er hatte die Menschen geliebt, die sich in dieser Welt zu ihm bekannten und er hörte nicht auf, sie zu lieben. *Johannes 13:1 (HfA)*

Waren Sie es schon einmal leid, andere Menschen zu lieben? Oft höre ich in Seelsorgegesprächen, wie Menschen sagen: „Ich habe diese Person *zu sehr* geliebt“. Kann man jemanden wirklich zu sehr lieben? Ist es möglich ein Maß zu überschreiten und dann zu sagen: „Ich habe diesen Bruder oder diese Schwester bereits *genug* geliebt“? Wer legt dieses Maß fest?

Wenn wir diese Behauptung aufstellen, meinen wir eigentlich, dass wir bereits unheimlich viel für diese Person *getan*, aber im Gegenzug wenig von ihr für unsere Mühe *erhalten* haben. Genauso kann natürlich auch eine andere Person denken, *sie* habe viel geliebt und wenig dafür zurückbekommen.

Johannes sagt uns, Jesus der die Seinen geliebt hat, *„hörte nicht auf sie zu lieben“* (HfA). Wie endgültig diese Behauptung klingt! Wie schwach erscheinen dagegen unsere eigenen Bemühungen in diesem Licht. Jesus erntete bestimmt keine 10% seiner „Liebesinvestitionen“ auf Erden. Zu Recht hätte Er sagen können, dass Er die Seinen zu sehr geliebt hatte. Nichtsdestotrotz finden wir Ihn nur wenige Stunden vor seiner Kreuzigung, wie Er sich Seinen Jüngern mit derselben Hingabe widmet und segnet, wie sonst auch.

Der Messias maß anscheinend Seine Liebesinvestition nicht daran, wie viel Er von ihnen zurückbekommen konnte. Seine Messweise war eine andere und hing nicht vom Ungleichgewicht Seiner eigenen Hingabe verglichen mit Seinen Jüngern ab. Sein Liebesmaß war durch seinen Bund mit dem Vater festgesetzt. Dieser Bund kam dadurch zum Ausdruck, wie weit Er für andere zu gehen bereit war. Seine Bereitschaft führte Ihn bis zum Tode. Sein Entschluss hing weder von Anerkennung, noch von Belohnung oder der Reaktion anderer ab. Es war eine einseitige Verpflichtung, dessen Maß mit dem Vater selbst vereinbart war.

Wir erkennen daran die wahre Tiefe Seiner Liebe. Es ist kein Gefühl, sondern eine Verpflichtung. Diese ist unabhängig vom Verhalten des anderen oder den Umständen, in denen wir uns befinden. Dieser Bund besteht gänzlich und allein zwischen uns und Gott und sollte uns zu einer nie endenden Liebe führen. Christus lebt diese Wahrheit selbst noch am Kreuz, als Er für Seine Verfolger für die Vergebung ihrer Schuld bittet.

Denkanstoß

Als Leiter müssen sie diese Art Bund mit Ihrer Gemeinde schließen. Tun Sie es nicht, werden Sie sie jedes Mal weniger lieben, wenn Sie enttäuscht, verletzt oder verraten wurden. Der Bund, den Sie schließen, kann nicht von den Leuten abhängen, sondern von Gott, der Ihnen den Zuspruch Seiner Treue gegeben hat. Nur Er bleibt Seiner Verpflichtung wirklich treu!

Und bei einem Abendessen, als der Teufel schon dem Judas, Simons Sohn, dem Iskariot, es ins Herz gegeben hatte, dass er ihn überliefere, steht Jesus – im Bewusstsein, dass der Vater ihm alles in die Hände gegeben und dass er von Gott ausgegangen war und zu Gott hingehe – von dem Abendessen auf und legt die Oberkleider ab; und er nahm ein leinenes Tuch und umgürtete sich. *Johannes 13:2-4 (ELB)*

Oft hindert uns unsere Neigung, aus allem einen persönlichen Nutzen ziehen zu wollen, daran, anderen zu dienen. Natürlich würde niemand von uns diese geheime Tendenz offen zugeben. Lieber sehen wir unseren Dienst als völlig selbstlos an. Doch wenn wir dem Heiligen Geist erlauben, unser Herz tiefgehender zu prüfen, werden einige Eigeninteressen zum Vorschein kommen, mit denen wir gar nicht gerechnet hätten.

In der Erzählung dieses einzigartigen Ereignisses aus dem Leben der Jünger, zeigt uns Johannes bereits einige geistliche Prinzipien anhand der Fußwaschung Jesu. Im genannten Vers fügt Christus hinzu, dass Er wusste, *„dass der Vater ihm alles in die Hände gegeben“* hatte. Diese Erklärung ist äußerst wichtig, um Christus´ Handeln zu verstehen.

Jesus war gerade dabei, den Jüngern in ihrem Haus zu dienen. Aus Seiner persönlichen Perspektive hatte Er dabei nichts zu gewinnen. Außerdem war Er sich Seiner Gottessohnschaft in diesem Moment vollkommen bewusst: Der Vater hat Ihm alle Dinge in die Hand gegeben! Sein Herkunftsort war der Himmel und Sein Ziel ebenso. Ihm fehlte nichts und Er brauchte auch nichts.

Ihm war klar, dass diese Tat Seine persönliche Situation weder verbessern würde, noch einen dramatischen Einfluss auf Seinen Dienst hätte. Und dennoch entschied sich Chris-

tus, die Verantwortung für etwas zu übernehmen, was normalerweise die Aufgabe des Hausdieners war.
Seine Haltung zeigt die wohl aufrichtigste Art zu dienen. Oft dienen wir nur denen, die sich richtig bei uns bedanken, die uns im Gegenzug bei unseren Projekten hilfreich sind oder die unser Ansehen ein bisschen aufpolieren können. Selten „erniedrigen" wir uns dazu, Menschen zu dienen, von denen wir absolut nichts zu erwarten haben. Christus wählte diesen Weg und in Seinem Beispiel kommt ein Stück Seiner Größe zum Vorschein. Ein Dienst hat nur Auswirkungen, wenn wir unser Ansehen und unsere Position zur Seite legen und einfach dienen, um der Freude willen.

Denkanstoß

Oswald Chambers schreibt: *„Dienst ist der Überfluss eines im Übermaß Gott hingegebenen Lebens"*[9] Unser Dienst wird nur dann selbstlos sein, wenn er aus einer engen Beziehung mit unserem Herrn entsteht.

Und bei einem Abendessen, als der Teufel schon dem Judas, Simons Sohn, dem Iskariot, es ins Herz gegeben hatte, dass er ihn überliefere, steht Jesus - im Bewusstsein, dass der Vater ihm alles in die Hände gegeben und dass er von Gott ausgegangen war und zu Gott hingehe - von dem Abendessen auf und legt die Oberkleider ab; und er nahm ein leinenes Tuch und umgürtete sich. *Johannes 13:2-4 (ELB)*

Ich bin davon überzeugt, dass in jedem von uns etwas Heldenhaftes steckt! In Krisenzeiten oder in Extremsituationen sind wir sofort bereit, unserem Nächsten zu helfen. Ich erinnere mich an ein persönliches Erlebnis, als ich mich mitten im Sturm auf den Weg machte, um ein lebenswichtiges Medikament für einen Kranken zu besorgen. Im strömenden Regen legte ich mehrere Kilometer mit meinem Fahrrad zurück, um schnellstens an die Medizin zu gelangen. Momente wie diese haben im Nachhinein sogar etwas Verklärtes an sich.

Unser Wunsch zu dienen ist jedoch weniger eifrig, wenn es sich um eine Alltagssituation handelt. Die Chance, dass uns in diesen Fällen jemand Beifall klatscht ist höchst gering und spontane Jubelrufe gibt es wahrscheinlich auch nicht. Was wir tun, gehört einfach zu unserer täglichen Routine. Und gerade weil keine Belohnung in Sicht ist, fällt es uns so schwer anderen zu dienen.

Doch Christus erhob sich während des Abendessens. Sicherlich war allen Jüngern bewusst, dass ihnen niemand die Füße gewaschen hatte, als sie ins Haus kamen. Vielleicht fühlten sie sich schmutzig und unwohl, mit ihren dreckigen Füssen zu Tisch zu liegen. Doch nur Gottes Sohn *tat* etwas dagegen. In den meisten Kulturen besitzt die Essenszeit einen sehr hohen Stellenwert. Wenn jeder Platz genommen hat und alles bereit ist, will niemand erneut aufstehen müssen, um Salz

oder etwas anderes zu holen. Lieber essen wir ohne Salz, als uns erneut zu erheben.
Unser Zuhause ist der perfekte Ort, um alltägliches Dienen zu lernen. Es gibt immer etwas zu tun! Und nicht nur das, hier können wir auch am besten begreifen, was Dienen eigentlich bedeutet. Innerhalb unserer eigenen vier Wände verleiht uns keiner eine Medaille, weil wir bei den täglichen Arbeiten helfen. Wir müssen uns zum Dienen besonders zwingen, wenn wir stattdessen lieber entspannen wollen oder scheinbar etwas Besseres zu tun haben. Doch wir dürfen lernen, die Bedürfnisse des anderen zu sehen, *bevor* er uns um unsere Hilfe bittet.
Der Nutzen, in diesen Momenten zu dienen, ist von unschätzbarem Wert, denn wir fangen in dem Moment an zu wachsen, in dem wir uns entscheiden, die Möglichkeit zum Dienen zu ergreifen. Wollen wir anderen ein Vorbild sein, müssen wir ihnen durch unser Leben ein Beispiel dafür sein, wie sie ihren eigenen Lebensweg gehen können. Wir können sicher sein, dass wir bei diesen „ungeistlichen Aufgaben" von vielen beobachtet werden. Die wichtigsten Lebenslektionen vermitteln wir genau in diesen Momenten.

Denkanstoß

„Der Wert eines Mannes liegt nicht in der Zahl seiner Bediensteten, sondern in der Zahl derer, denen er dient." (Paul Moody)[10]

Und bei einem Abendessen, als der Teufel schon dem Judas, Simons Sohn, dem Iskariot, es ins Herz gegeben hatte, dass er ihn überliefere, steht Jesus - im Bewusstsein, dass der Vater ihm alles in die Hände gegeben und dass er von Gott ausgegangen war und zu Gott hingehe - von dem Abendessen auf und legt die Oberkleider ab; und er nahm ein leinenes Tuch und umgürtete sich. Johannes 13.2-4 (ELB)

Wir haben uns bereits ein paar Details aus der Szene der Fußwaschung angeschaut. Heute wollen wir einige weitere Betrachtungen anstellen.
Es ist beeindruckend, welche Reife Christus durch seine Geste an den Tag legt. Bevor man jemand anderen dienen kann, ist es notwendig, vorher sein Bedürfnis zu kennen. Als wir Kinder waren, mussten unsere Eltern uns nicht nur erklären, wobei wir helfen konnten, sondern auch dafür sorgen, *dass* wir es taten! Unser Horizont war noch nicht soweit, als dass uns die Nöte anderer interessierten. Bei manchen hat sich dieser Horizont auch als Erwachsene nicht wesentlich erweitert und sie helfen nirgends mit, es sei denn, man stößt sie mit der Nase darauf. Ist man jedoch in Christus reifer geworden, antworten man gerne mit Freude auf die Einladung, anderen zu dienen, denn für sie als Christen ist es ein Privileg.
Es gibt jedoch noch eine dritte Reifeebene. Auf dieser Ebene braucht man uns nicht mehr auf Möglichkeiten zum Dienen hinzuweisen oder uns dazu aufzufordern. Wir erkennen, wann „Not am Mann ist“, bevor jemand es uns sagt. Während wir unseren Alltagsgeschäften nachgehen, sind wir aufmerksam dafür, wo sich entsprechende Nöte auftun. Christus erkannte die Notwendigkeit für das Fußwaschen und tat es.

Ich möchte hier besonders Christus´ *Tat* hervorheben. Niemand kann seinem Nächsten von seinem Sessel aus dienen. Auch kann man die Freude des Dienens nicht in der Theorie erleben, quasi aus der bloßen Vorstellung heraus. Dienst existiert nicht, wenn er nicht in konkreten Taten für den anderen Gestalt annimmt. Deshalb stand Jesus vom Tisch auf, legte seine Kleider ab, umgürtete sich mit einem Handtuch und wusch seinen Jüngern die Füße. In dieser Folge von konkreten Handlungen wurde sein Wunsch zu dienen sichtbar. Der Dienst nimmt einen sehr wichtigen Bereich unserer Leitungsfunktion ein. Um diese Seite in unserem Leben wachsen zu lassen, sollten wir unseren himmlischen Vater darum bitten, uns die Augen für die Nöte um uns herum zu öffnen und uns dann auf die Sprünge zu helfen, etwas dagegen zu tun.

Denkanstoß

Durch welche Signale erkennen Sie, dass jemand hilfebedürftig ist? Wie können Sie Ihren Nachfolgern größere Sensibilität für die Nöte anderer vermitteln? Welche persönliche Haltung ist wichtig, um anderen mit dienendem Beispiel voranzugehen?

Dann gießt er Wasser in das Waschbecken und fing an die Füße der Jünger zu waschen und mit dem leinenen Tuch abzutrocknen, mit dem er umgürtet war.

Johannes 13:5 (ELB)

Haben Sie sich schon einmal durch die dienende Handlung eines guten Bekannten beschämt gefühlt, weil Sie den Eindruck hatten, diese nicht zu verdienen? Wenn dem so ist, können Sie sich gut in die Jünger hineinversetzen, vor die sich Jesus gerade hinkniet, um ihnen ein Fußbad zu verabreichen. Stellen Sie sich vor, wie unangenehm es den Jüngern gewesen sein muss, als ihr Meister den Dienst verrichtete, den normalerweise der niedrigste Sklave des Hauses erledigt. Wieder einmal hat Christus sie mit Seinem Verhalten, das außerhalb jeglicher gesellschaftlicher Norm dieser Epoche lag, völlig aus der Fassung gebracht.

Doch möchte ich mich heute nicht darauf konzentrieren. Die heutige Reflexion dreht sich um etwas, was zwischen den Zeilen steht.

Christus wusste zu diesem Zeitpunkt bereits, wer Ihn verraten würde. Doch Johannes schreibt nicht, dass Jesus Judas bei der Fußwaschung übersprang. Mit derselben Zuneigung und Hingabe wusch Er die Füße eines jeden Jüngers, einschließlich dessen, der Ihn verraten würde.

In dieser Handlung können wir den tiefsten Liebesbeweis des Sohnes Gottes erkennen. Für uns ist es schwierig genug, den Menschen zu dienen und die zu lieben, die wir mögen. Aber in Christus sind wir aufgerufen, nicht nur Rücksicht und Mitgefühl denen gegenüber aufzubringen, die wir schätzen, sondern auch denen, die an uns schuldig geworden sind. Dieses Bild macht uns Gottes Gnade wunderbar praktisch und lässt Hass und unsere Bitterkeit gegenüber unseren Feinden einfach zerschmelzen.

Durch Seine Geste zeigte Jesus den Rahmen, den uns das Wort Gottes zur praktischen Umsetzung der Liebe vorgibt. Er selbst lehrt uns: *„Liebt eure Feinde und betet für die, die euch verfolgen, damit ihr Söhne eures Vaters seid, der in den Himmeln ist! Denn er lässt seine Sonne aufgehen über Böse und Gute und lässt regnen über Gerechte und Ungerechte“* (Matthäus 5:44-45, ELB). Durch Seine dienende Haltung wird sichtbar, wie sehr Er sich denen unter Seiner Leitung verpflichtet fühlt.

Was ist nun das Prinzip, das wir für unser Leben als Leiter anwenden können? In den meisten Gemeinden gibt es immer eine Gruppe, die sich „erziehungsresistent“ gegenüber jeglicher Art Lehre zeigt. Damit wir darüber nicht bitter werden, gibt es nur eine Möglichkeit: den Weg der Nächstenliebe zu wählen, der sich in segnenden Taten ihnen gegenüber ausdrückt. Vielleicht verändert unser Dienen nicht ihr Verhalten. Doch eins ist sicher: Es wird uns unmöglich, sauer auf sie zu sein und uns weiter an ihnen zu ärgern. Unser Dienst an ihnen wird *uns* von jeder Unreinheit reinigen, damit Gottes Liebe in seiner ganzen Fülle in uns wohnen kann. Segnen Sie diese, die Ihnen übel mitspielen und Sie werden erleben, wie die Gnade Gottes sich sichtbar in Ihrem Leben entfaltet.

Denkanstoß

“Wenn deinen Feind hungert, gib ihm zu essen; dürstet ihn, gib ihm zu trinken. Wenn du das tust, so wirst du feurige Kohlen auf sein Haupt sammeln.“ (Römer 12:20)

Da kam er zu Simon Petrus; der sprach zu ihm: Herr, solltest du mir die Füße waschen? Jesus antwortete und sprach zu ihm: Was ich tue, das verstehst du jetzt nicht; du wirst es aber hernach erfahren. Da sprach Petrus zu ihm: Nimmermehr sollst du mir die Füße waschen! Jesus antwortete ihm: Wenn ich dich nicht wasche, so hast du kein Teil an mir. *Johannes 13:6-8*

Wahre Demut ist schwer zu beschreiben. Zum einen hat sie etwas mit der richtigen Selbstwahrnehmung zu tun. Andererseits entsteht sie als Folge von Gottes Wirken in unserem Herzen und enthält daher einige geheimnisvollen Aspekte.

Vielleicht deshalb rief der große Schriftsteller Robert Murray M'Cheyne aus: *„Oh du wahre, ungeheuchelte Demut! Ich weiß, ich habe Grund, demütig zu sein; dennoch kenne ich nicht die Hälfte dieses Grundes. Ich weiß, ich bin stolz; und dennoch kenne ich nicht die Hälfte dieses Stolzes.“*[11]

Wir können annehmen, dass die Jünger völlig baff waren, als Jesus ihnen die Füße wusch. Üblicherweise war das die Aufgabe eines niedrigen Haussklaven. Wie kam Jesus darauf so etwas für sie zu tun? Wahrscheinlich waren einige von ihnen beschämt, dass sie nicht selbst auf diese Idee gekommen waren. Doch nur Petrus wagte es auszusprechen: *„Nimmermehr sollst du mir die Füße waschen.“* Es scheint, als ob eine tiefe demütige Haltung hinter diesem Ausruf steckt. Aber wir wollen es uns genauer ansehen.

Welche Demut steckt dahinter, sich anzumaßen, dem Sohn Gottes etwas verbieten zu wollen? Das Wort des Jüngers zeigte deutlich seinen Mangel an Unterscheidungsfähigkeit, sodass der Meister ihn sanft zurechtweisen musste. Als er endlich begriff, fiel Petrus ins andere Extrem: *„Herr, nicht die*

Füße allein, sondern auch die Hände und das Haupt" (Johannes 13:9).

Ist uns bewusst, was gerade passiert ist? Petrus gab Jesus erneute Anweisungen, was Er zu tun und zu lassen hatte. Das ist nichts weiter als purer Stolz! Und trotzdem schien uns seine Art auf den ersten Blick doch wahrhaft demütig und gehorsam.

Die feine Linie in dieser Situation sollte uns als Warnung dienen. Demut ist schwieriger in die Tat umzusetzen, als wir erwarten. Unsere eigenen Anstrengungen werden ständig von der Verführbarkeit unseres Herzens unterwandert. Sogar auf den ersten Blick geistliche Haltungen können mit einer guten Prise Stolz versalzen sein. Daher sind wir darauf angewiesen, dass Gott in uns arbeitet, damit echte Demut in unserem Leben Wurzeln schlagen kann.

Die heutige Szene hinterlässt uns eine einfache, aber deutliche Botschaft: Wir brauchen dringend Gottes Wirken in unserem tiefsten Inneren, um das ans Licht zu bringen, was Ihn nicht ehrt. Wir müssen begreifen, dass Stolz unser ständiger Verfolger ist. Darum sind wir an jedem Tag unseres Lebens neu auf Seine Gnade angewiesen.

Denkanstoß

Lassen Sie die Erkenntnis von Phillips Brooks auf sich wirken: *„Der wahre Weg, um demütig zu werden ist nicht der, sich so lange zu beugen, bis du kleiner als du selbst geworden bist, sondern in deiner tatsächlichen Größe neben Dem zu stehen, der so viel größer ist und der dir zeigt, wie gering deine Größe tatsächlich ist"*[12]

Eine Lektion, die sich gewaschen hat!

Wenn nun ich, euer Herr und Meister, euch die Füße gewaschen habe, so sollt auch ihr euch untereinander die Füße waschen. Ein Beispiel habe ich euch gegeben, damit ihr tut, wie ich euch getan habe. *Johannes 13:14-15*

Stellen wir uns einen Moment lang vor, Jesus hätte die Prinzipien dieser Lektion mit denselben Techniken gelehrt, wie wir sie heute verwenden. Als Erstes hätte Er, mit genügend zeitlichem Vorlauf, das Seminar zum Thema: „Wie man richtig dient" groß angekündigt, damit Seine Jünger sich den Termin auch freihalten und möglichst viele Freunde einladen würden. Zurückgezogen würde sich Christus stundenlang mit Hilfe der passenden biblischen Texte und entsprechender Zusatzlektüre vorbereiten und eine detaillierte Argumentationsstruktur aufbauen, um eine befürwortende Abhandlung der verschiedenen Aspekte zum Thema zu formulieren. Zum geplanten Zeitpunkt hätte Er alle versammelt und ihnen die Ergebnisse Seiner Studien über die Wichtigkeit des Dienens, samt der drei wichtigsten Schritte, wie man ein „vollmächtiger Diener" wird, anhand exakt formulierter Beweise präsentiert. Seine Lektion würde Er mit der ernsten Ermahnung beenden, dass Seine Jünger das „im Unterricht" Gehörte nun unbedingt in der Praxis anwenden müssten.

Sicher haben Sie schon bemerkt, wie weit wir mit unseren „Trainingsversuchen" unserer Gemeindeglieder, von der Art abgekommen sind, wie Christus Seine Jünger gelehrt hat. Sehen Sie sich Seine Strategie an: Er kündigte nichts an. Er bereitete keine Rede für seine Jünger vor. Er erklärte ihnen nicht vorneweg, was Er vorhatte. Und in dem Moment, als sie es am Wenigsten erwarteten, als alle entspannt beim Abendbrot aßen, stand Er auf und fing an sich darauf vorzubereiten, ihre Füße zu waschen.

Können Sie sich die Blicke vorstellen, die sich die Jünger untereinander zuwarfen? Was hat denn unser unberechenbarer Meister nun wieder vor? Als Er mit den Vorbereitungen fertig war und zur Tat schritt, ließ Er kein Wort fallen. Die Jünger beobachteten Ihn mit einer Mischung aus Neugier und Scham. Als Er zu Petrus, dem „Sprecher" der Gruppe kam, wagte dieser sich, die Handlungen seines Meisters zu hinterfragen. Und erst in diesem Moment bietet Jesus eine knappe Erklärung an, die aber nicht den eigentlichen Grund seiner Handlung erklärte.

Als Er zum Tisch zurückkam, gab Er ihnen den Rest und damit die Auflösung Seiner mysteriösen Handlung. Vom kurzen Wortwechsel mit Petrus einmal abgesehen, hatte Er nicht ein einziges Wort gesprochen. Trotzdem erteilte Er ihnen an jenem Abend eine der wichtigsten und eingängigsten Lehren ihrer gemeinsamen dreijährigen Zeit.

Viel mehr kann man zu diesem Thema kaum sagen. Die effektivsten und prägendsten Lehren, die Sie als Leiter vermitteln, können wortlos weitergegeben werden. Leider haben wir eine fast krankhafte „Wort-Abhängigkeit" in unserer Art der Unterweisung. Unsere Gemeindeglieder sind einer schier endlosen Flut an Predigten und Seminaren ausgesetzt.

Wie viel davon bleibt wirklich in ihnen zurück? Ich fürchte, sehr wenig.

Es stimmt, dass Christus Seinen Beispielen Ausführungen hinzufügte. Er überlies das von den Jüngern gerade Erlebte nicht ihrer freien Interpretation. Aber Seine Worte bildeten nur den Abschluss für eine Lebenslektion, die sich gewaschen hatte! Er half ihnen lediglich, das zu verstehen, was sie gerade gesehen und erlebt hatten.

Denkanstoß

Howard Hendricks notiert folgenden Gedanken für alle Menschen, die eine Lehrfunktion ausüben: *„Wahrhaftiges Lehren – und wirkliche Bildung – sind einfach eine Folge von lehrreichen Momenten."*[13] Kosten Sie diese Momente voll aus!

Gelobt sei Gott, der Vater unseres Herrn Jesus Christus, der Vater der Barmherzigkeit und Gott allen Trostes, der uns tröstet in aller unserer Trübsal, damit wir auch trösten können, die in allerlei Trübsal sind, mit dem Trost, mit dem wir selber getröstet werden von Gott. 2. Korinther 1:3-4

Es ist kein Zufall, dass Paulus seinen Brief mit der heutigen Begrüßungsformel eröffnet. Mehr als jede andere seiner Schriften, enthält der Brief an die Korinther schockierende Details seiner vielen Leiden. Im 11. Kapitel finden wir eine Liste seiner vielfältigen Erlebnisse wie Gefängnisaufenthalte, Peitschenhiebe, Schläge, erlittener Schiffbruch, Erschöpfung, Hunger, Durst und Kälte. So überrascht es nicht, dass er Autorität besitzt, um vom Thema Trost zu sprechen.

In den beiden Versen erwähnt er zwei für uns wichtige Punkte. Zum Einen: Gott ist der Vater allen Erbarmens und allen Trostes. Diese beiden Charakteristiken offenbaren uns die Güte Gottes. Obwohl es wahr ist, dass Er alle gleich liebt, besitzt Er wohl besonderes Mitgefühl für diejenigen, die unter Furcht, Ungerechtigkeit, Bedrückung und Verlassenheit leiden. Im Alten Testament wird Er oft als Gott beschrieben, der die heilt, die zerbrochenen Herzens sind (Psalm 147:3). Übernatürlich kümmert Er sich um die in tiefer Krise und verbindet ihre Wunden, um sie wiederherzustellen. So hat Er es mit unzähligen Glaubenshelden während der ganzen Geschichte gemacht. Er begegnet ihnen in ihrer Furcht und zeigt sich ihnen mit mächtigen Gnadenerweisen.

Zweitens bekräftigt Paulus, dass er mit demselben Trost trösten kann. Bei diesem Satz möchte ich einen Moment innehalten. Gewiss sind Ihnen in Ihrem Dienst schon mehrmals Menschen begegnet, die sich gerade in einer tiefen Krise befanden. Es ist auch wahrscheinlich, dass Sie selbst sich ein paar Mal in dieser Situation befunden haben. Daher ist es wichtig zu verstehen, was Paulus gemeint hat, als er hierzu sagte: wir trösteten „durch den Trost, mit dem wir selbst von Gott getröstet werden".

Bei schmerzhaften Erlebnissen sind viele Leute zur Stelle, die Trost spenden wollen, allerdings kommt dieser nicht von Gott. Er ist gut gemeint; sie versuchen, Verse zu zitieren, von ihren eigenen Erlebnissen zu erzählen oder wollen die Prüfung des anderen vergeistlichen. Nichts davon hilft, sondern reizt den anderen eher. Am Ende zeigt sich, wie beschränkt unsere fleischlichen Versuche sind, Geistliches aus uns selbst heraus zustande zu bringen.

Der heilsame Trost kommt aus dem übernatürlichen Wirken Gottes. Um ihn weiterzugeben, müssen Sie ihn erst einmal selbst erlebt haben. Es reicht nicht aus, dass Sie auch schon mal durch Prüfungen gegangen sind. Das befähigt Sie nicht, zu trösten. Aber wenn Sie selbst vom Herrn getröstet worden sind, kennen Sie aus erster Hand die sanfte Güte Christi. Nähern Sie sich nun Ihrem Nächsten, tun Sie dies mit derselben Sensibilität, Sanftheit und Fürsorge.

Denkanstoß

Um ehrlich zu sein, können Sie andere nur trösten, wenn Sie es durch Den tun, der Sie zuvor getröstet hat – Gott selbst. Setzen Sie sich nicht unter Druck, das Erstbeste mitteilen zu müssen, was Ihnen in den Sinn kommt. Erlauben Sie dem Herrn, dass er Sie führt und so zum Teilhaber seiner übernatürlichen Heilungstat zu werden.

Denn so hat Gott die Welt geliebt, dass er seinen eingeborenen Sohn gab, damit jeder, der an ihn glaubt, nicht verloren geht, sondern ewiges Leben hat. *Johannes 3:16 (ELB)*

Ich möchte Sie zu einem kleinen Experiment einladen. Wir wollen den oben genannten Vers einmal etwas abändern, sodass er sich folgendermaßen liest: „Denn so hat Gott die Welt geliebt, dass er ... gab". Lesen Sie sich diese Formulierung zwei, drei Mal vor und achten Sie darauf, wie „gab" immer stärker nachhallt.

Wenn Sie es zulassen, dass dieser Satz Ihren Verstand *und* Ihr Herz durchdringt, stellen sie vielleicht fest, wie gegensätzlich er zum allgemein anerkannten Liebesverständnis steht. Das Konzept der Liebe mit *geben* zu verbinden, findet heute größtenteils wenig Anklang. Im Gegenteil. Wir suchen fast ausschließlich danach, was der andere uns zu geben hat. „Liebe" ist ein Synonym für „Gefühl" geworden. Das erklärt, warum, wenn die Gefühle erloschen sind, wir die Liebe für gestorben erklären.

Dieses Konzept übertragen wir unreflektiert auf unser geistliches Leben. Auf diese Art wird „Gottes Liebe erfahren" darauf reduziert, dass Er uns nette Dinge sagen sollte und uns immer wieder zeigen muss, wie Er sich um uns kümmert. Daran hängen wir dann noch eine schier endlose Wunschliste, die, wenn sie erfüllt wird, fast ausschließlich unserem Wohl dient. Das zeigt, dass wir im Prinzip dieselben geblieben sind, wie vor unserer Bekehrung.

Wie tief unser Egoismus reicht, habe ich durch das „Zeugnis" einer Frau gemerkt, die erzählte, wie in das Haus ihrer Nachbarn eingebrochen wurde und die Diebe alles, was diese armen Leute besaßen, mitgenommen hatten. Die Frau drückte ihre Dankbarkeit so aus: „Gott sei Dank haben die Diebe nichts von mir gestohlen. Halleluja!" Wie viel Wert hat der

christliche Glaube, wenn er sich nur darüber freut, aus einer Situation unversehrt hervorgegangen zu sein, ohne daran zu denken, dem Unglücklichen nebenan zu helfen?
Lesen Sie nun noch einmal unsere veränderte Version von Johannes 3:16: „Darum liebte Gott die Welt so, dass er gab.“ Merken Sie den verschobenen Schwerpunkt? Der Akzent liegt auf dem Geben. Es zeichnet sich uns ein Bild, in dem sich die Liebe in Aktion für den Nächsten übersetzt. Diese Art von Liebe wartet nicht ab, sondern handelt, sie fordert nicht, sondern gibt. Sie sucht nicht ihren Nutzen, sondern sie opfert sich auf. Wie anders klingt dies, wenn wir es mit unserer eigenen Definition von Liebe vergleichen!
Wie können wir demselben Gott folgen, ohne von seinem Wesen angesteckt zu werden? Der echte Beweis, dass Gott in unserem Leben wirkt, muss ein unerschöpfliches Verlangen danach sein, andere segnen zu wollen. Echte Geistlichkeit hilft uns, unsere Augen von uns selbst auf die zu richten, die dringend Gottes Liebe erfahren müssen.

Denkanstoß

Der große Evangelist Dwight Moody sagte einmal: *„Ein Mann kann ein erstklassiger Arzt sein, ohne seine Patienten zu lieben, ein guter Anwalt, ohne seine Klienten zu lieben, ein hervorragender Geologe, ohne die Wissenschaft zu lieben. Aber ohne Liebe kann er niemals ein guter Christ sein.“*[14]

Aber Jesus erlaubte es ihm nicht. Er sagte: „Geh nach Hause zu deiner Familie und berichte, welch großes Wunder der Herr an dir getan hat und wie barmherzig er zu dir gewesen ist!" Da wanderte der Mann durch das Gebiet der Zehn Städte und erzählte jedem, was für ein Wunder Jesus an ihm getan hatte. Und alle staunten. *Markus 5:19-20 (HfA)*

Der besessene Gerasener wurde von den Menschen niemals zuvorkommend behandelt. Stattdessen haben sie oft versucht, ihn im Zaum zu halten. Sie banden ihn fest oder legten ihn in Ketten, da er sich oft gewalttätig und unkontrollierbar verhielt. Als Jesus kam, lernte dieser Besessene zum ersten Mal die alles verändernde Liebe Gottes kennen und wurde in einen anderen Menschen verwandelt!

Es ist nachvollziehbar, dass diesen neuen Menschen nichts mehr in diesem Gebiet hielt, in dem er so lange gequält und von jedem Anzeichen menschlicher Wärme isoliert wurde. Als Jesus weiterziehen wollte, bat deshalb der Geheilte den Meister, ihn mit sich zu nehmen.

Wir alle haben diese Sehnsucht, die Momente, die uns angenehm sind, einzufangen und die uns wohltuenden Erlebnisse ins Unendliche ausdehnen zu wollen. Genauso erging es wahrscheinlich Petrus auf dem Berg der Verklärung, als er ausrief: *„Rabbi, hier ist für uns gut sein. Wir wollen drei Hütten bauen, dir eine, Mose eine und Elia eine"* (Markus 9:5). Wir wollen unter allen Umständen vermeiden, dass die Party aufhört.

Christus wusste jedoch, dass der beste Weg, einmal erlebten Segen aufrecht zu erhalten der ist, ihn zu teilen. Im Reich Gottes ist das, was man nicht mit anderen teilt, verschwendet. Darum gehört es zu unserer Berufung, für andere, mit dem Segen, den wir empfangen haben, zum Segen zu wer-

den. Deshalb wies Jesus den Mann an, zu seiner Familie zurückzukehren und das Erlebte zu teilen.
Überlegen Sie einen Moment lang, wie ausgefeilt wohl die Fähigkeiten dieses Mannes zum Evangelisieren waren? Er war seit nicht einmal einem Tag gläubig und kannte keinen der grundlegenden Texte der Bibel. Auch wusste er nicht, wie er seinen Glauben zu verteidigen hatte, noch kannte er die wichtigsten Prinzipien des christlichen Lebens. Außerdem fehlte ihm jegliches Evangelisationstraining, um seinen Glauben auf die richtige Weise weiterzugeben.
Aber er war Spezialist auf einem Gebiet: wie Gott das Leben eines dämonisierten Mannes verändern kann! Jesus schickte ihn los, um genau von diesem Thema zu berichten. „Geh nach Hause zu deiner Familie und erzähle, welche großen Dinge Gott an dir getan hat und wie er sich deiner erbarmt hat.“ Denken Sie, dass die Menschen, die ihm über den Weg liefen und die Geschichte hörten, auch nur einen Moment an der Echtheit seines Zeugnisses zweifelten? Natürlich nicht! Der Mensch sprach ja mit einer Überzeugung, die in einem lebensverändernden Erlebnis mit Jesus gegründet war.
Bei vielen unserer Versuche zu evangelisieren hapert es genau an diesem Punkt. Das, was wir mit anderen teilen, hat nichts mit verändernden Erfahrungen am eigenen Leib zu tun. Stattdessen reden wir lieber von den logischen Gründen, weswegen sich unser Gegenüber bekehren sollte. Wenn wir nicht begeistert davon sind, was Gott in unserem Leben tut, werden wir nicht viele davon überzeugen können, wie wunderbar es ist, Christus zu kennen.

Denkanstoß

Was können wir gegen diese Glaubwürdigkeitskrise tun? Es gibt nur eine Lösung: Wir müssen selber erleben, wie Gott in uns sein lebensveränderndes Werk tut. Darum gönnen wir uns nicht den Luxus, auch nur einen Tag ohne das abenteuerliche Leben mit Jesus verstreichen zu lassen. Nur in dem Maß, wie unsere Herzen verändert werden, wird unser Dienst andere erreichen.

Eines freilich trauen wir uns nicht zu: uns zu denen zu zählen oder uns mit denen auf eine Stufe zu stellen, die sich selbst empfehlen. Wozu sollte das auch gut sein? Diese Leute sind Menschen ohne Verstand, die nur sich selbst als Maßstab kennen und sich nur mit sich selbst vergleichen.

2.Korinther 10:12 (NGÜ)

In bestimmten Momenten erzählte Jesus ein Gleichnis, das an die Leute gerichtet war, die, wie der Evangelist sie nennt, *„auf sich selbst vertrauten, dass sie gerecht seien“* (Lukas 18:9). Bei dieser Gelegenheit sprach Er von einem Pharisäer, der aufstand und Folgendes betete: „Gott ich danke dir, dass ich nicht so bin wie die übrigen Menschen...“ Ohne uns weiter in den Text zu vertiefen, fällt uns bereits die leichte Fehlsicht in der Selbsteinschätzung des Pharisäers auf.

In seinen Augen war er, im Vergleich zu anderen, durch sein eigenes frommes Verhalten bereits gerechtfertigt. Er begeht jedoch zwei grundlegende Fehler in seiner Analyse: Er vergisst zum einen, dass kein Mensch in der Lage ist, seine eigenen Begrenzungen vollständig wahrzunehmen. Der Psalmist fragt: *„Wer bemerkt seine eigenen Fehler?“* (Psalm 19:13, EÜ). Die Antwort auf diese rhetorische Frage ist: Niemand!

Der zweite Fehler liegt darin, sich mit anderen zu vergleichen. Dies bekommen wir in unserer Kultur schon mit der Muttermilch eingeflößt. Bereits als Kinder vergleichen wir uns mit unseren Geschwistern, kommen dann in ein Schulsystem, das ebenso auf Konkurrenzdenken beruht, nur um anschließend auf den Arbeitsmarkt zu gelangen, wo Wettbewerbsfähigkeit Voraussetzung zum Überleben ist. Um die Lebensleiter empor zu klettern, halten wir es für nötig, un-

ser Leben jederzeit und ständig mit dem anderer zu vergleichen.
Der grundsätzliche Irrtum liegt darin, dass wir selbst festlegen, wer unser Vergleichspunkt ist. So ist es beinahe unumgänglich, dass wir uns mit denen vergleichen, die uns in ein besseres Licht rücken. Um zu beweisen, wie großzügig wir sind, vergleichen wir uns mit denen, die nie geben. Wollen wir erklären, wie arm wir sind, vergleichen wir uns mit den Reicheren. Möchten wir zeigen, wie fleißig wir sind, zeigen wir mit dem Finger auf die Faulsten. Auf diese Weise brauchen wir niemals unserem wahren Lebenszustand in die Augen sehen.
Wer sich auf Vergleiche einlässt, dem mangelt es an Einsicht, macht Paulus deutlich. Das Werk jedes Einzelnen sollte, für sich genommen, nur anhand der ewigen Vorgaben Gottes bewertet werden. Wenn wir eines Tages vor Gottes Thron stehen, können wir auch nicht auf die Schwächen der anderen zeigen, um unsere eigenen Verfehlungen zu kaschieren. Wir sollten uns also, anstatt uns selbst auf die Schultern zu klopfen, Gott erlauben, eine objektivere Bewertung unseres Lebens vorzunehmen.

Denkanstoß

Paulus beendet diesen Abschnitt mit einigen Worten, die uns zum Nachdenken anregen sollen: *„Wer sich aber rühmt, der rühme sich des Herrn. Denn nicht der ist tüchtig, der sich selbst empfiehlt, sondern der, den der Herr empfiehlt“* (2.Korinther 10:17-18). Leben wir besser so, dass Gott selbst uns empfiehlt.

Ein guter Name

Tote Fliegen verderben gute Salben. Ein wenig Torheit wiegt schwerer als Weisheit und Ehre. *Prediger 10:1*

Als die Apostel entschieden, in der Urgemeinde Diakone zu ernennen, trugen sie dem Volk auf, sieben Männer zu bestimmen, die sich unter anderem durch eine gute Reputation auszeichneten.

Der gute Ruf besitzt zwei wichtige Eigenschaften. Genauso, wie der Abglanz auf Moses Angesicht für alle sichtbar war, ist es auch der gute Ruf. Und auch wenn die Reputation das widerspiegelt, was andere in unserem Leben sehen, kann man sie nicht auf den ersten Blick wahrnehmen. Sie ist auch nicht nur die Summe vieler einzelner Momente. Sie entsteht vielmehr im Laufe vieler Jahre Stück für Stück und zeigt erst im Ganzen, was wirklich in unseren Herzen verborgen ist. Sie schließt wunderbare Qualitäten, wie Verantwortungsbewusstsein, Treue, Vertrauenswürdigkeit, Integrität, Weisheit und alle Eigenschaften mit ein, die man weder kaufen noch kopieren kann. Der gute Ruf eines Leiters, hallt wie ein Echo in seinen Nachfolgern auch dann wieder, wenn er selbst nicht anwesend ist.

Welchen Wert hat also die Reputation? Je nach Ansehen eines Leiters, werden ihm seine Nachfolger und die Menschen in seinem Umfeld den entsprechenden Respekt zollen. Besitzen Leiter einen guten Ruf, vertrauen die Menschen ihnen und sind auch bereit, ihnen in schwierigen Situationen nachzufolgen. Hat sich ein Leiter in seinem Leben als nicht vertrauenswürdig erwiesen, wird er von seinen Nachfolgern auch keinen Respekt erwarten können, selbst wenn er ein noch so guter Redner ist.

Wie wir sehen können, ist diese Qualität sehr schwer zu erlangen, da sie sich aus einer Summe verschiedener Elemente im Laufe der Jahre zusammensetzt. Es ist deshalb für

junge Menschen schwieriger einen guten Ruf zu erlangen, als für Ältere, weil sie erst auf eine kurze Zeitspanne als Teil der Gemeinde Gottes zurückblicken können.
Der Autor der Prediger schätzt den Wert eines guten Ansehens so hoch ein, dass er ihn mit dem Duft eines kostbaren Parfüms vergleicht. Jeder, der es riecht, erfreut sich daran. Doch weiß Salomo auch, dass ein guter Ruf im Handumdrehen zerstört werden kann. Es genügt eine taktlose Handlung und schon ist der Ruf ruiniert. Eine vorschnelle Reaktion, eine zweifelhafte Beziehung, ein Ausraster – all das kann das gute Zeugnis von Jahren in einem Moment zerstören. Ist der Ruf erst ruiniert, kann man ihn schwer wieder aufrichten. Selbst Jahre nach dem unglücklichen Vorfall werden sich Leute daran erinnern, und zwar mehr, als an all die Jahre treuer Arbeit, die ihm vorausgingen.
Darum muss jeder Leiter jede Entscheidung mit Bedacht treffen. Er muss sich die nötige Zeit nehmen, um die Konsequenzen seines Handelns abzuwägen und zu ermessen, ob die Brücke, über die er gehen will, wirklich trägt. Der weise Leiter weiß, dass ihm alles erlaubt ist, aber nicht alles zum Besten dient, denn es könnte einen fatalen Effekt auf seinen Ruf haben.

Denkanstoß

Kennen Sie die Meinung die andere von Ihnen als Leiter haben? Was stärkt Ihren guten Ruf? Verwenden Sie genügend Zeit, diese Eigenschaften zu stabilisieren? Wie können Sie die Dinge ändern, die Ihren Ruf schwächen?

So freue dich, Jüngling, in deiner Jugend und lass dein Herz guter Dinge sein in deinen jungen Tagen. Tu, was dein Herz gelüstet und deinen Augen gefällt; aber wisse, dass dich Gott um das alles vor Gericht ziehen wird... Denk an deinen Schöpfer in deiner Jugend, ehe die bösen Tage kommen und die Jahre sich nahen, da du wirst sagen: »Sie gefallen mir nicht«. *Prediger 11:9 und 12:1*

Wenn ich diese Verse lese, erinnere ich mich an einen Jugendlichen, der sich danach sehnte, ein erfüllteres Leben zu führen, voller Spaß und mit all den Dingen, durch die wir uns lebendig fühlen. Er hatte keine Lust mehr, auf dem Hof seines Vaters zu arbeiten und bat ihn in einem persönlichen Gespräch, dass er ihm sein rechtmäßiges Erbe sofort auszahle. Immerhin sei das Leben zu kurz, um darauf warten zu müssen, bis man endlich „richtig" leben könne. Mit seinem Erbteil in der Hand, zog er aus, um endlich das Leben so zu leben, wie er es sich vorgestellt hatte (Lukas 15:11-32).

Wir erkennen natürlich auf den ersten Blick, wie naiv das Vorhaben dieses jungen Mannes ist. Aber manchmal frage ich mich, wie viel von unserer Einsicht wir der Tatsache verdanken, dass wir das Ende der Geschichte bereits kennen. Vielen von uns fehlt wahrscheinlich das Erbe dieses Burschen, jedoch nicht seine Lebensphilosophie. Wir haben keine weitreichendere Planung für unser Leben und unsere Existenz dreht sich mehr oder minder um die Dinge, die uns gefallen und uns wichtig erscheinen. Ein Ehemann kümmert sich beispielsweise nicht ausreichend um seine Frau, weil ihm die Arbeit vorgeht. Ein Kind nimmt sich nicht die Zeit zu lernen, weil es lieber Zeit mit seinen Freunden verbringt. Eine Mutter hat keine Zeit, ihren Kindern zuzuhören, weil es ihr wichtiger ist, das Haus blitzblank zu wienern.

Wenigen sind dabei die langfristigen Auswirkungen auf unser Leben bewusst. Wenn wir immer nur das tun, worauf wir Lust haben, werden wir uns nie um die Dinge kümmern, die die Weichen für unsere Zukunft stellen. Im Laufe der Zeit wird uns dann schmerzlich bewusst, dass die Dinge, die wir für wichtig gehalten hatten, es gar nicht waren. Gleichzeitig kommen die Gewissensbisse und Klagen: Hätten wir bloß die Prioritäten in unserer Jugendzeit besser ausgerichtet! Für viele ist es dann bereits zu spät, noch etwas zu ändern. Der Schreiber des Prediger-Textes lädt uns zu diesem schmerzhaften Entdeckungsprozess ein. Er lässt uns verstehen, dass unsere heutigen Entscheidungen morgen ihre Konsequenzen tragen. Und nicht nur das, sondern wir werden uns vor unserem Schöpfer auch noch dafür verantworten müssen. Warum treffen wir also nicht Entscheidungen, die uns morgen nicht Leid tun müssen? Viele dieser Entscheidungen betreffen Dinge, die uns heute weder Spaß machen, noch uns motivieren. Doch in Zukunft werden wir ihre Früchte ernten und uns an ihnen freuen können.

Denkanstoß

Wofür verwenden Sie Ihre meiste Zeit? Sind Sie sicher, dass diese Dinge Ewigkeitswert besitzen? Gibt es wichtige Dinge, wie Ihren Ehepartner, Ihre Kinder oder Ihre Beziehung mit Gott, denen Sie nicht nachkommen, weil sie „zu beschäftigt" sind mit Ihren persönlichen Projekten? Welche Schritte können Sie gehen, um in Ihrem Leben die Prioritäten besser zu ordnen?

Deshalb hören wir auch seit dem Tag, an dem wir davon erfahren haben, nicht auf, für euch zu beten. Wir bitten Gott, dass er euch durch seinen Geist alle nötige Weisheit und Einsicht schenkt, um seinen Willen in vollem Umfang zu erkennen. Dann könnt ihr ein Leben führen, durch das der Herr geehrt wird und das ihm in jeder Hinsicht gefällt. Ihr werdet imstande sein, stets das zu tun, was gut und richtig ist, sodass euer Leben Früchte tragen wird, und eure Gotteserkenntnis wird immer weiter anwachsen.

Kolosser 1:9-10 (NGÜ)

Unser Bestreben, den Willen Gottes zu erkennen, tritt üblicherweise dann auf, wenn es um lebensverändernde Entscheidungen geht: die Wahl des Ehepartners oder des Berufes, Veränderungen im Berufsleben, die Möglichkeit eines Umzugs in eine andere Stadt oder sogar in ein anderes Land. Stehen wir vor einer solchen Herausforderung, bitten und flehen wir zu Gott, denn wir wollen das in Seinen Augen Richtige tun.

Das Gebet des Paulus für die Gemeinde in Kolossä kann uns viel darüber vermitteln. Er hätte für viele andere Dinge für sie bitten können, entschied sich aber dafür: *„dass Er euch durch seinen Geist alle nötige Weisheit und Einsicht schenkt."* Dieses Gebet zeigt uns, wie maßgeblich für einen Christen die Erkenntnis des Willens Gottes ist. Derselbe Apostel beschreibt uns im Römerbrief als „Sklaven des Gehorsams" (Römer 6:16). Dadurch verwandelt sich jede Anweisung des Herrn in etwas Elementares, denn Sklaven können nicht gehorchen, wenn sie keine Anweisungen empfangen haben.

Doch achten sie auf Folgendes: Paulus bittet für die Gemeinde, dass sie Gottes Willen vollständig erkennen, jedoch nicht, damit sie eine schwierige Entscheidung treffen konnte, welche die Zukunft der Gemeinde betraf. Was der Apostel ihnen wünschte, war, „ein Leben (zu) führen... dass Ihm in jeder Hinsicht gefällt". Auf diese Art fügt er seinem Gebet ein viel praktischeres Element hinzu, als wir das wahrscheinlich tun würden. Er denkt nicht an die wunderhaften Veränderungen, die wir manchmal erleben wollen, sondern an die alltägliche Routine.

Was das bedeutet, liegt auf der Hand. Gott möchte auch Gott in den weniger „geistlichen" Momenten unseres Lebens sein: wenn wir mit unserer Familie zusammen sind, unsere Tagesarbeit verrichten oder unser Auto fahren. Genau in diesen Momenten legen wir wenig Wert auf Geistliches. Doch Gott möchte, dass wir Ihn zu jeder Zeit ehren, Ihm in allem Frucht bringen und in jeglicher Situation in Seiner Erkenntnis wachsen.

Paulus' Gebet ruft uns also nicht nur dazu auf, dass uns Gottes Wille jederzeit klar sein sollte, sondern auch, aufmerksam für die Führung des Heiligen Geistes zu sein, der uns seinen Willen in jedem Schritt unseres Lebens zeigen will. Unsere Suche nach Ihm sollte nicht auf die Augenblicke grundlegender Lebensänderungen beschränkt bleiben, sondern sich auch auf all die kleinen Momente erstrecken, die wir normalerweise als unbedeutend ansehen.

Denkanstoß

In welchen Lebensbereichen schalten Sie auf „Autopilot", ohne über den Willen Gottes nachzudenken? Woran erkennen Sie normalerweise Gottes Willen? Wie können Sie für seine Anweisungen noch hellhöriger werden?

31. März „Ich sehe was, was du nicht siehst!“ Gott.

So ließ Isai seine sieben Söhne an Samuel vorübergehen; aber Samuel sprach zu Isai: Der HERR hat keinen von ihnen erwählt. Und Samuel sprach zu Isai: Sind das die Knaben alle? Er aber sprach: Es ist noch übrig der jüngste; siehe, er hütet die Schafe. Da sprach Samuel zu Isai: Sende hin und lass ihn holen; denn wir werden uns nicht niedersetzen, bis er hierher kommt. *1.Samuel 16:10-11*

Die Anweisungen des Herrn an Samuel waren deutlich. *„Fülle dein Horn mit Öl und geh hin: Ich will dich senden zu dem Bethlehemiter Isai; denn unter seinen Söhnen hab ich mir einen zum König ersehen“* (1.Samuel 16:1). Gott hatte an David bereits die Qualitäten ausgemacht, die er sich für einen König vorstellte: Ein Herz, das Gott vor allem anderen liebte und ein demütiger Charakter, gehorsam und verantwortungsbewusst. Zudem war er mutig und furchtlos, wenn es die Situation erforderte.

Wer von uns wünscht sich nicht einen Leiter dieses Kalibers für seinen Dienst? Die wichtigsten Eigenschaften, die David einmal zum größten König Israels machen würde, waren bereits in diesem jungen Schafhirten angelegt. Etwas an dieser Geschichte sollte uns jedoch stutzig machen. Als Samuel Isai und seine Söhne heiligte und sie zum Schlachtopfer einlud, kam es Isai nicht einmal in den Sinn, seinen Jüngsten zu rufen. Auch keinem seiner Brüder schien aufzufallen, dass David abwesend war, zumindest reagierten sie nicht entsprechend. Wenn David so außergewöhnliche Talente besaß, wie kommt es dann, dass diese niemandem in der Familie auffielen?

Es gibt zwei mögliche Antworten. Zum einen scheinen die Eigenschaften, die Gott herausragend findet, sich nicht mit unserer Sicht der Dinge zu decken. Oft genug sind die Leitungsmodelle, die wir heute in der Gemeinde nutzen, eine Kopie der Welt. Gottes Wort erklärt dagegen: *„Was töricht ist vor der Welt, das hat Gott erwählt, damit er die Weisen zuschanden mache; und was schwach ist vor der Welt, das hat Gott erwählt, damit er zuschanden mache, was stark ist"* (1.Korinther 1:27).

Zweitens schränkt die extreme Nähe zu Personen oft unsere objektive Sicht auf sie ein. Wenn wir viel Zeit mit Menschen verbringen, beeindrucken uns ihre Qualitäten nach einer gewissen Zeit nicht mehr. Wir gewöhnen uns an sie und nehmen nur noch das Profane und Alltägliche wahr. Erst, wenn die Person nicht mehr da ist, bemerken wir plötzlich ihre uns nun fehlenden hervorragenden Qualitäten. Wenn Sie andere Menschen zurüsten, laufen Sie Gefahr, das Potential derer zu verkennen, die Ihnen am Nächsten sind, weil Sie sich bereits zu sehr an sie gewöhnt haben. Ihre besonderen Gaben bemerken Sie schon lange nicht mehr, denn Sie haben sie bereits in eine Schublade gesteckt. Die Nazarener konnten in Jesus nie mehr sehen, als einen einfachen Zimmermann, selbst dann noch, als alle anderen bereits sein einzigartiges Leben und Wirken erkannt hatten.

Denkanstoß

Ist es möglich, dass sich in Ihrer Nähe ein zukünftiger „König" aufhält und sie bemerken es gar nicht? Blicken Sie über das Alltägliche hinaus, denn dahinter kann eine außergewöhnliche Person stecken. Bitten Sie Gott um Weisheit, dass Sie diese speziellen Menschen, die Ihnen nahe sind, mit Seinen Augen sehen können.

Da ging David hin und holte die Lade Gottes mit Freuden aus dem Haus Obed-Edoms in die Stadt Davids herauf. Und David tanzte mit aller Kraft vor dem HERRN, und David war mit einem leinenen Efod gegürtet. Und es geschah, als die Lade des HERRN in die Stadt Davids kam, schaute Michal, die Tochter Sauls, aus dem Fenster. Als sie nun den König David vor dem HERRN hüpfen und tanzen sah, da verachtete sie ihn in ihrem Herzen. *2. Samuel 6:12, 14, 16 (ELB)*

Schliessen Sie für einen Moment die Augen und versuchen Sie die elektrisierende Spannung dieser Szene zu fühlen. Lassen Sie sich von der Freude Davids anstecken, die so stark war, dass ihm fast das Herz in der Brust zersprang. Der Text sagt: „er holte die Lade mit Freude... herauf“ und er „tanzte mit aller Kraft vor dem Herrn“. Können Sie den König vor sich sehen? Außer Rand und Band vor lauter Freude? Er sprang, sang, tanzte, klatschte in die Hände, weinte vor Freude, schrie, jauchzte, feierte...

Wie fremd uns diese Szene vorkommt, so weit hergeholt. In unserer abgeklärten Zeit bricht man nicht mehr in Freude aus! Unsere Geistlichkeit ist heute viel „reifer und gesetzter“. Wir singen dieselben Lieder, die wir schon immer gesungen haben, stehen gemeinsam auf und setzen uns gemeinsam wieder hin. Unsere Feiern sind „gezähmt“ worden, so dass wir uns gar nicht mehr den Jubel dieses „Verrückten“ vorstellen können, der für Gott wie wild herumgesprungen ist.

Ich komme auf mindestens drei Gründe, warum wir uns niemals Davids Party angeschlossen hätten. Als erstes hätte uns erschreckt, was wohl „die anderen“ sagen würden. Die Meinung „der anderen“ ist uns sehr wichtig, denn wir wollen doch nicht, dass sie irgendetwas Schlechtes über uns denken, oder? So passen wir unsere Kleidung, unseren „christlichen Jargon“ und unser Handeln an. Wir wollen einfach, dass andere gut über uns reden.

Zweitens wissen wir, dass alles seine Ordnung haben muss (1.Korinther 14:40)! Der Eifer, Ordnung zu halten, führt dazu, dass unsere Versammlungen völlig vorhersehbar werden. Zuerst die Begrüßung, dann ein paar Aufwärmlieder, gefolgt von den Ansagen, einer längeren Anbetungszeit und der Predigt. Es folgen die Kollekte, ein weiteres Lied und die Abkündigungen. Gottesdienst für Gottesdienst ebenso perfekt programmiert, wie die Langeweile die dadurch aufkommt.
Drittens hätten wir uns als männliche Leiter niemals so einem unziemlichen Spektakel hingegeben, denn unsere Frauen hätten wahrscheinlich etwas dagegen gehabt, genauso wie Michal. Wir wollen doch, dass sie uns gewogen bleiben und ihre abschätzigen Blicke möglichst vermeiden. Lieber reduzieren wir unser geistliches „Herumexperimentieren" auf ein Minimum. Schließlich wollen wir ihnen damit unsere Liebe bezeugen und uns eine Blamage ersparen.
Trotzdem glaube ich, dass wir uns tief in unserem Innersten von diesem Tanz des Königs angezogen fühlen. Wenn nur ein bisschen von seiner Leidenschaft auf uns abfärben würde – wie anders sähe unsere Beziehung mit Jesus aus? Wenn wir uns nur einen Moment losreißen könnten, um uns weniger souverän, aber dafür ein bisschen echter zu zeigen – wie sehr könnte unser christliches Leben von Freude erfüllt sein? Wenn wir uns nur trauen würden, nur ganz kurz, unser strukturiertes Programm aufzugeben, damit Er wie ein Sturzbach auf uns niedergehen könnte – wie anders unsere Versammlungen sein würden.
Ist es deswegen, dass Gott David als Mann nach seinem Herzen bezeichnete? Er hat wirklich seine Lust am Herrn gehabt!

Denkanstoß

„Herr zerstöre meine Strukturen, meine Programme, meine Pläne und Konzepte und führe mich auf den Weg Davids. Erwecke in mir diesen vor Freude überströmenden Geist des Feierns. Sei du meine Motivation, jeden Tag meines Lebens für immer zu feiern! Amen."

Und ich ging hinab in des Töpfers Haus, und siehe, er arbeitete eben auf der Scheibe. Und der Topf, den er aus dem Ton machte, missriet ihm unter den Händen. Da machte er einen andern Topf daraus, wie es ihm gefiel. Da geschah des HERRN Wort zu mir: Kann ich nicht ebenso mit euch umgehen, ihr vom Hause Israel, wie dieser Töpfer?, spricht der HERR. Siehe, wie der Ton in des Töpfers Hand, so seid auch ihr vom Hause Israel in meiner Hand. *Jeremia 18:3-6*

Wenn uns die Wahrheit in verständlichen Bildern, als Spiegelung unseres Alltagslebens gezeigt wird, verstehen wir sie besser. In der heutigen Textstelle sehen wir diese Methode perfekt angewandt. Um dem Volk Israel etwas zu verdeutlichen, redete der Herr nicht einfach zum Propheten, sondern schickte ihn zu einem Töpfer, um ihn bei dessen Arbeit zu beobachten. Jeremia befolgte diese Anweisung und schaute zu. Mit der Geschicklichkeit eines Handwerkers nahm er einen Klumpen Lehm, legte ihn auf das Rad und fing an, es mit hoher Geschwindigkeit zu drehen. Stück für Stück arbeitete er den Lehm auf, befeuchtete dabei immer wieder seine Hände, bis endlich die Form eines Gefäßes zu erkennen war. Nachdem er die äußere Form fertiggestellt hatte, fing er an, das Innere auszuhöhlen. Plötzlich fiel eine Wand des Gefäßes nach innen. Geduldig nahm der Töpfer auf, was übrig geblieben war, häufte alles zusammen und fing von Neuem zu formen an.

In diesem Moment sprach der Herr zum Propheten: *„Siehe, wie der Ton in des Töpfers Hand, so seid auch ihr vom Hause Israel in meiner Hand“.* Sofort verstand Jeremia, worum es ging: Gott ist ein beharrlicher Gott. Er gibt nicht auf, wenn die Dinge einmal schief laufen. Er kann auch nicht davon abgebracht werden, aus Seinem Lehm etwas nützlich zu bau-

en. Er fängt so oft von Neuem an, bis Er Sein gewünschtes Ergebnis erreicht.
Dieses edle Prinzip sollte für uns, wenn wir Gottes Volk anleiten wollen, von größter Wichtigkeit sein. Wir dürfen darauf vertrauen, dass selbst, wenn wir die schlimmsten Fehler begehen, immer die Möglichkeit besteht, von Neuem zu beginnen. Die Tatsache, dass Mose einen Ägypter tötete, änderte Gottes Plan nicht. Obwohl Elias in die Wüste floh, gab Gott ihn nicht auf und suchte sich auch keinen anderen Propheten. Sogar Petrus, der Christus dreimal verraten hatte, wurde von Gott nicht fallengelassen, sondern führte ihn weiter in seine Berufung als Apostel. In jedem dieser Fälle nahm unser himmlischer Töpfer wieder das auf, was übrig geblieben war und arbeitete weiter solange daran, bis es eine neue Form annahm. Und so ist es auch in unserem Leben. Er kann selbst unsere schlimmsten Vergehen erlösen.
Dies soll uns als Ermutigung für die Menschen dienen, die wir „in Form" bringen. Oftmals werden sie den falschen Weg einschlagen und wir sind versucht, das Handtuch zu werfen und sie aufzugeben. Aber hier erinnert uns der Herr, dass Er niemanden aufgibt. So sollten wir uns in derselben Geduld und Güte üben, wie der Herr, damit wir das Werk, das Er in unsere Hände gab, gut zu Ende bringen.

Denkanstoß

Wenn Er jemanden auserwählt hat, kann niemand und nichts dieses göttliche Projekt vom Weg abbringen, auch wenn es manchmal Umwege oder auch Rückschritte gibt.

Unangenehm berührt durch Sein Wort

Und das Wort des Herrn erging an Jona, den Sohn Amittais, folgendermaßen: Mache dich auf, geh nach Ninive, in die große Stadt, und verkündige gegen sie; denn ihre Bosheit ist vor mein Angesicht heraufgekommen! Da machte sich Jona auf, um von dem Angesicht des Herrn weg nach Tarsis zu fliehen; und er ging nach Japho hinab und fand dort ein Schiff, das nach Tarsis fuhr. Da bezahlte er sein Fahrgeld und stieg ein, um mit ihnen nach Tarsis zu fahren, weg von dem Angesicht des Herrn. *Jonas 1: 1-3 (Schlachter)*

Woher wissen wir, dass Gott zu uns redet? Diese Frage gehört zu den Wichtigsten im Leben eines jeden Christen. Denn wenn wir Seine Stimme nicht von anderen unterscheiden, können wir Ihm auch nicht gehorsam leben. Also benötigen wir Maßstäbe, um zu erkennen, was vom Herrn kommt und was nicht.

Wir sind fähig, fast alles was wir hören, Gott in die Schuhe zu schieben. Doch bloß, weil wir „den Eindruck haben", garantiert dies noch lange nicht, dass dieser auch von Gott kommt. Als Saul David verfolgte, hatte ihn der Geist des Herrn schon lange verlassen. So kamen einige Menschen und teilten ihm mit, wo sich der Schafhirte aus Bethlehem versteckt hielt. Der König rief aus: *„Gesegnet seid ihr vom HERRN, dass ihr euch meiner erbarmt habt!"* (1.Samuel 23:21). Wir wissen jedoch, dass dies nicht von Gott angestiftet war. Auch lagen Davids Freunde falsch, als sie ihm rieten Saul zu töten *„Gott hat deinen Feind heute in deine Hand gegeben"* (1.Samuel 26:8). Es passiert schnell, dass wir uns einreden, dass Gott selbst hinter unseren Plänen steht, wenn wir Etwas nur mit genügendem Eifer wollen.

In der Bibel finden wir jedoch, dass Gottes Wort jeden der es hörte unruhig machte, manchmal lächerlich erschien oder skandalös wirkte. Denken Sie einmal an Mose, wie er mit Gott vor dem brennenden Busch haderte oder an Sara, die über Gottes Wort, ein Baby in ihrem hohen Alter zu bekommen, lachte. Jeremia war über seine Berufung verwirrt und Jona versuchte sogar aus der Gegenwart Gottes zu fliehen. Erinnern Sie sich an Zacharias, als ihm sein Kind angekündigt wurde, oder an den reichen Jüngling, der traurig wurde, weil er viel Geld besaß. Viele folgten Christus nicht, weil ihnen Seine Worte zu hart waren. Die Liste ist schier unendlich, doch es gibt eine Gemeinsamkeit: Immer wenn Gott zu Menschen sprach, reagierten sie entweder unruhig, fühlten sich unwürdig, herausgefordert oder entrüstet... aber *niemals* begeistert! Der Grund dafür ist einfach: Wir stehen mitten im Veränderungsprozess und Sein Wort wird sich immer an unseren unerlösten Lebensbereichen stoßen. Sobald „unser Fleisch" Sein Wort hört, wird es sich immer dagegen wehren.

Denkanstoß

Hören Sie von Gott nur Worte, die Ihren Wünschen entsprechen oder die sich gut anfühlen, dann können Sie sich sicher sein, dass eben nicht „der Herr" zu Ihnen spricht. Spricht Er wirklich, ist es wahrscheinlicher, dass Ihnen jede Menge Ausreden dafür einfallen, warum es auf *keinen Fall* von Ihm kommen kann.

Aber Jona machte sich auf, um von dem Angesicht des Herrn weg nach Tarsis zu fliehen; und er ging nach Japho hinab und fand dort ein Schiff, das nach Tarsis fuhr. Da bezahlte er sein Fahrgeld und stieg ein, um mit ihnen nach Tarsis zu fahren, weg von dem Angesicht des Herrn.

Jona 1:3 (Schlachter)

Von der Bequemlichkeit unseres Lieblingssessels aus fällt es uns sehr leicht, den Richter zu spielen und den Glaubensmangel des Propheten zu kritisieren. Doch versuchen wir einmal die Aufgabe, zu der er berufen wurde, zu verstehen. Die Assyrer waren keine friedlichen Nachbarn Israels, sondern eine äußerst kriegerische Nation, die ein Land nach dem anderen eroberten. Sie waren wegen der grausamen Behandlung ihrer Gefangenen gefürchtet. Als Gott ihn sandte, um über ihr Volk das Gericht zu erklären, erschien es Jona nicht im Geringsten verlockend.

Abgesehen davon, sollten wir über das kleine Wort „aber“, das am Anfang des heutigen Verses steht, stolpern. Es sollte uns deshalb schockieren, weil es von einem jungen Mann spricht, der absichtlich das genaue Gegenteil von dem tut, was Gott will. Im Wort selbst steckt bereits der Same der Rebellion, außerdem erinnert es uns an viele ungute Debatten und Diskussionen. Es schmerzt uns wohl deshalb besonders, weil es uns an die Unmengen von „Abers“ erinnert, die unseren eigenen geistlichen Lebensweg pflastern.

Haben Sie sich schon einmal die Frage gestellt, wie oft dieses Wörtchen in der Geschichte des Gottesvolkes auftaucht? Gott befahl Saul Agag nicht zu vergeben, „aber *Saul und das Volk verschonten Agag und die besten Schafe und Rinder*“ (1. Samuel 15:9, ELB). Gott ordnete an, dass sich die Israeliten nicht mit Frauen anderer Nationen vermählen sollten, *„Aber der König Salomo liebte viele ausländische Frauen: die*

Tochter des Pharao und moabitische, ammonitische, edomitische, sidonische und hetitische (1.Könige 11:1). Der Herr gebot Israel nicht die Witwe, die Waise, den Ausländer und den Armen zu unterdrücken, „aber *sie weigerten sich aufzumerken und zuckten widerspenstig die Schultern und machten ihre Ohren schwerhörig, um nicht zu hören*" (Sacharja 7:11, ELB). Jesus schärfte dem Leprakranken ein, mit niemandem über seine Heilung zu reden, *„Er aber ging fort und fing an, viel davon zu reden und die Geschichte bekannt zu machen"* (Markus 1:45). In jedem einzelnen der genannten Beispiele und vielen anderen mehr, machte man genau das Gegenteil von dem, was Gott geboten hatte.

In der gestrigen Reflexion ging es darum, dass das Wort Gottes uns aus unserer Bequemlichkeit herausholt, weil es genau an den Punkten ansetzt, die uns schwer fallen. Uns muss bewusst sein, dass jedes Mal, wenn Gott uns etwas aufträgt, es immer unbequem sein wird. Dieses Unbehagen führt uns dazu, mit einem „aber" dazwischen zu fahren und eine Million Gründe aufzuzählen, warum dieses Kairos-Wort, das Gott uns gerade offenbart hat, auf gar keinen Fall für uns sein kann.

Denkanstoß

Trauen Sie sich folgendes Gebet zu beten? *„Herr, meine „aber" zeigen mir, wie rebellisch ich im Herzen gegen dich bin. Meine eigenen Absichten wollen sich deinem Geist entgegen stellen. Ich entscheide mich dafür, jeden Gedanken gegen deinen Willen und jeden Ungehorsam, der Herrschaft Christi unterzuordnen! Hilf mir, dass meine „aber" zu einem „Ja Herr, das will ich tun" werden. Amen."*

Vor Seiner Gegenwart fliehen

Da machte sich Jona auf, um von dem Angesicht des Herrn weg nach Tarsis zu fliehen; und er ging nach Japho hinab und fand dort ein Schiff, das nach Tarsis fuhr. Da bezahlte er sein Fahrgeld und stieg ein, um mit ihnen nach Tarsis zu fahren, weg von dem Angesicht des Herrn. Aber der Herr schleuderte einen starken Wind auf das Meer, so dass ein großer Sturm auf dem Meer entstand und das Schiff zu zerbrechen drohte. *Jona 1:3-4 (Schlachter)*

Haben Sie schon einmal versucht vor Gott zu fliehen? Natürlich würden Sie in kein Schiff oder Flugzeug einsteigen, um vor dem Herrn wegzulaufen, denn wir alle wissen, dass es unmöglich ist, sich vor Gott zu verstecken, da er überall ist. Mit dem Psalmisten können wir ausrufen: *„Wohin sollte ich gehen vor deinem Geist, wohin fliehen vor deinem Angesicht?“* (Psalm 139:7, ELB).

Doch stellen Sie sich folgende Situationen vor: Jemand hält sich aus allen Gemeindeaktivitäten heraus, weil er weiß, dass er in Sünde lebt und die Konfrontation scheut. Ein anderer geht extra über einen Umweg nach Hause, weil ihn der direkte Weg an seinem Glaubensbruder vorbeiführen würde, bei dem er sich entschuldigen müsste. Jemand anderes kommt nicht zu einem Missionstreffen, da er weiß, dass sie nach Freiwilligen suchen und er sich vor der Verantwortung drückt. Wieder ein anderer möchte sich nicht auf eine Jüngerschaftsbeziehung einlassen, da er sich davor drücken will, Rechenschaft abzulegen.

In jedem der genannten Beispiele gehen die Beteiligten gewissen Situationen aus dem Weg, um nicht das tun zu müssen, was Gott von ihnen erwartet. Doch wissen sie auch, dass sie mit Gott nicht einfach so weitermachen können, als wenn nichts wäre, wenn sie Ihm weiterhin nicht gehorchen. Also versucht jeder auf seine Art vor Gott zu fliehen.

Der Wunsch wegzulaufen entsteht in dem Moment, wenn wir Gottes Willen für eine bestimmte Situation erkannt haben, aber nicht konform gehen. Einen derartigen inneren Kampf konnte nicht einmal Gottes Sohn umgehen. In Gethsemane öffnete Er sein Herz vor Seinem Vater und sprach mit absoluter Freiheit: „Wenn ich irgendwie diese Prüfung umgehen kann, zeige mir bitte wie!" Dieser innere Kampf gehört zum Preis der Nachfolge, den wir bezahlen müssen und ist somit gewissermaßen normal.

Haben wir bereits einen Weg als gottgegeben erkannt, ist es jedoch *nicht* normal, dass uns unser Wille und unsere Wünsche von diesem Weg abbringen. Zum einen kommt dadurch zum Ausdruck, wie tief Adams Rebellion noch in uns sitzt. Zweitens ist es völlig sinnlos, da wir nicht verhindern können, dass Gottes Wille geschieht, zumindest, wenn wir Ihm gehorsam sein wollen. Wir können zwar den Auftrag, den Gott an uns stellt, für eine Weile verzögern. Doch sollten wir nicht daran zweifeln, dass Gott uns sucht, wo auch immer wir uns verstecken, denn seine Hand ist auf unserem Leben. Jona ist das beste Beispiel für dieses Prinzip.

Denkanstoß

Wie viel Kopfzerbrechen hat es bei Ihnen ausgelöst, wenn Sie das, was Er Ihnen aufgetragen hat, verschoben haben? Wie können Sie die Zeit, zwischen dem Moment, wenn der Vater Ihnen etwas aufträgt und der Ausführung, verkürzen? In welchem Lebensbereich fällt es Ihnen besonders schwer das zu tun, worum Gott Sie bittet?

Da fürchteten sich die Schiffsleute und schrien, jeder zu seinem Gott; und sie warfen die Geräte, die im Schiff waren, ins Meer, um es dadurch zu erleichtern. Jona aber war in den untersten Schiffsraum hinabgestiegen, hatte sich niedergelegt und war fest eingeschlafen. Da trat der Schiffskapitän zu ihm und sprach: Was ist mit dir, dass du so schläfst? Steh auf, rufe deinen Gott an! Vielleicht wird dieser Gott an uns gedenken, dass wir nicht untergehen! Jona 1:5-6 (Schlachter)

Warum schlief Jona? Als junger Mann wurde ich von der Armee eingezogen. Meine Tauglichkeit wurde geprüft und ich wurde zur Marine geschickt. Nach ein paar Monaten Übungszeit setzten wir mit unserem Kriegsschiff Kurs auf eine entfernte Militärbasis. Drei Tage nach unserem Auslaufen, ergriff uns auf hoher See ein heftiger Sturm, der uns zwei Tage und Nächte lang gnadenlos plagte. Sogar die Veteranen an Bord wurden seekrank, so gewaltig schwankte unser Schiff. Am dritten Tag ließ uns ein Alarm bei Tagesanbruch aus dem Schlaf fahren. Das Schiff war am kentern. Ich kann mich beim besten Willen nicht daran erinnern, auch nur eine Person in diesem Moment schlafen gesehen zu haben. Im Gegenteil. Alle waren extrem angespannt und die Angst stand ihnen ins Gesicht geschrieben. Jeder versuchte sich auf seine Art zu beruhigen, aber niemand schlief!

Wie konnte also Jona schlafen? Vielleicht war die Erleichterung, um die ihm aufgetragene Mission herum gekommen zu sein derart groß, dass er sich den Luxus gönnte, sich ein bisschen auszuruhen. Wie sollte er auch vor einem Sturm Angst haben, wenn er gerade dem Auftrag, den Assyrern Buße zu predigen, entkommen war. Ein Sturm war nichts dagegen. Seine Leichtsinnigkeit verschafft ihm die Illusion von Sicherheit.

Wenn wir uns für den Ungehorsam entschieden haben, wird der Herr die nötigen Schritte einleiten um uns zurechtzuweisen. Oft gebraucht Er Ungläubige, die Gott selbst noch nicht erkannt haben, als Sprachrohr. Sogar ein Esel wurde zu seinem Instrument, wie im Falle Bileams (4.Mose 22:21-31). Zu Jona kam der Kapitän, um ihn zu maßregeln und ihn anzuweisen das zu tun, was er von Anfang an hätte tun müssen: Gott um Hilfe anzuflehen.

Fakt ist, wir können Gott nicht ungehorsam sein und dabei glauben, dass andere Bereiche unseres Lebens unangetastet bleiben würden. Ungehorsam in einem Bereich unseres Lebens hat Folgen für alle anderen. Als Jona dem Herrn den Rücken zukehrte, schlug er den gefährlichen Weg ein und versuchte „Gott auf seine eigene Weise zu folgen". Die Sünde lässt uns innerlich abstumpfen und wir verlieren die Sensibilität für alle geistlichen Dinge. In Psalm 32:9 warnt uns der Autor, wie ein Mensch ist, der nicht von seiner Sünde umkehrt: *„Sei nicht wie ein Pferd oder ein Maultier ohne Verstand! Wenn sie wild ausschlagen, musst du sie mit Zaum und Zügel bändigen, sonst folgen sie dir nicht!"* (HfA). Im übertragenen Sinne heißt das, wenn wir Gott den Rücken zukehren, muss er uns mit „Zaum und Zügel" bändigen, denn auf sein sanftes Rufen hören wir bereits nicht mehr.

Denkanstoß

„Eine kleine Sünde vergrößert deine Sorgen, entzieht dir Energie und vervielfacht deine Schwierigkeiten." (Quelle unbekannt)

Und sie sprachen einer zum anderen: Kommt, wir wollen Lose werfen, damit wir erfahren, um wessentwillen uns dieses Unglück getroffen hat! Und sie warfen Lose, und das Los fiel auf Jona. Da sprachen sie zu ihm: Sage uns doch, um wessentwillen uns dieses Unglück getroffen hat! Was ist dein Gewerbe, und wo kommst du her? Was ist dein Land, und von welchem Volk bist du?
Er aber sprach zu ihnen: Ich bin ein Hebräer; und ich fürchte den Herrn, den Gott des Himmels, der das Meer und das Trockene gemacht hat. *Jona 1:7-9 (Schlachter)*

Will Gott mit uns reden, kann Er dies durch alles und jeden tun, sogar durch so etwas „Weltliches“, wie ein Los zu werfen. Er kontrolliert die Ereignisse so, dass sie am Ende Seinem guten Willen entsprechen. So kamen sogar die Seeleute, die sonst geistlich blind waren zur „Schlussfolgerung“, dass ihr ganzes Leid an Jona hing und sie fragten ihn aus.
Ich möchte mich für einen Moment auf Jonas Antwort konzentrieren: *„Ich bin ein Hebräer und ich fürchte den Gott des Himmels der das Meer und das trockene Land gemacht hat.“* Das Bibellexikon definiert das Wort „fürchten“ als Akt des Respekts, der Ehrfurcht und Anbetung. Man verwendet den Begriff, um eine Haltung der Unterordnung gegenüber einer Person von höherer Autorität auszudrücken. Normalerweise gehen daher Furcht und Gehorsam Hand in Hand, denn wenn eine Person mit größerer Autorität spricht, haben ihre Worte immer ein größeres Gewicht als jedes persönliche Interesse.
Wir könnten viele Dinge über Jona vermuten doch in einer Sache dürfen wir uns ganz sicher sein: Er war nicht einmal annähernd ein Mann, der Gott fürchtete. Dennoch erklärt

er knallhart, dass er Gott nicht nur fürchtet, sondern auch, dass dieser Gott Himmel, Erde und Meer geschaffen hat.
Wie kann ein Mann, dem all dies klar ist, ernsthaft versuchen vor diesem Gott über das Meer zu flüchten? Das ist absurd!
Jona zeigt uns, wie weit Wort und Tat auch bei uns auseinanderklaffen können, wenn wir nur mit dem Intellekt glauben und nicht von Herzen. Der Prophet, wie jeder gute Israelit, hatte alle richtigen Antworten parat. Vielleicht erklärte er sie sogar seinen Nachbarn und Arbeitskollegen und brachte sie seinen Kindern bei. Mit seinem Mund verkündigte er diese Wahrheiten, doch sein Leben zeigte, dass in seinem Herzen andere Prinzipien herrschten.
Oft schlagen auch wir diesen Weg ein. Wir stimmen zwar Gottes ewigen Prinzipien zu, aber leben eigentlich nach unseren eigenen Ansichten. Wer danach strebt, in seinem Leben Wort und Tat in Übereinstimmung zu bringen, schämt sich für die fehlende Authentizität im Leben anderer Christen. So sollten wir mit Jakobus übereinstimmen und erklären: *„Dies meine Brüder sollte nicht so sein"* (Jakobus 3:10, ELB).

Denkanstoß

Wo sind in Ihrem Leben Wort und Tat nicht deckungsgleich? Können Sie den Unterschied zwischen Gesagtem und Getanem in Zukunft verkleinern? Bitten Sie den Herrn am besten gleich, dass Er in Ihnen arbeitet, damit das, was Sie mit Ihrem Kopf glauben, Ihnen auch ins Herz rutscht.

Da gerieten die Männer in große Furcht und sprachen: Was hast du da getan? Denn die Männer wussten, dass er vor dem Angesicht des Herrn floh; denn er hatte es ihnen erzählt. Und sie fragten ihn: Was sollen wir mit dir machen, damit das Meer uns in Ruhe lässt? Denn das Meer tobte immer schlimmer. Er sprach zu ihnen: Nehmt mich und werft mich ins Meer, so wird das Meer euch in Ruhe lassen! Denn ich weiß wohl, dass dieser große Sturm um meinetwillen über euch gekommen ist. *Jona 1:10-12 (Schlachter)*

Wir wissen nicht, was Jona sich dabei gedacht hat, als er den Seeleuten sagte, sie sollten ihn ins Meer werfen. Ziemlich sicher ist aber, dass er nichts von dem großen Fisch ahnte, den Gott zu seiner Rettung schicken würde. Wir können jedoch davon ausgehen, dass sein schuldbeladenes Gewissen ihn dazu führte, die Verantwortung für den Sturm zu übernehmen, der fast das Schiff zum Kentern gebracht hätte.

Dennoch besteht er weiter auf seine Unabhängigkeit. Die geeignetere Reaktion wäre gewesen, Gott um Gnade anzuflehen, seine Schuld zu bekennen und sich unter Gottes Willen zu beugen. Jona kannte jedoch Gottes gnadenvolles Herz nicht und verrannte sich in den Gedanken „Einmal gesündigt – nie wieder Vergebung". Da nun alles verloren schien, entschied er, sich ins Meer zu werfen, wo ihn der Tod zweifellos erwarten würde.

Haben Sie als Leiter schon einmal mit ähnlichen Gefühlen gehadert? Es scheint, dass unsere Sünden noch schwerer wiegen, wenn wir im Dienst für Gott stehen. Da wir uns in der Öffentlichkeit bewegen, trifft uns die Scham für unser Vergehen möglicherweise mit größerer Wucht. Vielleicht ging auch Ihnen schon der Gedanke durch den Kopf, alles an den Nagel zu hängen, weil Sie glaubten, dass Ihre Schuld zu groß sei, als dass Sie noch irgendwie nützlich für den Herrn sein könnten. So wie Petrus überlegen wir manchmal, dass es das Beste wäre, wenn wir wieder zu unseren Netzen zurückkehrten.

Stecken wir in diesem Denken fest, vermeiden wir auch jede Beichtmöglichkeit. Der Feind macht uns vor, dass es für *diese* Sünde nun wirklich keinen Ausweg gibt. Der große Haken, den wir geschluckt haben, heißt Schuld. Wir glauben, dass Gott uns nun sicher nicht mehr hören kann, denn für unsere schlimme Tat gibt es keine Lösung. Sind wir davon überzeugt, umhüllt uns die Verzweiflung völlig und wir wollen unserem miserablen Leben ein Ende setzen.

Egal wie schockierend unsere Sünde ist, sie ist nicht das größte Hindernis für unsere Gottesbeziehung. Das liegt vielmehr in den Bedingungen, die wir uns selbst auferlegen, um Gottes Gunst wiederzugewinnen. Unsere Schuld *ist* abscheulich, wird aber mit einer simplen Beichte vergeben. Wir jedoch wollen unser Sündengeständnis mit praktischen Bußtaten verstärken, obwohl sie nicht nötig sind. Wenn wir bis zum Hals in Sünde stecken, ist es am besten, direkt zu Ihm zu gehen, um Vergebung zu bitten und uns ganz auf Seine unvergängliche Liebe zu stützen.

Denkanstoß

In seinem beeindruckenden Buch „The Prayer“ (Das Gebet) beschreibt Richard Foster das schlichte Gebet als Basis für alle anderen Gebete: *„Wir mache Fehler. Sogar sehr oft. Wir sündigen und fallen und das immer wieder. Doch dann stehen wir wieder auf und beginnen von Neuem. Und wieder erleben wir eine Niederlage. Macht nichts. Tun wir Buße und fangen wir wieder an... und wieder... und wieder. Dieses schlichte Gebet wird übrigens auch oft das "Gebet des Neuanfangs" genannt."*[1]

Trotz unserer Bestrebungen!

Da schrien sie zu dem Herrn und sprachen: »Ach, Herr! lass uns doch nicht um der Seele dieses Mannes willen untergehen, rechne uns aber auch nicht unschuldiges Blut an; denn du, Herr, hast getan, was dir wohlgefiel!« Darauf nahmen sie Jona und warfen ihn ins Meer; und das Meer hörte auf mit seinem Wüten. Da bekamen die Männer große Ehrfurcht vor dem Herrn und brachten dem Herrn ein Schlachtopfer dar und legten Gelübde ab.

Jona 1:14-16 (Schlachter)

In den vergangenen Tagen haben wir den unfreiwilligen Diener Jona ausführlich beleuchtet. Sein Leben als Prophet begann nicht mit dieser romantischen Aura, die wir gemeinhin den Dienern Gottes zurechnen. Ihm gefiel die ihm übertragene Mission überhaupt nicht und er versuchte aus der Gegenwart Gottes zu fliehen. Als bereits alles zum Untergang verurteilt war, beschloss er, sich ins Meer zu werfen, um ein für alle Male mit dieser Sache abzuschließen. Unsere Idealvorstellung von einem sich hingebenden, inspirierenden Leiter, der ein beispielhaftes Leben führt, das zum Nachahmen ermutigt, passt irgendwie nicht in das Bild, das Jona abgibt.

Das Unglaubliche ist, dass Gott diesen Mann trotz seines Fehlverhaltens und rebellischer Einstellung gebrauchte. Aus dem heutigen Abschnitt können wir zwei Fazits ziehen, die Jonas Krise mit sich brachte. Erstens erkannten die Seeleute, dass Jahwe so handelte, wie Er es für richtig hielt. Diese Feststellung ist keine Nebensächlichkeit. Sie zeigt, dass Gott souverän über alles herrscht und handelt – eine unentbehrliche Erkenntnis, falls wir uns Seinen Vorhaben unterordnen wollen.

Zweitens sah die Besatzung, als Jona sich ins Meer warf, dass sich seine prophetischen Worte erfüllten: das Meer wurde

besänftigt und eine große Ruhe legte sich über das Schiff der gebeutelten Seeleute. Dieses Erlebnis führt dazu, dass die Menschen Jahwe fürchteten, Ihm Opfer brachten und Ihm Gelübde ablegten. Wir sind hier Zeugen der Bekehrung einiger Heiden, die leibhaftig miterlebten, dass die Kraft Gottes, die Kraft jeder anderen Gottheit die sie kannten überstieg.
Diese Begebenheit sollte uns, die wir im Dienste Gottes stehen ermutigen, denn die Botschaft ist klar: Gott hat sich vorgenommen, die zu segnen, die Er segnen will. Wir sind eingeladen, an diesem Vorhaben mitzuarbeiten und haben oftmals das Vorrecht, Sein Werkzeug zu sein. Was im Text besonders hervorsticht ist, dass Gott manchmal *trotz* unserer Bestrebungen segnet. Wir begehen Fehler, sind ungehorsam oder tun Dinge widerwillig. Trotz all dem überschüttet Er uns mit Gnade und Sein Volk wird in jeglicher Hinsicht gesegnet.
Wie können wir anders, als Ihm für diese reichlichen Gnadenerweise dankbar zu sein? Natürlich soll uns das keinen Freibrief geben anzunehmen: „Eigentlich ist es ja dann egal was wir tun, denn Er wird Seinen Willen auf jeden Fall durchsetzen." Dies wäre die ärmste Form zu dienen. Unser Dienst sollte ausgezeichnet sein und darauf sollten wir hinarbeiten. Nichtsdestotrotz ist es eine große Erleichterung zu wissen, dass unsere Schwächen und Fehler durch Seine Gnade bedeckt sind. Alle Ehre Seinem Namen!

Denkanstoß

„Sie können nie aktiv genug sein, was Ihre eigenen Anstrengungen angeht und Sie können nie abhängig genug sein, von der göttlichen Gnade. Tun Sie alles so, als wenn Gott nichts getan hätte, aber hängen Sie so von ihm ab, als wenn Er alles getan hätte."[2] (John A. James)

Und der Herr entsandte einen großen Fisch, der Jona verschlingen sollte; und Jona war im Bauch des Fisches drei Tage und drei Nächte lang. Und Jona betete aus dem Bauch des Fisches zu dem Herrn. *Jona 2:1-2 (Schlachter)*

Viele führen eine Art Gebetsleben, unter dem das Schild stehen könnte „Nur im Notfall verwenden". Wir beten in Krisenzeit und auch erst dann, wenn uns keine andere Möglichkeit mehr bleibt, als zum Himmel zu schauen und mit bebenden Lippen zu flehen, dass Gott einschreitet. In Seiner Gnade antwortet Er oftmals tatsächlich. Doch empfangen wir von Ihm auch nichts anderes als das: lediglich eine Lösung unseres Problems.

Auf diese Weise zu beten zeigt, wie eingeschränkt unsere Sichtweise auf diesen heiligen Bereich unseres Lebens ist – leider ein weitverbreitetes Phänomen. Infolgedessen ähneln unsere Gebete eher einer Einkaufsliste, als einem intimen Zwiegespräch mit unserem Gott. Wir werfen unser Gebet gen Himmel und gehen dann wieder unserer Wege.

„Das wahre Gebet" sagt Sankt Augustin *„ist nichts anderes als Liebe".*[3] Richard Foster schreibt in seinem Buch „Das Gebet" ebenfalls über diesen Aspekt: *„Heute ist das Herz Gottes eine offene Wunde der Liebe. Es leidet, weil wir weit von Ihm entfernt sind und so beschäftigt mit anderen Dingen. Es trauert, dass wir uns Ihm nicht nähern und bedauert, dass wir es vergessen haben. Sein Herz tränt wegen unserer Gier danach, viel zu besitzen. Es sehnt sich nach unserer Gegenwart."*[4]

Mithilfe dieser Beschreibungen nähern wir uns dem wahren Charakter des Gebets. Glauben Sie wirklich, dass Jesus deshalb so häufig einsame Orte aufgesucht hat, um Seinen Vater um Dinge zu bitten? Natürlich nicht! Er sehnte sich nach dieser verändernden Begegnung, diesen intimen Momen-

ten in der Gegenwart Seines Vaters. Wir können annehmen, dass Seine Jünger Ihn deshalb baten, sie das Beten zu lehren (Lukas 11:1-11) und nicht, weil sie nicht wussten, wie man um Dinge bittet. Sie bemerkten nur, dass Jesu Leben eine geistliche Tiefe besaß, die ihnen fremd war.
Im Tumult des Dienstes kann es leicht vorkommen, sein Gebet in eine Bittstellerliste zu verwandeln, weil man so viel zu tun hat. Doch der Herr lädt uns zu einem tieferen Erleben seiner Nähe ein. Darum sagt uns Jesus, wenn wir beten, sollen wir uns in unserer Kammer einschließen (Matthäus 6:6). Niemand schließt sich in seinem Zimmer ein, wenn er vorhat, sofort wieder hinauszugehen. Christus malt uns eine Zeit der Nähe mit dem Vater aus, in der wir durch ihn verändert werden, während wir beten. Wir alle brauchen diesen Ort der Begegnung.

Denkanstoß

Trauen Sie sich folgendes Gebet zu beten? *„Mein Gott, Dreieinigkeit die ich anbete, hilf mir, mich in dir zu verlieren, friedlich und still, als ob meine Seele bereits in der Ewigkeit wäre. Lass nichts diesen Frieden stören und nichts von dir ablenken, mein unveränderlicher Herr, so dass ich jede Minute tiefer in deinem Mysterium versinke".*[5] (Ignazius Larrañaga)

Aus meiner Drangsal rief ich zu dem Herrn, und er erhörte mich; aus dem Schoß des Totenreiches schrie ich, und du hörtest meine Stimme! Als meine Seele in mir verschmachtete, gedachte ich an den Herrn, und mein Gebet kam zu dir in deinen heiligen Tempel. Die Verehrer nichtiger Götzen verlassen ihre Gnade; ich aber will dir mit lauter Stimme Lob opfern; was ich gelobt habe, das will ich bezahlen. Die Rettung kommt von dem Herrn! Jonas 2:2 7-9(Schlachter)

Gott spricht normalerweise durch ein leichtes Säuseln. Schon Jesaja sagte, *„er wird nicht schreien und seine Stimme nicht erheben“* (Jesaja 42:2, ELB). Das sanfte Herz des Herrn führt Ihn dazu, die seinen mit Zärtlichkeit und Geduld zu behandeln, immer darauf hoffend, dass sie auf diesen persönlichen Zuruf antworten. Er versucht es zwei, drei Mal und vermittelt dann Seine Botschaft deutlicher. So geschah es bei Jakob, der mit Ihm bis in die Morgenstunden rang und auch mit Petrus, der den Weg der Verleumdung beschreiten musste, um Christi Worte zu verstehen.

So erlebte es auch Jona. In unserem heutigen Abschnitt wird deutlich, dass der Prophet sich wegen seines Ungehorsams bereits vor Gott gebeugt haben musste, doch gestand er Ihm seine Auflehnung immer noch nicht ein. Sein Schmerz war bis zum Tode, wie verrückt hatte er sich ins Meer geworfen. Doch ein *„Schmerz, wie Gott ihn haben will, bringt eine Umkehr hervor, die zur Rettung führt und die man nie bereut. Der Schmerz hingegen, den die Welt empfindet, bewirkt den Tod“* (2.Korinther 7:10, NGÜ). Sobald Jona sich im Bauch des Fisches wiederfand, erinnerte er sich an Gott und betete verzweifelt zu ihm.

Beachten Sie, wie er in seinem Gebet auch Schwüre und Versprechen verwendet, so wie auch wir das tun, wenn wir uns in verzweifelten Situationen befinden. Unser Hauptinteresse besteht darin, dieser unglücklichen Situation zu entfliehen. So versuchen wir den Herrn davon zu überzeugen, sich auf einen Kuhhandel einzulassen und uns zu helfen. Wir schwören und versprechen Ihm alles Mögliche, wenn Er uns nur aus unserer misslichen Lage herausbringt.

Unsere Versprechen zeigen, wie wenig wir Gott verstehen. Außerdem verändern sie äußerst selten unser Leben. Sobald sich der Sturm gelegt hat, haben wir unsere Beteuerungen sofort vergessen und zwar deshalb, weil sie nicht aus einem Gott ergebenen Herzen kommen, sondern lediglich Zutaten eines zweiseitigen Vertrages sind: „Du rettest mich und ich gebe dir im Tausch diese Sache.“ Damit reduzieren wir unser christliches Leben auf das Niveau einer wirtschaftlichen Transaktion.

Wir müssen daher dringend das liebende Herz unseres himmlischen Vaters wiederentdecken. Seine Liebe ist nicht käuflich. Er ist immer bereit, uns zu helfen. Wie der Psychologe Harry Crabb sagt: „Wenn unser ganzer Eifer nur dem Lösen eines Problems gilt, bedeutet dies, dass wir lieber einem *Plan folgen wollen*, als einer *Person zu vertrauen*.“ Lassen Sie es nicht zu, dass Ihre Gottesbeziehung auf dieses Niveau abrutscht. Pflegen Sie ihre Beziehung zu Gott an jedem Tag, dann können Sie auf verzweifelte Versprechen in Zeiten der Krise verzichten.

Denkanstoß

Erinnern Sie sich an Ihr letztes verzweifeltes Versprechen, das Sie Gott in einer Notsituation gemacht haben? Haben Sie es gehalten? In welchen Situationen sind Sie versucht, mit Gott zu verhandeln? Wie können Sie Ihre Beziehung zu Ihm vertiefen?

12. April — Entweder man lernt es, oder man lernt es

Und das Wort des Herrn erging zum zweiten Mal an Jona folgendermaßen: Mache dich auf, geh nach Ninive, in die große Stadt, und verkündige ihnen die Botschaft, die ich dir sagen werde!" Jona 3:1-2 (Schlachter)

Als ich noch zur Schule ging, schwänzte ich gelegentlich ein paar Unterrichtsstunden. Mal war er mir zu schwierig, mal zu langweilig und manchmal hatte ich einfach keine Lust. Das war aber nichts weiter als ein Dummejungenstreich. Meine Freunde und ich kamen uns dabei immer unheimlich gewieft vor. Woran ich nicht dachte war jedoch, dass die mir verloren gegangenen Stunden Teil eines Lehrplanes waren und mir bei den Jahresendprüfungen dieser Stoff fehlen würde. Wenn ich also das Verpasste nicht nachgeholt hatte, bekam ich später ein großes Problem.

Unser geistliches Leben funktioniert auf ähnliche Weise, nur dass die Konsequenzen weitreichender sind. Wir können die Klassen in Gottes Lebensschule weder überspringen noch auslassen. Wenn wir heute etwas nicht lernen, werden wir es eben morgen lernen müssen. Vielleicht verändert sich das Umfeld, die Jahre verstreichen und unterschiedliche Menschen sind beteiligt, doch unsere Lektion bleibt dieselbe.

Ich bin immer wieder von mir selbst überrascht, wie oft ich in meinem Leben versucht habe, himmlischen Unterricht zu „schwänzen". Begegnete mir eine besonders komplizierte Herausforderung, änderte ich einfach meine Umstände, manchmal sogar grundlegend. Jahre später merkte ich, wie ich immer noch mit demselben Problem kämpfe, dem ich damals ausgewichen bin.

Der Herr hat sich vorgenommen uns ins das Ebenbild Seines Sohnes Jesus Christus zu verwandeln. Seine Absichten mit uns sind nicht verhandelbar. All das, was Er in unserem Leben wie ein vorsichtiger und geduldiger Künstler „bearbeitet", ist unverzichtbar für Sein Ziel mit uns.
Schreiben Sie sich diesen Satz ins Herz: *„Und das Wort des Herrn erging ein zweites Mal an Jona"* (Jona 3:1). Hinter diesen Worten steckt ein Gott, der dran bleibt und nicht aufgibt. Diese Realität beschreibt auch Paulus: *„und ich bin darin guter Zuversicht, dass der in euch angefangen hat das gute Werk, der wird's auch vollenden bis an den Tag Christi Jesu"* (Philipper 1:6). Beachten Sie, dass die Anweisung an Jona genau dieselbe ist, wie zu Beginn seiner Odyssee in Jona 1:1: *„Mache dich auf, geh nach Ninive, in die große Stadt, und verkündige ihnen die Botschaft, die ich dir sagen werde!"* (Jona 3:2)
Wenn wir Gottes Lektionen und Hausaufgaben überspringen wollen, können wir zwei Dinge in unserem Leben beobachten: Erstens: unseren neuen Projekten fehlt komplett die geistliche Autorität und Hilfe die wir benötigen. Zweitens wird uns bewusst, dass dieselbe Sache, die wir in der Vergangenheit umgehen wollten, uns immer wieder vor die Füße fällt. Die Jahre mögen vergehen, doch die Herausforderung bleibt bestehen. Sie wird nicht eher verschwinden, bis wir aufhören uns zu winden und uns mit ihr auf die richtige Art und Weise auseinandergesetzt haben.

Denkanstoß

Es liegt an uns, ob wir diesen beschwerlichen Weg der Wiederholungen vermeiden oder nicht. Wir müssen lediglich in unserem Herzen akzeptieren, dass Gottes Vorschläge keinen Verhandlungsspielraum bieten. Sie mögen uns ungelegen kommen, wenn Gott sie uns aufträgt, aber sie bringen eine Frucht mit Ewigkeitswert. Wenn wir begriffen haben, dass wir Gottes Klassen nicht überspringen können, befinden wir uns auf dem richtigen Weg.

„Und Jona fing an, eine Tagereise weit in die Stadt hineinzugehen, und er rief und sprach: »Noch 40 Tage, und Ninive wird zerstört!« Und die Leute von Ninive glaubten Gott; und sie riefen ein Fasten aus und legten Sacktuch an, vom Größten bis zum Kleinsten unter ihnen... Und Gott sah ihre Taten, dass sie umkehrten von ihren bösen Wegen, und ihn reute das Übel, das er ihnen angedroht hatte, und er tat es nicht. *Jona 3:4-5, 10 (Schlachter)*

Wie sehr muss sich Gott danach sehnen, uns segnen zu wollen. Selbst unter den schlimmsten Bedingungen ist Er bereit, einen Schritt zurückzutreten und selbst das geringste Anzeichen unserer Buße anzunehmen. Sein Handeln hängt weniger von der Intensität unserer Buße ab, sondern viel mehr von Seinem mitfühlenden Herzen. Diese Botschaft verkündete schon Jeremia: *„wenn aber jenes Volk, über das ich geredet habe, von seiner Bosheit umkehrt, dann reut mich auch das Unheil, das ich über sie zu bringen gedachte. Und ein anderes Mal rede ich über ein Volk oder Königreich, dass ich es bauen und pflanzen will"* (Jeremia 8:8-9). Das gesamte Handeln Gottes zielt darauf ab, wiederherzustellen, niemals zu zerstören oder zu bestrafen. Letztgenanntes ist nur dann der Weg, wenn sich alle anderen Versuche zur Versöhnung als erfolglos erwiesen haben. In Seinem Herzen wünscht sich der Herr jedoch, dass wir in inniger Nähe mit Ihm unser tägliches Leben gestalten, Seine Schätze genießen und mit anderen teilen, was wir von Ihm empfangen haben.

Schauen Sie, wie unvollkommen Jonas Dienst war. Er begann mit offenem Widerstand gegen Gottes Anweisungen und blieb selbst dann auf Distanz zu Ihm, als er von einem unheimlichen Sturm durchgeschüttelt wurde. Erst als sich Jona im Bauch des Fisches wiederfand, Auge in Auge mit dem Tod, erinnerte er sich daran zu beten und um Gottes Erbarmen zu bitten. Selbst danach führte er seine Mission nur aus Angst vor weiterer Bestrafung zu Ende und nicht etwa aus echtem Mitgefühl für die Menschen in Ninive. Trotz alldem wurde seine Botschaft gehört und die Menschen baten Gott um Vergebung.

Wird Ihnen bewusst, dass die wahren Früchte unserer Arbeit viel mehr der Gnade und Freundlichkeit Gottes zuzuschreiben sind, als der Genialität unserer Pläne und Anstrengungen?

Oft reiben wir uns an Kleinigkeiten auf, die wir als unerlässlich für den Erfolg unserer Projekte betrachten. Doch für Gottes Gnade gibt es kein Rezept. Dazu schreibt Paulus: *„Wem ich gnädig bin, dem bin ich gnädig; und wessen ich mich erbarme, dessen erbarme ich mich. So liegt es nun nicht an jemandes Wollen oder Laufen, sondern an Gottes Erbarmen“* (Römer 9:15-16).

Denkanstoß

Wie sollte Ihre Haltung also aussehen? Entspannen Sie sich! Nehmen Sie sich nicht so ernst. Lassen Sie die Angst um Ihren Dienst einmal links liegen. Nicht Sie berühren die Herzen, sondern der Herr. Tun Sie Ihren Teil und vertrauen Sie darauf, dass Gott seinen tut. Gottes Interesse daran, dass die Verlorenen zu Ihm finden, ist viel größer als Ihres.

Das aber verdross Jona sehr und er ward zornig und betete zum HERRN und sprach: Ach, HERR, das ist's ja, was ich dachte, als ich noch in meinem Lande war, weshalb ich auch eilends nach Tarsis fliehen wollte; denn ich wusste, dass du gnädig, barmherzig, langmütig und von großer Güte bist und lässt dich des Übels gereuen. So nimm nun, HERR, meine Seele von mir; denn ich möchte lieber tot sein als leben. *Jona 4:1-3*

Die charakterliche Feuerprobe für jeden Leiter ist der Erfolg. Viele Leiter die sich in schwierigen Zeiten voller Arbeit und Anstrengung um Heiligkeit und Hingabe bemüht haben, werden stolz und überheblich, sobald sie die Früchte ihrer Arbeit ernten. Ihre Dienste wachsen, ihre Erfahrung ist gefragt, sie sind angesehen und schon glauben sie, dass das Reich Gottes nur noch aufgrund ihrer Anstrengungen wächst. Die Einfachheit und Demut die sie zu Beginn ihres Dienstes besaßen, verfliegen wie die Blätter im Wind und übrig bleibt ein Benehmen, das alles um sich herum verdirbt.

Dies scheint auch Jonas Erlebnis zu sein. Die Wahrscheinlichkeit, dass die Assyrer auf seine Botschaft derart reagieren würden, war nicht zu erwarten. Er hatte sich viel mehr auf einen schnellen Tod eingestellt. Denn der Botschafter, welcher der größten Nation auf Erden Gottes Zerstörung ankündigte, wäre bestimmt nicht mit einem warmen Händedruck verabschiedet worden. Entgegen aller Erwartung hörte das Volk jedoch dem unglückseligen Propheten zu und sogar dem König kam es zu Ohren. Die ganze Stadt kleidete sich in Sack und Asche und flehte Gott um Gnade an. Wer von uns hätte sich in einem solchen Moment nicht wichtiger gefühlt, als er wirklich ist? Und genauso fühlte sich auch Jona.

Inmitten dieser unvergleichlichen Reaktion des Volkes vergab Gott den Assyrern. Das war nicht zum Aushalten für Jona! Wie sollte er rechtfertigen, dass seine Prophetie der unmittelbar bevorstehenden Zerstörung Ninives nun ausfiel? Wollte Gott ihn damit etwa demütigen? Er wusste, dass seine Glaubwürdigkeit auf dem Spiel stand und das ärgerte ihn ungemein.
Natürlich verstehen wir seine Reaktion. Sicher haben wir des Öfteren unterschwellige Bemerkungen von anderen mitbekommen, wie überaus wichtig unser Dienst für das Leben vieler Menschen sei. Wie leicht können wir durch diese falsche Perspektive überheblich werden.

Denkanstoß

Sind Sie eine Person, der Gott einige Erfolge zutrauen könnte? Um das zu bejahen brauchen wir dieselbe tiefe Überzeugung, wie Johannes der Täufer. Seine Jünger, sehr ungehalten wegen dem „Raub an Schäfchen" durch Jesus, forderten ihn auf, seinen Dienst zu verteidigen. Der große Prophet antwortete: *„Ein Mensch kann nichts nehmen, wenn es ihm nicht vom Himmel gegeben ist. Ihr selbst seid meine Zeugen, dass ich gesagt habe: Ich bin nicht der Christus, sondern vor ihm her gesandt. Wer die Braut hat, der ist der Bräutigam; der Freund des Bräutigams aber, der dabeisteht und ihm zuhört, freut sich sehr über die Stimme des Bräutigams. Diese meine Freude ist nun erfüllt. Er muss wachsen, ich aber muss abnehmen."* (Johannes 3:27-30)

Das aber missfiel Jona sehr, und er wurde zornig. Und [Jona] betete zum Herrn und sprach: Ach, Herr, ist's nicht das, was ich mir sagte, als ich noch in meinem Land war, dem ich auch durch die Flucht nach Tarsis zuvorkommen wollte? Denn ich wusste dass du ein gnädiger und barmherziger Gott bist, langmütig und von großer Gnade, und das Unheil reut dich! Und nun, Herr, nimm doch meine Seele von mir; denn es ist besser, ich sterbe, als dass ich lebe!

Jona 4:1-3 (Schlachter)

Henry Smith stellte einmal fest: „Sünde zu rechtfertigen ist wie doppelt gesündigt." Wie wahr ist doch diese Aussage. Zweifelsohne hasst Gott unseren Ungehorsam. Doch können wir unsere Schuld noch steigern, indem wir noch etwas viel Verwerflicheres hinzufügen: unsere unverbesserliche Art, unsere Schuld auch noch rechtfertigen zu wollen, sei es vor Menschen oder dem Herrn selbst? Ist Ihnen aufgefallen, wie oft dieser erbärmliche Versuch der ungehorsamen Tat folgt? Als Adam und Eva konfrontiert wurden, schob Adam die Schuld auf *„die Frau, die du mir zugesellt hast"*, und sie erwiderte: *„Die Schlange betrog mich, so dass ich aß".* (1.Mose 3:12-13). Als Aaron wegen dem goldenen Kalb, das er gemacht hatte, zur Rede gestellt wurde, sagte er: *„Ich warf es ins Feuer; daraus ist das Kalb geworden"* (2. Mose 32:34). Und als Saul mit seinem Abfallen konfrontiert wurde, zeigte er mit dem Finger auf seine Soldaten. (1.Samuel 15:15; 21)

Wie oft haben Sie und ich dasselbe getan? Denken Sie nur an die Begebenheiten, wenn wir andere für etwas verurteilen, was wir selbst tun. In unserem Fall haben wir natürlich eine ausgefeilte Erklärung, warum unser Verhalten *keinesfalls* Sünde ist, das des anderen aber schon.

Doch selbst unsere besten Argumente überzeugen Gott nicht. Gott verurteilte Adam nicht für Evas Sünde oder Eva für die der Schlange, auch nicht das Volk für Aarons, ebenso wenig Israel für Sauls Schuld. Jeder von ihnen erhielt den verdienten und gerechten Lohn für seine Sünden. Genauso ist es in Ihrem und meinem Leben. Vor Gottes Thron wiegen unsere Argumente so viel wie trockenes Gras im Wind. *„Denn wir müssen alle offenbar werden vor dem Richterstuhl Christi, damit jeder seinen Lohn empfange für das, was er getan hat bei Lebzeiten, es sei gut oder böse“* (2.Korinther 5:10).

Es gibt jedoch einen kürzeren Weg, wenn wir uns gegen Gott aufgelehnt haben. Es ist der Weg eines demütigen Geständnisses, das aus einem zerbrochenen und reuevollen Herzen kommt, so wie das von David war: *„Gott, sei mir gnädig nach deiner Güte, und tilge meine Sünden nach deiner großen Barmherzigkeit. Wasche mich rein von meiner Missetat, und reinige mich von meiner Sünde“* (Psalm 51:3-4).

Denkanstoß

Als Leiter ist es wichtig, Ihren Nachfolgern einen schlichten Lebensstil vorzuleben. Hoffentlich können diese Sie als einen Menschen kennenlernen, der nicht permanente Rechtfertigungen für Dinge findet, die nicht zu rechtfertigen sind. Zögern Sie nicht, Fehler direkt zuzugeben. Das wird Ihnen gut tun und denen die Ihnen folgen.

Und [Jona] betete zum Herrn und sprach: Ach, Herr, ist's nicht das, was ich mir sagte, als ich noch in meinem Land war, dem ich auch durch die Flucht nach Tarsis zuvorkommen wollte? Denn ich wusste, dass du ein gnädiger und barmherziger Gott bist, langmütig und von großer Gnade, und das Unheil reut dich! Und nun, Herr, nimm doch meine Seele von mir; denn es ist besser, ich sterbe, als dass ich lebe! *Jona 4:2-3 (Schlachter)*

Wie reagieren Sie, wenn es nicht so läuft, wie Sie sich das vorstellen? Wie man sich in komplexen Situationen verhält offenbart den Unterschied zwischen einem Leiter der Gott hingegeben ist und einem, der nur seine eigenen Zielen verfolgt.
Jona gefiel es ganz und gar nicht, wie der Herr seine Meinung zu den Assyrern geändert hatte. Er wurde richtig wütend, klagte Gott zornig an und bat Ihn danach, ihm sein Leben zu nehmen. Eine ziemlich extreme Reaktion, bedenkt man, dass sein verletzter Stolz die Ursache des Problems war.
In solchen Situationen erkennt man die wahre Motivation eines Leiters. Als ich jung war, bestand ich darauf, dass ich allein die richtige Vision für meine Gemeinde besaß. Andere in meinem Leiterteam sahen das nicht ganz so. Voller Eifer sie zu überzeugen, bewaffnete ich mich mit allerhand Argumenten, um zu beweisen, dass meine Vision identisch mit der des Herrn war. Trotzdem ließen sie nicht mit sich reden. Der endlosen Diskussionen und des offensichtlichen „Widerstandes" müde, entschied ich mich diese Gemeinde zu verlassen. Eine radikale Entscheidung in einer Situation in der es eigentlich um Machtkämpfe ging.
Eine solche Geschichte ereignet sich immer wieder in den Gemeinden. Wir sind davon überzeugt, dass wir als Leiter die Träger der Wahrheit, die „einzig Seligmachenden" sind.

Demzufolge hätten wir auch das Recht, weitreichende Entscheidungen alleine zu treffen, wie etwa, einen Dienst aufzugeben, die Gemeinde zu verlassen oder sie sogar zu spalten. So ist es unmöglich im Team zu arbeiten, denn jeder müsste die Meinung des Leiters übernehmen. Die Schönheit der Vielfalt des Leibes geht verloren, die Herausforderung durch den Dialog zu lernen wird vermieden und die Chance einen heiligen, gottgefälligen Charakter zu pflegen, bleibt ungenutzt.
Schauen Sie sich Paulus' Aufruf an: *„Tut nichts aus Eigennutz oder um eitler Ehre willen, sondern in Demut achte einer den andern höher als sich selbst, und ein jeder sehe nicht auf das Seine, sondern auch auf das, was dem andern dient."* (Philipper 2:3-4). *Eitle Ehre* ist nichts weiter als fiktiver Ruhm – er scheint echt, aber kommt aus einer Quelle, die niemals echten Ruhm hervorbringt; denn der Einzige, der wahre Ehre besitzt, ist Gott selbst und die Menschen, in denen seine Ehre reflektiert wird. Alle anderen „Arten der Ehre" erzeugen wir Menschen selbst: sie sind nur von kurzer Dauer und besitzen kaum Ausstrahlung.

Denkanstoß

Gehen wir zurück auf die Frage vom Anfang: Wie verhalten Sie sich, wenn es nicht so läuft, wie Sie das wollen? Hält Sie Ihr Team für eine demütige Person? Was tun Sie, um den Dialog mit den anderen zu fördern? In welchen Situationen sind Sie zurückgetreten, weil Sie den anderen für besser halten, als sich selbst?

Beruhigungsmittel für den Wütenden

Da sprach der Herr: Ist es recht, dass du so zornig bist? Hierauf ging Jona zur Stadt hinaus und ließ sich östlich von der Stadt nieder und machte sich dort eine Hütte und saß unter ihrem Schatten, bis er sähe, wie es der Stadt ergehen würde. *Jona 4:4-5 (Schlachter)*

Einer der vielen guten Ratschläge, die uns das Buch der Sprüche liefert, ist dieser: *„Eine sanfte Antwort wendet Grimm ab, aber ein kränkendes Wort erregt Zorn"* (Sprüche 15:1). Wütende Menschen sind selten bereit Vernunft anzunehmen. Jedes weitere Wort ist wie Öl auf ihr Feuer des Zorns. Daher sollten wir immer sehr vorsichtig mit wütenden Menschen umgehen.

Entsprechend verhält sich auch Gott Jona gegenüber. Die Wut des Propheten ist völlig unverhältnismäßig und egozentrisch, aber der Herr wusste, dass dies nicht der geeignete Moment war, um ihn zur Vernunft zu rufen. Darum stellte der Herr ihm nur eine Frage: *„Ist es recht, dass du so zornig bist?"* Er gibt Jona keine Antwort und auch keine Lehre, wie man besser seine Emotionen kontrolliert. Auch weist Er ihn nicht zurecht. Er möchte mit Seiner Frage Jona lediglich zum Nachdenken bewegen.

Diese Methode trägt ähnliche Züge, wie bei Elia in der Wüste. Müde und entmutigt suchte der Prophet Zuflucht unter einem Ginsterstrauch. Auch dieser Mann Gottes sehnte sich nach dem Tod. Der Herr wusste, dass Elia erst einmal zu Kräften kommen und die richtige Perspektive wiedererlangen musste, bevor er sich auf einen Dialog mit Gott einlassen würde. Deshalb sandte Er ihm einen Engel mit einer einfachen Anweisung: *„Steh auf und iss!"* (1.Könige 19:5). Die Art, wie wir zornigen Menschen entgegentreten, entscheidet, ob wir ihnen helfen können oder ob sie noch tiefer in den Abgrund ihres Zornes stürzen.

Es ist bemerkenswert, dass Jona Gottes Frage anscheinend nicht verstand. Anstatt über sein völlig unangemessenes Verhalten als Diener Gottes nachzudenken, sah er weiterhin die Dinge durch die Brille des Beleidigten und *hörte* etwas ganz anderes als Gott eigentlich gesagt hatte. Er verstand: „Sei nicht ungeduldig. Ich werde die Stadt bald zerstören!"

Aber Gott bleibt der außergewöhnliche Lehrer und lehrt Jona eine wichtige Lektion. Es ist beeindruckend, welch schier endlose Geduld Er mit Jona an den Tag legt, einem Mann den wir wohl schon längst abgeschrieben hätten. Aber dadurch lernen wir, dass Gott selbst (oder gerade?) durch unseren täglichen Dienst für Ihn, Sein Volk in die Form bringen will, die Er für uns vorgesehen hat.

Genauso brauchen wir viel Geduld mit den Menschen, die wir *in Form* bringen. Wir benötigen viel Weisheit dafür, auf welche Art wir sie korrigieren. Denn eine kräftige Zurechtweisung zur falschen Zeit bringt nur zusätzliche Schwierigkeiten, aber das sanfte Wort im rechten Moment hat Kraft um Menschen von Verhaltensmustern, die Gott nicht ehren, freizusetzen und zu verändern.

Denkanstoß

Wie reagieren Sie auf den Zorn anderer? Erschwert Ihre Antwort die Situation oder hilft sie zur Lösung? Wie können Sie in solchen angespannten Momenten weiser reagieren? Denken Sie daran: Die Art, wie wir zornigen Menschen entgegentreten, macht den Unterschied, ob wir ihnen helfen können oder ob sie noch tiefer in den Abgrund ihres Zornes sinken.

Da sprach Gott zu Jona: Ist es recht, dass du so zornig bist wegen des Rizinus? Da sprach er: Ja, ich bin mit Recht zornig bis zum Tod! Da sprach der Herr: Du hast Mitleid mit dem Rizinus, um den du dich doch nicht bemüht und den du nicht großgezogen hast, der in einer Nacht entstanden und in einer Nacht zugrundegegangen ist. Und ich sollte kein Mitleid haben mit der großen Stadt Ninive, in der mehr als 120 000 Menschen sind, die ihre rechte Hand nicht von ihrer linken unterscheiden können, dazu so viel Vieh!

Jona 4:9-11 (Schlachter)

Die großen Lehrer wissen, dass ihnen mehr als nur Worte zur Verfügung stehen. Sie verstehen, dass man durch Sehen und Tun mehr lernt, als durch bloßes Zuhören. Deswegen nutzen sie jede Gelegenheit, um ihre Lehre so zu vermitteln, dass es einen ganzheitlichen Eindruck im Lernenden hinterlässt. Und wie wir an Jona sehen können, hinterlässt die *sprach-lose* Lektion Gottes durchaus ihre Wirkung.

Gott weiß, wie gerne wir unser Herz an Geschenke hängen, besonders wenn sie materieller Art sind. Und so ließ Er einen Rizinusstrauch neben Jona wachsen. Die Reaktion des Propheten war vorhersehbar. Jona hatte es sich kaum unter der dichtbelaubten Pflanze bequem gemacht und fing gerade an, mitten in der glühend heißen Wüste ihren kühlenden Schatten zu genießen, als er sich auch schon als ihr Besitzer fühlte. Als am nächsten Tag die Pflanze verdorrt war, trauerte er um sie, als hätte er einen geliebten Freund verloren. Der Kontrast, den Gott mit dieser herrlichen Illustration erzeugt, macht den starken Egoismus des Propheten deutlich. Seine Reaktion zeigt, wie weit entfernt unsere Interessen oft von denen unseres Herrn liegen. Unsere Hauptsorge gilt den Dingen, die unserem Wohlergehen dienen. Ein schnel-

ler „Scan" unseres Gebetslebens offenbart, wie selbstzentriert wir sind.
Wie befreien wir uns nun von unserer Sorge um das Vergängliche? Brechen wir nicht mit den Dingen, die bestenfalls kurzfristigen Wert besitzen, werden unsere Dienste immer zu kurz greifen und an Diesseitigkeit kranken. Trotz allem kann kein menschlicher Kraftakt diese innere Veränderung erreichen. Durch unsere fleischlichen Anstrengungen schaffen wir nur das Gegenteil: *„Denn fleischlich gesinnt sein ist Feindschaft gegen Gott, weil das Fleisch dem Gesetz Gottes nicht untertan ist; denn es vermag's auch nicht. Die aber fleischlich sind, können Gott nicht gefallen."* (Römer 8:7-8)

Denkanstoß

Mit der heutigen Geschichte erlaubt uns Gott, ein bisschen mehr von Seinem Herzen zu sehen. Er zeigt am Beispiel des Propheten, wie weit Sein Mitgefühl mit uns Menschen geht. Das macht uns Mut , dass auch wir verändert werden können und uns nicht mehr in Vergänglichem und Unwichtigem verrennen brauchen. Die Lösung liegt darin, Gottes Herz wahrzunehmen, sich Ihm zu nähern und Ihm zu erlauben, Sein Herz mit uns zu teilen. Mitgefühl wird übertragen, nicht gelehrt! Kommen wir Ihm nahe, können wir erkennen, wofür wir aus der Entfernung blind sind.

Josaphat aber sprach: Ist hier kein Prophet des Herrn mehr, den wir fragen könnten? Der König von Israel aber sprach zu Josaphat: Es gibt noch einen Mann, durch den man den Herrn befragen kann; aber ich hasse ihn, denn er weissagt mir nichts Gutes, sondern [nur] Böses: Micha, der Sohn Jimlas! Josaphat aber antwortete: Der König rede nicht so!

1.Könige 22:7-8 (Schlachter)

Gottes Wort konfrontiert uns immer wieder mit unserer Eigensinnigkeit und unserem Hang zum Ungehorsam. Es stellt die Kernprinzipien des Reiches Gottes heraus und ruft uns auf, unser Leben zu ändern, damit unsere Herzen mit Seinem Willen mehr und mehr übereinstimmen.

Dies ist quasi die Arbeitsbeschreibung für den Prophetendienst. Die Aufgabe der Propheten war es, dem Volk deren reale Lebenssituation vor Augen zu halten und ihnen aufzuzeigen, in welchen Bereichen sie von den Maßgaben Gottes weit entfernt waren. Ihre Wahrheitsverkündigung war immer mit dem Aufruf verbunden, auf Gottes Wege zurückzukehren.

Und genau an diesem Punkt reagiert der Mensch oft falsch. Oftmals schütteln wir empört den Kopf oder stimmen in das Klagelied mit ein, wenn es um die fehlende Geistlichkeit bei *anderen* geht. Sofort erscheinen vor unserem geistigen Auge eine Reihe von Personen, denen es gut tun würde, „dieses Wort einmal zu hören.“ Unsere Begeisterung ist jedoch schnell verflogen, wenn uns klar wird, dass dieses Wort an uns gerichtet ist. Für diesen Fall halten wir eine Reihe gut sortierter Argumente und wohlklingender aber haltloser Entschuldigungen bereit, die unsere fehlende Verbindlichkeit rechtfertigen sollen.

Im heutigen Abschnitt finden wir ein extremes Beispiel für den Widerwillen gegenüber Gottes Wort. Der König, der gewiss oft genug Macht und Einfluss spielen ließ, um den Menschen in seiner Nähe seinen Willen aufzuzwingen, sah sich nun mit einem Propheten konfrontiert, der nicht unter dem Druck des Souveräns einknickte und darauf bestand, die Prophetien zu verkünden, die der König nicht hören wollte. Dies brachte ihm die absolute Verachtung des Königs ein. Wie groß muss der Druck auf Micha gewesen sein, besonders wenn wir lesen, dass alle anderen Propheten dem König zum Munde redeten.
Stehen wir im Dienst des Wortes, kann es uns schwerfallen, dem Druck anderer mit „juckenden Ohren" zu widerstehen, das Wort nicht zu verwässern. Wir könnten sogar damit argumentieren, dass Popularität uns in Zukunft viele Türen im Reich Gottes öffnen könnte. Doch diese Art von „Respekt" von Zuhörern zu erlangen, die lieber ein „leichtes Wort" hören wollen, hat seinen Preis: Wir verlieren den Rückhalt Gottes in unserem Dienst.

Denkanstoß

Lassen wir uns die Worte Paulus' an Timotheus eine Lehre sein: *"Predige das Wort, steh dazu, es sei zur Zeit oder zur Unzeit; weise zurecht, drohe, ermahne mit aller Geduld und Lehre. Denn es wird eine Zeit kommen, da sie die heilsame Lehre nicht ertragen werden; sondern nach ihren eigenen Gelüsten werden sie sich selbst Lehrer aufladen, nach denen ihnen die Ohren jucken."*(2. Timotheus 4:2-3). Lassen Sie sich von anderen nicht die Botschaft aufdrücken, die diese hören wollen und zwingen Sie auch anderen nicht Ihr eigenes Wort auf! Gott ist derjenige der Ihnen die richtigen Worte geben will. Nur das wird ewige Frucht bringen.

Als er nun Petrus und Johannes sah, wie sie in den Tempel hineingehen wollten, bat er um ein Almosen. Petrus aber blickte ihn an mit Johannes und sprach: Sieh uns an! Und er sah sie an und wartete darauf, dass er etwas von ihnen empfinge. Petrus aber sprach: Silber und Gold habe ich nicht; was ich aber habe, das gebe ich dir: Im Namen Jesu Christi von Nazareth steh auf und geh umher!

Apostelgeschichte 3:3-6

Wie viel geben wir manchmal als Almosen? Ein paar Cent? Wenn jemand uns auf der Straße darum bittet, erhofft er sich gewiss nicht viel – nur ein paar Münzen mehr, als die ihm bereits von anderen mitfühlenden Menschen gegeben wurden. Schließlich ist noch keiner verhungert vom Almosen geben.

Petrus und Johannes hatten nicht einmal diese paar Münzen, um sie dem Bettler am Tempeleingang zu geben. Doch sie besaßen etwas, das nicht mit Gold aufzuwiegen war: einen Schatz an Erfahrungen, die sie mit ihrem galiläischen Meister gesammelt hatten und Herzen, die von der Barmherzigkeit Gottes grundlegend verändert worden waren. Von dem was sie hatten, gaben sie dem Bettler und so wurde auch er von der Kraft Gottes verändert.

Zwei wichtige Lehren können wir aus dieser Geschichte ziehen. Erst einmal erbitten Menschen manchmal Dinge, die sie nicht wirklich brauchen. Bittet jemand Gott um etwas, hat diese Bitte in erster Linie etwas mit Seiner eigenen Welt zu tun. Gott sei Dank, gibt Er uns in seiner unendlichen Weisheit nicht immer das, worum wir Ihn bitten, sondern nur, was wir wirklich brauchen. Als Diener Gottes müssen wir die Bitten, die andere an uns stellen ebenso danach unterscheiden, ob es ein bloßer Wunsch ist oder eine wirkliche

Not. Weise Leiter geben anderen nicht alles was diese fordern, sondern wie es Gottes Geist ihnen zeigt.

Zweitens sollten wir mit dem arbeiten, was wir haben. Obwohl dies logisch erscheint, setzen viele Gemeinden das nicht um und tun lieber weniger, weil sie glauben kaum Ressourcen zu besitzen. Johannes und Petrus hätten auch mit langen Gesichtern davon gehen können, frustriert, da sie nicht mehr tun konnten, weil ihnen anscheinend die Mittel fehlten. Mit dieser Fehleinschätzung hätten sie zu ihrer Gemeinde zurückkehren können, um die Leute zu bitten, doch mehr zu geben und die vielen Nöte in Jerusalem abzudecken.

Wie oft habe ich Pastoren klagen hören, weil sie nicht die Mittel für den Dienst hatten, die sie „unbedingt brauchten". In Wahrheit hat Gott uns mit allen nötigen Gaben ausgestattet, um die Arbeit zu tun, die Er für uns bereithält. Er schickt niemanden in den Dienst, ohne ihn mit allem Nötigen auszurüsten.

Denkanstoß

Unsere vorhandenen Mittel für den Dienst entsprechen nicht immer unseren Vorstellungen. Doch wenn Gott uns ein Projekt zeigt, gibt Er auch die nötigen Mittel. Aber wie bei allem im Reich Gottes, stärkt uns Gott dann den Rücken, wenn wir das einsetzen, was wir bereits haben. William Plumer meint dazu: *„Derjenige der nicht großzügig mit dem umgeht was er bereits besitzt, täuscht sich selbst, zu denken, er würde mehr geben, wenn er nur mehr hätte."*[8]

Josef wurde hinab nach Ägypten geführt, und Potifar, ein ägyptischer Mann, des Pharao Kämmerer und Oberster der Leibwache, kaufte ihn von den Ismaelitern, die ihn hinabgebracht hatten. Und der HERR war mit Josef, sodass er ein Mann wurde, dem alles glückte. Und er war in seines Herrn, des Ägypters, Hause. Und sein Herr sah, dass der HERR mit ihm war; denn alles, was er tat, das ließ der HERR in seiner Hand glücken. *1.Mose 39:1-3*

Wir können uns kaum vorstellen, was für ein Schock es für Josef gewesen sein musste, als seine Brüder ihn verkauft haben. Die Geschichte nimmt zwar lediglich ein paar Verse in der Bibel ein, sodass die furchtbaren Konsequenzen eines solchen Verrates im Dunkeln bleiben. Es ist aber offensichtlich, dass dieser Schicksalsschlag den jungen Israeliten zutiefst getroffen haben muss.

Wie kann es auch anders gewesen sein. Innerhalb weniger Wochen verlor er alles. Zuerst seine Freiheit, als seine Brüder ihn in den Brunnen warfen. Dann seine Würde, als sie ihn für nur wenige Geldstücke verkauften. Als ihm anschließend die Ketten angelegt wurden, verlor er schließlich seine Zukunft und jegliche Entscheidungsmöglichkeit, welche Richtung sein Leben einschlagen sollte. Als er in Ägypten ankam wurden ihm außerdem seine Kultur und seine Muttersprache genommen. Da Potifar ihn kaufte, verlor er auch jegliches Recht, je eine eigene Familie zu haben. Wie hätte er sich jemals von einem solchen Schicksal erholen können? Was sollte ihn davon abhalten, in tiefste Bitterkeit und Depression zu versinken und in seinem Herzen Hass und Rachegefühle seinen Brüdern gegenüber zu horten?

Doch in unserem heutigen Abschnitt, stoßen wir auf einen erfolgreichen Josef. Sein Wohlstand, erklärt der Historiker, war eindeutig auf die Unterstützung und Begleitung von

Gottes Gegenwart in seinem Leben zurückzuführen. Der Herr war mit ihm. Wir wissen gut, dass Jahwe niemanden segnet, der ein Herz voller Hass, Rache oder Groll hat. Der Psalmist fragte:
„HERR, wer darf weilen in deinem Zelt? Wer darf wohnen auf deinem heiligen Berge? Wer untadelig lebt und tut, was recht ist, und die Wahrheit redet von Herzen“ (Psalm 15:1-2). Es ist unübersehbar, dass Josef einen Weg gefunden haben muss, sein vielfaches Unglück zu überwinden.
Diese Eigenschaft unterscheidet einen Leiter von anderen Menschen. Er ist ebenso wenig vor Schwierigkeiten, Missgeschicken und Schmerzen gefeit wie alle anderen. Doch lässt er nicht zu, dass diese sein Leben bestimmen. Henry Blackaby schreibt in seinem Buch *Experiencing God* („Gott erleben“) *„Leiter sind keine Menschen die Fehlern entkommen, sondern die Missgeschicke überwinden lernen.“*[9] Die Geschichte ist voll von Persönlichkeiten, die sagenhaft schwere persönliche Niederlagen überwinden mussten. Was diese Menschen unterscheidet ist, dass sie ihre Misserfolge und Ängste als Trittbretter benutzten, um vorwärts zu kommen und um Größeres zu erreichen. Diese Bretter wurden zum festen Fundament auf denen ihre größten Siege aufbauten.

Denkanstoß

„Ein Fehler ist eine Begebenheit, deren vollen Gewinn wir noch nicht eingelöst haben.“ (Quelle unbekannt)

Jauchzet dem HERRN, alle Welt! Dienet dem HERRN mit Freuden, kommt vor sein Angesicht mit Frohlocken! Erkennet, dass der HERR Gott ist! Er hat uns gemacht und nicht wir selbst zu seinem Volk und zu Schafen seiner Weide. Gehet zu seinen Toren ein mit Danken, zu seinen Vorhöfen mit Loben; danket ihm, lobet seinen Namen! Denn der HERR ist freundlich, und seine Gnade währet ewig und seine Wahrheit für und für. *Psalm 100:1-5*

Sind Ihnen die vielen Verben aufgefallen, die uns dazu einladen Gottes Güte zu feiern? Und sie stehen allesamt in der Befehlsform: Jauchzt, dient, kommt, erkennt, geht, dankt, lobt. Ziemlich ungewöhnlich – oder? Der Psalmist lädt uns ein oder befielt uns vielmehr, innezuhalten und unsere Existenz nicht mehr aus unserer Sicht zu sehen, sondern von einer Perspektive, die keinen irdischen Beschränkungen unterworfen ist. Dallas Willard ermutigt uns mit den Worten: *„über die Größe Gottes nachzusinnen, die durch seine unendliche Güte offenbar geworden ist.“*[10]. Der Psalmist glaubt, dass das bloße Nachsinnen über Gottes Güte und Gaben uns in Feierstimmung voller Freude, Dankbarkeit, und Lobpreis und Verkündigungen seiner Größe versetzt!

Denken Sie einen Moment lang über unsere Existenz nach:

Er schuf die Himmel ... wir erfreuen uns an ihnen.
Er machte die Luft ... wir atmen sie ein.
Er liefert die Nahrung ... wir speisen es.
Er schenkt uns Freunde ... wir schätzen sie.
Er gibt uns Träume ... wir träumen sie.
Er teilt Gaben zu ... wir nutzen sie.
Er gibt uns einen Dienst ... wir setzen ihn um.

Er versorgt uns mit einer Familie ... wir verwalten sie.

Wenn wir dem Heiligen Geist erlauben, uns in dieser Übung anzuleiten, kann diese Liste beliebig lang werden. Alles, absolut alles, was wir haben und an dem wir uns täglich erfreuen, kommt aus Seiner gütigen Hand.
Wie wichtig ist es daher für uns, die wir in Seinem täglichen Dienst stehen, diese vielfältigen Segnungen aus Gottes Hand zu feiern! Freude und Dankbarkeit sind die großen Gegenmittel zur Verzweiflung. Daher ermutigt uns der Schreiber, dass wir in die fröhliche Feier seines Volkes einstimmen und mit ihm erklären: „Gott ist gut und Seine Liebe währt ewiglich."

Denkanstoß

Wenn Sie feststellen, dass Ihr Gemütszustand gerade Schiffbruch erleidet und die Depression um die Ecke lauert, ist dies der richtige Moment, um in Seine Vorhöfe mit Dank einzutreten. Zu Beginn wird es eine reine Willensentscheidung sein. Ihre Gefühle verstecken sich wahrscheinlich beschämt und beleidigt in einer Ecke Ihrer Seele. Doch wenn Sie diesen Weg weitergehen, werden sie es nicht lange dort aushalten und sich dem feierlichen Geist anschließen. Am Ende wird nicht einmal Ihr Körper sich zurückhalten können und mitfeiern wollen. Üben Sie diese feierliche Disziplin und Sie werden überrascht sein, wie sich Ihr Leben tiefgreifend verändern wird.

Teilweiser Gehorsam

Und der HERR sprach zu Abram: Geh aus deinem Vaterland und von deiner Verwandtschaft und aus deines Vaters Hause in ein Land, das ich dir zeigen will. Da zog Abram aus, wie der HERR zu ihm gesagt hatte, und Lot zog mit ihm.

1.Mose 12:1;4

Die Anweisung die Gott Abram gab war ziemlich deutlich: *„Geh aus deinem Vaterland und von deiner Verwandtschaft“.* Und Abram tat genau das; er stand auf und verließ sein Elternhaus samt seinen Sitten und Kontakten und eines bereits fertig geplanten Lebens in seiner Heimat. Er machte sich auf ins Ungewisse, in ein verheißenes Land, von dem er nicht einmal wusste, wo es lag. Bis hierher lief alles gut.

Der Befehl seine Eltern zu verlassen, stellte ihn jedoch vor eine große Herausforderung, die mit der Verantwortung für Lot, dem Sohn seines Bruders, zusammenhing. Es ist auch möglich, dass Abram sich diese abenteuerliche Reise nicht allein zumuten wollte und darum die Begleitung des jungen Mannes suchte. Es können auch ein Dutzend anderer Gründe dafür gesprochen haben.

Jedenfalls liegt hier ein großes Hindernis, Gottes Willen zu tun. Es will uns nicht in den Kopf gehen, dass Gott nicht unser ebenbürtiger Partner ist. Daher legen wir Ihm meistens genügend Verbesserungsvorschläge und Gründe vor, die rechtfertigen, Dinge anders zu machen, als Er es uns aufgetragen hat. Wir können es einfach nicht lassen, Seine Anweisungen nach unserem Gutdünken auszuführen oder zumindest ein paar winzig kleine Veränderungen vorzunehmen. Wir gehorchen, „aber auf unsere Weise“.

Abram führte Gottes Aufträge zum größten Teil gehorsam aus. Vielleicht sollten wir anerkennen, dass er bereits viel geleistet hatte. Schließlich war es nicht einfach, das Opfer

zu bringen, all das aufzugeben, was damals einer Lebensversicherung gleich kam. Aber der Wert seines Opfers verringerte sich durch diesen kleinen Nachsatz, der nach der Hauptgeschichte folgt: *„Und Lot zog mit ihm."*
Werfen wir einen Blick auf die Konsequenzen die diese Entscheidung mit sich brachte. Der Patriarch war noch nicht einmal in seinem neuen Land heimisch geworden, da fingen die Hirten Lots an, mit den seinen um das bessere Weideland zu streiten. Abram war gezwungen einzugreifen und jeder Familie ein Stück Land zuzuteilen (1.Mose 13:1-18). Später musste er mit dem Herrn verhandeln, um die Familie seines Neffen aus den Gräueltaten Sodoms zu erretten (1.Mose 18:16-33). Beide Situationen bescherten dem Patriarchen Schwierigkeiten, die nicht nötig gewesen wären. Noch ernster wogen jedoch die langfristigen Konsequenzen. Die Nachfahren Lots, die Amoniter und Moabiter verwandelten sich zu einem wahren Dorn im Fleisch der Nachfahren Abrams.
Der unbegrenzte Gehorsam Gott gegenüber ruht auf dem Vertrauen, dass der Herr gut ist und weiß was Er tut. Gibt es bei uns irgendeinen Zweifel darüber, werden wir immer versuchen, einige Details Seiner Anweisungen für unser Leben „anzupassen". Wir können jedoch nicht die Auswirkungen unserer Entscheidungen ermessen. Üben wir uns also besser in völligem Gehorsam Gott gegenüber. Diesen Weg hat auch Sein Sohn gewählt, auch wenn Er perfekte Gemeinschaft mit dem Vater hatte.

Denkanstoß

„Jesus hat gesprochen: Sein ist das Wort, unser ist der Gehorsam."[11] Dietrich Bonhoeffer

So ermahne ich euch nun, ich, der Gefangene in dem Herrn, dass ihr der Berufung würdig lebt, mit der ihr berufen seid, in aller Demut und Sanftmut, in Geduld. Ertragt einer den andern in Liebe und seid darauf bedacht, zu wahren die Einigkeit im Geist durch das Band des Friedens.

Epheser 4:1-3

In religiösen Kreisen hören wir oft die Sätze: „Wir müssen die Einheit stärken. Wir brauchen Aktionen um die Einheit zu vertiefen. Wir müssen etwas mit einer anderen Gemeinde unternehmen, um die Einheit zu fördern." Derartige Formulierungen erwecken den Anschein, dass wir Einheit zwischen den Kindern Gottes *machen* könnten. Unsere heutige Textstelle ermutigt uns dazu, die Einheit zu *wahren*. Man kann nicht etwas bewahren, was nicht vorhanden ist. Wir sind angewiesen, etwas in der Gemeinde bereits Vorhandenes zu erhalten und nicht etwas Neues zu schaffen.
„Einen Moment" sagen Sie, „wie können wir von Einheit in der Kirche reden, wo es doch so viele Teilungen, Diskussionen und Auseinandersetzungen im Hause Gottes gibt?" Schauen Sie sich einmal den vorhergehenden Satz an. Dort finden wir Worte wie „Demut", „Sanftmut" und „Geduld". Diese Worte beschreiben keinen werdenden Zustand, sondern sie sind unverzichtbare Grundsätze, um die Einheit im Geist durch das Band des Friedens zu erhalten!
Die Einheit im Geist haben wir nicht intus, sondern sie ist das übernatürliche Wirken des Heiligen Geistes. Wir können sie weder machen, noch fördern, sondern nur als Frucht des Wirkens Gottes unter uns genießen. Wir können eins sein, weil Vater, Sohn und Heiliger Geist in vollständiger Weise eins sind. Sind wir mit ihnen eins, überträgt sich diese Einheit im Geist durch den Sohn auf sein Volk.

Was können wir dazu tun? Eigentlich nur eins. Wir können die Einheit lediglich brechen. Dies gelingt uns durch arrogantes, stolzes, egoistisches und ungeduldiges Verhalten im Umgang miteinander. Deshalb liegt der einzige Weg, Einheit wiederherzustellen, nicht in entsprechenden Projekten, sondern im Buße tun. Die Einheit lebt solange, wie sie nicht durch unsere falschen Einstellungen zerstört wird. Damit sie sich voll entfalten kann, müssen wir unsere gewohnten eigensinnigen Absichten beiseitelegen und dem Herrn mit seinem Geist der Demut und Sanftmut erlauben, in unseren Herzen zu arbeiten.

Es ist wichtig darauf hinzuweisen, dass Einheit kein geistiger, sondern ein geistlicher Zustand ist. Unter uns missverstehen wir Einheit oft als „Vereinheitlichung" – also, alle tun und denken dasselbe. Mit diesem Konzept im Kopf organisieren wir Großveranstaltungen und laden andere Gemeinden dazu ein, doch mitzumachen, um die „Einheit der Kirche" zu zeigen.

Diese Art Einheit wollte schon die Jerusalemer Gemeinde Paulus und Barnabas auferlegen: alle arbeiten auf die gleiche Weise. Sie lässt keinerlei Unterschiede zu. Die wahre Einheit des Geistes lässt zu, dass Vater, Sohn und Heiliger Geist in perfekter Harmonie zusammenleben, auch wenn einer vom anderen komplett verschieden ist.

Denkanstoß

„Die Einheit in Christus müssen wir nicht erreichen, sondern sie erkennen."[12] (A.W. Tozer)

Lass doch deine Ohren aufmerken und deine Augen offen sein, dass du das Gebet deines Knechtes hörst, das ich jetzt vor dir bete Tag und Nacht für die Israeliten, deine Knechte, und bekenne die Sünden der Israeliten, die wir an dir getan haben; und ich und meines Vaters Haus haben auch gesündigt. Wir haben übel an dir getan, dass wir nicht gehalten haben die Gebote, Befehle und Rechte, die du geboten hast deinem Knecht Mose. *Nehemia 1:6-7*

Nehemias Flehen ist eines der besten Beispiele zum Thema Gebet in der ganzen Bibel. Wir finden darin die wichtigsten Themen, um die geistliche Welt in der wir leben verstehen zu können gleichzeitig dienen sie uns als Anleitung für unsere eigenen Gebete.

Wir können zwar Teile dieses Gebets nachsprechen, doch wird uns schnell klar, dass wir seine Kraft nicht einfach nachahmen können, denn sie stammt aus der Gebrochenheit eines Mannes vor Gott.

Ich möchte mich auf einen speziellen Punkt dieser geistlichen Gebrochenheit konzentrieren: Nehemias Schuldeingeständnis. Üblicherweise hören wir in der Gemeinde lautstarke Kritik an den Sünden anderer, bzw. der Kirche im Allgemeinen. Diese Anschuldigungen werden normalweise in einem sehr überlegenen Ton vorgebracht, da sich diese Personen frei von derselben Sünde fühlen.

Diese Art Anklagen kommen nicht vom Heiligen Geist. Ist ein Mensch vor Gott gebeugt, spricht er nicht von *deren* Sünde, sondern von *unserer* Sünde. Nehemia lebte zwar nicht in einer Zeit der extremen geistlichen Verblendung in Israel, die zuletzt in der feindlichen Invasion des Gottesvolkes und seinem Exodus gemündet war. Trotzdem betet Nehemia für die *„Sünden der Israeliten, die wir an dir getan haben; und ich und meines Vaters Haus“*. Dem Mundschenk des Königs war bewusst, dass er dieselbe Saat der Rebellion und Herzenshärte in sich trug, wie auch seine Vorfahren.

Jesaja nahm ebenso die gemeinschaftliche Sünde wahr, als er die Vision vom Herrn auf seinem majestätischen Thron hatte. Er rief nicht aus: „Weh mir... denn ich wohne unter einem Volk von unreinen Lippen", sondern sprach: *„Weh mir, ich vergehe! Denn ich bin unreiner Lippen und wohne unter einem Volk von unreinen Lippen"* (Jesaja 6:5). Die überwältigende Offenbarung der Größe und Heiligkeit Gottes die er erlebte hatte, ließ ihn erkennen, dass nicht nur das Leben der anderen von Schuld durchdrungen war, sondern auch sein Eigenes.

Als Leiter wissen Sie sicherlich, dass lautstarke Sündenanklagen beim Nächsten kaum Veränderung bringen. Im Gegenteil. Der Betroffene fühlt sich angegriffen und verdammt. Wenn diese Menschen jedoch sehen, dass wir ebenso unter der Last der Sünde in unserem Leben leiden, wird dies sie motivieren, selbst nach mehr Heiligkeit zu streben, so wie sie es von uns sehen. Diese Art der Gebrochenheit erfahren wir nur in der Gegenwart des Herrn aller Herren.

Denkanstoß

Wie reagieren Sie auf die Schuld anderer? Was sagt das über Sie als Mensch aus? Wie viel Zeit verwenden Sie auf Ihr eigenes Schuldbekenntnis?

Ihr Männer, liebt eure Frauen, wie auch Christus die Gemeinde geliebt hat und hat sich selbst für sie dahingegeben, um sie zu heiligen. Er hat sie gereinigt durch das Wasserbad im Wort, damit er sie vor sich stelle als eine Gemeinde, die herrlich sei und keinen Flecken oder Runzel oder etwas dergleichen habe, sondern die heilig und untadelig sei.

Epheser 5:25-27

Wie wunderbar ist im Leben die Zeit, in der man frisch verliebt ist. Die Tage reichen nicht aus, um die tiefen, einzigartigen Qualitäten des Gegenübers zu ergründen. Jeder ist geblendet von der Vollkommenheit des anderen. Egal wie viel Zeit die Verliebten zusammen verbringen, sie finden einfach keinen Fehler am anderen.

Wir, die wir außerhalb der Beziehung stehen, sind uns dagegen sehr wohl über die eine oder andere kleine Unvollkommenheit bewusst, die jede Seite besitzt. Manchmal leiden wir sogar wegen der offensichtlichen Unverträglichkeiten, die zwischen ihnen zu Tage treten, wissen wir doch, dass sie im Laufe der Zeit zu wahren Abgründen für das Paar anwachsen können und künftige Reibereien bereits vorausahnen lassen.

Haben Sie schon einmal versucht, diese Unvollkommenheiten einem verliebten Paar klar zu machen? Waren Sie erfolgreich? Oder reagierte man Ihnen gegenüber, als hätten Sie gerade einer Löwin ihr Junges entrissen? Wenn jemand überhaupt nicht bereit ist, irgendeine entfernte Kritik an seinem Partner zu dulden, dann wohl jemand frisch Verliebtes. Manchmal erreicht die Verliebtheit schon einen erschreckenden Grad der Verblendung.

Doch auf dieselbe Weise liebt Christus seine Kirche.

Wie viele Kommentare hören wir über die Lauheit in der Kirche, ihre mangelnde Geistlichkeit, ihre fehlende Verbindlichkeit dem Herrn gegenüber. Wo immer wir hingehen, treffen wir auf Menschen, die empört die ganze Liste der Verfehlungen der Kirche aufzählen. Enttäuscht entscheiden sie den Leib Christi zu verlassen, weil ihnen ihre geistlichen Geschwister zum Anstoß geworden sind.

Und sie haben Recht! Die Kirche ist all das und vieles mehr. Wenn Sie dem Leib Christi dienen, sind Sie sicherlich oft an der fehlenden Geistlichkeit oder der geringen Verbindlichkeit fast verzweifelt und haben dies wohl auch offen zum Ausdruck gebracht? Oder ist Ihnen alles schon einmal völlig sinnlos vorgekommen? Ich habe selbst oft mit diesen Gedanken gekämpft.

Inmitten unserer Verzweiflung spricht Christus: „Einen Moment mal! Ihr sprecht hier von meiner Braut!" Doch unsere Empörung ist so groß, dass wir auf unserer Anklage bestehen. Und Er erwidert: „Ich weiß das alles. Aber ich liebe sie trotzdem."

Wenn wir Ihm zugehört haben, konnten wir gerade einen kleinen Einblick in eines der großen Mysterien des Reiches Gottes bekommen: die Liebe Gottes für Sein Volk, für uns. Sie ist weder logisch, noch erklärbar, sie widersteht jeder Analyse. Wir müssen uns einfach eingestehen: Heilige himmlische Liebe, du gibst niemals auf, *obwohl* du uns kennst!

Denkanstoß

Sind Sie die Kirche leid? Finden Sie es schwierig, der Braut Christi zu dienen? Warum erneuern Sie Ihre Liebe für die Braut nicht, indem Sie Zeit mit dem Bräutigam verbringen? Wenn Sie genau hinhören, können Sie Ihn vielleicht sagen hören: *„Wenn du mich lieb hast, musst du auch meine Braut lieben."*

Und als Urias Frau hörte, dass ihr Mann Uria tot war, hielt sie die Totenklage um ihren Gatten. Sobald sie aber ausgetrauert hatte, sandte David hin und ließ sie in sein Haus holen, und sie wurde seine Frau und gebar ihm einen Sohn. Aber dem HERRN missfiel die Tat, die David getan hatte.

2.Samuel 11:26-27

David war mit der Frau eines anderen fremdgegangen und wie es meistens passiert, wurde sie schwanger. Ein ganzes Kapitel schildert die verzweifelten Versuche des Königs, seine Schuld zu verschleiern. Als ihm klar wurde, dass Batseba schwanger war, müssen Stunden, vielleicht Tage vergangen sein, in denen er Todesängste wegen seiner Tat ausstand. Zuerst dachte er ans Naheliegende: Uria von der Front nach Hause zu holen, mit der Hoffnung, dass er mit seiner Frau schlafen würde. Wie könnte ein derart leichter und verführerischer Plan für einen Mann scheitern, der so lange von zu Hause weg war. David rechnete nicht mit dem hohen Pflichtbewusstsein Urias, der sich weigerte heimzukommen, solange seine Truppe noch im Kampf war.

Völlig aufgelöst, verlängerte er den Heimaturlaub seines Heerführers und lud ihn zu einem Bankett ein, bei dem der Wein in Fülle floss. Sicher würde er im betrunkenen Zustand nicht an seinen Überzeugungen festhalten. Doch Uria tat genau das!

Der König muss schier verzweifelt gewesen sein, denn mittlerweile war Batsebas Zustand fast sichtbar. Die Ausweglosigkeit brachte den König dazu, das Undenkbare in Erwägung zu ziehen: den jungen Heerführer umbringen zu lassen. Er plante es mit größter Vorsicht und gab alle nötigen Anweisungen.

Die darauffolgenden Wochen müssen für David ein fortwährendes Zittern und Zagen gewesen sein. Batsebas Schwangerschaft wurde immer deutlicher und noch immer kam keine Nachricht vom „gefallenen“ Uria. Doch schließlich wurde David informiert, dass sein niederträchtiger Plan aufgegangen sei und der Ehrenmann, der seinem Gefolge und dem König Ruhm gebracht hatte, tot war. In aller Eile erledigte das Paar die Formalitäten und vollendete, was sie drei Monate zuvor begonnen hatten – sie wurden Mann und Frau.
Wenn Sie schon einmal so verzweifelt wie David gewesen waren, fällt es Ihnen nicht schwer sich seine Erleichterung auszumalen. Endlich hatte er die Situation gelöst!
Doch am Ende dieser Geschichte begegnet uns der Satz: *„Aber dem HERRN missfiel die Tat, die David getan hatte.“* Wie naiv ist manchmal unsere Sicht der Dinge, wie beschränkt unser Verständnis für die wahren Ausmaße unserer Sünde. Wir nehmen nur wahr, was auf unsere Welt bezogen ist und setzen alles uns Mögliche daran, im Sichtbaren alles „hinzubiegen“. Durch ausgeklügelte Argumente, durchdachte Überlegungen und unendliche Erklärungsversuche wollen wir alle anderen davon zu überzeugen, dass unsere Sünde niemals stattfand. Uns kommt dabei nicht in den Sinn, dass die gravierendsten Konsequenzen nicht die irdischen, sondern die himmlischen sind. Würden wir die Schwere unserer Schuld begreifen, würden wir nicht endlose Auswege suchen, anstatt das Problem direkt anzugehen. David bog seine Situation hin und fand für einige Tage Frieden, doch sein Leidensweg begann damit gerade erst.

Denkanstoß

Zu sündigen wiegt schwer, doch schwerer wiegt, überspielen zu wollen, was wir getan haben. Gott ist immer Zuschauer unserer Taten. Er sieht sie alle. Schlagen wir lieber den kürzesten und einfachsten Weg ein. Bekennen wir Ihm unsere Schuld und erfreuen uns an Seiner Vergebung.

Denn Christus hat mich nicht gesandt zu taufen, sondern das Evangelium zu predigen - nicht mit klugen Worten, damit nicht das Kreuz Christi zunichte werde.

1.Korinther 1:17

Einer der Kurse als Seminarist an meiner theologischen Ausbildungsstätte nannte sich Homiletik oder „die Kunst des Predigens". Zeit mit einem Professor zu verbringen, der selbst ein Meister der Wortverkündigung war, war für mich von unschätzbaren Wert. Er half mir dabei Vertrauen zu gewinnen, sowie Fehler und schlechte Angewohnheiten zu identifizieren, die meine Kommunikation beeinträchtigten. Außerdem half er mir, Techniken einzubeziehen, die das Predigen anschaulicher und interessanter machten.

Zusammen mit diesen Vorzügen entwickelte sich aber auch die unvermeidbare Eigenschaft, stärker auf die Rhetorik zu achten, als auf den Inhalt. Das Augenmerk einer sorgfältigen Vorbereitung liegt meistens auf einer beinahe pedantischen Suche nach Details; die richtigen Beispiele, die Ausformulierung des Stichpunktzettels, die Motivation, der Ton in der Stimme, die Pausen, die Logik in der Argumentationskette etc. Ehe ich es merkte, nahm ich die Details wichtiger als alles andere.

Doch schon bald danach bekam ich die Quittung für meine übermäßige Beachtung von Äußerlichkeiten. Nachdem der Kurs beendet war, konnte ich mir keine Predigt mehr anhören, ohne den Stil des Predigers kritisch zu hinterfragen. Hat er auch genügend Beispiele verwendet? Verwendete er für seine Hauptpunkte eine logische Argumentation? Trugen die zitierten Verse zum Gesamtverständnis bei? Waren seine Schlussfolgerungen durchdacht und interessant? Alle diese Fragen – und viele andere – hatten es mir unmöglich

gemacht, das Wort Gottes in seiner Einfachheit aufzunehmen. Aus einem Jünger, der sich danach sehnte durch die Schrift verändert zu werden, war ein technischer Kommunikationsanalyst geworden.
Mit Traurigkeit nehme ich nach mehr als 20 Jahren Predigtdienst wahr, dass einige Prediger diese Etappe nie hinter sich lassen. Sie verwenden übermäßig Zeit, um zweitrangige Aspekte ihrer Predigt immer wieder aufzubessern. Der Eifer, ihre Redegewandtheit endlos zu optimieren, deutet unauffällig auf ein Geheimnis in ihrem Leben hin. Gottes überwältigende Kraft, die sich im Tod Jesu zeigt, bewirkt in ihrem Leben keine Veränderung mehr, die über bloße Worthülsen hinausgeht. Die Überführung durch das Kreuz Christi an sich, ist für sie nicht mehr attraktiv genug, so dass sie versuchen *müssen* diese Botschaft rhetorisch aufwendig „aufzuhübschen".
Wenn es Ihre Aufgabe in der Gemeinde ist zu predigen, lassen Sie sich Ihre Eloquenz nicht zu Kopf steigen! Der Apostel Paulus legte diese Art zu predigen, aus Ehrfurcht vor dem Kreuz, ab. In der *Hoffnung für Alle* – Übersetzung liest sich der heutige Vers so: ***„Christus hat mich nicht beauftragt, die Menschen zu taufen, sondern die rettende Botschaft zu verkünden. Dabei geht es mir nun wirklich nicht darum, meine Zuhörer durch menschliche Weisheit zu beeindrucken. Denn sonst wäre die Botschaft, dass Christus am Kreuz für uns starb nicht mehr der Mittelpunkt unseres Glaubens."*** Als Prediger sollten wir danach streben, unsere Gabe zu verbessern, aber lassen wir uns nicht täuschen. Nicht unsere Technik berührt die Herzen, sondern die Kraft des Kreuzes. Vermeiden wir also, Ihm den Ruhm zu nehmen und bemühen wir uns um einen einfachen und klaren Predigtstil ohne unnötige Verzierungen.

Denkanstoß

„Denn das Reich Gottes steht nicht in Worten, sondern in Kraft" (1.Korinther 4:20). Eine treffende Erkenntnis, an die wir uns immer dann erinnern sollten, wenn wir hinter das Predigtpult treten.

Meinungsverschiedenheiten im Dienst

Und sie kamen scharf aneinander, sodass sie sich trennten. Barnabas nahm Markus mit sich und fuhr nach Zypern. Paulus aber wählte Silas und zog fort, von den Brüdern der Gnade Gottes befohlen. *Apostelgeschichte 15:37-40*

Wie können wir diese Trennung erklären? Wenn wir ehrlich sind, trifft uns diese scheinbar krasse Situation mit voller Wucht. Wir können sie einfach nicht mit dem Bild, das wir von diesen Dienern Gottes haben, übereinbringen. Erlauben Sie mir, dass ich Ihnen meine Gedanken zu diesem Thema schildere.

Zuallererst muss uns bewusst sein, dass, wenn wir in einem Team mit verschiedenen Persönlichkeiten an einem Projekt zusammenarbeiten, es immer Unterschiede geben wird. Manchmal entmutigt dies die Gruppenteile, doch definiert sich eine gute Gruppe nicht durch gleichgeschaltete Meinungen. Ist dies der Fall, hat der Leiter sich wahrscheinlich mit Menschen umgeben, die lediglich seine Projekte abnicken sollen. Meinungsunterschiede sind ein lebendiger Ausdruck der Vielfalt des Leib Christi (1. Korinther 12). Der Dienst wird facettenreicher, wenn die Ansichten und Beiträge völlig unterschiedlicher Menschen vorkommen dürfen.

Zweitens muss mit den Unterschieden geistlich umgegangen werden. Wir glauben unsere Unterschiedlichkeit gibt uns den Freifahrtschein, um andere zu attackieren und ihnen all das an den Kopf zu werfen, was uns gerade einfällt. Doch egal wie korrekt unsere Meinung auch sein möge, Gott erlaubt uns nie, unseren Nächsten herabzusetzen oder zu demütigen. *„Alle Bitterkeit und Grimm und Zorn und Geschrei und Lästerung seien fern von euch samt aller Bosheit. Seid aber untereinander freundlich und herzlich und vergebt* *einer dem andern, wie auch Gott euch vergeben hat in Christus"* (Epheser 4:31-32).

Drittens ist Trennung manchmal die letzte Möglichkeit. Sicherlich ist es eine radikale Entscheidung für ein ernsthaftes Problem. Alle alternativen Möglichkeiten und Wege sollten vorher ausgelotet worden sein, um zu einer möglichen Übereinstimmung zu kommen. Wir dürfen nicht aufhören, alles zu unternehmen, getrennte Positionen wieder zusammenzuführen und uns mit der Güte Christi einzukleiden. Er trägt uns auf: *„Tut nichts aus Eigennutz oder um eitler Ehre willen, sondern in Demut achte einer den andern höher als sich selbst, und ein jeder sehe nicht auf das Seine, sondern auch auf das, was dem andern dient"* (Philipper 2:3-4). Sind alle diese Versuche gescheitert, ist die Trennung manchmal die beste Wahl. Paulus und Barnabas, zwei geistliche Riesen, entschieden sich für diese Möglichkeit und beide führten ihre Dienste erfolgreich fort. Sollte es für uns, die wir geringer sind als die beiden, realistischer sein, immer eine Übereinkunft erreichen zu können?

Denkanstoß

Beachten Sie, dass der Text nicht sagt, dass sie sich voneinander abspalteten, sondern sich trennten. Spaltung hinterlässt zwei geschwächte Teile. Trennung bereitet zwei Teile darauf vor weiterzumachen. Der Unterschied liegt in der inneren Haltung. Spalten sich beide mit bitterem und wütendem Herzen voneinander ab, kann man sicher sein, dass die Entscheidung aus dem Fleisch kam. Meiner Erfahrung nach, enden leider 95% dieser Situationen mit einer Spaltung.

Stephanus aber, voll Gnade und Kraft, tat Wunder und große Zeichen unter dem Volk. *Apostelgeschichte 6:8*

Um einen Leiter zu beschreiben, kann die Gemeinde seine verschiedene Fähigkeiten bewerten, z.B. sein Verantwortungsbewusstsein oder seinen Fleiß. Vielleicht sehen sie auch dessen Talent, Probleme zu lösen oder seine Stärken als Prediger oder Lehrer. Die Qualitäten und Bereiche durch die sich Leiter im Gemeindebereich voneinander unterscheiden sind vielfältig. Aber es geschieht sicher nicht häufig, dass eine Gemeinde über ihren Leiter sagt, er sei „voll Gnade".

Woran dachte der Autor der Apostelgeschichte, als er Stephanus diese Bezeichnung zuschrieb? Höchstwahrscheinlich zitierte er, was er von der Gemeinde selbst über ihren außergewöhnlichen Diakon hat reden hören. Welche Stärken sahen nun die Gemeindeglieder in ihm, um zu behaupten, Stephanus sei ein Mann voll Gnade? Einige Verse weiter schreibt Lukas: *„alle, die im Rat saßen, blickten auf ihn und sahen sein Angesicht wie eines Engels Angesicht"* (Apostelgeschichte 6:15). Dieser Satz kann uns dabei helfen zu entschlüsseln, was „voll Gnade" bedeutet. Es erscheint uns wie etwas Übernatürliches, was nicht von Menschenhand erzeugt wurde, sondern himmlischen Ursprungs ist. Und genau deswegen fällt es uns so schwer, dies zu verstehen, weil es eine Realität beschreibt, die Lichtjahre entfernt von unserer menschlichen Alltagserfahrung scheint. In unserer Kultur regiert das Recht des Stärkeren. Niemand bringt es in diesem Leben zu etwas, wenn er nicht diesen Weg einschlägt. Folglich muss man sich solange mit anderen messen, bis diese aus dem Rennen sind. Nur die Diszipliniertesten und Entschiedensten schaffen es, sich die wichtigsten Machtpositionen und das größte Ansehen zu erobern.

Gnade bewegt sich in einer komplett anderen Sphäre. Die ideale Umgebung in der sie sich entfalten kann sind Schwachheit, Zerbrechlichkeit und Unsicherheit. Am weitesten verbreitet finden wir sie unter denjenigen, die nicht gerade für ihre Kämpfernatur bekannt sind. Gnade wird dann sichtbar, wenn die eigenen Mittel erschöpft sind. Erkennen wir, dass wir unseren Weg unmöglich alleine bewältigen können, dann erfüllt sie unser Leben.
Die Gemeinde beschreibt Stephanus als einen Leiter voll Gnade, weil er aus seiner Schwäche heraus diente, nicht aus seiner Stärke. Er war sich im Klaren darüber, dass er es nie aus sich selbst heraus schaffen könnte, all die Aufgaben zu erfüllen, die man ihm aufgetragen hatte. Vielleicht fehlte es ihm an Leistungsfähigkeit oder Redegewandtheit und vielleicht waren auch seine physischen Kräfte sehr eingeschränkt. Wir können seine Schwächen nicht mit Sicherheit bestimmen. Was wir jedoch feststellen ist, dass die Gemeinde in ihm einen Mann sah, der absolut von Gott abhängig war. Zusammengefasst: ein Mann voll Gnade.

Denkanstoß

Wie würden die Menschen Ihrer Gemeinde Sie beschreiben? Welche Stärken würden sie hervorheben? Könnte man Sie als Menschen beschreiben, der weiß, dass er die ihm aufgetragenen Aufgaben nicht alleine bewältigen kann? Wäre es nicht wunderbar, könnte man von Ihnen und mir sagen: dieser Mensch ist voll Gnade?

Der Pharisäer stellte sich selbstbewusst hin und betete: Ich danke dir, Gott, dass ich nicht so bin wie die übrigen Menschen – ich bin kein Räuber, kein Betrüger und kein Ehebrecher, und ich bin auch nicht wie jener Zolleinnehmer dort. Ich faste zwei Tage in der Woche und gebe den Zehnten von allen meinen Einkünften. *Lukas 18:11-12 (NGÜ)*

Unsere erste Reaktion auf diese Szene ist ziemlich vorhersehbar. Wahrscheinlich sind wir empört über die Heuchelei des Pharisäers. Wir fragen uns, wie es möglich sein kann, dass ein Mensch so blind und stolz ist und es sich wagt, ein so eitles Gebet an Gott zu richten. Niemals würden wir ein derart überhebliches Gebet an den Himmel richten wie der Pharisäer. Wer würde nicht mutmaßen, dass die Haltung des Zöllners Gott angenehmer ist?

Doch einen Moment! Wir sollten nichts überstürzen. Wir überlesen einen Satz, der uns beunruhigen sollte. Der Evangelist schreibt *„Der Pharisäer stellte sich selbstbewusst hin und betete“* Die *Gute Nachricht* übersetzt: *„Der Pharisäer stellte sich vorne hin und betete leise* ***bei sich****“*. Vergessen Sie mal für einen Moment, die offensichtlich egozentrische Haltung dieses Mannes und denken Sie über Folgendes nach: Sprechen wir nicht manchmal Gebete, die gar keine sind, sondern führen eher Selbstgespräche? Ist das nicht erschreckend?

Das Gebet hat per se die Schwäche, dass wir in unserem Dialog mit Gott in der Regel nicht Seine Stimme, die uns korrigiert und unsere Gebete auf geistlichere Belange konzentriert, akustisch wahrnehmen, sondern hören nur uns selbst. Darum müssen wir uns auf das Flüstern des Heiligen Geistes konzentrieren, der in unserem Geist Zeugnis ablegt, ob wir im Gebet auf das Richtige „abzielen“ oder nicht. Das zeigt, wie einfach es ist, von unserem Weg abzuirren.

Diese Situation ist nicht einfach zu bewältigen, es sei denn, wir sind permanent auf der Hut davor. Sich bewusst zu machen, dass viele unserer Gebete auf uns selbst gerichtet sein können, anstatt auf Gott, ist schon ein gewaltiger Fortschritt. Aber ich möchte noch zwei weitere Beobachtungen hinzufügen. Zum einen liegt eine große Gefahr darin, zu viele Worte zu gebrauchen. Der Autor des Prediger-Buches empfiehlt uns: *„Besinne dich, bevor du zum Tempel Gottes gehst! Geh nur hin, wenn du wirklich auf Gott hören willst. Das ist viel wertvoller als die Opfer der Unverständigen. Denn sie wissen nicht, worauf es ankommt; sie merken nicht, wenn sie Böses tun. Denk erst nach, bevor du betest, sei nicht zu voreilig! Denn Gott ist im Himmel, und du bist auf der Erde - also sei sparsam mit deinen Worten“* (Prediger 4:17- 5:1-2, HfA). Und zum Zweiten ist es möglich, dass unsere Gebete bis zum Rand mit persönlichen Anliegen angefüllt sind: meine Wünsche, meine Bitten, meine Nöte, meine Pläne, meine Geständnisse. Bemerken Sie zu viele „Ich“- oder „meine“-Formulierungen in Ihren Gebeten, sollte Ihnen das zu Denken geben.

Denkanstoß

Haben Sie schon einmal Ihre Gebete unter die Lupe genommen? Wie ehrlich sind Sie? Wie viel leeres Gerede kommt darin vor? Was sollten Sie verändern, damit Sie nicht bei sich selbst beten?

Was betrübst du dich, meine Seele, und bist so unruhig in mir? Harre auf Gott; denn ich werde ihm noch danken, dass er meines Angesichts Hilfe und mein Gott ist. *Psalm 42:6*

Dieser Psalm stammt von einem Mann, der mitten durch eine tiefe Krise ging. In Vers drei beschreibt der Psalmist seinen Zustand: *„Meine Tränen sind meine Speise Tag und Nacht“*. Im Vers sieben gesteht er mit überraschender Offenheit: *„Jetzt bin ich mutlos“* (NL), was mit Depression gleichgesetzt werden kann.

In unserer christlichen Welt ist Depression für viele ein absolutes Tabu. Wie kann jemand, der uneingeschränkten Zugang zum Schöpfer aller Dinge hat, an Depression leiden? Im Glauben, es sei Sünde mutlos oder deprimiert zu sein, setzen wir unsere beste jedoch hohle Erfolgsmaske auf, um andere davon zu überzeugen, dass wir jeden Tag im Sieg Christi leben.

Doch wenn wir ehrlich sind, führt uns das Leben auf Wegen entlang, auf denen wir die ganze Bandbreite an Emotionen und Gefühlen durchleben müssen, die zu unserer zerbrechlichen Menschlichkeit dazugehören. Im ehrlichen Geständnis des Psalmisten finden wir nichts weiter, als die aufrichtige Beschreibung von Emotionen, die jeder von uns schon erlebt hat. Nicht einmal der Sohn Gottes war vor ihnen gefeit. Mit der Unabdingbarkeit Seines Todes konfrontiert, gesteht er Seinen Jüngern: *„Er sagte zu ihnen: Meine Seele ist zu Tode betrübt. Bleibt hier und wacht mit mir.“* (Matthäus 26:38, NL).

Das Problem liegt nicht im Erleben der Gefühle. Sie sind ein normaler Ausdruck unserer Seele, wenn wir traurige oder widrige Umstände erleben. Erst wenn wir unseren Empfindungen erlauben, unser Leben zu regieren, wird es schwierig. Und darüber stolpern die meisten Christen. Sie lassen

zu, dass sie Gefühle wie Entmutigung, Angst oder Trauer, überwältigen. Daraufhin verlassen sie ihre Gemeinde und vernachlässigen ihre Beziehung zu Gott, was wiederum zu noch größerer Depression führt.
Unsere Gefühle sind selten stabil, verändern sich permanent und sind wenig vertrauenswürdig. Denken Sie an all die Dinge, die wir täglich zu erledigen haben und bei denen wir uns nicht auf unsere Gefühle stützen können. Sich nur aus dem Bett zu erheben, bedeutet für Einige bereits den Kampf gegen den inneren Schweinehund anzutreten. Unter Aufbietung aller Kräfte schaffen wir manchmal das Unmögliche und schwingen ein Bein aus dem Bett.
Der Psalmist erkannte die Gefahr, dass seine Gefühle anfingen, sein Leben zu regieren und er selbst disziplinierte sein Herz: *„Harre auf Gott; denn ich werde ihm noch danken, dass er meines Angesichts Hilfe und mein Gott ist.“* (Ps. 42:6). Das bedeutet, seine schwankenden Gefühle den ewigen Prinzipien des Wortes Gottes unterzuordnen. Oftmals werden Sie als Leiter Ihren Nachfolgern dieses Prinzip vorleben müssen.

Denkanstoß

Mit welchen Gefühlen haben Sie täglich zu tun? Zu welchem Verhalten fordern Sie diese Gefühle auf? Was können Sie tun, damit Ihre Gefühle nicht Ihr Leben bestimmen? Wie können Sie ein emotional stabileres Leben erreichen?

Und als er das gesagt hatte, kniete er nieder und betete mit ihnen allen. Da begannen alle laut zu weinen und sie fielen Paulus um den Hals und küssten ihn, am allermeisten betrübt über das Wort, das er gesagt hatte, sie würden sein Angesicht nicht mehr sehen. Apostelgeschichte 20:36-38

Es wird oft auf Paulus' starken Charakter und sein hartes Herz angespielt. Um diese Annahme zu bestärken, wird beispielsweise der Zwischenfall mit Markus in Apostelgeschichte 15 angeführt. Der Apostel war der Ansicht, dass jemand, der ihn einmal im Dienst im Stich gelassen hat, für künftige Reisen nicht tauglich sei. Barnabas dagegen wollte ihm eine zweite Chance geben. Die Meinungsverschiedenheit zwischen beiden war so groß, dass sie auf keinen gemeinsamen Nenner kamen und sich trennen mussten. Nicht wenige sind der Meinung, dass der Hauptgrund für diese Trennung Paulus war, hauptsächlich wegen seiner Intoleranz.

Im Laufe der Jahre handelt Gott merklich im Leben eines Leiters, um die Ecken und Kanten abzuschleifen, die anderen Schmerz verursachen. Mit Sicherheit blieb auch der Apostel nicht vor dieser Behandlung unseres göttlichen Töpfers bewahrt.

Nach dem zweiten Korintherbrief, scheint Paulus unter anderem Peitschenhiebe, Geißelungen, Gefängnisaufenthalte und unzählige andere Leiden erfahren zu haben.

Die wahre Natur eines Leiters lernen jedoch nur die kennen, die ihm am Nächsten stehen. Es sind die Menschen, die ihm in den schwierigsten Situationen seines Lebens zur Seite standen, seine Schwächen aus nächster Nähe kannten und die spezielle Gnade Gottes auf seinem Leben miterleben konnten. Diese Menschen haben ihn genau unter die Lupe genommen, seine Träume geteilt, aber auch seine Siege und

Niederlagen. Als solche sind sie dafür prädestiniert, ein objektives Urteil über sein Leben und Dienst zu fällen.
Anhand seiner Verabschiedung aus Milet lässt sich am besten erkennen, zu welcher Klasse Mensch Paulus wirklich zählte. Wir erleben ihn umringt von Personen, die ihm wirklich nahe standen. Lukas beschreibt, dass sie unkontrolliert weinten und zutiefst bedrückt waren, weil Paulus ihnen mitgeteilt hatte, dass sie ihn niemals wiedersehen würden. Traurigerweise wäre für einige in unserer Gemeinde das Scheiden des Leiters eher Grund zur Erleichterung. Aber die Menschen, die um Paulus standen, küssten und umarmten ihn, während sie von Herzen den Abschied ihres großen Lehrers und Apostel beweinten. Unnötig sie zu fragen, was sie für ihn empfanden. Ihre Gesten und ihr Verhalten sprachen Bände darüber, wie sehr er ihr Herz erobert hatte.
Vielleicht wertschätzen die Menschen nicht alles, was Sie als Leiter für sie getan haben, bis zu dem Tag, an dem Sie nicht mehr in ihrer Mitte sind. Doch die Art und Weise wie Sie von ihnen verabschiedet werden, spricht mehr als Tausend Worte vom Respekt und der Zuneigung, die Sie im Laufe der Jahre des Dienstes gewonnen haben. In Krisenzeiten wird dann Ihre Abwesenheit sichtbarer werden, als in jedem anderen Moment.

Denkanstoß

Wenn Sie sich heute von Ihrer Gemeinde verabschieden müssten, wie würde diese reagieren? Was veranlasst Sie zu glauben, dass es so wäre? Wie können Sie mehr in das Leben der Ihnen nahestehenden Person investieren? Wie können Sie ihnen Ihre uneingeschränkte Liebe vermitteln?

Das Geheimnis des Herrn ist für die, welche ihn fürchten, und seinen Bund lässt er sie erkennen.
Psalm 25:14 (Schlachter 2000)

Im Laufe der Jahre lernte ich als Teil meiner Arbeit die akademischen Kreise der theologischen Institutionen verschiedener Kirchen kennen. Einen Großteil ihrer Zeit und Kraft verwendet diese Gemeinschaft darauf, alle erdenklichen Aspekte des geistlichen Lebens zu studieren, zu analysieren und zu diskutieren. Sehr intelligente Männer und Frauen äußern sich in ihrer Dissertation dazu, wie alle Dinge mit Gott in Beziehung stehen und wie Er zwischen den Menschen wirkt. Sehr selten hörte ich aber einen Professor oder Studenten zugeben, dass ihm einige Aspekte des geistlichen Lebens ein komplettes Rätsel blieben. Und wie sollte es auch anders sein? Diese Fakultäten wurden doch ins Leben gerufen, um den Schülern alle Antworten mit auf den Weg zu geben.

Setzen wir uns aber mit der Person Gottes auseinander, treffen wir auf ein Thema, das sich nicht einfach in einen Lehrplan „hineinpressen" lässt. Der Schöpfer lässt sich nicht analysieren, zerstückeln und erklären, sodass es für jeden Menschen einfach und verständlich wäre. Sein Wesen ist von Grund auf anders als jegliches andere Wesen auf unserer Erde. Er gehorcht nicht den Gesetzmäßigkeiten der Schöpfung und lässt sich genau sowenig auf große menschliche Erkenntnisse und Erforschungen beschränken. Kurz gesagt; Er ist außerhalb all unseres intellektuellen Erfassens und Verstehens.

Die Person Gottes konfrontiert uns mit einer anderen Wirklichkeit. Wenn wir versuchen ihn zu begreifen, hängen wir völlig von einer Bedingung ab: Er muss sich uns zu erkennen geben, um nicht weiterhin ein Geheimnis zu bleiben. Würde Er dies nicht tun, könnten wir nie aus uns selbst heraus irgendetwas über Ihn entdecken. Das Ergebnis unseres Gottesstudiums sollte also sein: Je mehr wir Ihn erforschen und analysieren, desto mehr sollten wir Seine Unerforschbarkeit erkennen. Und als Antwort darauf sollten wir uns vor Seiner Größe beugen.

Können Sie die Ironie in der Darstellung des Psalmisten heraushören? *„Das Geheimnis des Herrn ist für die, welche ihn fürchten".* Was in vielen Aulas dieser Institutionen fehlt, ist leider genau das: die Furcht des Herrn. Leider scheinen viele Professoren und Studenten vermutlich Antworten auf alles zu haben! Der Herr jedoch offenbart Seine Geheimnisse genau denen, die kein Interesse daran haben sie zu erforschen. Diese Menschen tragen die feste Gewissheit im Herzen, dass Gott ein Geheimnis ist und dass sie sich Ihm in Stille und Demut nähern sollten. Gott lässt sie an einer Erkenntnis teilhaben, die das Akademische weit übersteigt.

Was meint nun der Psalmist? Gott lernen wir nicht hauptsächlich über ein Studium kennen, sondern durch ein Er-Leben (in) Seiner Gegenwart. Und das erleben diejenigen, deren Leidenschaft nicht das Studium Gottes ist, sondern Gott selbst.

Denkanstoß

Für wie wichtig halten Sie das Studium? Wenn Sie Ihr Leben Revue passieren lassen, wie viel Zeit verbringen Sie damit, Gott zu studieren und wie lange erfreuen Sie sich einfach an seiner Gegenwart? Wie können Sie in der Furcht des Herrn wachsen?

Du sprichst: Ich bin reich und habe genug und brauche nichts!, und weißt nicht, dass du elend und jämmerlich bist, arm, blind und bloß. *Apostelgeschichte 3:17*

Oftmals, wenn ich diese Stelle mit Schülern durchging, fragte ich sie, was ihrer Meinung nach die Probleme der Kirche in Laodizea waren. Ich erhielt eine Menge unterschiedlicher Antworten mit Erklärungsversuchen, worin das Problem der Gemeinde liegen könnte. Einige vertraten die Ansicht, dass es ihnen an Verbindlichkeit fehlte, andere meinten, dass ihr Hauptproblem Stolz war. Wieder andere waren der Meinung, die Gemeinde war extrem individualistisch.

Alle diese Antworten können mögliche Gründe für die starke Verurteilung durch den Herrn sein. Sicher gab es noch weitere geistliche Probleme im Alltag dieser Gemeinde, doch keine der Genannten war die eigentliche Ursache für die Situation der Gemeinde. Der Schlüssel liegt in unserem heutigen Vers und findet sich in den Worten: „du weißt nicht".

Es stimmt, dass unser geistliches Wachstum von vielen Einflüssen abhängt. Doch egal um welche es sich handelt, das wahre Hindernis liegt in der mangelnden Unterscheidungsfähigkeit. Wie kann man eine Krankheit behandeln, wenn man nicht um sie weiß? Wie kann man ein Problem lösen, wenn einem nicht bekannt ist, dass es existiert? Die wirkliche Schwierigkeit der Gemeinde in Laodizea lag an der Unkenntnis ihrer Problematik.

Dieses kleine aber überaus wichtige Detail ist auch entscheidend für uns. Unser Problem ist, dass kein menschliches Wesen eine objektive Diagnose seines eigenen geistlichen Zustandes erstellen kann. *„Wer kann sagen: Ich habe mein Herz geläutert und bin rein von meiner Sünde?"* (Sprüche 20:9). Die Antwort steckt bereits in der Frage: Keiner kann von sich sagen, dass er sein eigenes Herz reinigen könne. Das ist die Arbeit des Heiligen Geistes, der alle Dinge im Licht der ewigen Prinzipien von Gottes Wahrheit untersucht und prüft. Bevor wir ein Problem in unserem Leben angehen können, müssen wir also erst einmal erkennen, dass es besteht.

Als Leiter ist es überaus wichtig, dass Sie sich regelmäßig Zeit nehmen, um Ihr Leben und Ihren Dienst vom Herrn prüfen zu lassen. Nur das Urteil Gottes über Ihren wahren geistlichen Zustand zählt. Darum ist es wichtig, in Seine Gegenwart zu gehen, sich von allen Vorurteilen zu befreien, um zur Ruhe zu kommen und Ihm zu erlauben, Ihnen das mitzuteilen, was Er sieht. Wir müssen nicht nur bereit sein zu schweigen, sondern auch uns von dem, was Er uns aufzeigt, überraschen lassen. Beachten Sie die krassen Wahrnehmungsunterschiede zwischen der Gemeinde von Laodizea und Christus. Sie meinten, sie seien reich. Christus erklärte sie für arm, blind und nackt. Möglicherweise existiert derselbe bedrückende Unterschied in unserem Leben. Nur Er kann es uns offenbaren!

Denkanstoß

Mit welchem Mitteln analysieren Sie Ihren eigenen geistlichen Zustand? Woher wissen Sie, dass diese Instrumente geeignet sind? Welches Mitspracherecht hat der Heilige Geist in diesem Prozess?

So ging Simson hinab mit seinem Vater und seiner Mutter nach Timna. Und als sie kamen an die Weinberge von Timna, siehe, da kam ein junger Löwe brüllend ihm entgegen. Und der Geist des HERRN geriet über ihn, und er zerriss ihn, wie man ein Böcklein zerreißt, und hatte doch gar nichts in seiner Hand. Er sagte aber seinem Vater und seiner Mutter nicht, was er getan hatte. *Richter 14:5-6*

Haben Sie schon mal einen dieser imposanten Hollywoodstreifen über das Leben Simsons gesehen? In den Versionen die ich mir anschaute, erschien Simson immer als menschlicher Koloss mit übernatürlicher Kraft und gestählter Arm- und Beinmuskulatur, die jeden Bodybuilder, der gegen ihn antreten wollen würde, problemlos in den Schatten stellt. Seine bloße Gegenwart erzeugt eine Mischung aus Erstaunen und Entsetzen. Genauso finden wir es auch auf den Bildern in Kinderbibeln wieder. Simson wird immer als übermenschlicher Muskelprotz dargestellt, der die Philister das Fürchten lehrt.

Doch schauen wir uns einmal unsere heutigen Verse an. Simson ging nach Timna, um sich eine Frau aus dem Philistervolk zu suchen. Auf dem Weg stellt sich ihm ein junger Löwe entgegen. Daraufhin sagt uns der Bibeltext: *„Und der Geist des HERRN geriet über ihn“.* Als Folge dessen zerriss er das wilde Tier mit seinen bloßen Händen. Er tötete es also nicht mit seiner eigenen brutalen Kraft, sondern durch die Kraft, die Gottes Geist ihm gab.

So könnte Simson ein Mann von normaler Statur gewesen sein, der auf der Straße niemandem aufgefallen wäre. Seine Größe entspräche der eines Durchschnittstypen und seine Muskeln wären auch nicht größer, als die seiner Freunde, denn seine Kraft kam ja vom Herrn und nicht von ihm selbst.

Wir stellen uns den Richter Israels jedoch ganz anders vor, was zeigt, wie schwer es uns fällt, einen Sieg ganz und gar Gott zuzurechnen. In unserem Denken segnet Gott nur das, was in uns bereits vorhanden ist. Anders ausgedrückt, wir tragen 70% zum Erfolg bei und Gott gestehen wir die restlichen 30% zu.

Wie oft wählen wir deshalb diejenigen für den Dienst aus, die bereits natürliche Talente zeigen und bitten den Herrn, dass Er diese noch ein bisschen mehr segnet? Im Reich Gottes treffen wir jedoch auf andere Prinzipien. Gott wählte aus, *„was töricht ist vor der Welt,... damit er die Weisen zuschanden mache; und was schwach ist vor der Welt, ... damit er zuschanden mache, was stark ist“* (1.Korinther 1:27). Ist es nicht immer schon so gewesen? Er suchte sich zwei unfruchtbare Rentner aus, um sie zu Eltern einer Nation zu machen, einen Sklaven als Premierminister für das mächtigste Land der Welt, einen Stotterer als Israels Anführer, der dem Pharao gegenüber trat, und ungebildete Fischerleute, die zu den Aposteln der späteren Kirche wurden. Das Beste, was uns als Leiter passieren kann ist, dass wir uns für unsere Aufgabe ungeeignet fühlen. Nur das führt uns in die völlige Abhängigkeit Gottes.

Denkanstoß

Wie oft kommt es vor, dass Sie sich wirklich ungeeignet für die vor Ihnen liegenden Aufgaben fühlen? Was sagt das über ihre Art zu Dienen aus? Wie können Sie dieses übergroße Selbstvertrauen durch ein übergroßes Gottvertrauen ersetzen?

Es soll dir niemand widerstehen dein Leben lang. Wie ich mit Mose gewesen bin, so will ich auch mit dir sein. Ich will dich nicht verlassen noch von dir weichen... Siehe, ich habe dir geboten, dass du getrost und unverzagt seist. Lass dir nicht grauen und entsetze dich nicht; denn der HERR, dein Gott, ist mit dir in allem, was du tun wirst. Josua 1:5, 9

Darf ich Ihnen eine Frage stellen? Würden Sie Ihre ganze Zukunft auf ein einziges Versprechen bauen? Die Zeit war gekommen, dass Josua die Verantwortung für die Leitung des Volkes Israel übernahm. Seine Aufgabe war keine geringere, als den großen Propheten Mose zu ersetzen. Er machte sich sicherlich keinerlei Illusionen darüber, dass vor ihm ein äußerst schwieriger Weg lag. Als Gott ihm sagt, dass Er mit Mose gewesen ist, erinnerte sich Josua mit Sicherheit an die vielen Momente, in denen Gott sich für Mose eingesetzt hatte. Aber gewiss fielen ihm auch all die Probleme, Hindernisse und Rückschläge ein, die sie während ihrer 40jährigen Wüstenwanderung wegzustecken hatten. Um ihm Mut zuzusprechen verspricht ihm der Herr: *„denn der HERR, dein Gott, ist mit dir in allem, was du tun wirst."*

Ein Versprechen besitzt die unglaubliche Kraft uns vorwärts zu treiben, denn es erfüllt uns mit Hoffnung, erhebt unser Herz und malt uns die Zukunft in leuchtenden Farben aus. Wollen wir sie erhalten, müssen wir sie in unserem Herzen wie einen Schatz bewahren und gegen alle Widrigkeiten daran festhalten, dass sie sich erfüllen wird. Ein Versprechen besitzt nur Kraft, wenn wir es glauben.

Leider ist das Leben für viele die Summe aller unerfüllten Versprechungen. In manchen Fällen lässt sich das bis in die früheste Kindheit zurückführen, als die eigenen Eltern ständig ihr Wort gebrochen haben. Später kamen dazu dann Verwandte, Freunde und andere uns nahestehende Menschen, die ihren Teil an nicht eingelösten Zusagen hinzugaben. Als Erwachsene gewöhnen wir uns dann an die Schwemme von Versprechungen aus der Werbung, von Dienstleistern und Politikern, die uns davon überzeugen wollen, dass sie nur dafür da sind, um uns jeden Wunsch von den Augen abzulesen. Im Laufe der Zeit gewöhnen wir uns eine gewisse Skepsis an, die durch jede vollmundige Versprechung zunimmt, wenn sie sich im Nachhinein als leeres Wort herausstellt.

Und das ist unser Dilemma. Das Leben, das Gott vor uns ausbreitet, kann sich nur entwickeln, wenn wir Seinen Versprechen glauben. Petrus erinnert uns: *„Durch sie [Gottes Kraft] sind uns die teuren und allergrößten Verheißungen geschenkt, damit ihr dadurch Anteil bekommt an der göttlichen Natur"* (2.Petrus 1:3-4). Gottes Verheißungen sind ein Teil seines Planes.

Genau deshalb spricht Gott zu Josua: *„Sei mutig und stark! Erschrick nicht und fürchte dich nicht".* Wenn uns das Leben übel mitspielt, fallen wir schnell der Annahme zum Opfer, Gott habe uns vergessen. Wie könnten wir in Anbetracht unserer vielfachen Enttäuschungen anders, als das Leben zu fürchten? Doch Angst lähmt uns und macht uns unfähig, kühn auf Gottes Verheißungen zuzugehen. Glauben wir Seinen Zusagen nicht, kann sich ihre Kraft in unserem Leben nicht entfalten.

Denkanstoß

Unsere Herausforderung liegt darin, nicht die Lügen zu glauben, die in Krisenzeiten wie aus dem Nichts auftauchen. Um zu überwinden, müssen wir uns dafür entscheiden, den Zusicherungen die Er uns zugesprochen hat, zu vertrauen. Er wird sie im Gegenzug erfüllen!

Den Gefallenen wiederherstellen

Liebe Brüder, wenn ein Mensch etwa von einer Verfehlung ereilt wird, so helft ihm wieder zurecht mit sanftmütigem Geist, ihr, die ihr geistlich seid; und sieh auf dich selbst, dass du nicht auch versucht werdest. *Galater 6:1*

Eine der wichtigsten Aufgaben am Leib Christi ist es, die Menschen wiederherzustellen, die von Gottes Weg abgekommen sind. Sünde ist eine Realität im christlichen Leben und bringt immer zerstörerische Konsequenzen für die ganze Familie Gottes mit sich, sodass wir gut daran tun, Gottes Maßgaben in Seinem Wort zu beachten, damit wir auf gute Art und Weise Menschen wiederherstellen.

Erst einmal müssen wir verstehen, dass es zwei Arten von Sünde gibt. Eine ist die Konsequenz einer störrischen und rebellischen Haltung, im festen Bewusstsein, dass man Böses tut. Sie weigert sich Rat anzunehmen und verharrt in der Verirrung. Die zweite Kategorie, die Paulus im Sinn hatte, ist die spontane Sünde, ohne Vorsatz. Die Formulierung, die er in diesem Zusammenhang verwendet, meint einen Menschen, der ungeplant Schuld auf sich lädt. Keine der beiden Arten ist entschuldbar, aber es gibt einen grundsätzlichen Unterschied in der inneren Haltung, den man bei der Wiederherstellung zu beachten hat.

Zu leicht scheren wir jegliche Art von Sünde über einen Kamm, indem wir als Auslöser oft hartnäckige Rebellion unterstellen.

Zum anderen sind wir als Leiter dazu berufen, Menschen wiederherzustellen. Das Wort „wiederherstellen" bedeutet, etwas in seinen Ursprungszustand zurückzuführen, es zu reparieren. Sehen wir jedoch die Realität der Gemeinde heute, verläuft die „Wiederherstellung" einer Person oftmals genau gegenteilig. Anstatt die Person wieder in einen gesunden Zustand zurückzuführen, wird sie verurteilt, wovon sie sich selten wieder erholt. Trotzdem ruft Gott Seine Diener auf, Leben zu heilen.

Drittens sollte die Wiederherstellung in einem Geist der Demut vonstatten gehen. Dass heißt, die Person, die den Heilungsprozess anleitet, sollte daher frei von jeglicher Aggression und Zorn sein, da diese innere Einstellung den ganzen Prozess zutiefst beeinträchtigt. Da Sünde per Definition Verführung bedeutet, ist es wahrscheinlich, dass der Betroffene Widerstand an den Tag legt. Wollen wir vermeiden, dass dieser sich in Rebellion verwandelt, brauchen wir einen sanften und milden Geist, ohne dabei an Deutlichkeit und Beharrlichkeit in der Konfrontation einzubüßen.

Was uns am meisten dabei helfen wird, uns in diesen Prozess hineinzuversetzen, ist ein Blick auf unser eigenes Leben. Nichts lässt uns so hartherzig werden, wie die trügerische Annahme, dass wir niemals in eine derartige Sünde fallen könnten. Führen wir uns jedoch vor Augen, dass wir ebenso Schwächen haben, können wir mit weitaus größerem Mitgefühl reagieren und zulassen, dass Gottes Gnade im Leben „des Sünders“ zur vollen Entfaltung kommt.

Denkanstoß

Charles Hodge schreibt: *„Die Gnadendoktrin demütigt den Menschen ohne ihn herabzusetzen und baut ihn auf ohne ihn aufzublasen.“*[1]

Wenn ich sehe die Himmel, deiner Finger Werk, den Mond und die Sterne, die du bereitet hast. Was ist der Mensch, dass du seiner gedenkst, und des Menschen Kind, dass du dich seiner annimmst? *Psalm 8:4-5*

Als ich jung war, hatte ich die Gelegenheit auf einer fünfmonatigen Schiffsreise über den Ozean dabei zu sein. Bevor wir ablegen konnten, mussten wir die strapaziöse Proviantbeladung mitmachen. Dutzende LKW standen in Reihe und warteten darauf, ihre tonnenschwere Ladung zu übergeben. Solange wir noch vor Anker lagen, erschien unser Schiff imposant im Vergleich zu den kleinen Trucks und Kränen, die Tag und Nacht arbeiteten, um unsere Abfahrt vorzubereiten. Als Neuling auf See war ich ungeheuer beeindruckt von all den Navigationsgeräten, den endlosen Passagiergängen und den hunderten Rohren, Kabeln und Leitungen, die sich durch das Innere des Schiffes schlängelten.

Endlich kam der Tag unserer Abfahrt. Langsam entfernte sich die Küste aus unserer Sichtweite und nach wenigen Stunden waren wir nur noch von Wasser umgeben. Der Ozean erstreckte sich von einer Seite des Horizontes zur anderen und erschien uns unbegrenzt und unbeherrschbar. Es dauerte nicht lange bis ich das fühlte, was jeder Seemann fühlt: Ich bin wirklich ziemlich klein. Unser Schiff, das neben der Mole noch so gigantisch wirkte, war nun zu einer kleinen Nussschale in den unendlichen Meeresweiten geschrumpft. Ich glaube in diesem Moment verstand ich, was der Psalmist in unserem heutigen Vers hatte sagen wollen.

Als er seine Augen zum Himmel erhob, erlebte David wohl ein ebensolches Gefühl des Kleinseins gegenüber der unbeschreiblichen Größe Gottes. Er fühlte sich von seiner eigenen Bedeutungslosigkeit dermaßen erdrückt, dass er nicht umhin kam, den Herrn zu fragen: „Wenn du so groß bist und was du erschaffen hast, so riesig und majestätisch ist, warum sorgst du dich dann um uns, die wir so klein und unbedeutend sind?"

Wer kann wirklich ein solches Geheimnis erfassen? Der Gott, der Himmel und Erde schuf, der dem Sternenheer seine Ordnung gab, der die verborgensten Geheimnisse des Universums kennt, hat sich dafür entschieden, mit uns Gemeinschaft zu haben, die wir nicht mehr sind, als ein Punkt inmitten des Universums.

Wenn wir uns in der heutigen Zeit mit der Klon- und Gentechnik beschäftigen und die technischen Fortschritte unbegrenzt scheinen, wäre es gut, könnten wir das Bewusstsein für unsere eigentliche Bedeutungslosigkeit wiedergewinnen. Verlieren wir es, geht uns auch das Staunen über Gottes große Geheimnisse verloren: Warum wendet Er sich uns zu und warum ist Er an unserem Leben interessiert? Wir werden aufgeblasen, halten uns für wichtiger, als wir wirklich sind und glauben die Dinge geschehen nur, weil *wir* an ihnen beteiligt sind. Wir halten uns dann bald für dermaßen unersetzlich, dass wir nicht glauben, dass all das uns Umgebende auch ohne uns richtig funktionieren könnte. Unsere eingebildete Größe schmälert unseren Sinn für unsere eigene Bedürftigkeit. Wenn wir aber Gottes Hilfe nicht bedürfen, welche Hoffnung gibt es dann noch für uns?

Denkanstoß

Nehmen Sie sich etwas Zeit und sinnen Sie einmal über die Größe Gottes nach. Erlauben Sie Seinem Geist, dass in Ihnen wieder dieses Staunen erweckt wird, um wie David ausrufen zu können: *„Was ist der Mensch, dass du seiner gedenkst, und des Menschen Kind, dass du dich seiner annimmst?"* Viele Dinge erscheinen uns auf andere Art und Weise, wenn wir nur die Perspektive verändern.

Alles, was zum Leben und zur Frömmigkeit dient, hat uns seine göttliche Kraft geschenkt durch die Erkenntnis dessen, der uns berufen hat durch seine Herrlichkeit und Kraft. *2.Petrus 1:3*

Die *Hoffnung für Alle* – Bibelübersetzung bietet eine gute Alternative für das Wort „Erkenntnis" an und übersetzt es mit *„denn wir haben ihn kennengelernt"*. Eigentlich ist diese Übersetzung passender, denn jemanden umfassend *kennenzulernen* geht weit über das flüchtige Kennen einer Person hinaus.

Im Griechischen gibt es zwei unterschiedliche Worte für den Begriff „Erkenntnis". Das erste Wort *gnosis* beschreibt das Lernen im Sinne von Studieren. Man verwendet es, will man den akademischen Prozess eines gegebenen Themas von der exakten Analyse bis zur gewünschten Erkenntnis beschreiben. Die Person, die den Erkenntnisprozess durchlaufen hat, wird dann als Experte bezeichnet.

Das zweite Wort *epignosis,* wird in den meisten Versionen ebenfalls mit Erkenntnis übersetzt. In der Ursprungssprache ist der Unterschied zwischen beiden Worten jedoch gravierend. Zur epignosis gelangt man nicht durch das Studium, sondern durch Beobachtung. Diese Art von Erkenntnis besitzt beispielsweise ein Ehemann über seine Ehefrau. Niemand hat ihm gezeigt, dass sie ihren Kaffee gerne mit zwei Löffeln Zucker trinkt oder gerne Blumen geschenkt bekommt. Er hat dies gelernt, weil er mit ihr seit langer Zeit zusammenlebt. Durch ihr enges Beisammensein konnte er Informationen über sie sammeln, die anderen verborgen sind. Diese Erkenntnis beschreibt Paulus als den Dreh- und Angelpunkt unseres geistlichen Lebens. Es ist nicht die Erkenntnis über Gott, die wir uns durch ein Tiefenstudium angeeignet haben oder durch die Erzählung anderer. Sondern es ist die

Frucht von viel Zeit, die wir mit Ihm verbracht haben. Wir können mit gewisser Sicherheit von Ihm reden, da wir eine bestimmte Tiefe in unserer Beziehung, die vergleichbar mit zwei Personen ist, die sich lieben, erreicht haben.
Durch diesen „Erkenntnis-Schlüssel" gewinnen wir Gott gegenüber, der uns berufen hat, Vertrauen. Denn wir haben durch Erfahrung *erkannt*, dass Er uns nie im Stich lässt, auch nicht in den schwersten Lebensstürmen. Wann immer wir Seine Gnade brauchen, können wir Ihn suchen und finden, denn wir haben mit Gewissheit *erkannt,* dass wir nicht mit leeren Händen zurückkehren werden.

Denkanstoß

Der Apostel Paulus, Autor der ausgefeiltesten Lehre des Neuen Testaments und ein herausragender Studierter der Schriften, sah sich selbst als Mensch, der noch viel über die Person Gottes *zu erkennen* hatte: *„Aber was mir Gewinn war, das habe ich um Christi willen für Schaden erachtet. Ja, ich erachte es noch alles für Schaden gegenüber der überschwänglichen Erkenntnis Christi Jesu, meines Herrn. Um seinetwillen ist mir das alles ein Schaden geworden, und ich erachte es für Dreck, damit ich Christus gewinne..."* (Philipper 3:7-8).

Wer aufrichtig seinen Weg geht, geht sicher, wer krumme Wege geht, wird durchschaut. *Sprüche 10:9 (EÜ)*

Integrität ist eine der wertvollsten Charakterstärken eines Leiters. Wahrscheinlich ist es der ausschlaggebendste Faktor, ob Nachfolger einem Leiter vertrauen oder nicht. Ist die persönliche oder dienstliche Glaubwürdigkeit erst einmal beschädigt, bleibt sie zumeist irreparabel.

Das Wörterbuch definiert „Integrität" folgendermaßen: Eine starke Verbindlichkeit auf der Basis von moralischen Prinzipien, ohne Falsch und Tadel zu sein, Ehrlichkeit, Aufrichtigkeit und Charakterfestigkeit.

Beschreibt das Wörterbuch dagegen „Falschheit", meint es nicht einige punktuelle Verfehlungen, sondern eine fehlende Kongruenz zwischen Prinzipien und Handlungen eines Leiters. Meistens zeigt es sich durch einen Widerspruch zwischen dem was er predigt und dem was er im Alltag lebt. Er verkündet Liebe, ist aber selbst hart und unsensibel gegenüber seiner Familie. Er betont, wie wichtig Gehorsam ist, lebt jedoch im Ungehorsam gegenüber den Gesetzen seines Landes. Er proklamiert Ehrlichkeit, geht mit seinen Finanzen aber undurchsichtig um. Diese Doppelbotschaft untergräbt die Integrität seiner Autorität. Ein Autor der über dieses Thema schrieb, bestätigt: *„Ob ein Leiter tut was er sagt, wird zur ausschlaggebenden Prüfung seiner Glaubwürdigkeit."*[2]

In jedem Lebensbereich fehlt es an integren Menschen. Fehlen sie jedoch im Gemeindeumfeld, müssen wir die Schuld bei uns suchen. Aus irgendeinem Grund hat die Kirche ihre geistliche Doktrin von unserer Lebensrealität getrennt. So können wir feststellen, dass unsere Gemeindeglieder sich im Gemeindeumfeld auf eine Art verhalten, während der Woche in ihrem zu Hause jedoch völlig anders auftreten. Ihr Zeugnis gegenüber ihren Arbeitskollegen und Nachbarn ist

nicht nur ärmlich, sondern regelrecht ein Stein des Anstoßes, der andere daran hindert, Gott kennenzulernen.
Vor dieser Realität dürfen wir als Leiter unsere Augen nicht verschließen. Unsere Nachfolger tun oft nichts anderes, als nachzuahmen, was sie bei uns sehen, denn unsere Taten sprechen lauter als unsere Worte.
Unser heutiger Vers beschreibt das Vertrauen, das auf einem integren Leiter ruht. Er wird mit Problemen, Schwierigkeiten und Herausforderungen konfrontiert, doch seine Verpflichtung, ein Leben ohne Doppelmoral zu leben, schafft in ihm eine Überzeugung mit gleichzeitiger Gelassenheit, die für andere in seinem Umfeld zur großen Inspiration werden. Es ist allgemein bekannt, dass wir unsere schwierigsten Schlachten nicht in speziellen Einzelsituationen ausfechten, sondern im täglichen Herzenskampf, wenn wir versuchen, unsere eigene Sündhaftigkeit zu überwinden. Nehmen Sie diesen Kampf auf, führt er zu einer moralischen Beständigkeit in Ihrem Geist, durch die Sie weder von guten noch schlechten Lebenssituationen eingeschüchtert oder überwunden werden, sondern jedem Umstand erhobenen Hauptes gegenübertreten können.

Denkanstoß

„Gute Prinzipien, mit dem Verstand ergriffen, führen zu guten Entscheidungen im Herzen und gutem Verhalten im Leben."[3] *Matthew Henry*

Aus Fehlern lernen

Nach dem Frühstück sagte Jesus zu Simon Petrus: »Simon, Sohn des Johannes, liebst du mich mehr als die anderen?« »Ja, Herr«, erwiderte Petrus, »du weißt, dass ich dich lieb habe.« »Dann weide meine Lämmer«, sagte Jesus.

Johannes 21:15 (NL)

Die meisten Übersetzungen, nehmen den feinen Unterschied im Austausch zwischen Petrus und Jesus nicht auf, deshalb habe ich heute die *Neues Leben* – Übersetzung gewählt. Als Christus Petrus fragte, ob dieser Ihn liebe, benutze Er das griechische Wort *agape.* Von den drei Ausdrücken, die es für Liebe im Griechischen gibt, ist dieser der edelste. Er drückt die in Jesus personifizierte Liebe und Sein Wirken aus. Diese Liebe besitzt die höchste Verbindlichkeit dem Nächsten gegenüber und findet seinen Ausdruck in der Aufopferung am anderen. Die beste Beschreibung dieser Liebe finden wir in Philipper 2:5-11.

Trotz allem gebraucht Petrus nicht dasselbe Wort, als er Jesus antwortet, sondern verwendet den Ausdruck *fileo.* Dieses Wort wird zwischen Geschwistern verwendet und ist der Stärke der *agape* weit unterlegen. Die Version der *Neues Leben* übersetzt also richtig *„du weißt, dass ich dich lieb habe".* Vielleicht denken Sie, dass wir Zeit mit einem Detail verschwenden, aber es zeigt uns ein wichtiges Prinzip im Leben des Petrus. In der Nacht als Jesus verraten wurde, hatte Petrus mit lauter Stimme verkündet, dem Herrn überall hin zu folgen. Auch als Christus ihn darauf hinwies, dass er sein Wort brechen würde, bestand er darauf, sein Leben für Christus opfern zu wollen. Mit anderen Worten glaubte er, dass seine Liebe der *agape* entspricht.

Mittlerweile hatte er aber erkannt, wie vermessen er gewesen ist. Er lebte mit der Scham den Herrn dreimal verraten zu haben. Ich bin fest davon überzeugt, dass Petrus eine Zeit der Wiederherstellung durchlebte, damit er die Schlüsselposition einnehmen konnte, die Jesus in der neu entstehenden Kirche für ihn vorgesehen hatte. Damit er sich aber seiner Wiederherstellung sicher sein konnte, war es unumgänglich, dass Petrus die Grenzen seines Eiferns für den Herrn erkannte.

Die Antwort des Jüngers zeigt uns, dass er seine Lektion gelernt hatte. Während er früher seine bedingungslose Liebe geschworen hatte, war er diesmal nicht bereit, sich erneut aufs dünne Eis zu begeben. Jeder Fehler hat das Potential, etwas aus ihm zu lernen. Unsere Fehler und Niederlagen, können der Same für die wichtigsten Lektionen unseres Lebens sein. Um jedoch etwas aus unserer Schlappe lernen zu können, müssen wir genau anschauen, worin wir uns geirrt haben und was wir verändern können, um ein Wiederholen desselben Fehlers zu vermeiden. Unsere Fehler können sich somit in unsere wertvollsten Erfahrungen verwandeln. Es liegt an uns, ob wir etwas aus ihrem Potential machen.

Denkanstoß

Wie reagieren Sie, wenn Sie sich geirrt haben? Wie viel Zeit verlieren Sie an unnützer Wut und Selbstvorwürfen? Was sagt diese Reaktion über Ihre Person aus? Wie können Sie Ihre Fehler besser nutzen, um zu wachsen?

Fangen wir denn abermals an, uns selbst zu empfehlen? Oder brauchen wir, wie gewisse Leute, Empfehlungsbriefe an euch oder von euch? Ihr seid unser Brief, in unser Herz geschrieben, erkannt und gelesen von allen Menschen! Ist doch offenbar geworden, dass ihr ein Brief Christi seid, durch unsern Dienst zubereitet, geschrieben nicht mit Tinte, sondern mit dem Geist des lebendigen Gottes, nicht auf steinerne Tafeln, sondern auf fleischerne Tafeln, nämlich eure Herzen. *2.Korinther 3:1-3*

Die Kinder eines Ehepaares können viel darüber berichten, zu welchem Menschenschlag ihre Eltern gehören. Sie sehen aus wie die Miniaturversion der Erwachsenen, besonders wenn sie versuchen, ihre Eltern in Gestik, Mimik und Verhalten nachzuahmen. Es werden deren Überzeugungen und Prinzipien übernommen, ohne dass sie ihnen beigebracht oder mit ihnen besprochen wurden. Da sie dasselbe Heim teilen, werden täglich unzählige Botschaften miteinander kommuniziert, die sich oft unbewusst im Leben eines jeden Familienmitgliedes verfestigen. Dasselbe Prinzip lässt sich auf die Gemeinde übertragen. Wir brauchen uns bloß ihre Mitglieder und deren Verhalten anschauen um zu wissen, welche Art Leiter ihnen vorsteht. Anhand ihrer Überzeugungen und den Grad der Verbindlichkeit lässt sich am Besten erkennen, welchen Leitungsstil die Gemeindeleitung besitzt. Genau wie in einer Familie, übertragen sich die Überzeugungen des Leiters auf seine Gemeindemitglieder am stärksten durch die gemeinsam verbrachte Zeit.

Viele Leiter sind sich dieser Tatsache nicht bewusst. Entdecken sie in ihren Mitgliedern bestimmte dubiose Verhaltensweisen, unmoralisches Benehmen oder eine schwache Verbindlichkeit, verurteilen sie diese aufs Schärfste und

träumen von den Dingen, die sie erreichen können, hätten sie nur „zuverlässigere Mitglieder". Dabei liegt es nicht an den Leuten, sondern an der Person, die sie anleitet.
Howard Hendricks, einer der wichtigsten Theologieprofessoren in den Vereinigten Staaten, erzählt die Geschichte von einer Gemeinde mit Hunderten von Mitgliedern, vor der er sprechen sollte. Als das Treffen begann, war nur eine Handvoll Menschen vor Ort. Der Pastor hatte im Vorfeld stark die Werbetrommeln gerührt und ärgerte sich nun über die fehlende Verbindlichkeit seiner Mitglieder. Hendricks hörte ihm zu und antwortete ihm folgendes: „Pastor, ich weiß worin ihr Problem besteht." Der Pastor freute sich, denn er erhoffte sich eine Antwort um seine „Herde" neu zu motivieren. „*Sie* sind das Problem! Anstatt sich über die fehlenden 480 Leute zu beschweren, sollten Sie für die Zwanzig danken, die erschienen sind." Wir können sicher sein, dass die anwesenden zwanzig Gäste bereits den Ärger des Pastors wahrgenommen haben, ohne dass der Pastor auch nur ein Wort gesagt hatte.

Denkanstoß

Ihre Überzeugungen und innere Haltung können Sie am Besten in Ihren Nachfolgern ablesen. Es kann sein, dass diese alles treu wiederholen, was Sie ihnen beibringen. Am Besten können Sie jedoch anhand ihres Verhaltens ablesen, wie tiefgehend Ihre Arbeit wirklich ist. Vielleicht müssen Sie den Dienst an Ihrer Gemeinde überprüfen, wenn diese nicht so reagiert, wie Sie es sich wünschen.

Das richtige Maß des Glaubens

Und die Apostel sprachen zu dem Herrn: Stärke uns den Glauben! Der Herr aber sprach: Wenn ihr Glauben hättet so groß wie ein Senfkorn, dann könntet ihr zu diesem Maulbeerbaum sagen: Reiß dich aus und versetze dich ins Meer!, und er würde euch gehorchen. *Lukas 17:5-6*

Die Bitte der Jünger sollte uns nicht verwundern, wenn wir bedenken, dass Christus sie gerade zum Thema Vergebung lehrte. Der Herr erwartet etwas von ihnen, was absolut unmöglich scheint. Die Jünger sollen einem Bruder vergeben, wenn er siebenmal am Tag sündigt, dann zu ihnen kommt und sie aufrichtig um Vergebung bittet. Diese Herausforderung alarmierte sie dermaßen, dass sie sich vom Herrn mehr Glauben erbaten. Es ist ja bereits schwierig im Guten mit einem Bruder zusammen zu leben, aber ihm siebenmal am selben Tag zu vergeben, ohne sauer oder verbittert zu werden... das können doch nur geistliche Riesen!

An der Reaktion der Jünger können wir eine Überzeugung erkennen, die sich bis in unsere heutige Zeit unverwüstlich in der Gemeinde gehalten hat: Glaube wird in abgepackten Mengen, jeweils in kleineren oder größeren Portionen, unter dem Volk Gottes verteilt. Daher stammen Sätze wie: „Geschwister, lasst uns das Lied mit mehr Glauben singen“ oder „das ist eine Person von großem Glauben und darum gebraucht Gott sie so stark“. Wir dagegen zählen uns eher zur Kategorie „der Kleingläubigen“, weil unser Alltagsleben diese blendenden Krafterweise Gottes vermissen lässt.

Christus will in unserem heutigen Vers diese Fehlinterpretation über den Glauben korrigieren. Wenn wir meinen, dass die Größe des Glaubens einer Person den Unterschied macht, sind wir bereits auf dem Holzweg, da wir den Schwerpunkt auf uns selbst legen, anstatt auf Gott. Um unseren

Ausgangspunkt zu verändern, verwendet Jesus das Bild eines Senfkorns. Es gehört zu den kleinsten Samenkörnern und die meisten Menschen würden das große Potential, das in ihm steckt, unterschätzen.
Der Schlüssel zum „richtigen" Glauben steckt also nicht in seiner Größe, sondern darin, worauf wir unseren bereits vorhandenen Glauben ausrichten. Darum zählen in unserem geistlichen Leben nicht große Mengen an Glauben, sondern die Größe dessen, auf den wir unseren Glauben legen. Gott ist allmächtig und souverän. Wer an Ihn glaubt, kann in seinem Leben alle Seine außergewöhnlichen Eigenschaften erleben.
Es geht eigentlich nicht um die Frage, ob wir Glauben haben oder nicht, denn jeder glaubt auf die eine oder andere Art. Oft orientieren wir diesen Glauben jedoch nicht an Gott, sondern an unserem eigenen Urteilsvermögen oder an der Meinung anderer. Es sollte uns also nicht überraschen, dass unser Glaubensleben so magere Resultate produziert. Wir können nur Gottes Wirken in unserem Leben erkennen, wenn wir unseren, wenn auch minimalen, Glauben ausschließlich auf Gott ausrichten. So können wir außergewöhnliche Dinge erleben, wie ein Baum der sich ausreißt und sich ins Meer versetzt!

Denkanstoß

„Manche denken sie bräuchten den Glauben eines Berges um ein Senfkorn zu bewegen". (Quelle unbekannt)

Und die Apostel sprachen zu dem Herrn: Stärke uns den Glauben! Der Herr aber sprach: Wenn ihr Glauben hättet so groß wie ein Senfkorn, dann könntet ihr zu diesem Maulbeerbaum sagen: Reiß dich aus und versetze dich ins Meer!, und er würde euch gehorchen. *Lukas 17:5-6*

Dreimal erscheint in dieser kurzen Passage über den Glauben der Gedanke des Gehorsams. Wir finden ihn im heutigen Text, aber auch im Vers 9 und wiederholt in Vers 10. Dass der Gehorsam hier im Zusammenhang mit dem Glauben erwähnt wird, verdeutlicht uns, was es in Wirklichkeit mit dem Glauben auf sich hat.

Nach unserem Verständnis besitzt eine Person großen Glauben, wenn sie sich wagt Gott um derart außergewöhnliche Dinge zu bitten, wie wir es uns nie trauen würden. Leicht neidisch schauen wir auf ihr Leben, denn sie scheint viel beeindruckendere Dinge zu erreichen als wir. Unser Denkfehler dabei ist zu glauben, dass großer Glaube mit großen Träumen gleichzusetzen ist.

Der Glaube, nach dem was Christus lehrt, ist jedoch an Gott gebunden und nicht an den Menschen. Er ist kein Blankoscheck den Jesus seinen Jüngern ausstellt, damit sie Ihn bitten können, worum sie wollen und sich in der Sicherheit wähnen; also dass Er verpflichtet ist alles zu erfüllen. Es ist vielmehr die Überzeugung, dass Gott das Wort erfüllt, das Er vorher gegeben hat.

Wir brauchen nur einen kurzen Blick auf das Leben einiger biblischer Glaubenshelden zu werfen um zu entdecken, dass sie in jeder Situation, in der Gott großartig wirkte, nur das ausführten, was Gott ihnen vorher aufgetragen hatte. Abraham konnte Isaak als Opfer bringen, weil er Gottes Wort, das ihm eine große Nachkommenschaft versprach, vertraute. Mose teilte das Meer, denn er glaubte dem Wort, das er von Gott empfangen hatte. Ebenso schlug er auf den Felsen, um an Wasser zu gelangen, weil Gott ihm das so gesagt hatte. Josua sah die Zerstörung Jerichos mit an, weil er die Anweisungen Gottes über diese Stadt angenommen hatte. Elias schlug die Propheten Baals nach dem Wort, dass Gott ihm gegeben hatte.

Dies ist auch das Hauptanliegen des Autors des Hebräerbriefes. Im Kapitel 4 schreibt er:

„Wie schrecklich wäre es, wenn einer von euch am Ende ebenfalls das Urteil hören müsste, er habe das Ziel nicht erreicht! Wir wollen alles tun, damit das nicht geschieht. Schließlich gilt Gottes Zusage nach wie vor; auch uns ist sein Angebot verkündet worden, an seiner Ruhe teilzuhaben, genau wie jenen Menschen damals. Ihnen allerdings hat es nichts genützt, diese Botschaft zu hören, weil zum Hören nicht der Glaube hinzukam" (Hebräer 4:1-2, NGÜ).

Es ist unmöglich für etwas Glauben zu haben, was nicht direkt von Gott ausgeht, denn Glaube ist nur in Situationen anwendbar, in denen Gott klar zu uns gesprochen hat und uns einlädt es zu glauben. Indem wir seine Anweisungen umsetzen, leben wir Glauben praktisch aus.

Denkanstoß

Elisabeth Elliot schrieb: *„Du wirst niemals verstehen, warum sich Gott auf eine bestimmte Weise verhält. Ihm trotzdem zu glauben ist das Einzige was zählt. Lernen wir Ihm zu vertrauen, weil Er Gott ist!"*[4]

Dankt er etwa dem Sklaven, dass er das Befohlene getan hat? Ich meine nicht. So sprecht auch ihr, wenn ihr alles getan habt, was euch befohlen ist: Wir sind unnütze Sklaven; wir haben getan, was wir zu tun schuldig waren.

Lukas 17:9-10 ELB

Wir haben uns bereits einige Schwerpunkte, die Christus seinen Jüngern über den Glauben mit auf den Weg geben wollte, in den vergangenen Tagen angesehen. Heute soll es uns um die Umsetzung des Glaubens in unserem täglichen Leben gehen.

In unseren christlichen Reihen hält sich das hartnäckige Vorurteil, der starke Glauben eines Menschen sei etwas Außergewöhnliches. Erzählen wir von Begebenheiten, in denen Gottes Kraft wirkte, tun wir das mit einem derartigen Erstaunen, als ob wir etwas schier Unmögliches beschreiben würden. Viele innerhalb der Gemeinde denken, dass einige Christen, die sich angeblich in anderen geistlichen Sphären bewegen als wir, eine besondere Fähigkeit haben „zu glauben". Dies zeigt nur, wie sehr wir uns von der Art Leben entfernt haben, das wir in Christus leben sollten.

Christus bringt uns diese Tatsache in der heutigen Textstelle am Beispiel eines Tagelöhners auf dem Feld näher. Morgens hatte er seine Anweisungen empfangen und arbeitete diese den ganzen Tag lang ab. Als der Abend gekommen war, empfing ihn da sein Herr mit dem fertigen Abendessen, um ihm zu seiner vollbrachten Arbeit zu gratulieren? Natürlich nicht! Er erhielt keinerlei Anerkennung, hatte er doch nur das getan, was seine Aufgabe war.

Auf diese Weise legt ein Jünger Jesu der aus dem Glauben lebt, keine außergewöhnliche Leistung an den Tag, wenn er das tut, was von ihm verlangt wird. Er lebt einfach so, wie sein Herr es von ihm erwartet. Im Glauben leben heißt also nicht, mit einer größeren Verbindlichkeit zu leben, als alle anderen, sondern, das geistliche Leben in vollen Zügen so zu leben, wie Gott es uns aufträgt. Gott gibt uns Anweisungen und wir erfüllen sie, indem wir genau das tun, was Er von uns erwartet. Deswegen haben wir keinen Anspruch auf besondere Anerkennung. Wenn wir andere, die das tun, was Gott ihnen aufgetragen hat, als Helden bewundern, bezeugen wir damit nichts weiter als die Armut unseres eigenen geistlichen Lebens.

Georg Müller, der in seinem Leben unzählige Waisenheime gegründet hat, besuchte am Ende seines Lebens viele Gemeinden und gab Zeugnis, wie treu Gott für die Nöte von Tausenden von Kindern gesorgt hatte. Seine Zuhörer waren überaus bewegt von seiner Aufopferungsbereitschaft. Müller stellte jedoch klar, dass er damit nichts Außergewöhnliches geleistet hat. Er hatte sich lediglich dafür entschieden, dem Versprechen Gottes an jedem Tag seines langen Lebens zu glauben. Er tat das, wovon er glaubte, es sei die Aufgabe eines jeden Christen und verdiene damit keine besondere Anerkennung im Reich Gottes. Er war nach all dem, nichts weiter als ein unnützer Knecht.

Denkanstoß

„Glaube ist die Währung in der geistlichen Welt, so wie es das Geld in der materiellen Welt ist." (Quelle unbekannt)

Ich bin auch nur ein Mensch

Und als Petrus hereinkam, ging ihm Kornelius entgegen und fiel ihm zu Füßen und betete ihn an. Petrus aber richtete ihn auf und sprach: Steh auf, ich bin auch nur ein Mensch. *Apostelgeschichte 10:25-26 (NGÜ)*

Durch unseren Dienst an anderen stehen wir oft im Licht der Öffentlichkeit. Viele Menschen suchen bei uns Rat, wenn sie Entscheidungen zu treffen haben oder um ihre schwierigen Situationen zu bewältigen. Sind sie bekümmert, suchen sie bei uns Trost und Verständnis, um über die Trauer des Momentes hinwegzukommen. Wenn sie durcheinander sind, suchen sie uns auf, damit wir ihnen helfen, Gottes Wirken richtig zu verstehen und neue Orientierung zu finden. Andere kommen zu uns, weil sie in uns Christi Liebe wiederfinden.

All das versetzt uns in eine Autoritätsposition gegenüber den Menschen, denen wir dienen. Wir werden mit Respekt behandelt und viele zeigen ihre tiefe Dankbarkeit für unsere Hilfe im richtigen Moment. Doch diese Mischung aus Ergebenheit und Achtung kann zu einem großen Fallstrick unseres Dienstes werden. Wir kommen in Versuchung zu glauben, dass wir besondere Eigenschaften besitzen, die uns von den anderen abheben. Wir verlieren den Blick dafür, dass die Frucht, die wir im Dienst ernten, lediglich das Ergebnis aus Gottes Gnade und seinen Gaben in unserem Leben sind. Diese Selbstüberschätzung führt zu Stolz, der unserem Dienst nach und nach die Wirksamkeit entzieht.

Mit schwerem Herzen erinnere ich mich an einen Pastor, dessen Dienst sehr stark wuchs. Heute bewegt er sich nur noch mit Bodyguards. Aus einem Pastor für die Bedürftigen wurde ein Zeremonienmeister für Mega-Events. Heute kann man ihn nur noch auf der Bühne erleben. Wie leicht können wir auf unsere eigene Eitelkeit hereinfallen.

Kornelius war ebenfalls in Not. Ihm wurde berichtet, dass ihn der Apostel Petrus höchstpersönlich besuchen würde. Als Petrus sein Haus betrat, nahm Kornelius vor ihm eine Haltung ein, die völlig unpassend für einen Menschen war: Er fiel auf seine Knie und betete ihn an. Doch Petrus half ihm mit bemerkenswerter Einfachheit wieder auf die Füße und korrigierte ihn sanft: „Ich bin auch nur ein Mensch". Durch diese Geste wollte der Apostel die übertriebene Schmeichelei abblocken, die den Gefährten Christi immer wieder angeboten wurde.

Stehen Sie einem halbwegs erfolgreichen Dienst vor, werden Sie erleben, wie Menschen Sie immer wieder auf ein Podest befördern wollen, das weder Ihnen noch Ihren Mitarbeitern gut tut. Der weise Leiter sorgt dafür, dass die anderen eine gesunde Perspektive auf ihn haben. Er vermeidet das Gefühl seiner Unersetzbarkeit. Er sucht nicht nach einer bevorzugten Behandlung sondern erklärt den anderen, dass auch er nur ein Pilger im Wandlungsprozess ist. Vielleicht ist er zu einer wichtigen Aufgabe berufen, aber die erhebt ihn nicht über andere und privilegiert ihn auch nicht.

Durch seine Schlichtheit und Ehrlichkeit hinterlässt dieser Leiter bleibenden Eindruck bei seinen Nachfolgern.

Denkanstoß

„Bedeutende Menschen halten sich niemals für bedeutend, unwichtige Menschen halten sich niemals für unwichtig."
(Quelle unbekannt)

Den (Jesus) verkündigen wir und ermahnen alle Menschen und lehren alle Menschen in aller Weisheit, damit wir einen jeden Menschen in Christus vollkommen machen. Dafür mühe ich mich auch ab und ringe in der Kraft dessen, der in mir kräftig wirkt. *Kolosser 1:28,29*

In diesen beiden Versen finden wir Paulus' beeindruckende Dienstphilosophie wieder und können daraus einige Lehren ziehen. Zum einen bekräftigt Paulus sein Ziel, jeden Menschen in Christus vollkommen zu machen. Um das zu verstehen, müssen wir zum griechischen Ursprungsbegriff zurückgehen. Paulus bezieht sich mit „vollkommen" nicht auf einen Zustand der Sündlosigkeit. Er meint vielmehr, den Menschen in seinem ursprünglichen Schöpfungszustand wiederherzustellen. Mit anderen Worten: Ziel des Dienstes ist es, den Menschen in die Beziehung und Funktion zu bringen, die Gott im Sinn hatte, als Er ihn erschuf. Also all das zu reparieren, was durch Sünde verbogen und zerstört wurde – eine Aufgabe die ein Leben lang andauert.

Als Zweites sagt uns der Apostel, dass die zu befolgende Methode eine doppelte Funktion besitzt: ermahnen und lehren. Wer etwas vom geistlichen Leben versteht weiß, dass es unmöglich ist, auf dem falschen Fundament aufzubauen. Das Fundament kann nur so sein, wie in Gottes Wort beschrieben: Jesus Christus. Daher braucht es die Ermahnung, die alles anprangert, was sich gegen Gott auflehnt. Um ein Leben Gott gemäß aufzubauen, ist jedoch nicht nur Ermahnungen von Nöten, sondern auch Unterweisung, damit Gottes Kinder zu reifen.

Drittens muss alle Lehre in Weisheit vermittelt werden. Man kann Menschen nicht als Maschine behandeln oder als wären alle gleich geschaffen. Natürlich stimmt es, dass es Gemeinsamkeiten zwischen Personen gibt, aber es ist ebenso richtig, dass jeder Mensch einzigartige Charakteristiken in sich trägt. In Weisheit zu lehren bedeutet, die Realität eines jeden zu erkennen und ihm die Wahrheit so zu präsentieren, dass sie auf dem Hintergrund seiner Biographie und seines Lebensumfeldes Sinn macht. Als Lehrer sollten wir unbedingt massenproduzierte „Lehrkost" vermeiden, die allen dasselbe auftischt.

Zum Abschluss erklärt uns Paulus, dass dieses Projekt viel Kraft und Arbeit beansprucht. An dieser Stelle scheitern wir oft. Wir glauben, indem wir jemandem ein paar Lektionen zu einem Thema erteilen, hätten wir bereits einen bestimmten Bereich seines Lebens verändert. Wir brauchen jedoch Durchhaltevermögen und Verbindlichkeit, um Menschen in das Ebenbild Christi zu formen. Jemandem die Wahrheit auf den Kopf zuzusagen ist der einfachste Teil. Die große Herausforderung liegt darin, dem Einzelnen dabei zu helfen, diese Wahrheit zum Teil seines Lebens zu machen.

Denkanstoß

Paulus erklärt, dass sein gesamter Dienst von der Kraft Christi angetrieben wird, „der in mir mächtig wirkt". Dies ist grundlegend für einen erfolgreichen Dienst, denn versucht man es aus der eigenen Kraft, endet man zermürbt.

Petrus aber antwortete und sprach zu ihm: Wenn sich alle an dir ärgern werden, ich werde mich niemals ärgern. Jesus sprach zu ihm: Wahrlich, ich sage dir, dass du in dieser Nacht, ehe der Hahn kräht, mich dreimal verleugnen wirst. Petrus spricht zu ihm: Selbst wenn ich mit dir sterben müsste, werde ich dich nicht verleugnen. Ebenso sprachen auch alle Jünger. *Matthäus 26:33-35 (ELB)*

Meistens konzentrieren sich Predigten zu dieser Textstelle auf Petrus' Torheit, weil er nicht auf Jesus hören wollte. Ich möchte stattdessen heute versuchen, den Text aus Christi Perspektive zu behandeln. Versetzen Sie sich einmal in Jesus, als Leiter der Gruppe mit der vollen Verantwortung für die Ausbildung dieser 12 jungen Männer. Haben Sie sich schon einmal in einer vergleichbaren Situation befunden? Sie entdecken in Ihrem Gegenüber eine innere Haltung oder hören von einer Entscheidung, die auf jeden Fall negative Konsequenzen tragen wird, doch die Person will nicht hören. Wie gehen Sie mit dieser Situation um?

Wie hat sich wohl Christus gefühlt, als Petrus Ihm, nett gemeint, aber mit fest entschlossen gegenüber trat? Wir können ziemlich sicher sein, dass Petrus verstand, was Jesus gemeint hatte. Denn außer der Erklärung an die ganze Gruppe, sprach Jesus noch einmal persönlich zu seinem Jünger und prophezeite ihm, dass er Ihn nicht nur einmal, sondern dreimal verraten würde. Doch Petrus war für diese Art Botschaft unempfänglich. Können Sie sich den Frust und den Schmerz von Jesus vorstellen? Der Herr will ihm einen Tiefschlag ersparen, aber Petrus schlägt seine Hilfe in den Wind.

Von unserer Reaktion in diesem Moment hängt ab, ob die Person uns in Zukunft weiter in ihr Leben sprechen lassen wird. Wenn ein Mensch blindlings und wider besseren Wissens, seinem falschen Weg nachlaufen will, ruft das in uns oft eine Wut hervor, die sich in hitzigen Wortgefechten und endlose Debatten entlädt, um unser Gegenüber dazu zu bewegen, doch einen anderen Weg einzuschlagen. Dieser Umgang mit der Situation schafft selten Abhilfe. Noch schwerer wiegt jedoch, wenn der Leiter nicht versteht, dass er sich bei der Person alle Möglichkeiten verbaut, ihr in Zukunft helfen zu können, nämlich nachdem sie in ihr Unglück gerannt ist. Christus entschied sich in dieser Situation für die Stille. Die Worte waren gefallen. Nun war es Aufgabe des Heiligen Geistes dieses Wort im richtigen Moment zu nutzen, um Petrus zur Erkenntnis kommen zu lassen. Die Stille des Messias ließ nicht nur die Tür offen, damit der Heilige Geist wirken konnte, sondern auch zur wunderbaren Wiederherstellung des Petrus, wie uns am Ende des Johannesevangeliums berichtet wird. Da sich Christus entschieden hat, keine Feindseligkeit – auch nicht auf noch so perfide Weise – zu zeigen, blieb Petrus' Vertrauen in die Liebe Jesu intakt. Diese Öffnung konnte der Herr später nutzen, um weiter am Leben seines Jüngers zu arbeiten.

Denkanstoß

Wir investieren auf Erden für die Ewigkeit. Manchmal sind wir so versessen darauf einen minimalen Fortschritt zu erreichen, dass wir dessen langfristige Auswirkung nicht im Blick haben. Die Liebe, die immer langfristig angelegt ist, kennt den richtigen Moment um zu Schweigen und weiß, wann es an der Zeit ist, voranzuschreiten. Ein reifer Leiter kann die Spannung zwischen beiden Momenten aushalten.

(Er) warf mit Steinen nach David und nach allen Knechten des Königs David, obwohl alles Kriegsvolk und alle Helden zu seiner Rechten und zu seiner Linken gingen. Und so schrie Schimi, als er fluchte: Hinaus, hinaus, du Blutmensch, du Ruchloser! Der HERR hat die ganze Blutschuld am Haus Sauls, an dessen Stelle du König geworden bist, auf dich zurückgebracht, und der HERR hat das Königtum in die Hand deines Sohnes Absalom gegeben! Siehe, jetzt bist du in deinem Unglück, denn ein Blutmensch bist du!

2.Samuel 16:6-8 (ELB)

Unser Text führt uns heute mitten in den Aufstand Absaloms gegen seinen Vater David. Der König fürchtete um sein Leben und das der Seinen und flüchtete aus Jerusalem in die Wüste. Bereits müde und traurig, traf er mitten auf seinem Weg einen Abkömmling Sauls, der ihn beleidigte und mit Steinen bewarf.

Ich möchte Sie einladen, mit mir darüber nachzudenken, wie dieser Mann die Ereignisse in Israel auslegt. Voller Hass und mit angestautem Zorn über den Verlust des Königreiches, erklärt Simi überzeugt: *„Der HERR hat die ganze Blutschuld am Haus Sauls, an dessen Stelle du König geworden bist, auf dich zurückgebracht, und der HERR hat das Königtum in die Hand deines Sohnes Absalom gegeben“.* Sicherlich unterstrich er seine Ausführung mit einer gewissen abartigen Befriedigung, meinte er doch in diesen Ereignissen zu erkennen, dass David endlich für all das Unglück bestraft wurde, das dem Hause Saul widerfahren war.

Was uns an dieser Stelle erschrecken sollte ist, wie leicht es uns fällt Gottes Handeln nach unserem eigenen Gutdünken auszulegen und dann auch noch zu glauben, dass die Dinge wirklich so sind, wie wir sie beschreiben. Saul wurde rasend, nachdem er Gott den Rücken zugewandt hatte, legte aber seinerzeit die Situation auch zu seinem Vorteil aus. Als Davids Versteck gefunden wurde, triumphierte er: *„Gott hat ihn verworfen und in meine Hand gegeben. Denn er hat sich selbst eingeschlossen, indem er in eine Stadt mit Toren und Riegeln gekommen ist“* (1.Samuel 23:7). Schon seit geraumer Zeit hatte Gottes Geist Saul verlassen, doch in seinem Eifer David zu töten, glaubte er weiterhin, dass der Herr mit ihm war.

Wir wissen, dass die Interpretation dieser Männer in beiden Fällen falsch war. Wir wissen es jedoch nur, weil wir die gesamte Geschichte kennen und zusätzlich historische Kommentare haben. Wie oft kennen wir jedoch nicht die ganze Geschichte und glauben, Gottes Handeln richtig einschätzen zu können, ohne zu bemerken, wie falsch wir vielleicht liegen? Wir können uns sehr leicht irren, da unser Handeln zutiefst von unseren eigenen Interessen beeinflusst wird. Wir glauben, dass Gott praktisch dazu verpflichtet ist, alle Dinge für uns zu arrangieren.

Denkanstoß

Die Wahrheit sieht anders aus. Die Wege des Herrn sind nicht unsere Wege und Seine Gedanken sind nicht unsere. Wenn wir ehrlich sind, erkennen wir an, dass Seine Art Dinge zu tun, uns völlig entgegengesetzt ist. Darum sollten wir uns vorsehen, unser Umfeld geistlich beurteilen zu wollen. Wer kann wirklich die Geheimnisse Gottes entschlüsseln?

Eure Treue ist so flüchtig wie ein Nebelschleier am Morgen, eure Liebe zu mir verschwindet so schnell wie Tau unter der Sonne! Wenn jemand mir treu ist, so ist mir das lieber als ein Schlachtopfer. Und wenn jemand mich erkennen will, freut mich das mehr als jedes Brandopfer!

Hosea 6:4-6 (HfA)

Wenn ich diese Textstelle lese, schäme ich mich ein wenig für unsere Zusammenkünfte in der Gemeinde. Wir singen gemeinsam wieder und wieder von unserer tiefen Liebe zum Herrn, wir weinen gelegentlich oder werden innerlich tief bewegt. Montags setzt sich unser Leben jedoch in den gewohnten Bahnen fort, ohne dass jemand in unserem Umfeld vermuten würde, dass wir am Tag zuvor dem Herrn unsere tiefe, unbegrenzte Liebe geschworen haben.

Natürlich gibt es nichts daran zu bemängeln, wenn wir unserem Herrn in der Öffentlichkeit unsere Liebe bekennen und bei vielen Gelegenheiten mit der ganzen Gemeinde zusammenkommen, um unsere Treue zu Gott zu bekennen. Das sollte zum Leben eines jeden Jüngers Christi gehören.

Das Problem liegt vielmehr darin, dass unsere Treue wie der Frühnebel ist. Der morgendliche Nebel ist schwerfällig und undurchdringlich. Er erfüllt alles. Wer sich darin befindet, hat den Eindruck, dass er niemals herausfindet. Wie ein dicker Mantel, der scheinbar nie verschwindet, bedeckt er alle Dinge. Kommt jedoch die Sonne zum Vorschein, löst er sich minutenschnell auf. Schon nach kurzer Zeit ist fast keine Spur mehr von seiner eben noch überwältigenden Macht zu sehen.

Treue lässt sich damit wunderbar vergleichen, denn auch sie existiert nur solange, bis sie geprüft wird. Präsentiert das Leben erst einmal ein paar Schwierigkeiten, lösen sich alle gu-

ten Vorsätze, Versprechen und Verpflichtungen, Gott für alle Ewigkeit zu lieben, in Luft auf. Übrig bleibt das verzweifelte Bestreben, aus der momentanen, belastenden Situation herauszufinden.
Doch die wahre Treue kann gar nicht anders erprobt werden, als NUR durch Schwierigkeiten. Jedem von uns fällt es leicht, dem Herrn Treueeide zu schwören, solange alles glatt läuft. Das ist der einfache Teil. Die Schwierigkeit beginnt, Ihm treu zu bleiben, wenn das Leben uns auffordert Ihn aufzugeben. Genau an diesem Punkt geraten wir ins stolpern. Genauso wie das Volk Israel bringt uns das kleinste Problem dazu, Gottes Güte und seine Absichten mit uns völlig in Frage zu stellen.

Denkanstoß

Sollten wir also aufhören für Gott zu singen und seine Liebe zu proklamieren? Auf gar keinen Fall! Vielleicht sollten wir ein bisschen vorsichtiger damit sein, was wir ausrufen, denn hinter unseren großen Worten steht ein schwacher Wille. Noch besser ist es, als Bezeugung für unsere Worte ein gottgefälliges Leben zu führen, das nicht von den Gefühlen des Moments abhängt, und auch nicht von dem, was der Leiter sagt. Genauso wie zu Israel, sagt Gott heute zu uns: „Weißt du was, geliebter Mensch? Ich freue mich daran, wie du sagst, dass du mich liebst, wenn andere dabei sind, aber noch mehr gefällt es mir, wenn du es sagst, während du alleine bist und du es im Leben nicht einfach hast. Genau *das* erfüllt mein Herz mit ganzer Freude!“

Gefährliches Vertrauen

Verflucht ist der Mann, der sich auf Menschen verlässt und hält Fleisch für seinen Arm und weicht mit seinem Herzen vom HERRN. *Jeremia 17:5*

Wie können wir diese Textstelle bloß mit anderen, wie 1.Korinther 13:7, zusammenbringen, in der Paulus erklärt, die Liebe *„erträgt alles, sie glaubt alles, sie hofft alles, sie duldet alles“*? Verurteilt der Prophet etwa jegliche Vertrauenshaltung gegenüber unserem Nächsten? Lädt er uns dazu ein, mit einem permanenten Misstrauen durchs Leben zu gehen?

Falls Sie schon einmal Kontakt zu einer von Grund auf misstrauischen Person hatten, werden Sie mir gewiss zustimmen, dass der Prophet keinesfalls so etwas im Sinn haben konnte. Und sie haben Recht! Der misstrauische Mensch unterstellt dem anderen immer, dass sein Gegenüber nur auf seinen eigenen Vorteil aus ist. Eröffnet sich ihm eine günstige Gelegenheit, sucht er sofort den Haken an der Sache. Er schaut sich die Welt an und sagt bei sich: „Wenn ich mich nicht um mich kümmere, wird es auch kein anderer tun.“ Er hat die Befürchtung, von anderen übervorteilt zu werden, würde er diese Haltung aufgeben. Es ist schwierig mit diesem Menschenschlag eine tiefe Beziehung einzugehen, denn ihr Argwohn vergiftet alles. Man merkt, dass sie nicht aus der Gnade Gottes Leben, sondern in Menschenfurcht.

Worauf will der Prophet also hinaus? Der Rest des Verses zeigt uns deutlich, welches Problem er anprangert. Er spricht den Menschen an, der nicht mehr dem Herrn vertraut, sondern stattdessen in Menschen. Gott lädt uns ein, Ihm auf die Art zu vertrauen, dass Er „unser Gott ist und wir sein Volk“ (Jer. 31:33). Wir können darauf vertrauen, dass Er sich um unsere Bedürfnisse kümmert, unsere Entscheidungen leitet und unser Trost in Krisenzeiten ist. Derjenige, der Menschen oder nur sich selbst vertraut und sich daraus Stärkung holt, verschiebt seine Bezugsquelle von Gott auf den Menschen. Er erhofft sich, dass sie seine Bedürfnisse stillen, seine Entscheidungen leiten und ihn in schwierigen Zeiten trösten. Es gehört zu unserem Mensch-Sein, dass wir füreinander da sind. Wir helfen uns gegenseitig, geben uns Orientierung wenn wir nicht weiter wissen und trösten uns im Schmerz. Es ist ein Geschenk und Segen, tiefgehende Beziehungen mit anderen zu erleben. Problematisch wird es nur dann, wenn wir erwarten, dass andere immer diese Funktion in unserem Leben erfüllen. Geschieht dies nicht, werden wir permanent verraten, betrogen und im Stich gelassen fühlen. Der Kern des Problems liegt also nicht in unseren Beziehungen zu anderen, sondern darin, dass wir von Menschen etwas erwarten, was nur Gott geben kann. Wer von Menschen sucht, was Gott versprochen hat zu geben, kann nur enttäuscht werden!

Denkanstoß

Widerstehen Sie der Versuchung, bei Menschen zu suchen, was nur von Gott kommen kann. Ärgern Sie sich nicht darüber, wenn Menschen Sie enttäuschen. Bitten Sie den Herrn um Vergebung, dass Sie unrealistische Erwartungen an andere hatten und setzen Sie ab jetzt ihr Vertrauen ganz auf den Herrn, denn nur Ihm können Sie ganz vertrauen.

Da sprach David: Ihr sollt nicht so tun, meine Brüder, mit dem, was uns der HERR gegeben hat; er hat uns behütet und diese Schar, die über uns gekommen war, in unsere Hände gegeben. Wer sollte in dieser Sache auf euch hören? Wie der Anteil derjenigen, die in den Kampf gezogen sind, so soll auch der Anteil derjenigen sein, die beim Tross geblieben sind; jeder soll den gleichen Anteil haben.

1.Samuel 30:23-24

Dies ist eines der vielen Beispiele aus dem Leben König Davids, aus dem seine tiefe Zuwendung zu Gott sichtbar wird. Diesmal verfolgte der Schafhirte aus Bethlehem die Amalekiter, die in seiner Abwesenheit sein Dorf angegriffen hatten und alles mitnahmen, was nicht niet- und nagelfest war, Frauen und Kinder eingeschlossen. Mit Gottes Hilfe konnten sie durch diese Rettungsaktion nicht nur alle ihre Güter wiedererlangen, sondern nahmen den Amalekitern auch die Beute aus anderen Städten ab. Bei ihrer Rückkehr trafen Davids Männer auf 200 ihrer eigenen Soldaten, die zu erschöpft gewesen waren, um sie zu begleiten. Da sie nur auf das Rüstzeug aufgepasst hatten, wollten die „aktiven" Kämpfer Davids nun die Beute nicht mit ihnen teilen.

Das ist ein gutes Beispiel dafür, wie gerne wir Hierarchien konstruieren, um Menschen in Klassen einzuteilen. Die Bereitschaft andere zu kategorisieren – und dadurch einen verdeckten Elitismus zu schaffen – ist eine der zerstörerischsten Folgen der Sünde. Das erste Ehepaar der Geschichte erlebte am eigenen Leib, wie sie Gott den Rücken zukehrten und ihre Trennung von ihm offenbar wurde.

Das Klassendenken ist zutiefst in unsere Gesellschaftsform integriert. Das gesamte Wirtschaftssystem beruht auf der Annahme, dass einige Menschen wertvoller sind als andere.

Traurigerweise hat sich dieses System auch innerhalb der Gemeinde festgesetzt. Wir messen einigen Mitgliedern einen höheren Status als anderen zu, meistens dadurch festgelegt, wie viel sie spenden oder wie stark sie mitarbeiten. In vielen Fällen sind es die Leiter selbst, die am meisten geehrt werden. Wie immer die Situation auch sei, es zeigt sich, wie unterschiedlich wir die Geschwister wertschätzen.
David ehrte alle seine Männern im gleichen Maße. Es stimmt, dass einige von ihnen im Kampf ihr Leben riskiert hatten, während andere die Ausrüstung bewachten. Aber nur *weil* sie sich nicht um die Waffen kümmern mussten, konnten einige in den Kampf ziehen. David bestand darauf, dass alle die gleichen Privilegien und Rechte genossen. Entgegen den Protesten einiger seiner Männer, teilte er die Beute gerecht unter allen Soldaten auf.

Denkanstoß

Es ist so wichtig, dass wir als Leiter diese unerfreulichen Entwicklungen in unserem Umfeld erkennen und uns ihnen in den Weg stellen. Jede der Personen, die uns anvertraut wurde, hat einen unschätzbaren Wert für Christus und jeden sollten wir gleichermaßen ehren und schätzen. Jeder Einzelne ist ein unverzichtbarer Teil des Leibes Christi.

Als aber Ahitofel sah, dass sein Rat nicht ausgeführt wurde, sattelte er seinen Esel, machte sich auf und zog heim in seine Stadt und bestellte sein Haus und erhängte sich und starb und wurde begraben in seines Vaters Grab.

2.Samuel 17:23

Wie sollten wir darauf reagieren, wenn andere unseren Rat nicht akzeptieren? Um das dramatische Ende der heutigen Geschichte begreifen zu können müssen wir wissen, welche Stellung Ahitofel unter den Ratgebern des Königs einnahm. Man muss den Text nicht sehr tiefgründig analysieren, denn der Autor selbst sagt: *„Wenn damals Ahitofel einen Rat gab, dann war das, als wenn man Gott um etwas befragt hätte; so viel galten alle Ratschläge Ahitofels bei David und bei Absalom“* (2. Samuel 16:23). Dieser Mann besaß nicht nur die Weisheit den König in besonders komplizierten Fragen zu beraten, er hatte sich außerdem daran gewöhnt, von den mächtigsten Männern des Landes um Rat gefragt zu werden. Die Bewohner und seine Funktionäre schätzten ihn sehr.

Doch als der Tag kam und Absalom den Thron bestieg, befragte er Ahitofel nicht mehr. Seine Entscheidungen beruhten nun auf dem Rat eines anderen Ratgebers, Husai. Seine Worte erschienen Absalom weiser als die des Mannes, der die Schritte seines Vaters David über so viele Jahre gelenkt hatte. Die Geschichte nimmt eine überraschende Wendung: Ahitofel ging zu seinem Haus zurück, regelte seine Angelegenheiten und nahm sich das Leben.

Als Ratgeber in das Leben anderer hineinsprechen zu dürfen, kann einen gewissen berauschenden Effekt auf uns haben. Je mehr Menschen uns zuhören, um so anfälliger sind wir zu glauben, dass unser Beitrag eine Schlüsselrolle bei der Lösung des Problems spielte. Haben wir bereits einen

weiten Weg als Seelsorger hinter uns, überrascht es nicht, dass wir uns einbilden, unser weisendes Wort sei bei jeglicher Entscheidung unverzichtbar.
Es liegt jedoch in der Natur eines Rates, dass es sich um einen Vorschlag handelt, keinen Befehl. Wir werden darum gebeten, unsere Meinung zu einer bestimmten Situation abzugeben, weil anderen unsere Sichtweise wichtig ist. Aber niemand, der sich an uns wendet, ist dazu verpflichtet, unseren Rat zu befolgen. Gute Seelsorge fußt auf der Grundlage, dem anderen die absolute Entscheidungsfreiheit einzuräumen für die sie die entsprechenden Konsequenzen tragen müssen.
Behandelt uns unser himmlischer Vater nicht ebenso? Manchmal kann Er ziemlich überzeugend sein, doch lebt unsere Beziehung mit Ihm davon, dass Er unsere Entscheidungsfreiheit akzeptiert. Richard Foster meint dazu: *„Gott gewährt uns vollkommene Freiheit, denn er sehnt sich nach einer Schöpfung die freiwillig mit Ihm in Beziehung tritt... Beziehungen dieser Art können niemals manipuliert oder erzwungen werden.“*[5] So bereitet ein Seelsorger einer anderen Person das größte Geschenk dadurch, dass er ihr die Freiheit gibt, seinen Rat anzunehmen oder abzulehnen.

Denkanstoß

Wie reagieren Sie, wenn andere nicht auf Sie hören? Was sagt dies über Ihre Art der Leitung aus? Was müssten Sie ändern, um als Seelsorger anderen eine größere Entscheidungsfreiheit zuzutrauen?

Jagt dem Frieden nach mit jedermann und der Heiligung, ohne die niemand den Herrn sehen wird, und seht darauf, dass nicht jemand Gottes Gnade versäume; dass nicht etwa eine bittere Wurzel aufwachse und Unfrieden anrichte und viele durch sie unrein werden. *Hebräer 12:14-15*

Diese Textstelle beschreibt ein paar wichtige Details, wie ein Christ mit der bitteren Wurzel in seinem Leben umgehen kann. Auffallend ist zum einen, dass sich das Problem immer in zwischenmenschlichen Beziehungen ausbreitet. Der Vers will die Hebräer ermutigen, ihre Beziehungen in einer Atmosphäre des Friedens und der Heiligkeit zu pflegen. Es bedeutet, die Beziehungen untereinander in eine solche Tiefe zu führen, wie sie den meisten christlichen Gemeinden unbekannt ist. Ihre Begegnungen sollten durch Reinheit und Freude gekennzeichnet sein, die das Wirken des Heiligen Geistes sichtbar machen. Konflikte und Unterschiede wird es zwar immer geben, doch werden sie in einem Umfeld des gegenseitigen Respekts und Annahme gelöst.

Dies im Blick, können wir die Warnung vor der bitteren Wurzel besser verstehen. Der vom Autor verwendete Begriff ist sehr bildhaft, denn die Wurzel einer Pflanze, die sich im dunklen Erdreich ausbreitet, bleibt im Unsichtbaren verborgen. Für die Pflanze ist sie jedoch von überlebenswichtiger Bedeutung, da durch sie alle Nährstoffe aufgenommen werden. Auf dieselbe Art verankert sich die bittere Wurzel in unserem Leben. Sie ist daher sehr schwer aufzuspüren, obwohl ihre verachtenswerten Früchte von weitem sichtbar sind.

Auch wenn man die Wurzel sehr schwer ausfindig machen kann, zeigt der Vers, unter welchen Umständen sie am Besten gedeiht: alle ungeklärten Konflikte und Ungerechtigkeiten des Alltags, die nicht geistlich gelöst werden, bereiten den fruchtbaren Boden für eine bittere Wurzel. Ihr eigener Name beschreibt die Art der Pflanze, die daraus entsteht. Ihre Eigenschaft ist es, zu zersetzen und mit ihrem Missmut alles zu vergiften. So können wir bald nur noch von dem furchtbaren Erlebnis reden, dass uns widerfahren ist. Eine der ersten Opfer der bitteren Wurzel ist unsere Freude. Doch die Lösung gegen ihren heimtückischen Einfluss liegt in der Gnade Gottes. Daher drängt uns die Schrift, dass sich niemand der Gnade Gottes verschließt, denn nur sie kann selbst die verfahrensten Situationen wieder in Ordnung bringen.

Und als Letztes sollte uns bewusst sein, dass sich eine bittere Wurzel anfangs nur im Leben einer Person zeigt, jedoch bald sein gesamtes Umfeld ansteckt, sodass selbst die Gesunden nach kurzer Zeit angesteckt sind. Daher müssen wir sie energisch aufspüren und sie ausreißen.

Denkanstoß

"Ihr habt gehört, dass gesagt ist: Du sollst deinen Nächsten lieben und deinen Feind hassen. Ich aber sage euch: Liebt eure Feinde und bittet für die, die euch verfolgen, damit ihr Kinder seid eures Vaters im Himmel. Denn er lässt seine Sonne aufgehen über Böse und Gute und lässt regnen über Gerechte und Ungerechte." Matthäus 5:43-44

Von Gott ins Vertrauen gezogen

Da geschah des HERRN Wort zu Samuel: Es reut mich, dass ich Saul zum König gemacht habe; denn er hat sich von mir abgewandt und meine Befehle nicht erfüllt. Darüber wurde Samuel zornig und schrie zu dem HERRN die ganze Nacht. *1.Samuel 15:10-11*

Unser heutiger Vers taucht plötzlich innerhalb der Geschichte über Sauls Ungehorsam auf und wird daher schnell überlesen. Der Autor zeigt uns inmitten einer äußerst „fleischlichen" Geschichte, einen kleinen Ausschnitt davon, was sich auf geistlicher Ebene abspielt. Wenn wir hier einen Moment innehalten, können wir von der sichtbaren Nähe in der sich Gott Samuel zeigt, nur tief berührt sein.

Achten Sie auf den Ton in dem der Herr mit dem Propheten spricht. Es zeigt alle Eigenschaften eines tiefen Vertrauens zwischen Freunden, die daran gewöhnt sind, ihre Herzensbelange miteinander auszutauschen.

Wie jemand mit Seinesgleichen, öffnet Gott sein Herz und teilt Samuel Seine Enttäuschung über Saul mit. Abgesehen von der traurigen Schwere dieses Eingeständnisses ist das Überragende eigentlich, dass Gott Samuel dies überhaupt mitteilt. Diese Art Intimität teilt der Herr nicht mit jedem. Doch Samuel erfreut sich einer derartigen Nähe zu Jahwe, dass dieser ihm Zugang zu seinen Rätseln und Geheimnissen gab.

Samuels Reaktion zeigt was es heißt, die Taten Gottes aus der Nähe zu kennen. Die Mission zu der wir berufen sind, hängt vollständig von unserer Fähigkeit ab, die Dinge, die dem Herrn wichtig sind zu erkennen. In seiner Nähe nehmen wir wahr, was Gott berührt, welches seine Herzenswünsche und was die tiefsten Sehnsüchte seines Geistes sind. Uns wird bewusst, dass die Projekte, die wir oft als besonders wichtig ansehen, nicht immer mit den Prioritäten des Herrn übereinstimmen.

Wer Gottes Herzensverlangen nicht kennt, ist dazu verdammt ständig zu improvisieren, in der Hoffnung Ihm zu gefallen. Wenn wir ehrlich sind, passiert genau dies meistens in unserem Dienst. Wenn wir uns nicht im Klaren darüber sind, was Gottes Verlangen und Sehnen für unsere Gemeinde ist erfinden wir Projekte, von denen wir uns erhoffen dass sie dem Herrn zusagen. Auf diese Weise ist die Gemeinde zwar aktiv, läuft jedoch nicht konform mit Gottes vorbereiteten Werken.

Christus bekräftigte in Seinen irdischen Diensttagen: *„Wahrlich, wahrlich, ich sage euch: Der Sohn kann nichts von sich aus tun, sondern nur, was er den Vater tun sieht; denn was dieser tut, das tut gleicherweise auch der Sohn“* (Johannes 5:19). Und woher wusste Er, was der Vater tat? Durch Erlebnisse wie sie Samuel erlebt hat. Momente intensivster Nähe, in denen Er den Herzschlag Seines Vaters wahrnahm und sah, woran Er gerade arbeitete.

Denkanstoß

Als Leiter ist es für uns unumgänglich, Orte der Ruhe zu schaffen, an denen wir aufmerksam auf die Herzensanliegen unseres himmlischen Vaters hören können. Von dieser Erkenntnis hängt die Wirkungskraft unseres Dienstes ab! Nehmen Sie sich die Zeit, sich die intimsten Offenbarungen unseres Vaters anzuhören?

Lasst uns festhalten an dem Bekenntnis der Hoffnung und nicht wanken; denn er ist treu, der sie verheißen hat.

Hebräer 10:23

Viele Ängste, die wir in unserem christlichen Leben ausstehen, haben nichts mit schwierigen Umständen zu tun, sondern mit einem Schmerz, den wir in unserem Inneren darüber spüren, nicht alle Schwierigkeiten und Unannehmlichkeiten überwinden zu können. Würde unser Wohlergehen nur von einem angenehmen Umfeld abhängen, gäbe es wenig Hoffnung für die Meisten von uns, je ein erfülltes Leben zu haben. Unser heutiger Vers ermutigt uns daher, eine innere Beständigkeit zu leben und in Momenten der Verzweiflung, nicht die uns eigene Hoffnung aufzugeben.

Hoffnung zu haben, bildet eine der Grundfesten des christlichen Glaubens. Darum betete Paulus für die Epheser, dass ihnen die Augen des Herzen aufgetan würden, um zu erkennen *„zu welcher Hoffnung ihr von ihm berufen seid"* (Epheser 1:18). Im Thessalonicherbrief denkt er *„ohne Unterlass vor Gott, unserem Vater, an euer Werk"* (1.Thessalonicher 1:3). Hoffnung ermutigt unser Herz, denn sie verspricht uns eine Verbesserung der Dinge.

Viele von uns haben jedoch nur eine verschwommene Vorstellung davon, was mit unserer *Hoffnung in Christus* gemeint ist. Wir wissen, dass uns das ewige Leben versprochen ist, aber sicher sind wir nicht, was es damit eigentlich auf sich hat. Diese Art Halb-Hoffnung stärkt uns weder, noch inspiriert sie irgendjemanden.

Deswegen überrascht es wenig, dass unsere Hoffnung oft stark schwankt, da sie unmittelbar von den momentanen Stimmungen und Umständen unseres Lebens abhängt. Läuft

alles gut, stehen wir fest. Kommen Schwierigkeiten auf uns zu, pendeln wir zwischen Hoffnung und Verzweiflung.
Fällt Ihnen auf, dass der Autor des Hebräerbriefes sich nicht mit Umständen oder persönlichen Situation aufhält? Er weist vielmehr darauf hin, dass uns nur der untadelige und absolut vertrauenswürdige Charakter Gottes, der uns Hoffnung gibt, zur Standfestigkeit motiviert. Er, der den Gläubigen überfließendes Leben versprochen hat, sodass aus ihnen Ströme lebendigen Wassers hervorbrechen, ist treu.
Meistens bricht an diesem Punkt unser Glaube zusammen. In Krisenzeiten stellen wir Gottes Güte eher in Frage und zweifeln an Seiner Vertrauenswürdigkeit als unserem Beschützer. Denken Sie nur an die unzähligen Situationen, in denen das Volk Israel in der Wüste Gottes gütiges Wesen in Frage gestellt hat. Wie oft zweifelten sie Gottes gute Absichten an und träumten mit einem nostalgischen Blick zurück auf das, was sie in Ägypten zurücklassen mussten.
Wir können keine intime Beziehung zu Gott pflegen, wenn wir nicht absolut überzeugt davon sind, dass wir uns auf Ihn verlassen können. Darum ermutigt uns der Autor der Sprüche (3:5): *„Verlass dich auf den HERRN von ganzem Herzen, und verlass dich nicht auf deinen Verstand."*

Denkanstoß

Die beste Strategie des Feindes ist es, uns immer wieder die Güte Gottes anzweifeln zu lassen. Stellen Sie darum nicht Ihre innere Überzeugung in Frage, die Sie immer durchgetragen hat. Wie Abraham können wir die volle Gewissheit haben, *„dass er, was er verheißen habe, auch zu tun vermöge".* (Römer 4:21, ELB)

Aber da war einer der Riesensöhne und das Gewicht seines Speers war dreihundert Lot Kupfer, dazu hatte er eine neue Rüstung. Der wollte David erschlagen. Aber Abischai, der Sohn der Zeruja, half David und schlug den Philister tot. Da beschworen David seine Männer und sprachen: Du sollst nicht mehr mit uns ausziehen in den Kampf, damit nicht die Leuchte in Israel verlischt. *2.Samuel 21:16-17*

Wann ist die rechte Zeit für einen Leiter gekommen, um einem jüngeren Nachfolger Platz zu machen? Wir kennen alle Situationen, in denen ein in die Jahre gekommener Leiter schon nicht mehr den Schwung und die Vitalität seiner Jugendzeit besaß und dennoch darauf beharrte, den Dienst weiterzuführen, so wie er das schon immer getan hatte. Dies frustrierte die jüngere Generation, der schon längst der Staffelstab hätte übergeben werden sollen.

Unsere heutige Textstelle erinnert sehr an die Geschichte aus Davids Jugend, als er den Sieg gegen den Riesen aus Gat errungen hatte. Zu dieser Zeit war David nichts weiter als ein Halbstarker, doch der Herr verhalf ihm zu einer Heldentat, die für immer in den Annalen des Gottesvolkes eingraviert blieb. David fügte diesem Sieg unzählige weitere hinzu, die von seinem Mut und Tapferkeit auf dem Kampffeld zeugten. Doch David war nicht mehr derselbe. Der Mut, der für ihn immer so bezeichnend war, blieb zwar eine seiner bemerkenswertesten Charaktereigenschaften, doch mangelte es ihm immer mehr an Geschick und Kraft. Die Folge war, dass dieser zweite Riese es beinahe geschafft hätte, das Leben des Königs auszulöschen. Doch einer der mutigen und tapferen Männer, die David umgaben, stellte sich dazwischen und verhinderte diese für das Volk verheerende Tragöde.

Der schreckliche Moment war noch nicht ganz vorüber, da bestürmten ihn seine Männer, David solle, um sein Leben zu schützen, nicht mehr in die Schlacht ziehen. Es war eine Zeit des Übergangs für diesen großen König Israels – ein Zeitpunkt der ihn dazu zwang, die notwendigen Veränderungen anzupacken, um seinen schwindenden Kräften Rechnung zu tragen.

David hätte sich genauso gut vom Vorschlag der Männer angegriffen fühlen können. Er hätte noch weiterkämpfen können für das, was ihm im Laufe der Jahre immer stärker aus den Händen gleiten würde. Doch sein beeindruckender Geist, der ihn sein Leben lang ausgezeichnet hat, ließ ihn auch in jenem Moment nicht im Stich. Er akzeptierte seine Schwächen und besaß die Demut, auf seine Männer zu hören. Er zog nie wieder in den Kampf. Die Zeit war gekommen, dass jüngere Männer die Verantwortung übernahmen, über die Sicherheit Israels zu wachen.

Denkanstoß

Wäre es nicht wunderbar, wenn wir uns seit unserer Jugend auf diesen Moment vorbereiten würden? Wären Sie bereit folgendes Gebet zu Ihrem eigenen zu machen? *Herr, erlaube mir in Gnade alt zu werden. Bewahre mich davor, mich an Posten zu hängen und erfülle mich mit einem großzügigen Geist, damit ich in Freude meinen Platz für den nach mir Kommenden räumen kann. Befreie mich von der Bitterkeit des Alters! Amen.*

Der Herr antwortete: »Hol Josua, den Sohn Nuns, der vom Geist erfüllt ist, und leg ihm deine Hand auf. Lass ihn vor den Priester Eleasar und die ganze Gemeinschaft treten und setze ihn öffentlich in sein neues Amt ein. Übertrage ihm einen Teil deiner Autorität, damit ihm die ganze Gemeinschaft der Israeliten gehorcht. Sprüche 27:18-20 (NL)

Ist es nicht unheimlich schwierig für einen jungen Leiter in die Fußstapfen eines „alten Hasen" in den Dienst zu treten? Besonders dann, wenn der Veteran, der sich zurückzieht, eine starke geistliche Prägung bei seinen Nachfolgern hinterlässt und von ihnen äußerst geschätzt wurde. Mit Sicherheit werden sie beide miteinander vergleichen, was immer zum Nachteil des Jüngeren ausgehen muss. Nur Wenige erinnern sich daran, dass der erfahrene Leiter auch einmal jung war, seinen eigenen Misserfolgen erlag und gelegentlich den Weg aus den Augen verlor.

Die Übergangsphase vom älteren zum jüngeren Leiter ist für den Fortbestand eines Dienstes entscheidend. In unserem Fall hatte Mose das Volk bis an die Tore des verheißenen Landes geführt. Seine Mission war damit erfüllt. Vor Josua, den Gott als Nachfolger eingesetzt hatte, lag eine komplexe Aufgabe: ein Volk mit fast keiner Kriegserfahrung anzuleiten, die Bewohner Kanaans zu vertreiben, um das Erbe Jakobs anzutreten.

In der Zeit des Übergangs ist ein Volk für Entmutigung oder Rebellion am anfälligsten, denn jegliche Veränderung erzeugt Furcht und benötigt eine starke Hand, um die Schritte zu lenken. Wie wunderbar können wir aber hier Gottes Fürsorge erkennen, indem Er Mose präzise Anweisungen gibt. Er sollte nicht einfach klammheimlich verschwinden, sondern bekam eine offizielle Ehrungszeremonie, in der er die

Leitungsverantwortung von einer Generation auf die nächste übertrug.
Der Fakt, dass die Zeremonie offiziell vor dem gesamten Volk und nicht im Privaten durchgeführt wurde, verlieh dem Ganzen ein besonderes Gewicht. Das Volk sollte Zeuge sein, dass Mose voll und ganz hinter dem neuen Leiter stand und dieser mit seiner ganzen Unterstützung rechnen konnte. Dies wurde durch das Handauflegen verdeutlicht. Diese Geste ist für uns heute von geringer Bedeutung, doch für die Israeliten hatte es eine sehr starke Aussagekraft. Jakob segnete seine Enkel durch die Handauflegung (1.Mose 48:14). Auf die Gotteslästerer wurden Hände aufgelegt, um ihre Schuld auf sie zu übertragen (3.Mose 1:4). So waren sich die Israeliten bewusst, dass es sich bei der Zeremonie auch um eine geistliche Autoritätsübergabe handelte.
Durch diese Handlung übertrug Mose Josua die wichtigsten Bestandteile für den Dienst: Autorität und Würde. Autorität ist die Unterstützung, die der Leiter in seinem Kreis erfährt. Würde erlangt er durch seine Integrität. Beide Merkmale verfolgten ein Ziel: dass ihm das israelische Volk in allem folgen würde.

Denkanstoß

Durch diese Zeremonie wurde Josua auch ein Teil des geistlichen Reichtums den Mose im Laufe seine Lebens ansammelte, übertragen. Was für ein wunderbares Vermächtnis für einen jungen Leiter!

Und er gebe euch erleuchtete Augen des Herzens...
Epheser 1:18

Welche Anliegen formulieren Sie, wenn Sie für die Menschen Ihres Dienstes beten? Ich ertappe mich häufig dabei, dass ich Gott um triviale Dinge bitte, die kein wirkliches geistliches Gewicht haben. Wenn ich diese Tendenz bei mir feststelle, kehre ich zu den Gebeten des Paulus, für die von ihm gegründeten Gemeinden, zurück. (Epheser 1:15-23; 3,14-19; Philipper 1:4-6; Kolosser 1:9-12). In diesen Fürbitten lässt sich eine wahrhaft tiefgründige Erkenntnis wiederfinden. Der Apostel besaß ein klares Verständnis davon, welche Dinge wirklich das geistliche Leben ausmachen.

Unser heutiger Leitsatz, der Teil einer umfassenderen Fürbitte ist, bringt dies beispiellos zum Ausdruck. Oftmals sind wir Christen deshalb geistlich schwach, weil wir uns zu sehr auf die vergänglichen Dinge dieses irdischen Lebens konzentrieren. Wir betrachten unsere Umstände lediglich mit unseren physischen Augen und bewerten unsere Beziehungen aus menschlicher Perspektive. Wir schauen auf unsere Möglichkeiten und legen dieselben Maßstäbe an sie, wie auch jeder Nicht-Christ. Durch unsere eingeschränkte Sichtweise sind unsere Entwicklungsmöglichkeiten extrem begrenzt. Wir werden deprimiert, sind ängstlich oder ärgerlich und bleiben Gefangene dieser negativen Emotionen.

Paulus beginnt sein Gebet, indem er für erleuchtete Augen des Herzens bittet. In diesem einfachen Satz steckt eine kraftvolle Aussage. Jeder geistliche Mensch besitzt zwei Augenpaare. Mit den physischen Augen sehen wir die sichtbare Welt. Doch mit den Augen des Herzens, die nur vom Geist Gottes aktiviert werden können, nehmen wir Dinge der geistlichen Welt wahr. Da geistliche Angelegenheiten

Ewigkeitsbedeutung haben, ist diese Sichtweise wesentlich wichtiger als die Erste.
Wenn Sie einen Moment an Jesus denken bemerken Sie, wie oft Er Dinge sah, die Andere nicht wahrnahmen, z.B. seine Klage um Jerusalem (Lukas 19:41-44). Als Er die Stadt sah, weinte Er. Wo Andere Gebäude, Straßen und Menschenmengen sahen, sah Christus eine Stadt, die nicht die Zeit seiner Ankunft erkannte. Denken Sie daran, wie begeistert die Siebzig von ihrer Arbeit zurückkehrten, doch Christus sah Satan wie ein Blitz vom Himmel fallen (Lukas 10:17-18). Und wie steht es mit der samaritischen Frau? Die Jünger sahen eine Frau, mit der sie nach dem Gesetz nicht sprechen durften. Jesus dagegen sah eine geistgewirkte Möglichkeit, um ihr zu dienen (Johannes 4:4-27). Dasselbe kann über den reichen Jüngling gesagt werden. Andere sahen in ihm einen frommen Mann, der sein Leben in Übereinstimmung mit Gottes Reich bringen wollte. Doch der Herr erkannte einen Mann, dessen Gott das Geld war (Lukas 18:22-26).

Denkanstoß

Es gehört zur Frucht des Geistes, die geistliche Welt unterscheiden zu können, erfordert aber auch Disziplin unsererseits. Paulus berichtet, dass inmitten der schärfsten Prüfungen, *„wir nicht sehen auf das Sichtbare, sondern auf das Unsichtbare (sehen). Denn was sichtbar ist, das ist zeitlich; was aber unsichtbar ist, das ist ewig“* (2.Korinther 4:18).

Und der HERR sprach zu Samuel: Wie lange trägst du Leid um Saul, den ich verworfen habe, dass er nicht mehr König sei über Israel? Fülle dein Horn mit Öl und geh hin: Ich will dich senden zu dem Bethlehemiter Isai; denn unter seinen Söhnen hab ich mir einen zum König ersehen.

1. Samuel 16:1

Mir fällt es oft sehr schwer, Enttäuschungen und Niederlagen der Vergangenheit völlig hinter mir zu lassen, besonders, wenn sie mit dem geistlichen Dienst in Zusammenhang stehen. Wenn Situationen nicht unserer Vorstellung gemäß verlaufen, bürdet uns unsere Verantwortlichkeit für den Dienst ein zusätzliches Gewicht auf. Vielleicht geht es um einen Menschen, in den wir große Hoffnungen setzten. Wir haben viel in ihn investiert, aber er entwickelte sich nicht wie erwartet. Vielleicht hängt unsere Enttäuschung auch mit einer Entscheidung zusammen, die wir in bester Absicht im Sinne der Gemeinde getroffen haben, die sich aber im Nachhinein als falsch herausstellt. Nun müssen wir einen hohen Preis für sie bezahlen. Auch könnte es sich um ein Problem innerhalb der Gemeinde handeln, das wir falsch angegangen sind. Erst heute erkennen wir die Auswirkungen, die sich durch etliche interne Spannungen und Vorwürfe zeigen. Unsere Desillusion kann unendliche Gründe haben, denn das Leben passt sich selten unseren Erwartungen an. Dinge entwickeln sich nicht so einfach, wie sie sollten und Frust wird unser täglicher Wegbegleiter. Reife entsteht dann, wenn wir akzeptieren, dass diese Art Erlebnisse Teil unseres Alltags sind, mit denen wir umgehen lernen müssen.

Für viele kann sich die gefühlte Enttäuschung über gewisse Situationen in ein Hindernis verwandeln, das noch viel schwieriger zu überwinden ist als ihr eigentlicher Auslöser.

Sind sie einmal in diesen starken Gefühlen gefangen, können sie ihr ganzes Leben damit verbringen, nur noch darüber zu klagen. Ich habe vielfach folgenden Satz in einer solchen Situation gehört: „Wenn ich nur dies getan hätte oder jenes gesagt…". Mit diesen Gedanken bewaffnet, kehren wir immer wieder in unsere Vergangenheit zurück, um uns vorzustellen, wie die Situation verlaufen wäre, wenn wir anders reagiert hätten.

Schauen Sie sich die Frage an, die Gott Samuel stellt: *„Wie lange trägst du Leid…"*. Leid zu tragen ist kontraproduktiv, denn die Vergangenheit lässt sich nicht ändern. Wir können lediglich die nötigen Lektionen für die Zukunft lernen, um nicht dieselben Fehler erneut zu begehen. Während sich Samuel noch beklagte, war Gott schon bei der nächsten Etappe seines Projektes: *„…denn unter seinen Söhnen hab ich mir einen zum König ersehen"*. Sein Blick lag bereits auf einem anderen Mann und den Plänen, die er durch ihn umsetzen würde.

In Gottes Anweisungen an Samuel können wir Seine Sehnsucht erkennen, den Propheten erneut zu mobilisieren und ihn aus der Melancholie, die ihn überfallen hatte, herauszureißen. Für uns gibt es nur einen Weg der gangbar ist, und dieser führt nach vorne. Wir sollten nicht länger Zeit damit verlieren, über Fehlschläge der Vergangenheit nachzusinnen. Haben wir einmal alle nötigen Schlussfolgerungen aus diesem Erlebnis gezogen, können wir ihm beruhigt den Rücken zukehren und festen Schrittes auf die Zukunft zugehen. Das Leben liegt vor uns.

Denkanstoß

Meine Brüder, ich schätze mich selbst noch nicht so ein, dass ich's ergriffen habe. Eins aber sage ich: Ich vergesse, was dahinten ist, und strecke mich aus nach dem, was da vorne ist, und jage nach dem vorgesteckten Ziel, dem Siegespreis der himmlischen Berufung Gottes in Christus Jesus. (Philipper 3:14)

Gott allein genügt!

Herzlich lieb habe ich dich, HERR, meine Stärke! HERR, mein Fels, meine Burg, mein Erretter; mein Gott, mein Hort, auf den ich traue, mein Schild und Berg meines Heiles und mein Schutz! *Psalm 18:2-3*

Die Luther-Übersetzung leitet diesen Psalm folgendermaßen ein: *„Von David, dem Knecht des HERRN, der zum HERRN die Worte dieses Liedes redete, als ihn der HERR errettet hatte von der Hand aller seiner Feinde und von der Hand Sauls; vorzusingen."* (Psalm 18:1). Selbst wenn diese euphorische Ausführung der vielfältigen Gotteseigenschaften fehlen würde, könnten wir doch am Ton dieser Dichtung erkennen: Der Autor dieser Zeilen hatte große Freude am souveränen Eingreifen des Allmächtigen.

David erwähnt sieben verschiedene Charaktereigenschaften Gottes, die alle mit seiner besonderen Lebenssituation zu tun hatten. Jahrelang musste er sich in der Wüste verstecken. Doch lässt sich sein Aufenthalt in keiner Weise mit dem friedlichen Verweilen Moses ,in Median vergleichen. Von Höhle zu Höhle zu fliehen, immer auf der Hut vor den möglichen Angriffen des Feindes, fand er sich in unzähligen Situationen wieder, in denen nur das übernatürliche Eingreifen Gottes ihn vor dem sicheren Tode bewahrte. Und genau darum geht es in diesem Psalm.

Für David waren diese Eigenschaften Gottes real, denn er hatte sie am eigenen Leibe erfahren. Wir dagegen verstehen diese Merkmale Gottes rein intellektuell. Unser Verstand sagt uns, dass Er der Fels, die Burg und der Erretter ist und wir singen davon in unseren Gottesdiensten. Vielleicht fallen uns noch einige Schriftstellen zu diesem Thema ein oder andere haben uns aus ihrer eigenen Erfahrung davon berichtet. Doch in unserem Leben bleiben diese Wahrheiten oft pure Theorie.

Wie kann man beweisen, dass Gott wirkliche diese Eigenschaften besitzt? Tatsächlich *ist* Er so, aber vielleicht nicht in meinem Leben oder in Ihrem? Damit wir diese Bereiche seiner Persönlichkeit in unserem Leben real erleben, müssen wir Ihm einen Raum öffnen, damit Er Seine Treue in unserer Bedrängnis erweisen kann. Um erkennen zu können, dass Er eine feste Burg ist, müssen wir unsere Schwachheit annehmen. Er wird zu unserem Fels, wenn wir erkennen wie instabil unsere eigene Lebensbasis ist. Nur wenn wir uns schutzlos wissen, können wir in Gott unseren Hort finden. Damit Gott zu unserem Erretter wird, müssen wir unserer Hilfebedürftigkeit ins Auge blicken. Erst wenn wir machtlos sind, kann Er zu unserem Schild und Schutz werden. Der Herr wird auch erst dann zum uneinnehmbaren Berg unseres Heils, wenn wir ein tiefes Tal in unserem Leben durchschreiten müssen.

Denkanstoß

Die Realität Gottes, die in diesen göttlichen Attributen zum Ausdruck kommt, erleben nur diejenigen, die ihre Abhängigkeit von Ihm anerkennen. Bemitleiden wir uns nicht länger, weil wir uns hoffnungslos oder ängstlich fühlen, sondern freuen wir uns darüber, dass Er uns als Starker begegnet, wenn wir es am meisten brauchen!

Wenn Disziplin erdrückt

Es ist aber genug, dass derselbe von den meisten gestraft ist, so dass ihr nun ihm desto mehr vergeben und ihn trösten sollt, damit er nicht in allzu große Traurigkeit versinkt. Darum ermahne ich euch, dass ihr ihm Liebe erweist.

2. Korinther 2:6-8

In der Gemeinde von Korinth gab es einen Menschen, der in Sünde gefallen war. Durch einen Mehrheitsbeschluss wurde „Gemeindezucht" über ihn verhängt, anscheinend mit der Befürwortung des Apostel Paulus, auch wenn er im Moment der Entscheidung nicht dabei gewesen war. Nach 1. Korinther 5:3 war er aber durch den Geist mit ihnen verbunden. Dadurch war es jedoch nötig geworden, dass Paulus die Schwere der verhängten Strafe korrigierte. Er musste sie daran erinnern, dass das Ziel jeglicher Disziplinmaßnahme die Wiederherstellung der Person ist und ihr dabei geholfen werden soll, auf den Weg des Herrn zurückzukehren.

Leider haben wir die Tendenz, dass sich unsere „Korrekturbestrebungen" anderen gegenüber immer mit einer Dosis Zorn und Groll vermischen. Wie oft waren wir beispielsweise als Eltern extrem hart zu unseren Kindern, weil *wir* Dinge nicht im Voraus erkannt und sie entsprechend korrigiert haben? Unsere Geduld war in Wahrheit gar keine, sondern Verweigerung die zuließ, dass sich über einen längeren Zeitraum Ärger und Wutgefühle angestaut haben. Kommt dann der Moment, wo man korrigierend eingreifen muss, entladen wir gleichzeitig unsere gesamte angesammelte Wut über unserem Kind. Eine solche Reaktion verwirkt den ganzen Sinn der Korrektur, da sie im falschen Geist umgesetzt wird.

Ebenso wird innerhalb der Kirche oftmals in einem Geist der Härte gegen die betroffene Person vorgegangen und der

Prozess überflüssigerweise in die Länge gezogen. Der für schuldig Erklärte wird dabei unnötig gedemütigt und viele vermeiden den Kontakt mit ihm.
Nichtsdestotrotz kann Korrektur zu einem überaus positiven Erlebnis werden, will man geistlich wachsen. Sie hilft uns dabei, Richtung und Einsicht zu gewinnen. Wir müssen jedoch auch zugeben, wie schwer es uns fällt, sie anzunehmen. Wir fühlen uns angegriffen und unser Stolz erfordert eine sofortige Wiedergutmachung. Wir fallen in einen Zustand der Trauer und Trostlosigkeit, der, wenn man ihn unnötig ausdehnt, ernsthaften Schaden an unserem geistlichen Leben anrichten kann. Aus diesem Grund fordert Paulus die Gemeinde auf, die korrigierte Person nicht in allzu großer Traurigkeit versinken zu lassen. Er wollte damit vermeiden, dass die Korrektur einen bleibenden Schaden an der Person anrichtet und somit vollständig ihren Sinn verfehlt.
Paulus schreibt an die Gemeinde und bittet inständig, *„dass ihr ihm Liebe erweist"*, was eine der großen Prinzipien des Reiches Gottes ist. Die Kraft, die unser Leben am meisten verändert, ist die Liebe. Disziplin korrigiert, aber nur die Liebe gelangt in die Tiefe des Herzens und schließt es für Gottes Wirken auf. Deshalb beeilte sich Jesus, Seine Liebe zu Petrus zu bestätigen, nachdem dieser Ihn dreimal verraten hatte. Die bedingungslose Liebe die Christus ihm erwies, war die Basis dafür, dass Petrus für seine Berufung wieder vollkommen hergestellt werden konnte.

Denkanstoß

„Der einsamste Ort auf der Welt ist das menschliche Herz, dem es an Liebe fehlt." (Quelle unbekannt)

Und Jesaja sprach zu Hiskia: Höre das Wort des HERRN Zebaoth: Siehe, es kommt die Zeit, dass alles, was in deinem Hause ist und was deine Väter gesammelt haben bis auf diesen Tag, nach Babel gebracht werden wird, sodass nichts zurückbleibt, spricht der HERR. Dazu werden sie von deinen Söhnen, die von dir kommen werden, die du zeugen wirst, einige nehmen, dass sie Kämmerer werden müssen am Hofe des Königs von Babel. Und Hiskia sprach zu Jesaja: Das Wort des HERRN ist gut, das du sagst. Denn er dachte: Es wird doch Friede und Sicherheit sein, solange ich lebe.

Jesaja 39:5-8

Wir stehen vor zwei Herausforderungen, wenn wir auf das Wort Gottes reagieren wollen. Die erste liegt darin, es zu empfangen. Es scheint überflüssig dies zu erwähnen, denn für diejenigen die in Gottes Gerechtigkeit wachsen wollen, ist es selbstverständlich. Doch von der Erkenntnis, dass wir Gottes Wort brauchen, bis zu dem Punkt, dass wir Ihn täglich durch Sein Wort reden hören, liegt ein langer Weg.

Es ist eine große Herausforderung, Gottes Wort in täglichen Rationen „zu uns zu nehmen", da die Alltagsaktivitäten uns ausreichend beschäftigt halten. Damit Er zu uns spricht, müssen wir – wenn auch nur für einen Moment – den täglichen Tumult und die Geschwindigkeit unseres Lebens herunterfahren. Es ist schwierig, mit jemandem zu reden, der mit anderen Dingen beschäftigt ist. Selbst wenn wir in unserer täglichen Geschäftigkeit innehalten, ist dies noch lange kein Garant dafür, Ihn auch zu hören. Auch unser Inneres ist ständig in Aufruhr, getrieben von Ängsten und Sorgen um unser eigenes Leben. Daher ist es für uns unumgänglich zu lernen, unsere Seele zur Ruhe zu bringen, um in der Stille und mit einem offenen Ohr dem Herrn zuhören zu können.

Wir haben bereits die halbe Schlacht gewonnen, wenn wir unsere Seele beruhigen, um das Wort des Herrn in Demut zu empfangen. Dann allerdings stehen wir vor einer neuen Herausforderung: zu verstehen, was es mit dem Gehörten auf sich hat. Da wir Sein Wort gerne so interpretieren wie es uns passt, trennen wir uns an diesem Punkt häufig von der Wahrheit. Wir sehnen uns danach, nur das Wohltuende aus Gottes Mund zu hören. Dadurch vermeiden wir es, der unangenehmen ganzen Wahrheit Seines alles durchdringenden Wortes ins Gesicht schauen zu müssen.
Keiner von uns hatte je das Glück einem Propheten von der Statur eines Jesaja begegnen zu können, der uns das Wort Gottes auslegt. Der König Hiskia, ein Mann der Gott fürchtete, dagegen schon. Durch den Propheten wurde ihm bekannt gemacht, dass alle seine Güter, sowie seine Kinder nach Babylon gebracht werden würden. Da er als König die wachsende Feindseligkeit mit Syrien fürchtete, hörte sich dies nach einer willkommenen Allianz mit dem Land an, das ihn am besten vor den Syrern beschützen könnte. Deshalb freute er sich auch von ganzem Herzen und erklärte vollmundig: *„Das Wort des HERRN ist gut, das du sagst."*
Wie irrte er sich doch mit seiner Interpretation! Das Wort des Propheten kündigte die Zerstörung Jerusalems und die Gefangenschaft des Volkes Israel an. Die Lehre für uns liegt auf der Hand: Seien wir vorsichtig, wenn wir anderen unsere Interpretation des Wortes Gottes weitergeben!

Denkanstoß

Das grundlegende Missverständnis an einer Interpretation ist zu glauben, dass es nur *eine* mögliche Auslegung gibt. Sehen Sie sich vor Interpretationen vor, die dem Ausleger von Vorteil sind. Das Wort Gottes schafft in uns nur selten ein wonniges Gefühl.

Schreckliche Überraschungen

Aber in der vierten Nachtwache kam Jesus zu ihnen und ging auf dem See. Und als ihn die Jünger sahen auf dem See gehen, erschraken sie und riefen: Es ist ein Gespenst!, und schrien vor Furcht. *Matthäus 14:25-26*

Wie begrenzt ist doch unsere Fähigkeit, Übernatürliches anzunehmen. Wir können uns zwar im Kopf selbst überzeugen, dass jede göttliche Offenbarwerdung rein theologisch im Bereich des Möglichen liegt. Wir halten es auch für möglich, dass Gott sich jedem, wie und wodurch Er will, zeigen kann. Vollmundig erklären wir, damit kein Problem zu haben, glauben wir doch an einen Gott mit grenzenloser Macht.

Doch bleibt dies lediglich eine abstrakte Denkübung, die sich mit großer Wahrscheinlichkeit nie bewahrheiten wird. Keiner von uns würde bezweifeln, dass Gott alles möglich sei. Wenn Er sich uns aber tatsächlich zeigt, sind wir von seinen Möglichkeiten vollkommen überwältigt und geraten in einen ziemlichen inneren Konflikt.

Die Jünger waren bereits etwa zwei Jahre mit dem Messias unterwegs. Somit hätte ihnen Sein Gesicht wohl bekannt sein sollen. Sie gingen, arbeiteten und dienten an Jesu Seite und hatten damit ausreichend Möglichkeit, Sein physisches Erscheinungsbild zu studieren. Doch als sie Ihn über das Wasser gehen sahen, wurden sie von Angst erfüllt, weil sie glaubten einen Geist gesehen zu haben.

Nicht den physischen Jesus aus Fleisch und Blut, mit dem sie so viele vertraute Momente verbracht hatten, verkannten sie, sondern es überstieg ihr Verstehen, in welchem Rahmen Er ihnen nun erschien. Sein Auftreten in dieser Umgebung sprengte ihre Vorstellungskraft. Der Christus den sie kannten und das Wesen, das über das Wasser lief – einfach unvereinbar. Ihre Denkstrukturen fanden beim besten Willen

kein Definitionsschema, in das sich dieses Bild einordnen ließe. Sie trauten ihren Augen nicht und passten ihre Interpretation ihrer einzig möglichen Vorstellung an: es musste sich um einen Geist handeln!
Ihre Reaktion belegt, wie geprägt wir in unserer Wahrnehmung sind und wie wir dementsprechend die Welt um uns herum beschreiben. Die Menschen aus Seinem Dorf konnten in Jesus nichts anderes sehen, als einen demütigen Zimmermann (Matthäus 13:55). Lag es daran, dass Er nichts weiter war als das? Keinesfalls! Er war der Messias, aber ihre eigene Prägung erlaubte es ihnen nicht, mehr in Ihm sehen zu können als einen Zimmermann.
Genauso ergeht es uns, wenn wir uns eine feste Meinung zu einem Thema gebildet haben. Es wird uns sehr schwer fallen diese Meinung zu revidieren, auch wenn wir genügend Beweise haben die für das Gegenteil sprechen.

Denkanstoß

Was will uns dieser Text also sagen? Es ist wichtig zu begreifen, dass unsere persönliche Prägung unser Gottesbild und die Wahrnehmung anderer extrem beeinflusst. Daher ist es hilfreich, sich vor Augen zu führen, dass unser Leben viel tiefgründiger und geheimnisvoller ist, als wir es manchmal erfassen können. Wenn wir unsere Ansichten etwas stärker relativieren, wird es uns leichter fallen, von anderen Rat und Lehre anzunehmen und uns von ihnen überraschen zu lassen.

...damit er in den kommenden Zeitaltern den überragenden Reichtum seiner Gnade in Güte an uns erwiese in Christus Jesus. *Epheser 2:7 (ELB)*

Die ersten beiden Kapitel des Epheserbriefes zeigen uns am stärksten, mit welcher Souveränität uns Gott vom Tod zum Leben bringt. In einem Vers nach dem anderen zeigt Paulus uns Gottes Opfergabe auf und erklärt die lange Liste an Wohltaten für all diejenigen, die Christus zu ihrem Herrn gemacht haben. Wir tun gut daran, dieses Zeugnis eingehend zu studieren, denn durch bloßes Überfliegen geht uns die immense Tiefe und Weite des Segens, den wir in Ihm haben, verloren.
Schauen wir uns einmal an, welches Ziel Gottes Geschenk an uns Menschen hat: *„damit Er in den kommenden Zeitaltern den überragenden Reichtum seiner Gnade in Güte an uns erwiese in Christus Jesus".* Es ist überaus wichtig, dass wir aus diesem Text zwei Kernaussagen begreifen.
Zum einen gehen Gottes Ziele weit über unsere eigene Lebenslänge hinaus. Auch bei den Geistlichsten unter uns erstreckt sich unsere Vision selten weiter als auf unser eigenes Leben. Die meisten unter uns haben bestenfalls Monats- oder Jahresziele. Die Wenigen, die extrem langfristig planen, erreichen ihre Ziele vielleicht auf Sicht von Jahrzehnten. Paulus' Beschreibung ist deshalb so beeindruckend, weil sie sich über mehrere Jahrhunderte erstreckt. Lange nachdem Paulus verstorben war und die Einzelheiten seiner Reisen längst in Vergessenheit geraten waren, erntete Gott die Frucht aus der Arbeit die Er durch den großen Apostel getan hatte.
Jeder von uns will seiner Generation etwas Bedeutendes hinterlassen. Doch der Herr blickt mit Ewigkeitsperspektive auf unsere Werke und ermutigt uns, nur das anzupacken

und für die Dinge zu kämpfen, die wirklich Ewigkeitswert besitzen. Viele der Ereignisse, die uns wichtig erscheinen, werden schon in der nächsten Generation in Vergessenheit geraten sein.

Zweitens bemerken wir, dass Gott sich danach sehnt, dass Menschen aller Zeitalter *„den überragenden Reichtum seiner Gnade in Güte"* kennenlernen. Soll heißen, dass Menschen zurückschauen können, um aus vollem Herzen zu bekennen: „Gott war wirklich über alle Maßen gut zu uns!"

Ein Lexikon zum Neuen Testament definiert das Wort „Gnade" als „besonderes Offenbarwerden der göttlichen Gegenwart, Aktivität oder Ehre, ein Geschenk, ein Gefallen oder ein Segen Gottes."[1]

In diesem Sinne sind Gottes Treue, Barmherzigkeit und Geduld über alle Jahrhunderte hinweg das einzig Bleibende und Sichtbare. Durch alle Zeitalter hindurch folgte Er dem Menschen auf dessen verdorbenen und starrsinnigen Wegen mit beharrlicher Liebe. Was sagt uns das über die Herzenshaltung des Vaters? Im Wortschatz der entschlossenen Liebe Gottes existiert der Begriff „aufgeben" nicht.

Denkanstoß

Groß ist deine Treue, oh Gott, mein Vater.
Nicht einmal der Schatten einer Veränderung ist in dir.
Du veränderst dich nicht, deine Barmherzigkeit versiegt nicht.
So wie du am Anfang warst, wirst du für immer sein.[2]

So lasst euer Licht leuchten vor den Leuten, damit sie eure guten Werke sehen und euren Vater im Himmel preisen.

Matthäus 5:16

Ich stelle Christen oft folgende Frage: „Wenn Sie nicht Ihren Mund öffnen könnten, um anderen Menschen zu erzählen, dass Sie ein Nachfolger Christi sind, wie würden diese es dann merken?" Wischen Sie diese Frage nicht vorschnell vom Tisch, ohne die Auswirkungen für Ihr Leben zu bedenken. Tatsache ist, dass viele Christen ihr Zeugnis lediglich durch Worte weitergeben. Leider widerspricht unser Verhalten oft diesem Zeugnis, so dass die Menschen zur Schlussfolgerung gelangen, dass wir uns grundlegend nicht von ihnen unterscheiden außer, dass wir uns „Christen" nennen.

Im heutigen Vers zeigt uns Christus den Weg, den Er sich für uns, Seine Nachfolger, wünscht. Alle Menschen sollen erkennen, dass wir uns mit Ihm identifizieren. Jesus erwartet gute Werke von uns und zwar derart, dass andere darüber erstaunt sind, wenn sie unseren Lebensstil erleben, weil er so radikal anders ist. Die guten Taten sind nicht dazu da Licht zu erschaffen, sondern die Auswirkungen des Lichtes zu verdeutlichen. Mit anderen Worten braucht das Licht nichts zu *tun,* um sichtbar zu werden. Wer sein Leuchten sieht, erkennt sofort, dass es sich um Licht handelt. Ebenso ist es Jesu Wille, dass gute Werke zum Lebensstil seiner Nachfolger gehören. Selbst wenn Seine Jünger Ihn nicht durch Worte bekennen konnten, wurden sie von anderen durch ihre Taten eindeutig als Menschen einer anderen „Welt" identifiziert.

Diejenigen von uns, die sich zu den Protestanten zählen, wurden durch das Erbe der Reformation zu einer starken Haltung gegen gute Werke „erzogen". Wir wollen auf jeden

Fall verhindern, dass jemand denkt oder vielleicht sogar ausspricht, dass wir versuchen unseren Platz im Himmel durch gute Werke zu verdienen. Als Konsequenz dessen, haben wir sämtliche gute Werke aus unserem geistlichen Leben verbannt. Doch schauen wir uns einmal die folgenden biblischen Zitate *an: „Wir sind sein Werk, geschaffen in Christus Jesus zu guten Werken, die Gott zuvor bereitet hat, dass wir darin wandeln sollen“* (Epheser 2:10). *„Dich selbst aber mache zum Vorbild guter Werke mit unverfälschter Lehre, mit Ehrbarkeit“* (Titus 2:4). *Er hat „...sich selbst für uns gegeben (...), damit er uns erlöste von aller Ungerechtigkeit und reinigte sich selbst ein Volk zum Eigentum, das eifrig wäre zu guten Werken“* (Titus 2:14). *„Und ich will, dass du dies mit Ernst lehrst, damit alle, die zum Glauben an Gott gekommen sind, darauf bedacht sind, sich mit guten Werken hervorzutun. Das ist gut und nützt den Menschen“* (Titus 3:8). *„...und lasst uns aufeinander Acht haben und uns anreizen zur Liebe und zu guten Werken“* (Hebräer 10:24). *„...und führt ein rechtschaffenes Leben unter den Heiden, damit die, die euch verleumden als Übeltäter, eure guten Werke sehen und Gott preisen am Tag der Heimsuchung“* (1. Petrus 2:12).

In keiner dieser Schriftstellen wird erwähnt, dass gute Werke für Christen keine Bedeutung haben. Im Gegenteil bestätigen sie, dass diejenigen, die Christus nachfolgen, bekannt für ihre guten Taten sein sollen. Bitten wir also den Vater uns zu zeigen, wo Er gerade am Wirken ist. So können wir uns mit Ihm eins machen, um die guten Werke zu tun, die Er schon für uns vorbereitet hat.

Denkanstoß

John Wesleys Worte sind eine passende Zusammenfassung: *„Tue Gutes – allen, in allem durch alles, so lange du kannst.“*[3]

Betet auch für mich, damit Gott mir zur rechten Zeit das rechte Wort gibt und ich überall das Geheimnis der rettenden Botschaft frei und offen verkünden kann.

Epheser 6:19 (HfA)

Paulus' Bitte an die Gläubigen von Ephesus ist sehr interessant. Wie gut wäre es, wenn alle, die wir in der Verkündigung von Gottes Wort stehen, dies ebenso umsetzen könnten, bevor wir an die Arbeit schreiten.

Die Formulierung erklärt uns auch, wie wir uns in der Verkündigung irren können. Es ist zwar ein Leichtes den Mund aufzumachen, aber nicht ganz so einfach ein Wort des Höchsten weiterzugeben. In vielen Predigten und Lehren wird das komplette Wort Gottes mittlerweile ausgespart – ein Sorgenkind in vielen Gemeinden des 21. Jahrhunderts. Um praktischer zu erklären, wie Gott in unserer heutigen Zeit wirkt, wird es immer mehr zum Trend einen einzelnen Vers herauszugreifen und darauf seine eigenen Interpretationen und Ansichten aufzubauen. Als Konsequenz davon gibt es viele geistliche „Ausleger", die zwar in ihre eigene Erkenntnis verliebt sind, aber das reine, lebensverändernde Wort Gottes vermissen lassen.

Haben wir zusätzliche Kommunikationstrainings durchlaufen, ist die Gefahr sogar noch größer. Denn wir sind versucht, unsere Ignoranz durch elegante Formulierungen zu überdecken. Das Ergebnis kann zwar durchaus unterhaltsam sein, aber es hilft den Gläubigen nicht, in der Reife Christi zu wachsen.

Paulus sehnte sich nach demselben wie Christus. Der Sohn Gottes sagte seinen Jüngern: *„Meine Lehre ist nicht von mir, sondern von dem, der mich gesandt hat"* (Johannes 7:16). Weiterhin erklärt er: *„Denn ich habe nicht aus mir selbst geredet, sondern der Vater, der mich gesandt hat, der hat mir* *ein Gebot gegeben, was ich tun und reden soll"* (Johannes 12:49). Der Apostel, der kein Anfänger beim Thema Kommunikation war, erschauerte bei dem Gedanken, seine Zeit dafür zu verschwenden, seine eigenen Ideen und Meinungen kund zu tun. Darum bat er die Gläubigen, dass sie für ihn beten, damit seine Zuhörer nicht seine eigenen Worte hören, sondern die des Herrn.

Wir müssen davon überzeugt sein, dass es nur bleibenden Wert hat, „das recht Wort" zu verkündigen, wie Paulus es formulierte. Unser Wort informiert, unterhält und klärt auf, aber es vermischt sich mit den tausenden Worten die wir Christen jeden Tag durch Medien, Nachbarn, Arbeitskollegen und Freunde aufnehmen. Nur das Wort Gottes ist *„lebendig und kräftig und schärfer als jedes zweischneidige Schwert und dringt durch, bis es scheidet Seele und Geist, auch Mark und Bein, und ist ein Richter der Gedanken und Sinne des Herzens"* (Hebräer 4:12-13). Es kann mit größter Einfachheit verkündigt werden und doch wird sein Effekt tief und lang anhaltend sein, denn das Wort Gottes ist Leben.

Denkanstoß

Um Sein Wort verkünden zu können, müssen wir es erst kennen. Wie viel Zeit widmen Sie dem Bibelstudium? Welche Auswirkungen hat dies auf Ihr persönliches Leben? Was können Sie sonst noch tun, um in Erkenntnis des Wortes zu wachsen?

Als er aber am Passafest in Jerusalem war, glaubten viele an seinen Namen, da sie die Zeichen sahen, die er tat. Aber Jesus vertraute sich ihnen nicht an; denn er kannte sie alle und bedurfte nicht, dass ihm jemand Zeugnis gab vom Menschen; denn er wusste, was im Menschen war.

Johannes 2:23-25

Jesus besuchte Jerusalem wahrscheinlich im Laufe Seines ersten Dienstjahres, als Seine Popularität rasant zunahm. Wo auch immer der Sohn Gottes sich hinbewegte, begleiteten Ihn Zeichen und Wunder, die jedes Mal größere Menschenmengen anzogen. Sein Besuch in Jerusalem verlief nicht anders als mit vorhersehbarer Auswirkung. So *„glaubten viele an seinen Namen"*. Der Evangelist fügte noch eine kurze Erklärung hinzu, warum sie an Christus glaubten: *„da sie die Zeichen sahen, die er tat."*

Vielleicht liegt es an der Monotonie unseres Lebens, dass wir dem übernatürlichen Wirken Gottes eine solche Wichtigkeit beimessen. Wo Wunder auftreten, treffen wir immer auch auf eine Menge Neugieriger. Ihnen schließen sich diejenigen an, die ihrerseits versuchen, Wunder aufzubauschen oder zu verlängern. Allen ist gemein, dass sie sich von ungewöhnlichen Ereignissen angezogen fühlen, die wenig oder nichts mit ihrem tatsächlichen Glauben oder geistlichem Leben zu tun haben.

Dieselbe Begeisterung erleben wir oft bei unseren eigenen Entscheidungen für den „Glauben". Uns gefallen die Wortgewandtheit des Predigers, die gefühlvollen Anbetungslieder oder die mitreißenden Lebenszeugnisse. Zweifelsohne gebraucht Gott all diese Erlebnisse, um unser Herz zu berühren. Wir müssen jedoch verstehen, dass die meisten unserer Reaktionen nicht geistlich gegründet sind, sondern emotional. Die daraus gewonnene Überzeugung ist selten lebensverändernd. Somit ist auch ihr Ewigkeitswert äußerst gering. Christus traute den Massen nicht, denn Er wusste, dass ihre Reaktion nicht auf echten geistlichen Überzeugungen beruhte. Er kannte das wahre Herz des Menschen: Das Böse darin verändert sich nicht aufgrund eines einzigen Begeisterungsmomentes. Erst wenn wir zerbrochen vor Gott stehen, kann Er seine reinigende Arbeit in uns vollziehen.

Denken Sie nur daran, an wie viele Dinge wir zwar glauben, sie aber dann doch nicht praktisch umsetzen. Viele sehen den Nutzen einer ausgewogenen und gesunden Ernährung, aber nur wenige setzen sie auch um. Den meisten von uns ist ebenso bewusst, wie wichtig Zeiten der Erholung sind, doch nur Wenige im Dienst halten sich daran. Diejenigen unter uns, die im Predigtdienst stehen, wissen wie entscheidend eine gute Vorbereitung ist. Doch mal ehrlich: Wie viel Zeit verwenden wir wirklich darauf?

Alle diese Beispiele zeigen, dass unsere Überzeugungen oftmals unser Verhalten gar nicht beeinflussen. Darum sollte es uns auch nicht überraschen, dass Jesus von der Begeisterung der Menge überhaupt nicht bewegt war.

Denkanstoß

Unser Augenmerk sollte auf den geistlichen Erfahrungen liegen, die unser Leben verändern, selbst wenn diese uns anfänglich unangenehm erscheinen. Bemerken wir tatsächlich eine Erneuerung an uns, können wir sicher sein, dass unsere Entscheidung geistlich motiviert war.

Die Standfestigkeit eines Leiters

Er aber sprach zum dritten Mal zu ihnen: Was hat denn dieser Böses getan? Ich habe nichts an ihm gefunden, was den Tod verdient; darum will ich ihn schlagen lassen und losgeben. Aber sie setzten ihm zu mit großem Geschrei und forderten, dass er gekreuzigt würde. Und ihr Geschrei nahm überhand. *Lukas 23:22-23*

Leiter stehen oftmals vor Situationen, in denen sie gezwungen sind Entscheidungen zu treffen, die für ihr Umfeld eine extrem hohe Bedeutung haben. Sie handeln weise, wenn sie sich ein Team zusammengestellt haben, mit dem sie die verschiedenen Optionen durchgehen können und der Meinung eines jeden Teammitgliedes Gehör schenken. Am Ende müssen sie sich jedoch für die Entscheidung verantworten und sie der Gemeinde mitteilen.

Manchmal steht der Leiter vor Situationen, in denen er auf komplexe ethische Fragen trifft, die keine einfache Lösung haben. Seine Entscheidungsfindung entsteht wahrscheinlich in einem langwierigen, manchmal qualvollen Prozess, in dem er die unterschiedlichen Gesichtspunkte immer wieder neu und oft alleine abwägen muss.

Wie auch immer die Einzelheiten des Prozesses aussehen mögen. Es gibt eine Konstante: Es wird immer Menschen geben, die versuchen werden Druck auszuüben, um an ihr Ziel zu kommen. Sie erzwingen es durch Freundschaft mit dem Leiter oder, weitaus subtiler, durch den Gebrauch von passenden Bibelstellen, die ihren Standpunkt untermauern. Andere drohen oder bilden Grüppchen und arbeiten pausenlos daran, ihre Ziele durchzudrücken.

Pilatus fand sich in einer ähnlichen Situation wieder. Er war davon überwältigt, welches Ausmaß Jesu Prozess erreichte, so dass er Herodes um Hilfe bat. Dieser entledigte sich jedoch des Themas, indem er Jesus nach Jerusalem zurücksandte. Pilatus fand an Christus keine Schuld, doch die zornige Menge zwang ihn, gegen Seinen Willen zu handeln und den Galiläer zu verurteilen. Er versuchte sie zur Einsicht zu bringen und sie damit zu beschwichtigen, Christus eine harte Strafe anzudrohen. Doch die Menge wollte Jesu Tod, nicht Seine Freiheit.

„Und ihr Geschrei nahm überhand".

Wie abscheulich dieser Satz ist. Pilatus hielt dem Druck nicht stand und stimmte zu, obwohl seine eigene Bewertung der Situation und seine Überzeugung die Richtige war.

Denkanstoß

Ein Leiter muss dazu bereit sein, die Konsequenz seines Handelns zu tragen, auch wenn das ganze Volk ihn dafür verurteilt. Die Richtigkeit seiner Entscheidung zeigt sich oft erst im Nachhinein. Außerdem lehrt die Erfahrung, dass die Stimme der Mehrheit oft genug die Stimme der Sünde ist. Man braucht eine gehörige Portion Mut, um den letzten Konsequenzen entgegen zu stehen. Derjenige, der jedoch das Richtige wählt, wird vom Herrn bestätigt werden, wenn die Zeit sich erfüllt hat.

Als aber Simon sah, dass der Geist gegeben wurde, wenn die Apostel die Hände auflegten, bot er ihnen Geld an und sprach: Gebt auch mir die Macht, damit jeder, dem ich die Hände auflege, den Heiligen Geist empfange.

Apostelgeschichte 8:18-19

Ein wesentliches Merkmal von Leiterschaft ist, Autorität über andere auszuüben. Die Vollmacht eines Leiters kann entweder in seinem Titel oder seiner Stellung liegen. Vielleicht erlangt er sie, weil andere sein Wissen oder seine Lebenserfahrung schätzen. Möglicherweise sehen sie in seinem Leben besondere Eigenschaften, die andere nicht besitzen. Egal was es ist, ohne Autorität kann er kein Leben beeinflussen.

Aus diesem Grund vertraut Gott denen Vollmacht an, die er berufen hat, Sein Volk zu leiten. Moses Glaubwürdigkeit bei seinem Volk war unverkennbar. Gott gab ihm drei Zeichen, um diejenigen zu überzeugen, die an seiner Rechtmäßigkeit zweifelten (2. Mose 4:1-9). Als der Herr Josua zu Moses Nachfolger machte, ordnete Er eine öffentliche Amtshandlung an, um ihn in sein neues Amt einzusetzen, auch, damit das Volk ihn als neuen Leiter anerkannte (5. Mose 27:18-20). Christus verhielt sich ebenso: Als Er die Zwölf berief, gab er ihnen unter anderem Vollmacht, *„die bösen Geister auszutreiben"* (Markus 3:15). Als Er sie zu zweit aussandte, verlieh Er ihnen Vollmacht, um die Arbeit zu tun, die Er ihnen aufgetragen hatte (Lukas 9:1). Bevor Jesus in den Himmel aufstieg, rief er die Seinen zusammen und übertrug ihnen die Aufgabe alle Nationen zu Jüngern zu machen. Christus konnte dies tun, denn Ihm war alle Macht im Himmel und auf Erden gegeben, wodurch ihre Arbeit vollständigen Rückhalt im auferstandenen Herrn fand.

In der Apostelgeschichte können wir nachlesen, dass sich die Apostel genau in dieser Autorität bewegten. Ihr Vertrauen in Gottes Beistand, erlaubte es ihnen, in den ausweglosesten Momenten kühn aufzutreten und sie zu Zeugen der außergewöhnlichsten Zeichen und Wunder Gottes machte. Eben diese Manifestationen führten Simon den Zauberer – ein Mann, der daran gewöhnt war in der Öffentlichkeit zu stehen – dazu, die Apostel zu bitten, ihm diese Macht zu verkaufen. Er wurde aufs Schärfste von ihnen zurechtgewiesen. Der drängende Wunsch in Simons Herzen ist auch heute vielen Leitern wohlbekannt, wenn auch auf feinsinnigere Art und Weise. Es ist das heimliche Sehnen, die von Gott uns anvertraute Autorität für unseren eigenen Vorteil zu nutzen, sei es um Aufmerksamkeit oder Popularität zu erlangen oder um Menschen zu manipulieren. Dies ist mehr als verwerflich. Die Vollmacht, die wir erhalten haben, darf nur im Rahmen unseres Dienstes und für die Arbeit, die uns anvertraut wurde, angewandt werden. Der Herr ist der Einzige, der alle Ehre und Nutzen aus dem ziehen kann, was voll und ganz Ihm gehört.

Denkanstoß

In welcher Form können wir die Vollmacht missbrauchen, die uns anvertraut wurde? Wie können wir uns davor schützen? Welche Vorsichtsmaßnahmen müssen wir ergreifen, um Situationen von Autoritätsmissbrauch zu vermeiden?

Die Geheimnisse vom Gottesreich

Und er sprach: Mit dem Reich Gottes ist es so, wie wenn ein Mensch Samen aufs Land wirft und schläft und aufsteht, Nacht und Tag; und der Same geht auf und wächst - er weiß nicht wie. Denn von selbst bringt die Erde Frucht, zuerst den Halm, danach die Ähre, danach den vollen Weizen in der Ähre. Wenn sie aber die Frucht gebracht hat, so schickt er alsbald die Sichel hin; denn die Ernte ist da.

Markus 4:26-29

In meinen Jugendjahren glaubte ich, alles verstehen zu können, wenn ich es nur aufmerksam und gewissenhaft genug studieren würde. Um die Wahrheit zu sagen, ging es mir wie vielen Jugendlichen in meinem Umfeld. Ich gab Erklärungen für Dinge ab, von denen ich eigentlich keine Ahnung hatte. Als Lehrer fand ich mich später oft in der Situation wieder Dinge erklären zu müssen, die ich zumindest nicht vollständig verstand.

Im Laufe der Jahre begriff ich, dass vieles, was um uns herum passiert, in einen geheimnisvollen Nebel eingehüllt bleibt. Das Leben hat mir gezeigt, dass vieles, wofür ich allgemeine Erklärungen lieferte, in Wirklichkeit gar nicht so war, wie ich dachte. Heute ist es für mich viel angenehmer (und ich glaube auch viel ehrlicher), vor den mir Anvertrauten zugeben zu können, dass mir viele Geschehnisse einfach rätselhaft bleiben.

Dies wollte Christus mit Sicherheit Seinen Jüngern mit Seinem Gleichnis weitergeben. Die Erde zu kultivieren war eine Technik, die so alt war wie Israel selbst. Die meisten Menschen kannten sich mit Saat und Ernte bestens aus, doch der Prozess, bei dem ein kleines Samenkorn – allem Anschein nach vertrocknet und tot – sich in eine dicht belaubte Pflan-

ze voller Früchte verwandelte, blieb ihnen ein Geheimnis. Sie konnten lediglich bezeugen, dass eine Saat, die einmal im Boden lag, ein paar Monate später plötzlich zu einer Pflanze wurde, die ihnen ihre Nahrung lieferte.
Der Wachstumsprozess im Reich Gottes ist ebenso geheimnisvoll. Wer könnte schon erklären, warum sich ein Rebell, zornig oder deprimiert, in einen fröhlichen Jünger verwandelt, der in verbindlicher Beziehung mit Jesus lebt? Wer von uns weiß schon, wie wir uns derart verändern können, so dass wir Christus immer ähnlicher werden? In welchem Moment findet es statt und warum? Welche Umstände begleiten diese Veränderung? Sind wir ehrlich, erkennen wir den Unterschied nur an den Früchten, also im veränderten Verhalten der Person und selbst dann erst nach einer gewissen Zeit.
Warum ist es wichtig, das zu verstehen? Wir möchten uns lieber glauben machen, dass es unser eigener Krafteinsatz ist, mit dem wir Resultate schaffen oder es unsere Programme sind, die das Gemeindewachstum beschleunigen, oder dass unsere Redegewandtheit die Menschen überzeugt. Doch damit machen wir uns selbst etwas vor. Die meisten Dinge, die im geistlichen Raum geschehen, entziehen sich unserer Erkenntnis. Wir verstehen sie einfach nicht. Wir können sie nur feiern und dafür dankbar sein, dass wir uns an ihren Früchten erfreuen dürfen.

Denkanstoß

August Strong findet prägnante Worte für dieses Geheimnis: *„Wachstum entsteht nicht durch Anstrengung, sondern durch Leben."*[4]

Aber Arauna sprach zu David: Mein Herr, der König, nehme und opfere, wie es ihm gefällt. Siehe, da sind die Rinder zum Brandopfer und auch die Dreschschlitten und das Geschirr der Rinder als Brennholz; das alles gibt Arauna dem König. Und Arauna sprach zum König: Der HERR, dein Gott, sei dir gnädig. Aber der König sprach zu Arauna: Nicht doch, sondern ich will dir's abkaufen für seinen Preis; denn ich will dem HERRN, meinem Gott, nicht Brandopfer darbringen, die ich umsonst habe. So kaufte David die Tenne und die Rinder für fünfzig Lot Silber. *2. Samuel 24:22-24*

Durch den Propheten Gat wies der Herr David an, zur Tenne von Arauna dem Jebusiter zu gehen, um dort zu opfern. Dadurch sollte die Plage beendet werden, die durch die Volkszählung des Königs über Israel gekommen war. Als er am Haus des Arauna ankam, gab dieser ihm die Freiheit, aus seinem Besitz all das auszuwählen, was er für das Opfern benötigte. Davids Antwort zeigt uns zwei interessante Prinzipien.

Erstens ist es bemerkenswert, dass sich der König aufgrund seines Titels nicht selbst bediente, obwohl es eines seiner königlichen „Privilegien" gewesen wäre. Mehr noch, Arauna hatte David freiwillig angeboten, sich aus seinem Eigentum zu bedienen. Doch David erkannte, dass er als Regent die Rechte der anderen respektieren musste, auch wenn dies bedeutete, auf eigene legitime Rechte zu verzichten. Je größer die Autorität, je mehr Vorsicht müssen wir im Umgang mit ihr walten lassen, damit sich die Schwächeren nicht übervorteilt fühlen. Viele Leiter würden gut daran tun, sich vor Augen zu halten, dass sie aufgrund ihrer Position Privilegien nur mit extremer Zurückhaltung genießen sollten.

Der zweite Punkt zeigt sich in Davids Weigerung Araunas Angebot anzunehmen, weil er wusste, dass ein Opfer, das

nichts kostet, auch keinen Wert hat. Dieses Prinzip ist von besonderer Wichtigkeit. Denn oft genug geben wir nur von dem was uns nichts kostet, was wir übrig haben. Aus dem Überfluss zu geben, hat jedoch nichts mit Opfern zu tun.
Warum ist aber wichtig, dass unsere Gabe zu einer Opfergabe wird? Die Antwort auf diese Frage führt uns zum Kern des Reiches Gottes. Der Preis, um die Sünde des Menschen zu sühnen, war das Leben des Gottessohnes. Dieser außergewöhnlich hohe Preis war nötig, da auch das Ausmaß des gelösten Problems riesig war. Schnelle Lösungen sind ein Ausdruck dafür, dass die menschliche Realität zu leicht genommen wird. Wer das Sündenproblem zu oberflächlich angeht, ist dazu verdammt, unter ihren zerstörerischen Auswirkungen weiterhin zu leiden und in ihr gebunden zu bleiben.
Nur wenn wir bereit sind, das Opfer Christi durch Selbstverleugnung in unserem eigenen Leben widerzuspiegeln, wird sich echte Frucht in unserem geistlichen Leben zeigen. David verstand das und machte daher seine Gabe zu einem Opfer.

Denkanstoß

„Eine Religion, die nichts kostet, ist auch nichts wert."[5] J.C. Ryle

13. Juni Ihr wisst nicht, was ihr bittet

Aber Jesus antwortete und sprach: Ihr wisst nicht, was ihr bittet. Könnt ihr den Kelch trinken, den ich trinken werde? Sie antworteten ihm: Ja, das können wir. Er sprach zu ihnen: Meinen Kelch werdet ihr zwar trinken, aber das Sitzen zu meiner Rechten und Linken zu geben steht mir nicht zu. Das wird denen zuteil, für die es bestimmt ist von meinem Vater. Matthäus 20:22-23

In Johannes 14 und 15 teilt uns Christus mehrmals mit, *„Und was ihr bitten werdet in meinem Namen, das will ich tun, damit der Vater verherrlicht werde im Sohn“* (Johannes 14:13). Trotz seiner Bedingungen hat diese Verheißung viele Generationen Gläubiger ermutigt jederzeit und in jeglicher Situation zu beten.

Innerhalb der Gemeinde kommt es immer wieder zu Missverständnissen, wenn es darum geht, in Jesu Namen zu bitten. Stattdessen glauben wir mit einer Naivität, die schon fast an Torheit grenzt, dass, wenn wir unseren Gebeten die *magische Formel* „in Jesu Namen“ anfügen, unser Gebet schon erhört wird.

Um die tiefere Bedeutung dieser Bedingung für erhörte Gebete besser zu verstehen, dient folgende Illustration. Stellen Sie sich vor, wie ein Vater zu seinem Sohn sagt: „Geh zu Mama und sag ihr, dass ich den Autoschlüssel brauche.“ Das Kind läuft zur Mutter und gibt die Nachricht an sie weiter. Die Botschaft stammt also nicht vom Kind, sondern vom Vater. Das Kind hat nur die Funktion des Sprechers. Wenn wir nun im Namen Jesu etwas erbitten, stellen wir auf die gleiche Art ein Gesuch an den Vater, wie es der Sohn selbst tun würde, wenn er gegenwärtig wäre.

Viele unserer Gebete verhallen ungehört, weil sie genau diese Bedingung nicht erfüllen: Wir bitten nicht das, was Christus beten würde, wäre Er unter uns. Weiterhin ist das

Gebet keine Aktivität, dessen einziges Ziel es ist, sich eine Antwort vom Vater zu sichern. Das Gebet, die geheimnisvollste geistliche Disziplin, bindet uns in einen Prozess ein, durch den wir, mittels Gebet zum Vater, selbst verändert werden. In diesem Zusammenhang beobachtete Sankt Augustin „Wer ihn sucht, hat ihn bereits gefunden.“[6] Die Antwort ergibt sich im Prozess des Gebets, nicht durch seine bloße Erhörung.

Gleichwohl sehen wir Gottes wirkende Hand auch in der Beantwortung des Gebets. In Seiner Weisheit gibt Er uns manchmal, worum wir bitten, auch wenn wir nicht vollständig erfassen, was wir von Ihm erfragen. Wegen unserer Hartnäckigkeit gibt uns Gott was wir erhoffen. Den Israeliten gab Er ihren König, auch wenn es nicht das war, was sie brauchten. Genauso erhört Er bisweilen unsere Gebete, auch wenn in ihnen keine Weisheit liegt. Seine Antwort bedeutet in diesem Falle nicht Sein Einverständnis, sondern, dass wir eine Lektion zu lernen haben.

Denkanstoß

„Würde Gott ab heute jedes Gebet erhören, was wir zu ihm senden, würde ich für meinen Teil aufhören zu beten. Ich hätte nicht genügend Vertrauen in meinen eigenen Weitblick, um Gott um das Richtige zu bitten.“[7] J.A. Motyer

Er sprach aber zu ihnen: Es gebührt euch nicht, Zeit oder Stunde zu wissen, die der Vater in seiner Macht bestimmt hat; aber ihr werdet die Kraft des Heiligen Geistes empfangen, der auf euch kommen wird, und werdet meine Zeugen sein in Jerusalem und in ganz Judäa und Samarien und bis an das Ende der Erde. *Apostelgeschichte 1:7-8*

In ihrer letzten Zusammenkunft mit dem Messias machten sich die Jünger über die Wiederherstellung des Reiches Gottes Sorgen. Weil sie dermaßen hartnäckig waren, teilte Jesus ihnen einen Ausspruch mit, der heute unser Thema sein soll. Er wünschte sich, dass sie sich mehr um die Vision des Vaters Sorge machen, als um die Dinge, die mit dieser Welt verbunden sind.

Dennoch war es schwierig, sie zum Umdenken zu bewegen. Als Gott den Apostel Paulus berief, um die Ausweitung der Arbeit der entstehenden Kirche bis an die Enden der Welt voranzutreiben, widersetzten sich die Leiter der Jerusalemer Gemeinde beharrlich seiner Arbeit. Erst nach einer intensiven Debatte stimmten die Apostel schließlich dieser neuen Initiative zu, auch wenn sie sich dafür aussprachen, in Jerusalem zu bleiben (Apostelgeschichte 15).

Der Widerstand der modernen Kirche gegenüber dieser universellen Berufung, ist dem der ersten Gruppe, in Jerusalem sehr ähnlich. Die übertriebene Konzentration die Arbeit lokal einzugrenzen, ist hauptsächlich auf eine Falschinterpretation des Textes zurückzuführen. Diese besagt, dass die Arbeit in Samaria nur begonnen werden darf, wenn die in Jerusalem zu Ende gekommen ist. Ebenso wird geschlussfolgert, dass „die Enden der Welt“ nur dann in Angriff genommen werden dürfen, wenn ganz Samaria erreicht worden ist. Mit dieser Perspektive rechtfertigen viele Pastoren ihre fehlende Ausrichtung auf die ganze Welt mit der Frage: *„Wie*

können wir uns in weltweiter Mission engagieren, wenn wir noch nicht einmal unser eigenes Viertel erreicht haben?"
Doch im Urtext bedeutet diese Textstelle, dass Jerusalem, Samaria und die Enden der Welt *gleichzeitig* zu erreichen sind.
Diesbezüglich müssen wir feststellen, dass selbst diejenigen, die in der Missionsbewegung arbeiten – und damit ein sehr wichtiges Werk tun – demselben Fehler nicht entfliehen konnten, nämlich ein Missionsgebiet für wichtiger zu erachten als das andere. Für sie wurde das Erreichen „der Enden der Welt" wichtiger, als die Arbeit daheim, in „Jerusalem".

Denkanstoß

Gott sorgt für uns auf solch individuelle Art und Weise, dass Er an der kleinen Welt jedes Seiner Kinder interessiert ist. Gleichzeitig ist Seine Vision so weit gespannt, dass es Ihn ebenso interessiert, was in Deutschland, Dschibuti oder der Dominikanischen Republik passiert. So sollte es auch für Seine Kinder sein. Wir müssen uns sowohl in die Geschehnisse unseres eigenen Viertels und unserer Nachbarschaft involvieren, als auch die Ausdehnung des Reiches Gottes in den entlegensten Orten der Welt zu fördern. Nur so können wir alle Dimensionen unserer Berufung abdecken.

Der Wert der Geduld

Seid stille und erkennt, dass ich Gott bin! *Psalm 46:11*

Wir leben in einer Zeit, in der „Warten“ schon fast ein Schimpfwort ist. Während zu anderen Zeiten Verspätungen in Stunden oder Tagen gemessen wurden, regen wir uns heute über die Verzögerung auf, die unser Computer zum Öffnen eines Programms benötigt, über die Mikrowelle, bis das Essen endlich warm ist, über die Ampel, bis sie auf grün umschaltet oder über unseren Freund, bis er endlich an sein Handy geht. Dies zeigt, wie Ungeduld in unserem Leben bereits ein derartiges Ausmaß annimmt, dass wir meinen, Zeiteffizienz bereits in Sekunden messen zu müssen. Auch wenn unsere Wartezeit minimal ist, füllt sich unser unruhiger Geist bereits mit Hast und Angst etwas zu verpassen. Mittlerweile sehen wir dieses Verhalten in unserer Gesellschaft bereits als völlig normal an, sogar als Zeichen dafür, wie „wichtig“ wir sind.

Moderne Gelehrte beschreiben Geduld als „die Kunst, warten zu können“. Doch diese Definition lässt uns glauben, dass wir in Momenten, die wir nicht beschleunigen können, unsere Zeit mit Warten verplempern würden. Der Psalmist öffnet uns den Blick für etwas anderes, das unseren Geist beruhigt: *„und erkennt, dass ich Gott bin!“* Eines unserer wichtigsten Lebensziele liegt darin, auf Gottes Einladungen zu antworten, mit Ihm zu gehen und Seine Leitung selbst in den frustrierendsten Momenten zu suchen. So können wir eine neue Definition für *Geduld* entdecken: Sich an Gott zu erfreuen, auch wenn die Umstände uns eher zur Verzweiflung, Sorge oder Angst treiben.

Stellen Sie sich einmal folgende Alltagssituation vor: Wir stehen vor dem Büro eines Amtes in der Schlange. Wir haben die Antragspapiere bereits abgegeben und müssen nun in der Reihe warten, um die abgestempelten Unterlagen wiederzuerhalten. Nun kommt auch noch ein Beamter aus seinem Büro, um uns, die wir ohnehin vom Warten genervt sind, darüber zu informieren, dass das Computersystem komplett abgestürzt ist. Damit verlängert sich die Wartezeit erneut. Sofort denken wir an all die Dinge, die unerledigt auf unserem Schreibtisch auf ihre dringende Bearbeitung warten. Mit jedem Schritt auf das Büro zu, steigert sich auch unsere Wut gegenüber dem Amt, seinen Beamten und dem Computersystem. Je mehr Zeit vergeht, desto stärker wird unsere Unruhe und umso spürbarer unser Verdruss. Wir warten zwar, können die Zeit aber nicht im Geringsten genießen. Damit haben wir gerade eine Chance verspielt, Gemeinschaft mit Dem zu haben, den wir noch vor zwei Tagen im Gottesdienst als wichtigste Person des Universums besungen hatten.

Denkanstoß

Die größte Herausforderung in den „unerträglichen" Verzögerungen, die wir „erleiden" müssen bleibt, unseren Geist zu beruhigen. Es ist unsere Verantwortung, unsere Augen von den Umständen zu lösen, zu Gott zu erheben und uns bewusst zu machen, dass Er souverän in jeder Situation regiert. Das nächste Mal, wenn Sie sich in einer Situation befinden, über die Sie keine Kontrolle haben, erheben Sie Ihren Geist in die Gegenwart des Höchsten und erlauben Sie Ihm, dass Er Sie zu den stillen Wassern führt.

Sein Eingreifen suchen

„Wenn dieses Volk, das meinen Namen trägt, seine Sünde bereut, von seinen falschen Wegen umkehrt und nach mir fragt, dann will ich ihnen vergeben und ihr Land wieder fruchtbar machen.“ *2.Chronik 7:14 (HfA)*

Unser heutiger Vers ist weitgehend bekannt und besonders passend, für unsere durch Machtmissbrauch und Korruption erschütterte Welt, in der im fortschreitenden Maße unsere Naturressourcen dezimiert werden. Wir entdecken in dem Text Schritte, durch die wir mit Gottes Eingreifen in Krisenzeiten rechnen können.

Wir müssen verstehen, dass es auf die Kombination der verschiedenen Schritte ankommt, um Gottes Antwort zu erfahren. Oftmals wählen wir eine oder zwei einzelne Bedingungen aus, aber gehen sie nicht konsequent als Ganzes an. Werden sie für sich genommen befolgt, haben sie wenig Aussicht auf Erfolg. Als Gott beispielsweise dem Volk Israel zu verstehen gab, dass sie 40 Jahre durch die Wüste irren würden, taten sie zwar Buße, doch erlebten sie keinen Wohlstand, da sie nicht Gottes Angesicht suchten (4.Mose 14:40-45). Ebenso verurteilte der Prophet in Jesaja 58 das Volk, weil sie sich zwar gedemütigt hatten, aber nicht von ihren bösen Wegen umgekehrt waren (Jesaja 58:1-4).

Wir können daran erkennen, dass Umkehr in einem Prozess verläuft und viel mehr ist, als nur ein einmaliges Erlebnis. Sie enthält konkrete Schritte, die das Leben entsprechend den Geboten Gottes neu ordnen. Begibt man sich auf diesen Weg, wird die Veränderung mehr als nur eine religiöse Übung.

Im Laufe des Prozesses begegnen wir also folgenden vier Schritten: *sich demütigen, beten, Gottes Angesicht suchen und von seinen bösen Wegen umkehren*. Durch Demütigung erklärt man, dass man stolz und selbstgenügsam war und nicht auf Gottes Wegen gegangen ist. Es ist die Erkenntnis, dass unsere eigenen Anstrengungen nur klägliche Ergebnisse abliefern. Durch das Gebet vergewissern wir uns, dass unsere Demütigung vor Gott, mehr als ein Gefühl der Niedergeschlagenheit ist. Wir kleiden unsere Gefühle in Worte und drücken Gott gegenüber aus, wie sehr wir uns für unser altes Leben schämen, was für unseren Geist äußerst heilsam ist. Sein Angesicht suchen, führt uns in eine Haltung, sowohl der Anbetung, als auch der Besinnung. Nur dadurch können wir vermeiden, dass unsere Buße unseren Vorstellungen davon eilt, wie wir unser Leben durch eigene Kraftanstrengungen wieder in den Griff bekommen können, so wie es beim verlorenen Sohn der Fall war. Indem wir Sein Angesicht suchen, warten wir aufmerksam auf Sein Handeln, damit Er uns auf Seinen Wegen führt. Als Letztes machen wir uns bewusst, dass wir nicht mehr auf unsere alten Wege zurückkehren können. Wir lassen damit alles, was uns vormals wichtig war zurück, da wir erkennen, dass es die Ursache vieler unserer Probleme war.

So wie Josef seinen Brüdern gegenüber, kann Gott einem bußfertigen, demütigen Herzen nicht widerstehen. Gibt es einen ernsthaften Wandel in uns, erhört uns Gott vom Himmel her, vergibt uns unsere Schuld und heilt unser Leben. Ein unermessliches Geschenk!

Denkanstoß

„Buße zu tun ist viel mehr als Gott um Verzeihung bitten.“ (Quelle unbekannt)

Und der HERR sprach zu Kain: Warum bist du zornig, und warum hat sich dein Gesicht gesenkt? Ist es nicht so, wenn du recht tust, erhebt es sich? Wenn du aber nicht recht tust, lagert die Sünde vor der Tür. Und nach dir wird ihr Verlangen sein, du aber sollst über sie herrschen.

1.Mose 4:6-7 (ELB)

Es ist immer wieder erstaunlich zu erkennen, wie einfach Gottes Lehren für Seine Kinder in der Bibel beschrieben werden. Er findet immer den richtigen Zusammenhang und eine Sprache, die sie verstehen können, damit sich die Botschaft in ihre Herzen eingräbt. In unserem heutigen Fall verwendet der Herr eine dramatische Analogie, um Kain ein wichtiges geistliches Prinzip zu vermitteln.

Kain und Abel waren an das ländliche Leben gewöhnt, einer als Bauer, der andere als Schafhirte. Zu ihrem täglichen Brot gehörte, sich mit wilden Tieren auseinanderzusetzen, die ständig Teile der Herde rauben wollten. Vor diesem Hintergrund benutzte Gott eine Illustration, um Kain die Schwere seiner Sünde vor Augen zu führen.

Wenn jemand Böses tut, zieht er auch Böses an, und so „lagert die Sünde vor der Tür", wie es der Autor ausdrückt. Er verwendet dasselbe Wort, das beschreibt, wie ein Raubtier auf sein Opfer lauert und nur auf den richtigen Moment wartet, um sich darauf zu stürzen. Es kommt einem das Bild aus unzähligen TV-Dokumentationen in den Sinn, in dem der Löwe sich hinter einem Erdhügel versteckt und sich langsam an das andere Tier heranschleicht, welches ihn gar nicht vermutet. Auf dieselbe Art wird einer der Böses tut, von der Sünde als leichtes Opfer „ausgewählt".

Das Opfer besitzt gewisse Charakteristiken, die es für den Feind attraktiv macht. Darum verwendet der Herr die Formulierung *„nach dir wird ihr Verlangen sein"*. Entgegen den landläufigen Meinungen sind Wildtiere auf ihrer Jagd nicht immer erfolgreich. Löwen zum Beispiel verlieren mehr als 50% ihrer Jagden und gehen leer aus. Deshalb gehört es zur Jagdstrategie, sich auf die schwächsten und ungeschütztesten Tiere zu konzentrieren. Ebenso schwächen wir unsere geistlichen Abwehrschilde, wenn wir Böses tun und öffnen damit die Tür für spontane Angriffe des Feindes.

Im weiteren Verlauf der Geschichte lesen wir, wie Kain vom Herrn ermutigt wird, die sich lagernde Bestie zu zähmen, bevor sie angreift. Mit anderen Worten ist es sinnvoller, in der Situation die Initiative zu ergreifen und selbst anzugreifen, als darauf zu warten, dass es der Feind es tut. Ein Angreifer ist stark vom Überraschungsmoment abhängig. Ist er einmal entdeckt, sinkt die Chance eines erfolgreichen Angriffes rapide. Und darin liegt unsere zweite Lektion. Es ist unsere Aufgabe dafür zu sorgen, dass Sünde keine Kraft in uns gewinnt. Keiner kann uns diesen Kampf abnehmen. Wir müssen ihren Attacken widerstehen und sie abweisen, möglichst bevor sie angegriffen hat. Ständige Wachsamkeit ist eine Grundvoraussetzung, um der Sünde widerstehen zu können.

Denkanstoß

Wacht und betet, damit ihr nicht in Versuchung kommt! Der Geist zwar ist willig, das Fleisch aber schwach. Matthäus 26:41 (ELB)

Ein anderer Name

Josef aber, der von den Aposteln Barnabas genannt wurde – das heißt übersetzt: Sohn des Trostes -, ein Levit, aus Zypern gebürtig. *Apostelgeschichte 4:36*

Ein Symbol für die Beziehung Gottes zu seinen Dienern zeigte sich oftmals in einer Namensänderung des Dieners, um Gottes Werk in ihm treuer zu beschreiben. Im 1.Mose beispielsweise änderte Gott Abrams Namen in Abraham (1.Mose 17:5), weil er zum Vater von vielen Völkern wurde. Jakobs Name wurde in Israel umgewandelt (1.Mose 32:28), weil er zu einem wurde, der wie Gott regiert. Auf die gleiche Weise wies ein Engel Maria im Neuen Testament an, ihrem Sohn den Namen Jesus zu geben. Sein Name beinhaltete Seine Mission. Jesus wiederum benannte Simon um und gab ihm den Namen Petrus (Matthäus 16:18). Damit wurde erklärt, dass er durch den Heiligen Geist von einem unbedeutenden Fischer zu einem Felsen innerhalb der Kirche verwandelt wurde.

Hinter dieser Gewohnheit scheint das Prinzip zu stehen, dass der Herr uns entsprechend unserer geistlichen Berufung ansieht und anerkennt. Dieses geistliche Ziel für unser Leben unterscheidet sich grundsätzlich von der Richtung, die wir für unser Leben festgelegt haben. Darum lassen diese „geistlichen Namen" viel wahrhaftiger erkennen wer wir sind, als der Name, den unsere Eltern uns gegeben haben.

In diesem Zusammenhang ist es interessant festzustellen, dass auch die Kirche des ersten Jahrhunderts einige Namen verändert hat. Joseph wurde von den Aposteln Barnabas genannt, was „Sohn des Trostes" bedeutet. Nach dem, was in der Apostelgeschichte über ihn berichtet wird, war dies auch eine seiner augenfälligsten Charaktereigenschaften. Er war es, der Paulus geholt hatte, um ihn in Jerusalem vorzustellen. Er wurde nach Antiochien gesandt, um wieder den

Frieden in der Gemeinde herzustellen. Und er war es, der Markus wieder in den Dienst nahm, nachdem Paulus ihn verstoßen hatte.
Das Ziel unserer heutigen Reflexion soll nicht sein, einen Aufruf zu starten, unsere Namen zu ändern. Allerdings ist es wert einmal zu überlegen, welchen Namen Gott uns gegeben hätte, um Seine Sicht auf uns wiederzugeben. Abgesehen davon erkennen wir dadurch den starken Kontrast in der Wirkung der „biblischen Umbenennung“ einer Person und unserer Angewohnheit „Spitznamen“ zu verteilen. Wir vergeben sie zumeist aufgrund von Eigenschaften, über die diejenige Person keine oder nur geringe Kontrolle hat: Dicke, Tollpatsch, Kurzer, Schlafmütze etc. Diese Bezeichnungen lassen die Person nicht aufleben, sondern wirken eher verachtend.

Denkanstoß

In der Familie Gottes sollte dies nicht vorkommen. Vielmehr sollten wir uns darin trainieren, das geistliche Wirken Gottes in unseren Geschwistern zu sehen, sie darin zu bestärken und sie in diese Richtung unterstützen. Wir gehören einem anderen Königreich an und unsere Beziehungen sollten dies erkennen lassen.

Zur Reife gelangen

Darum wollen wir jetzt lassen, was am Anfang über Christus zu lehren ist, und uns zum Vollkommenen wenden.
Hebräer 6:1

Der Autor des Hebräerbriefs war um etwas besorgt, dass auch unsere Sorge sein sollte: die Glieder der Gemeinde waren in ihrem geistlichen Wachstum zum Stillstand gekommen. Er teilte ihnen einige Grundkonzepte des geistlichen Lebens mit, aber brachte mittendrin auch seinen Frust zum Ausdruck: *„Darüber hätten wir noch viel zu sagen; aber es ist schwer, weil ihr so harthörig geworden seid"* (Hebräer 5:11). Anscheinend waren die Angesprochenen seit einigen Jahren Christen und benötigten immer noch die grundlegenden Anweisungen, die ihnen bereits in Fleisch und Blut hätten übergehen sollen.

Das Konzept, wie man zur Reife gelangt, scheint für uns schwer greifbar zu sein. In einer Welt, die von sichtbaren Dingen regiert wird, ist Wachstum ein unsichtbarer Prozess, der oft ohne unsere bewusste Kontrolle vonstattengeht. Abgesehen von Extremfällen wie Unterernährung, wächst der Körper von selbst und erreicht das Erwachsenenalter ohne unser Zutun. Natürlich sind eine ausgewogene Ernährung, regelmäßige Bewegung und ausreichende Ruhepausen förderlich, doch selbst wenn jemand dies nicht tut, reift der Körper heran.

In der geistlichen Welt treffen andere Grundsätze auf das Wachstum zu. Die Erwachsenphase wird nicht automatisch im Laufe der Zeit erreicht, sondern ist die Folge einer Entscheidung, nämlich seine Beziehung mit dem zu pflegen, der das Wachstum schenkt: Gott selbst. Ohne diese entschlossene Absicht, die durch Gottes Gnade motiviert ist, verharrt der Mensch in einem Zustand, in dem es praktisch zu keinerlei Veränderung kommt. Aus genau diesem Grund sind die Kirchen heute voll von Menschen, die seit ihrer Bekehrung fast keine Reifung zeigen. Hinzu kommt, dass Menschen in Verantwortungsposition gelangen, die den Jahren ihrer Gemeindemitgliedschaft entsprechen, ohne dass vor überprüft wurde, ob es in diesen Jahren überhaupt zur geistlichen Reifung bei ihnen kam.

Der Autor des Hebräerbriefes drängt seine Leser dazu, sich entschlossen und ausdauernd auf den Weg der Reife zu begeben. Er meint damit keinen kurzweiligen Enthusiasmus, sondern eine Disziplin, die bewusst gepflegt wird. In unserer Gesellschaft gibt es unbegrenzte Möglichkeiten, die uns dazu verleiten, den Prozess verkürzen zu wollen oder ihn vorschnell zu beenden. Sehnt sich jedoch jemand von ganzem Herzen danach, zur vollen Reife zu gelangen, lässt er sich nicht von verführerischen Gedankenspielen oder Argumenten abhalten und wird auch nicht müde, eine immer tiefere und intensivere Beziehung zu Gott zu suchen. Er nimmt sich bewusst vor, voranzugehen und wird dies mit Gottes Hilfe auch erreichen.

Denkanstoß

Welche Strategie verwenden Sie, um nachhaltig in Ihrer Beziehung zu Gott zu wachsen? Welche Disziplinen enthält Ihr Programm? Wie müssten Sie Ihren Tagesablauf ändern, um an Ihrem persönlichen Wachstumsprozess bewusster zu arbeiten?

Und als Jesus an die Stelle kam, sah er auf und sprach zu ihm: Zachäus, steig eilend herunter; denn ich muss heute in deinem Haus einkehren. *Lukas 19:5*

Zu Christi Zeiten gehörten die Zöllner zu den Personen in der Gesellschaft, die am stärksten verachtet wurden. Die Steuereintreiber besaßen drei Charakteristiken, die für das Volk besonders abstoßend waren: 1. sie kollaborierten mit den Feinden, die Israel besetzt hielten; 2. sie waren ständig in Kontakt mit den Heiden und 3. sie waren überaus korrupt in der Steuereintreibung. Zachäus erhob als oberster Zöllner nicht nur Steuern, sondern erhielt obendrein einen prozentualen Anteil der Steuereinnahmen seiner Untergebenen.

Stellen Sie sich sein Leben einmal vor. Als er die Straßen entlang ging, wurde er nicht gegrüßt, sondern stattdessen von vielen beschimpft. Seinen Kindern wurde das Recht auf Bildung verweigert. Im Falle eines Rechtsstreites konnte er nicht auf Rechtsbeistand hoffen, da er als Nicht-Bürger galt. Ihm wurde verboten, die Synagoge zu besuchen und an deren Veranstaltungen teilzunehmen. Seine Nachbarn ignorierten ihn höchstwahrscheinlich. Wohin er auch ging, gellte ihm offene Ablehnung ins Gesicht, fast schon wie bei einem Staatsfeind.

Wenn ich mir Zachäus vorstelle, wie er auf den Baum klettert, denke ich oft an die Nacht der Oscarverleihung, mit ihren tausenden Fans vor der Festhalle. Jeder von ihnen wartet sehnsüchtig auf seinen Star, so dass er selbst stundenlanges Warten in endlosen Schlangen, umgeben von sich dicht drängenden Menschenmassen, im Vorfeld, in Kauf nimmt. Wenn die Idole dann endlich ankommen, kann man sie vielleicht für ein paar flüchtige Sekunden oder Minuten sehen, in denen sie die Festmeile entlang flanieren.

Wahrscheinlich erwartet keiner der Fans, wirklich mit seinem Helden reden zu können. Die meisten Stars nehmen die Massen an Begeisterten kaum noch wahr und haben keinerlei Interesse daran, sie näher kennenzulernen. Sie sind zu sehr von ihrem eigenen Ego und Ruhm erfüllt, um wahrzunehmen, was am Rande passiert. Genauso erging es Zachäus, der es gewohnt war, von jedem ignoriert zu werden. Er erwartete nicht mehr, als nur einen Blick auf Jesus erhaschen zu können. Niemals rechnete er damit, dass Jesus ihn tatsächlich wahrnehmen würde. Keiner sah ihn jemals auf der Straße an, wie viel weniger auf einem Baum?
Stellen Sie sich also die riesige Überraschung vor, als Jesus anhielt, ihn mit Namen anredete und sein Haus auswählte, um dort zu essen und zu übernachten. Es ist daher wenig verwunderlich, dass Zachäus sich bekehrte. Nie hätte er sich erträumen lassen, dass Jesus ihn ansehen würde und noch weniger, dass er bei ihm einkehren könnte. So ist unser Gott! Er übertrifft unsere wildesten Träume und unterbricht unser Leben auf die unglaublichste und überraschendste Weise. Sein Handeln ist einzigartig!

Denkanstoß

„Dem aber, der überschwänglich tun kann über alles hinaus, was wir bitten oder verstehen, nach der Kraft, die in uns wirkt, dem sei Ehre in der Gemeinde und in Christus Jesus zu aller Zeit, von Ewigkeit zu Ewigkeit! Amen." (Epheser 3:20-21)

Und sie hatte eine Schwester, die hieß Maria; die setzte sich dem Herrn zu Füßen und hörte seiner Rede zu. Marta aber machte sich viel zu schaffen, ihm zu dienen.

Lukas 10:39-40

Es wäre nicht sinnvoll, wenn wir in dieser Bibelstelle lediglich den unterschiedlichen Aktionismus der Schwestern bewerten würden. Der Herr wollte nicht Passivität über Tatendrang erheben. Beide Haltungen können schädlich sein, wenn sie ins Extreme abgleiten.

Einerseits stehen die rastlosen Menschen in der Gefahr, sich immer mit irgendetwas beschäftigen zu müssen und nicht zur Ruhe kommen zu können. Grund dafür ist oft ein Defizit an Zuwendung in ihrem Leben. Sie verstecken ihren Schmerz und ihre Unsicherheit hinter einem Lebensstil, der keine Besinnung, Einsamkeit oder Nähe zulässt. Es ist schwierig, mit ihnen zusammen zu leben, denn ihre ständige Betriebsamkeit erlaubt es nicht, dass sie sich den Lebensrealitäten zuwenden, die nichts mit Geschäftigkeit oder Arbeit zu tun haben. Sie fühlen sich vom Dienst in Gottes Reich angezogen, denn er schafft ihnen den Raum, in dem sie die Anerkennung und Zuwendung erhalten, die sie so dringend benötigen. Ein Pastor, angesprochen auf seine „bedingungslose“ Hingabe, erklärte mir einmal, dass er sich in den letzten sieben Jahren weder Urlaub noch Erholung gönnte – eine Haltung, die charakteristisch für jemanden mit dieser Persönlichkeit ist.

Auf der anderen Seite haben wir den Typus, der jegliches Interesse an jeder Aktivität vermissen lässt. Sein Leben ist gelenkt vom Gesetz des geringsten Widerstandes. Er versucht aus jeder Situation mit kleinstmöglichem Aufwand den höchstmöglichen Nutzen zu schlagen. Dieser Persönlichkeitstyp verteidigt seine Faulheit im Leib Christi normalerweise mit der Begründung, dass er „zu Höherem“ berufen

sei. Er ist stets offen für Visionen, empfängt Worte der Erkenntnis oder Prophetien und ist stets bereit, seine Meinung mitzuteilen, wenn sich ein Zuhörer findet. Geht es jedoch darum, die Ärmel hochzukrempeln und sich aktiv bei einem Projekt oder Arbeitseinsatz zu beteiligen, der Kraftaufwand und einige Opfer erfordert, ist er nicht aufzufinden. Auch von ihnen gibt es mehr als genug in der Gemeinde.
Was möchte Christus Marta also anhand dieses Alltagsbeispiels erklären? Er verurteilt hier nicht Martas Arbeitsbereitschaft, die für sich genommen sehr löblich ist, sondern ihr falsches Timing. Darin bemisst sich der Unterschied zwischen der reifen und der unreifen Persönlichkeit. Die Unreife tut im *falschen* Moment, was andere zum *richtigen* Zeitpunkt erledigen. Es gibt eine bestimmte Zeit für beides, für Arbeit und Ruhe. Jemand, der sich in dem Moment ausruht, wenn Arbeit dran ist, liegt falsch. Und umgedreht irrt derjenige, der arbeitet, wenn es Zeit zum Ruhen und zur Besinnung ist.

Denkanstoß

„Herr, lehre mich deinen Zeitpunkt der Ruhe von der Zeit für Aktivitäten zu unterscheiden, damit ich den richtigen Moment für beide erkennen und sie vollen Herzens tun kann."

Sie sahen den Mann, den die vielen Dämonen gequält hatten. Er war ordentlich angezogen und saß ganz ruhig neben Jesus. Da wurde ihnen unheimlich zumute.

Markus 5:15 (HfA)

Der Evangelist beschreibt im heutigen Text den Zustand des Dämonisierten, als die Stadtbewohner ihn vorfanden. Damit wollte er der Geschichte nicht etwa mehr Farbe verleihen, sondern versuchte die Veränderung des Mannes herauszustellen, die seine Beobachter so völlig aus der Fassung brachte.

Vergleichen wir Markus' Erzählung mit der von Lukas, bliebe uns das erbärmliche Bild eines Mannes haften, der von seinen Lebensumständen aufs Schlimmste gequält wurde. Markus beschreibt, *„er war allezeit, Tag und Nacht, in den Grabhöhlen und auf den Bergen, schrie und schlug sich mit Steinen"* (Markus 5:5). Höchstwahrscheinlich waren dies die verzweifelten Versuche, seinem Leiden ein Ende zu setzen. Lukas fügt hinzu, dass er keine Kleidung trug und daher gesehen wurde, wie er nackt zwischen den Hügeln herumlief (Lukas 8:27).

Schauen wir uns die „Methoden" der Stadtbewohner an: Um dem Problem des Dämonisierten Herr zu werden, handelten sie herzlos und ohne jegliches Mitgefühl. Sie banden ihn vielmehr mit unnötiger Gewalt durch Ketten und Fesseln. Dies sind die typischen Vorgehensweisen in einer Welt, in der man kein Interesse daran hat, Gefangene wirklich von ihrem Leid zu befreien, sondern nur versucht, seine eigene Ruhe und Bequemlichkeit sicher zu stellen. Unsere heutigen Methoden sind natürlich weitaus „zivilisierter". Statt Ketten und Fesseln zu benutzen, schließen wir diejenigen, die wir für „geisteskrank" befinden, in geschlossenen Anstalten weg.

Jesus sagt uns klar, dass Er in diese Welt gekommen ist, um Menschen, wie den Dämonisierten, zu befreien und zu heilen (Lukas 4:18-19): Anstatt ihn zu ignorieren, so wie viele andere, diente Er ihm und setzte seinen Belastungen ein Ende. Dadurch brachte Er ihn auf den Weg zu einem wiederhergestellten und geheilten Leben. Es ist wichtig, bei dieser Reflexion die Tiefe in seiner Veränderung wahrzunehmen: Vorher nackt, nun bekleidet. Vorher rannte er umher und ritzte sich, nun saß er ganz ruhig. Vorher schrie er wie wild, nun war sein Verstand klar und gesund. Was für eine unglaubliche Verwandlung! Diese Art Veränderung möchte Jesus in das Leben eines jeden bringen, den Er berührt.

In der Kirche haben wir die Notwendigkeit einer ganzheitlichen Heilung oft nicht im Blick, sondern wenden uns hauptsächlich den „geistlichen" Bedürfnissen des Menschen zu. Doch das Geistliche kann nicht vom Seelischen, Mentalen und Physischen getrennt werden. Gottes Erlösung betrifft uns als ganzen Menschen. Es ist wichtig, dass wir die Ganzheitlichkeit unseres Dienstes annehmen und den Menschen dabei helfen, sich in allen ihren Lebensbereichen zu verändern.

Denkanstoß

Jakobus stellte die Kirche vor 2000 Jahren vor eine Herausforderung, die immer noch nichts von ihrer Sprengkraft verloren hat: *„Wenn ein Bruder oder eine Schwester Mangel hätte an Kleidung und an der täglichen Nahrung und jemand unter euch spräche zu ihnen: Geht hin in Frieden, wärmt euch und sättigt euch!, ihr gäbet ihnen aber nicht, was der Leib nötig hat - was könnte ihnen das helfen?"* (Jakobus 2:15-16)

Der Wert der Selbstkontrolle

Ein Mann, der seinen Zorn nicht zurückhalten kann, ist wie eine offene Stadt ohne Mauern. *Sprüche 25:28*

Die Stadtverteidigung war damals nicht nur eine symbolische Sicherheitsmaßnahme für die Bewohner. Zur Zeit des Königs Salomo war es eine Frage auf Leben und Tod. Nach den damaligen Gepflogenheiten bedeutete ein Krieg zwischen Völkern oftmals die Plünderung der Städte, die Zerstörung der administrativen, kommerziellen und Versorgungszentren. Die Bewohner der umliegenden Gegend wussten daher sehr genau, dass sie in der Stadt Zuflucht und Schutz suchen mussten, wenn der Feind kam.

Normalerweise war jede Stadt von einer Mauer umgeben, die vielfach 7 Meter breit und mehr als 10 Meter hoch war. Am Fuße einer Mauer gab es einen aufgeschütteten Wall aus losen Steinen, der es erschwerte, die Mauer hochzuklettern. In einigen Fällen war dieser Wall von einem Graben umgeben, der es den Feinden unmöglich machte, zur Mauer zu gelangen. Die Städte hatten nur wenige Eingänge, die so konstruiert waren, dass immer nur eine geringe Anzahl von Menschen hindurchgehen konnte. In den Mauern gab es eingelassene Öffnungen, von denen aus die verteidigende Armee den Angreifer durch Pfeile und andere Fluggeschütze tödlich verletzen konnte. In den Mauertürmen konnte sich eine große Anzahl von Soldaten verschanzen, um von diesem strategischen Punkt aus gezielter verteidigen zu können. Einige Historiker vermuten, dass eine Stadt, die auf diese Art konstruiert war, einer Belagerung jahrelang standhalten konnte.

Mit Hilfe dieser Vorrichtungen sollten Angreifer davon abgehalten werden, in die Stadt einzumarschieren und alles auf ihrem Weg zu vernichten. War eine Stadt erst einmal ein-

genommen, wurden ihre Gebäude zerstört, ihre Bewohner gefangen genommen und ihre Besitztümer zu Beutegut der erobernden Armee. Die Stadt wurde somit nutzlos.
Auf dieselbe Art beschreibt der Autor der Sprüche einen Mann ohne Selbstbeherrschung. Denken Sie beispielsweise an eine Person, die ihren Mund nicht halten kann. Sie ist ständig in Streit und Schwierigkeiten verwickelt, weil sie es nicht gelernt hat, im richtigen Moment zu schweigen. Oder denken Sie an jene, die nicht nein sagen können, wenn andere sie um einen Gefallen bitten. Sie verlieren die Kontrolle über ihr Leben, indem sie versuchen, es immer allen Recht zu machen. Es gibt andere Menschen, die keine Kontrolle darüber haben, wie viel sie essen. Ihr Wohlbefinden verschlechtert sich und ihre Gesundheit leidet unter dem Übergewicht. Andere wiederum können der Verführung der Sünde nicht widerstehen. Sie führen kein gottgefälliges Leben mehr und fallen in einen Lebenswandel, der sie sowohl geistlich als auch emotional völlig schwächt.

Denkanstoß

Selbstbeherrschung zu üben bedeutet, mit den von Gott anvertrauten Mitteln sorgsam und achtsam umzugehen. Das heißt weiter, den natürlichen Impulsen des Fleisches zu widerstehen. Denn obwohl eine disziplinierte Entscheidung zu ihrer Zeit unnötig erscheint, bringt sie in Zukunft dennoch ihre Frucht hervor. Jeder Leiter sollte sich in Selbstbeherrschung üben.

24. Juni In Überfluss und Mangel leben

„Ich vermag alles durch den, der mich mächtig macht."
Philipper 4:13

Fraglos beschreibt dieser Vers ein grundlegendes Prinzip geistlichen Lebens. Doch ist es die Sache wert, sich einmal den Kontext anzuschauen, in dem der Spruch verfasst wurde.

Das Thema des vierten Kapitels des Philipperbriefs ist genau genommen die christliche Antwort auf unterschiedliche finanzielle Situationen. Die Gemeinde in Philippi hatte dem Apostel eine größere Spende zukommen lassen, über die er sich sehr freute. Doch Paulus beeilt sich zu erklären, dass ihn gar nicht so sehr die Spende an sich glücklich macht, sondern dass die Gemeinde die Möglichkeit genutzt hat dort zu geben, wo es am Nötigsten fehlte. Das Opfer kam gerade zur rechten Zeit, doch erklärt er: *„Ich sage das nicht, weil ich Mangel leide; denn ich habe gelernt, mir genügen zu lassen, wie's mir auch geht. Ich kann niedrig sein und kann hoch sein; mir ist alles und jedes vertraut: beides, satt sein und hungern, beides, Überfluss haben und Mangel leiden"* (Philipper 4:11-12). Und er fügt hinzu, *„Ich vermag alles durch den, der mich mächtig macht."*

Zusammengefasst können wir erkennen, dass Jünger Christi viele Herausforderungen zu meistern haben, die eine sehr starke Verbindung mit dem Herrn voraussetzen, um siegreich aus ihnen hervorgehen zu können. Doch in keiner Sache liegt eine größere Gefahr als im Geld. In einem anderen Brief stellt Paulus einen Grundsatz fest: *„Denn Geldgier ist eine Wurzel alles Übels; danach hat einige gelüstet und sie sind vom Glauben abgeirrt und machen sich selbst viel Schmerzen."* (1. Timotheus 6:10). In meiner Erfahrung als Pastor ist mir nichts anderes begegnet, was das Herz eines Christen so sehr in Besitz nimmt, wie Geldangelegenheiten.

Worin sollen wir also dem biblischen Text gemäß Vorsicht walten lassen? Der Apostel möchte uns dazu herausfordern, sowohl im Überfluss als auch im Mangel leben zu können. Überfluss bringt die Gefahr mit sich, wegen seines angesammelten Wohlstandes arrogant zu werden und dem Reichtum mehr zu vertrauen als Gott. Zeiten der Armut dagegen fordern uns heraus, nicht in den Glauben zu verfallen, dass Geld die Lösung aller Probleme sei. Dem Armen wird seine Not in jedem Augenblick bewusst und so kann er am Ende genauso vom Geld besessen sein wie der Reiche, wenn auch aus einer anderen Motivation heraus.

Paulus berichtet den Philippern, dass er gelernt hat, sowohl im Überfluss als auch im Mangel zufrieden zu sein. Das bedeutet, immer eine dankbare Haltung für alles Erhaltene zu pflegen, ohne ständig zu bemängeln was einem fehlt. Wir brauchen diese tiefe innere Überzeugung, dass all das, was wir besitzen aus Gottes liebender Hand kommt, ohne dass Er dazu irgendeine Verpflichtung hätte. Letzten Endes ist alles ein Geschenk. Aus dieser Quelle kommt die andauernde Freude des Apostels.

Denkanstoß

„Falschheit und Lüge lass ferne von mir sein; Armut und Reichtum gib mir nicht; lass mich aber mein Teil Speise dahin nehmen, das du mir beschieden hast. Ich könnte sonst, wenn ich zu satt würde, verleugnen und sagen: Wer ist der HERR? Oder wenn ich zu arm würde, könnte ich stehlen und mich an dem Namen meines Gottes vergreifen.“ (Sprüche 30:8-9)

Denn siehe, ich will dich gering machen unter den Völkern und verachtet unter den Menschen. Dass die andern dich fürchten, hat dich verführt, und dein Herz ist hochmütig, weil du in Felsenklüften wohnst und hohe Gebirge innehast. Wenn du auch dein Nest so hoch machtest wie der Adler, dennoch will ich dich von dort herunterstürzen, spricht der HERR. *Jeremia 49:15-16*

Kein anderer Charakterzug hebelt ein Kind Gottes so vollständig aus, wie Stolz. Er beendet mit absoluter Endgültigkeit die Beziehung zum Allerhöchsten und bereitet den Weg für jede Art geistlicher Täuschung. Wird Stolz nicht korrigiert, öffnet sich die Tür für Gottes Gericht und seine Bestrafung. Es genügt, sich das Leben König Sauls anzuschauen um uns klarzumachen, wie unumkehrbar die Auswirkungen der Stolzessünde sind.

Sind wir uns der zerstörerischen Auswirkung des Stolzes auf unser Leben bewusst, sollten wir uns mit Zittern und Furcht bewegen, damit sich diese Haltung nicht in unserem Herzen verankert. Der Kampf gegen den Stolz ist jedoch alles andere als einfach, denn er ist sehr trügerisch und damit schwierig zu identifizieren. Er ist eng mit unserer Geistlichkeit verbunden und kann somit schnell mit echter Leidenschaft für die Angelegenheiten Gottes verwechselt werden. Aufgrund seines ureigenen Wesens fällt es uns leichter, ihn bei anderen zu entdecken, als bei uns selbst. Versuchen wir, ihn bei uns auszumachen, werden wir sofort getäuscht.

Zum Zweiten ist Stolz nicht einfach bloßzustellen, selbst wenn wir ihn in unserem Leben, durch das Wirken des Heiligen Geistes, entdecken. Er liefert uns Begründungen und Entschuldigungen aller Art, um uns davon zu überzeugen, dass wir es nicht mit Stolz zu tun haben. Er möchte immer das letzte Wort haben und fühlt sich niemals wohl bei dem

Gedanken, um Entschuldigung bitten zu müssen, die eigenen Fehler anzuerkennen oder einer anderen Person den Vorrang zu geben.

Wie entsteht Stolz eigentlich? Unser heutiger Text gibt uns einen Hinweis: Stolz will immer einen überlegenen Platz belegen, der ihm nicht zusteht. Der Einzige, dem ein erhabener Platz zusteht, ist jedoch Gott selbst, wir anderen sind untereinander gleichgestellt. Doch Stolz, eine Folge von Luzifers Fall, will einen höheren Platz erlangen als alle anderen, ja als Gott selbst. Ob wir keine Zucht annehmen wollen oder unsere Fehler nicht einsehen, ob wir andere verurteilen oder uns nur mit Gleichgesinnten umgeben, Stolz bringt uns immer in eine Position, in der wir uns für besser halten als die Übrigen.

Wir sollten ernsthaft bei dem Gedanken erschauern, dass wir im Stolz gefangen sein könnten. Nur der Herr kann uns daraus befreien, denn nur Er kann ihn eindeutig in unserem Herzen anzeigen. Eine Selbstanalyse unseres Lebens reicht nicht aus. Gott muss unser Herz prüfen, weil wir wissen, wie ausweichend Stolz agiert. Dann, mit tapferem Herzen, hören wir Ihm in der Stille zu, was Er in uns entdeckt. Auch wenn es weh tut, ist seine Diagnose zutreffend und bringt uns in die Freiheit.

Denkanstoß

„Wer kann merken, wie oft er fehlt? Verzeihe mir die verborgenen Sünden! Bewahre auch deinen Knecht vor den Stolzen, dass sie nicht über mich herrschen; so werde ich ohne Tadel sein und rein bleiben von großer Missetat.“ (Psalm 19:13-14)

Darum: wenn du deine Gabe auf dem Altar opferst und dort kommt dir in den Sinn, dass dein Bruder etwas gegen dich hat, so lass dort vor dem Altar deine Gabe und geh zuerst hin und versöhne dich mit deinem Bruder, und dann komm und opfere deine Gabe. *Matthäus 5:23-24*

Dieser Vers widerspricht allen modernen Konzepten der Mediation, die wir im Allgemeinen verwenden. Wenn jemand ein Problem mit einer Person hat, ermutigen wir ihn normalerweise zu ihr zu gehen, um es zu klären. Doch Christus vertauscht die Rollen. Er verdeutlicht uns, dass wir unseren Bruder aufsuchen sollen, sobald wir merken, dass *er* etwas gegen uns hat.

Der Grund dafür ist wohl unser Verhalten, wenn wir beleidigt sind. In einem solchen Moment liegt uns nichts ferner, als einen Konflikt lösen zu wollen. Stattdessen sind wir innerlich wütend und gehen auf Abstand zu der Person, die uns unserer Ansicht nach beleidigt hat. Von Natur aus suchen wir denjenigen *nicht* auf, um die Sache zu klären. Vielleicht verhindern unsere verletzten Gefühle, dass wir uns aufraffen um den Konflikt zu besprechen. Was auch immer der Grund sein mag, Christus ermutigt den, der die Beleidigung ausgelöst hat (egal ob real oder subjektiv empfunden), die Initiative zu ergreifen und mit dem Beleidigten zu reden. Auf diese Art vermeidet man, dass die verletzte Beziehung für immer an diesem Punkt verharrt.

Dem Herrn schien die Versöhnung als Basis unserer geistlichen Gesundheit anscheinend so wichtig zu sein, dass Er sogar anordnet, einen Akt der Anbetung dafür zu unterbrechen. Wir sind anscheinend oft der Meinung, dass unsere Beziehung zu Gott unbeschadet weitergehen kann, auch wenn unsere zwischenmenschlichen Beziehungen innerhalb der Familie Gottes in einem katastrophalen Zustand sind. Doch Christus weist uns darauf hin, dass zerbrochenen Beziehungen unter uns die Gemeinschaft mit unserem Herrn in höchstem Maße beeinflussen. Auch wenn wir uns einreden wollen, dass unsere Gabe vom Herrn mit Freuden empfangen wird, sagt uns Gottes Wort, dass Er unserer Anbetung widersteht, wenn wir keinen Frieden mit den Geschwistern haben. In Jesaja 58 verurteilt Er die Religiosität Israels aufs Schärfste. Der Prophet weist das Volk zurecht, das zwar fastet, sich in Sack hüllt und zum Herrn betet, aber gleichzeitig seine Arbeiter unterdrückt und jeder seinen eigenen Vorteil sucht. *„Siehe, wenn ihr fastet, hadert und zankt ihr und schlagt mit gottloser Faust drein. Ihr sollt nicht so fasten, wie ihr jetzt tut, wenn eure Stimme in der Höhe gehört werden soll"* (Jesaja 58:4). Er ruft damit zu einem Lebensstil auf, der das Geistliche in harmonische Beziehungen zu Gott und Menschen übersetzt.

Darum hebt Christus hervor, dass die Wiederherstellung der zwischenmenschlichen Beziehungen eine nicht aufzuschiebende Priorität im Leben der Gotteskinder ist. Worum es bei der Auseinandersetzung eigentlich geht und wer Recht hat oder nicht, ist nicht ausschlaggebend. Die Grundfrage liegt darin, ob beide Parteien bereit sind, einen Schritt auf das Gesetz der Liebe – das wichtigste Gesetz, das alle anderen enthält – zuzugehen.

Denkanstoß

„Wir sind wie Ungeheuer, wenn wir töten. Wir sind wie Menschen, wenn wir andere verurteilen. Wir werden Gott ähnlich, wenn wir ihnen vergeben." (Quelle unbekannt)

Den Feind beschämen

Dich selbst aber mache zum Vorbild guter Werke mit unverfälschter Lehre, mit Ehrbarkeit, mit heilsamem und untadeligem Wort, damit der Widersacher beschämt werde und nichts Böses habe, das er uns nachsagen kann.

Titus 2:7-8

Im Buch Hiob werden wir Zeugen einer Begegnung zwischen Gott und Satan. Bei diesem Treffen versucht Satan Gott davon zu überzeugen, dass die angebliche Frömmigkeit Hiobs nur die natürliche Folge seines Wohlstands und Reichtums ist. Er schlägt dem Herrn vor, ihm all diesen Überfluss zu nehmen, um zu sehen, ob er auch dann noch Gott treu bliebe. Hinter diesem Vorschlag wird sichtbar, dass Satan etwas im Leben Hiobs sucht, um seiner Lieblingsbeschäftigung frönen zu können: die Auserwählten Gottes zu verklagen. Dem Buch der Offenbarung nach gönnt er sich bei dieser Tätigkeit keinerlei Pause, denn die Bibel beschreibt ihn als einen, *„der sie verklagte Tag und Nacht vor unserm Gott“* (Offenbarung 12:10).

Behalten wir dies im Hinterkopf, hilft es uns zu verstehen, wie wichtig es ist, dass Paulus Titus ermahnt. Es handelt sich hierbei nicht um einen gutgemeinten Rat, sondern es geht darum, dem Feind keine Angriffsfläche zu bieten und auch nicht zum unfreiwilligen Helfer seiner hinterhältigen Strategien zu werden, um Gottes Werk zu behindern. Um dies zu erreichen, ermahnt uns Paulus so zu leben, dass der Feind keinerlei Anklagepunkt in unserem Leben entdecken kann. Mit anderen Worten, selbst wenn er unser Leben bis auf den Grund durchleuchten würde, sollte er nichts finden, um uns vor dem Vater verklagen zu können.

Dieser Grundsatz hinterfragt zwangsläufig unser Verhalten und stellt sich der allgemeinen Auffassung in den Weg, dass wir die Wahrheit durch bloße intellektuelle Gedankenspiele erreichen können. Nach Paulus' Ansicht sollen wir derart leben, dass der Feind keinen Angriffspunkt in unserem Leben finden kann. Denn unser Feind durchleuchtet nicht unsere theologischen Standpunkte, um ein paar Widersprüche oder fehlende biblische Beweise aufzudecken, sondern er beobachtet unser Alltagsleben. Er sieht zu, wenn wir mit unserer Familie beim Essen sitzen und wenn wir einkaufen gehen. Er studiert uns an unserem Arbeitsplatz und hört unseren Gesprächen zu. Er analysiert uns, wenn wir mit anderen zusammen sind und wenn wir alleine sind. In alldem hat er nur ein Ziel: in uns die Dinge zu finden, die Gott entehren, um vor dem Thron mit Beweisen für unser unwürdiges Verhalten aufzuwarten.

Aber wir können Mut in der Tatsache schöpfen, dass wir trotz der beständigen Anklagen einen Fürsprecher vor dem Vater haben: Jesus Christus (1. Johannes 2:1). Er tritt für uns ein und verteidigt unseren Fall – dank sei Ihm dafür! Gleichwohl hören wir in unserem heutigen Abschnitt einen ernstzunehmenden Aufruf: in Heiligkeit zu leben. Paulus ermutigt uns, ein derart makelloses Leben zu führen, dass der Feind zu schamlosen Lügen greifen müsste, um überhaupt etwas gegen uns vorzubringen. Unsere Werke sollen ein Ausdruck dafür sein, dass wir unser Leben mit allen Konsequenzen dem widmen, der uns aus der Dunkelheit in Sein Licht gebracht hat. Was für eine Herausforderung!

Denkanstoß

Spurgeon schreibt: *„Heiligkeit ist die sichtbare Seite der Errettung."*[7]

28. Juni Sich gegenseitig „schärfende" Beziehungen

Ein Messer wetzt das andre und ein Mann den andern.
Sprüche 27:17

Eisen war zu biblischen Zeiten ein relativ wertloses Metall, jedoch von hohem praktischen Wert für das tägliche Leben. Man fertigte Messer, Schwerter, Pflüge, Nägel und Küchengeräte an. Dafür musste Eisen fachmännisch bearbeitet werden, um daraus ein Werkzeug oder die Klinge eines Messers herzustellen. Dies erreichte man dadurch, indem ein Stück Eisen an einem anderen geschärft wurde.

Der Autor der Sprüche verwendet dieses Bild, um den Prozess zu beschreiben, den ein Mensch durchlaufen muss, um „Schneid" zu bekommen, damit er in seinem Leben entscheidungsfreudig und leistungsfähig wird. Als Erstes fällt dabei ins Auge, dass die Möglichkeit einer „Schärfung" im Alleingang und nur durch eigene Anstrengungen ausgeschlossen ist. Trotzdem legen sich viele eine Selbstbeschränkung in ihrem Reifeprozess auf, indem sie versuchen nur an sich selbst zu arbeiten. Sie sind zwar von Menschen umgeben, verbringen aber den Großteil ihres Lebens in Einsamkeit, da sie wirklich tiefgehende Kontakte mit anderen vermeiden.

Ohne diesen Kontakt ist es unmöglich, diesen schärfenden Schliff zu bekommen, der unser Leben zu einem nützlichen Werkzeug für den Herrn aufarbeitet. Genauso wie Eisen durch Eisen geschliffen wird, sollte unser Kontakt mit anderen gewollt, geplant und nachhaltig sein. Nicht Gelegenheitsbegegnungen schaffen bleibendes Wachstum, sondern fest geplante, regelmäßig wiederholte gemeinsame Zeiten bringen langfristige Veränderungen hervor. Wie wir alle wissen, verbringen wir oft Zeit mit Menschen und reden über

belanglose Dinge, ohne zwangsläufig zum Kern des Lebensbereiches vorzudringen, der in uns Schärfung bedarf.
Um sich gegenseitig zu schärfen, müssen sich zwei Menschen darin einig sein, ihre Freundschaft in eine Richtung zu lenken, die sie freiwillig nicht wählen würden. Jeder erlaubt dem anderen, Fragen zu stellen oder Bemerkungen abzugeben, die den anderen dazu einladen, sich zu öffnen und ihn dazu bringen, sich selbst und sein Verhalten unter die Lupe zu nehmen. Man erlaubt sich gegenseitig vom anderen korrigiert, zurechtgewiesen, ermutigt und belehrt zu werden. Dies hilft uns, aus unseren Begegnungen mehr zu machen als nur ein paar schöne gemeinsame Momente. Für Personen, die innerhalb der Gemeinde Verantwortung tragen, ist dies besonders wichtig. Häufig isoliert uns unser Dienst. Daher müssen wir mit einigen Schlüsselpersonen eine tiefere Beziehung eingehen, die diesen Austausch miteinander ermöglicht. Es sollten Vertrauenspersonen sein, von denen wir uns herausfordern lassen, um zu unserem vollen Potential in Christus zu gelangen.

Denkanstoß

Fallen Ihnen ein oder zwei Menschen ein, mit denen Sie diese Art von Beziehung eingehen würden? Was müsste sich an dieser Beziehung ändern, damit beide Seiten durch sie stärker „geschärft" werden und Wachstum ermöglicht wird?

Wo keine Rinder sind, ist die Krippe leer, doch kommt reichlicher Ertrag durch die Kraft des Stieres. *Sprüche 14:4*

Diesem Spruch können wir zwei wichtige Lehren entnehmen. Einerseits stehen wir alle in der Gefahr, zweitrangigen Dingen in unserem Leben eine zu hohe Priorität einzuräumen. In unserem Fall greift der Autor das Thema Sauberkeit anhand einer leeren Krippe auf. Normalerweise, würde jeder behaupten, dass es gesünder sei, in einem hygienisch sauberen Umfeld zu leben, als auf einer Müllkippe. Dagegen kenne ich viele Leute, für die Reinigung zur fixen Idee wurde. Sie sind bereit, sich sogar mit anderen anzulegen, um ihre „Reinheitsstandards" durchzudrücken, auch wenn dies eigentlich nicht nötig wäre.
Diese Besessenheit können wir auch auf andere Bereiche des Lebens ausdehnen, zum Beispiel auf das Thema Pünktlichkeit. Es ist wichtig, pünktlich zu sein und damit die Zeit des anderen zu respektieren. Einige Menschen jedoch bestehen in Urlaubszeiten auf die Minute, wenn gar kein Zeitdruck besteht. Andere haben mit Perfektionismus zu kämpfen. Für sie ist es unzumutbar, wenn ein Projekt auch nur klitzekleine Mängel enthält. Es ist richtig, dass wir versuchen, alles mit größtmöglicher Exzellenz zu tun. Doch der Perfektionist ist nicht eher zufrieden, bevor nicht alles zu 100% stimmt, selbst wenn es um unbedeutende Details geht.
Wir sehen daran, wie sehr wir menschlich dazu neigen, unser Leben auf Werte aufzubauen, die wenig Bedeutung in der geistlichen Welt besitzen. Die Herausforderung lautet also, unser Leben von diesen zweitrangigen Dingen weder kontrollieren noch dominieren zu lassen.
Doch der Autor der Sprüche hebt noch einen zweiten Aspekt hervor. Alles was wir in diesem Leben erreichen, bringt auch gewisse unangenehme Seiten mit sich. Es ist unmög-

lich mit einem schwierigen Projekt erfolgreich zu sein, ohne dafür Opfer zu bringen. Im heutigen Beispiel liegt dies auf der Hand: Der Ochse ist bei der Feldarbeit unverzichtbar, denn er vereinfacht diese ungemein. Doch wenn der Bauer ihn abends in den Stall bringt, hinterlässt er seinen Mist auf dem Boden. Das ist der Preis, wenn man einen Ochsen haben will.

Auf dieselbe Weise muss man, wenn man bestimmte Ziele im Leben erreichen möchte, bereit sein, die entsprechenden Kosten dafür zu tragen. Wollen Sie, dass Ihre Gemeinde wächst? Dann müssen Sie sich daran gewöhnen, dass sie sich mit Leuten füllt, denen das gute Benehmen eines Durchschnittschristen fehlt. Möchten Sie den Armen helfen? Dann müssen Sie bereit sein, durch Morast zu laufen und verunreinigtes Wasser zu trinken. Haben Sie vor, andere zu Jüngern zu machen? Dann müssen Sie deren Unreife und Torheiten aushalten können. Jedes Vorhaben hat seine unangenehmen Seiten, die jedoch unvermeidlich sind. Wollen wir erfolgreich arbeiten, müssen wir bereit sein, den entsprechenden Preis zu zahlen.

Denkanstoß

Welche Dinge in Ihrem Leben besetzen einen wichtigeren Platz als sie sollten? Welchen Preis sollten Sie für Ihre momentanen Projekte zu zahlen bereit sein? Welche Schritte sollten Sie gehen, um zum gewünschten Ergebnis zu kommen?

Johannes sprach zu ihm: Meister, wir sahen einen, der trieb böse Geister in deinem Namen aus, und wir verboten's ihm, weil er uns nicht nachfolgt. Jesus aber sprach: Ihr sollt's ihm nicht verbieten. Denn niemand, der ein Wunder tut in meinem Namen, kann so bald übel von mir reden.

Markus 9:38-39

Schauen wir uns die Details in Johannes' Antwort genauer an. Die Jünger trafen auf eine Person, die ebenfalls Besessene heilte. Vielleicht war er einer der unzähligen Menschen, die Jesus auf seinem Weg berührt hatte. Durch die Gnade Gottes wiederhergestellt schenkte er Bedrückten und Gequälten Seine Zeit und half ihnen. Doch als die Jünger ihn sahen, verboten sie ihm sofort, seine Arbeit fortzusetzen.

Womit begründeten sie ihre Zensur? Er gehöre nicht zur ausgewählten Truppe dazu, die Jesus folgte. Sie interessierten sich nicht im Geringsten für die Früchte seiner Arbeit und ebenso wenig dafür zu überprüfen, ob er wirklich in Kraft und Autorität des Heiligen Geistes wirke.

Sie lehnten ihn ab, weil er nicht Teil ihrer Gruppe war und wenn er nicht zu ihnen gehörte, dann konnte seine Arbeit logischerweise nicht von Gott ausgehen, schlussfolgerten sie!

Dieser kleine Zwischenfall offenbart auch unsere verzerrte Perspektive. Wir glauben, es gibt immer nur eine Form, wie man etwas tun kann: Unsere! Diese Sicht der Dinge ist häufig der Auslöser für viele Konflikte innerhalb der Gemeinde. Wir sind völlig überzeugt davon, dass nur *unsere* Methode gültig ist und dass der Dienst, in dem *wir* mitarbeiten, der einzige ist, der *wirklich* zählt.

Daher finden wir in unseren Gemeinden etliche Personen, die nur in ihre eigenen Projekte verliebt sind. Einige sind begeistert von der Mission und versuchen uns davon zu überzeugen, dass alle in der Missionsarbeit beteiligt sein sollten, da wir ansonsten nicht im Willen Gottes wären. Andere haben ein Herz für Israel. Sie betonen in jedem Moment, dass die Juden die Priorität im Gottesvolk sind. Für andere wird Evangelisation zur persönlichen Leidenschaft. Ihrer Meinung nach sollten wir uns schuldig fühlen, wenn wir die Gute Nachricht nicht mindestens einem Menschen pro Tag mitteilen. Jeder von ihnen hebt das Seine hervor und setzt damit ganz unterschwellig die anderen Dienste herab.

Christus wollte seinen Jüngern erklären, dass Gottes Reich viel größer ist, als wir verstehen. Gott wirkt dabei auf völlig unterschiedliche Weise, durch verschiedene Menschen, in vielfältigen Projekten, die alle für Seinen Zweck wichtig sind. Er wünscht sich, dass Seine Kinder anderen gegenüber, die ebenfalls, wenn auch auf ganz anderem Gebiet dienen, großzügiger werden. Gott beurteilt die Gültigkeit eines Dienstes und nicht unsere Meinung.

Denkanstoß

Gott sei Dank, tun nicht alle dieselbe Arbeit wie wir und besitzen sogar ganz andere Überzeugungen! Dies gehört zum wundervollen Erlebnis, Teil des Leibes Christi zu sein, mit all seinen Facetten und Funktionen. Gewöhnen Sie sich an, für gänzlich anders gelagerte Dienste zu beten und sie zu unterstützen.

Predige ich denn jetzt Menschen oder Gott zuliebe? Oder suche ich Menschen gefällig zu sein? Wenn ich noch Menschen gefällig wäre, so wäre ich Christi Knecht nicht.

Galater 1:10

Wie soll ein Leben als Jünger Jesu aussehen? Um diese Frage drehten sich die Meinungsverschiedenheiten in der Gemeinde Galatiens. Eine Gruppe der Jüdischstämmigen sprach sich dafür aus, dass die Neubekehrten einige Gesetze in ihr Leben integrieren müssten, um wirklich errettet zu sein. Eine der Anschuldigungen gegen den Apostel, der darauf beharrte, dass die Heiden sich auch ohne diese zusätzlichen Gesetzesvorschriften bekehren konnten, lautete, er habe die Bedingungen des Gesetzes aufgeweicht, um von den Heiden akzeptiert zu werden. Sie argumentierten weiterhin, dass sie sich nicht bekehrt hätten, wenn sie vorher die wahren „Bedingungen", die Jesu Nachfolge bedeute, gekannt hätten. Sie sahen in Paulus jemanden, der das Evangelium anpasste, um seine Zuhörer nicht vor den Kopf zu stoßen.

Eine solche Anschuldigung kann nicht auf die leichte Schulter genommen werden. Wir alle sehnen uns danach, von denen, die uns umgeben, akzeptiert zu werden. Niemandem macht es Spaß, von seiner Gruppe isoliert oder ausgestoßen zu sein. In manchen Fällen geht das soweit, dass Menschen von ihren Überzeugungen abrücken, um sich die Anerkennung der anderen zu sichern.

Arbeiten wir in der Gemeinde im Lobpreis- oder Predigtdienst, ist die Gefahr, das Evangelium „anzupassen", immer in Reichweite. Viele der biblischen Wahrheiten sind wenig populär, beispielsweise der Aufruf zur Heiligkeit, zum einfachen Leben, zur Selbstverleugnung, die absolute Abkehr von bestimmten Sündenpraktiken etc. Die Richtlinien des

Reiches Gottes stehen im krassen Widerspruch zu allen weltlichen Konzepten. Wer diese Richtlinien in der Öffentlichkeit verteidigt, wird schnell in die Schublade eines Radikalen, Fundamentalisten, ewig Gestrigen oder Verwirrten gesteckt. Es ist viel einfacher, die Botschaft an den heutigen Zeitgeist anzupassen und nur von den *Werten*, die allgemein akzeptiert sind, zu reden. Tatsächlich wird dieser Trend Kennzeichen der Gemeinde für die nahende Wiederkunft Jesu sein. Paulus bestätigt in seinem zweiten Brief an Timotheus, dass es in der Endzeit Menschen geben wird, welche *„die heilsame Lehre nicht ertragen werden; sondern nach ihren eigenen Gelüsten werden sie sich selbst Lehrer aufladen, nach denen ihnen die Ohren jucken, und werden die Ohren von der Wahrheit abwenden und sich den Fabeln zukehren"* (2.Timotheus 3:3-4).

Achten Sie darauf, wie radikal Paulus' Antwort an die jüdischstämmigen Mitglieder der Gemeinde war. Ohne Umschweife erklärt er, dass es nicht möglich sei, Christus zu dienen und gleichzeitig den Menschen zu gefallen. Eine Sache ist mit der anderen unvereinbar. Wer sich dafür entscheidet, Gottes Wahrheit zu verkünden, muss mit den Ablehnungen und Beschwerden der anderen, die sich über unsere Lehre aufregen, leben können. Wir legen es nicht auf Konfrontation an, aber es ist eine der unumgänglichen Konsequenzen, wenn man das Wort Gottes verbreitet. Jeder Leiter sollte sich prüfen, ob er bereit ist, Gottes Ruf treu zu sein und diesen Preis zu bezahlen.

Denkanstoß

„Friede wenn möglich, Wahrheit auf jeden Fall." Martin Luther

Selig sind, die da hungert und dürstet nach der Gerechtigkeit; denn sie sollen satt werden. *Matthäus 5:6*

Hunger- und Durstgefühle erfüllen, so unangenehm sie auch sein mögen, eine wichtige Funktion in unserem Körper. Sie versetzen uns in Alarmbereitschaft und zeigen an, dass unsere Energiereserven zur Neige gehen und wir dringend auftanken müssen, um unsere Grundbedürfnisse zu befriedigen. Würden wir keinen Hunger spüren, wächst das Risiko, dass wir unser Körpersignal übergehen und uns falsch ernähren.

Wir können diese Beobachtung auch wunderbar auf die geistliche Welt übertragen. Nur wenn wir Mangel spüren, machen wir uns auf den Weg, um Gott intensiver zu begegnen, und unseren Geist mit der nötigen geistlichen Nahrung zu versorgen. Deshalb konnte Christus sagen, dass jene, die Hunger und Durst nach Gerechtigkeit haben, gesegnet sind, denn ihre Bedürftigkeit öffnet den Weg für Gottes Versorgung.

Gott wendet bei uns häufig ein einfaches Prinzip an. Auf Seinem Weg mit uns erweckt Er ein Bedürfnis, das uns antreibt, Sein Angesicht zu suchen und Ihn um Sein Eingreifen in unser Leben zu bitten. Er führt uns dabei an Orte, an denen wir uns unserer Bedürftigkeit bewusst werden, so dass wir Ihn stärker suchen. Sind wir mit unseren Schwächen konfrontiert, ist uns das häufig zuwider. Wir erleben, dass wir versagen und verbittert werden. Gelingt es uns, unsere Erlebnisse richtig zu verarbeiten, werden wir uns unserer Bedürftigkeit bewusst und richten unsere Augen auf Christus, damit Er uns mit dem versorgt, was wir nicht selbst erzeugen können. Erkennen wir unsere Bedürftigkeit nicht, machen wir uns auch nicht auf die Suche.

Dasselbe Prinzip lässt sich auf die Evangelisation anwenden. Unsere Anstrengungen, andere zu „retten“, verlaufen im Sande, weil diese sich nicht bewusst sind, dass sie „verloren“ gehen. Wir versuchen sie für etwas zu begeistern, von dem sie noch nicht einmal wissen, dass es ihnen fehlt! Deswegen ist es entscheidend, dass sie erst einmal Hunger und Durst wahrnehmen.
Viele große Männer und Frauen Gottes sind durch eine harte Schule mit Zeiten tiefen persönlichen Leids gegangen. Ihr Leiden erwuchs aus ihren eigenen Anstrengungen, Gottes Pläne zu beschleunigen. Dies war der Fall bei Abraham, der sich Hagar nahm, um ein Kind zu zeugen; bei Mose, der das Volk mit Gewalt befreien wollte; und bei Petrus, der versuchte, sein Leben für Christus zu geben. Die Erfolglosigkeit ihrer eigenen Anstrengungen öffnete sie dafür, dass Gott in ihrem Leben Erstaunliches tun konnte. Es war also nötig, dass sie erst eine Niederlage erlebten, damit der Herr darauf Seinen Sieg gründen konnte.
Deshalb können wir uns über Situationen freuen, die unsere Bedürftigkeit offenbaren und unseren Durst und Hunger zeigen. Diese Empfindung treibt uns zur Quelle aller guten Werke, zu Gott selbst.

Denkanstoß

„Kommt, wir wollen wieder zum HERRN; denn er hat uns zerrissen, er wird uns auch heilen, er hat uns geschlagen, er wird uns auch verbinden.“ (Hosea 6:1)

Denn wen der Herr lieb hat, den züchtigt er, und er schlägt jeden Sohn, den er annimmt. *Hebräer 12:6*

Durch unsere tiefe kulturelle Prägung fällt es uns sehr schwer nachzuvollziehen, dass Zucht wertvoll ist. Im Bildungsbereich hat man sich dafür entschieden, auf sämtliche Disziplinarmaßnahmen gegenüber Schülern und Studenten zu verzichten, weil man meint, dass sie ihnen irreparable emotionale Schäden zufügen. Viele christliche Eltern haben diesem humanistischen Einfluss nachgegeben und unterweisen ihre Kinder nicht mehr in der Furcht des Herrn. Auf der anderen Seite wiederum gibt es gewalttätige Eltern, die den Moment der Bestrafung dazu benutzen, um sich all ihres angesammelten Frustes und ihrer Wut zu entladen. Es ist logisch, dass unter diesen Umständen die Zurechtweisungen ihren vorgesehen Zweck verfehlt.

Das heutige Thema möchte Zucht als Ausdruck der verbindlichen Liebe gegenüber der zurechtgewiesenen Person verstehen. Es ist hierbei wichtig zu erkennen, dass Liebe und Zucht Hand in Hand gehen. Der Autor des Hebräerbriefes erklärt, dass wir durch die Züchtigung, die Gott uns zukommen lässt, Seine Liebe erkennen können. Dieser anscheinende Widerspruch ist einfacher nachzuvollziehen, wenn wir uns auf den Prozess der Züchtigung, statt auf ihr Ergebnis konzentrieren. Züchtigung richtet sich nicht auf kurzfristige Ziele aus, sondern zeigt ihre Früchte erst nach vielen Jahren. Wer Zucht mit diesem Horizont ausübt weiß, dass der unangenehme Moment andere zurechtzuweisen nötig ist, um in der Zukunft die positiven Ergebnisse später seine positive Wirkung zeigt. Diese Perspektive können wir auch in Sprüche 23:13–14 (Schlachter 2000) erkennen: *„Erspare dem Knaben die Züchtigung nicht; wenn du ihn mit der Rute* *schlägst, muss er nicht sterben. Indem du ihn mit der Rute schlägst, rettest du seine Seele vor dem Totenreich."* Wird Zurechtweisung richtig angewandt, hat sie Ewigkeitsauswirkungen.

Derjenige, der Zurechtweisung empfängt, ist nicht der Einzige, dem es weh tut. Der, der sie ausübt leidet ebenso. Wenn Sie schon einmal ihr Kind streng zurechtweisen mussten, wissen Sie, wie nahe es einem selbst geht und wie es einen schmerzt. Außerdem sind wir tief von seinem Fehlverhalten enttäuscht, das so eine Maßnahme hat nötig werden lassen. Auf diese Weise können wir auch den Schmerz unseres guten himmlischen Vaters nachvollziehen, wenn wir bestraft werden müssen. Wir können sicher sein, dass sich Sein Herz mit Traurigkeit erfüllt, wenn Er uns wegen unseres Fehlverhaltens bestrafen muss. Ebenso müssen wir, wenn wir Verantwortung für andere tragen, sie in einem sanften aber bestimmten Geist gegebenenfalls zurechtweisen. Dies gehört zu unseren Aufgaben, wenn wir andere begleiten und wir dürfen dies nicht versäumen.

Denkanstoß

„Mit strenger Hand erzogen zu werden tut weh und scheint zunächst alles andere als ein Grund zur Freude zu sein. Später jedoch trägt eine solche Erziehung bei denen, die sich erziehen lassen, reiche Früchte: Ihr Leben wird von Frieden und Gerechtigkeit erfüllt sein" (Hebräer 12:11, NGÜ)

Wie ihr nun den Herrn Christus Jesus angenommen habt, so lebt auch in ihm und seid in ihm verwurzelt und gegründet und fest im Glauben, wie ihr gelehrt worden seid, und seid reichlich dankbar. *Kolosser 2:6-7*

Denken Sie einen Moment lang an Ihre Bekehrung zurück. Durch eine Reihe von Umständen gelangten Sie zur Überzeugung, dass etwas in Ihrem Leben fehlte, und dass dieses „Etwas" Jesus Christus sei. Vielleicht waren Sie des Ärgers in Ihrem Leben überdrüssig oder deprimiert, weil Ihre eigenen Anstrengungen nicht die gewünschten Resultate brachten. Vielleicht waren Sie auch in einer grenzwertigen Situation, ohne jegliche Hoffnung auf Veränderung. Wie auch immer Ihre Umstände gewesen sein mögen, Sie kamen zu dem Schluss, dass nur Gott Ihr Leben wieder in Ordnung bringen könne. Sie gaben sich Ihm ohne Einschränkungen oder Bedingungen hin und baten den Höchsten, dass Er in Ihr Leben eingreifen möge. Wahrscheinlich war Ihre einzige Sicherheit die Gewissheit, dass Jesus das hatte, was Sie brauchten.

Paulus ermutigt die Kolosser, dass sie in demselben Geist ihren Weg mit Gott fortsetzen, wie sie ihn begonnen haben. Soll heißen, mit derselben Einfachheit und demselben Vertrauen, die sie am Tag ihrer Bekehrung an den Tag legten. Diese Ermahnung ist durchaus sinnvoll, denn jeder von uns hat die Tendenz, mit der Zeit das Einfache hinter sich zu lassen, um sich in die Komplexität eines Glaubenslebens, inklusive seiner langen Liste an Forderungen und Ansprüchen, zu verwickeln. Das Leben in Christus ist jedoch eine Beziehung und sollte in demselben Vertrauen und mit derselben Leidenschaft geführt werden, wie dies am Anfang der Fall war. Um dies zu verdeutlichen, zählt Paulus vier Aspekte auf, die er für unser tägliches Leben mit Jesus für unentbehrlich hält.

Als Erstes beschreibt er, wie die Wurzel eine Pflanze versorgt und sie wachsen lässt. Genauso sollte ein Kind Gottes in Christus verwurzelt sein und von Ihm die Nährstoffe, die es braucht, annehmen. Als Nächstes beschreibt der Apostel ein Gebäude und ermutigt seine Leser, dass alles, was sie in ihrem Leben aufbauen, ebenso in Christus gegründet sein muss. Es bedeutet, unsere Pläne und Unternehmungen von Christus durchdringen und durchtränken zu lassen. Das dritte Element hat mit der Kräftigung unseres Glaubens zu tun. Wir geben dabei dem Herrn die Möglichkeit zu zeigen, dass alle Dinge, die wir aus Glauben heraus tun, ihre Frucht und Belohnung in Ihm haben. Als Letztes ermutigt uns Paulus, alles mit Christus Erlebte, mit beständigem Dank für all das Gute, was wir von Ihm erhalten haben, zu würzen.

Denkanstoß

Das christliche Leben nutzt sich schnell ab, wenn es auf puren Aktionismus reduziert wird, um es am Leben zu erhalten. Wir sollten uns auf unserem Weg immer dessen bewusst machen, dass Er Teil von allem ist, was wir leben und erleben. In einem der nachfolgenden Verse erklärt der Apostel, warum das nötig ist: *„Denn in ihm wohnt die ganze Fülle der Gottheit leibhaftig und an dieser Fülle habt ihr teil in ihm, der das Haupt aller Mächte und Gewalten ist."* (Kolosser 2:9-10)

Wisst ihr nicht: wem ihr euch zu Knechten macht, um ihm zu gehorchen, dessen Knechte seid ihr und müsst ihm gehorsam sein, es sei der Sünde zum Tode oder dem Gehorsam zur Gerechtigkeit? Römer 6:16

Eine Zusicherung, die wir häufig in der Gemeinde hören können, ist, dass Christus uns frei gemacht hat. Der Grundgedanke dabei ist, dass wir den Weg wählen können, den wir wollen, und Gottes Segen als Bonus für unsere Handlungen erhalten. Paulus bestätigt uns in Galater 5:1: *"Zur Freiheit hat uns Christus befreit! So steht nun fest und lasst euch nicht wieder das Joch der Knechtschaft auflegen!"* Doch die Freiheit, von der die Schrift spricht, wurde uns nicht für unsere eigene Beliebigkeit übergeben.
Um dieses Konzept besser verstehen zu können, ist es gut, wenn wir uns mit dem heutigen Vers etwas eingehender auseinandersetzen. Zur besseren Erklärung greift Paulus auf eine Tatsache zurück, die damals Alltag war: die Sklaverei. Wie bekannt ist, wurde ein Sklave damals als Eigentum seines Besitzers gesehen. Er war eher ein Objekt als eine Person. Der Eigentümer konnte über sein Leben verfügen, wie ihm beliebte. Sogar über seinen Tod konnte er bestimmen. Legen wir dieses Gleichnis nun dem populären Verständnis über die Freiheit in Christus zugrunde, könnte man die Errettung mit einem Sklaven vergleichen, der seine Freiheit wiedererlangt hat und nun sein Leben wie alle anderen freien Bürger gestalten kann.
Doch die heutige Schriftstelle widerspricht dieser Definition. Sie erklärt uns vielmehr, dass wir von einem Sklavenverhältnis in ein anderes gewechselt haben. Früher gehörten wir der Sünde – sie war unser Besitzer. Auch wenn wir das Gute tun wollten, gelang es uns nicht, denn die Sünde herrschte über unser Leben. Laut diesem Vers haben wir nun einen

neuen Besitzer: den Gehorsam. Gehen wir zurück auf unser Gleichnis zur Zeit des römischen Reiches, wäre das Bild folgendermaßen: Die Freiheit, die uns gegeben wurde, ist nicht bedingungslos, sondern bedeutet die Freiheit von den Launen und Bestimmungen unseres früheren Eigners. Damit haben wir von einer Sklaverei in die Nächste gewechselt. Unser Zustand hat sich nicht geändert, sondern lediglich unser Besitzer.

Paulus hat noch eine weitere interessante Sache festgestellt. Wir sind nun Sklaven Christi, was völlig richtig ist. Genauer gesagt, wählte der Apostel den Ausdruck, wir sind „Sklaven des Gehorsams". Mit anderen Worten – wir sind in einen Lebensstil, in dem Gottes Wort als Anleitung für unser Alltagsleben dient, hineingesetzt worden. Weder diskutieren noch hinterfragen wir Gottes Handeln, denn wir sind Sklaven des Gehorsams. Auch wenn wir uns gerne anders verhalten würden, können wir dies nicht, da unser Motto ist, zu jeder Zeit und in allen Umständen Gott zu gehorchen!

Denkanstoß

„Denn das ist der Wille Gottes, dass ihr mit guten Taten den unwissenden und törichten Menschen das Maul stopft – als die Freien und nicht als hättet ihr die Freiheit zum Deckmantel der Bosheit, sondern als die Knechte Gottes." (1.Petrus 2:15-16)

Hirten, nicht Herren

Weidet die Herde Gottes, die euch anbefohlen ist; achtet auf sie, nicht gezwungen, sondern freiwillig, wie es Gott gefällt; nicht um schändlichen Gewinns willen, sondern von Herzensgrund; nicht als Herren über die Gemeinde, sondern als Vorbilder der Herde. *1. Petrus 5:2*

Sich zum Besitzer der Gemeindeglieder zu machen ist eine der häufigsten Gefahren, die den Dienst des Pastors aushebeln. Eine solche Haltung bremst wie kaum eine andere die Entwicklung des Reiches Gottes aus und beschädigt das geistliche Leben der Kinder Gottes zutiefst.

Unsere heutige Schriftstelle ruft zum Weiden der Herde Gottes auf. Das Wort „weiden" schließt Begriffe wie Güte, Sanftheit und Gelassenheit ein. Wer schon einmal einen Schafhirten bei seiner Arbeit beobachtet hat, dem wird aufgefallen sein, dass sämtliche Tätigkeiten, bei denen es um die Fürsorge für Tiere geht, besonderer Sanftmut und Ruhe bedürfen. Ein Schaf ist ein schutzloses Tier, das schnell in Panik gerät. Der Hirte führt es mit einem milden Herzen und steckt das Tier mit dem ihm eigenen gelassenen und gemächlichen Verhalten an. Aggressive und ruckartige Bewegungen erschrecken die Herde eher.

In seinen Zeilen stellt Paulus besonders heraus, dass sich die Ältesten nicht als Herren über die Gemeinde aufspielen sollen. Das Wörterbuch erklärt den Begriff „herrschen" auch mit *kontrollieren, unterjochen, Herrschaft ausüben, sich aufdrängen.* Diese Synonyme beschreiben einen aggressiven Wettbewerbsgeist, der eine dem anderen überlegene Position sucht. Die unterschwellige Botschaft lautet: Der Pastor verdient diese dominierende Stellung, sei es aufgrund seiner Rolle, seiner Gaben oder seiner Berufung.

Im praktischen Leben bringt dies große Spannungen in die Gemeinde. Das Wort des Leiters darf nicht in Frage gestellt werden, weil es schwerer wiegt als das der anderen. Er darf über andere hinweg entscheiden, ohne dass sie die Chance bekommen selbst zu denken oder am Prozess teilzuhaben. Sie können auch Veränderungen in der Gemeinde durchsetzen, ohne sich mit jemandem zu besprechen, ganz einfach weil sie Pastor sind. Alle Entscheidungen müssen über ihn laufen und niemand darf ein neues Vorhaben ohne seine Zustimmung beginnen.
Sie sind sich wahrscheinlich bewusst geworden, dass diese Muster ziemlich krankmachend sind. Dennoch müssen wir uns traurigerweise eingestehen, dass viele Gemeinden innerhalb dieser Parameter funktionieren. Petrus bietet hierfür eine Alternative an: Der Leiter/Älteste soll ein Vorbild sein. Hierbei kommt es auf das Leben des Leiters an. Es ruft ihn dazu auf, sich stärker mit seiner eigenen Lebensführung zu beschäftigen, als darüber zu wachen, ob andere ihm gehorchen oder ihn berücksichtigen. Der Grund dafür ist einfach: Am stärksten motiviert einen das eigene Leben zu ändern, wenn man das gesunde Leben eines anderen sieht. Ein Leiter sollte andere nicht zu etwas zwingen, sondern durch seine eigene Hingabe andere dazu motivieren, wie Christus zu sein. Das ist wirklich eine Herausforderung! Doch es lohnt sich, in diese Art Leiterstil zu investieren. Die Menschen, denen Sie dienen, werden verändert werden.

Denkanstoß

Was für ein Leiter sind Sie? Wie würden Sie von den Menschen aus Ihrem Umfeld beschrieben werden? Was müssten Sie ändern um mehr „Hirte" und weniger „Herr" zu sein?

Ich elender Mensch! Wer wird mich erlösen von diesem todverfallenen Leibe? Dank sei Gott durch Jesus Christus, unsern Herrn! Römer 7:24-25

Denn ich weiß nicht, was ich tue. Denn ich tue nicht, was ich will; sondern was ich hasse, das tue ich... Wenn ich aber tue, was ich nicht will, so tue nicht ich es, sondern die Sünde, die in mir wohnt" (Römer 7:15,20). Wer von uns kann sich nicht mit dem Kampf gegen die Sünde, den Paulus hier überaus zutreffend beschreibt, identifizieren? Wenn wir diesen Abschnitt lesen, können wir nicht anders als ausrufen: „So geht's mir auch!" Es ist der tägliche Kreuzweg unseres Daseins. Unser Geist sehnt sich nach allem Reinen und Guten, doch unser Körper unterliegt Gesetzmäßigkeiten, die manchmal unbeherrschbar scheinen. Die ganze Zeit spüren wir die Verführung der Sünde, die uns einlädt, den Weg zu gehen, den wir verachten. Wir elenden Menschen!

Die Frage des Apostels, „wer wird uns befreien, von diesem todverfallenen Leib", ist weniger eine theologische Positionierung, als vielmehr der frustrierte Aufschrei von jemandem, der den ständigen Kampf mit dem Fleisch leid ist. Er spiegelt seine persönliche Qual wieder.

Wenn wir uns seine Antwort genau anschauen, finden wir die Erklärung, wie wir in die Freiheit gelangen, nach der wir uns so sehr sehnen. Die Lösung für unseren Kampf ist jedoch kein Programm, sondern eine Person: Jesus Christus. Dieser Gedanke widerstrebt uns, da wir ein Volk sind, dessen Lebensphilosophie im Tun liegt. Unsere Gesellschaft belohnt Beschäftigung und Geschwindigkeit. Passivität und Ruhe sind dagegen verpönt. Wenn sich uns ein Problem in den Weg stellt, schauen wir nach dem effektivsten Lösungsweg und setzen diesen dann so schnell wie möglich um.

Wir glauben, wenn wir nur die nötige Kraft aufwenden und lange genug durchhalten, wird das Problem schon verschwinden. In vielen Lebensbereichen verhalten wir uns entsprechend. Doch Sünde lässt sich nicht durch eine Formel lösen und verschwindet ebenso wenig durch Disziplin. Die Sünde ist eine Realität, die wir nicht besiegen können. Wer kann uns befreien? Jesus Christus unser Herr! Und wie macht Er das? Wir wissen es nicht genau. Und doch ist Er die Lösung für unsere Kämpfe. Vor unseren Augen erscheint das Bild vom leidenden Christus in Gethsemane. Sein Kampf ist auch unser Kampf. Der Geist will Ihn dem Willen des Vaters unterordnen, aber Sein Fleisch lehnt sich gegen diesen Wunsch auf. Wie hat Er dieses Dilemma gelöst? Er suchte das Angesicht des Vaters. Wir entdecken in dieser Szene keinerlei Hinweis auf die Gegenwart des Heiligen Geistes, noch darauf, dass Er auf dramatische Weise in Sein Leben eingreift. Aber wir lesen, dass Er dem Vater Sein Herzensleid ausschüttet. Nachdem Er zum dritten Mal zurück kam, war Sein Kampf beendet. Das Fleisch hatte sich dem Geist untergeordnet.

Vielleicht ist das Geheimnisvolle am Ganzen, dass es uns zutiefst widerstrebt, so etwas Einfaches anzunehmen. Doch wir können uns dieser Realität nicht entziehen. Das Wort ermutigt uns, Ihn zu suchen. Wir brauchen unsere Hoffnung weder in ein Programm der fünf einfachen Schritte zu legen, noch in ein Buch oder in einen Kurs. Wer kann uns befreien? Gott sei Dank für Jesus Christus, unseren Herrn!

Denkanstoß

Wie fühlen Sie sich, wenn Sie das tun, was Sie eigentlich nicht wollen? Welche Schritte helfen Ihnen, diesen Konflikt zu lösen? Wie ist Christus an dieser Lösung beteiligt?

Die „Logik“ des Reinfalls

Da verließen ihn alle und flohen. Markus 14:50

Leiter zu trainieren ist eine sehr komplexe Aufgabe. Es erfordert vom Trainer außergewöhnliches Engagement und Durchhaltevermögen. Die Ausbildung kann nicht in ein unflexibles Rahmenprogramm hineingepresst werden – dazu sind die Menschen viel zu verschieden. Jeder bringt seine persönliche Geschichte mit und auch seine eigenen Perspektiven auf das Leben und den Dienst. Jeder Einzelne ist ein Produkt seiner Umwelt, der Gesellschaft, seiner Familie, Freunde und Erlebnisse. Der Verantwortliche muss bereit sein, den Prozess anzupassen und wenn nötig zu verändern, wenn es die persönlichen Bedürfnisse des Jüngers notwendig erscheinen lassen.

Stehen wir vor einer solchen Herausforderung, suchen wir normalerweise Inspiration in Christus. Wenn es jemals eine Person gegeben hat, der die Notwendigkeit kannte, höchst unterschiedliche Menschen in treue Jünger zu verwandeln, dann ist es der Mensch Jesus Christus. Er verstand es, jeden sich bietenden Moment zu nutzen, um Seine Jünger jedes Mal einen Schritt näher an die Wahrheit und die Realität des Gottesreiches zu führen. Was für ein riesiges Privileg besaß diese Gruppe von Auserwählten, jeden Tag Seite an Seite mit Gottes Sohn unterwegs zu sein! Sie konnten aus nächster Nähe Seinen Dienst, Seine enge Beziehung zum Vater, Seine persönlichen Gewohnheiten, sowie Seine Liebe und Mitgefühl für die Menschen denen Er diente, beobachten. Wie könnte man durch dieses „Ausbildungsprogramm“ – wohl das vollständigste in der Geschichte, an dem Gotteskinder je teilnehmen durften – nicht für ein Leben lang geprägt sein? Wie außergewöhnlich muss das Ergebnis eines solch hervorragenden „Ausbildungsprogramms“ sein?

Überraschenderweise fielen ausnahmslos alle Jünger bei ihrer ersten großen Prüfung komplett durch. Wofür waren also all die Anstrengungen, die investierte Zeit und Mühe gut, wenn das Ergebnis dermaßen enttäuschend war? Wenn Jesus sich mit einer derartigen Aufopferungsbereitschaft der Ausbildung der Zwölf widmete und derartige Resultate erhielt, was können wir dann erwarten?

Wir können zwei deutliche Lehren aus dieser Situation ziehen. Erstens gibt es in der Arbeit mit Menschen keinen Prozess mit Erfolgsgarantie. Garantien gibt es nur bei der Arbeit mit leblosem Material, das sich so verhält, wie wir es gerne hätten. Jedes Individuum hat jedoch seine eigene Persönlichkeit und seine eigenen inneren Abläufe, sodass es keine Strategie, die uns ein fertiges „Produkt“ garantiert, geben kann. Dieses Risiko muss jeder Leiter, der sich in andere Menschen investiert, vor Augen haben.

Zweitens wird im Reich Gottes ein Misserfolg nicht anhand einer Momentaufnahme gemessen. Ein Vorfall im Leben eines Menschen kann ihn zwar zutiefst prägen, doch gewichtet unser himmlischer Vater immer das gesamte Leben und sieht das Endergebnis des Verlaufs unserer kompletten irdischen Pilgerreise an. Unser heutiger Text zeigt lediglich einen Rückschlag auf einem Lebensweg voller Siege und Durchbrüche.

Denkanstoß

Christus' Investition war gut angelegt und zeigte im Laufe des Lebens bei allen elf Jüngern seine Dividende. Sie überwanden dieses bittere Erlebnis und nahmen ihren Weg mit dem Herrn wieder auf. Mit der Zeit verwandelte sich jeder Einzelne von ihnen in einen treuen Verwalter des Königreiches. Die Arbeit des Meisters war am Ende nicht umsonst!

Und Jesus trat herzu und sprach zu ihnen: Mir ist gegeben alle Gewalt im Himmel und auf Erden. *Matthäus 28:18*

Ich frage meine Schüler regelmäßig, was denn nun der Missionsbefehl sei. Ohne zu zögern antwortet die Mehrheit darauf: „Darum geht hin und machet zu Jüngern alle Völker..." etc. Das stimmt zwar, es fehlt jedoch ein Teil. Der Missionsbefehl fängt nicht in Vers 19, sondern in Vers 18 an, um den es heute gehen soll. Daran, dass die meisten glauben, der Befehl: *„Geht und macht zu Jüngern"* beginne bei uns, zeigt einmal mehr, wie sehr wir von uns selbst und unserer eigenen Arbeit eingenommen sind.
Hätten wir zu den Jüngern Jesu gehört, die Jesus auf Seiner irdischen Reise begleiteten, denke ich, dass wir uns von der enormen Größe der Aufgabe ein wenig überfordert gefühlt hätten. Alle Völker zu Jünger machen? Sie waren doch bis jetzt kaum aus Israel herausgekommen. Wie sollten sie, die völlig durcheinander waren und sich ziemlich verloren vorkamen, mit einer derartigen Unternehmung umgehen? Wo sollten sie anfangen? Wie sollten sie die ganzen Hindernisse überwinden, die gewiss auf sie zukommen würden und wie mit dem feindlich gesonnenen Umfeld umgehen, das sich ihnen in den vergangen Wochen in den Weg gestellt hatte?
Christus kannte diese ganzen Fragen und auch alle anderen, die sie nicht einmal formulieren konnten. Aus diesem Grund begann Er mit einer Zusicherung, denn auf anderem Wege hätten sie sich von dieser gewaltigen Aufgabe komplett überwältigt gefühlt. So wie Jesus mit ihnen redet wird schnell klar, dass Er ihnen keine untragbare Last zumutet. Er berief sie dazu, im Vertrauen auf Seinen Sieg am Kreuz, weiterzumachen. Denn genau dieses Überwinden verleiht ihnen „alle Gewalt im Himmel und auf Erden."

Das Lexikon beschreibt „Autorität" mit folgenden Begriffen: Privileg, Kapazität, Kompetenz, Freiheit, Einfluss, Potenz, Kontrolle, Kraft, Recht. Diese Liste an Beschreibungen genügt, um sich darüber klar zu werden, was Christus' Worte *„mir ist gegeben alle Gewalt..."* für eine Sinnfülle in sich tragen. Der Herr spricht vom Freibrief zu tun und sich zu nehmen, *was* Er will, *wo* Er will, *wie* Er will und *wann* Er will. Das bedeutet, dass sich der Widerstand, mit dem sich der bis dato unbesiegte Feind Ihm in den Weg gestellt hat, aufgelöst hat. Er sitzt zur Rechten Gottes, trägt den Namen, der über allen Namen ist und ist damit die absolute und alles umfassende Autorität in den Himmeln und auf der Erde. Seine Jünger müssen in dieser Autorität agieren. Einschüchterung und Angst brauchen nicht mehr Teil ihres Alltagslebens zu sein. Sie gehören zur Familie dessen, der den Tod besiegt hat. Solange sie in Abhängigkeit von Ihm lebten, konnte sich ihnen niemand in den Weg stellen oder Widerstand leisten. Diejenigen von uns, die andere zu Jüngern machen wollen, müssen sich vor Augen führen, dass Seine Autorität in uns eine Kühnheit und einen Wagemut hervorbringen sollte, die manchem übertrieben erscheinen kann. Lasst uns in dem Sieg vorwärts gehen, den Er bereits für uns errungen hat.

Denkanstoß

Wahrscheinlich hat Christus etwas davon vorausgeahnt, als Er Petrus erklärte: *„Du bist Petrus, und auf diesen Felsen will ich meine Gemeinde bauen, und die Pforten der Hölle sollen sie nicht überwältigen."* (Matthäus 16:18). Die Gemeinde geht mutig im Sieg Christi voran und nimmt den Ort des Feindes ein. Nicht einmal die Tore des Hades können die Ausdehnung des Gottesreiches verhindern.

Darum gehet hin und machet zu Jüngern alle Völker: Taufet sie auf den Namen des Vaters und des Sohnes und des Heiligen Geistes. *Matthäus 28:19*

Das Wörtchen „darum" gibt uns einen deutlichen Hinweis darauf, dass der Befehl direkt an den vorhergehenden Satz anknüpft, in dem Christus sagt: *„Mir ist gegeben alle Gewalt im Himmel und auf Erden"* (Matthäus 28:18). Damit dieser Auftrag zum Erfolg führt, ist es überlebenswichtig, dass sich die Jünger in dieser Autorität bewegen.

In unserer heutigen Betrachtung möchte ich ein besonderes Augenmerk darauf legen, dass das Wort „geht" im Originaltext nicht im Imperativ steht. Dies bedeutet, dass „geht" eigentlich kein Befehl ist, auch wenn die Mehrheit der Christen glaubt, dass ihre Aufgabe darin besteht und dass der Missionsbefehl verlangt, dass man seinen Standort verlässt, um Jünger zu machen. Sogar Missionsgesellschaften benutzen diesen Vers um einige Menschen in den Gemeinden zu motivieren, sich mit der transkulturellen Mission zu beschäftigen. Dieser Interpretationsansatz war es auch, der die Gemeinde veranlasst hat zu glauben, dass „Jünger machen" ein programmierter Dienst sei. Sehen wir diesen Dienst als eine besondere Gabe an, ist es logisch zu glauben, dass nur einige wenige diese Berufung besitzen. „Spürt" jemand diesen besonderen Ruf nicht, ist er sich sicher, dass es eben nicht seine Berufung ist zu „gehen".

Da der Imperativ im Griechischen nicht verwendet wird, sollte man das Wort akkurater als „während sie gingen" übersetzen. Das *Gehen* ist also keinesfalls die Konsequenz einer bewussten oder geplanten Entscheidung unsererseits, sondern vielmehr das Resultat, das uns das Leben vorgibt. Mit den Herausforderungen und Möglichkeiten, die uns das

Leben eröffnet, schafft sich jedermann sein entsprechendes Umfeld, in dem er seine täglichen Aktivitäten voranbringt. Doch auch wenn wir sie genaustens planen, gehen sie selten so in Erfüllung, wie wir uns das vorgestellt haben. Stattdessen müssen wir uns eher an die Umstände, die sich uns in den Weg stellen, anpassen. Wir sehen also, dass uns alle der Ruf ereilt, Jünger zu machen und zwar innerhalb unseres normalen Tagesablaufs.

Jesus hatte diese Herangehensweise, denn für ihn war Jüngerschaft Teil Seines täglichen Weges. Wir sehen, wie Er sich zwischen den Menschenmengen bewegt und dabei auf die Situationen, die Ihm der Heilige Geist zeigt, eingeht. Er plante kein „Jüngerschaftstraining", sondern nutzte wo er ging und stand jede Situation, um das Reich Gottes zu erklären. Zieht man das in Betracht, braucht man also keine speziellen Jüngerschaftsprogramme um dem Missionsbefehl nachzukommen, sondern das Bewusstsein und die Bereitschaft der Gemeindeglieder, Menschen aus ihrem Umfeld im Alltag zu Jüngern zu machen. Der Fleischer stellt Christus seinen Kunden vor. Der Unternehmer erzählt seinen Geschäftskollegen die Gute Nachricht weiter und der Taxifahrer wartet den passenden Moment ab, um seinen Fahrgästen Jesus näher zu bringen. Jedermann übt diesen Dienst an dem Ort aus, an den Gott ihn gestellt hat, und macht so auf seinem täglichen Weg andere zu Jüngern.

Denkanstoß

Sind wir Leiter eines Dienstes ist es wichtig, diese Erkenntnis anderen weiterzugeben. Nur so können wir den Missionsbefehl ausführen. Andere zu Jüngern zu machen, ist der Auftrag der ganzen Gemeinde!

Darum gehet hin und machet zu Jüngern alle Völker: Taufet sie auf den Namen des Vaters und des Sohnes und des Heiligen Geistes. *Matthäus 28:19*

Bei unserem gestrigen Thema haben wir über die Bedeutung des Wortes „geht" nachgedacht und kamen zu dem Schluss, dass es sich nicht um einen Befehl handelt. Der Befehl im Missionsauftrag ist es, andere zu Jüngern zu machen. Somit könnte man diesen Vers auch folgendermaßen übersetzen: „Während ihr euer Leben lebt, macht Menschen aller Länder zu Jüngern."

Es erscheint etwas merkwürdig, dass die Kirche einen Befehl, der gar keiner ist, zu einem solchen erhoben und das, was als Befehl gemeint war, zu einer Möglichkeitsform abgewertet hat. Dadurch haben wir eine Situation geschaffen, bei der eine Handvoll Menschen unermüdlich daran arbeiten, was eigentlich der ganze Leib Christi tun sollte.

Es ist kein Zufall, dass „machen" hier eine weisende Assoziation hat. Es hilft uns dabei zu bedenken, dass ein Jünger nicht von allein entsteht. Bekehrt sich jemand, ist er nicht automatisch ein Jünger. Er muss trainiert und ausgebildet werden, damit er zum Jünger heranreift. Dafür braucht es die Art von Verbindlichkeit wie Paulus sie hatte, der bestätigte, sein Dienst ist Christus: *"Den verkündigen wir und ermahnen alle Menschen und lehren alle Menschen in aller Weisheit, damit wir einen jeden Menschen in Christus vollkommen machen. Dafür mühe ich mich auch ab und ringe in der Kraft dessen, der in mir kräftig wirkt."* (Kolosser 1:28-29)

Achten Sie darauf, dass die Ausbildung mindestens aus drei Dingen besteht: Verkündigen, Ermahnen und Lehren.

Es reicht nicht aus, die Evangelien durchzublättern um mitzubekommen, dass Jüngerschaft keine Angelegenheit eines dreiwöchigen Kurses ist. Jesus lebte mit den Zwölfen zusammen und machte sie zu Teilhabern Seiner meisten Erlebnisse. Sie hörten Ihn predigen und sahen Ihn heilen. Sie bekamen mit, wie Er mit den Pharisäern debattierte und sie beobachteten, wie Er Dämonen austrieb. Sie begleiteten Ihn auf Seinen Wegen und wussten von Seinen Zeiten des Alleinseins mit Seinem Vater. All dies war Teil der kostbaren Jüngerschaftsaufgabe.

Es liegt auf der Hand, dass das Jüngerschaftstraining aus einer bewusst gewählten Verbindlichkeit des Leiters hervorgeht. Wir müssen bereit sein mit dem Jünger auf dem Weg zu bleiben, für ihn zu kämpfen und im ganzen Prozess solange durchzuhalten, bis Christus sichtbar in ihm Gestalt annimmt. Dafür braucht es eine Verpflichtung und ein Opfer unsererseits. Verpflichten wir uns nicht dazu, Menschen in unserer Gemeinde dazu heranzuziehen, die ihre Hauptaufgabe darin sehen andere bei ihrem Tun zu beobachten, während sie ihren Glauben lediglich im sonntäglichen Gottesdienstbesuch ausleben.

Gott hat uns zu viel mehr berufen! Es ist unsere Aufgabe, unermüdlich daran zu arbeiten, dass die Gemeinde in die Fülle, die Christus für sie bereithält, kommt. Diese Aufgabe ist mit Opferbereitschaft verbunden, doch gibt es keinen anderen Dienst in der Gemeinde, der den Leiter so sehr erfüllen wird, wie andere zu Jüngern zu machen.

Denkanstoß

Als Leiter stehen wir in der ständigen Gefahr, allen zu dienen und in niemanden zu investieren. Wir vertrauen darauf, dass unsere Arbeit an der Gemeinde als Ganzem ihre Frucht bringt und vermeiden deshalb die Verbindlichkeit, an einigen Wenigen tiefer gehend zu arbeiten. Dabei wird diese Investition die größten Resultate liefern. Jeder Leiter sollte ohne großes Überlegen fünf bis sechs Personen aufzählen können, die er selbst zu Jüngern macht.

Und Jesus trat herzu und sprach zu ihnen: Mir ist gegeben alle Gewalt im Himmel und auf Erden. Darum gehet hin und machet zu Jüngern alle Völker: Taufet sie auf den Namen des Vaters und des Sohnes und des Heiligen Geistes und lehret sie halten alles, was ich euch befohlen habe. Und siehe, ich bin bei euch alle Tage bis an der Welt Ende.

Matthäus 28:18-20

Wir haben uns in den vergangenen Tagen mit dem letzten Auftrag Jesu an Seine Jünger beschäftigt. Uns wurde bewusst, dass dieser Auftrag Teil unseres Alltags ist und dass er dem Leiter eine bedingungslose Verbindlichkeit abverlangt. Ein Jünger wird nicht geboren, er wird gemacht.[1]

In unserer heutigen Betrachtung wollen wir das Ziel unserer Bemühungen etwas genauer unter die Lupe nehmen: Jünger machen. Ein Jünger unterscheidet sich grundlegend von einem Glaubenden. Das Wort *Glaubender* selbst zeigt uns den Schwerpunkt im Leben dieser Person: zu glauben. Glauben heißt in unserem Kulturkreis oft ausschließlich den Intellekt zu bemühen. Wenn wir dies wissen, wundern wir uns nicht länger, dass bei vielen Teilnehmern unserer Veranstaltungen nicht sichtbar wird, dass Christus in ihnen arbeitet. Ihr Leben gründet sich darauf, dass sie verschiedene Lehrmeinungen glauben und diese wertschätzen. Doch diesen im Kopf fein katalogisierten Wahrheiten fehlt es an Kraft, um eine wirklich verbindliche Beziehung mit dem Herrn hervorzubringen. Als Konsequenz treffen wir in der Gemeinde viele Anhänger des Christentums, aber nur wenige Jünger.

Sprach man im Neuen Testament von Jüngerschaft, hatten die Menschen sofort das Bild einer Beziehung zwischen Lehrer und Schüler vor Augen. Das Leben der Schüler war mit dem Leben des Lehrers untrennbar verbunden. Wenn die

Menschenmengen die Jünger Jesu erkannten, wussten sie, dass diese mit dem Meister aus Galiläa unterwegs waren. Sie wurden immer mit Ihm zusammen gesehen und folgten Ihm nach, wohin Er auch ging. Wir erkennen darin die einfachste und klarste Definition, was ein Jünger ist: Jemand, der Christus nachfolgt.

Das Wort „nachfolgen" steht für Bewegung. Unsere Aufgabe ist es also, Menschen in ihrem Leben in Bewegung zu setzen – und damit ist nicht die Autofahrt zum Gottesdienst gemeint. Die Bewegung erfolgt aus einem Leben mit Jesus, während Er sich in unseren zwischenmenschlichen Beziehungen bewegt, in unserer Familie, unserer Arbeit, in unserer Freizeit und in der Zeit in der Gemeinde. Er ist nie bewegungslos und Seine Kinder können dies auch nicht sein. Jemanden zum Jünger zu machen bedeutet, auf den Punkt gebracht, ihm das Geheimnis beizubringen, wie man den ganzen Tag mit Christus unterwegs ist.

Einmal mehr wird uns bewusst, dass es sich hierbei weder um einen Kurs noch um eine simple Lehreinheit handelt. Es bedeutet, sich in eine Beziehung zu begeben, in der hauptsächlich die andere Person unser Vorbild beobachtet. Zu dieser heiligen und schwierigen Aufgabe sind wir berufen. Wir müssen allerdings auch wissen, dass wir dem Jünger unsere ständige Aufmerksamkeit schenken müssen, da er noch nicht die nötige innere Stabilität besitzt, um wahres, geistliches Leben hervorzubringen. Am Ende lernt der Jünger nicht nur selbstständig zu gehen, sondern auch Leben in anderen zu multiplizieren. Auf diese Weise erweitert sich Gottes Reich.

Denkanstoß

„Jüngerschaft ist mehr, als nur zu wissen, was der Lehrer weiß. Es bedeutet, so zu werden wie der Lehrer selbst."[2] Juán Carlos Ortíz

Darum gehet hin und machet zu Jüngern alle Völker: Taufet sie auf den Namen des Vaters und des Sohnes und des Heiligen Geistes. *Matthäus 28:19*

Mit Jesus' letzten Anweisungen, die den zukünftigen Weg Seiner Jünger skizzieren, haben wir uns bereits beschäftigt. Auf einen Punkt reduziert, forderte sie Jesus dazu auf, lediglich das zu wiederholen, was sie mit ihm wieder und wieder erlebt hatten. So gesehen ist Seine Aufforderung extrem einfach, denn von allen Anweisungen sind die am leichtesten umzusetzen, in denen wir das wiederholen müssen, was wir selbst bereits erlebt haben. Als Teil dieser Aufgabe machte Christus klar, auf wen dieses Projekt abzielte: *alle Völker (oder: Nationen).* Diese Anweisungen sind wie alle Lehren Jesu in perfekter Linie mit dem Geist des Alten Testaments. Als Jahwe am Anfang zu Abraham redete, erklärte Er ihm eindeutig seinen Plan: *„... ich will dich zum großen Volk machen und will dich segnen und dir einen großen Namen machen, und du sollst ein Segen sein. Ich will segnen, die dich segnen, und verfluchen, die dich verfluchen; und in dir sollen gesegnet werden alle Geschlechter auf Erden."* (1.Mose 12:2-3). Gott erwählte sich dieses Volk nicht nur, weil Er Gemeinschaft mit ihm haben wollte, sondern weil Er sie dazu gebrauchen wollte, um allen anderen Völkern zu begegnen, damit sie, mit den Worten des Propheten Jesaja, *„zum Licht der Heiden"* werden würden (Jesja 42:6).

Eine der Tragödien in der Geschichte Israels ist, dass sie diese Berufung nie verstanden haben. Stattdessen isolierte sich Israel und glänzte mit einer ablehnenden und verurteilenden Haltung anderen Nationen gegenüber. Der Plan Gottes aber hatte Bestand und Jesus erinnerte Seine Jünger daran, alle Völker zu Jüngern zu machen.

Das Wort „Nation“ lautet im griechischen Original „Ethnie“. Der Begriff macht deutlich, dass Christus nicht an politische Einteilungen dachte, durch die eine Gruppe Menschen zu einer *Nation* zusammengefügt wird, sondern an ein Gefüge von Menschen, welche die gleiche Kultur, dieselbe Sprache und eine gemeinsame Geschichte teilen. So entdecken wir auf der Erde vielmehr Ethnien als Nationen. Jede von ihnen sollte Zugang zum Evangelium haben, was die Gute Nachricht Gottes für die Ethnie ist.

In diesem unglaublich umfassenden Ziel erkennen wir die außergewöhnliche Liebe Gottes. Sie schließt nicht nur die Menschen unseres Kulturkreises ein sondern auch jene, die uns am Entgegengesetztesten sind. Wir dürfen uns nicht nur auf die ausrichten, die wie wir denken und leben. Unsere Mission liegt darin zu denen zu gelangen, die vollkommen anders leben als wir. Auch sie müssen wissen, wie kostbar sie für den Gott sind, der Himmel und Erde geschaffen hat.

Denkanstoß

Was tut Ihre Gemeinde, um an Gruppen zu gelangen, die so völlig anders sind? Wie viel Kraft setzen Sie ein, um für die Arbeit in anderen Erdteilen zu beten und diese bekannt zu machen? Wie können Sie eine globalere Vision für diesen Dienst pflegen?

Darum gehet hin und machet zu Jüngern alle Völker: Taufet sie auf den Namen des Vaters und des Sohnes und des Heiligen Geistes. *Matthäus 28:18*

Seit einigen Tagen setzen wir uns bereits mit den Auswirkungen des Missionsbefehls auseinander, dem letzten Auftrag, den Jesus Seinen Jüngern gab. Wir haben uns angeschaut, wie wichtig es ist, sich in der Autorität Christi zu bewegen und die Verantwortung zu übernehmen, dort Menschen zu Jüngern zu machen, wo uns das Leben hinführt. Wir haben uns ebenfalls angesehen, wie wichtig es ist, sich mit ganzem Herzen und ganzer Kraft in den Prozess, andere zu Jüngern zu machen, einzubringen.

Christus weist die Jünger außerdem darauf hin, dass zur Jüngerschaft auch die Taufe der Nachfolger gehört. Wir können manchmal nicht nachvollziehen, warum gerade die Taufe Teil des Jüngerschaftsprozesses ist. Heutzutage ist Taufe in unseren Gemeinden oft nicht mehr als eine religiöse Zeremonie. Dagegen bedeutete sie zu Zeiten des Neuen Testaments eine radikale Veränderung und die Identifikation mit der Botschaft vom Gottesreich.

Was das bedeutet, können wir im Dienst Johannes des Täufers erkennen, wenn wir die heranströmenden Mengen beobachten die ihn hören wollten um sich anschließend zu bekehren. Lukas schreibt, Johannes *„..(er) kam in die ganze Gegend um den Jordan und predigte die Taufe der Buße zur Vergebung der Sünden“* (Lukas 3:3). Wenn wir uns die Predigt dieses Propheten zu Gemüte führen, erkennen wir, wie sehr Taufe an Buße gebunden war. Johannes ermahnte jeden, der zu ihm kam, auf sehr praktische Art und Weise, dass jeder der sich durch die Taufe festlege, ab sofort sein Leben zu ändern. Er hielt ihnen keine Liste mit Regeln vor, sondern verdeutlichte dies anhand von Lebensbeispielen

für jeden einzelnen. Die Anweisungen an die Pharisäer waren anders als an die Soldaten, die sich wiederum von denen an die Zöllner unterschieden. Er rief sie jedoch alle zur Veränderung auf.
Und genau in dieser Veränderung finden wir die zentrale Bedeutung der Taufe. Durch den körperlichen Akt der Taufe bezeugen wir unsere Entscheidung, uns eins mit Christus zu machen und unserer alten Lebensart zu sterben. Das Wasser, soll unseren verunreinigten Körper wäscht, eröffnet den Weg für eine geistliche Reinigung, unser altes Leben begraben damit wir zu einer neuen Schöpfung belebt werden. Der Apostel Paulus erklärt diese Bedeutung in Römer 6:3-4: *„Oder wisst ihr nicht, dass alle, die wir auf Christus Jesus getauft sind, die sind in seinen Tod getauft? So sind wir ja mit ihm begraben durch die Taufe in den Tod, damit, wie Christus auferweckt ist von den Toten durch die Herrlichkeit des Vaters, auch wir in einem neuen Leben wandeln"*.

Denkanstoß

Diese radikale Identifikation mit Christus ist das Fundament, auf dem wir ein neues Leben gründen und unserem alten Leben den Rücken zuwenden. Wir begnügen uns nicht damit, das alte Leben etwas auszubügeln, sondern legen es völlig ab, um in neuen Wegen zu gehen. Das Alte wird verworfen und wir beginnen an Gottes Vorhaben für unser Leben teilzunehmen.

Darum gehet hin und machet zu Jüngern alle Völker: Taufet sie auf den Namen des Vaters und des Sohnes und des Heiligen Geistes. *Matthäus 28:19*

Wir sprechen oft vom Missionsbefehl – mit dem wir uns bereits die letzten Tage beschäftigt haben – als Anweisung Christi an Seine Jünger und so war es auch tatsächlich. Aber wenn wir von den Anweisungen Jesu sprechen vergessen wir oft, dass Er allein und auch nicht aus Eigeninitiative heraus handelte. Er ermutigt seine Jünger im Namen des ganzen „Teams" zu taufen, des Vaters, des Sohnes und des Heiligen Geistes.

Normalerweise fällt es uns schwer den ganzen Umfang der Einheit, die innerhalb der Dreieinigkeit besteht, zu erfassen. Unsere Erfahrung im geistlichen Dienst begrenzt sich zu sehr auf unsere eigene Anstrengung, unsere Vision und unsere Art die Dinge zu gestalten. Nur sehr selten konnte ich eine Arbeitsgruppe in der Gemeinde beobachten, die wirklich als *ein Team* funktionierte. Ich meine damit eine solche Gruppe, in der jedes Mitglied das andere ehrt, die Meinung des Nächsten (be-) achtet und die von einer tiefen Überzeugung getragen wird, dass jeder Einzelne von ihnen eine spezielle Gabe von Gott empfangen hat, um seinen Teil in die Arbeit an Gottes Reich einzubringen. In den meisten unserer Arbeitsgruppen gibt es mindestens eine Person, die ihre Meinung über die der anderen stellt. In vielen dieser „Teams" herrscht dazu ein stillschweigender Konsens, dass die Meinung des „Leiters" nicht in Frage gestellt werden darf. Leider befindet sich der Pastor häufig in dieser Position.

Wie anders dagegen wirken Vater, Sohn und Heiliger Geist! Jeder von ihnen übertrifft sich in Ehrenzuweisungen gegenüber den anderen. Christus sagt: *„Wer von sich selbst aus redet, der sucht seine eigene Ehre; wer aber die Ehre des-*

sen sucht, der ihn gesandt hat, der ist wahrhaftig, und keine Ungerechtigkeit ist in ihm" (Johannes 7:18). Und bezugnehmend auf seinen Vater fügt Er hinzu: *„Wenn ich mich selber ehre, so ist meine Ehre nichts. Es ist aber mein Vater, der mich ehrt, von dem ihr sagt: Er ist unser Gott"* (Johannes 8:54). In seinem letzten Gebet bat Er den Vater *„Vater, die Stunde ist da: verherrliche deinen Sohn, damit der Sohn dich verherrliche"* (Johannes 17:1). Vom Geist erklärt Er: *„Er wird mich verherrlichen; denn von dem Meinen wird er's nehmen und euch verkündigen"* (Johannes 16:14). Die vollkommene Freude der Drei ist, die anderen Teile der Dreieinigkeit zu erheben. Sie handeln in perfekter Harmonie und keiner von ihnen tut etwas, ohne dass alle dabei absolut übereinstimmen.

Jünger Christi sollten nicht nur so arbeiten, dass sie in allem, was sie tun, vom Vater, Sohn und Heiligen Geist den Rücken gestärkt bekommen, sondern sollten sich auch demselben Team anschließen. Sie arbeiten nicht allein, sondern quasi als verlängerter Arm und *in* der Unterordnung Gottes, der sie sendet. Ihr Weg sollte dasselbe Verlangen zeigen, den anderen stärker zu ehren, zu segnen und für dessen Ehre zu arbeiten, als für die eigene.

Denkanstoß

„Denn drei sind, die das bezeugen: der Geist und das Wasser und das Blut; und die drei stimmen überein." (1.Johannes 5:7-8)

„...und lehret sie halten alles, was ich euch befohlen habe. Und siehe, ich bin bei euch alle Tage bis an der Welt Ende.“
Matthäus 28:20

Wir haben uns bereits Jesu Anweisungen an Seine zwölf Jünger angesehen, alle Völker zu Jüngern zu machen. Wir können die Größe und Weite dieses Auftrages erahnen und wollen nun über die Schritte, diesen umzusetzen, nachdenken. Der erste Schritt um sich Christus zu nähern bedeutet, sich mit Seinem Tod durch die Taufe zu identifizieren. Den zweiten Schritt, Jünger zu lehren, wollen wir heute betrachten.

Unser modernes pädagogisches Lehrkonzept lässt uns automatisch an Klassenräume, Bücher und Kurse denken. „Lehren“ steht fast synonym für „Unterricht“. Wir müssen dieses Konzept jedoch innerlich zur Seite legen, wollen wir verstehen, was Jesus mit Seiner *Unterweisung* im Sinn hatte. Auch wenn keiner der Jünger je einen Pädagogikkurs belegt hat oder Lehrtechniken beherrschte, konnten sie sich die entsprechende „Methodik“, von ihrem Meister abschauen.

Jesus verwendete verschiedene Lehrtechniken. Die geläufigste war die Predigt, wie beispielsweise die Bergpredigt. Diese Vermittlungsform steht uns auch heute am nächsten, denn ihr Schwerpunkt ist die öffentliche Verkündigung. Die informellere Unterweisungstechnik Jesu war der Dialog. In unzähligen Alltagssituationen trugen die Jünger ihre Fragen und Probleme an Jesus heran. Er ging im Dialog auf sie ein und leitete sie in die Wahrheit. Eine weitere Lehrform hängt mit ihren eigenen Erfahrungen als Jünger zusammen. Christus sandte sie in alle möglichen Situationen um zu dienen. Im Anschluss daran nahmen sie sich Zeit, das Erlebte auszuwerten. Sie lernten dabei wertvolle Prinzipien, u.a. wie sie wirkungsvoller dienen konnten.

Am meisten gebrauchte Christus jedoch die Form, andere durch Sein Lebensbeispiel zu prägen. Die Jünger sahen und hörten Ihn beispielsweise beten und entdeckten dabei eine Qualität in der Beziehung zu Seinem Vater, die sie selbst nicht besaßen. Deshalb gingen sie zu Ihm und baten Jesus, ihnen zu zeigen, wie man betet (Lukas 11:1). Bei einer anderen Gelegenheit wusch Er ihnen, ohne es näher zu erklären, die Füße und hinterließ ihnen nebenbei eine der wichtigsten Lektionen über den Dienst, die sie je zu lernen hatten. An diesen verschiedenen Beispielen erkennen wir, dass die Unterweisung vielfältige Formen haben kann. Der prägende Lehrer kann seine Vermittlung nicht auf den Klassenraum oder eine Gemeindeveranstaltung von einer Stunde beschränken. Lehre geht sehr viel weiter und ist viel tiefgreifender. So kann jeder Christ im „Lehrdienst" tätig sein, ohne unbedingt eine spezielle Lehrgabe zu besitzen. Aus diesem Grund ist der Ruf zur Lehre an alle im Volk Gottes ergangen.

Denkanstoß

„Gottes Ansatz ist immer praktisch. Er genießt es, seine Wahrheit im Leben seiner Kinder Fleisch werden zu lassen." [3] H. Hendricks

Sein Wort bewahren

„...und lehret sie halten alles, was ich euch befohlen habe. Und siehe, ich bin bei euch alle Tage bis an der Welt Ende.“
Matthäus 28:20

In unserer gestrigen Reflexion, als Teil der Serie über den Missionsbefehl, ging es um die verschiedenen Lehrmöglichkeiten durch die Menschen zu Jüngern heranreifen. In dieser „Anweisung zur Jüngerschaft“, hob Jesus hervor, dass die Jünger alle Dinge, die Er ihnen befohlen hat, bewahren sollten.

Wenn wir bei dem Satz *„was ich euch befohlen habe“* verharren, verstehen wir schnell, was der Meister damit meint. Vieles was heute in der Gemeinde gelehrt wird hat das Ziel die Mitglieder zu informieren. Wir verwickeln uns in endlose Debatten über alle möglichen Themen des christlichen Lebens. In den Evangelien stoßen wir jedoch schnell auf die Erkenntnis, dass Christus niemals das Ziel hatte Seine Jünger lediglich zu informieren. Mehr als einmal versuchten Seine Jünger Druck auszuüben, als sie zum Beispiel wissen wollten, wann das Königreich Israel wiederhergestellt sein würde. Jesus umging diese Fragen und gab ihnen stattdessen Anweisungen, wie sie sich im Reich Gottes verhalten sollten. Seine Lehren waren keine Meinungssammlung zum Thema geistliches Leben. Sie waren vielmehr eine Serie von Geboten mit dem Ziel, Seine Nachfolger zum Gehorsam zu führen.

Dies ist ein Kernpunkt für alle Jünger. Jakobus warnt uns vor der Gefahr, zu *„vergesslichen Zuhörern“* (Jakobus 1:22) zu werden. Diese Art Menschen, sagt der Apostel, betrügen sich selbst, denn sie wissen, dass die Bibel gut für ihre eigene Erbauung ist, aber wenden es nicht an. Gesegnet sind dagegen diejenigen, in denen das Wort Gottes zum Lebensstil wird (Jakobus 1:25).

Eine grundlegende Lebensveränderung in denen zu erreichen, die das Wort Gottes hören, ist eine der Hauptaufgaben und eines der Hauptziele unseres Lehrdienstes. Es hilft gar nichts, wenn einige begeistert von unseren Predigten sind, wenn sie danach genauso weitermachen wie vorher. Als viele Juden von Jesu Lehre begeistert waren und an Ihn glaubten, konfrontierte Er sie und ließ sie klar verstehen: *„Wenn ihr bleiben werdet an meinem Wort, so seid ihr wahrhaftig meine Jünger“* (Johannes 8:31).

Dr. Bruce Wilkinson, Autor verschiedener Bücher über das Thema Lehre, nennt diese Entscheidung eines der sieben Ziele eines Schülers. Er erklärt uns, dass Schüler von der Erkenntnis am stärksten geprägt werden, die vorher tiefe Spuren im Leben des Lehrers hinterlassen hat[4]. Aus diesem Grund müssen wir auf der Hut sein, uns nicht ständig in den Kleinigkeiten der Schrift zu verfangen und den Blick dafür zu verlieren, dass alles geschrieben wurde, *„damit ihr glaubt, dass Jesus der Christus ist, der Sohn Gottes, und damit ihr durch den Glauben das Leben habt in seinem Namen“* (Johannes 20:31).

Denkanstoß

„Gottes Wort ist uns nicht als Informationsquelle gegeben, sondern als Quelle unserer Veränderung.“[5] D.L. Moody

„...und lehret sie halten alles, was ich euch befohlen habe. Und siehe, ich bin bei euch alle Tage bis an der Welt Ende.“
Matthäus 28:20

Unsere Textbetrachtung führte uns bereits zu den unterschiedlichen Auswirkungen des letzten großen Auftrags Jesu an Seine Jünger. Wir haben dabei entdeckt, wie wichtig es ist, sich völlig mit dem Tod Christi zu identifizieren und unterschiedliche Lehrstile anzuwenden um anderen Gottes Wort zu vermitteln. Heute wollen wir uns mit der Lehre, mit der Christus Seine Jünger aussandte, beschäftigen.

Wir stoßen in diesem Zusammenhang auf mindestens zwei Beobachtungen. Erstens, die Anweisung alles zu lehren, was Jesus ihnen zu *tun* befohlen hat. Wir müssen dabei unterscheiden, dass Er sie nicht anwies, das zu lehren, was Er sie gelehrt hat, sondern das zu *tun*, was Er ihnen *befohlen* hat. Soll heißen, sie sollten nicht nur die Lehren und Wahrheiten weitergeben, die sie von ihrem Meister gehört hatten. Bei uns ist es häufig so, dass wir einfach das wiederholen, was wir andere haben sagen hören. Christus trug ihnen aber auf das zu lehren, was sie für ihr Leben verstanden hatten und was sie selbst befolgten.

So gründet sich der Lehrauftrag auf die persönliche Lebenspraxis. Die Jünger waren nicht davon befreit, die Anweisungen, die sie an andere weitergaben, selbst zu erfüllen. Im Gegenteil: ihr Dienst basierte auf der soliden Basis ihres eigenen Lebens. Damit vermieden sie, dass ihre Lehren jemals aus der Theorie kamen, was übrigens der Grund ist, warum viele unserer heutigen Predigten kaum Eindruck hinterlassen. Unsere Lehren werden von einem geistigen Verständnis des geistlichen Lebens getragen und gründen sich nicht auf unsere Alltagserfahrungen. Genau diese täglichen Erlebnisse, im Gehorsam auf Gottes Anweisungen hin zu leben, verleihen einem Lehrer seine eigentliche geistliche Autorität. Zweitens können wir erkennen, wie der „Lehrstoff“, den sie zu vermitteln hatten, all das beinhalten sollte, was sie vom Meister über die Jahre empfangen haben. Oftmals reduzieren wir die ganze Wahrheit auf zwei bis drei Prinzipien, die der neue Jünger verstehen sollte, als ob das geistliche Leben nur eine Verständnisfrage wäre. Christus hatte sich stattdessen vorgenommen, das Leben Seiner Jünger komplett zu verändern. Damit dies gelingt, muss jeder Aspekt des geistlichen Lebens im Licht des ganzen Ratschlags Gottes betrachtet werden. Es geht weniger um eine Liste an Themen, sondern um die Berufung zu einem Lebensstil, in dem jeder unserer Lebensbereiche von Gottes Wort durchdrungen sein sollte: unsere Kleidung, Ernährungsgewohnheiten, wie wir uns in der Öffentlichkeit bewegen, wie wir uns vergnügen, unsere Familienbeziehungen, unsere Arbeitsauffassung, unsere innersten Gedanken und unendlich viele Bereiche mehr. Die wirkliche Veränderung gelingt, wenn das Wort Gottes jeden einzelnen unserer Lebensbereiche berührt, sodass wir uns verpflichtet fühlen, Christus zu jeder Zeit und an jedem Ort die Ehre zu geben.

Denkanstoß

„Alle Erkenntnis, die du suchst, findest du in einem Buch – der Bibel.“[6] J.Wesley

Ein ewiger Gefährte

„...und lehret sie halten alles, was ich euch befohlen habe. Und siehe, ich bin bei euch alle Tage bis an der Welt Ende."
Matthäus 28:20

Wir begannen unsere Serie über den Missionsbefehl damit, dass die Aufgabe andere zu Jüngern zu machen, ihre Wurzeln in der vollkommenen Autorität Christi hat. Diese Autorität ermöglicht uns, voller Vertrauen und Wagemut in diesem Dienst zu wachsen, denn wir haben die Gewissheit: *„...in dem allen überwinden wir weit durch den, der uns geliebt hat"* (Römer 8:37).

Trotz dieser Überzeugung sind wir jedoch nicht vor Schwierigkeiten oder Unannehmlichkeiten gefeit. Jesus selbst stand täglich vor vielfältigen Herausforderungen. Er war über die Maßen erschöpft, wurde von den Massen verfolgt und durch das Unverständnis der Gelehrten in Frage gestellt. Zusätzlich musste Er mit den täglichen Herausforderungen, die Seine Jünger Ihm boten, zurechtkommen. Manchmal hinterfragten sie Ihn oder zeigten ihre fehlende Reife oder mangelnde geistliche Vision. Mehr als einmal enttäuschten sie Ihn mit ihren egoistischen Verhaltensweisen.

Jesus warnte Seine Jünger davor, dass ihnen ein ähnliches Schicksal bevorstehen würde wie Ihm. Er erklärte ihnen: *„Selig seid ihr, wenn euch die Menschen um meinetwillen schmähen und verfolgen und reden allerlei Übles gegen euch, wenn sie damit lügen"* (Matthäus 5:11). Er machte ihnen bewusst: *„Der Jünger steht nicht über dem Meister und der Knecht nicht über seinem Herrn. Es ist für den Jünger genug, dass er ist wie sein Meister und der Knecht wie sein Herr. Haben sie den Hausherrn Beelzebul genannt, wie viel mehr werden sie seine Hausgenossen so nennen!"* (Matthäus 10:24-25). Er beschrieb ihnen bildhaft, dass Jüngerschaft bedeutet, sein Kreuz auf sich zu nehmen, um Ihm zu folgen

(Matthäus 10:38), und spielte auf die bevorstehende Verfolgung und Leiden Seiner Jünger an.
Dadurch wussten diese, dass ein mit Schwierigkeiten übersäter Weg vor ihnen lag. Er hatte sie aber auch wissen lassen, dass ihnen der Triumph am Ende durch die Auferstehung ihres Meisters bereits zugesichert ist. Weil sie an diesen deutlichen Sieg glaubten, wurde in ihnen ein eiserner Durchhaltewillen erzeugt. Nun fügte Christus all dem noch ein weiteres Element hinzu: Er würde sie jederzeit und überall begleiten. Sowohl wenn man sie in Frage stellte, sie Rechenschaft ablegen müssten oder auch mit Armut oder Krankheit konfrontiert sein würden. Sie brauchten also niemals alleine zu kämpfen, wenn sie in Seiner Arbeit mitwirkten. Er würde auf Schritt und Tritt ihr permanenter Begleiter sein.
Stehen wir im Dienst an Seinem Volk, ist diese Erkenntnis unbezahlbar. Wir brauchen nicht unter Schwierigkeiten, Unverständnis und Missgunst zu leiden. Wir haben immer jemanden, zu dem wir hinlaufen dürfen, mit dem wir unsere größten Mühen teilen können. Er hört unser Schreien und möchte eingreifen, um unsere Last zu erleichtern. Wie können wir diesen enormen Vorteil nur ungenutzt lassen?

Denkanstoß

„Christus ist nur ein Gebet weit entfernt von uns." (Quelle unbekannt)

Und noch viel mehr glaubten um seines Wortes willen und sprachen zu der Frau: Von nun an glauben wir nicht mehr um deiner Rede willen; denn wir haben selber gehört und erkannt: Dieser ist wahrlich der Welt Heiland.

Johannes 4:41-42

Der Dialog, den Jesus mit der samaritischen Frau am Brunnen führte, ist eine der unglaublichsten Geschichten, die in der Schrift festgehalten wurden. Jesus war ihr gegenüber weder aggressiv noch respektlos, sondern führte sie mit bemerkenswerter Liebenswürdigkeit an den Punkt, an dem ihr bewusst wurde, dass sie eine tiefe Veränderung brauchte.

Wir können nur verstehen, warum das Zeugnis der Frau so dramatisch war, wenn wir die wahren Ausmaße dieser Begegnung unter die Lupe nehmen. Sie war keine Frau von gutem Ruf. Sie hatte bereits fünf Ehen hinter sich und war dabei auch die sechste zu ruinieren. Doch durch das Gespräch mit Christus geschah etwas in ihr, das Seine Worte in ein lebendiges und dramatisches Zeugnis verwandelte. Das ganze Dorf versammelte sich, um den „Propheten" kennenzulernen, der ihr die Wahrheit Gottes offenbarte. Zum Schluss baten sie Ihn zu bleiben und viele andere glaubten wegen seiner Worte.

Das Zeugnis dieser Menschen zeigt wie wichtig es ist, Christus persönlich zu erleben. Zu der Frau sagten sie: *„Von nun an glauben wir nicht mehr um deiner Rede willen; denn wir haben selber gehört."* Das Zeugnis der Frau als Einstiegserlebnis wurde schnell ersetzt durch die persönliche Begegnung, die jeder Einzelne mit Christus hatte. Jedes Leben wurde dadurch radikal verändert!

Viele von uns haben ein ähnliches Bekehrungserlebnis. Wir kommen zu Jesus, weil andere uns von Ihm erzählten oder

wir etwas Besonderes in ihrem Leben entdeckt haben. Ihre Zeugnisse erweckten in uns den Wunsch, den Herrn persönlich kennenzulernen. Das persönliche Erlebnis wurde zur Grundlage unserer ersten geistlichen Erfahrungen.
Wir müssen uns vor Augen führen, dass dieses Prinzip jeder geistlich begründeten Lebensveränderung zugrunde liegt. Leider bleiben viele Christen auf dieser Stufe des ersten Erlebnisses stehen. Der „Beweis“ für ihr geistliches Leben ruht von da an auf dem Zeugnis anderer, da sie ihre anfängliche Beziehung mit Christus nicht nähren und dadurch jeglichen Enthusiasmus und Feuereifer nach und nach verlieren. Sie resignieren bald, da ihnen eine tägliche Beziehung mit Jesus fehlt und sie in anderen sehen, was sie in ihrem eigenen Leben vermissen. Sie wissen zwar das Christus real ist, jedoch nicht mehr aus eigener Erfahrung, sondern nur noch über die Erlebnisse Dritter. Im Laufe der Zeit werden sie zynisch und entwickeln eine Glaubenshaltung, die jegliche Gnadenerfahrung vertrocknen lässt.
Es ist so wichtig, dass wir jeden Tag unsere Gemeinschaft mit Ihm erneuern. Wir müssen eine Beziehung suchen, die es uns erlaubt, wie die Samaritaner sagen zu können: *„Von nun an glauben wir nicht mehr um deiner Rede willen; denn wir haben selber gehört und erkannt: Dieser ist wahrlich der Welt Heiland.“*

Denkanstoß

Wie läuft es in Ihrer Beziehung mit dem Herrn? Können Sie bezeugen, dass Er Ihnen täglich dient und mit Ihnen spricht? Was können Sie tun, um die Beziehung mit Ihm zu vertiefen? Welche Erwartung hat wohl Christus an die Beziehung zu Ihnen?

Mit den Wellen leben lernen

Als er aber den starken Wind sah, erschrak er und begann zu sinken und schrie: Herr, hilf mir! *Matthäus 14:30*

Petrus' Gang über das Wasser fasziniert uns. Einerseits erleben wir hier eine Szene, die unserem Alltag völlig entgegensteht. Andererseits rührt die kühne Bitte des Jüngers etwas tief in uns an. Der Wagemutigste der Zwölf hört nie auf, uns mit seinen impulsiven und spontanen Ausbrüchen zu überraschen. Ich möchte dennoch gern einige Beobachtungen zu diesem speziellen Punkt dieser Geschichte wiedergeben, als der Wind tobte, die Wellen hochschlugen und dem mutigen Abenteuer des zukünftigen Apostels ein jähes Ende bereiteten.

Die Wellen türmten sich nicht erst in dem Moment auf, als Petrus das Wasser betrat. Der Text berichtet uns, dass die Jünger bereits seit einigen Stunden ruderten, ohne wesentlich vorwärts zu kommen, denn der Wind stand ihnen entgegen und Wellen schlugen gegen ihr Boot (Matthäus 14:24). Diese Bedingungen begleiteten die Jünger bereits die ganze Nacht hindurch, doch für die Männer waren sie bis jetzt nichts weiter als ein unangenehmer Störfaktor beim Rudern. Sie waren an das Meer gewöhnt und kannten derartige Situationen mit Sicherheit. Ebenso umgeben uns häufig Schwierigkeiten und Sorgen, die erstmal gar keinen so großen Eindruck bei uns hinterlassen. Als Petrus aus dem Boot ausstieg, waren die Wellen wahrscheinlich genauso hoch wie vorher. Er blendete die Wellen jedoch völlig aus, weil er anscheinend vom Abenteuer oder Christus fasziniert war. Er war von der Herausforderung, über das Wasser zu Jesus zu kommen, völlig eingenommen. So ergeht es auch uns in Momenten intensiver geistlicher Erfahrung. Wir nehmen Hindernisse und Sorgen nicht einmal wahr. Ob sie exis-

tieren oder nicht, scheint keinerlei Einfluss auf unser geistliches Erleben zu haben.
Plötzlich jedoch sah Petrus auf das Wasser statt auf Jesus. Als er das tat, nahm er plötzlich die Wellen wahr, die während der ganzen Zeit dort waren. Doch seine Situation hatte sich geändert; sie war nun extrem heikel und gefährlich. Dieselben Wellen flößten ihm jetzt Angst ein und unterbrachen auf dramatische Art und Weise sein Wandeln auf dem Wasser, so dass er wie gelähmt war. Er begann zu sinken und lediglich das schnelle Eingreifen seines Meisters bewahrte ihn vor dem Ertrinken.
Welche Schlussfolgerung ziehen wir aus dieser Beobachtung? Wir glauben oft, dass es besondere Lebensumstände seien, die unser Leben ins Schleudern bringen. Petrus' Erlebnis lehrt uns etwas anderes. Nicht die Ereignisse an sich beeinflussen uns, sondern unsere Perspektive auf sie. So wie wir im Moment des Sturmes aufgestellt sind, entscheidet darüber, wie wir ihm begegnen werden. Die Wellen sind immer die Gleichen. Petrus im Boot, Petrus beim Gehen über das Wasser und Petrus beim Untergehen zeigen uns, dass dieselbe Person nicht immer dieselbe Reaktion an den Tag legt. Von unserem Blickwinkel auf eine Sache hängt alles ab.

Denkanstoß

Wie reagieren Sie im Moment der Krise? Was sagt die Art Ihrer Reaktion über Sie aus? Wie können Ihre Reaktionen geistlich ausgeglichener werden?

Das habe ich mit euch geredet, damit ihr in mir Frieden habt. In der Welt habt ihr Angst; aber seid getrost, ich habe die Welt überwunden. *Johannes 16,33*

Die Einfachheit, die Christus im Umgang mit Seinen Jüngern an den Tag legt, steht im starken Kontrast zur Art der Verkündigung einiger selbsternannter Propheten unserer Tage. Sie versprechen ein Leben voller Segen, stets in Sieg und Freude. Um das Ganze noch zu steigern, hat eine der christlichen Gruppen, die sich in den letzten Jahren formiert hat, ein neues Leitthema: „Schluss mit dem Leiden!"

Christus kam nicht durchs Hintertürchen und verheimlichte die Realität nicht vor Seinen Jüngern. Er proklamierte klar und direkt: *„In der Welt habt ihr Angst"*. Es war nicht nötig weitere Erklärungen zu liefern, denn die Jünger sahen mit ihren eigenen Augen, wie Jesus auf der Erde litt. Sie hatten miterlebt, wie Er mit Hunger, Erschöpfung und Kälte kämpfte. Täglich musste Er den Ansturm der Massen bewältigen, mit ihren unaufhörlichen Nöten, Eigeninteressen und ihrer Besserwissererei. Gleichzeitig hatte Er mit vieler Art Verdächtigungen, Anschuldigungen und Aggressionen von Seiten der religiösen Leiter Seiner Zeit zu kämpfen. Und wie viele Ängste hatte er wegen dem Verhalten der Ihm am nahestehendsten Menschen zeitweise zu erleiden? All dies gehörte zu Seinem irdischen Leben.

Bei dieser Gelegenheit fügt Jesus ein paar wichtige Prinzipien an. Ein Großteil des Leides in Zeiten der Bedrängnis kommt nicht von dem Umstand selbst, sondern hängt stark davon ab, wie wir auf ihn reagieren. Normalerweise ist unsere Reaktion negativ, weil wir von den Ereignissen überrascht werden. Wie blauäugig unsere Erwartungen an das Leben manchmal sind, kommt immer dann zum Ausdruck, wenn

wir überrascht ausrufen: „Warum muss *mir* das passieren?“
Jesus hatte Seinen Jüngern die Realität mitgeteilt, damit sie in Ihm Frieden haben können. So konnte keiner von ihnen im Nachhinein sagen, dass sie niemand gewarnt hat, welche Konsequenzen sie als Jünger des Messias zu erwarten hätten. Somit wurde ein wichtiges Hindernis, das schnell zu Konflikten hätte führen können, aus dem Weg geräumt.

Er erklärte Seinen Jüngern diese Dinge, damit sie als Gotteskinder Frieden in Ihm finden können. Frieden selbst in den schwierigsten Umständen zu behalten ist ein Kennzeichen derer, die sich vom Geist Gottes abhängig machen und nicht von ihren eigenen Sehnsüchten. Es bedeutet nicht, dass sie von Schwierigkeiten und Leid befreit sind, sondern dass sie inmitten des stärksten Sturmes eine innere Ruhe erleben, die menschlich unerklärlich ist. Egal was sie umgibt, sie bewahren Haltung und lassen sich nicht aus dem Gleichgewicht bringen.

Christus wies jedoch klar darauf hin, dass sie diesen Frieden nur durch Ihn bekämen. Er ist weder Produkt einer besonderen Disziplin noch die Konsequenz der Erfüllung verschiedener Glaubensriten. Ebenso wenig erhalten wir uns diesen Frieden durch die einmal getroffene Entscheidung für ein Leben mit Christus. Er liegt in der Person Christi und nur die Ihm nahe sind, haben Zugang zu diesem Frieden. In letzter Instanz gründet sich der Frieden auf Christi Sieg, nicht auf unseren.

Denkanstoß

Gott entschied in Seiner Weisheit, uns nicht den Frieden zu geben, sondern stattdessen Zugang zu der Person, die den Frieden innehat. Dadurch sind wir aufgefordert, stets nach Ihm, der die ewige Quelle des Lebens und der Fülle ist, zu suchen.

Aber die Israeliten vergriffen sich an dem Gebannten; denn Achan, der Sohn Karmis, des Sohnes Sabdis, des Sohnes Serachs, vom Stamm Juda, nahm etwas vom Gebannten. Da entbrannte der Zorn des HERRN über die Israeliten.

Josua 7:1

Diese Geschichte trifft einen mit voller Wucht, denn sie steht direkt im Anschluss an den beeindruckenden Sieg, den Jahwe den Israeliten über Jericho geschenkt hat. Die Art und Weise, *wie* sie die Stadt eingenommen hatten, gab dem Volk ein kraftvolles Zeugnis, wie ihre Zukunft aussehen würde, wenn sie sich nahe beim Herrn hielten. Dennoch sehen wir im nächsten Kapitel Israel am Boden zerstört und dazu von einem unbedeutenden Feind gedemütigt. Die heutige Textstelle, ein Auszug aus der ganzen traurigen Episode, bietet uns eine Erklärung für die Zerstörung: Im Volk gab es Sünde und diese schnitt es auf dramatische Weise vom Wirken Gottes ab.

Das Unglaubliche dieser Geschichte ist, dass lediglich *ein* Mann gesündigt hatte. Achan vom Stamm Benjamin entdeckte zwischen den geraubten Dingen einen sehr ansehnlichen babylonischen Mantel, zweihundert Schekel Silber und ein Barren Gold von fünfzig Schekel Gewicht, die er begehrte und mitnahm (Josua 7:21). Gott hatte jedoch zuvor spezifische Anweisungen gegeben: *„Aber diese Stadt und alles, was darin ist, soll dem Bann des HERRN verfallen sein … Allein hütet euch vor dem Gebannten und lasst euch nicht gelüsten, etwas von dem Gebannten zu nehmen und das Lager Israels in Bann und Unglück zu bringen“* (Josua 6:17-18). Ist es nicht unglaublich, wie das ganze Volk wegen der Schuld *eines* Mannes leiden sollte? Sind wir von dieser Begebenheit überrascht, spricht es dafür, dass wir Sünde für eine Privatangelegenheit zwischen uns und Gott halten. Doch diese Geschichte macht auf dramatische und überzeugende Art und Weise deutlich, dass es so etwas wie „Privatsünde“ nicht gibt. Jegliche Art von Sünde beleidigt Gott und Sein Volk. Sie wirkt sich weitreichender als nur auf unser eigenes Leben aus.

Zum Gottesvolk dazuzugehören bedeutet anzuerkennen, dass es geistliche Verbindungen, die nicht von unserem Geschick abhängen, zwischen uns gibt. Wir existieren nicht in einem Vakuum, egal ob wir in intensiver Gemeinschaft mit anderen leben oder nicht. Wenn jemand von uns schuldig wird, ist er das nicht nur vor Gott, sondern verletzt gleichzeitig die Beziehung zu den Geschwistern, da es das Wirken Gottes nicht nur in seinem eigenen Leben unterbricht, sondern im ganzen Leib. Die geheime Sünde ist eine ernsthafte Angelegenheit, denn sie beeinflusst auch das Leben aller mit der Person verbundenen Menschen, genauso wie ein Alkoholiker in seine ganze Familie Leid hineinträgt. Selbst wenn wir die Konsequenzen nicht erkennen, können die Folgen unserer Tat auf Dauer nicht verheimlicht werden.

Denkanstoß

Wahrscheinlich dachte Paulus an genau diese Begebenheit, als er schrieb: *„Und wenn ein Glied leidet, so leiden alle Glieder mit“* (1.Korinther 12:26). Es bedeutet nicht, dass einer den anderen direkt verletzt, sondern dass die Verletzung des Einzelnen den ganzen Körper beeinträchtigt, auch wenn wir dies lieber ignorieren möchten. Auf dieselbe Weise hat Sünde Auswirkungen auf die ganze Gemeinschaft. Wissen wir dies, bekommt der Aufruf, in Heiligkeit zu leben, ein noch schwereres Gewicht.

Und als er in Angst war, flehte er zu dem HERRN, seinem Gott, und demütigte sich vor dem Gott seiner Väter. Und als er bat, ließ sich der HERR erbitten und erhörte sein Flehen und brachte ihn wieder nach Jerusalem in sein Königreich. Da erkannte Manasse, dass der HERR Gott ist.

2.Chronik 33:12-13

Nach der Vernichtung Israels und seiner zehn Nordstämme durch die unersättliche Expansionspolitik der Assyrer, bestieg Manasse den Thron Judas. Er folgte auf Hiskia, den König der Reformen. Seine Herrschaft dauerte vierzig nicht enden wollende Jahre. Der Autor der biblischen Chronik erklärt, dass Manasse *„tat, was dem HERRN missfiel, nach den gräulichen Sitten der Heiden, die der HERR vor den Israeliten vertrieben hatte“* (2.Chronik 33:2). Er führte die abscheulichen Praktiken der Kanaaniter erneut in Juda ein, und ließ sogar Götzenstatuen im Tempel Salomos aufbauen. Man vermutet, dass der Prophet Jesaja in dieser Zeitspanne, im Rahmen einer starken Verfolgungswelle unter den treuen Jahwe-Nachfolgern, ermordet wurde.

Gott verurteilte Manasse und so wurde er nach Ninive gefangen geführt. Es war Sitte unter den Assyrern, den gefangenen König mit Hilfe eines Hakens durch Nase und Lippen vorzuführen. Sie mussten dann unter den schlimmsten Bedingungen wie Sklaven schuften. In dieser Zeit erhob Manasse Klage zu Jahwe, so wie wir es in unserem heutigen Text lesen. Verängstigt und gedemütigt bat er den Gott seiner Väter um Vergebung und rief, dass Er ihn aus seiner Qual befreien möge. Der Herr erhörte ihn. Er wurde nach Jerusalem zurückgebracht und sein Thron wiederhergestellt. Manasse, der von Herzen umgekehrt war, setzte eine Reihe

von Reformen in Gang, durch die er sämtliche Götzen und Opferstätten, die er zuvor aufgestellt hatte, entfernen ließ.
Die Geschichte lehrt uns zwei Lektionen. Erstens ist es augenscheinlich, dass, egal wie tief ein Mensch von Gott abfällt, der Rückweg zu Ihm niemals versperrt ist. Jahwe ist in Seinem Kern reine Gnade und Mitgefühl. Der Ruf des Sünders dringt sofort an Gottes Ohr, auch wenn dessen Leben bis dato noch so abscheulich war. Der Herr sehnt sich danach, die Beziehung zu Seinem Kind auch ein weiteres Mal wiederherzustellen. Jedes Mal, wenn wir Buße tun und uns demütigen, ist Er bereit einzugreifen und das wiederherzustellen, was unsere Schuldhaftigkeit zerstört hat.
Zweitens lesen wir, dass am Ende seines Leidensprozesses Manasse erkannte, dass Jahwe Gott ist. Im Gegensatz zu unserem oft von Rachegefühlen erfüllten Herzen, das versucht anderen dasselbe Leid anzutun das sie uns angetan haben, behandelt der Herr uns immer mit dem Wunsch, dass wir Ihn so kennenlernen wie Er wirklich ist. Sein Handeln kann uns manchmal hart oder schmerzhaft erscheinen, doch infolgedessen können wir Ihn tiefer erkennen. Diese Erkenntnis ist unbezahlbar auch wenn sie durch Schmerz, Tränen und Angst erst entstehen muss.

Denkanstoß

„Die Alternative zur Disziplin ist das Chaos."[7] V. Havner

Und alle, vor die es kam, wunderten sich über das, was ihnen die Hirten gesagt hatten. Maria aber behielt alle diese Worte und bewegte sie in ihrem Herzen. *Lukas 2:18-19*

Wie hätten sich die Hirten anders fühlen sollen, als komplett verwundert, bei dem, was sie erlebt hatten? Bedenken wir, dass es einfache Leute waren. Das Leben derer, die ihr Leben auf Feld und Weiden verbrachten, war von Ruhe und Einsamkeit geprägt. Sie führten und sorgten für ihre Schafe entsprechend des eigenen, entschleunigten Rhythmus'. Mit einem Mal wurde dieses friedliche Dasein durch einen übernatürlichen und unglaublichen Umstand unterbrochen. Ein Engel des Herrn erschien ihnen und die Herrlichkeit des Herrn umgab sie. Der Engel beruhigte ihre ängstlichen Herzen und teilte ihnen die gute Nachricht von Christus mit. Noch während er sprach, umgab ihn plötzlich eine große Menge an himmlischen Heerscharen und proklamierten die Wunder des Allerhöchsten.

Ohne große Umschweife machten sich die Hirten auf den Weg an den ihnen beschriebenen Ort und fanden das Kind Jesus genau dort, wo es sein sollte. Ganz gewiss fügte diese zweite Begegnung den Hirten noch eine gehörige Portion Verwunderung hinzu. Wir können uns lebhaft vorstellen, wie sie sich gegenseitig unterbrachen, um sich die gerade erlebten Details haargenau zu beschreiben. Und alle die ihnen zuhörten, mussten von derselben Verwunderung erfasst worden sein wie sie.

Genauso reagieren wir häufig, wenn wir einen Beleg für Gottes Größe erleben. Vielleicht hatten wir eine besondere Begegnung mit dem Herrn in der es um einen uns nahestehenden Menschen ging, oder eine Person, die sich lange Zeit geweigert hatte an Jesus zu glauben und Ihn nun plötzlich als Herrn angenommen hat. Was auch immer die-

se Machtdemonstration Gottes war, wir bleiben mit einem Gefühl von Euphorie und Enthusiasmus zurück.
Der Evangelist fügt dem Erlebnis der Hirten noch einen kleinen Kommentar hinzu: *„Maria aber behielt alle diese Worte und bewegte sie in ihrem Herzen."* Durch das Wörtchen „aber" entdecken wir, dass Maria eine andere Haltung als die Hirten eingenommen hat. Kann es sein, dass sie überhaupt nicht verwundert war? Das wäre zu bezweifeln, denn wir sehen an verschiedenen anderen Stellen, wie sie von Gottes Wirken in ihrem Leben überrascht wurde. Das bedeutet, dass Maria verstanden hatte, dass es hinter diesem unglaublichen Wirken Gottes eine Realität geben musste, die verstanden werden wollte. Diese Art von Erkenntnis wird denen zuteil, die bereit sind, mitten im Erlebten innezuhalten, auf den Herrn zu warten und das Erlebte im Herzen zu bewegen.
Diese reife Haltung ist es Wert nachgeahmt zu werden. Über unsere momentane Begeisterung hinaus ruft uns Gott dazu auf, die Ereignisse und Erlebnisse unseres Lebens genau anzuschauen. Nur indem wir das Erlebte in seiner ganzen Tiefe und Fülle für uns reflektieren, werden wir es gänzlich erfassen können.

Denkanstoß

„Wahrheiten werden durch die Reflexion gebraut und zur Reife gebracht."[8] Thomas Manton

Die mit Tränen säen, werden mit Jubel ernten. Weinend gehen sie hinaus und streuen ihre Samen, jubelnd kehren sie zurück, wenn sie die Ernte einholen. *Psalm 126:5-6 (NL)*

Der bekannte Autor A.W. Tozer schrieb einmal: *„Die Bibel wurde mit Tränen geschrieben, und Tränen schenkt sie ihre größten Schätze“* (aus: „God Tells the Man Who Cares“). Damit erkannte Tozer eines der wichtigsten Prinzipien der geistlichen Welt: Wenn Menschen tiefe Erfahrungen mit Gott gemacht haben, waren Tränen ihr Begleiter. Wahrscheinlich begreifen die meisten von uns den Grund dafür nicht und vielleicht ist dies auch gar nicht nötig. Es genügt wenn wir akzeptieren, dass sie Bestandteil eines geistlichen Lebens sind.

Schauen wir uns die verschiedenen biblischen Geschichten an, entdecken wir schnell, dass unzählige Glaubenshelden an den Zustand der inneren Zerbrochenheit gewöhnt waren. Hiob weinte aus Angst und Kummer bitterlich vor Jahwe (Hiob 16:20). Josef konnte seine Tränen nicht zurückhalten, als er seine Brüder wiedersah (1.Mose 43:30). Hannah, die Mutter Samuels, weinte untröstlich über ihre Unfruchtbarkeit (1.Samuel 1:7). Als David die von den Amalekitern zerstörte Stadt sah, weinte er solange, bis er völlig kraftlos war (1.Samuel 30:4). In den Psalmen bekannte David, dass Tränen sein täglich Brot waren (Psalm 42:3). Elia floh in die Wüste und sehnte sich danach zu sterben (1.Könige 17). Als ihm sein Tod angekündigt wurde, weinte König Hiskia vor lauter Angst und wurde wegen seiner Tränen erhört (Jesaja 38:5). Jeremia wird oft „der weinende Prophet“ genannt (Jeremia 13:7). Jesus weinte zu verschiedenen Anlässen. Auch Er wurde um Seiner Tränen Willen erhört, schreibt die Bibel (Hebräer 5:7). Paulus diente dem Herrn in Demut und unter vielen Tränen und Prüfungen (Apostelgeschichte 20:19).

Ohne den eigentlichen Vorgang gänzlich zu verstehen, merken wir, dass etwas in unserem Herzen passiert wenn wir weinen. Durch die vielen Tränen wird unser Herz erweicht. Dies ist wichtig, denn ein hartes Herz ist ein großes Hindernis um uns davon abzuhalten, in tiefere Gemeinschaft mit Gott zu kommen. Unter dem Gewicht all unseres Frustes und unserer Misserfolge können unsere Kräfte derart erlahmen unser Leben selbst vorantreiben zu können, dass wir nur noch Gott unsere Zerbrechlichkeit und Not ausdrücken können. Hier kann etwas Neues beginnen. Wahrscheinlich konnte Jesus deshalb ausrufen: *„Selig sind, die da Leid tragen; denn sie sollen getröstet werden“* (Matthäus 5:4).
Doch nicht nur Frust sorgt bei uns für Tränen. Es kann ebenso ein Zeichen für Gottes tiefes Wirken in unserem Herzen sein, wodurch Er uns für die Dinge des Geistes sensibilisiert. Gott zeigt uns dadurch Dinge, die Sein Herz brechen. So erging es Jesus, als Er Jerusalem beweinte (Lukas 19:41) oder Johannes, weil niemand das Buch öffnen konnte (Offenbarung 5:4). Sie nahmen die geistliche Realität in einem derartigen Ausmaß wahr, dass sie vor Gott weinen mussten.
Egal, was der Grund für Tränen in unserem Leben ist; sie werden für uns zur Tür, ein tieferes und geistlicheres Leben in der Nähe Gottes zu führen.

Denkanstoß

Watchman Nee sagte mutig: *„Unsere Hand am Pflug zu behalten, während wir unsere Tränen abwischen – DAS ist christlicher Glaube.“*[9]

„Da sandte Saul Boten, um David zu holen. Und sie sahen die Schar der Propheten in Verzückung und Samuel an ihrer Spitze. Da kam der Geist Gottes auf die Boten Sauls, sodass auch sie in Verzückung gerieten.“ *1.Samuel 19:20*

Dies ist eine der eigenartigsten Szenen in der Bibel. Sie erscheint uns merkwürdig, weil wir nicht wirklich begreifen, aus welchem Grund diese Dinge sich so zugetragen haben. Daher lohnt es sich, uns etwas eingehender mit dem Text auseinanderzusetzen.

Saul hatte mittlerweile einen derartigen Hass auf David, dass es grotesk wurde. Mindestens zweimal hatte er versucht, ihn mit einem Speer an die Wand zu spießen. Er hatte seinen Männern klare Anweisung gegeben, den jungen Schafhirten aus Bethlehem gefangen zu nehmen, doch David entwich ihnen jedes Mal kurz zuvor. Diesmal wurde Saul in Kenntnis gesetzt, wo David sich aufhielt, sodass er sofort Boten aussandte, damit sie ihn auftrieben. Doch der Geist Gottes kam über sie und sie fingen an, zusammen mit den anderen Propheten rings um Samuel, prophetisch zu reden. Diese Situation wiederholte sich dreimal und jedes Mal wurden die Boten Sauls vom Geist Gottes ergriffen. Schließlich beschloss Saul selbst zu gehen, um David zu finden. Wahrscheinlich konnte Saul zu dieser Zeit seine rasende Wut kaum noch bremsen, wenn er an die scheinbare „Unfähigkeit“ seiner Männer dachte. Als Saul an den Ort gelangte, wo sich David und der Prophet aufhielten, kam Gottes Geist auch auf ihn und er prophezeite einen ganzen Tag und eine Nacht lang. Er konnte nichts tun, um diese Situation zu verhindern. So schlug sein Plan fehl, den jungen Israeliten, der ihn derartig zornig machte, zu töten.

Versuchen wir zwei einfache Beobachtungen über diese Geschehnisse anzustellen. Erstens beobachten wir, dass jeder

der Boten anfing prophetisch zu reden – ebenso wie der König – aber damit nicht automatisch zu einem Propheten wurde. Es ist wichtig das zu unterscheiden, denn oftmals verwechseln wir das Werk mit der Person. Wir glauben manchmal, dass jeder der Gottes Werk tut auch Gottes Billigung hat. Gott kann jedoch alles gebrauchen, sogar einen Esel, wenn dies nötig sei. Doch macht dies den Esel noch lange nicht zu einem geheiligten Diener des Herrn. Ein Diener Gottes zu sein verlangt einiges mehr als die Fähigkeit gute Dinge für den Herrn zu tun.

Zweitens sehen wir klar, dass kein menschlicher Plan Früchte tragen kann, wenn Gott ihn nicht zulässt - nicht einmal die Bösen. Wir glauben oft, dass der Feind losgelassen wurde und tut wonach ihm der Sinn steht, während wir nichts gegen ihn ausrichten können. Doch unsere Geschichte zeigt uns, dass selbst der Feind nur soweit gehen kann wie es ihm erlaubt wurde und nicht einen Millimeter weiter. Gottes Autorität erstreckt sich sogar über diejenigen, die Tag und Nacht Böses planen.

Denkanstoß

„Er macht die Großen dieser Welt wirkungslos und die obersten Richter zunichte." (Jesaja 40:23, NL)

„Aber die Zeit kommt, ja sie ist schon da, in der die wahren Anbeter den Vater im Geist und in der Wahrheit anbeten. Der Vater sucht Menschen, die ihn so anbeten.“

Johannes 4:23 (NL)

Dieser Vers hat einen ganz besonderen Wert für alle, die Gott näher kommen und Ihn besser kennenlernen wollen. Es ist einer der seltenen Momente, in denen Jesus Gottes Sehnen in Worte fasst. Wir können nicht anders, als von Seiner Offenbarung leicht verdutzt zu sein. Inmitten der starken Diskussionen über einen bestimmten „Anbetungsstil“ (etwas absolut Vergängliches, was uns in den Gemeinden dennoch viel zu sehr und viel zu lange streiten ließ) führt uns Christus mit einem Satz überraschenderweise direkt in das Zentrum der Anbetung. Ein Aspekt seiner Erklärung springt uns direkt ins Auge: Es gibt zwei Arten von Anbetern: die wahren und die falschen. Es ist überflüssig zu erwähnen, dass der falsche Anbeter eigentlich keiner ist, sondern lediglich jemand, der eine Rolle spielt. Das führt uns zurück zu unserer persönlichen Art der Anbetung: Geben wir in der Öffentlichkeit nur etwas vor oder beten wir wirklich an?

Denken wir diesen Gedanken weiter, erkennen wir den krassen Unterschied. Der falsche Anbeter sieht die Anbetung als eine Aktivität. Soll heißen, womit er gerade beschäftigt war lässt er beiseite, um sich einer neuen Aufgabe zu widmen – den Vater anzubeten. Er tut nichts weiter, als die einstudierten Bewegungen zu übernehmen und die entsprechenden Worte einfließen zu lassen. Vielleicht hat er andere beobachtet und es fällt ihm leicht, die richtige Haltung vorzutäuschen. Auf jeden Fall ist *Anbetung* für ihn lediglich eine weitere fromme Disziplin.

Wenn Christus über wahre Anbetung spricht, bezieht er sich nicht auf eine Tätigkeit, sondern beschreibt damit die Identität einer Person. Genauso, wie man eine Person seiner Abstammung nach beschreiben kann, z.B. als Grieche, Pole oder Spanier, ist jedem bewusst, dass es sich nicht um dessen Tätigkeit handelt, sondern um seine Identität. Christus identifiziert bestimmte Menschen im Reich Gottes nach dem Herz, das sie besitzen: Sie sind wahre Anbeter des Vaters.

Ein Anbeter kann nicht fleischlich und in Sünde leben. Anbetung ist, auf den Punkt gebracht, das Ergebnis einer dramatischen und tiefen Begegnung mit dem Herrn. Fleischliche Dinge können in der betroffenen Person nur noch Abscheu erzeugen. Der wahre Anbeter, nach dem der Vater sich sehnt, betet in Geist und Wahrheit an. Diese Person verbindet die Realität, die der Heilige Geist hervorbringt (denn niemand kann Gott begegnen, es sei denn durch Seinen Geist) und die Reinigung des inneren Menschen durch die ewige Wahrheit Gottes. Mit anderen Worten: der gesamte Mensch spiegelt die Beziehung zu Gott wider, in die er komplett eingetaucht ist.

Denkanstoß

Wie würden Sie sich selbst als Anbeter beschreiben? Bleibt Ihre Anbetung auf öffentliche Veranstaltungen beschränkt? Wie können Sie Ihre Identität als Anbeter weiter fördern und verstärken?

Die Königin vom Süden wird auftreten beim Jüngsten Gericht mit den Leuten dieses Geschlechts und wird sie verdammen; denn sie kam vom Ende der Welt, zu hören die Weisheit Salomos. Und siehe, hier ist mehr als Salomo.

Lukas 11:31

Unglaublich große Menschenmengen begleiteten Jesus während Seines Dienstes. Viele waren neugierig und gaben zu verstehen, dass sie sich Ihm anschließen wollten. Es fehlte ihnen lediglich ein himmlisches Zeichen, um ganz sicher zu gehen, dass Jesus der Messias sei. Jesus sagte ihnen: *„Dies Geschlecht ist ein böses Geschlecht; es fordert ein Zeichen, aber es wird ihm kein Zeichen gegeben werden als nur das Zeichen des Jona"* (Lukas 11:29).

Der Wunsch ein Zeichen zu sehen, war nichts weiter als eine Ausrede. Menschen die nicht glauben wollen, werden ihre Meinung auch nicht ändern wenn sie die unglaublichsten und außergewöhnlichsten Zeichen Gottes sehen. Genauso war auch die hartnäckige und launische Generation der Israeliten, die aus Ägypten auszog und selbst dann nicht glaubte, als sie Dinge sah, die kein anderes Volk jemals sah. Glaube ist in seinem Wesen die geistliche Antwort auf das Wirken des Heiligen Geistes in unserem Inneren. Trotzdem sind wir davon überzeugt, dass unser Glauben stärker wäre, hätten wir nur mehr Beweise für Gottes Wirken in unserem Leben. Wir haben den Eindruck, dass sämtliche Glaubensanstrengung auf unseren Schultern liegt und wir uns eine „kleine Hilfe" für unseren Glauben von Gottes Seite verdient hätten. Doch Gott wollte ihnen etwas anderes zeigen. Die Zeichen, die sie suchten, gab es bereits, nur sahen sie diese nicht. Wie so oft beschrieb Christus am Beispiel der Heiden die richtige Glaubenshaltung. Er erwähnte die Einwohner Ninives, die der Predigt Jonas glaubten, obwohl er wenig gnädig mit ihnen umging, als er seine Botschaft mitteilte. Trotzdem nahmen sie Seine Worte ernst, denn sie besaßen die nötige Offenheit, für den Glauben.

In unserem heutigen Abschnitt erwähnt Jesus auch die Königin des Südens, Saba, die Salomon besucht hatte (1.Könige 10:1-13). Sie war die souveräne Herrscherin einer afrikanischen Nation und daran gewöhnt, dass man ihr jeden einzelnen Wunsch von den Augen ablas. Sie legte ihre königlichen Privilegien beiseite und machte sich auf eine sehr lange Reise, um an der Weisheit des legendären israelischen Königs teilzuhaben. Die Bewohner Ninives und die Königin von Saba hatten jedoch etwas gemeinsam: eine Offenheit für das Geistliche, die den Israeliten völlig fehlte. Man muss dazu sagen, dass weder die afrikanische Königin, noch die Bewohner Ninives das reiche geistliche Erbe besaßen, das dem Volk Israel gegeben war. Die Menschen in Jesu Nähe hatten Zugang zum außergewöhnlichsten Zeichen, das es jemals in der Menschheitsgeschichte gab. Dennoch fand man unter denen, die am meisten hatten, die größte geistliche Armut.

So geschieht es auch in unserem Leben. Oft sind wir besessen von etwas, von dem wir denken, dass wir es wirklich brauchen. Unsere Eigensinnigkeit macht uns blind dafür, all den Segen, der uns bereits umgibt und der häufig viel größer ist als der, den wir uns so sehnlichst wünschen, wahrzunehmen.

Denkanstoß

„Der Mensch mit fleischlicher Gesinnung erkennt Gott nirgendwo, nicht einmal in geistlichen Dingen. Der Mensch mit geistlicher Gesinnung nimmt Gott in allem wahr, selbst in den natürlichen Dingen.“[10]

Eine königliche Dummheit

Und der König wurde traurig; doch wegen des Eides und derer, die mit ihm zu Tisch saßen, befahl er, es ihr zu geben, und schickte hin und ließ Johannes im Gefängnis enthaupten.
Matthäus 14:9-10

Es lag in Gottes Hand, dass Johannes sterben würde, doch wie tragisch waren die Umstände seines Todes! Sein Schicksal entschied sich während einer Party, wo Entscheidungen meistens im Affekt getroffen werden. Herodes, der von den eleganten Bewegungen der Tochter des Herodias wie benebelt war, fand den perfekten Weg sich bei seinen Gästen beliebt zu machen: Er kündigte ein derart großes Geschenk an, dass die Anwesenden nicht anders konnten, als beeindruckt zu sein. Dass sein Versprechen übertrieben war, wird dadurch deutlich, dass er das Erstbeste zusagte, was ihm in den Sinn kam, ohne sich der Konsequenzen bewusst zu sein. So starb Johannes auf einer Geburtstagsfeier als Opfer eines unkontrollierten, verdorbenen Königs.

Wie tief sitzt in uns das Verlangen, andere zu beeindrucken und ihnen gefallen zu wollen. Der Wunsch, vor anderen gut dazustehen, Leute durch unser Verhalten zu beeindrucken und damit ihre Gunst und Wertschätzung zu erlangen, ist eine zutiefst menschliche Eigenschaft, die in uns festgesetzt ist. Wir hungern nach Anerkennung, wollen gesehen und von denen, die uns umgeben, geschätzt werden. Für viele die im Dienst stehen und selbst aus einem Zuhause kommen, indem es ihnen an Zuwendung fehlte, wird dies schnell zur Besessenheit. Sie können gar nicht zu viele Stunden oder Tage in der Gemeinde verbringen, wo ihnen wenigsten etwas an Dankbarkeit und Wertschätzung, die sie so schmerzlich vermissen, durch die Gemeindeglieder entgegengebracht wird.

Herodes' Geschichte lehrt uns, wie weit wir uns verstricken können, wenn wir erlauben, dass diese Sehnsüchte unser Handeln bestimmen. Der König wurde wegen seines gegebenen Versprechens traurig, weil ihm plötzlich bewusst wurde, wir irre sein Vorschlag war. Doch das Sehnen, bei seinen Gästen gut angesehen zu sein, war stärker als das kurzzeitige unangenehme Gefühl das ihn traf, als er die Dummheit seines Handelns erkannte. Seine Entscheidung zurückzunehmen hätte eine Charakterstärke verlangt, die diese Klasse Mensch nicht besitzt.

In unserem Eifer anderen gefallen zu wollen, versprechen wir häufig Dinge die wir nicht halten können. Wir werden wahrscheinlich nie eine Entscheidung des Ausmaßes dieses Herschers treffen, doch können alle Betroffenen ebenso verletzt werden. Wir kommen in unerwünschte oder unangenehme Situationen. Müssen wir unser Wort einlösen, bedauern und bereuen wir plötzlich unsere Voreiligkeit. Noch viel wichtiger ist, dass unser undurchdachtes Reden und Handeln mit der Zeit unsere Autorität als Leiter unterminiert, weil wir nicht halten was wir zugesagt haben. Wir laufen Gefahr, dass andere uns als Menschen wahrnehmen, deren Wort wenig Gewicht hat.

Denkanstoß

Als Jesus in Matthäus 5:37 lehrte, dass wir unser Wort geben sollten, ohne auf irgendwelche Dinge zu schwören, wollte Er damit die notwendige Geradlinigkeit in unserem Reden hervorheben. Dazu gehört auch, Pausen zu machen und sich Zeit zum Nachdenken zu nehmen, während wir mit anderen reden. Wir vermeiden dadurch, uns in unseren Worten zu verstricken.

Eine Liebe wie keine andere

Wer will uns scheiden von der Liebe Christi? Trübsal oder Angst oder Verfolgung oder Hunger oder Blöße oder Gefahr oder Schwert? *Römer 8:35*

Ich hatte lange Zeit Schwierigkeiten mit dieser Textstelle, denn sie passte einfach nicht in meine Lebensrealität hinein. Genauso wenig konnte ich sie bei vielen anderen Christen entdecken. „Wie konnte Paulus davon reden, dass uns nichts von der Liebe Gottes trennen kann“, fragte ich mich, „wenn ich mich täglich unendlich vielen Dingen gegenübergestellt sehe, die mit unserer Liebe zu Christus im Wettstreit liegen?“ Nicht genug, dass sie unseren Wunsch Ihm nachzufolgen bekämpfen. Vielfach schaffen sie es sogar, uns in die komplett entgegengesetzte Richtung, von Gottes Absichten wegzubewegen.

Das Problem mit meiner Interpretation dieses Verses war, dass ich von *meiner* Frömmigkeit als Zentrum ausging. Dies zeigt einmal mehr, wie tief in uns die Annahme verwurzelt ist, dass wir die Protagonisten unseres geistlichen Lebens seien. Im Innersten denken wir, dass es *unser* Handeln unsere Beziehung zum Allmächtigen am Leben hält. Meine Schwierigkeiten mit dem Text verschwanden, als mir klar wurde, dass Paulus hier nicht von unserer zerbrechlichen und veränderlichen Liebe zu Gott spricht, sondern von der Liebe des Vaters für uns.

Es ist bemerkenswert, dass alle Begriffe die Paulus als mögliche Trennungsgründe zwischen der göttlichen Liebe und uns aufführt, Leidenserlebnisse beschreiben: Trübsal, Angst, Verfolgung, Hunger, Blöße, Gefahr und Tod. Jedes von ihnen beschreibt Situationen, in denen wir tiefe persönliche Ängste durchstehen und die wir schwerlich ertragen können.

Warum verwendete der Apostel ausgerechnet diese Beispiele? Fast alle Christen glauben Leid zu erfahren bedeutet, dass Gott sie in diesem Moment verlassen haben muss. Wir sehen dies beispielsweise in Gideons Antwort auf den Engel, der ihn heimsuchte (Richter 6:13) oder bei den Israeliten am Schilfmeer (2.Mose 14:11-12) Ebenso kommt es bei David, als er in Psalm 42:9 ausrief: *„Warum hast du mich vergessen?“* (Psalm 42:10), zum Ausdruck. Gerade in Zeiten der Angst geraten wir sehr schnell in Versuchung, Gottes Liebe uns gegenüber in Frage zu stellen.

Der Apostel bestätigt uns jedoch, dass nichts Erschaffenes und kein noch so schlimmes Erlebnis die Liebe Gottes zu uns auch nur ansatzweise verringern könnte. Vielleicht können Sie und ich nicht „fühlen“, dass Er in Zeiten der Furcht bei uns ist. Aber wer von uns kann seinen Gefühlen schon vertrauen? Paulus’ Erklärung ist von grundlegender Wichtigkeit für unseren Glauben. Menschen, die anfangen Gottes gleichbleibender Liebe zu vertrauen, erleben den höchsten Grad an geistlicher Erfüllung, selbst in Zeiten großer Qual. Sie besitzen eine unverwüstliche Überzeugung, dass Gottes Liebe für uns – unermüdlich, unaufhörlich, unverrückbar – so real existiert, wie der Himmel und die Erde.

Denkanstoß

„Denn ich bin gewiss, dass weder Tod noch Leben, weder Engel noch Mächte noch Gewalten, weder Gegenwärtiges noch Zukünftiges, weder Hohes noch Tiefes noch eine andere Kreatur uns scheiden kann von der Liebe Gottes, die in Christus Jesus ist, unserm Herrn.“ (Römer 8:38-39)

Da sprach der König zu mir: Warum siehst du so traurig drein? Du bist doch nicht krank?
Das ist‘s nicht, sondern sicher bedrückt dich etwas. Ich aber fürchtete mich sehr und sprach zum König: Der König lebe ewig! Sollte ich nicht traurig drein sehen? Die Stadt, in der meine Väter begraben sind, liegt wüst und ihre Tore sind vom Feuer verzehrt. *Nehemia 2:2-3*

Das erste Kapitel im Buch Nehemias erzählt von seiner Begegnung mit Hanani, der gerade von einer Reise nach Jerusalem zurückgekehrt war. Nehemia, der unbedingt wissen wollte, wie es um seine alte Heimat steht, bat um einen Bericht über die Juden, die aus dem Exil geflohen waren. Hanani erklärte ihm: „*Die Entronnenen, die zurückgekehrt sind aus der Gefangenschaft, sind dort im Lande in großem Unglück und in Schmach; die Mauern Jerusalems liegen zerbrochen und seine Tore sind mit Feuer verbrannt.*“ (Nehemia 1:3). Der Text beschreibt, wie dieser Bericht den Propheten so sehr traurig machte, dass er weinte. Genauso wie Nehemia leben wir heute in einer Zeit, in der schlechte Nachrichten Hochkonjunktur haben. Auf der ganzen Welt nehmen Gewalt, Armut und Ungerechtigkeit stetig zu. Es vergeht kein Tag, an dem uns die Nachrichten in puncto Leid nicht auf den neuesten Stand brächten. Als Leiter und Pastoren werden wir zusätzlich mit den schlimmsten Auswüchsen menschlicher Boshaftigkeit konfrontiert. Die Schwierigkeiten, die wir täglich vor Augen haben, beladen uns mit Traurigkeit, was mit der Zeit zu Entmutigung, Hoffnungslosigkeit und Resignation führen kann.
Wie oft haben wir an Gemeindetreffen teilgenommen, in denen die Erzählungen von Schicksalsschlägen und Tragödien unseren kranken Durst nach weiteren Details nur noch stärker angeheizt haben. Solange wir diese „Laune“ mit

neuen Horrorgeschichten weiter füttern, können wir beinahe zusehen, wie Menschen vor Gram und Verzweiflung die Luft ausgeht. Damit wiederholen wir, was permanent um uns herum geschieht, denn sich über all das Schlimme aufzuregen, scheint zum Freizeitsport geworden zu sein.
Nehemia dagegen verharrte nicht in seiner Entmutigung. Seine Trauer führte ihn zu Gottes Gnadenthron. Dort konnte er seine gesamte Angst loslassen. Während er immer wieder seinen Schmerz über diese Situation zum Ausdruck brachte, entwickelte sich in seinem Herzen mehr und mehr die Bereitschaft, etwas gegen diese Situation zu unternehmen.
Für uns ist es wichtig, diese Haltung in unser tägliches Leben zu integrieren. Auf diese Art dient unsere Trauer als Vehikel, um auf die neue Spur zu kommen, die Gott für uns vorbereitet hat. Was wir sehen und hören, kann eine Initialzündung bewirken, um Gottes Angesicht zu suchen. Er besitzt die richtige Perspektive und weiß sehr gut, auf welchem Weg wir uns bewegen müssen. Vielleicht will Er uns auch einen Hinweis in unserer jeweiligen Situation geben.
Hören wir auf, wie gebannt das Problem anzustarren und konzentrieren wir uns lieber auf dessen Lösung!

Denkanstoß

Wirf dein Anliegen auf den HERRN; der wird dich versorgen und wird den Gerechten in Ewigkeit nicht wanken lassen. (Psalm 55:23).

Und Mose sprach: Lass mich deine Herrlichkeit sehen! Und er sprach: Ich will vor deinem Angesicht all meine Güte vorübergehen lassen und will vor dir kundtun den Namen des HERRN: Wem ich gnädig bin, dem bin ich gnädig, und wessen ich mich erbarme, dessen erbarme ich mich. Und er sprach weiter: Mein Angesicht kannst du nicht sehen; denn kein Mensch wird leben, der mich sieht. *2.Mose 33:18-20*

Das geistliche Leben liegt in der permanenten Spannung zwischen zwei Gegensätzen. Eine Dualität gibt es zum Beispiel zwischen Werken und Glauben. Es ist bekannt, dass Glaube ohne Werke tot ist, wie es auch der Apostel Jakobus schreibt (Jakobus 2:17). Ebenso werden Werke, wenn sie nicht durch lebendigen und aktiven Glauben inspiriert sind, zu bloßen menschlichen Projekten. Eine weitere Spannung liegt zwischen der eigenen Anstrengung und Gnade. Auch Paulus schreibt eine scheinbar widersprüchliche Ermutigung an Timotheus: *„Timotheus, mein lieber Sohn, werde stark durch die Gnade, die Gott dir in Christus Jesus schenkt."* (2.Timotheus 2:1). Gott benutzt Seine Gnade, um unsere Schwächen auszugleichen. Unsere Anstrengung liegt in der eigenen bewussten, disziplinierten Beteiligung an der Arbeit, die Gott uns anvertraut hat. Schauen wir jedoch nur auf unsere Fähigkeiten, glauben wir bald, dass es an uns liegt ob Dinge gelingen oder nicht. Bauen wir nur auf die Gnade, lässt uns dies in eine geistliche Apathie fallen, die Bonhoeffer die „billige Gnade" nennt. Sie ist wertlos, weil sie uns nichts gekostet hat.

Unsere heutige Textstelle verdeutlicht einen Kontrast, der zum Kern unseres geistlichen Lebens führt. Ich meine damit das gleichzeitige Erleben von Zufriedenheit und Unzufriedenheit. Mose erlebte intensivste Zeiten in der Nähe von und mit Gott. Die Bibel sagt uns: *„Der HERR aber redete mit*

Mose von Angesicht zu Angesicht, wie ein Mann mit seinem Freunde redet. Dann kehrte er zum Lager zurück; aber sein Diener und Jünger Josua, der Sohn Nuns, wich nicht aus der Stiftshütte." (1.Mose 33:11). Es gibt nicht viele Menschen, die von sich dasselbe behaupten können. Im heutigen Text jedoch sind wir Zeugen, wie Mose Gott noch um etwas viel Dramatischeres bittet: *„Lass mich deine Herrlichkeit sehen!"* Seine Forderung bringt die Spannung, mit der wir lernen müssen zu leben, auf den Punkt. Einerseits stillt das Erleben von Gottes Gegenwart unsere tiefsten Sehnsüchte. Wenn wir in enger Beziehung mit Ihm leben, fühlen wir eine geistliche Erfüllung, die unbeschreiblich ist.

Doch diese Erlebnisse öffnen uns die Sicht dafür, dass wir Ihn immer noch viel stärker brauchen. Dadurch entsteht Unzufriedenheit, die uns wiederum antreibt, Ihn noch intensiver zu suchen.

Denkanstoß

Die Herausforderung für uns besteht darin, in der Spannung dieser beiden Realitäten zu leben. Akzeptieren wir die Tatsache nicht, dass der Hunger nach Gottes Gegenwart sich ebenso verstärkt - wie unsere Zufriedenheit im Herrn - werden wir unsere geistlichen Erlebnisse als unnütz ansehen, da wir nie nur eins ohne das andere haben können. Trotzdem stammt dieser Hunger von Gott. Durch ihn ruft uns der Herr immer wieder in Seine Gegenwart, um von Seinem Brot des Lebens zu essen. Hätten wir keinen Hunger mehr, würden wir manchmal gar nicht bemerken, wie Christus in unserem Leben arbeitet.

Aber ich habe gegen dich, dass du die erste Liebe verlässt.
Offenbarung 2:4

Johannes meint seinen Brief an den Engel der Gemeinde in Ephesus in keiner Weise anklagend. Er beglückwünscht die Gläubigen zu ihrer Arbeit, die sie unter vielen Mühen und mit großer Geduld vorangebracht haben. Innerhalb der Gruppe tolerieren sie keinerlei Sünde. Außerdem bekamen sie es mit selbsternannten Aposteln zu tun, die sie als falsche Boten des Evangeliums identifizierten. Die Christen in Ephesus hielten allen Prüfungen geduldig stand. Christus sagt ihnen zu: *„Ja, du hast Ausdauer bewiesen und hast um meines Namens willen viel ausgehalten, ohne dich entmutigen zu lassen“* (Offenbarung 2:3, NGÜ). Doch plötzlich durchbricht Johannes die Lobeshymne mit diesem kurzen Satz: *"Aber ich habe gegen dich, dass du die erste Liebe verlässt."* Uns wird schlagartig bewusst, dass dieser kleinen Gemeinde das Wichtigste überhaupt fehlte. Die Liebe für den, dem wir dienen.

Bei der Gemeinde in Ephesus wird etwas sichtbar, was sich in den meisten zwischenmenschlichen Beziehungen abspielt. Denken wir beispielsweise an den Beziehungsverlauf vieler Ehepaare denken, wie sie voller Leidenschaft und Liebe beginnen und die Beziehung selbst zum Zentrum all ihres Denkens und Handelns wird. Der Tag hat nicht genug Stunden, um die Gegenwart des anderen voll auszukosten und alle versteckten Schätze zu entdecken, die sich in einer intimen Beziehung finden lassen. Mit den Jahren kühlt jedoch die Leidenschaft merklich ab und man fällt in den Alltagstrott. Die Gewohnheit wird zum Hauptmerkmal ihrer Beziehung

Uns scheint das dermaßen vertraut, dass wir glauben, dass es auch der Gemeinde im Lauf der Zeit nicht anders ergehen kann. Ist es möglich, die Liebe nach 20, 30 Jahren immer

noch am Brennen zu halten? Der Engel jedenfalls erinnert die Gemeinde an die Liebesbeziehung, die sie mit Christus einmal hatte und ermutigt sie, wieder dorthin zurückzukehren.
Dabei ist es gar nicht so kompliziert, diese Liebe wiederzugewinnen. Das größte Hindernis bei der Vertiefung einer Beziehung ist der Zeitmangel. Wir sind von den Alltagsaktivitäten dermaßen eingenommen, dass die Beziehung vor sich dahinschmachtet, weil wir nicht auf sie Acht geben. Wir sind zu beschäftigt mit allen anderen Dingen. Wenn wir eine Beziehung am Leben halten wollen, kommen wir jedoch nicht darum herum, ihr entsprechend Zeit zu widmen. Diese Priorität ist die Folge einer klaren Verbindlichkeit der anderen Person gegenüber, ein Versprechen ohne Haken und Ausnahmen. Romantik und Leidenschaft können am Leben erhalten werden, wenn wir täglich die Beziehung feiern, die uns vereint. Das tun wir mit Geschenken, kleinen Gesten, mit gemeinsam verbrachter Zeit und unendlich vielen weiteren Ausdrucksformen, um dem anderen unsere Dankbarkeit und Wertschätzung zu zeigen.

Denkanstoß

Würde der Engel auch Ihnen sagen, dass Sie Ihre erste Liebe verloren haben?
Welche Dinge taten Sie für und mit Christus, als Sie sich gerade zu Ihm bekehrt hatten?
Was davon ist auf der Strecke geblieben?
Welche Dinge können Sie wieder in Ihr Leben einbauen?

Als er aber zu sich kam, sprach er: Wie viele Tagelöhner meines Vaters haben Überfluss an Brot, ich aber komme hier um vor Hunger. Ich will mich aufmachen und zu meinem Vater gehen und will zu ihm sagen: Vater, ich habe gesündigt gegen den Himmel und vor dir; ich bin nicht mehr würdig, dein Sohn zu heißen! Mach mich wie einen deiner Tagelöhner! *Lukas 15:17-19 (ELB)*

Das Gleichnis vom verlorenen Sohn ist eines der mitreißendsten Zeugnisse für die Liebe und Gnade Gottes. Es wird uns anhand von zwei Söhnen verdeutlicht, die beide das mitfühlende Herz ihres Vaters nicht verstanden haben.

In unserem heutigen Text begegnen wir dem jüngeren Sohn, wie er zwischen den Schweinen sitzt, schmutzig, müde, hungrig und von aller Welt verlassen. Die Partys waren vorbei und Hoffnungslosigkeit machte sich in jeden Winkel seiner Selbst breit. An dieser Stelle, sagt uns die Bibel: *„als er zu sich kam“.* Diese Formulierung lässt sich am besten auf jemanden übertragen, der nach einer OP unter Betäubung, wieder aufwacht. Es verdeutlicht uns, dass dieser Bursche für längere Zeit nicht Herr seiner Gedanken und seines Handelns war. Und genau das macht die Sünde auch mit uns: Sie schläfert unsere Sinne ein und verschließt uns unseren Blick für unser törichtes Handeln. Der erste Schritt in Richtung Buße gelingt uns, wenn wir unser verlorenes Bewusstsein wiedererlangen. Mit einem Mal durchschauen wir, wie verdreht unser Weg geworden ist. Licht erhellt unsere verdunkelte Sicht und wir sehen die Dinge plötzlich wieder klar. Die Realität des jungen Mannes zeigt deutlich, wie tief er durch das Verlassen seines Vaterhauses gefallen war.

Zweitens verstand er, dass der Weg seiner Wiederherstellung unausweichlich zu seinem Zuhause zurückführen musste, wo er Gesundheit und Wohlergehen aus der Beziehung mit seinem Vater empfangen konnte. Buße bedeutet nicht nur zu verstehen, dass unser eingeschlagener Weg ein Holzweg war, sondern gleichzeitig einen neuen Weg zu begehen, der uns wieder in die Gemeinschaft und ins Gespräch mit dem himmlischen Vater bringt. Dieser neue Weg sollte alles Schweigen und alle Trennung beenden.

Im dritten Schritt können wir dennoch erkennen, dass der Sohn einen Denkfehler hat. Er entwickelte seine eigene Strategie, um sein Leben wieder auf den richtigen Weg zu bringen: *"Mache mich zu einem deiner Tagelöhner!"* Genau an diesem Punkt führt unsere Buße meistens in die Sackgasse. Wir erkennen unseren Fehler und wenden uns wieder dem Vater zu. Doch gleichzeitig tragen wir unter unserem Arm einen Plan, wie wir alles korrigieren können, was wir falsch gemacht haben. Gott benötigt aber weder unsere Hilfe noch unsere Ideen, um das, was wir getan haben zu lösen. Er hat Seine eigenen treffsicheren und wirksamen Mittel und Wege. Es genügt, wenn wir Ihm Raum geben, in unserem Leben zu arbeiten. Er ist und hat die Lösung für jedes unserer Probleme. Wir können einfach zu Ihm kommen, nicht nur um zu reden, sondern um zuzuhören. Wenn wir etwas Spezielles tun sollen, wird Er uns gewiss darauf hinweisen. Sagt Er uns nichts, können wir uns an Seinen Umarmungen und Küssen erfreuen und wissen, dass wir im Hause unseres Vaters immer willkommen sind.

Denkanstoß

„Buße und Glaube sind Geschenke, die wir empfangen dürfen und nicht Ziele, die wir erreicht haben." (Quelle unbekannt)

Nun, HERR, mein Gott, du hast deinen Knecht zum König gemacht an meines Vaters David statt. Ich aber bin noch jung, weiß weder aus noch ein. Und dein Knecht steht mitten in deinem Volk, das du erwählt hast, einem Volk, so groß, dass es wegen seiner Menge niemand zählen noch berechnen kann. So wollest du deinem Knecht ein gehorsames Herz geben, damit er dein Volk richten könne und verstehen, was gut und böse ist. Denn wer vermag dies dein mächtiges Volk zu richten? *1.Könige 3:7-9*

Salomo war noch ein junger Mann, als ihm der Herr im Schlaf erschien und ihm sagte: „Bitte, was ich dir geben soll!“ (1.Könige 3:5). Wir können davon ausgehen, dass er Gott um alles hätte bitten können und Er es ihm erfüllt hätte, denn der Herr steht zu Seinem Wort. Worum hätten wir Gott wohl gebeten, wenn wir an Salomos Stelle gewesen wären? Salomos Antwort beeindruckt nicht nur wegen seines enormen Weitblicks, sondern wirft auch einen starken Schatten auf unsere üblichen kleinlichen Bitten. In diesem Punkt können wir viel von Salomo lernen.

Erstens bleibt festzuhalten, dass Salomo wusste, dass er nicht aus eigener Kraft in diese Position gelangt war und ebenso wenig wegen seiner menschlichen Eigenschaften. Der König wusste, dass Gott es war, der ihn ausgewählt und als König eingesetzt hatte.

Zweitens war sich Salomo absolut im Klaren darüber, dass ihm die Fähigkeiten fehlten, um die vor ihm liegende Aufgabe zu bewältigen: „Ich aber bin noch jung, weiß weder aus noch ein.“

Wie erfrischend jemandem zu begegnen, der seine Begrenzungen ehrlich bekennt und seine mangelnde Erfahrung, seinen Dienst anzutreten erkennt. Wir wissen sehr gut, dass gerade unsere Schwachheit Gott die Handlungsfläche bie-

tet, auf der Er bevorzugt wirkt. Unnützerweise investieren wir viel Kraft, um sie zu verbergen.
An dritter Stelle war sich Salomo bewusst, dass er über Gottes Volk herrschte. Es war nicht irgendein Volk, über das er nach eigenem Gutdünken verfügen konnte wie er wollte, sondern es war ein Volk, das vom Allerhöchsten teuer erkauft war. Er musste vorsichtig und rücksichtsvoll mit ihm umgehen, so wie wir das mit allen Dingen tun, die uns nicht gehören. Wie wunderbar wäre es, wenn wir uns als Leiter regelmäßig vor Augen führen könnten, dass die Gemeinde die uns anvertraut ist nicht uns gehört, sondern dem Herrn? Eines Tages müssen für jedes einzelne Gemeindeglied von ihnen Rechenschaft abgeben, vom Allerwichtigsten bis zum Unscheinbarsten.
Salomos letzte Erkenntnis war, dass er seiner Verantwortung nur dann gerecht werden konnte, wenn Gott ihm die Gaben und Fähigkeiten gab, die er für diese Aufgabe benötigte. Er wäre ihr nicht aus eigener Kraft gewachsen gewesen, sondern brauchte die Kraft Gottes: „So wollest du deinem Knecht ein gehorsames Herz geben, damit er dein Volk richten könne und verstehen, was gut und böse ist.“ Er strebte weder nach Ruhm, noch nach einem guten Namen oder Ansehen. Er sehnte sich nur nach den Fähigkeiten, die Gott gefallen würden.

Denkanstoß

Salomos Gebet ist wirklich inspirierend. Trauen Sie sich, dieses Gebet für Ihren eigenen Dienst zu beten?

So dachte ich nach, um all dies zu begreifen, doch es war zu schwer für mich – so lange, bis ich endlich in Gottes Heiligtum ging. Dort begriff ich, welches Ende auf jene Menschen wartet. *Psalm 73:16-17 (NGÜ)*

Der Psalmist war in eine tiefe Glaubenskrise gefallen, die wir gewiss auf unserem Lebensweg auch schon einmal durchlebt haben. Vielleicht litt er unter Depression, weil er gerade eine intensive geistliche Prüfung durchlebte oder er wurde verfolgt, weil er Gott ehren wollte. Wie auch immer seine Umstände gewesen sein mögen. Er sah, dass die Lebensumstände der Gottlosen wesentlich einfacher und angenehmer waren als die der Gerechten. Die Gottlosen waren nicht nur wohlhabender, sondern litten noch nicht einmal in ihrer Todesstunde. Ihr Elan war scheinbar endlos und sie brauchten nicht hart zu arbeiten, so wie die Mehrheit der Sterblichen. Mit einer Leichtfertigkeit, die schon fast an Hohn grenzt, taten sie *„was ihnen einfällt“* (Psalm 73:7). Als ob das noch nicht genug wäre, bewegten sie sich mit einer unerträglichen Überheblichkeit durch das Leben, prahlten mit ihren Errungenschaften und verachteten jene, die jeden Tag um ihr Überleben kämpften. Da ist es doch verständlich, dass der Psalmist die Krise bekam. Je mehr er darüber nachsann, desto empörter wurde er: „All meine Anstrengungen und Treue – wofür? Andere leben viel bequemer, ohne die ganze Furcht erleben zu müssen, die das Streben nach Gerechtigkeit mit sich bringt?“ Sein Aufwand schien in keinem Verhältnis zu den mageren Resultaten zu stehen. Völlig frustriert erklärte er: *„Soll es denn umsonst sein, dass ich mein Herz rein hielt und meine Hände in Unschuld wasche?“* (Psalm 73:13).

Höchstwahrscheinlich haben wir alle bereits mit ähnlichen Gedanken gehadert. Oftmals scheint es uns, als würden wir mit unserer Hingabe zu Gott gar nichts erreichen. Wir erleben dieselben Lebensstürme und Leiden, begehen dieselben Fehler und haben dieselben Schwächen wie die Menschen, die Gott nicht kennen. Unsere Anstrengungen Gott zu ehren, scheinen unser Leben nur noch komplizierter zu machen. Unsere Ehrlichkeit wird von anderen verachtet, unsere Heiligkeit verlacht und mit unserer Hingabe zum Dienst ernten wir Ablehnung und Undankbarkeit. Wer von uns hat nicht schon mal mit dem Gedanken gespielt, einfach das Handtuch zu werfen?

Doch die Antwort auf unsere brennenden Fragen finden wir nicht in der Analyse der Dinge, die uns umgeben. Im Gegenteil. Je mehr wir über diese Sache nachdenken, desto ungerechter erscheint uns unser Leben. Der Autor dieses Psalms zeigt uns jedoch den Weg: Er betrat Gottes Heiligtum. Dort in Gottes Gegenwart erkannte er, wie beschränkt seine menschliche Sicht der Dinge war. Dort hob ihn Gott auf eine andere Ebene – die der ewigen Dinge. Unser Leben beschränkt sich nicht nur auf unseren „Kurzaufenthalt“ hier auf Erden. In diesem Moment begriff der Psalmist das eigentliche Ziel und erkannte, wie nahe er an einer fatalen Entscheidung vorbeigeschlittert war. Darum rief er voller Dankbarkeit aus: *„Ich aber wäre fast gestrauchelt mit meinen Füßen; mein Tritt wäre beinahe geglitten“* (Psalm 73:2). Doch der Herr rettete ihn vor dem Abgrund.

Denkanstoß

Der Psalm hinterlässt uns ein wichtiges Prinzip. Zweifel, Ängste und Befürchtungen sind am besten in der Gegenwart des Allerhöchsten zu lösen! Zögern Sie nicht mehr, als allererstes Sein Angesicht zu suchen.

Ruft ihr mich an, geht ihr hin und betet zu mir, dann werde ich auf euch hören. Und sucht ihr mich, so werdet ihr mich finden, ja, fragt ihr mit eurem ganzen Herzen nach mir, so werde ich mich von euch finden lassen, spricht der HERR.

Jeremia 29:12-13 (ELB)

Dieser Text ist Teil des Briefes, den Jeremia an die Juden im Exil in Babylon schrieb. Unter ihnen hatten sich auch die allseits bekannten „Alles-wird-gut"-Propheten breit gemacht, die dem Volk einredeten, dass sie in kürzester Zeit wieder nach Juda zurückkehren würden. Jeremia dagegen wies sein Volk an in Babylon „Wurzeln zu schlagen", da ihr Aufenthalt längerfristig sein würde. Teil der Prophetie war jedoch, das Gott sich finden lassen würde, wenn das Volk seine religiösen Angewohnheiten niederlegen und Ihn von ganzem Herzen suchen würde.

Abgesehen von seinem historischen Bezug, würde dieser Text wunderbar in unsere heutige Gemeinde passen. Er bezieht sich nicht darauf wie bösartig Gottes Volk ist, sondern erkennt eher die menschliche Neigung zur Religiosität an. Mit Religiosität ist gemeint, bestimmte Dinge tun, um Gottes Wohlwollen zuzusichern. Es geht hierbei nicht um eine Beziehung mit dem Herrn, sondern um einen Austausch von Gefälligkeiten mit ihm. Wir erfüllen die Erfordernisse der Religion und die „Höhere Macht" segnet uns dafür.

Diese Denkweise ist zwar nicht für eine bestimmte Menschengruppe charakteristisch, doch tritt sie bei einigen Menschen stärker zum Vorschein als bei anderen. Leider müssen wir zugeben, dass wir auch in unseren Gemeinden religiöse Tendenzen in Menschen wiederfinden. Unsere Leidenschaft für den Herrn dauert gerade solange, wie der Gottesdienst, nur damit wir im Anschluss mit demselben gleichförmigen

Alltag fortfahren, in dem sich doch nichts ändert. *„Und sucht ihr mich, so werdet ihr mich finden, ja, fragt ihr mit eurem ganzen Herzen nach mir, so werde ich mich von euch finden lassen..."* Dieser Satz sagt alles. Er enthält die Zusage Gottes, uns zu begegnen, manchmal sogar auf derart dramatische Weise, wie sie die großen Glaubenshelden wie Abraham, Mose, David, Jesaja, Petrus und Paulus erlebt haben. Ohne zu sehr ins Detail zu gehen bestätigt die Prophetie, dass die Tage vorbei sind, in denen wir uns eingebildet haben Gott nahe zu sein die Tage in denen wir versucht haben, auf komplizierte Art Seine Gegenwart zu beweisen. Unser geistliches Leben wird sich grundlegend verändern, denn unsere Gotteserfahrung wird alles durchdringen.

Wer wird dies erleben? Jeder, der Ihn „von ganzem Herzen" sucht. Damit ist nicht gemeint, morgens ein paar Minuten mit Ihm zu verbringen und dann noch eine kurze Zeit im Gottesdienst. Es geht hier um den Menschen, der von einer alles überwältigenden Leidenschaft für Gott ergriffen ist, der „Hunger und Durst nach Gerechtigkeit" hat. Dies ist der Ausruf des Psalmisten: *„Es dürstet meine Seele nach dir, mein ganzer Mensch verlangt nach dir aus trockenem, dürrem Land, wo kein Wasser ist"* (Psalm 63:1). Diesem Menschen ist das Erleben der ganzen Fülle Gottes zugesagt.

Denkanstoß

Wo sind die, die von Herzen zum Herrn rufen? Wo finden wir jene, die sich keine Ruhe gönnen und pausenlos um eine Heimsuchung Gottes bitten? Kann es sein, dass wir der Grund dafür sind, dass sich die Erweckung, die wir so sehr ersehnen verschiebt, weil noch immer kein Volk existiert, das wirklich hungrig nach Gottes offenkundiger Gegenwart ist?

„Der Geist des Herrn ist auf mir, weil er mich gesalbt hat, zu verkündigen das Evangelium den Armen; er hat mich gesandt, zu predigen den Gefangenen, dass sie frei sein sollen, und den Blinden, dass sie sehen sollen, und den Zerschlagenen, dass sie frei und ledig sein sollen." Lukas 4:18

In unserer Kultur gibt es die vorherrschende Meinung, dass Erfolg oder Niederlage einer Unternehmung von seiner Ausführungsweise abhängt. Funktioniert etwas nicht wie geplant, untersuchen wir minutiös worin der Fehler liegen könnte. Übertragen wir diese Herangehensweise auf die Gemeinde, bedeutet dies unzählige Seminare und Workshops in denen wir die Schritte „lernen", die zu einer erfolgreichen Gemeindearbeit führen. Ein typisches Beispiel dafür ist die in der letzten Zeit wachsende Begeisterung für Kleingruppen. Von überall kommen plötzlich „Spezialisten" daher, die es als ihre Aufgabe sehen, allen die Prozesse und Schritte zu erläutern, die am Ende zu einer Mega-Gemeinde führen. Eine endlose Zahl an Leitern die an diesen Kursen teilnehmen, wenden in ihren Gemeinden diese „Techniken" bis aufs Komma an und erzielen dennoch nicht die versprochenen Resultate.

Mit unserem heutigem Bibeltext wollen wir uns dem Thema „Salbung" etwas annähern. Der Abschnitt, den Christus in der Synagoge in Nazareth vorlas, enthält eine lange Aufzählung an Taten, die zu Seinem Dienst gehören: zu geben, zu heilen, zu verkündigen, in die Freiheit zu führen etc. All dies hat mit der praktischen Seite des Dienstes zu tun. Der Schlüssel liegt dennoch nicht in den Aktivitäten, sondern im Geist der Salbung schenkt, im Rückhalt den Gott demjenigen gewährt, der im Dienst steht. Zwei Leiter können die exakt gleiche Aktion in ihrer Gemeinde starten. Eine zeigt trotz der Anstrengung des Leiters keine sichtbaren Resultate, die

Früchte der anderen sind für alle sichtbar. Worin unterscheiden sie sich? In der Salbung des Dienenden!
Wodurch zeigt sich diese Salbung? Einige Gruppen versuchen uns davon zu überzeugen, dass sie im alleinigen Besitz dieser Salbung sind und sie diese – wem auch immer sie wollen – weitergeben können. Andere, die etwas liberaler mit dem Begriff Salbung umgehen, sehen jeden als gesalbt an, der auf der Bühne steht, um zu lehren oder zu predigen. Es sollte jedoch jedem klar sein, dass „Salbung" nicht von Menschenhand gelenkt, sondern von Gott gewährt wird. In der biblischen Geschichte war Salbung ein Ritual, durch das ein Mensch für einen bestimmten Dienst freigesetzt wurde. Im Fall der Könige und Propheten war der Prozess der Salbung von einer Heimsuchung des Geistes begleitet, der die Person für ihren Dienst und Berufung ausrüstete.
Diese Art von Zurüstung fehlt uns heute in unserem Dienst. Wir besitzen zwar die „Methode" aber es fehlt uns der Motor – das Wirken des Geistes. So wie es den Jüngern mit dem Mann erging, der Epilepsie hatte, so liegt der Fehler auch bei uns nicht in der *Form* unseres Dienstes, sondern es fehlt uns an Gebet und Fasten, um das Wirken des Heiligen Geistes freizusetzen.

Denkanstoß

Diese göttliche Autorität wird in den Männern und Frauen Gottes sichtbar, die Gott besonders nahe sind. Dafür gibt es keine Abkürzungen. Die Gemeinde sehnt sich von ganzem Herzen nach einer neuen Generation von Dienern, dessen Aushängeschild nicht ständig wechselnde Arbeitsformen sind, sondern die wissen, was Nähe zum Vater bedeutet. Auf jenen wird die Salbung Gottes ruhen.

Betet allezeit mit Bitten und Flehen im Geist und wacht dazu mit aller Beharrlichkeit im Gebet für alle Heiligen.
Epheser 6:18

Es wird deutlich, dass dieser Vers sich auf weitaus mehr bezieht, als lediglich auf das Zungengebet. Der Apostel verwendet die Worte *beten, flehen, beharrlich zu wachen*, um uns dazu zu ermutigen, in eine Art des intensiven Gebets einzusteigen, dass unsere durchschnittliche Gebetsform übersteigt. Unsere Gebete beschränken sich für gewöhnlich auf die Bitten, die wir in der Hoffnung zum Himmel schicken, dass Er sie erhören und segnen möge.

Denken wir einen Moment lang über die Formulierung „im Geist" nach. Worin liegt der Unterschied zwischen einem Gebet, dass von unseren Leidenschaften gelenkt ist und einem, dass vom Geist angetrieben ist? Wenn wir diese Frage bis zum Ende denken, ahnen wir schon, worauf wir hinauskommen. Das Gebet, das aus unseren Gedanken und Leidenschaften entsteht, kann zwar durchaus tiefgehend und intensiv sein, aber genau darin liegt sein Problem: es geht von *uns* aus. Das Gebet im Geist wird in seinem Kern durch den Geist Gottes motiviert. Das bedeutet, dass es Gott selbst ist, der diese Gebete und Bitten wiederum zu Ihm führt. In den Worten Richard Fosters bedeutet das: *„Christus betet durch uns!"*[1]

Bedenken Sie dies einmal im Licht der folgenden Aussage: *„Desgleichen hilft auch der Geist unsrer Schwachheit auf. Denn wir wissen nicht, was wir beten sollen, wie sich's gebührt; sondern der Geist selbst vertritt uns mit unaussprechlichem Seufzen"* (Römer 8:26). In diesem Vers werden zwei eindeutige Konzepte deutlich. Zum einen sollte unser Gebet aus einer Haltung der Schwäche kommen, was bedeutet, dass wir eigentlich nicht wissen können, worum wir bitten sollen. Üblicherweise ist unsere Gebetshaltung aber so, als ob wir wüssten, was wir zu erbitten haben. Im Geist zu beten bedeutet also viel zurückhaltender zu werden, wenn wir um Dinge bitten, bzw. wenn wir überhaupt in seiner Gegenwart reden. Er lädt uns ein, als erstes auf den Hinweis des Heiligen Geistes zu hören, worum wir bitten können oder sollen.

Zum Zweiten weist uns Paulus darauf hin, dass, egal wie wohlformuliert unsere Gebete auch sein mögen, der Geist sich unserer Gebete annimmt und für den Vater in etwas Verständliches übersetzt. Soll das bedeuten, dass der Vater uns nicht versteht? Keinesfalls! Damit ist gemeint, dass Gottes Geist unsere sehr „menschelnden" Gebete aufnimmt und sie in etwas verwandelt, was dem Wünschen und Sehnen des Vaters viel näher kommt. Er interpretiert das Sehnen unseres Herzens, auch wenn wir dies weder in Worte fassen, noch selbst verstehen können.

Wie alle Aktivitäten, die zu unserem geistlichen Leben gehören, sollte auch das Gebet eine Frucht aus dem Handeln des Heiligen Geistes sein. Wird es uns gelingen, unsere eigenen Impulse zurückzuhalten, um Ihm mehr Raum zu geben?

Denkanstoß

Henry Blackaby schreibt: *„Ohne das Wirken des Heiligen Geistes kann eine Mensch zwar ein Leiter sein, doch wird er niemals ein geistlicher Leiter sein."*[2]

10. August Der Wunsch in greifbarer Nähe

Auch in Bethlehem lagen sie. David hielt sich gerade in der Bergfestung auf, als ihn ein großes Verlangen überkam und er sagte: „Wer bringt mir Wasser aus der Zisterne am Tor von Bethlehem?“ *2.Samuel 23:14-15 (NEÜ)*

David war mitten im Kampf gegen die Philister, als sich dieser Zwischenfall ereignete. Umgeben von den Männern, die immer zu ihm standen, formulierte der König einen Herzenswunsch: frisches Wasser aus einem der Brunnen in Bethlehem zu trinken. Sein Wunsch mobilisierte drei der Männer, die in die Stadt hinunter liefen, ihr Leben riskierten und das Wasser beschafften, das sich der König so sehr wünschte.

Der Mut dieser drei Männer ist bewundernswert! Die Tatsache, dass sie dazu bereit waren ihr Leben für etwas Wasser zu riskieren, zeugt von ihrer grenzenlosen Loyalität und Zuneigung David gegenüber. Es ist nicht einfach für einen Leiter diese Art von Respekt zu gewinnen. Er ist das Ergebnis einer tiefen Verbindlichkeit Davids seinen Männern gegenüber; wobei die Liebe vor den Projekten kommt und die Menschen die Sicherheit haben, dass ihr Leben dem Leiter am Herzen liegt. Ein Pastor kann dies erreichen, wenn er anfängt, sich mehr für die Person an sich zu interessieren als für die Aufgabe die sie erfüllt. Oftmals merken die Leute jedoch, dass der Pastor nur Personen sucht, um seine „offenen Stellen“ in der Gemeinde zu besetzen. Er braucht einen Kinderstundenlehrer, einen Leiter für den Gemeindechor oder einen Jugendleiter. Wenn er einmal diese Stellen besetzt hat, zeigt er wenig Interesse für das Leben derjenigen, die in der Gemeinde dienen. David dagegen ist ein Leiter, für den seine Gefolgsleute ihr Leben gegeben hätten.

In diesem Zusammenhang gibt es jedoch eine Warnung an alle, die sich in Autoritätspositionen befinden. Wenn Menschen eine Person als Leiter anerkennen und respektieren, hat dieser großen Einfluss auf ihr Leben und zwar stärker, als er sich vorstellt. Seine Worte wiegen wesentlich schwerer als die der anderen. Seine Zuhörer interpretieren und werten seine Kommentare und Ratschläge gänzlich anders als das, was sie von ihren Freunden oder ihrer Familie zu hören bekommen.

David tat nichts anderes als einen Wunsch zu äußern, so wie es auch jede andere Person hätte tun können. Seine Männer jedoch verstanden diesen Wunsch als dringende Bitte. Der König war sich nicht darüber im Klaren, was er mit seinen Worten in ihnen ausgelöst hatte, bis sie wieder aus Bethlehem zurückgekehrt waren. Erst dann überkamen ihn Schuldgefühle dafür, dass er mit seinem eigentlich belanglosen Wunsch das Leben seiner drei Männer unnötig in Gefahr gebracht hatte.

Der weise Leiter erkennt, dass selbst Dinge die er nebenbei erwähnt von seinen Anhängern ernst genommen werden. Das ist der Preis wenn man Autorität inne hat. Natürlich verleitet diese Tatsache zum Missbrauch, doch reife Leiter werden nun mit größerer Vorsicht bedenken, wie sie etwas formulieren. Wir wissen nicht, welche Konsequenzen unsere Worte im Leben von Menschen haben, die zu uns aufschauen.

Denkanstoß

Ein Leiter steht immer unter Beobachtung, auch wenn er sich nicht besonders „geistlich“ fühlt und selbst, wenn er nicht offiziell als Leiter agiert.

Der Segen eines Ratgebers

Ohne Führungskunst zerfällt ein Volk, Rettung kommt durch viele Berater. *Sprüche 11:14 (NEÜ)*

Im heutigen Text werden wir eingeladen, über zwei unterschiedliche Ausgänge in der Geschichte ein und desselben Volkes nachzudenken: Sieg oder Niederlage. Beide unterscheiden sich nicht im Fehlen eines Leiters, der das Volk anführt, sondern im Fehlen der Ratgeber. Dass Ratgeber überhaupt existieren setzt eine Offenheit seitens der Autoritätsperson voraus, andere Meinungen, die ihren Blickwinkel erweitern überhaupt hören zu wollen. Es befreit den Leiter nicht von seiner Verantwortung sich zu entscheiden, doch die abgewogenen Ratschläge helfen, diese Entscheidung auf Basis aller zur Verfügung stehenden Informationen zu treffen.

Aus diesem Grund sollte sich ein guter Leiter immer mit weisen Ratgebern umgeben. Nichtsdestotrotz gibt es unter den Leitern in der Gemeinde die Tendenz, völlig einseitig zu agieren. Zweifellos ist diese Art Leiterschaft viel unproblematischer als jene, die durch aufmerksames Zuhören verschiedene Meinungen bedenkt. Dennoch setzt der erstgenannte Stil die Gemeinde den Launen und Beschränkungen einer einzigen Person aus und führt möglicherweise zu Situationen, in denen die ganze Gemeinde unter den Entscheidungen seines Leiters leidet. So wird oftmals die Grundlage für geistlichen Machtmissbrauch durch die geschaffen, die nie jemandem Rechenschaft geben müssen.

Um mit guten Beratern zusammenzuarbeiten, sind mehrere Dinge nötig. Erstens braucht ein Leiter ein belehrbares Herz. Glaubt der Leiter, dass er von niemandem etwas lernen kann, da ihn seine Leitungsposition zur Autorität auf jeglichem Gebiet in der Gemeinde macht, wird er auf die Meinung anderer nichts geben. In seinem Herzen herrscht die

Meinung, dass niemand die Dinge so wie er erledigen kann. Diese Haltung schneidet ihn von einer fruchtbaren Kommunikation mit seinen Brüdern ab.
Zweitens sollte ein Leiter sich mit einer Gruppe von Personen umgeben, in der sich die verschiedenen Blickwinkel auf die Belange der Gemeinde widerspiegeln. Viele Leiter haben sich zwar eine Gruppe an Ratgebern herangezogen, doch besteht diese nur aus Menschen, die genauso denken wie der Leiter selbst. Vielleicht gibt es in der Gruppe das Selbstverständnis, dass nur diejenigen gehört werden die dieselbe Meinung wie der Leiter vertreten.
Drittens sollte der Leiter seinen Beratern genau zuhören und ihren Meinungen Respekt zollen, auch wenn sie seinen Vorstellungen entgegenstehen. Er gewinnt ihren Respekt, wenn sie erleben, dass sie Teil eines Teams sind, in dem jeder frei seine Meinung äußern darf, auch wenn sie sich noch so sehr von der des Leiters unterscheidet. Der Reichtum einer Mehrzahl von Ratgebern liegt darin, dass die gemeinsame Perspektive uns zu einer realistischeren Bewertung der Situation bringt.

Denkanstoß

Martin Luther sagte: *„Mir ist es lieber, von guten und treuen Lehrern, die mich korrigieren und zurechtweisen, unterwiesen zu werden, als von Heuchlern, die mir zum Munde reden und mir Beifall klatschen."*

Ordnet euch einander unter in der Furcht Christi.
Epheser 5:21

Unterordnung ist für jeden Jünger Jesu von grundlegender Wichtigkeit. Zweifellos herrscht aber auch in vielen Gemeinden Verwirrung, wenn es um die Auslegung dieses Begriffes geht. Leider müssen wir uns auch eingestehen, dass es im Namen der Unterordnung die schlimmsten Autoritätsmissbräuche in der Gemeinde gab und gibt. Darum finde ich es wichtig, dass wir uns tiefer mit diesem Konzept auseinandersetzen.

Unser heutiger Text ermutigt uns zur gegenseitigen Unterordnung. Das bedeutet, dass wir uns damit von dem Konzept trennen müssen, dass in der Vorstellung der meisten Leiter vorherrscht, nämlich, dass Unterordnung eine Einbahnstraße ist. Etwa: Es ordnen sich in der Gemeinde lediglich die Gemeindeglieder ihrer Autoritätsperson unter, während diese von dieser Verpflichtung freigestellt ist. Paulus' Ermahnung ist sehr deutlich: Ordnet euch *einander* unter! Um die praktische Umsetzung der Unterordnung zu erklären, wählt Paulus drei verschiedene Beziehungsbeispiele aus, die auf Gegenseitigkeit beruhen, um die Haltung zu demonstrieren die wir zueinander haben sollten: die Ehe, die Familie und die Arbeit. Jeder Bereich hat seine speziellen Nuancen, aber in jedem ist Unterordnung für alle obligatorisch. Überträgt man dies auf die Gemeinde, bedeutet es, dass der Pastor eben nicht auf die einseitige Unterordnung seiner Mitglieder bestehen kann, ohne sich selbst ihnen unterzuordnen.

Es ist auffallend, dass die gröbsten Fälle von Unterordnungsmissbrauch gerade bei den Leitern stattfinden, die glauben, selbst niemandem verantwortlich zu sein. Sie bestehen unablässig auf Unterordnung ihrer Gemeindeglieder. Das grundlegendste Prinzip der Unterordnung ist jedoch genau das Gegenteil: Unterordnung kann nicht verlangt werden, sondern wird freiwillig gewährt. Wir erreichen nicht, dass andere sich uns unterordnen, indem wir sie zornig auf ihren Ungehorsam hinweisen und auch nicht, indem wir endlos wiederholen, dass sie sich unterordnen *müssen*, weil es die Bibel so fordert. Wenn wir die Evangelien durchgehen, finden wir nicht eine Stelle, an der Christus von Seinen Jüngern fordert, sich Ihm unterzuordnen. Dennoch verstanden alle, dass Unterordnung unumgänglich war, um mit Ihm in einer gesunden Beziehung zu leben.

Der Apostel hinterlässt uns noch ein zweites Prinzip im heutigen Vers, nämlich dass die Unterordnung in der Furcht Gottes geschehen soll. Oftmals ordnen wir uns anderen nicht unter, weil wir in ihnen nicht die Eigenschaften finden, die unsere Unterordnung *verdienen.* Paulus klärt uns auf, dass nicht der Charakter der anderen Person uns zur Unterordnung unter sie führt, sondern die Furcht Gottes. Wir werden dazu motiviert uns unterzuordnen, weil wir wissen, dass es unserem himmlischen Vater gefällt. Fakt ist, dass Gott intensiv im Leben seiner größten Diener gearbeitet hat, um ihnen Unterordnung beizubringen, denn wir können Ihm nicht gefallen, wenn wir uns Ihm nicht unterordnen. Selbst der Sohn Gottes ordnete sich völlig dem Willen des Vaters unter.

Denkanstoß

„Die biblische Lehre über die Unterordnung gibt nicht vor, eine Hierarchie der Beziehungsebenen zu etablieren, sondern eine Haltung zu pflegen, die dem Gegenüber Achtung erweist.“[4] R. Foster

Wes das Herz voll ist, des geht der Mund über. Ein guter Mensch bringt Gutes hervor aus dem guten Schatz seines Herzens; und ein böser Mensch bringt Böses hervor aus seinem bösen Schatz. *Matthäus 12:34-35 (NGÜ)*

Wer schon ein paar Jährchen auf dem Buckel hat weiß, dass Worte unglaubliche Kraft besitzen. Sie können einerseits für die Menschen in unserem Umfeld zum Segen werden, denn das rechte Wort zur rechten Zeit kann dem Entmutigten aufhelfen. Mit Worten bauen wir auf, konfrontieren, ermutigen und korrigieren wir – alles Teile unserer Aufgabe, Leben zu begleiten. Wir kennen aber auch die zerstörerische Wirkung von Worten. Wir alle kennen Menschen, die systematisch durch die Worte ihres Partners, ihrer Eltern oder Kollegen beschämt wurden. Auch wenn es nur Worte waren, haben diese doch tiefe Einschnitte in ihrem Leben hinterlassen.

Das Leben lehrt uns, wie vorsichtig wir mit unserem Gerede sein müssen, auch, wenn die Zunge das wohl am schwierigsten zu zähmende Körperteil ist. Christus zeigt uns jedoch, dass es auch einen einfacheren Weg gibt, um unseren Mund zu heiligen. Die Zunge fasst im gewissen Sinne nur in Worte, was in unserem Herzen lagert. Damit ist das Herz die eigentliche Quelle aus dem die Worte sprudeln. Der weise Mensch konzentriert seine Kräfte also eher auf seine Herzensveränderung, als auf seine Zunge, auch wenn immer sinnvoll ist, auch seine Zunge im Zaum zu halten.

Wenn wir etwas Vermessenes sagen, bringen wir damit bloß zum Ausdruck, was sich eigentlich in unserem Inneren abspielt. Der Mensch der andere nur kritisiert, lebt mit seinem gesetzlichen Herz dafür, Fehler bei anderen aufzudecken. Ein Mensch, der immer nur das Schlechte sieht, zeigt damit sein undankbares Herz. Derjenige, der sich ständig selbst

rechtfertigt, ist im Innersten unsicher und ängstlich. Spricht jemand nur über das Thema Geld, merkt man, dass sein Herz am Gott des Geldes hängt.
Als Menschen die im Dienst stehen tun wir gut daran, auf die Worte der Menschen zu achten mit denen wir zusammenarbeiten; denn sie helfen uns zu ermitteln, wo die wirklichen Probleme liegen.
Die Herausforderung für uns liegt darin, unser Herz mit guten Dingen zu füllen, die unsere Gespräche auf eine solche Art würzen, dass sich unsere Zuhörer gesegnet und auferbaut fühlen. Daher ist es unverzichtbar, dass wir auf unsere eigenen Worte achtgeben lernen und absolut ehrlich zu uns selbst sind. Was offenbaren unsere Worte über unser Herz? Welche Themen dominieren unsere Gespräche? Wie ist unsere Einstellung zu unserem Gegenüber? Wenn wir diese Fragen ehrlich beantworten, kommen wir dem auf die Spur, was sich tief in unserem Herzen befindet. Haben wir dies festgestellt, bringen wir es vor den Herrn, um Ihn zu bitten, dass Er uns spürbar verändert. Gestehen wir uns und Ihm unsere dunklen Seiten ein und bekennen wir sie Ihm, kann der Herr damit anfangen, das Gute und Gerechte in uns wachsen zu lassen.

Denkanstoß

Deshalb legt alles ab, was euch beschmutzt, alles Böse, was noch bei euch vorhanden ist, und geht bereitwillig auf die Botschaft ein, die euch ins Herz gepflanzt wurde und die die Kraft hat, euch zu retten. (Jakobus 1:21, NGÜ)

Wahrlich, ich sage euch: Wenn ihr nicht umkehrt und werdet wie die Kinder, so werdet ihr nicht ins Himmelreich kommen. *Matthäus 18:3*

Diese Antwort gab Christus seinen Jüngern auf die Frage: *„Wer ist der Größte im Himmelreich?"* Es war nicht das einzige Mal, dass Er mit Seinen Jüngern dieses Thema angehen musste. Mehrmals stritten sie über Position und Ansehen, die sie in Gottes ewigem Reich einmal genießen würden.

Der Meister hätte ihnen genauso gut ein detailliertes Anforderungsprofil geben können, was sie erwarten würde, wenn sie Ihm nachfolgten. Doch Er tat es nicht. Er nahm einfach eines der Kinder, die um Ihn herumstanden und stellte es zwischen seine Jünger. Er zeigte auf den Kleinen und sprach: *„Wer nun sich selbst erniedrigt und wird wie dies Kind, der ist der Größte im Himmelreich."*

Der scheinbare Widerspruch in Jesu Worten ist augenscheinlich. Wir brauchen bloß einen Blick auf das Kind zu werfen um festzustellen, dass an ihm nichts Großartiges ist. Auf seinen Schultern ruht keinerlei Verantwortung, schwerwiegende Entscheidungen treffen zu müssen. Es muss nicht für den Unterhalt seiner Familie sorgen. Es muss sich nicht mit Angelegenheiten beschäftigen, die Auswirkungen auf das gesellschaftliche Zusammenleben haben. Allein seiner Statur wegen könnte es leicht übersehen werden. Christus sah dieses Kind dennoch mit anderen Augen als alle anderen Menschen. Er bezog sich auf jene Charakteristiken, die wir Erwachsenen verloren haben und die wir unbedingt wiedererlangen sollten. Wir wollen uns anschauen, warum dies so wichtig ist.

Das Erste was ein Kind frühmorgens tut, ist aufzustehen und anzufangen zu spielen. Es weckt weder mit Sorgen noch innerlich zerknickt auf, weil es nachts vor Kummer keinen Schlaf fand. Es wacht auf und erfreut sich am neuen Morgen. Kinder sorgen sich nicht einmal um die Nöte des Tages. Sie verbringen weder Stunden damit sich den Kopf zu zerbrechen, woher wohl das Essen kommen wird, noch darüber wer es zubereitet. Sie spielen in aller Ruhe, weil sie wissen, dass jemand über ihr Wohlergehen wacht. Wenn sie einmal etwas benötigen, gehen sie zum nächsten Erwachsenen und bitten ihn darum. Sie reden dabei nicht lange um den heißen Brei herum. Sie bitten, weil sie darauf vertrauen, dass die Erwachsenen eine Lösung für ihre Not parat haben. Wenn sie sich verletzen, suchen sie sofort nach Mama oder Papa, um von ihnen getröstet zu werden. Manchmal reicht ein Kuss oder eine Streicheleinheit aus, damit die Tränen verschwinden und die Freude zurückkehrt. Sie sind auch nicht fähig sich lange an die schlimmen Dinge, die ihnen widerfahren sind, zu erinnern. Sie sind nie lange zornig und hegen auch keine Rachegedanken, wie es die Erwachsenen tun. Sie können von ihren Eltern in einem Moment ausgeschimpft werden und im nächsten sitzen sie schon wieder da und spielen. Kinder besitzen auch eine unvorstellbare Kapazität zum Träumen und eine schier endlose Vorstellungskraft. Oder ist ihnen schon einmal ein Kind begegnet, dass Dinge anzweifelt oder kein Vertrauen besitzt? Wenn Sie ihm vom Weihnachtsmann erzählen, glauben sie blind, dass es ihn gibt. Nur wir Erwachsene haben den Hang immer alles anzuzweifeln.

Denkanstoß

Aus diesem Grund und vielen anderen mehr, sind uns Kinder ein Vorbild, wenn wir geistlich reifen wollen. Auch wir können uns auf diesem einfachen Weg voller Glaube und Freude bewegen. Das Ziel ist, sich in jedem Moment an den Dingen des Lebens zu erfreuen.

Wer nämlich noch Milch genießt, der ist unerfahren im Wort der Gerechtigkeit; denn er ist ein Unmündiger. Die feste Speise aber ist für die Gereiften.

Hebräer 5:13-14 (Schlachter 2000)

In unserem heutigen Abschnitt können wir den leichten Frust des Autors gegenüber seinen Lesern durchklingen hören. Er berührt ein nicht gerade leichtes Thema, was noch dadurch erschwert wird, da sich seine Zuhörer taub stellen. Anstatt sich zu reifen Persönlichkeiten zu entwickeln, handeln sie in ihren zwischenmenschlichen Beziehungen weiterhin wie Kinder. In diesem Zusammenhang macht der Autor deutlich, dass es keineswegs normal ist, dass ein Mensch, der schon einige Jahre mit Christus auf dem Weg ist, sich nach wie vor unreif verhält.

Auf welches Verhalten und welche Einstellungen spielt er an? Zum einen besitzen Kinder keinerlei Fähigkeiten für den richtigen Umgang mit anderen. Kinder haben noch nicht den Erfahrungsschatz gesammelt und auch nicht die entsprechenden Situationen durchlebt, die ihnen bewusst machen, dass sich die Welt nicht einzig und allein um sie dreht. Auf ähnliche Art nehmen unreife Christen ihr geistliches Leben wahr. Sie glauben, dass die Gemeinde, der Pastor und die Dienste nur aus einem Grund existieren: um ihre Bedürfnisse zu befriedigen. Alles, was sich in der Gemeinde zuträgt, beziehen sie auf ihr eigenes Leben und vermögen es nicht, Geschehnisse – wenn nötig – aus der Distanz zu betrachten. Kinder können auch nicht unterscheiden, was ihnen gut tut und was Gefahrenpotential in sich trägt. Ein Kind findet es genauso aufregend mit einem Spielzeug auf dem Boden zu spielen, wie mit einer brennenden Kerze oder einer Steckdose. Mit derselben Neugierde nehmen sie alles in ihre Finger. Daher ist es notwendig, dass die Eltern über ihre Sicherheit wachen und ständig aufmerksam sind. Der unreife Christ kann nicht zwischen den Dingen unterscheiden, die ihm gut tun und jenen, die ihm schaden. Aus diesem Grund lässt er sich von „jedem Wind der Lehre“ hinfort tragen und fällt auf dubiose Anschauungen herein, denen wir in der Kirche begegnen.

Kinder können auch nicht auf sich selbst achtgeben. Sie wissen nicht, wie sie sich mit Essen versorgen, wie sie ihre Kleidung wechseln und wie sie sich sauber halten. In allem sind sie von ihren Eltern abhängig. Genauso ist ein unreifer Christ ständig auf andere angewiesen, die ihn umsorgen. Er kann weder für sich selbst die Bibel lesen, noch einem Freund von Jesus erzählen. Andere müssen dies für ihn tun und wenn nicht, bleiben die Aufgaben angefangen liegen.

Diese Verhaltensweisen sind bei jungen Menschen verständlich. Wir wissen und verstehen, dass wir ihnen in dieser Lebensetappe kräftig unter die Arme greifen müssen. Ganz und gar nicht normal ist es aber, sich im selben Maße um eine zwanzig oder dreißig Jahre alte Person kümmern zu müssen. Ebenso kann es nicht sein, dass Menschen, die 10, 15 oder 20 Jahre in der Gemeinde sind, dasselbe Verhalten an den Tag legen, wie Kinder.

Denkanstoß

Um sich auf dem Weg der Reife vorwärts zu bewegen, ist es wichtig das zurückzulassen, was kindlich ist. Egoistische, kindliche Haltungen sollten abgelegt werden, damit sich ein Verhalten und eine Perspektive entwickeln können, die erwachsenengemäß sind.

Deshalb sollt ihr euer altes Wesen und eure frühere Lebensweise ablegen, die durch und durch verdorben war und euch durch trügerische Leidenschaften zu Grunde richtete. Lasst euch stattdessen einen neuen Geist und ein verändertes Denken geben. Als neue Menschen, geschaffen nach dem Ebenbild Gottes und zur Gerechtigkeit, Heiligkeit und Wahrheit berufen, sollt ihr auch ein neues Wesen annehmen. *Epheser 4:22-24*

Innerhalb der Kirche gibt es ein dauerhaftes Problem. Warum sehen wir nach der Bekehrung eines Menschen kaum Belege für seine moralische Veränderung? Obwohl manche Menschen schon seit Jahren mit Christus „wandeln", zeigen sich immer noch dieselben Charakterschwächen wie zu der Zeit, als sie Gott noch nicht folgten. So haben Lüge, List, Täuschung und mangelnde Transparenz ihren festen Platz in unseren Gemeinden eingenommen. Auch wenn diese Eigenschaften typisch für unsere Kultur sind, ist es dennoch traurig, dass dieses Verhalten auch unter uns Christen zunehmend als normal toleriert wird.

Paulus widmet sich in unserem Text ausführlich diesem Thema und weist die Christen deutlich zurecht: *„Deshalb sollt ihr euer altes Wesen und eure frühere Lebensweise ablegen..."* Das Wort „ablegen" demonstriert, dass unsere alte Lebensart ausgezogen, beerdigt und verstoßen werden soll. Auf den Punkt gebracht: Es gibt keine Hoffnung mehr für sie! Es ist damit klar, dass die alte Natur nicht erlöst werden kann. Es geht hier nicht darum, dass wir nach einer Möglichkeit suchen, um das zu verbessern, was wir vorher falsch gemacht haben. Wer durch Christus lebt, bewegt sich in einem neuen Leben und in einem komplett neuen Verhalten. Die Aufforderung ist derart umfassend formuliert, dass wir fast in der Versuchung stehen, ihre Auslegung dem Gut-

dünken jedes Christen zu überlassen. Um entsprechende Schlussfolgerungen zu vermeiden, versorgt uns der Apostel mit klaren Beispielen, was es bedeutet, dieses neue Leben zu leben. Zum neuen Leben gehört es, nicht mehr zu lügen oder auf jemanden zornig zu sein (Epheser 4:25-26), nicht zu stehlen (V.28), schlecht zu reden (V.29) oder andere anzuschreien (V.31). Stattdessen sollte ein Jünger Wahres reden, sanftmütig sein, großzügig, mit seinen Worten andere trösten und aufbauen. Im anschließenden Kapitel weist uns Paulus auch darauf hin, keinen Klatsch, Sticheleien und zweideutige Witze zu benutzen (Epheser 5:4, HfA)
Gehören wir zum Reich Gottes, können wir uns stattdessen mit dem neuen Menschen ankleiden. Dabei handelt es sich, wie gesagt nicht um ein „Update“ des alten Menschen, sondern um ein „Anziehen“ von etwas komplett Neuem. Der Schlüssel dafür liegt in der Erneuerung unseres Sinnes, was durch den Heiligen Geist hervorgebracht wird. Aus diesem Grund betont der Apostel, dass der neue Mensch in Gerechtigkeit, Heiligkeit und Wahrheit Gottes Abbild ist. Weil er aus dieser Ursprungsquelle stammt, unterscheiden sich seine Eigenschaften so grundlegend vom alten Menschen.

Denkanstoß

Auch wenn es stimmt, dass sich das ganze Volk mit dem neuen Menschen anziehen soll, ist der Einfluss der Leiter in diesem Prozess ausschlaggebend. Wer größere Verantwortung trägt, sollte selbst ein Beispiel für ein moralisch erneuertes Leben sein. Ehrlichkeit, Anspruchslosigkeit, Wahrheit und Transparenz sollten sichtbare Qualitäten eines Jeden sein, der im Dienst Gottes steht.

HERR, ich weiß, dass deine Urteile gerecht sind; in deiner Treue hast du mich gedemütigt. *Psalm 119:75*

Höchstwahrscheinlich stimmen die Meisten von uns Davids Ausspruch zu, dass die Weisungen des Herrn wirklich gerecht sind. Wir glauben sie von Herzen und darum setzen wir uns mit Hingabe mit Seinem Wort auseinander, um seine Gebote näher kennenzulernen. Im zweiten Teilsatz eröffnet uns der Psalmist jedoch eine Sicht, die viel schwieriger zu akzeptieren ist. Einige unter uns stemmen sich vielleicht sogar gänzlich gegen die Behauptung, dass Gottes Treue uns demütigen könnte.

Für viele ist es noch relativ nachvollziehbar, Demütigungen stoisch als Teil unseres Lebens zu betrachten – obwohl selbst das anzunehmen, für einige herausfordernd sein mag. Wir wünschen uns stattdessen eine Spiritualität, die vom Siegen spricht und die Existenz von Schmerz, Trauer und Leid verneint. Aber es reicht aus sich das Leben anzuschauen um zu erkennen, dass Schmerz untrennbar dazu gehört. Unsere Theologie vermittelt uns die Sichtweise, dass unser himmlischer Vater die Existenz dieses Leids zu unserem Besten zulässt und dass wir in Ihm die Kraft und das Durchhaltevermögen finden können, um diese Situationen treu durchzustehen.

In unserem heutigen Abschnitt fügt David dem Thema Leid allerdings eine weitere Beobachtung hinzu, die uns, gelinde gesagt aus der Bahn wirft. David versucht auszudrücken, dass unser Schmerz ein Zeichen der Liebe Gottes für uns ist. Wie können wir dieses Prinzip bejahen, wenn Leiden uns doch solchen Kummer bereitet? Wer kann wirklich begreifen, dass Gott uns in Seiner Treue betrüben sollte? Der Satz scheint in sich bereits ein Widerspruch, wissen wir doch,

dass Gottes Treue uns von unserem Kummer befreit und nicht welchen hervorbringt!
Versetzen wir uns in eine Vater-Sohn-Beziehung hinein, in der wir normalweise die am stärksten gelebte Treue wiederfinden, wird uns klarer, warum es uns so widerstrebt Davids Statement zu bejahen. Jeder der ein Kind hat lässt nichts unversucht, um ihm jegliche Form von Leid zu ersparen. Das kann in kleinen alltäglichen Dingen geschehen, wie die Hausaufgaben für sein Kind zu erledigen, um ihn vor Problemen in der Schule zu bewahren oder in großen Dingen, wie seine Zukunft abzusichern, indem man seine Beziehungen spielen lässt, damit er in eine einflussreiche Position gelangt. Die Motivation ist immer dieselbe: Wir wollen vermeiden, dass es unseren Kindern schlecht ergeht.
Unsere fehlbare Liebe hat jedoch langfristige Auswirkungen. Die Sichtbarste ist, dass das Kind weder die Fähigkeit besitzen wird, die Herausforderungen, die sich ihm im Laufe des Lebens in den Weg stellen werden, zu begegnen, noch sie entsprechend zu bewältigen. Ebensowenig wird sein Charakter zur Reife gelangen, denn das geschieht nur mittels schmerzhafter Erlebnisse. Ersparen wir ihm also bittere Erlebnisse in der Gegenwart, schaden wir seiner Zukunft.
Der Herr formt uns mit der Ewigkeit im Sinn. Es gibt Bereiche in unserem Leben, die wir angehen und Lektionen, die wir lernen müssen, wenn wir treu in Gottes Wegen bleiben wollen. Unser Charakter muss geschliffen und poliert werden. Und deshalb lässt Er nicht nur Kummer in unserem Leben zu, sondern bewirkt ihn sogar manchmal.

Denkanstoß

David offenbart uns einen Aspekt der Liebe Gottes, zu dem wir keinen leichten Zugang haben. Trauen Sie sich dennoch Gott dafür zu danken, dass Er uns in Seiner Treue demütigt? Ihre Betrachtungsweise des Vaters wird sich radikal wandeln, wenn Sie es ausprobieren!

Ich will euch nämlich wissen lassen, welchen Kampf ich um euch führe und um die in Laodizea und um alle, die mich nicht von Angesicht gesehen haben, damit ihre Herzen gestärkt und zusammengefügt werden in der Liebe und zu allem Reichtum an Gewissheit und Verständnis, zu erkennen das Geheimnis Gottes, das Christus ist. *Kolosser 2:1-2*

Wie in allen Schriftstücken des Apostels Paulus, offenbart uns auch dieser Brief schlaglichtartig seine Herzenshaltung gegenüber den Heiden. Er beschreibt, ohne Details zu erwähnen, dass er sich in einem intensiven Kampf für die Gemeinde befindet. Wir können mit ziemlicher Sicherheit sagen, dass äußerliche Prüfungen einen Teil des Kampfes ausmachten. Einige von ihnen sind im zweiten Korintherbrief erwähnt. Zu seinen Leiden gehörten Hunger, Gefängnis, Peitschenhiebe und Schiffbruch um des Evangeliums Willen. Doch Paulus bezieht sich im heutigen Text auf eine andere Art Kampf. Es geht um den Kampf, der in unserem Inneren herrscht. Diese pastorale Bürde legt Gott denen ins Herz, die sich um Sein Volk kümmern. Im selben Korintherbrief schreibt er: *„und außer all dem noch das, was täglich auf mich einstürmt, und die Sorge für alle Gemeinden. Wer ist schwach, und ich werde nicht schwach? Wer wird zu Fall gebracht, und ich brenne nicht“* (2.Korinther 11:28-29)?

Diese Last unterscheidet den Pastor, der seine Arbeit lediglich als normales Anstellungsverhältnis versteht, von demjenigen, der eine gottgegebene Berufung für sein Amt hat. Der Hauptkampf des „angestellten Pastors“ gilt den verschiedenen Programmen der Gemeinde und wie er sie aufrechterhält. Er hat nicht viel Zeit für die Leute, weil er mit allen Veranstaltungen zu beschäftigt ist. Doch wer mit Leib und Seele Pastor ist, teilt das Verständnis, dass alle Programme einem höheren Zweck dienen: der Herausbildung des Ebenbildes Christi in jedem seiner Brüder. Seine Augen sind stets auf dieses Ziel gerichtet und er weiß mit absoluter Gewissheit, dass dies auch nicht mit den besten Programmen zu erreichen ist. Die Ausbildung eines Jüngers ist ein absolut geistlicher Prozess, den der Pastor selbst sehr intensiv durch Bitten, Tränen und Flehen für jeden Einzelnen der ihm anvertraut ist, erlebt.

Den sichtbarsten Beweis, dass diese Last vom Heiligen Geist bewirkt wird, erkennen wir in Paulus' Worten: „Sein Kampf gilt selbst denen, die ihn niemals zu Gesicht bekommen haben." Was für ein großartiger Geist steckt dahinter! Den Meisten von uns ist es schon zu viel, für die Seinen zu kämpfen. Und wenn wir ehrlich sind, interessiert uns die Arbeit von anderen, besonders wenn sie an weit entfernten Orten stattfindet, herzlich wenig. Doch Paulus litt selbst für die Gemeinden, die er nie persönlich besuchte hatte, die aber von größtem Interesse für seinen Herrn waren. Die Last, die Christus für diese Gemeinden trug, lag auch auf seinem Herzen. Wenn uns die Lebensfragen anderer Menschen langsam wichtig werden erkennen wir, dass Gott uns von unserem Egoismus, der so sehr sein Wirken in uns verhindert, Stück für Stück befreit.

Denkanstoß

Wie viel Zeit verbringen Sie in der Fürbitte für den Dienst anderer? Wie viel Kraft setzen Sie ein, um Projekte, die nichts mit Ihren zu tun haben, vorwärts zu bringen? Welche Botschaft vermittelt Ihr Interesse oder Desinteresse Ihrer Gemeinde?

Und er hat einige als Apostel eingesetzt, einige als Propheten, einige als Evangelisten, einige als Hirten und Lehrer, damit die Heiligen zugerüstet werden zum Werk des Dienstes. Dadurch soll der Leib Christi erbaut werden.

Epheser 4:11-12

Ein Bibelexeget machte einmal eine interessante Beobachtung: Das Neue Testament beschreibt an drei Stellen die Gaben, die der dreieinige Gott dem Menschen geschenkt hat.[5] In Römer 12:6-8 findet sich die Aufzählung der Gaben, die der Vater Seinen Kindern verliehen hat. In 1.Korinther 12 und 14 sind die Gaben genannt, die der Heilige Geist der Kirche überträgt. In Epheser 4:11-12 können wir die Gaben nachlesen, die Jesus für die Kirche bereithält. Wir können darin eine echte Offenbarung des Herzens Gottes für seine Kirche erkennen und zwar zusätzlich zu der Rolle, die jeder Teil der Dreieinigkeit in unserer Entwicklung erfüllt.

Die Gaben die der Vater und der Geist der Gemeinde übertragen haben sind Geschenke, die im Leben Seiner Kinder sichtbar werden. Zu ihnen zählen Mitgefühl, Dienst, Ermutigung, Unterscheidung, Worte der Weisheit oder Heilung. Mit ihrer Hilfe können wir die guten Werke, zu denen wir berufen sind, der Schrift entsprechend tun: *„der sich selbst für uns gegeben hat, damit er uns erlöste von aller Ungerechtigkeit und reinigte sich selbst ein Volk zum Eigentum, das eifrig wäre zu guten Werken"* (Titus 2:14).

Schauen wir uns jedoch das Geschenk an, das Jesus Seiner Gemeinde bereitet, fällt uns ein bemerkenswerter Unterschied auf. In Epheser 4 sagt der Apostel NICHT, dass Jesus der Gemeinde die Gaben der Apostel, Propheten, Evangelisten, Pastoren und Lehrer gab. Christus schenkte der Gemeinde keine Dienste, sondern *Menschen.* Das sollte uns nicht überraschen, denn Jesus selbst trug die Gute Nachricht des Vaters in Seiner Person: *„Und das Wort ward Fleisch und wohnte unter uns, und wir sahen seine Herrlichkeit, eine Herrlichkeit als des eingeborenen Sohnes vom Vater, voller Gnade und Wahrheit“* (Johannes 1:14). Indem Er der Gemeinde Frauen und Männer schenkte, die Apostel, Propheten, Evangelisten, Pastoren und Lehrer waren, tat Christus nichts anderes als ein Modell zu hinterlassen, welches Er selbst vorgelebt hat, indem Er sich in das Leben seiner Jünger vollständig investierte.

Diese Beobachtung ist von größter Bedeutung für all diejenigen, die von Jesus in Seinen Dienst berufen worden sind. Der besondere Wert des fünffältigen Dienstes liegt eben nicht im Dienst an sich, selbst wenn wir immer dazu tendieren die Menschen entsprechend ihrer Aufgaben zu ehren. Das Wertvollste an diesen Dienern ist vielmehr ihre ganze Persönlichkeit. Sie lehren durch ihr Leben, so wie Christus es getan hat. Die Berufung zum Leiter in der Gemeinde ist ein Ruf zum höchsten Grad an Hingabe, Verantwortungsbewusstsein und Heiligkeit.

Denkanstoß

In Zeiten von Angst, Verwirrung und Problemen sollte die Kirche ihr Heil nicht in ihrer eigenen Doktrin suchen, sondern sich von denen inspirieren lassen, die wahre Vorbilder innerhalb der Gemeinde sind und ihre Berufung leben, Menschen zu Jüngern Jesu zu machen. Es reicht nicht aus, wenn die Menschen der Gemeinde in den offiziellen wöchentlichen Treffen in Kontakt mit ihren Leitern kommen. Die Menschen, die wir zu Jüngern machen, brauchen ganzheitlichen Zugang zu unserem Leben, damit wir zum Geschenk Gottes für ihr Leben werden können.

Die Dimensionen unserer Berufung

Und er hat einige als Apostel eingesetzt, einige als Propheten, einige als Evangelisten, einige als Hirten und Lehrer, damit die Heiligen zugerüstet werden zum Werk des Dienstes. Dadurch soll der Leib Christi erbaut werden. Epheser 4:11-12

Manche biblischen Texte sind einer heutigen Arbeitsbeschreibung ziemlich ähnlich. Es wird uns beispielsweise erklärt, welche Funktionen eine Person ausüben muss, um eine bestimmte Rolle innerhalb des Leibes Christi auszufüllen. Unsere heutigen Verse zeigen eine dieser Textstellen, die eine klare Aufgabenbeschreibung eines Leiters innerhalb der Gemeinde darstellt.

Paulus' Liste enthält einige Funktionen, die heute in der Gemeinde fehlen. Wir sehen zumeist Pastoren und Lehrer in Leitungspositionen. Die Kirche schien nicht recht zu wissen, was sie mit den restlichen Diensten, mit all den Aposteln, Propheten und Evangelisten, anfangen sollte. Manche theologische Richtung hält diese Funktionen in der heutigen Gemeinde aufgrund eines unerklärlichen exegetischen Spagates für obsolet. Andere wiederum dulden sie gewissermaßen, schaffen jedoch nicht den nötigen Raum, damit sie innerhalb des Leibes funktionieren können. Diese Situation zwang jene mit entsprechenden Gaben, sich aus Enttäuschung über die mangelnde Öffnung der Ortsgemeinde in diesem Bereich für die „außergemeindliche Option" zu entscheiden. In den letzten Jahren konnten wir Zeugen eines Aufblühens der nicht-traditionellen Dienste, wie dem apostolischen und dem prophetischen Amt werden. Ich vermute jedoch, dass dies vielmehr ein „neuer Trend" im Leib Christi ist, der eher mit dem unstillbaren Verlangen nach Prestige und Autorität zu tun hat, als mit einem wirklichen Verständnis für die Wichtigkeit dieses Dienstes für das weltweite Gottesvolk.

Paulus trifft drei Aussagen bezüglich dieser Gemeindedienste. Als Erstes besteht die Aufgabe aller – und nicht nur des Pastors – in der Zurüstung aller Heiligen! Das bedeutet, den Heiligen alle Werkzeuge und Ausbildungsmöglichkeiten zur Verfügung zu stellen, damit sie ihrer Aufgabe gerecht werden können. Diese Aufgabe wurde niemand anderem im Leib Christi als den Leitern übertragen. Und so ist es von grundlegender Bedeutung, dass sie das auch erkennen.

Zum Zweiten liegt die Funktion der ganzen Gemeinde darin, das Werk Christi zu tun. Das bedeutet zum Beispiel, Dienste wie Hausbesuche zu übernehmen, anderen zu dienen, Menschen in Problemsituationen zu unterstützen, persönliche Evangelisation bei Freunden und Familien, sich um neue Gläubige zu kümmern u.v.a.m. Diese Aufgaben sollten von allen Gläubigen übernommen werden und nicht nur vom Leiter. Hier liegt ein grundlegender Denkfehler in der Gemeinde vor, denn die meisten Gemeindeglieder glauben, dies sei alleinige Verantwortung des Leiters. Wir haben diese Haltung bereits in unserer Sprache verinnerlicht, indem wir den Pastor als denjenigen bezeichnen, der im „vollzeitigen Dienst" steht. In den meisten Fällen werden dadurch die Gemeindeglieder jedoch zu passiven Beobachtern herangezogen.

Paulus' dritter Hinweis macht deutlich, dass nur, wenn jeder Einzelne seinen Dienst treu ausübt, alle erbaut werden können. Achten Sie darauf, dass nicht gesagt wird, dass der Pastor die Gemeinde erbaut, sondern dass Christus dies tut, während jeder das umsetzt, was ihm aufgetragen ist.

Denkanstoß

Dieses Modell hat beinahe unbeschränktes Potential und unglaubliche Auswirkungen. Wir leben in einer wunderbaren Zeit, in der wir Gottes Plan zur Wiederherstellung des gesamten Leibes Christi mit all seinen Funktionen miterleben dürfen.

Einige zwar predigen Christus aus Neid und Streitsucht, einige aber auch in guter Absicht. Was tut's aber? Wenn nur Christus verkündigt wird auf jede Weise, es geschehe zum Vorwand oder in Wahrheit, so freue ich mich darüber. Aber ich werde mich auch weiterhin freuen. *Philipper 1:15, 18*

Paulus befand sich gerade im Gefängnis in Rom, als er diesen Brief an die Philipper schrieb. Unter den vielen Dingen, die er um des Evangeliums Willen erleiden musste, kamen nun noch die Angriffe seiner Verleumder hinzu, denen der alte Apostel standhalten musste. In der Gemeinde fehlt es niemals an dieser Art Menschen. Wahrscheinlich interpretierten sie die Gefängnisaufenthalte von Paulus als Strafe Gottes über seinem Leben und verwendeten seine Predigten, um ihm seinen Irrweg aufzuzeigen. Wir wissen nicht genau, in welchem Zustand er sich befand, aber der Text zeigt uns, dass der Apostel sich durch sie verletzt gefühlt hat.

Doch abgesehen davon, konnte der Apostel seine Freude inmitten dieser Umstände nicht verbergen. Denn obwohl ihre Motivation fragwürdig war, wurde das Evangelium durch diese Leute dennoch verkündigt. Sie versuchten Paulus zu schaden, doch durch die Verkündigung von Gottes Wort, dehnte sich das Reich Gottes weiter aus.

Unser heutiger Abschnitt zeigt uns, wie geschärft Paulus' Wahrnehmung der geistlichen Dinge war und vermittelt uns ein wichtiges Prinzip des Dienstes. Der Herr in seiner Souveränität gebraucht sogar die widrigsten Umstände, um Sein Reich zu bauen. Noch beeindruckender ist es, wenn man bedenkt, dass Gott zur Ausdehnung Seines Reiches immer auf Männer und Frauen gesetzt hat, die neben ihren geistlichen Aspekten auch immer „fleischlich" gesinnt waren. Jakob, einer der Patriarchen Israels, hatte einen Hang zum Lügen

und Betrügen. Mose war gewalttätig und wurde sogar zum Mörder eines Ägypters. Rahab wurde zum Schlüssel in der Eroberung Jerichos, obwohl sie eine Prostituierte war. David, einer der bedeutendsten Männer in der Geschichte des Volkes Gottes beging Ehebruch und - um seine Sünde zu verdecken - ließ er den Ehemann der Frau mit der er geschlafen hatte umbringen. Petrus, der den Ruf eines Apostels hatte, verleugnete Christus dreimal in aller Öffentlichkeit. Paulus, der immer wieder von der unvergleichlich großen Liebe Gottes sprach, verstieß Markus, weil dieser ihn enttäuscht hatte.
Wir können dadurch erkennen, dass selbst im Leben der heiligsten Persönlichkeiten deutliche menschliche Schwächen zum Vorschein treten. Dennoch gebraucht Gott diese Menschen ohne Seine eigenen Absichten mit uns zu gefährden. Es scheint so, dass es für Gott eine geringe Rolle spielt in welcher Verfassung wir uns gerade befinden, denn Gott wird sowohl Person und ihren derzeitigen Zustand für Sich gebrauchen. Und in einem gewissen Sinne stimmt das.
Wozu ist es dann nötig, ein heiliges, Ihm gewidmetes Leben zu leben? Je mehr wir uns Ihm hingeben, um so größere Auswirkungen wird unser Dienst durch Gottes Wirken haben. Gott kommt auf jeden Fall an Sein Ziel. Doch wenn Sein Wirken von geheiligten Mitarbeitern getragen wird, potenziert sich die Wirkungskraft in ungeahntem Ausmaß. Die Heiligung des Mitarbeiters ist also von grundlegender Bedeutung!

Denkanstoß

Wenn nun jemand sich reinigt von solchen Leuten, der wird ein Gefäß sein zu ehrenvollem Gebrauch, geheiligt, für den Hausherrn brauchbar und zu allem guten Werk bereitet.
(2. Timotheus 2:21)

Es ist egal!

Und ihr sprecht: »Siehe, welch eine Mühsal!«, und bringt mich in Zorn, spricht der HERR Zebaoth, denn ihr bringt herzu, was geraubt, lahm und krank ist, und bringt es dar zum Opfer. Sollte mir solches gefallen von eurer Hand?, spricht der HERR. *Maleachi 1:13*

Ein Mensch besitzt viele Prägungen, die sich nicht so einfach umkehren lassen. Es fällt jedem von uns leichter am Schlechten festzuhalten, selbst wenn wir die Erfahrung gesammelt haben, dass dieser Weg uns lediglich Schmerz, Angst und Verzweiflung einbringt. Von allen menschlichen Prägungen ist jedoch kaum eine so schwer zu bekämpfen, wie die Gleichgültigkeit. Wir erkennen sie daran, dass uns nichts mehr wirklich interessiert. Vielleicht besaßen wir in der Vergangenheit einmal ein Lebensziel oder eine Leidenschaft für jemanden oder etwas, die unsere eigene Machbarkeit überstieg und andere mit demselben Eifer ansteckte. Mit der Zeit jedoch kamen die Irrungen und Wirrungen des Lebens und die Enttäuschung durch Menschen des Weges. Vielleicht schien uns einfach unmöglich, diese Träume in die Tat umzusetzen, so dass unsere Leidenschaft langsam einschlief. So breitete sich in unserem Herzen Stück für Stück ein absolutes Desinteresse an allem aus. Selbst wenn es wie durch einen magischen Trick plötzlich möglich wäre, unseren Traum den wir so lange ersehnten plötzlich umzusetzen, würde es in uns schon nicht mehr denselben Feuereifer aktivieren wie damals. Ohne es zu merken, sind wir am tiefsten Punkt menschlichen Daseins angekommen: Wir leben zwar physisch, sind aber innerlich tot.

Gleichgültigkeit entsteht meistens aus zu lange aufgestautem Frust. Soll heißen, dass selbst unsere größten Anstrengungen, Dinge zu verändern, keinerlei Erfolg zeigten. Anfangs waren wir voller Feuereifer und Begeisterung dabei und davon überzeugt, dass es nichts gibt, was wir nicht erreichen könnten, wenn wir nur all unseren Enthusiasmus und Energie in die Waagschale werfen würden. Doch als sich nichts veränderte, die Ergebnisse enttäuschend waren und die Träume sich nicht in die Tat umsetzen ließen, kamen wir zu dem Schluss, dass, egal was wir unternehmen, es keinen Unterschied macht. Weiterzumachen erschien pure Zeitverschwendung.

Indifferenz findet sich auch immer häufiger in unserem Dienst wieder. Wir waren vielleicht der Meinung, dass wir mit unserer Leidenschaft und Hingabe die richtigen Zutaten besaßen, um die Aufgabe, die uns anvertraut war vorwärts zu bringen. Im Laufe der Jahre entwickelten sich unsere Dienste jedoch nicht so erfolgreich wie wir planten und ebenso wenig wuchs unsere Gemeinde so, wie wir uns das vorgestellt hatten. In uns setzte sich Enttäuschung fest, die schließlich in tiefen Zynismus umschlug. So legten wir in unserer Arbeit irgendwann den Autopiloten ein. Wir verrichten immer noch treu unseren Dienst, aber lassen unser Herz außen vor.

Die Erkenntnis, dass nicht wir an den Hebeln des Reiches Gottes sitzen, ist eine gesunde Lektion für jeden Mitarbeiter und Leiter. Nur durch Gottes Handeln wird Leben in Überfluss freigesetzt. Gelangt ein Mitarbeiter in Gottes Reich zur Einsicht, dass, wenn „der Herr das Werk nicht tut, arbeiten die, die daran wirken umsonst“, ist er an der richtigen Stelle angelangt, um am Wirken Gottes teilzuhaben. Er vertraut nicht länger seinen eigenen Fähigkeiten, Leidenschaften und Impulsen, sondern legt sein gesamtes Vertrauen und alle Erwartung in seinen himmlischen Vater. Zu diesem Punkt müssen wir hinkommen!

Denkanstoß

Des Menschen Herz erdenkt sich seinen Weg; aber der HERR allein lenkt seinen Schritt. (Sprüche 16:9)

An die Liebe appellieren

Darum, obwohl ich in Christus volle Freiheit habe, dir zu gebieten, was sich gebührt, will ich um der Liebe willen doch nur bitten, so wie ich bin: Paulus, ein alter Mann, nun aber auch ein Gefangener Christi Jesu. *Philemon 1:8,9*

Unser heutiger Abschnitt beschreibt eine Situation, für die wir aus Sicht unserer heutigen Gesellschaft, in der jeglicher Sklavenhandel illegal ist, eine politisch korrekte Meinung haben. Als Christen glauben wir, dass jegliche Art von Versklavung, ob im Arbeitsprozess, in der Wirtschaft oder aufgrund der Hautfarbe, inakzeptabel ist. Unsere Überzeugung ist jedoch vor allem der Tatsache geschuldet, dass es heute in unserer Umgebung einfach keine sichtbare Sklaverei mehr gibt. Bei anderen Themen, wie der Ehescheidung, der Schuldenfalle und dem uneingeschränkten Materialismus, schwankt unsere Überzeugung plötzlich, da sie integraler Bestandteil unserer Kultur sind.

Sklaverei gehörte im ersten Jahrhundert ebenso zum täglichen Leben. Die Menschen, die über halbwegs passable Einkommen verfügten, besaßen mindestens einen Sklaven. Dies zu wissen hilft zu erkennen, wie radikal Paulus' Position tatsächlich war. Einen Sklaven zu verteidigen, der aus dem Haus seines Besitzers geflohen war, wurde mit dem Tode bestraft und war zu dieser Zeit für die meisten Menschen eine nicht nachvollziehbare Handlung. Es rief in den Menschen eine ähnliche Reaktion hervor, als wenn heutzutage ein Christ verkünden würde, dass Scheidung eine akzeptable Option für ein christliches Ehepaar wäre. Dennoch appellierte Paulus, der von einem viel höheren Gesetz angetrieben wurde als vom römischen, an Philemon, dass er eine vergebende und gnadenvolle Haltung gegenüber dem verlorenen Sklaven annehmen sollte.

Uns soll es heute darum gehen, wie Paulus seine Bitte an Philemon formuliert. Wir können nicht mit Sicherheit sagen, wann Philemon Paulus kennenlernte, aber es scheint, dass der Apostel eine wichtige Rolle bei seiner Bekehrung gespielt hatte. Paulus hat anscheinend viel und lange in sein Leben investiert. Der Apostel erinnert ihn daran, *„dass du dich selbst mir schuldig bist"* (Philemon 1:19). Und auf genau diesen Punkt bezieht sich Paulus in seinem heutigen Vers. Die geistliche Autorität, die er Philemon gegenüber besaß, hätte Paulus das Recht gegeben, Philemon eine Anweisung zu erteilen, die er dann hätte befolgen müssen. Der Apostel glaubte nicht nur, dass er diese Befugnis besaß, sondern war auch überzeugt davon, dass, wenn er sie anwenden würde, Philemon ihm auch Folge geleistet hätte.

Doch Paulus entschied sich dafür, diesen Weg nicht einzuschlagen. Stattdessen formulierte er eine Bitte und führte als einziges Argument die Liebe auf, die zwischen beiden Männern herrschte. Durch dieses Beispiel haben wir ein Modell, wie ein Leiter die Seinen zum Nachfolgen führen sollte. Die auferlegte Anweisung ist immer das letzte Instrument, das ein Pastor anwenden sollte. Sie erzeugt meistens Widerstand, da zwischen Erwachsen der Dialog der wünschenswerteste Weg ist um Zustimmung zu erreichen. Paulus wollte mit seiner Art vermeiden, dass sich bald Widerstand gegenüber Onesimus aufbaute. Daher rief er zur Liebe auf, denn nur sie motiviert uns, die größten Veränderungen in unserem Leben anzugehen. Der Weg der Liebe sollte immer unsere erste Wahl sein.

Denkanstoß

Sich auf die Liebe zu berufen, setzt immer eine Beziehung zwischen Leiter und Nachfolger voraus. Kein Appell hat Erfolg, ohne Beziehung dahinter. Der Leiter sollte es sich zur Priorität machen, diese Beziehung zu pflegen. Diese Investition wird zukünftig eine garantierte Rendite bringen!

Ein Wink mit dem Zaunpfahl

Als sie aber bis nach Mysien gekommen waren, versuchten sie, nach Bithynien zu reisen; doch der Geist Jesu ließ es ihnen nicht zu. Da zogen sie durch Mysien und kamen hinab nach Troas. Und Paulus sah eine Erscheinung bei Nacht: Ein Mann aus Mazedonien stand da und bat ihn: Komm herüber nach Mazedonien und hilf uns! *Apostelgeschichte 16:7-9*

Das Erlebnis des reisenden Missionsteams liefert uns ein paar wertvolle Tipps, wie sich die Beziehungen zwischen „Gottes Bodenpersonal" und dem Heiligen Geist gestalten kann. Der Text erinnert uns daran, dass wir Gott dienen und es immer unser Wunsch sein sollte, die Werke zu tun, *„die Gott zuvor bereitet hat, dass wir darin wandeln sollen"* (Epheser 2:10).

Wir dürfen nicht vergessen, dass Jesus uns genaue Anweisungen erteilt hatte, bevor Er zu Seinem himmlischen Vater aufstieg: *„und (ihr) werdet meine Zeugen sein in Jerusalem und in ganz Judäa und Samarien und bis an das Ende der Erde."* (Apostelgeschichte 1:8). Nachdem er diesen Auftrag erhalten hatte, würden wir vermuten, sei der nächste Schritt ihn entsprechend umzusetzen. Und Paulus tat auch nichts anderes, als Wege zu suchen, um das Reich Gottes bis an die Enden der Welt auszuweiten. Nachdem er einmal die allgemeinen Richtlinien vor Augen hatte, lag die Art wie er den Auftrag umsetzt, in seinen Händen. Jedoch würde eine derartige Haltung die Mitwirkung des Heiligen Geistes überflüssig machen, denn schließlich wurde Er geschickt um Gottes Kinder zu leiten (Apostelgeschichte 8:14). Es entspricht auch nicht dem Stil der Apostelgeschichte. Stattdessen können wir ihr entnehmen, auf welche Weise Gott arbeitet und wie deutlich Er an jedem Teil Seiner Werke mitwirkt. Er wünscht sich, dass Seine Kinder in keinem Moment die gute Angewohnheit verlieren, Ihn, in allem was sie tun, mit einzubeziehen.

Aus diesem Grund fühle ich mich unwohl, wenn ich an bestimmte evangelistische und missionarische Projekte denke, in denen wir die Stadt in Sektoren aufteilen und jedem Stadtteil eine Gruppe zuordnen. Grundsätzlich ist die Idee nicht schlecht, sie ist lediglich sehr rational und menschlich gedacht. Gott leitet vielleicht auf ganz andere Weise, als wir es mit unseren vorgefertigten Plänen und systematischen Strategien gerne hätten. Er kennt den richtigen Ort und den perfekten Zeitpunkt, um auf uns zurückzugreifen. Er hat nicht nur das Ende im Blick, sondern muss auch die einzelnen Schritte bestimmen dürfen, denn nur Er schöpft aus einem unendlichen Repertoire an Möglichkeiten, die uns oft verborgen bleiben. Um Gottes Willen zu erkennen, sollten wir im ständigen Kontakt und im Gespräch mit Ihm bleiben, um sensibel darauf zu reagieren wie Er unsere Schritte führen will. Gewiss ist jedoch, dass Er Seinen Willen nie denen offenbart, die auf dem Sofa sitzen und darauf warten, dass Gott sich bei ihnen meldet, ohne dass sie sich selbst in Bewegung setzen. Wir haben ausreichende allgemeine biblische Anleitungen zur Hand um zu wissen, in welche Richtung wir starten sollen. Während wir dann auf dem Weg sind, wird Er die notwendigen Korrekturen vornehmen, damit wir an unser Ziel gelangen. Das setzt voraus, dass wir Willens sind, korrigiert zu werden und dazu bereit unsere Pläne aufzugeben und seine anzunehmen. Diese Arbeitsstrategie ist ziemlich erfolgversprechend. Die Gemeinde in der Apostelgeschichte stellte mit ihr das gesamte römische Imperium auf den Kopf!

Denkanstoß

Wie können Sie den Willen Gottes für Ihren Dienst entdecken? Welchen Anteil hat Gott, wenn Sie entsprechende Pläne ausarbeiten? Welche Schritte unternehmen Sie, damit Gott diese, wenn nötig, verändern kann?

25. August — In den Lauf der Geschichte eingefügt

Da sagte Jesus zu ihnen: »Ihr unverständigen Leute! Wie schwer fällt es euch, all das zu glauben, was die Propheten gesagt haben! Musste denn der Messias nicht das alles erleiden, um zu seiner Herrlichkeit zu gelangen?« Dann ging er mit ihnen die ganze Schrift durch und erklärte ihnen alles, was sich auf ihn bezog – zuerst bei Mose und dann bei sämtlichen Propheten. *Lukas 24:25-27 (NGÜ)*

Die Jünger, die sich gerade auf dem Weg nach Emmaus befanden, waren mit den Ereignissen der letzten Tage völlig überfordert. Als sie noch Seite an Seite mit ihrem Meister unterwegs waren, entdeckten sie jeden Tag neue Qualitäten Seiner Person. Sie malten sich eine rosige und herrliche Zukunft an der Seite des Messias aus. Doch nun lagen alle Träume in Schutt und Asche. Auf einen Schlag wurde Christus aus ihrem Leben gerissen, an ein Holz gehängt und Seine Nachfolger zerstreuten sich voller Panik in alle Windrichtungen.

Die Verzweiflung und Entmutigung, die diese Zwei auf dem Weg erlebten, hing zum Teil damit zusammen, dass es ihnen nicht gelang von der soeben geschehenen Katastrophe wegblicken zu können. Sie schafften es nicht, gedanklich in der Zeit zurückzugehen, um sich an die wertvollen Worte zu erinnern, die Jesus ihnen seinerzeit für genau diesen Moment mitgegeben hatte. Das Einzige, was sie in diesem Moment wahrnahmen, war totale Panik. Diese triste Situation verbaute ihnen den Blick für ihre Gegenwart genauso wie für ihre Zukunft.

Der heutige Text erklärt uns, wie Christus ihnen gegenüber anonym auftrat und Er anfing, *„... bei Mose und allen Propheten und legte ihnen aus, was in der ganzen Schrift von* *ihm gesagt war."* Das heißt, der Messias hob ihren Blick über ihre momentane Misere hinaus und eröffnete ihnen eine zutreffendere Sicht auf das Geschehene, indem Er ihnen ihren Platz in der Geschichte Gottes mit der Menschheit aufzeigte.

Für uns ist es von grundlegender Bedeutung, die Fähigkeit zu entwickeln, unseren unmittelbaren Blickwinkel verlassen zu können, um unsere Realität, in dem Jahrhunderte übergreifenden Handeln Gottes eingebettet, zu verstehen. Fast jeder von uns lebt in dem Bewusstsein anzunehmen, das Leben beginnt und endet mit uns, dass auch unser Dienst aus uns heraus geboren wurde und sich die Welt nur um uns dreht. Wegen dieser sehr verengten Sicht der Dinge bringen wir uns nur begrenzt und mit sehr zurückhaltendem Engagement ein. Wir müssen jedoch unsere Existenz als Teil eines Volkes begreifen, dass seit ewigen Zeiten mit Gott auf dem Weg ist. Wir leben nicht in einem Vakuum, sondern haben unseren Platz in einem geheiligten Volk, das dafür bestimmt ist, den Absichten des Herrn zu dienen.

Wenn wir verstehen, dass unser Tun ein winziger Teil eines viel größeren Ganzen ist, halten wir uns bald für weniger wichtig. Wir sind weder unentbehrlich noch ist das was wir tun so unglaublich unverzichtbar, wie wir uns das gerne wünschten. Wir haben die Gnade Gottes erfahren, an Seinen ewigen Werken mitwirken zu dürfen, jedoch ist Er lange vor unserer Zeit aktiv geworden und wird auch lange nach unserem Verschwinden weiter wirken. Unser Beitrag wird nur dann zum Segen, wenn er in das allumfassende Meisterwerk des ewig wirkenden Gottes, dem wir dienen, eingebettet ist.

Denkanstoß

„Wenn wir uns umschauen, erscheint ein Moment manchmal wie eine Ewigkeit. Erheben wir jedoch unsere Augen zum Himmel, zählen 1000 Jahre nicht mehr als ein Augenblick."[6] Johannes Calvin

26. August — An Leib und Seele schuldig geworden

Denn sooft ihr von diesem Brot esst und aus dem Kelch trinkt, verkündigt ihr den Tod des Herrn, bis er kommt. Wer nun unwürdig von dem Brot isst oder aus dem Kelch des Herrn trinkt, der wird schuldig sein am Leib und Blut des Herrn. *1.Korinther 11:26-27*

Während all der Jahre in denen ich mich mit der Bibel auseinandersetzte und in Gemeinden lehrte, konnte ich nie verstehen, wie sich eine bestimmte Sichtweise in vielen Gemeinden dermaßen hartnäckig halten konnte. Ich rede von der Lehrmeinung, dass jemand unwürdig am Abendmahl teilnimmt wenn er nicht getauft worden ist. Je mehr ich diese Textstelle lese, mit der wir uns heute beschäftigen, desto weniger spricht meiner Meinung nach für diese Auslegung.

Es ist richtig, dass Paulus im 1.Korinther 12:13 bekräftigt, dass wir durch den Heiligen Geist in einen Leib getauft sind. Es gibt jedoch keinen Beleg dafür, dass Paulus sich auf diese Stelle bezieht, als er der Gemeinde die Abendmahlsordnung gab. Paulus weist die Gemeinde wegen eines Themas zurecht, das er bereits an anderer Stelle im selben Brief aufgegriffen hatte. Es geht ihm bei seiner Ermahnung um die Problematik der Spaltungen, die zwischen ihnen bestehen. Er ist traurig, *„denn ein jeder nimmt beim Essen sein eigenes Mahl vorweg und der eine ist hungrig, der andere ist betrunken“* (1.Korinther 11:21). Mit anderen Worten legten sie während ihrer Versammlungen dasselbe egoistische Verhalten an den Tag wie jene, die ohne Christus leben. Jeder dachte nur an sein eigenes Bedürfnis, ohne einen Gedanken an die Not seines Nebenmannes zu verschwenden. Deshalb bekräftig der Apostel, dass die Zusammenkünfte *„nicht zu* *eurem Nutzen, sondern zu eurem Schaden"* sind. (1.Korinther 11:17).

Im Brief an die Epheser erklärt Paulus, dass Christus das Haupt ist, *„von dem aus der ganze Leib zusammengefügt ist und ein Glied am andern hängt durch alle Gelenke, wodurch jedes Glied das andere unterstützt nach dem Maß seiner Kraft und macht, dass der Leib wächst und sich selbst aufbaut in der Liebe"* (Epheser 4:16). Der Text zeigt klar, dass der Leib nur wachsen und gedeihen kann, wenn alle Körperteile verbunden sind und auf die richtige Art miteinander funktionieren. Wenn jedes Körperteil nur an seine eigenen Wünsche denkt, kann es nicht die Funktion erfüllen für die es geschaffen wurde, nämlich den Rest des Körpers zu segnen und zu ergänzen.

Beim Abendmahl erinnern wir uns an den Tod Christi. Das Erinnern schließt jedoch nicht nur den physischen Tod des Messias ein, sondern auch die Ursache, weshalb Er am Kreuz gestorben ist: die Sünde, die uns zu Menschen mit ausgeprägtem Egotrieb und einem Desinteresse an Gott und anderen Menschen machte. Wir nehmen also dann unwürdig am Abendmahl teil, wenn wir Sein Opfer, durch das Er unsere Situation verändern will, geringschätzen, indem wir weiterhin in denselben sündhaften Verhaltensweisen eines gefallenen Menschen verharren.

Denkanstoß

Welche Ihrer Verhaltensweisen dienen nicht der Ermutigung des Leibes Christi? Was wird Ihr nächster Schritt sein, um den Individualismus, der heutzutage so verbreitet ist, zu bekämpfen? Wie können Sie eine größere Dankbarkeit für Christi Opfer am Kreuz zeigen?

Ihr seid für die Welt wie Salz. Wenn das Salz aber fade geworden ist, wodurch soll es seine Würzkraft wiedergewinnen? Es ist nutzlos geworden, man schüttet es weg, und die Leute treten darauf herum. *Matthäus 5:13*

Jesus benutzt in der heutigen Geschichte, wie auch bei anderen Gelegenheiten, ein Beispiel aus dem Alltag, um Seinen Jüngern zu zeigen, wie wichtig es ist, Einfluss auf sein Umfeld zu nehmen. Salz besaß im alten Palästina zwei Hauptfunktionen. Zum einen sollte es dem Essen Geschmack verleihen und zum anderen diente es als Konservierungsmittel für Fleisch. Außerdem wurde es in einigen religiösen Zeremonien im Tempel verwendet, bei denen es reinigende Funktion hatte. Die Israeliten verwendeten hauptsächlich Salz, das sie aus dem Toten Meer gewannen. Dadurch war es zwar mit anderen Mineralien vermischt und damit nicht so rein, dafür aber leichter zugänglich.

Christus verglich die Wirkung der Jünger in der Welt mit dem Effekt den Salz hat. Erstens unterscheidet es sich grundsätzlich von Nahrungsmittel und erhält sich seinen eigenen Geschmack, wenn es der Nahrung zugeführt wird. Salz braucht den Eigengeschmack des Essens nicht; aber das Essen braucht die Würze des Salzes, um an Geschmack zu gewinnen. Ebenso sollte sich das Leben eines Jüngers Jesu grundsätzlich von den Menschen seines Umfeldes abheben. Wenn er an Veranstaltungen und Aktivitäten im nicht-christlichen Bereich teilnimmt, sollte ein Nachfolger Christi andere durch seine Prinzipien und Verhaltensweise anstecken. Auf keinen Fall sollte der „Geschmack der Welt" auf ihn abfärben.

Zweitens: Wenn Salz in das Essen gegeben wird, ist keine bestimmte Reaktion nötig um den gewünschten Geschmack zu erzeugen. Der Geschmack wird allein deshalb verän-

dert, weil sich Salz im Essen befindet. Auf die gleiche Weise braucht ein Jünger Jesu keine bestimmten Techniken, um sein Umfeld „zu würzen", sondern gibt seinen Geschmack auf natürliche Art durch seinen Lebensstil weiter.
Drittens ist es wichtig festzuhalten, dass Salz den besten Effekt hat, wenn es in der genau vorgesehenen Menge dem Essen zugeführt wird. Salzt man zu viel, wird die Mahlzeit ungenießbar. Genauso ist die Wirkungskraft eines Jüngers am nachhaltigsten, wenn sich sein Christsein auf natürliche und spontane Weise, als normaler Teil seines täglichen Lebens, dosiert. Manche Gemeinden vermitteln ihren Gemeindegliedern einen Evangelisierungsstil, der aus permanenten Verdammungspredigten ihrem Umfeld gegenüber besteht. Das einzige, was jedoch damit erreicht wird, ist, dass sich diese Menschen gegen das Evangelium stellen.
Die letzte Wirkung des Salzes ist es, Essen (speziell Fleisch) zu konservieren. Die Gegenwart der Gemeinde in der Stadt sollte dem natürlichen Verfall - der durch die Sünde in der Gesellschaft erzeugt wird - gegenüber stehen und sie davor bewahren. Dort wo die Kinder Gottes sind, sollte das erlösende Handeln ihres Herrn sichtbar werden.

Denkanstoß

Salz erfüllt seine Aufgabe, solange es salzt. Tut es dies nicht mehr, verliert es seine Existenzberechtigung.

28. August Christus der wahre Weinstock

Ich bin der wahre Weinstock und mein Vater der Weingärtner. Eine jede Rebe an mir, die keine Frucht bringt, wird er wegnehmen; und eine jede, die Frucht bringt, wird er reinigen, dass sie mehr Frucht bringe. *Johannes 15:1-2*

Im Alten Testament wird Israel oft als Weinstock bezeichnet. In den meisten Fällen war das kein Kompliment, da die Propheten immer wieder Israels mangelnde Frucht kritisierten. Christus erklärte Seinen Jüngern, dass Er der wahre Weinstock ist. Er versorgt sämtliche Äste, Zweige und Blätter, Reben und jede Traube. Weder die Kirche noch der Pastor sind der Weinstock, ebenso wenig die Ältesten oder Leiter der verschiedenen Arbeitsbereiche der Gemeinde. Die Gemeinde stellt einen Teil der Zweige dar, doch wer alles trägt und in allem und durch alles wirkt, ist Christus.

Auch der Vater ist nicht der Weinstock. Der Vater ist Eigentümer des Weinstocks und derjenige, der ihn pflegt. Nur Er sieht die Pflanze als Ganzes und weiß, wo sie zu beschneiden ist und wo die Erde um ihr Wurzelgeflecht erneuert werden muss. Er kennt die Bedürfnisse des Weinstockes besser als der gebildetste Beobachter. Die Arbeit des Vaters sorgt dafür, dass der Weinstock die Funktion erfüllt, für die er geschaffen wurde, nämlich Trauben im Überfluss hervorzubringen.

Um zu diesem Resultat zu gelangen, geht der Vater zwei wichtige Schritte. Die Reben die keine Frucht tragen, werden abgeschnitten und weggeworfen. Jesus hielt nicht hinter dem Busch damit, wie der Vater handeln würde. Die Rebe existiert, um Frucht zu bringen. Tut sie das nicht, kann sie nicht als Schmuckstück übrig bleiben. Lässt man ihr die notwendige Pflege zugute kommen und dennoch bringt sie keine Frucht, muss sie beschnitten werden, da sie Energie

und Kraft verbraucht, die an anderer Stelle besser eingesetzt werden können.
Im zweiten Schritt geht es darum, wie der Vater mit den Reben umgeht, die Frucht bringen. Christus wollte nicht, dass die Reben untereinander vergleichen sollen, wer die meisten Trauben oder die leckersten Früchte hervorbringt. Auch sagt Er nicht, dass der Herr jenen Beifall klatscht, die gute Frucht hervorgebracht haben. Jesus macht damit deutlich, dass der Vater selbst diese Reben beschneidet, damit sie noch fruchtbarer werden. Jeder Züchter weiß, dass dieser kurzzeitige schmerzhafte Eingriff die Rebe und damit die Pflanze als Ganzes stärkt.

Denkanstoß

Das Gleichnis führt uns zu zwei klaren Schlussfolgerungen. Zum einen gibt es keine Reben, die „einen Ruf“ besitzen würden und andere nicht. Jede Rebe, ohne Ausnahme, ist dazu da, um Frucht zu bringen. Keine Rebe hat Dekorationsfunktion. Zweitens entgeht niemand Gottes „Beschneidung“, noch nicht einmal die, „die auf dem guten Weg sind“. Alle werden beschnitten. Einige zum Leben, andere zum Tod. Lesen Sie Jesaja 5:1-7 und entdecken Sie, welche Freude der Herr an fruchtbaren Reben hat.

Bleibt in mir und ich in euch. Wie die Rebe keine Frucht bringen kann aus sich selbst, wenn sie nicht am Weinstock bleibt, so auch ihr nicht, wenn ihr nicht in mir bleibt. Ich bin der Weinstock, ihr seid die Reben. Wer in mir bleibt und ich in ihm, der bringt viel Frucht; denn ohne mich könnt ihr nichts tun. *Johannes 15:4-5*

Wird der Zweig von seinem Weinstock getrennt, vertrocknet und stirbt er. Er kann sich weder selbst am Leben halten und noch weniger kann er allein Frucht bringen. Alle lebenswichtigen Bestandteile liegen im Weinstock. Er kann sie nicht selbst erzeugen und auch nicht selbst versorgen. Seine einzige Hoffnung ist, vom Weinstock versorgt zu werden, doch dafür muss er mit ihm verbunden bleiben.

Christus ruft Seine Jünger auf, in Ihm zu bleiben, denn ohne Ihn können sie nichts tun. Wir müssen uns den Absolutheitsanspruch dieses Satzes einmal vor Augen führen. Es bedeutet nicht, dass, wenn man von Ihm getrennt ist, die Dinge ein bisschen schwieriger werden oder die Erfolge nicht ganz so groß sind. Christus drückte aus, dass es rein gar nichts gibt, was Seine Jünger tun können, wenn sie nicht mit Ihm vereint sind.

Was bedeutet es also, „in Ihm zu bleiben“? Die Rebe ist auf dauerhafte Verbindung mit dem Weinstock hin angelegt. Sie trifft sich mit der Pflanze nicht nur einmal am Tag oder zweimal pro Woche. Sie nährt sich permanent vom Weinstock. „In Ihm zu bleiben“ heißt also im einfachsten Sinne, sich jederzeit für Ihn zu öffnen. Es bedeutet, Ihm alle unsere Aufmerksamkeit zu schenken und danach zu streben, dass Er unser *ein und alles* sei.

Christus fügte jedoch noch eine weitere Bedingung an, um Frucht zu bringen. Er erklärte den Jüngern auch, dass Er in ihnen bleiben müsse. Daran wird deutlich, dass die Beziehung nicht allein auf unseren Schultern ruht. Oftmals machen wir uns glauben, dass eine lange Liste an Aktivitäten damit gleichzusetzen sei, dass wir in Ihm sind. Jesus verdeutlicht dagegen, dass dies alles keinen Wert besitzt, wenn Er nicht in uns bleibt.

Wie bleibt Er denn nun in uns? Er sagte ihnen: *„Wenn ihr in mir bleibt und meine Worte in euch bleiben, werdet ihr bitten, was ihr wollt, und es wird euch widerfahren"* (Johannes 15:7). Damit zeigt Er, dass es nicht nur darum geht, Ihn zu suchen, sondern aufmerksam dafür zu sein, was Er uns sagen will. Falls Seine Jünger auch dies nicht verstehen, fügte Er noch hinzu: *„Wenn ihr meine Gebote haltet, so bleibt ihr in meiner Liebe, wie ich meines Vaters Gebote halte und bleibe in seiner Liebe"* (Johannes 15:10). Das bedeutet, dass selbst die tiefste Frömmigkeit, Anbetung oder Gebete zwecklos sind, wenn wir Ihm nicht im Gehorsam folgen. Nur wenn wir Seine Gebote befolgen ist uns garantiert, dass Er wirklich Anteil an unserem Leben hat und nicht nur wir an Seinem.

Wir können also kein Leben in Seiner Fülle haben, wenn wir weiterhin in unserem eigenen Zentrum stehen. Niemand erwartet von uns, dass wir uns mehr anstrengen sollen, sondern dass wir Ihm das Ruder übergeben. Das heißt wiederum, dass alle unsere Aktivitäten viel weniger wichtig sind, als die Dinge die Er *in* uns bewegt.

Denkanstoß

„Wer meine Gebote hat und hält sie, der ist's, der mich liebt. Wer mich aber liebt, der wird von meinem Vater geliebt werden, und ich werde ihn lieben und mich ihm offenbaren." (Johannes 14:21)

Danach setzte der Herr weitere zweiundsiebzig Jünger ein und sandte sie je zwei und zwei vor sich her in alle Städte und Orte, wohin er gehen wollte. *Lukas 10:1*

Jesus glaubte scheinbar nicht, dass ein Mitarbeiter im Reich Gottes erst Verantwortung tragen darf, wenn er vollständig ausgebildet und reif genug ist, um die Last Seiner Berufung völlig tragen zu können. Noch während Er in die Ausbildung Seiner Jünger investierte, rief Er sie zusammen und übertrug ihnen eine Aufgabe. Damit sie dieses Projekt erfolgreich umsetzen konnten, gab Er ihnen für jeden Schritt der Reise die entsprechende Arbeitsanweisung. Wahrscheinlich haben die Jünger gar nicht wahrgenommen, dass Jesus' liebevolle Sorge für sie sich in einem weiteren Detail zeigte: Er sandte sie zu zweit aus. Eine grandiose Strategie! Es liegt soviel Weisheit in dieser Entscheidung und gibt uns einen wertvollen Hinweis darauf, wie wir Mitarbeiter ausbilden sollten.

Erstens können wir Herausforderungen zu zweit immer leichter angehen. Wir können unseren Partner um Rat bitten, können mit ihm oder ihr all unsere Ängste und Zweifel teilen und Mut aus der Gemeinschaft schöpfen. Selbst wenn die andere Person nicht die Antwort auf unsere Frage hat, begegnet Gott unseren Nöten bereits durch die Freundschaft und Begleitung des anderen.

Zweitens bereichert Partnerschaft unsere Sicht auf die Dinge. Anstatt lediglich auf unser eigenes Urteil zu vertrauen, können wir auf den anderen hören und seinen Standpunkt erwägen. Wir können sicher sein, dass unser Kompagnon Dinge erkennt, die uns nicht bewusst waren und uns dabei hilft, in unserem Tun ausgeglichener zu sein.

Und drittens erledigt man zu zweit eine bessere Arbeit als alleine. Unsere Gaben und Talente ergänzen sich soweit,

dass wir durch die gemeinsame Arbeit viel mehr erreichen können. Wir können davon ausgehen, dass unser Gegenüber die Qualitäten und Charakteristiken mitbringt, die ihm eigen sind, Daran bemerken wir, wie vielfältig Gott uns geschaffen hat.
Viertens hilft uns die Zusammenarbeit mit einem Gegenüber dabei, unsere eigene Leistung zu bewerten. Er kann unsere Fehler korrigieren und uns unsere Erfolge sehen lassen und damit helfen, dass wir jeden Tag weiser im Umgang mit unserer übertragenen Aufgabe umgehen können.
Fünftens tröstet und unterstützt uns unser Mitstreiter, wenn die Dinge einmal nicht so laufen wie wir es erhofft haben. Auf unserer Reise werden wir mit Sicherheit auch entmutigt, erleben Gegenwind oder Panik. Sind wir zusammen unterwegs, können wir unsere Furcht vor dem Fehlschlag teilen und unseren Frust gemeinsam vor Gott bringen.
Und Letztens können wir mit unserem Partner alle Freuden des Lebens teilen. Unsere größten Glücksmomente können wir am besten mit jemand anderem feiern. Siege und erreichte Ziele bekommen einen ganz anderen Geschmack, wenn wir sie als Team erleben.

Denkanstoß

Eine Kleinigkeit haben wir noch zu bedenken. Um zu zweit auf dem Weg zu sein, braucht man eine absolute Überzeugung, dass der Mitstreiter wirklich ein Geschenk Gottes für mein Leben ist. Und er ist es auch! Wir müssen ihn nur als solches wahrnehmen.

Seid aber Täter des Worts und nicht Hörer allein; sonst betrügt ihr euch selbst. Denn wenn jemand ein Hörer des Worts ist und nicht ein Täter, der gleicht einem Mann, der sein leibliches Angesicht im Spiegel beschaut; denn nachdem er sich beschaut hat, geht er davon und vergisst von Stund an, wie er aussah. *Jakobus 1:22-24*

Jakobus beschreibt in unserem heutigen Text ein ewiges Menschheitsproblem: Wir sind Zuhörer mit Kurzzeitgedächtnis. Es fällt heute nur stärker auf, weil wir vom Wort Gottes übersättigt sind. Wir hören es in unseren wöchentlichen endlosen Treffen, im Auto von der CD oder laden es aus dem Internet herunter. Wir lesen es in christlichen Ratgebern und setzen uns mit ihm in Andachtsbüchern auseinander. Stellen Sie sich einmal vor, wie sehr sich unser Leben ändern würde, wenn wir nur 10% vom Gehörten in die Praxis umsetzen würden. Aus uns würden geistliche Riesen werden!

Doch stattdessen vergessen wir das Gehörte. Gottes Wort in Seiner Gesamtheit vom 1. Mose bis zur Offenbarung weist uns jedoch an, dass Wort zu *tun!* Wer Zuhörer bleibt, schreibt Jakobus, betrügt sich selbst. Worin besteht dieser Selbstbetrug? Er ist vergleichbar mit dem gebrochenen Versprechen eines Vaters Seinen Kindern gegenüber. Er verspricht mit ihnen etwas zu unternehmen, worauf sie sich selbstverständlich freuen und dieses Ereignis heiß ersehnen. Doch ihre Begeisterung stirbt sobald sie merken, dass er nicht zu Seinem Wort steht. Genauso geht es dem, der nur Hörer des Wortes ist. Er hört es und erkennt auch die nötigen Schritte, um seine Situation zu verändern und freut sich in seinem Geist, dass Gott zu ihm gesprochen hat. „Dieses Wort habe ich wirklich gebraucht“, sagt er sich selbst.

Doch nach kurzer Zeit sind alle diese Gefühle verraucht, weil er das Gehörte nicht in die Tat umgesetzt hat.
Jakobus hilft uns mit der bemerkenswerten Einfachheit eines großen Lehrers, dieses Thema mit Hilfe des Gleichnisses vom Spiegel zu verstehen. Haben Sie schon einmal darüber nachgedacht, was die Funktion eines Spiegels ist? Er dient nicht nur dazu, dass Sie sich darin sehen, sondern einem viel wichtigeren Zweck. Durch ihn können Sie Körperteile sehen, die ihren Augen normalerweise entgehen. Durch die Spiegelung wird Ihnen bewusst, was Sie an sich zu verändern haben um vorzeigbar zu sein.
Dies ist die Funktion von Gottes Wort in unserem Leben. Es öffnet uns die Augen für Dinge, die wir selbst nicht sehen würden, Dinge die „im Geist“ erkannt werden müssen. Und an diesen Dingen müssen wir arbeiten. Sie würden doch auch nicht Zeit vor dem Spiegel verbringen, wenn Sie dann nichts an sich verändern würden oder? Genauso fordert Gott Sie auf, keine Zeit mit Seinem Wort zu verschwenden, wenn Sie nicht vorhaben danach entsprechend zu handeln. Das Wort hat eine Aufgabe in unserem Leben zu erfüllen. Ob wir dies zulassen, liegt in unseren Händen.

Denkanstoß

„Am Tage des Jüngsten Gerichts wird man uns nicht fragen, was wir gelesen, sondern was wir getan haben; nicht fragen, wie schön wir gesprochen, sondern wie fromm wir gelebt haben.“[7]
Thomas von Kempen

1. September — Haltet es für höchste Freude

Meine lieben Brüder, erachtet es für lauter Freude, wenn ihr in mancherlei Anfechtungen fallt, und wisst, dass euer Glaube, wenn er bewährt ist, Geduld wirkt. Die Geduld aber soll ihr Werk tun bis ans Ende, damit ihr vollkommen und unversehrt seid und kein Mangel an euch sei.

Jakobus 1:2-4

Diese Textstelle ist allen, die schon eine Weile mit dem Herrn unterwegs sind, wohlbekannt. Wir dürfen es aber nicht zulassen, nichts mehr aus der Bibel zu lernen, bloß weil uns ein Text vertraut ist. Es gibt hierbei verschiedene wichtige Punkte in Jakobus' Ermahnung zu betrachten.

Am Anfang fällt auf, dass der Apostel die Brüder ermutigt, inmitten von Schwierigkeiten in Freude zu leben. Freude ist ein Merkmal für uns Christen und es sollte daher keine Situation geben, die uns davon abbringt, uns an Gott zu erfreuen. Üblicherweise reagieren wir mit Freude auf etwas, das uns gut tut: eine Ermutigung, ein Wort oder Erlebnis, das uns angenehm ist. In diesen Momenten fließt unsere Freude über und wir teilen sie gerne mit anderen.

Doch in diesem Text stoßen wir auf eine Herausforderung. Wie können wir uns auch inmitten von Schwierigkeiten freuen? Die meisten von uns spüren keinen Funken Freude, wenn sie von traurigen oder negativen Situationen umgeben sind. Jakobus möchte uns daher nahebringen, dass wir keine Freude erleben werden, solange wir unsere Augen nur auf die Prüfung oder die Drangsal richten, durch die wir gerade gehen. Es ist logisch, dass keine Krise in uns Jubelstürme ausbrechen lassen wird oder uns zu tiefer Dankbarkeit

bewegt. Im Gegenteil, je mehr wir die Situation analysieren, desto entmutigter werden wir.
Jakobus' Ermahnung fordert uns auf, nicht auf die Problematik zu schauen, sondern auf das Resultat der Prüfung. Und wie sieht dieses Ergebnis aus? Wir werden vollkommener und ganzen Sinnes, ohne dass es uns an etwas mangelt. Die Formulierung, „uns wird es an nichts mangeln", schließt auch die Umstände ein, die es uns momentan nicht erlauben uns zu freuen. Das Wort „vollkommen" hat eine wichtige Bedeutung im Neuen Testament. Es bedeutet nicht, fehlerfrei oder ohne Sünde zu sein, sondern es geht vielmehr um Vollkommenheit von Gottes Sicht aus. Sie macht es uns möglich, das Leben in seiner ganzen Fülle zu leben und den Sinn zu erfüllen für den wir geschaffen wurden.
Es ist wichtig, dass wir uns vor Augen führen, dass nicht wir es sind die geprüft werden, sondern unser Glaube. Natürlich werden Sie mir antworten, dass Sie derjenige sind, der die Konsequenzen der Prüfung auszubaden hat. Doch Gott lässt Sie keine schwierige Situation durchleben, bloß weil Ihm danach ist. Er arbeitet daran, dass sich Ihr Glaube jedes Mal etwas mehr verfestigt. Sie und ich wissen, wie wichtig das ist, denn der Glaube ist ein Hauptbestandteil des geistlichen Lebens. *„Ohne Glaube"*, schreibt uns der Autor des Hebräerbriefes, *„ist es unmöglich Gott zu gefallen"* (Hebräer 11:6). So brauchen wir alle Unterstützungen die wir kriegen können, um uns einen lebendigen, dynamischen und robusten Glauben zu erhalten.

Denkanstoß

Wie können wir dies praktisch umsetzen? Lesen Sie Apostelgeschichte 16:22-34 und finden Sie heraus, wie Paulus und Silas es gemacht haben. Hier finden wir ein handfestes Beispiel dafür, wie wir uns inmitten von Schwierigkeiten freuen können.

Ich habe ihnen dein Wort gegeben und die Welt hat sie gehasst; denn sie sind nicht von der Welt, wie auch ich nicht von der Welt bin. Ich bitte dich nicht, dass du sie aus der Welt nimmst, sondern dass du sie bewahrst vor dem Bösen. Sie sind nicht von der Welt, wie auch ich nicht von der Welt bin. *Johannes 17:14-16*

Die Worte Jesu scheinen auf den ersten Blick etwas widersprüchlich. Einerseits bestätigt Er, dass die Welt die Jünger verstoßen hat, weil sie einem komplett anderen Königreich angehören. Durch ihren veränderten Lebensstil, ihre Werte und ihre Hingabe leben sie im deutlichen Unterschied zur gefallenen Welt. Die Konsequenz für Jesu Nachfolger sind Konflikte und Verfolgung.
Andererseits bittet Jesus den Vater im darauffolgenden Satz jedoch genau um das Gegenteil von dem, was wir erbeten hätten – dass Er sie nicht aus der Welt nimmt. Es ist deshalb das Gegenteil unserer Bitte, weil wir instinktiv dazu tendieren Schwierigkeiten zu vermeiden soweit es in unserer Macht steht.
Christus macht klar, dass Seine Jünger nicht zur Welt gehören. Er desillusioniert sie, indem Er ihnen bewusst macht, dass sie sich nie in diesem Umfeld wohl fühlen werden. Nichtsdestotrotz versuchen manche Gläubige ihr ganzes Leben lang es sich so gemütlich wie möglich auf der Erde einzurichten, während sie auf dem Weg in die Ewigkeit sind.
Wir sollten über die Bitte, die Jesus an Seinen Vater richtet, etwas nachsinnen: *„Ich bitte für sie und bitte nicht für die Welt, sondern für die, die du mir gegeben hast; denn sie sind dein“.* Warum bittet Er Ihn darum? Wir sind dazu berufen, eine Mission zu erfüllen, nicht in einer anderen Welt, sondern in dieser. Gott hat uns gesegnet, damit wir für andere zum Segen werden, die er uns in den Weg stellt. *„Da sprach*

Jesus abermals zu ihnen: Friede sei mit euch! Wie mich der Vater gesandt hat, so sende ich euch" (Johannes 20:21). Dies ist zentraler Bestandteil für jeden Jünger Jesu, auch heute. Es ist unmöglich diese Berufung zu erfüllen, wenn wir nicht in der Welt stehen, inmitten der Leute, die uns ablehnen! Es sollte uns traurig machen, dass sich die Kirche oftmals von der Welt abwendet und sich in vielfältige Programme flüchtet, um diejenigen die bereits gesegnet sind, noch mehr zu segnen. Wir Leiter zwingen denselben Stil den neuen Gläubigen auf. Sie haben noch gar nicht recht im Leib Christi ihren Platz gefunden und schon schneiden wir sie von allen Beziehungen ab, die sie mit „weltlichen Menschen" noch haben. Wir begründen es damit, sie vor dem schlechten Einfluss der sündigen Menschen bewahren zu wollen. Wir erreichen jedoch damit lediglich, das Gebet Christi zu untergraben, der doch den Vater genau darum gebeten hatte, dass Er niemanden aus der Welt nimmt. Wir sollten vielmehr nach einer Form, wie wir in der Welt aktiv sein können, suchen und darum beten, dass Gott sie vor dem Bösen schützt. Genau darum bat Jesus Seinen Vater und wir können uns nicht mit weniger zufriedengeben. Wenn wir uns aus der Welt zurückziehen, stellen wir uns damit gegen unsere Berufung und ohne unsere Berufung in der Welt zu leben, können wir keine Jünger Christi sein.

Denkanstoß

Haben Sie weltliche Freunde? Wie viel Zeit widmen Sie ihnen? Fühlen diese sich von Ihnen geliebt? Wie viel Zeit verbringen Sie im Vergleich dazu mit Ihren christlichen Brüdern?

3. September Jeder ist etwas Besonderes

Der Stolz der jungen Männer ist ihre Kraft; das graue Haar aber schmückt die alten Menschen. *Sprüche 20:29 (NLB)*

Der Autor der Sprüche wählt sich zwei Personengruppen aus, die am gegenüberliegenden Ende des Lebens liegen, um uns eine interessante Beobachtung mitzuteilen. Die jungen Menschen sind gerade dabei, ihr Leben aufzubauen, indem sie versuchen, zu nützlichen Bestandteilen der Gesellschaft zu werden. Am anderen Ende der fiktiven Skala finden sich die Älteren, die ihren Lauf schon hinter sich haben und die zu einem großen Teil ihren Anteil zur Gesellschaft beigetragen haben. Beide, so sagt uns der Vers, sind etwas Besonderes.

Wir leben in einer Gesellschaft, die sich die Glorifizierung der Jugend auf die Fahnen geschrieben hat. Es werden Millionensummen für junge Männer gezahlt, die mit ihrem Fussball- oder Rennfahrertalent die Massen beeindrucken. Die Supermodels auf dem Laufsteg, sind zu Stars geworden und unzählige Teenager, die versuchen wie sie zu sein, werden in ihren Bann gezogen. Junge Topmusiker, die Plattenverträge von astronomischer Höhe in den Händen halten, prägen mit ihren Werten und Meinungen eine ganze Generation. In der Geschäftswelt werden Arbeiter, die 40 Jahre lang für eine Firma geschuftet haben, plötzlich entbehrlich und müssen ihren Platz für die Welle frisch promovierter Studenten räumen, denn sie – so glaubt man – repräsentieren die Zukunft des Marktes.

In diesem Rahmen ist das Älterwerden eine Strafe. Ist jemand erst einmal pensioniert, liegt vor ihm eigentlich keine andere Herausforderung, als auf seinen Tod zu warten. Auch wenn wir ihnen mit einer gewissen Zärtlichkeit begegnen, sehen wir sie kaum als wertvolles Mitglied der Gesellschaft an.

Unser heutiger Abschnitt widerspricht der weit verbreiteten Auffassung, dass eine Lebensetappe wertvoller ist, als eine andere. Jeder Abschnitt hat seine Vorteile. Jeder hat seine eigenen Herausforderungen, die sich von denen anderer Lebensabschnitte unterscheiden. Doch wenn wir versuchen, an alle Etappen dieselbe Messlatte anzulegen, erscheinen sie unattraktiv. Nehmen wir die Stärken der Jugend und legen sie ans Alter an, kommt uns dieser Lebensabschnitt natürlich wenig wünschenswert vor. Alte Menschen verlieren tagtäglich an Vitalität und Kraft, die sie früher im Überfluss besaßen. Wenn unser Ideal physische Perfektion, ein makelloser Körper oder ein faltenfreies Gesicht ist, werden wir uns mit aller Kraft dem Alterungsprozess entgegenstemmen Dennoch zeigt uns unsere heutige Reflexion, dass die Schönheit der Älteren genau in ihrem Alter liegt. Hinter den tiefen Falten und den grau melierten Haaren steckt ein ganzes Leben voller Erfahrungen, Kämpfen und Siegen. In ihren Gesichtern kann man eine Geschichte, die es wert ist, erzählt zu werden, ablesen. Aus ihren Fehlern und Erfolgen können wir viele Lektionen lernen. Dafür, dass sie ihren Lebens-Lauf mit einer solchen Ausdauer hinter sich gebracht haben, verdienen sie unseren Respekt, denn wir wissen heute noch nicht, ob wir je dort ankommen werden, wo sie heute schon stehen. Betagte Menschen sind etwas Besonderes im Reich Gottes, weil sie einen Beitrag leisten, den kein Junger leisten kann.

Denkanstoß

„Vor einem grauen Haupt sollst du aufstehen und die Alten ehren und sollst dich fürchten vor deinem Gott; ich bin der HERR."
(3.Mose 19:32)

Wenn dich also deine Hand oder dein Fuß zum Bösen verführen will, hack sie ab und wirf sie weg. Besser du kommst als Krüppel oder Gelähmter in den Himmel, als dass du mit allen deinen Gliedmaßen ins ewige Höllenfeuer geworfen wirst. Und wenn dich dein Auge zum Bösen verführen will, stich es aus und wirf es weg. Besser du kommst halb blind in den Himmel, als zwei Augen zu haben und ins ewige Höllenfeuer geworfen zu werden. *Matthäus 18:8-9 (NLB)*

Die Bibel gibt uns hier mindestens zwei klare Anweisungen, wie wir mit Sünde in unserem Leben umzugehen haben. Eine bezieht sich auf die sogenannten „Gelegenheitssünden". Diese Art Sünde betrifft jeden Menschen, jeder macht sich gelegentlich schuldig. Jemand der geistlich wach ist, wird Gedanken, die ihn auf die Schiene zur Sünde führen, frühzeitig wahrnehmen. Der Apostel Paulus stellt klar, dass wir diese Gedanken gefangen nehmen müssen, wenn wir Gott gehorsam sein wollen. Das bedeutet, den Gedanken „einzusperren", sobald er auftaucht, und ihn zu Füßen Christi zu legen. Damit erklären wir, dass wir unter Seiner Herrschaft stehen.

Doch unser heutiger Abschnitt bezieht sich auf eine zweite Art von Sünde, die nicht zu den Gelegentlichen gehört. Diese Art Sünde hat sich bereits als Angewohnheit in unser Leben eingeschlichen. Wir fühlen uns in unserem Problem gefangen, unfähig eine Lösung dafür zu finden. Wir werden schuldig, bitten um Vergebung, schwören es nie wieder zu tun, aber nach kurzer Zeit finden wir uns in derselben Situation wieder. Christus hält eine radikale Lösung für diese Art von Problemen bereit. Er gibt uns zu verstehen, dass wir an dem Punkt an dem wir nun stehen zu schwach sind, um das Problem mit Selbstbeherrschung lösen zu können. Stattdessen müssen wir einen radikalen Schritt tun. Wir müssen den

entsprechenden Umstand, die Tätigkeit oder die Situation aus unserem Leben herausschneiden, damit sie uns nicht weiter auf den Weg der Sünde verleitet.
Ich werde versuchen dies zu illustrieren. Nehmen wir an, ein junger Mann spielt leidenschaftlich gerne Fußball. Bei jedem Spiel geht jedoch sein Temperament mit ihm durch und er reagiert auf seine Kameraden gewalttätig. Schon oft hat er den Herrn und seine Mitspieler deshalb um Vergebung gebeten, doch es passiert ihm immer wieder. Welche Lösung schlägt Christus vor? Er sollte mit dem Fussball solange aufhören, bis er genügend Selbstbeherrschung gelernt hat, um den Herrn auch im Sport zu ehren.
Dies lässt sich genauso auf jemanden anwenden, der zu viel fern sieht, immer diskutieren will oder seine Ausgaben nicht im Zaum halten kann. In jedem Fall liefert der bloße Widerstand keine Resultate. Man braucht einfach eine stärkere Medizin. Deshalb ist die einzige Lösung, der Situation, die uns zur Sünde führt, aus dem Weg zu gehen.
Mit Sünde können wir nicht leichtfertig umgehen. Wenn wir nicht entschlossen gegen sie angehen, vernebelt sie unseren Blick, verhärtet unser Herz und führt, wie der Apostel Jakobus uns klar macht, zum Tode (Jakobus 1:15). Um ein solches Übel bei der Wurzel zu packen, hilft nur ein radikaler Schnitt mit dem Problem. Es ist besser einige Dinge in dieser Welt zu verlieren und dafür einen weiten Eingang zum Himmel zu gewinnen.

Denkanstoß

„Lieber wegen Hungers sterben, als beim Teufel um Essen zu bitten."[1] Thomas Watson

Die Rache und Gottes Reich

Ist's möglich, soviel an euch liegt, so habt mit allen Menschen Frieden. Rächt euch nicht selbst, meine Lieben, sondern gebt Raum dem Zorn Gottes; denn es steht geschrieben (5.Mose 32:35): »Die Rache ist mein; ich will vergelten, spricht der Herr.« *Römer 12:18-19*

Nur wenige Dinge graben sich so tief in unsere Herzen, wie die Gemeinheiten die andere uns antun. Es fällt uns leichter, wirtschaftliche Not, Arbeitslosigkeit oder Krankheit zu verkraften, als dass andere uns verraten. Das trifft uns bis ins Mark. Diesen schlimmen Moment zu überstehen, bleibt eine Herausforderung für uns. Im heutigen Text gibt uns Paulus eine Orientierungshilfe an die Hand. Zum Einen hebt er hervor, dass der Friede ein typisches Merkmal von Nachfolgern Christi sein sollte, denn sie folgen dem Gott des Friedens. Doch Seine Einschränkung *„ist´s möglich, soviel an euch liegt"*, macht deutlich, dass es zum friedlichen Zusammenleben immer die Beteiligung beider Seiten benötigt. Das heißt, nicht nur ich sollte auf Aggression verzichten, sondern es wird auch dasselbe von meinem Gegenüber erwartet. So kann es sein, dass wir nicht immer den Zustand völligen Friedens erreichen, da unser Wunsch, mit dem anderen in Frieden zu leben, in ihm manchmal keinen Widerhall erfährt. Dennoch sind wir dazu aufgerufen alles in unserer Macht Stehende zu tun, um mit unseren Mitmenschen friedliche Beziehungen zu schaffen und aufrechtzuerhalten. Das fällt uns besonders in den Beziehungen schwer, in denen wir angegriffen, herabgesetzt oder uns von anderen ungerecht behandelt wurden. Hier löst sich unser Friedenswille in Rauch auf und wir fühlen in unserem Inneren einen starken Drang, für diese ungerechte Behandlung Wiedergutmachung einzufordern, koste es was es wolle.

Genau in diesem Moment ringen wir mit dem tiefen Wunsch nach Rache. Wir glauben oft, dass Rache sich nur durch offene Aggression dem anderen gegenüber ausdrückt und übersehen, dass sie sich hinter unterschiedlichen Masken versteckt. Es reicht uns schon, wenn wir wissen, dass sich die andere Person ebenso schlecht oder noch ein bisschen schlechter fühlt als wir. Dies kann sich sehr subtil in dem Wunsch zeigen, dass es dem anderen in seinem Leben schlecht gehen möge oder er öffentlich gedemütigt würde. Letztlich ist Rache ein Gefühl, das sich in unserem Herzen festhakt. Der Racheakt selbst ist lediglich das Offenbarwerden des bitteren Geistes, der sich bereits in uns Platz verschafft hat.

Paulus ruft uns dazu auf, genau dieses Sehnen in Gottes Hände abzugeben. Dies ist die weiseste Reaktion, denn Gott verteidigt die Sache Seiner Kinder und nur Er schätzt alle Bestandteile einer Situation richtig ein und kann unterscheiden, auf welche Art Er fortfahren muss. Wenn wir die Angelegenheit in Seine Hände übergeben erklären wir damit, dass Er sehr gut weiß, was wir brauchen und nichts anderes tun würde als das, was das Beste für uns ist.

Denkanstoß

„Denn dazu seid ihr berufen, da auch Christus gelitten hat für euch und euch ein Vorbild hinterlassen, dass ihr sollt nachfolgen seinen Fußtapfen ... der nicht widerschmähte, als er geschmäht wurde, nicht drohte, als er litt, er stellte es aber dem anheim, der gerecht richtet“ (1.Petrus 2:21,23).

Und ich gebot euren Richtern zur selben Zeit und sprach: Hört eure Brüder an und richtet recht, wenn einer etwas mit seinem Bruder hat oder mit dem Fremdling, der bei ihm ist. Beim Richten sollt ihr die Person nicht ansehen, sondern sollt den Kleinen hören wie den Großen und vor niemand euch scheuen; denn das Gericht ist Gottes.

5.Mose 1:16-17

Eine unserer Verantwortungen als Pastoren ist, in Zwistigkeiten und Streitsituationen zwischen christlichen Geschwistern einzugreifen, da es oft das Schlichten eines Außenstehenden braucht um den Konflikt gut zu lösen.

Die große Herausforderung steckt für einen Leiter in einer solchen Situation darin, sich nicht auf seine menschliche Urteilsfähigkeit zu stützen. Das soll nicht heißen, dass wir auf rein menschlichem Wege nicht zu gerechten Beurteilungen kommen können; als Menschen besitzen wir ja auch immer eine Spur von Gerechtigkeitssinn. Meistens jedoch torpediert unsere Menschlichkeit unsere Urteilsfähigkeit in Bezug auf andere Menschen.

Mose ermutigt seine Verantwortungsträger gerecht zu urteilen, wenn sie Konflikte schlichten. Der Schlüssel liegt darin, keine Ausnahmen für bestimmte Menschen zu machen, nicht einzuknicken und einigen Menschen den Vorrang vor anderen zu geben. Ein typisches Beispiel wäre, dem Reichen Vorzug vor dem Armen zu geben oder dem Ansässigen vor dem Ausländer. Diese Denkweise scheint uns in der Gemeinde sehr weit hergeholt, bis uns klar wird, dass diejenigen, die wir oft im Gottesdienst hören, auch die sind, die am meisten in die Gemeindekasse einzahlen oder zu den Urgesteinen der Gemeinde gehören.

Mose möchte darauf hinweisen, dass ein Diener des Herrn sich nicht vor Menschen fürchten sollte, denn Gott ist derjenige, der richtet. Dies bedeutet, dass ein gerechtes Urteil nicht nur von Gott kommt, der jegliche Situation korrekt beurteilt, weil Er die menschliche Herzenseinstellung kennt. Mose macht klar, dass die Autorität zum Beurteilen von Gott verliehen wird. Auch Paulus beschreibt dies in seinem Brief an die Römer: *„... Denn es ist keine Obrigkeit außer von Gott; wo aber Obrigkeit ist, die ist von Gott angeordnet. Wer sich nun der Obrigkeit widersetzt, der widerstrebt der Anordnung Gottes ..."* (Römer 13,1-[...]2). Aus diesem Grund müssen wir von Ehrfurcht erfüllt sein, wenn wir irgendein Urteil fällen, denn wir werden uns vor dem Gott des Himmels dafür rechtfertigen müssen, wie wir die Verantwortung, die er uns übertragen hat, genutzt haben.

Salomo fühlte sich außerstande diesen Auftrag zu erfüllen und bat daher Gott ihn mit einer Weisheit auszurüsten, die er selbst nicht besaß. Der Herr erhörte seine Bitte und sein Ruhm als gerechter Richter verbreitete sich über die ganze Erde. Damit hinterlässt er uns ein wertvolles Beispiel. Wir können es nicht auf die leichte Schulter nehmen, die Konflikte unserer Geschwister leichtfertig zu beurteilen. Das Wichtigste dabei ist wahrscheinlich, sich nicht zu einer Entscheidung drängen zu lassen. Entschleunigen wir uns, haben wir dadurch Zeit, das Gehörte in Ruhe zu durchdenken und auf die Führung des Heiligen Geistes zu warten, damit wenn wir reden, unsere Worte mit dem Sinn Gottes übereinstimmen.

Denkanstoß

„Gerechtigkeit erhöht ein Volk; aber die Sünde ist der Leute Verderben." (Sprüche 14:34)

Als er aber das Volk sah, ging er auf einen Berg und setzte sich; und seine Jünger traten zu ihm. Und er tat seinen Mund auf, lehrte sie und sprach... *Matthäus 5:1-2*

Es gibt eine Verbindung zwischen der Menschenmenge und der Entscheidung, den Berg hinaufzusteigen. Die Bergpredigt ist keine aus dem Ärmel geschüttelte spontane Lehreinheit Jesu, sondern die passende Vermittlung verschiedener wichtiger Werte des Reiches Gottes an die Menschenmenge und an Seine Jünger im richtigen Moment.

Es fehlte wahrlich nicht an Lehren über das geistliche Leben in Israel. Doch die Predigten der Schriftgelehrten und Pharisäer konzentrierten sich auf das blinde Befolgen des Gesetzes, besonders auf die für andere sichtbaren Dinge. Deshalb wies Christus seine Zuhörer an: *„Habt Acht auf eure Frömmigkeit, dass ihr die nicht übt vor den Leuten, um von ihnen gesehen zu werden; ihr habt sonst keinen Lohn bei eurem Vater im Himmel“* (Matthäus 6:1). Wir stehen laufend in der Versuchung, uns von der Meinung, die andere über uns haben, abhängig zu machen. Stehen wir dann noch im Rampenlicht eines öffentlichen Dienstes in der Gemeinde, ist dieser Kampf für uns besonders stark. Wie viele Reden schwingen und wie viele Phrasen dreschen wir, deren einziges Ziel es ist andere mit unserer scheinbaren Frömmigkeit zu beeindrucken.

In Seiner Bergpredigt möchte Christus seine Zuhörer auf einen Aspekt des Lebens hinweisen, den Außenstehende zwar nicht sehen, der aber dennoch ewiges Gewicht besitzt: unser inneres Leben, die Geheimnisse des Geistes, die nur der Herr ganz kennt. Er führt sie bewusst dazu, über ihre Handlungen nachzudenken und ihre dahinter steckenden Motivation einzuschätzen.

In den Seligpreisungen bezieht Jesus sich auf die Eigenschaften eines Reich-Gottes-Bürgers. Er zieht nicht eine neue lange Liste von Bedingungen hervor, mit denen man zu Gott gelangt so wie es die Religiösen jener Zeit taten. Vielmehr beschreibt Er die Merkmale derjenigen, die sich bereits auf dem geistlichen Weg mit dem Herrn selbst befanden. Dies ist kein Ergebnis menschlicher Anstrengungen, sondern das Resultat einer übernatürlichen Begegnung. Die Grundlage von allem ist, was auf die Ewigkeit hin angelegt ist.

Das Wort „gesegnet" bezieht sich nicht auf einen emotionalen Zustand und beschreibt viel mehr als „glücklich sein". Es ist der Zustand der Fülle die jemand erreicht hat, der von Gott berührt wurde. Derjenige bringt Leben mit sich, Leben in Überfluss. Das zu besitzen, bedeutet selig zu sein. Als Christus Seinen Mund öffnete und dies verkündete, wollte Er erreichen, dass Menschen verstehen, dass es sich lohnt, sein Leben Gott ganz hinzugeben. Er malte ihnen ein komplett anderes Leben vor Augen als das, welches sie aus dem Alltag kannten – kleinlich, bitter und niedergeschlagen.

Jede unserer Predigten und Lehren sollte deshalb ebenso eine gute Portion Freude, Hoffnung und Ermutigung enthalten, denn auch wir verkündigen die Frohe Botschaft!

Denkanstoß

„Und es geschah, Als Jesus diese Worte vollendet hatte, da erstaunte die Volksmenge sehr über seine Lehre; denn er lehrte sie wie einer der Vollmacht hat, und nicht wie ihre Schriftgelehrten." (Matthäus 7:28-29, ELB). Erstaunt auch „Ihr Volk" über Ihre Predigtworte?

8. September — Glückselig sind die Armen im Geist

Selig sind, die da geistlich arm sind; denn ihrer ist das Himmelreich. *Matthäus 5:3*

Die erste Seligpreisung beschreibt den Anfangspunkt eines jeden geistlichen Lebens: die Erkenntnis der eigenen Armut. Sie entsteht in einem Moment der Erleuchtung, den Gott uns schenkt und in dem alle Dinge von uns abfallen, die uns glauben ließen wir seien jemand. Wir erkennen uns, wie Er uns sieht: in einem Zustand des völligen geistlichen Bankrotts.

Das beste Beispiel dafür finden wir in der Geschichte des verlorenen Sohnes. Die herrlichen Zeiten, in denen die Tage wie eine endlose Party schienen, mit überquellender Geldbörse und einer endlosen Reihe von Bewunderern, sind endgültig vorbei.

Als er zwischen den Schweinen sitzt, den Mantel zerrissen und verdreckt, fühlt er ein unerbittliches Magenknurren und „ging in sich". Für ihn war der Zeitpunkt gekommen, an dem er seinen wahren Zustand erkannte und ihm wurde bewusst, dass er völlig verloren und allein auf dieser Welt war. Dieser erbärmlicher Zustand bewegt ihn letztlich dazu, den Heimweg zu seinem Vaterhaus aufzunehmen.

Man muss sich vor Augen führen, dass sich Armut im Geist nicht nur auf die Erfahrung unserer Umkehr bezieht. Es ist vielmehr ein Zustand, in den uns der Herr immer wieder bringt. Je länger wir auf unserem Lebensweg unterwegs sind, umso häufiger verfallen wir ein ums andere Mal in eine stolze oder hochmütige Haltung – also genau entgegengesetzt zum Reich Gottes. Die einzige Hoffnung für uns in diesen Momenten ist, uns unseren realen geistlichen Zustand vor Augen zu führen. Genau das war auch Petrus' Erfahrung, als er – von seiner eigenen Begeisterung getragen – seine Treue Jesus gegenüber unter Beweis stellen und sein Leben für ihn geben wollte. Der persönliche Zerbruch, so schmerzhaft und tief er auch gewesen sein mag, half ihm seinen persönlichen Zustand mit absoluter Schärfe sehen zu können.

Jesus erklärte, dass der Segen des Zerbruchs darin liegt, Gottes Reich zu besitzen. Hier wird ein grundlegender Unterschied zu den Königreichen der Welt deutlich, die nur durch Gewalt und Macht eingenommen werden. Nur diejenigen mit den aggressivsten Ambitionen gelangen in unserer Welt in die höchsten Machtpositionen. Egal, ob in Politik, Wirtschaft oder Kultur; es hat den Anschein, als ob für die Schwachen und Demütigen kein Platz sei. Dies glaubten wir solange bis unter uns eine Mutter Theresa erschien, ein unscheinbares Persönchen, die sich vorbehaltlos dem Dienst an den Verstoßendsten unseres Planeten widmete. Bis zu ihrem Lebensende bewegte sie sich zwischen den Einflußreichsten der Welt, unterhielt sich mit Präsidenten und Königen und teilte ihre Botschaft mit Millionen von Menschen. Sie erreichte dies jedoch nicht durch Kraft, sondern auf dem Weg der geistlichen Armut. In der geistlichen Welt ist das Reich denen übertragen, die anerkennen, dass sie keinerlei Fähigkeit besitzen, durch die sie selbst groß sein könnten. Erinnern wir uns an das Wort des Herrn an die Israeliten *„... Wenn ihr umkehrtet und stille bliebet, so würde euch geholfen; durch Stillesein und Hoffen würdet ihr stark sein..."* (Jesaja 30:15)

Denkanstoß

„Du sprichst: Ich bin reich und habe genug und brauche nichts!, und weißt nicht, dass du elend und jämmerlich bist, arm, blind und bloß." (Offenbarung 3:17)

9. September — Glückselig sind die Trauernden

Glücklich sind die Trauernden, denn sie werden Trost finden. *Matthäus 5:4 (HfA)*

Gestern haben wir festgestellt, dass der Anfang einer bedeutenden geistlichen Erfahrung darin liegt, die Armut unseres eigenen Geistes anzuerkennen. Es bedeutet, eine Aufstellung unserer geistlichen Güter anzufertigen und zu entdecken, dass wir gänzlich ohne Guthaben in diesem Lebensbereich dastehen.

Diese Erkenntnis kann, muss aber nicht zwangsläufig der Startschuss für etwas Neues sein. Vielen von uns fällt zwar auf, dass es negative Aspekte in unserem Leben gibt, jedoch entlockt uns das bestenfalls ein Schulterzucken. Bei anderen führt das Erkennen ihrer Armut zu einer merkwürdigen Art von Stolz auf ihre Situation.

Kommt die Offenbarung vom Herrn selbst, führt sie uns zum zweiten Schritt, dem Weinen. Unser wahrer Zustand vor dem Herrn führt uns in eine tiefe Traurigkeit, da uns bewusst wird, wie tief wir Ihn verletzt haben. In Seiner Gnade erlaubt Er uns unsere Situation zu beweinen, denn Tränen sind der Anfang aller Heilung.

Diese Wahrheit steht dem heutigen Mehrheitsdenken der Gesellschaft entgegen, besonders auf uns Männer bezogen. „Männer weinen nicht!“, trichterten uns unsere Väter bereits im zarten Kindesalter ein, als wir noch nicht einmal wussten was Männer sind. Wenn Tränen fehlen, weist das jedoch auf eine Herzensverhärtung hin und auf eine fehlende Verbindung zu unserem emotionalen Ich. Weint jemand nie, liegt der Grund möglicherweise darin, dass er in seinem Leben gelernt hat, dass Tränen nur Ärger bedeuten. Um diese Schwierigkeiten zu umgehen, unterdrückt er diesen Aspekt seiner Persönlichkeit, der so natürlich und grundlegend wie unsere tägliche Nahrung ist.

David, einer der geistlichen Helden der Bibel, vergoss häufig Tränen. In Psalm 6 führt er aus, wie er sein Bett mit Tränen durchnässt hat. In Psalm 42 beschreibt er, dass Tränen sein Tages- und Nachtmahl waren. Christus weinte mehr als einmal für Dinge, die wir nicht einmal verstehen. Petrus weinte bitterlich, nachdem er den Herrn verraten hatte. Die Geschwister aus Ephesus weinten aus tiefstem Herzen, als sie hörten, dass sie Paulus nicht wiedersehen würden. Alle diese Beispiele zeigen uns wie natürlich es ist, Trauer auszudrücken und wie es Türen für das Wirken Gottes öffnet.

Christus meinte genau das, als er sagte, dass die Trauernden gesegnet seien. Ihre Tränen lassen sie nicht leer und allein zurück. Geistliche Trauer führt nicht zu Trübsal (2.Korinther 7:10). Mitten in der Trauer kommt die sanfte Hand Gottes, *„Er heilt, die zerbrochenen Herzens sind, und verbindet ihre Wunden“* (Psalm 147:3). Wer dies einmal erlebt hat weiß, wie erfrischt und erneuert man sich nach der Trauer fühlt; so wie die Erde, auf die es gerade frisch geregnet hat.

Als Leiter sollten wir unsere Leute dazu ermutigen, ihre Gefühle ehrlich auszudrücken, was im Übrigen, auch wir befolgen sollten. Es gibt keinen Grund sich zu schämen, wenn der Heilige Geist in unserem Leben wirkt. Es sind gesegnete himmlische Tränen!

Denkanstoß

Wehe denen, die niemals weinen, denn Trauer und Furcht werden sie ihr ganzes Leben lang verfolgen.

10. September — Glückselig sind die Sanftmütigen

Selig sind die Sanftmütigen; denn sie werden das Erdreich besitzen. *Matthäus 5:5*

Die ersten beiden Seligpreisungen entstehen durch Gottes Eingreifen in unser Leben. Dadurch beginnt sich unser geistlicher Zustand zu verändern. Durch das Wirken des Heiligen Geistes erkennen wir unsere eigentliche menschliche Mangelsituation. Alle menschliche Gesinnung, die uns glauben lassen will, dass wir jemand sind, wird entblößt. Unser geistlicher Mangel zeigt sich gnadenlos und wir müssen uns vor der Realität, die unserem Selbstbild entgegensteht, innerlich beugen.

Die heutige Seligpreisung baut auf die geistliche Situation der zwei vorhergehenden auf. So wie Kettenglieder miteinander verbunden sind, kann auch dieser Zustand nicht von der Armut und der geistlichen Zerbrochenheit getrennt werden. Sanftmut jedoch, führt uns direkt ins Zentrum der zwischenmenschlichen Beziehungen. Es ist wichtig, zu verstehen, dass gesunde Beziehungen nicht von der Art der Menschen abhängt, die miteinander in Verbindung stehen, sondern ob ein geistliches Fundament existiert, das uns erlaubt uns so zu sehen wie wir wirklich sind.

Sanftmut ist eine Haltung die uns bewusst macht, dass geistliche Armut wirklich ein Handeln Gottes ist und nicht von uns selbst ausgeht. Sind wir in Sanftmut gekleidet, können wir selbst Schmerzhaftes, Demütigendes und Schwieriges in einer ruhigen und gelassenen inneren Haltung aushalten. Wenn andere uns mit unseren Schwächen und Fehlern konfrontieren, reagieren wir nicht mit wütender Empörung oder mit dem Versuch uns herauszureden. Gottes Geist selbst hat unsere Schwachstellen anderen sichtbar gemacht. Daher

können wir die Worte der anderen eher als Bestätigung dessen, was Gott uns bereits gezeigt hatte, betrachten.
Werden wir ungerecht behandelt, reagieren wir mit Bedacht. Wir kümmern uns nicht mehr um Beleidigungen oder Angriffe anderer, die unserem Ruf schaden. Wir sind überzeugt davon, dass Gott die Seinen verteidigt und unsere Hilfe dazu nicht benötigt. Diese Haltung legte auch Mose an den Tag, als sich Miriam und Aaron (4.Mose 12) oder die Söhne Korachs (4.Mose 16) gegen ihn erhoben. Die Bibel beschreibt ihn als sanftmütigsten Menschen auf der Erde (4.Mose 12:3). Jesus lädt alle Mühseligen und Beladenen ein, zu Ihm zu kommen, *„...denn ich bin sanftmütig und von Herzen demütig..."* (Matthäus 11:29). Im schwersten Moment Seines irdischen Lebens zeigte Er absolute Sanftmut: *„Beschimpfungen ertrug er ohne Widerspruch, gegen Misshandlungen wehrte er sich nicht; lieber vertraute er sein Leben Gott an, der ein gerechter Richter ist"* (1.Petrus 2:23 HfA). Wenn wir dies lesen, können wir uns dem Gedanken nicht entziehen, dass wir einen Großteil unserer Kräfte dafür verschwenden uns selbst immer wieder zu verteidigen und zu rechtfertigen. Wieder einmal zeigt sich in der Belohnung, die Gott für uns bereit hält, ein scharfer Kontrast zu den üblichen weltlichen Konzepten. Die Welt gehört denjenigen, so proklamieren Philosophen, die sich nicht unterbuttern lassen. In Gottes Reich dagegen empfangen diejenigen Autorität, die aufhören zu kämpfen oder sich um Anerkennung zu streiten, selbst wenn diese ihnen ihrer Auffassung nach zusteht. Sie finden Ruhe im Herrn, denn sie wissen dass Er aufbaut und einreißt, dass Er erhält und wegnimmt. Er ist überaus großherzig und wacht deshalb über die Interessen Seiner Kinder.

Denkanstoß

Wehe denen, die immer auf der Hut sind, denn sie hängen immer von ihrer eigenen Kraft ab.

11. September Nach Gerechtigkeit hungern und dürsten

Gott segnet die, die nach Gerechtigkeit hungern, denn sie werden sie im Überfluss erhalten. *Matthäus 5:6 (NLB)*

In den vergangenen Tagen haben wir darüber nachgedacht wie Gott jemanden führt, der sich ernsthaft mit seinem wahren geistlichen Zustand auseinandersetzen will. Ein Mensch muss sich innerlich beugen, wenn der Geist Gottes ihm seine Armut aufzeigt, um ihn zu heilen. Er widersteht damit der Versuchung, seine Situation zu beschönigen oder zu verteidigen. Was andere Leute über seine Person sagen, dient ihm lediglich als Bestätigung dafür, was Gott ihm bereits offenbart hat.

Wenn wir uns vor Ihm beugen, kehren wir unserer bisherigen Lebensweise den Rücken zu. Dadurch schaffen wir eine gute Grundlage, um Veränderung in unserem Leben herbeizuführen, egal was sie kostet, egal wie weit der Weg auch sein mag. Doch darin liegt gleichzeitig die Krux. Wir meinen Veränderung liegt in unseren Händen und *wir* müssten sie antreiben. Unser Versagen steht uns deutlich vor Augen. Wir schwören es nie wieder zu tun und wenden all unsere Energie darauf auf, gewisse Dinge zu vermeiden. Diese Entscheidung bezweckt aber nichts weiter, als dass wir aus dem Werk, das Gott in unseren Herzen verrichtet, ausbrechen.

Die Seligpreisungen zeigen uns einen anderen Weg auf, einen Weg des souveränen Handelns Gottes. Jesus beschreibt in Seinen Ausführungen keine Methode, deren Erfolg garantiert ist wenn wir nur jeden Schritt befolgen. Sobald wir den Veränderungsprozess in unserem Leben in unsere eigenen Hände nehmen, bringen wir damit unser geistliches Wachstum zum Erliegen. Genausowenig wie der verlorene Sohn können wir dem Vater unsere Vorstellungen davon vorschreiben, wie das Leben zu funktionieren hat. Denn Er weiß ja bereits was wir benötigen und ist auf unsere Vorschläge nicht angewiesen. Paulus' Frage an die Galater sollte uns als Warnung dienen: *„... Im Geist habt ihr angefangen, wollt ihr's denn nun im Fleisch vollenden?"* (Galater 3:3). Unsere Antwort darauf sollte ein deutliches „Auf gar keinen Fall!" sein.

Gott eröffnet uns den Weg, mit all unseren Schwächen und Fehlern zum Herrn zu kommen, um Ihn anzurufen und Sein Wirken in uns zu erbitten. Das kann nur der Geist Gottes in uns verrichten. Aus diesem Grund sind diejenigen, die nach Gerechtigkeit hungern, gesegnet. Gerechtigkeit kann kein Mensch erfinden. Sie ist die Folge von Gottes Eingreifen. Suchen wir Veränderung, müssen wir sie aus Seinen Händen nehmen. „Christus in uns" ist die Antwort nach der wir uns ausstrecken.

Der Lohn, den Christus beschreibt liegt darin, dass unser Hunger gestillt wird. Gott verschließt sich unserer Klage nicht: *„Denn wir haben nicht einen Hohenpriester, der nicht könnte mit leiden mit unserer Schwachheit, sondern der versucht worden ist in allem wie wir, doch ohne Sünde. Darum lasst uns hinzutreten mit Zuversicht zu dem Thron der Gnade, damit wir Barmherzigkeit empfangen und Gnade finden zu der Zeit, wenn wir Hilfe nötig haben"* (Hebräer 4:15-16). Er wünscht sich noch viel mehr als wir selbst, dass wir verändert werden!

Denkanstoß

Wehe denen, die sich nicht danach sehnen, heilig zu sein, denn sie werden gequält, wenn sie ihre Sehnsucht mit Dingen zu stillen versuchen, die sie nicht erfüllen können.

12. September — Gesegnet sind die Barmherzigen

Gott segnet die Barmherzigen, denn sie werden Barmherzigkeit erfahren. *Matthäus 5:7 (NLB)*

In der heutigen Seligpreisung finden wir einen der stärksten Belege dafür, dass alle Veränderung in unserem Leben von Gott und nicht von uns selbst ausgehen muss. Barmherzigkeit äußert sich, indem wir dem Schmerz anderer gegenüber sensibel sind, was wiederum das Bedürfnis auslöst, dem Bedrückten zu helfen. Diese Sensibilität spiegelt am stärksten Gottes Charakter wieder, denn Barmherzigkeit kann nur aus einem mitfühlenden, gütigen und weichen Herzen fließen, das nicht danach fragt, ob der andere unserer Hilfe würdig ist, sondern sich selbst für den anderen hingibt.

Eine derartige Haltung entwickelt sich als Folge eines Lebens, das nach Gerechtigkeit hungert. Dieser geistliche Hunger kann nur in Gottes Nähe gestillt werden. Wenn wir Ihm nahe sind, werden nicht nur die Bedürfnisse unserer Seele gestillt, sondern wir werden mit einem Interesse für die Lebensrealität anderer Menschen angesteckt. Wir verurteilen dann nicht mehr hartherzig andere Menschen, die in schwierigen Situationen stecken, weil wir meinen, in ihrem Leben eindeutige Anzeichen von Sünde erkannt zu haben. Stattdessen verstehen wir, dass sie Menschen sind, die in einem bösartigen System gefangen sind, blind gemacht vom Nebel dieser Welt und verzweifelt auf der Suche nach dem Weg, der ins Licht und ins Leben weist.

Es ist unnötig zu erwähnen, dass der Gedanke der Barmherzigkeit denen zuwider ist, die vorgeben, die Verteidiger alles Guten und Gerechten zu sein. Die Pharisäer beispielsweise zeigen gegenüber der ehebrecherischen Frau nicht einen Deut Barmherzigkeit (Johannes 8:1-11). Anstatt ihr barmherzig aus der Schlinge ihrer Schuld zu helfen, holten sie sogar Jesus hinzu, um ihr Urteil, auf das sie sich bereits in ihrem Herzen festgelegt hatten, bestätigen zu lassen. Jesus sagte niemals, dass Er den Ehebruch gutheißt. Dennoch zeigte Er ihr Sein Mitgefühl und sagte ihr zu, dass Er sie nicht verdamme auch wenn sie die Verurteilung verdient hätte.

Genauso entsetzte sich Simon der Pharisäer, als Jesus einer sündigen Frau erlaubte, Ihn zu berühren (Lukas 7:36-50). Ein Pharisäer wäre mit einer solchen Frau niemals in Kontakt gekommen. Doch Jesus begegnete ihr mit der gütigen Barmherzigkeit Gottes, sodass sie sprichwörtlich zu einem anderen Menschen wurde. Wenn uns mit Barmherzigkeit begegnet wird, können auch wir anderen gegenüber barmherzig sein. Damit wir dies nicht vergessen, muss uns Gott immer wieder daran erinnern, wie viel Er uns bereits vergeben hat. Denn wem viel vergeben wurde, der kann auch viel lieben.

Mehrmals auf Seinem Pilgerweg erinnerte Jesus Seine Jünger daran, dass Gott mit denen großzügig umgeht, die selbst zu anderen großzügig sind. Das Prinzip liegt auf der Hand: Wir alle haben die Einladung erhalten, Teil Seines Reiches zu werden. Doch wenn wir einmal akzeptiert sind, können wir nicht anders, als anderen mit derselben Barmherzigkeit, die auch wir erlebt haben, zu begegnen. Gesegnet seien die Barmherzigen, da sie selbst noch größere Barmherzigkeit erfahren werden.

Denkanstoß

Wehe den Hartherzigen, denn sie werden dieselbe Hartherzigkeit ernten, die sie gesät haben.

Gott segnet die, die ein reines Herz haben, denn sie werden Gott sehen. *Matthäus 5:8 (NLB)*

Wir haben uns bereits angesehen, wie Gott ein Menschenleben Stück um Stück wiederherstellt. Genauso wie im Gleichnis des verlorenen Sohnes beginnt alles in dem Moment, wenn uns die Augen geöffnet werden, wir unser Leben ungeschminkt sehen und erkennen, dass wir im schlimmsten Elend stecken. Diese Erkenntnis genügt, um in uns einen Prozess anzustoßen, der uns letztlich in die Arme unseres himmlischen Vaters treibt. Im heutigen Text erklärt Jesus, dass die, die reinen Herzens sind, gesegnet werden.

Die damalige gängige religiöse Praxis, deren Hauptaugenmerk auf die äußeren Verhaltensformen des Menschen gerichtet war, steht im starken Kontrast zur Lehre Jesu, der einen anderen Weg aufzeigt. Indem wir ein diszipliniertes Leben führen, gelingt es uns vielleicht, die Leute um uns herum zu beeindrucken und den Anschein großer Frömmigkeit zu erwecken. Doch Gott beeindrucken wir damit wenig. Er schaut nicht auf unsere äußere Erscheinung, sondern in unser Herz. Was den Augen der Öffentlichkeit verborgen bleibt, was im Geheimen geschieht, das hinterlässt tiefe Spuren in unserem Leben. Herzensreinigung wirkt sich auf die Motivationen und Gedanken aus, die unserem Handeln zu Grunde liegen. Hier entsteht wirkliche Heiligung.

In dieser Situation überrascht Christus die Menge, indem Er sie auf eine Ebene mitnimmt, wie es keinem Lehrer zuvor gelungen ist. Verurteilt jemand den ehebrecherischen Akt, machte ihm Jesus bewusst, dass so etwas bereits mit einem lusterfüllten Blick beginnt (Matthäus 5:29). Sieht jemand Mord als besonders schlimme Sünde an, hebt Jesus hervor, dass es ebenso schwerwiegend ist, jemanden in seinem Herzen als Dummkopf abzustempeln (Matthäus 5:22). Damit hinterlässt Jesus eine klare Botschaft: Ein Gott wohlgefälliges Leben, muss sowohl von außen als auch von innen rein sein. Der Psalmist unterstützt diesen Gedanken: "*Wer darf den Berg des Herrn besteigen und wer an seinem heiligen Ort stehen? Nur die Menschen, deren Hände und Herzen rein sind, die keine Götzen anbeten und keinen falschen Eid schwören*" (Psalm 24:3-4 NLB).

Der Autor des Hebräerbriefes ermahnt uns dazu: „*Jagt dem Frieden nach mit jedermann und der Heiligung, ohne die niemand den Herrn sehen wird*" (Hebräer 12:14). Genau das will Christus ausdrücken. Der Segen, der auf einem Leben innerer Reinheit liegt führt die Person dazu, Christus zu erkennen. Denn Er ist heilig und niemand, der in Unreinheit lebt, kann sich Ihm nähern. Für diejenigen mit reinem Herzen steht die Tür immer offen.

Wichtig ist weiterhin festzuhalten, dass Reinheit immer in Bezug auf wechselseitige Beziehungen gesehen werden muss. Hier werden die egoistischen Motive, versteckten Absichten und der Wunsch, andere für unsere Zwecke einzuspannen, aufgedeckt. Aus diesem Grund brauchen wir Gottes tiefgehende Reinigung in unserem Leben, besonders im Umgang mit denen, die uns am nächsten stehen.

Denkanstoß

Wehe den Heuchlern, denn sie geben sich damit zufrieden, sich ihre Erlebnisse mit Gott aus den Fingern zu saugen.

14. September Die dem Frieden nachjagen

Gott segnet die, die sich um Frieden bemühen, denn sie werden Kinder Gottes genannt werden.

Matthäus 5:9 (NLB)

In dem Maße, wie Gottes Handeln unser Leben verändert, werden wir Stück für Stück dafür ausgerüstet, ein Segen für die Menschen in unserem Umfeld zu sein.
Menschliche Beziehungen sind gefüllt mit vieler Art Konflikten. Die einfache Tatsache, dass zwei Menschen unter einem Dach leben, führt bereits zu Spannungen. Denn die Interessen des einen werden den anderen früher oder später stören. Übertragen wir diese Situation auf die Gesellschaft, in der die Verbindlichkeit gegenüber dem Nächsten viel schwächer ausgeprägt ist, können wir nachvollziehen, warum es zu so vielen Konflikten und Kämpfen untereinander kommt. Gott hat uns zwar dazu geschaffen, miteinander in Harmonie und Frieden zu leben, doch Sünde führt dazu, dass es oftmals unmöglich ist, das in die Tat umzusetzen.

Es ist nicht zu schaffen, Beziehungen auf eine dauerhafte friedliche Ebene zu bringen, – was sich in der Bibel auf mehr als nur die Abwesenheit von Konflikten bezieht – es sein denn, durch übernatürliches Handeln. Der Mensch hat immer versucht, die Friedensbemühungen in seine eigenen Hände zu nehmen, was aber früher oder später regelmäßig in Konflikthandlungen mit anderen endete. So erging es auch Petrus, der Jesus mit Seinem Schwert beschützen wollte und ebenso Mose, der seinen hebräischen Brüdern helfen wollte, indem er einen Ägypter tötete: *„Denn des Menschen Zorn tut nicht, was vor Gott recht ist“* (Jakobus 1:20). Wahrer Friede kann nur durch eine grundlegende Verwandlung unseres Herzens geschehen, so wie sie Christus in den Seligpreisungen beschreibt.

Nur durch diesen Frieden konnte Christus Seinen Vater bitten, denen die Schuld zu vergeben, die Ihn kreuzigten. Derselbe Frieden wirkte auch in Stephanus, der mitten in seinem Todeskampf für jene betete, die ihn steinigten. Wer dem Frieden nachjagt wünscht sich, dass die Fülle von Gottes Segen auf die übergeht, die in seinem Umfeld leben. Das würde ermöglichen, dass Menschen sich an Beziehungen erfreuen könnten, ohne ständig in Furcht vor Verletzungen zu leben. Wer den Frieden sucht, übernimmt auch die Verantwortung in jeden potentiellen Konflikt schützend einzugreifen, um einen Streit vor dem völligen Ausufern zu bewahren. Er versteht, dass der Beginn eines Streits, wie das Aufreißen eines Dammes ist (Sprüche 17:14).
Leben wir im Frieden, erleben wir den Segen Kinder Gottes genannt zu werden – ein Privileg das uns mit Autorität ohne Gleichen ausstattet. Die Kinder Gottes können sich auf den besonderen Rückhalt und die Gunst Gottes verlassen, durch die sie furchtlos durch jede Situation, die Gott ihnen vor die Füße legt, hindurchgehen. Denn Er begleitet sie auf jedem Schritt ihres Weges.

Denkanstoß

Wehe denen, dessen Motto „Bloß nicht einmischen!“ lautet. Wenn sie Hilfe benötigen, werden Sie nicht auf den himmlischen Vater zählen können.

15. September — Gesegnet sind die Verfolgten

Gott segnet die, die ihr Leben Gott ganz zur Verfügung stellen, denn das Himmelreich wird ihnen gehören. Gott segnet euch, wenn ihr verspottet und verfolgt werdet und wenn Lügen über euch verbreitet werden, weil ihr mir nachfolgt. *Matthäus 5:10-11 (NLB)*

Die Ironie an den Seligpreisungen liegt darin, dass die Veränderung, die uns auf Linie mit Gottes Absichten für unser Leben bringt, von unseren Mitmenschen mit Argwohn betrachtet wird. Nimmt ein Mensch eine Position gegen schuldhaftes Handeln und Verhalten in dieser Welt ein, erfährt er starken Gegenwind von denen, die in Schuld leben. Das Leben eines Erlösten macht erst die Schwächen und Krankheiten der schuldhaften Kultur um ihn herum sichtbar. Jeder, der durch seinen Lebensstil ausdrückt, dass diese Welt Veränderung benötigt, wird verfolgt. Wir müssen uns jedoch vor Augen halten, dass Jesu Erklärung an die Wirklichkeit gebunden ist: Beleidigungen, Ungerechtigkeiten und Widerspruch erleben wir, weil wir Nachfolger Christi sind. Konflikte, Missverständnisse und Unstimmigkeiten sind Umstände des normalen Lebens, die jeder früher oder später in seinem Leben erfährt. Der Unterschied liegt darin, dass Konflikte oftmals auf unsere eigenen Fehler zurückzuführen sind. Es ist natürlich keine Leistung diese zu ertragen, man hat sie schließlich durch sein Handeln selbst verdient. Darum fragt der Apostel Petrus: *„Kann denn jemand stolz darauf sein, wenn er die gerechte Strafe für sein böses Handeln auf sich nimmt?“ „Erträgt aber jemand Leid, obwohl er nur Gutes getan hat, dann ist das ein Geschenk Gottes“* (1.Petrus 2:20, HfA).

So, wie wir es schon in anderen Andachten festgestellt haben, ist Verfolgung ein Zeichen für alle großen Diener Gottes. *„Andere aber wurden durch Verhöhnung und Geißelung versucht, dazu durch Fesseln und Gefängnis. Sie wurden gesteinigt, zersägt, starben den Tod durch das Schwert, gingen umher in Schafpelzen, in Ziegenfellen, Mangel leidend, bedrängt, geplagt. Sie, deren die Welt nicht wert war, irrten umher in Wüsten und Gebirgen und Höhlen und den Klüften der Erde"* (Hebräer 11:36-38, ELB). Wir sollten uns also nicht über Anfeindungen wundern, sondern sie als Bestätigung dafür anerkennen, dass wir uns in einer neuen Dimension von Leben befinden, in der Christus die Grundsätze festlegt. Und darauf bezieht sich auch die Belohnung in unserem heutigen Leitvers: *„denn das Himmelreich wird ihnen gehören."*

Verfolgung scheint die Person in eine Situation zu drängen, in der sie alles verliert. In Extremfällen, wie bei Paulus, Stephanus, Petrus und anderen Märtyrern der Kirchengeschichte, verloren die Diener Gottes sogar ihr Leben. Dennoch gibt es etwas, das uns von keinem Menschen genommen werden kann und das ist, an dem Leben, das Gott uns zugedacht hat, in seinem ganzen Ausmaß und seiner ganzen Tiefe teilzuhaben – selbst wenn unser Leib gestorben ist. Dieser Siegespreis wird nicht von Menschen verliehen, sondern ist Gottes Belohnung für die Treue aller, die mit Freude zu Seinem Volk gehören!

Denkanstoß

Wehe denen, die vor Leid fliehen, denn sie werden keine Anerkennung finden und nicht zu den Glaubenshelden zählen.

Und beauftrage Josua, stärke ihn und festige ihn! Denn er soll vor diesem Volk hinüberziehen, und er soll ihnen das Land, das du sehen wirst, als Erbe austeilen. 5.Mose 3:28 (ELB)

Die Aufgabe, die vor Israel lag, war äußerst komplex und schwierig umzusetzen. Zusammen mit Mose haben sie große Teile des Territoriums östlich des Jordan eingenommen. Dennoch hatte Gott Mose deutlich mitgeteilt, dass er selbst nicht in das verheißene Land einziehen würde. Dieser Teil des Auftrags lag in Josuas Händen, dem von Gott auserwählten Nachfolger Moses.

In seinen Jugendtagen wurde Josua stark von der Mission der zwölf Kundschafter geprägt. Als er und Kaleb darauf bestanden hatten, dass das verheißene Land mit der Hilfe Gottes erobert werden könnte, steinigte ihn das Volk beinahe. Wahrscheinlich hatte er sich damals nicht in der Lage gefühlt, eine derartige Aufgabe zu übernehmen.

Aufgrund dieser Vorprägung Josuas und seiner jahrzehntelangen Erfahrung bei der Führung des oft halsstarrigen Volkes an der Seite Moses, gab Gott Mose wahrscheinlich deshalb sehr genaue Anweisungen, wie er Seinen Nachfolger vorzubereiten hat. Der Herr ließ nicht zu, dass Josua erraten musste, wie seine Aufgabe wohl aussehen würde, noch musste er einen Aktionsplan für das Volk erfinden. Gott sandte Mose, der Josua detailliert vermittelte, was Gott von ihm erwartete. Er erklärte ihm jeden zu gehenden Schritt. Dies ist ein wichtiger Aspekt der Arbeit eines Leiters. Wir erwarten oft von Mitarbeitern, dass sie die Verantwortung für ein Projekt übernehmen ohne ihnen mitzuteilen, was genau wir von ihnen erwarten. Haben sie keine klaren Anweisungen, können sie nicht wissen, was sie tun sollen und mit Sicherheit bringen sie ihre Arbeit nicht so zu Ende, wie sie es hätten tun sollen.

Der zweite Schwerpunkt von Moses Aufgabe war seine Verantwortung, andere zu ermutigen. Das Ursprungswort bedeutet so viel wie jemandem Kraft und Stärke zu übertragen. Der erste Schritt dabei ist, einer Person erkennen zu helfen, wo sie gerade als Diener Gottes steht und wer ihre Kraftquelle ist. Machen Sie sich bewusst, dass es bei jeder Berufung Gottes zu Seiner Strategie gehört, die jeweilige Person daran zu erinnern, dass sie nicht allein ist, sondern dass Er mit ihr ist. Leider lassen viele Leiter ihre Mitarbeiter auf halbem Wege allein, ohne sicherzugehen, dass sie stark genug sind, um die vor ihnen liegende Aufgabe zu bewältigen. Andere zu ermutigen und zu bestärken, ist eine der Hauptaufgaben, um die Wirksamkeit eines Mitarbeiters zu erhöhen.

Moses dritte Aufgabe war die der Stärkung. Das Wort im Originaltext bezieht sich darauf, die Schwachpunkte im Mitarbeiter aufzuspüren und die notwendigen Schritte zu tun, um ihn wiederherzustellen. Auch das ist wichtig. Josua war in dem Moment, als er die Leitungen von Mose übernahm (Josua 1), scheinbar unsicher und voller Zweifel, wie er diese große Aufgabe bewältigen sollte. Diese Schwächen können sich zu starken Hindernissen im Dienst auftürmen. Die Lösung lag nicht darin, ihn dafür zu verurteilen, sondern ihm dabei zu helfen, diese zu überwinden. Als er erst einmal gestärkt war, konnte er sich auch dieser Herausforderung entgegenstellen. Als Leiter müssen wir die Schwächen unserer Mitarbeiter im Blick haben – nicht um sie bloßzustellen, sondern um einen Weg zu finden, ihnen zu helfen.

Denkanstoß

Viele Pastoren versuchen, ihre Mitarbeiter zur Veränderung zu bewegen, indem sie diese permanent kritisieren und ihnen ihre Fehler aufzeigen. Doch das Einzige, was sie damit erreichen, ist, Entmutigung und Wut zu säen. Werden Sie stattdessen zu einem Ermutiger und Förderer Ihrer Mitarbeiter.

17. September Der Herr des Augenblicks

Und das Boot war schon weit vom Land entfernt und kam in Not durch die Wellen; denn der Wind stand ihm entgegen. Aber in der vierten Nachtwache kam Jesus zu ihnen und ging auf dem See. *Matthäus 14:24-25*

Die Jünger waren von ihrem Herrn angewiesen worden zum anderen Ufer des Sees hinüberzufahren und begannen ihre Überfahrt wahrscheinlich zum frühen Abend hin. Die Textstelle weist deutlich darauf hin, dass Jesus allein war als es Nacht wurde. Der Messias gelangte während der vierten Nachtwache zu ihnen, also etwa zwischen drei und sechs Uhr morgens. So können wir davon ausgehen, dass sie mehrere Stunden für eine Entfernung brauchten, für die man üblicherweise kaum länger als eine Stunde benötigte.

Stellen Sie sich nun einmal vor, in welchem Zustand die Jünger zu diesem Zeitpunkt gewesen sein mussten. Körperlich waren sie wahrscheinlich fast am Ende, denn die Müdigkeit, die der Kampf gegen den starken Wind verursachte, der ihnen nicht erlaubte vorwärts zu kommen, verstärkte sich noch durch die schlaflose Nacht. Und dies alles nach einem intensiven Tag im Dienst voller starker und gegensätzlicher Gefühle.

Wie fühlten sich die Jünger wohl? Wie hätten Sie sich an ihrer Stelle gefühlt? Sie waren daran gewöhnt, dass Christus immer da war und ihnen die nötigen Anweisungen und Worte gab, um sie auf schwierige Situationen vorzubereiten. Aber in diesem Moment war Christus nicht da. Bestimmt fragten sich einige, warum ihr Meister sie allein fortgeschickt hatte. War Ihm nicht aufgefallen, dass sich ein starker Wind näherte? War Ihm egal, was mit ihnen passierte? Warum hat Er zugelassen, dass sie in eine solche Situation gelangten? Und außerdem, wie wollte Er sie aus dieser Situation befreien?

In der Zwischenzeit, so der biblische Text, stieg Jesus auf einen Berg um zu beten. Aus menschlicher Sicht ist es am wahrscheinlichsten, dass das Boot der Jünger während der meisten Zeit in der Nacht sichtbar gewesen sein musste. Wir können auch davon ausgehen, dass Christus in Seinem Geist um die Situation wusste, mit der die Jünger rangen. Trotzdem ließ Er die Zeit verstreichen, ohne einzugreifen oder sich von Seinem Platz zu bewegen. Einem Beobachter würde Jesus den Eindruck vermitteln, dass es Ihm gleichgültig war, was mit den Menschen passierte, die Er angeblich liebte.

Gottes Wege sind wahrlich nicht unsere Wege! Zweifellos wollte der Herr ihnen etwas beibringen und hielt sich deshalb zurück. Es ist zwar gut gemeint, aber nicht immer empfehlenswert sofort einzugreifen, wenn jemand durch schwierige Zeiten geht. Manchmal ist es ratsam die Krise auszuhalten, um stärker zu werden. In anderen Situationen müssen wir lernen, wie beschränkt unsere eigenen Kräfte sind. Wie auch immer, Tatsache ist, Gott greift immer zur rechten Zeit ein, sodass wir den maximalen Nutzen aus unseren Umständen ziehen können.

Denkanstoß

Manchmal scheint es, als habe Gott uns vergessen, doch Gott hat von einer besseren Perspektive als der Unseren alles fest im Blick. Verzweifeln Sie nicht! Im richtigen Augenblick wird Er sich zeigen und zwar so, wie Sie es am wenigsten erwarten.

Ich bin ein Gast auf Erden; verbirg deine Gebote nicht vor mir. *Psalm 119:19*

Ich bin immer wieder tief davon bewegt, wie Gottes Vorstellungen sich so grundlegend von unseren unterscheiden. Manche von ihnen, so wie der heutige Vers, sind unglaublich einfach und enthalten dennoch eine tiefe Wahrheit.

Der Psalmist erkennt in Gottes Gegenwart seinen wahren Zustand: den eines Pilgers. Schaut man in das Wörterbuch, findet man folgende Synonyme dafür: Migrant, Tourist, Wanderer, Reisender oder Ausflügler. Es bedeutet, dass ein Pilger sich nur zeitweise an einem Ort befindet. Er ist nicht an seinem üblichen Wohnort, denn die Umstände haben ihn von zu Hause weggeführt. Dieser Mensch hat nicht die Absicht, an diesem vorübergehenden Ort länger als nötig zu verharren. Dies beschreibt ebenso zutreffend, was es heißt ein Jünger Jesu zu sein. Derjenige hat nicht die Absicht lange auf der Erde zu verweilen und reist deshalb mit leichtem Gepäck, genauso wie das Volk Israel in der Wüste – ohne unnützen Ballast, damit sie nicht unnötig Halt machen müssen. Doch dieses Bild widerspricht oft dem gängigen Christenleben. Jemand der uns von außen betrachtet, würde wohl nicht vermuten, dass wir nur vorübergehend hier sind. Im Gegenteil, man könnte glauben, dass wir es uns durch allerlei materielle Dinge so wohnlich wie möglich einrichten, um es hier möglichst lange aushalten zu können.

Die andere Eigenschaft eines Pilgers ist, dass ihm die Gewohnheiten und die Kultur seines Umfeldes ungewohnt sind. Jeder, der einmal im Ausland war weiß, wie unsicher und einsam man sich inmitten einer fremden Kultur fühlt. Man braucht einen Begleiter, der einem die Touristenattraktionen zeigt und erklärt, wie man sich in bestimmten

Situationen angemessen verhält. Versteht der Pilger obendrein die Sprache des Landes nicht, ist er wie ein Kind, das selbst bei den einfachsten Dingen auf die Hilfe anderer angewiesen ist.

Diese absolute Abhängigkeit führt den Psalmisten dazu, Gott anzuflehen *„verbirg deine Gebote nicht vor mir"*. Das heißt, ohne einen Ortskundigen mit den richtigen Landkarten und Hinweisschildern ist der Pilger auf der Erde – auf der er ja nur zu Gast ist – völlig verloren. Auch das ist ein wunderbares Bild für unsere Beziehung mit Christus. Als Christen müssten wir uns im Klaren darüber sein, dass wir auf der Erde ohne präzise Anweisungen dessen, der den Weg genau kennt, keinen einzigen Schritt vorwärts kommen. Diese Überzeugung sollte uns in eine tiefe Abhängigkeit von Ihm führen. Mit Mose sollten wir jeden Tag ausrufen: *„...Wenn nicht dein Angesicht vorangeht, so führe uns nicht von hier hinauf"* (2.Mose 33:15).

Als Letztes beobachten wir aus dem Gebet des Psalmisten, dass er sich Gottes Anweisungen nicht alleine zusammenreimen kann. Indem er Gott bittet, dass Er Sein Wort vor ihm nicht verbirgt, erkennt er an, dass Gott ihm Seinen Willen aus reiner Gnade offenbart.

Denkanstoß

Würden wir die Welt so lieben, wie Gott es tut, würden wir sie nicht so lieben, wie wir es im Moment tun. (Quelle unbekannt)

19. September Gute Ideen, die keine sind

Er aber wandte sich um und sprach zu Petrus: Geh weg von mir, Satan! Du bist mir ein Ärgernis; denn du meinst nicht, was göttlich, sondern was menschlich ist. Matthäus 16:23

Können Sie sich vorstellen, wie es sich anfühlt, wenn Sie von jemandem in der Gemeinde derart zurechtgewiesen werden? Wie überrascht muss Petrus gewesen sein, dass sein so gut gemeinter Wunsch für Jesus ihm eine solch aggressive Antwort einbrachte. Zweifelsohne besaß der Gottessohn die Autorität und das Recht, Petrus auf diese Art zurechtzuweisen. Dennoch schockiert es uns, dass Christus ihn nicht mit Petrus, sondern mit Satan anspricht.

Wahrscheinlich sind wir deshalb ziemlich verwirrt darüber, weil wir nicht die Klarheit besitzen, die Christus besaß, wenn es um das Reich Gottes und das Reich der Finsternis ging. Unser geistlicher Weg zeichnet sich eher durch eine wirre Aneinanderreihung von richtigen und falschen Schritten aus, als durch überzeugtes Handeln als Berufene Gottes. Dinge, die wir unserer Ansicht nach auf die leichte Schulter nehmen könnten, sind für Christus' Angelegenheiten von absoluter Schwere und großem Ausmaß. Vor allem ist uns nicht bewusst, dass unsere Berufung mehr beinhaltet, als nur ein guter Mensch zu sein. *Gute Absichten* sind manchmal das beste Werkzeug des Feindes, um uns von den Zielen Gottes abzubringen.

Darüber hinaus enthält diese Schriftstelle noch eine weitere wichtige Lektion. Der Feind kann uns dafür benutzen, eine Einstellung und ein Handeln in uns zu fördern, die Gottes Willen entgegenstehen. Die Tatsache, dass wir *in Christus* sind, schützt uns nicht davor, dass wir manchmal eine höchst effiziente Arbeit für den Feind erledigen.

Das geschieht, ohne dass wir zu einem treuen Gefolgsmann Satans werden müssen oder uns bewusst gegen Gottes Wege entscheiden. Der Feind bedient sich einfach allem, was der Ausdehnung seines dunklen Reiches von Nutzen ist. Den Inbegriff der Sünde stellt Christus im heute zitierten Text heraus: *„...denn du meinst nicht, was göttlich, sondern was menschlich ist."* Um die Werke des Feindes zu tun, brauchen wir uns und andere also lediglich dazu anstiften, das Leben nach menschlichen Maßstäben und nicht nach den ewigen Weisungen Gottes zu betrachten. Genau deshalb ist es so einfach, das Gute mit dem Richtigen zu verwechseln. Nicht alles was wir als *gut* ansehen, entspricht der Gerechtigkeit Gottes, selbst, wenn wir oft besonders *gute Ratschläge* für andere bereithalten.
Abraham und Sarah hielten es für eine *gute Idee* mit Hagars Hilfe einen Nachfolger zu zeugen. Die Israeliten, die gerade Buße über ihren fehlenden Glauben getan hatten, fanden es *gut,* aus eigener Kraft in das verheißene Land einzuziehen. Davids Gefolgsmänner hielten es für Gottes Willen, dass König Saul in die Hände Davids fiel, so dass er Saul hätte töten können. So könnten wir dutzende Beispiele finden. Jedes zeigt, dass gute Absichten allein nicht ausreichen, um Gottes Willen zu tun.

Denkanstoß

„Und richtet euch nicht nach den Maßstäben dieser Welt, sondern lasst die Art und Weise, wie ihr denkt, von Gott erneuern und euch so umgestalten, dass ihr prüfen könnt, ob etwas Gottes Wille ist – ob es gut ist, ob es Gott gefallen würde und ob es zum Ziel führt." (Römer 12:2, NeÜ)

20. September

Gegen Widerstände anstehen

Und nun, Herr, sieh an ihr Drohen und gib deinen Knechten, mit allem Freimut zu reden dein Wort; strecke deine Hand aus, dass Heilungen und Zeichen und Wunder geschehen durch den Namen deines heiligen Knechtes Jesus.

Apostelgeschichte 4:29-30

Jeder Mensch, der sich für ein Leben mit Christus entschieden hat und dazu, Ihm in allem zu gehorchen, kann sicher mit unterschiedlichen Arten der Verfolgung rechnen. Das ist so sicher wie das Aufgehen der Sonne an jedem neuen Tag. Eine große Wolke von Zeugen aus allen Epochen belegen, dass Verfolgung der Preis für jeden Nachfolger Christi ist. Und nicht nur das. Wir können in unzähligen Bibelstellen, besonders im Neuen Testament nachlesen, dass wir für das Evangelium leiden werden. Der Grund liegt darin, dass wir nicht zum System dieser Welt gehören, noch ihrem Schema entsprechen. So wie der menschliche Körper jedes körperfremde Element abstößt, weist auch die Welt all das ab, was nicht zu ihr gehört. Die Schlüsselfrage für uns ist also nicht, ob wir leiden werden oder nicht, sondern wie wir uns in Zeiten des Leidens verhalten sollen. Die Apostel der Urgemeinde predigten durch Worte und Taten, dass Christus auferstanden ist, nun zur Rechten Gottes sitzt und mit aller Autorität regiert. Alle Arten von Zeichen und Wundern begleiteten die Glaubenden und ihre Zahl nahm täglich zu. Dies war eine neue Bedrohung für alle, die Jesus getötet hatten, sodass seine Nachfolger schleunigst ins Gefängnis gebracht werden mussten. Als sie wieder freigelassen wurden, bedrohte man sie und verbot ihnen, im Namen Jesu zu predigen.

Ihre Reaktion auf diesen Gegenwind zeigt uns klar, wie man als Leiter in Zeiten des Widerstands reagieren sollte. In den meisten Fällen, die ich kennengelernt habe, waren die betreffenden Personen darauf versessen, irgendeine Möglichkeit zu finden, die Probleme aus dem Weg zu räumen. Ihre Gebete gingen nur in eine Richtung: „Herr, ich bitte dich, dass du mich aus dieser Situation herausnimmst oder diese Schwierigkeit aus meinem Weg entfernst."

Wir sollten beachten, dass die Apostel auf andere Weise beteten. Sie verstanden Widerstände als Teil ihres Weges und baten Gott, dass sie inmitten des Sturmes treu bleiben würden. Mit anderen Worten: Ihre Hauptsorge war, inmitten der Verfolgung Gott nicht ungehorsam zu werden. Ihre Berufung war eindeutig: Die Gute Nachricht vom Reich Gottes zu proklamieren. Der Hohe Rat gefährdete zwar ihre Mission, doch sie wollten ihrer Berufung treu bleiben, auch wenn die Umstände schwierig wurden.

Entschlossen weiterzumachen, egal wie die Umstände seien, baten sie Gott nicht nur um Mut, sondern darum, ihre Taten durch Zeichen und Wunder zu begleiten. Dieses Gebet war Gott wohlgefällig, denn sie hörten nicht eher auf, bis der Raum bebte und alle mit dem Heiligen Geist gefüllt erfüllt wurden. Sie empfingen, was sie benötigten und ihr Dienst dehnte sich dem Willen Gottes entsprechend aus.

Denkanstoß

Wie haben Sie in Zeiten der Widerstände reagiert? Was sagt Ihre Art zu reagieren über Ihre Beziehung mit Gott aus? Wie nehmen andere Ihren Umgang mit Krisensituationen wahr?

21. September Das Unlogische an der Logik

Aber die Männer, die mit ihm hinaufgezogen waren, sprachen: Wir vermögen nicht hinaufzuziehen gegen dies Volk, denn sie sind uns zu stark. 4.Mose 13:31

Israel hatte ein ernsthaftes Problem, weil es nicht die Anweisungen Gottes befolgte. Als sie die zwölf Spione aussandten, hatte Gott Mose deutlich gesagt: *„Sende Männer aus, die das Land Kanaan erkunden, das ich den Israeliten geben will, aus jedem Stamm ihrer Väter je einen Mann, lauter Älteste"* (4.Mose 13:2). Der Auftrag an die Männer war nie herauszufinden, ob die Eroberung des Landes machbar sei. Sie sollten lediglich erkunden, was Gott ihnen bereits über das verheißene Land mitgeteilt hatte. Ich stelle mir vor, wie Gott Sein Volk mit dem Bericht über die Schönheiten des Landes, das Er schon ihren Vorvätern versprochen hatte, ermutigen wollte: Genauso wie wir begeistert wären, wenn man uns das Video eines Ortes zeigt, den wir bald besuchen werden.

Weil sie den Sinn ihrer Mission nicht verstanden hatten glaubten die Männer, Gott habe ihnen Autorität gegeben zu entscheiden, ob die Mission machbar sei oder nicht. Durch diesen Fehler blieb einer ganzen Generation der Einzug in das Land, das eigentlich für sie reserviert war, verwehrt.

Es ist für uns von höchstem Interesse die Gründe anzusehen, die die Männer als Entschuldigung angaben, um ihren Bericht zu rechtfertigen. Die Art wie sie argumentieren, nutzt auch als Strategie Satans gegen die Kinder Gottes. Sie appelliert an den Verstand und zeigt logische und sauber recherchierte Argumente auf, um uns vom Gehorsam Gott gegenüber abzubringen. Wir brauchen uns nur das Leben einiger biblischer Persönlichkeiten anzuschauen und erkennen, wie verbreitet diese Taktik ist.

Sehen wir uns beispielsweise die Berufung Mose an. Er gab dem Herrn mindestens drei Gründe, um Ihn zu überzeugen, dass Er sich geirrt hatte: dass man ihm keinen Glauben schenken würde, dass er stottert und dass er zu unbedeutend sei – alles wahre Beobachtungen. Als Gott Gideon berief, war sein Argument, er sei der Geringste in einer armen Familie – auch das war wahr. Als Saul Davids Bereitschaft gegen Goliath zu kämpfen sah, argumentierte er, dass David nur ein junger Schafhirte sei, im Kampf unerfahren. In jedem dieser Fälle war die Logik auf der Seite der Person, die mit Gott diskutierte.

Doch das geistliche Leben baut nicht auf Logik auf. Im Gegenteil. Logik ist eher ein Hinderungsgrund, wenn wir im Glauben wachsen wollen. Gott amüsiert sich nur über unsere Logik. Er wählt nicht die Person aus, für die wir uns entscheiden würden und Er löst Situationen nicht auf unsere Art. Es ist nicht falsch etwas zu durchdenken. Doch wenn es darum geht Gott zu folgen, sollten wir uns nicht von unserer Argumentation, sondern von der festen Überzeugung leiten lassen, dass Gott weiß was Er tut – selbst, wenn Seine Vorschläge uns komplett unlogisch erscheinen. Und so lasst uns im Glauben, der in Gottes Wort verankert ist, auf Seinen Wegen voran gehen!

Denkanstoß

„Dir wird es nie gelingen, zu verstehen, warum Gott die Dinge auf seine Weise tut. Es reicht aus, zu glauben. Lernen wir, Ihm zu vertrauen.“[2] Elisabeth Elliot

Denn wo viel Mühe ist, da kommen Träume, und wo viel Worte sind, da hört man den Toren. *Prediger 5:2*

Vor kurzem hatte ich die Gelegenheit, den Pastor einer großen Gemeinde einer wichtigen lateinamerikanischen Stadt kennenzulernen. Wir begrüßten uns und er fing an, mir von seinem ganzen Dienst zu berichten. Als die Veranstaltung, zu der er als einer der Redner geladen war, begann, entschuldigte er sich und wandte sich an die anderen Pastoren. Während der insgesamt drei Stunden dauernden Versammlung redete der Leiter ohne Unterbrechung! Als die Veranstaltung zu Ende war und man zum gemeinsamen Essen überging, beobachtete ich ihn und bemerkte, wie er weiterhin die ganze Zeit über sich und seine Angelegenheiten redete. Zu keinem Zeitpunkt zeigte er auch nur das geringste Interesse an seinen Mitmenschen und wusste noch nicht einmal, wer sie waren. Er war dermaßen von sich selbst eingenommen, dass er nicht mitbekommen hätte, wenn jemand am Tisch noch etwas Wichtigeres beizutragen gehabt hätte als er.

Wie kann jemand Pastor sein, ohne die Bereitschaft zu haben anderen zuzuhören? Die einzige Alternative dazu ist, zum „Bühnenpastor“ zu werden und *zum Volk* zu reden, anstatt *beim Volk* zu sein. Dieser Leiter war eigentlich nichts weiter als ein Programmdirektor, ohne jegliche Qualität eines wirklichen Pastors.

Für jeden, der dazu berufen ist mit Menschen umzugehen und mit ihnen zu arbeiten, ist die Gabe ihnen zuzuhören, unverzichtbar. Wie können wir wissen, was im Leben unserer Gemeinde vor sich geht, wenn wir den Menschen nicht zuhören? Wie können wir teilhaben an ihren Lasten, Kämpfen und Erfolgen, wenn wir ihnen nicht Raum zum Reden schaffen? Wie können wir ihnen das richtige Wort mit auf

den Weg geben, wenn wir weder ihre Umstände noch die Realität ihres Alltags kennen? Der einzige Weg ist, unsere Augen und Ohren zu öffnen, um sie kennenzulernen.
Bereit zu sein ihnen zuzuhören, hat jedoch seinen Preis. Wir müssen sie mehr lieben als uns selbst. Zu viele Leiter sind selbstverliebt und genießen es, sich selbst zu lauschen, besonders wenn sie dabei ein Mikrofon in der Hand haben. Aber ein Pastor der zum Hirten berufen ist, freut sich daran, mit seinen Schäfchen zusammen zu sein. Wenn er bei ihnen ist, nutzt er die Gelegenheit, sich nach ihrem Befinden zu erkundigen. Dies tut er nicht aus Höflichkeit, sondern weil es ihm ein Herzensanliegen ist und er wissen möchte, was Gott in ihrem Leben wirkt. Er stellt seine Zeit zur Verfügung und lauscht ihnen nicht nur mit seinen Ohren, sondern mit seinem Herzen, da nur das Herz die wirkliche Tiefe ihrer Worte ermessen kann. Er ist nicht in Eile und lässt sich nicht durch andere Sachen ablenken. Seine ganze Haltung drückt aus: „Dein Leben interessiert mich! Ich will hören, was du zu sagen hast!“
Dazu brauchen wir ein hohes Maß an Disziplin, denn reden ist viel einfacher als zuzuhören. Doch wie formuliert es Salomo so treffend: „Wo viele Worte sind, da hört man den Toren“. Menschen werden keinem Pastor vertrauen, der nur weiß wie man redet.

Denkanstoß

„Auch wenn die Stille manchmal das Verstummen der Worte bedeutet, erfordert sie immer die Gabe des Zuhörens.“[3] R. Foster

Bleibt auf dem Weg, den der Herr, euer Gott, euch gezeigt hat. Dann werdet ihr lange in dem Land leben, das ihr erobern werdet, und es wird euch gut gehen.

5.Mose 5:33 (NLB)

Die Bibel verwendet sehr häufig das Wort „Weg", um das Leben eines Menschen zu beschreiben – meiner Konkordanz nach etwa 554 Mal. In diesem Zusammenhang findet sich unter anderem der gute Weg, der mit Gott zurückgelegte Weg; der gekrümmte Weg, der Weg der Verdammnis; und der Mensch, der vom Weg abkommt. Im Neuen Testament wird auch Christus als der Weg beschrieben (Johannes 14:6), damit wir verstehen, dass der Weg zum Vater nur durch den Sohn führt.

Für unsere Betrachtung dient uns das Bild vom Weg als Gleichnis für unsere geistliche Reise durch das Leben. Anstatt an viele Wege zu denken, richten wir uns auf einen aus. Der Schlüssel liegt nun nicht in der Frage, auf welchem Weg wir uns befinden, sondern in welche Richtung wir uns bewegen. Man kann keine weitere Richtung einschlagen, da jeder Weg nur zwei Richtungen besitzt. So können wir uns die gesamte Menschheit auf einem beliebigen Punkt entlang dieses Weges vorstellen.

Abhängig davon, in welche Richtung wir uns bewegen, erreichen wir unterschiedliche Ziele. Das Ziel vor uns: Jesus Christus. Die Bibel beschreibt unser Ziel als erreicht, wenn wir so wie Er geworden sind (siehe Römer 8:29), *„... bis wir alle hingelangen zur Einheit des Glaubens und der Erkenntnis des Sohnes Gottes, zum vollendeten Mann, zum vollen Maß der Fülle Christi"* (Epheser 4:13). In der entgegengesetzten Richtung erwartet uns die Verdammnis, was bedeutet, jegliche Ähnlichkeit mit Gott zu verlieren und sich in ein Abbild Satans, den Vater allen Betrugs, zu verwandeln.

Wie bewegt sich das Individuum auf diesem Weg vorwärts? Jede einzelne Handlung, als Resultat jeder Entscheidung zählt. Jede Handlung erzeugt eine Bewegung, die nur jeweils ein mögliches Ende haben kann: Entweder bringt sie uns näher zu Christus oder sie entfernt uns von Ihm. Unsere Existenz ist die Summe der Entscheidungen, die wir getroffen haben und jede von ihnen hat seine eigene geistliche Konsequenz zur Folge.
So bewegen wir uns die ganze Zeit auf dem Weg des Lebens, auch wenn wir das nicht immer vor Augen haben. Viele unserer Entscheidungen treffen wir unbewusst und unser Verhalten folgt einem Automatismus. Dennoch besitzen sie ein ewiges Gewicht und bewegen uns, um in diesem Bild zu bleiben, zeitlebens entweder in die eine oder andere Richtung. Es ist wichtig, dies zu begreifen. Die Bewegung unseres Lebenswegs entscheidet sich nicht an unseren Gottesdienstbesuchen und eben sowenig daran, wie oft wir die Bibel gelesen haben. Unser Weg wird durch die Summe der Entscheidungen, die wir jeden Tag treffen, gelenkt – ob wir uns ihres Ausmaßes bewusst sind oder nicht. Aus diesem Grund müssen wir uns der Leitung des Heiligen Geistes öffnen, damit Er uns in die richtigen Entscheidungen führen kann.

Denkanstoß

David hat seine Ehe gebrochen, seine Schuld vertuscht und einen Mann umgebracht. Als der Herr sagte, er sei ein Mann nach Seinem Herzen, dachte Er nicht an einzelne Taten, sondern an die Gesamtzahl seiner Entscheidungen und Taten, die ihn zu Gott hinzogen.

24. September Wiederherstellungszusage

Der Herr spricht: »Ich will euch zurückgeben, was die Heuschrecken, die Grashüpfer, die Raupen und Käfer gefressen haben. Ich selbst habe euch dieses große Heer geschickt. Ihr sollt wieder essen und satt werden und ihr werdet den Herrn, euren Gott, der diese Wunder für euch tut, loben. Nie mehr soll mein Volk sich schämen müssen.«

Joel 2:25-26 (NLB)

Joels Prophetien richteten sich an ein Volk, das große Verluste erlebt hatte. In einer Militäroffensive nach der anderen zerstörten unterschiedliche Angreifer Stück für Stück die Städte und beraubten die Israeliten um ihr Vieh, ihre Ernte und ihren materiellen Wohlstand. Zusätzlich dezimierte eine Folge von natürlichen Plagen wie Heuschrecken und extreme Dürre die Vorräte des Volkes.

Unser heutiger Abschnitt beschreibt deutlich, welche Ziele Gott mit Seinem Volk hat. Es wird deutlich, dass alle Ereignisse und Umstände im Leben eines Menschen Gottes ewigem Zweck dienen. Der Herr ordnet alle Umstände so, dass sie ein geistliches Ziel erfüllen, während Seine Hand in allem wirkt.

Es ist wichtig für uns, dies vor Augen zu behalten, denn in Zeiten von Katastrophen glauben wir schnell, dass Gott uns vergessen hat oder dass die Situation Seinen Händen entglitten ist. Während des Sturms auf dem See Genezareth beispielsweise weckten die Jünger Jesus auf und warfen Ihm vor, dass es Ihm egal sei, was mit ihnen passiere. Doch der Herr weiß nicht nur was vor sich geht, sondern Er selbst steht hinter den Ereignissen, um bestimmte Veränderungen in uns zu bewirken. Zu keinem Zeitpunkt verliert Er Seine souveräne Handhabe über alle Dinge, denn Er ist der Schöpfer und verfügt über alles, so wie es Ihm wohlgefällt.

Das zweite Prinzip in unserem Text zeigt, dass alle Katastrophen, Anfeindungen und Schwierigkeiten einen Sinn haben. Es bedeutet, dass sie uns nicht geschickt wurden, um uns auf ewig zu quälen, sondern dass wir sie lediglich für eine gewisse Zeit erdulden müssen. Sobald sie ihren Zweck erfüllt haben, zieht Gott sie zurück und stellt wieder her, was verloren gegangen ist. Dieses Prinzip finden wir an unterschiedlichen Stellen der Bibel wieder. Als im Leben Hiobs die Zeit der Prüfung vorüber war, heilte Gott seinen Kummer und gab ihm doppelt zurück, was er verloren hatte (Hiob 42:10). Nachdem Josef viele Jahre in Gefängnis und Sklaverei verbringen musste, wurde er in höchste Regierungsaufgaben berufen, um u.a. die Reichtümer des Landes zu verwalten (1.Mose 41:41-44). Als Christus Seine Konfrontation mit dem Teufel in der Wüste überwunden hatte, kamen die Engel und dienten Ihm (Matthäus 4:11).
Gott erfüllt dieses Prinzip und zeigt damit Sein sanftes Herz, dessen Wunsch es ist immer ist, Seine Kinder zu segnen und es ihnen wohlgehen zu lassen. Wir brauchen Ihn nicht anzuflehen, dass er es tun möge, denn es ist Sein ureigenes Verlangen, es zu tun. Ist unsere Prüfung vorüber, stellt Er automatisch alle Dinge wieder her und gießt Seine Gunst in unser Leben aus. Der Psalmist hat richtig beobachtet: *„Denn sein Zorn währet einen Augenblick und lebenslang seine Gnade. Den Abend lang währet das Weinen, aber des Morgens ist Freude..."* (Psalm 30:6)

Denkanstoß

Wie reagieren Sie, wenn Gott Sie zurechtweist? Wodurch erkennen Sie, dass Gott Dinge in Ihrem Leben korrigieren will? Wie können Sie den Sinn in der Zurechtweisung Gottes erkennen?

25. September Mit dem Heiligen Geist erfüllt

Und trinkt euch keinen Rausch an, denn übermäßiger Weingenuss führt zu zügellosem Verhalten. Lasst euch vielmehr vom Geist ‚Gottes' erfüllen. *Epheser 5:18 (NGÜ)*

Um mit dem Heiligen Geist erfüllt zu werden, können wir einige wichtige Aspekte aus dem heutigen Text lernen. Als Erstes sollten wir festhalten, dass es Gottes Wunsch ist, uns mit dem Heiligen Geist zu füllen. Daran darf es keinen Zweifel geben. Es ist nicht nötig, darum zu flehen, zu betteln oder wütend aufzustampfen, denn *„... wenn nun ihr, die ihr böse seid, euren Kindern gute Gaben geben könnt, wie viel mehr wird der Vater im Himmel den Heiligen Geist geben denen, die ihn bitten"* (Lukas 11:13). Der Herr legt es uns eindringlich ans Herz, voll des Heiligen Geistes zu sein. Er wünscht es sich noch viel sehnlicher, als wir das tun.

Zum Zweiten kann sich kein Gefäß mit dem Heiligen Geist füllen lassen, das schon mit anderen Dingen gefüllt ist. Hätten wir eine Kanne randvoll mit Milch und wollten sie dann mit Saft füllen, müssten wir die Milch zuerst auskippen, damit der Saft Platz hat. Genauso erbitten wir Christen oft, dass der Heilige Geist uns erfüllt, ohne dass uns bewusst ist, dass es in uns keinen leerer Ort gibt, den der Heilige Geist füllen könnte. Die einzige Möglichkeit diese „Leerung" zu erleben, ist durch das Kreuz. Ich spreche hierbei nicht über unsere Lebensübergabe, sondern darüber, sich selbst zu verleugnen, damit unser Ich stirbt und Gott Raum in unserem Leben gewinnt. Es ist überaus wichtig, sich selbst, seine Träume, Sehnsüchte und Pläne zu verleugnen, wenn wir die Fülle Gottes erleben wollen.

Drittens ist das Erfülltsein mit dem Heiligen Geist ein Zustand, der laut Beschreibung des Apostels Paulus mit dem Rauschzustand durch übermäßigen Weingenuss verglichen werden kann. Dies bezieht sich nicht zu sehr auf die Heiterkeit, die jemand zeigt, der ein Glas zu viel getrunken hat – auch wenn es stimmt, dass der Heilige Geist tiefe Freude in einem verursacht. Vielmehr meint der Apostel den Einfluss, den Alkohol auf die Person ausübt und den damit einhergehenden Kontrollverlust. Ist ein Mensch im Rausch, folgt der Körper nicht mehr den Befehlen seines Verstandes. Eine Person versucht aufzustehen und loszugehen, doch ihre Beine und ihr Gleichgewichtssinn gehorchen ihm nicht mehr. Der Wein hat sich ihrer „bemächtigt". Und darum geht es auch beim Erfülltsein mit dem Heiligen Geist. Es führt uns in einen ähnlichen Zustand, wie ein Mensch, der berauscht ist. Das bedeutet, wenn die Gegenwart des Heiligen Geistes in uns aktiv ist, gelingt es uns nicht das zu tun, was das Fleisch von uns fordert. Denn Der, der in uns ist, ist stärker als wir selbst!

Denkanstoß

„Und als sie gebetet hatten, erbebte die Stätte, wo sie versammelt waren; und sie wurden alle vom Heiligen Geist erfüllt und redeten das Wort Gottes mit Freimut ... Und mit großer Kraft bezeugten die Apostel die Auferstehung des Herrn Jesus, und große Gnade war bei ihnen allen." (Apostelgeschichte 4:31,33)

26. September Der Preis der Beharrlichkeit

Und als er hörte, dass es Jesus von Nazareth war, fing er an, zu schreien und zu sagen: Jesus, du Sohn Davids, erbarme dich meiner! Und viele fuhren ihn an, er solle stillschweigen. Er aber schrie noch viel mehr: Du Sohn Davids, erbarme dich meiner! *Markus 10:47-48*

Wie bei allen Menschen, deren Leben sich hauptsächlich auf den öffentlichen Plätzen und Straßen einer Stadt abspielt, wusste Bartimäus über alles Bescheid, was um ihn herum geschah. Die Menschen kannten ihn, denn er bettelte immer am selben Ort. Wir wissen nicht, wann genau er über einen gewissen Jesus von Nazareth erfahren hat. Doch ist es offensichtlich, dass er über die außergewöhnlichen Erzählungen dieses Propheten, der plötzlich in Israel erschienen ist, voll im Bilde war. Der Vorfall, von dem das Evangelium berichtet, hinterlässt uns ein wertvolles Beispiel dafür, wie wichtig es im Reich Gottes ist, beharrlich zu sein!

Die Geschichte von Bartimäus zeigt uns, dass wir in unserem Leben erst etwas verändern, wenn wir mit dem Ist-Zustand unzufrieden sind. Daraus entsteht immer etwas Neues. Aber es ist auch klar, dass nicht jede Unzufriedenheit automatisch zu einer Suche nach etwas Besserem führt. Bei vielen Menschen führt Unzufriedenheit dazu, dass sie in einem ständig verbitterten und resignierten Zustand leben. Der Schlüssel zu diesem Thema liegt darin, wie stark wir diese Unzufriedenheit wahrnehmen. Manche Menschen sagen: „Mir geht es schlecht, aber man gewöhnt sich daran". So wie die Israeliten in Ägypten, sind manche so tief in den Abgrund der Resignation gefallen, dass Hoffnung keine Option mehr zu sein scheint. Bartimäus vermittelt uns aber noch eine weitere Erkenntnis. Damit sich etwas in unserem Leben verändert, brauchen wir die absolut unverrückbare Überzeugung, dass

es Jesus ist, den wir suchen. Ich glaube, Bartimäus' Behinderung war dabei von Vorteil. Er hätte sein Leben komplett abschreiben können, denn durch seine Blindheit fehlte es ihm an lebensnotwendigen Dingen. Er sah sich gezwungen zu betteln und war in allem von anderen abhängig. Er hatte nicht mehr viel zu verlieren, denn er besaß kaum noch etwas. Offensichtlich glaubte Bartimäus, was ihm über Jesus gesagt wurde, nämlich dass dieser sein Problem lösen würde. Er war bereit, bei Ihm zu suchen was er brauchte – wenn nötig auch mit Schreien.
Als Drittes können wir durch Bartimäus erkennen, dass wir unsere Ohren für diejenigen, die uns entmutigen wollen, verschließen müssen, wenn wir uns nach Veränderung sehnen. Als er anfing nach Jesus zu schreien, riefen ihn viele um ihn herum zur Ruhe. Wir haben zu oft in unserem Leben zugelassen, dass andere uns einschüchtern. In anderen Situationen haben uns unsere eigenen Ängste zurückgehalten. Um das zu erreichen was wir uns vorgenommen hatten, haben wir uns nicht getraut uns lächerlich zu machen oder peinliche Situationen auf uns zu nehmen. Wir haben uns eher darum gesorgt, „was die Leute sagen". Eingeschüchtert haben wir in die Ferne geschaut und uns aus der Tiefe unseres Herzens gewünscht was Gott uns angeboten hat. Aber wir konnten uns nicht überwinden den Preis dafür zu bezahlen. Bartimäus war verzweifelt und dies brachte ihn dazu zu bitten, zu flehen, zu schreien, dass Jesus ihn heilen möge. Christus erhörte ihn, schenkte ihm seine Sehkraft und bewies damit, dass sich Beharrlichkeit lohnt.

Denkanstoß

Wie viel Beharrlichkeit steckt in Ihren Bitten? Sind Sie davon überzeugt, dass Sie ohne diese bestimmte Segnung Gottes nicht leben können? Wie viel Demütigung sind Sie bereit einzustecken, um an das zu gelangen, was Sie sich wünschen?

27. September Die Entschlossenheit des Propheten

Aber das Volk der Israeliten wird dir nicht zuhören wollen, denn es will mir nicht zuhören. Das ganze Volk ist störrisch und hat ein hartes Herz. Doch ich gebe dir die gleiche Hartnäckigkeit, die sie besitzen, und mache dich so stark, dass du dich ihnen entgegenstellen kannst. Ich mache dich hart wie Diamant, härter als einen Kieselstein. Deshalb fürchte dich nicht vor ihnen und hab keine Angst, denn sie sind ein widerspenstiges Volk. *Hesekiel 3:7-9 (NLB)*

Gott sprach zum Propheten Hesekiel: *„Du Menschenkind, geh hin zum Hause Israel und verkündige ihnen meine Worte“* (Hesekiel 3:4). Er wies ihn auch darauf hin, dass das Volk Hesekiel nicht zuhören wird, *„denn es will mir (Gott) nicht zuhören. Das ganze Volk ist störrisch und hat ein hartes Herz.“* Die Aufgabe des Propheten war eindeutig. Nicht so klar war dagegen der Sinn der ganzen Mission. Aus welchem Grund sollte er zu dem Volk sprechen, wenn es doch von vornherein klar war, dass es nicht auf seine Botschaft hören würde? War dies nicht eine offensichtliche Zeitverschwendung?

Genau darin liegt eine der größten Herausforderungen, wenn man dem Herrn dient: Sich nicht damit aufzuhalten, die aufgetragene Mission zu analysieren. Unsere Berufung ist es, die Anweisungen dessen, der uns gesandt hat, zu befolgen; auch wenn wir nicht gleich begreifen, wozu Er uns sendet. Als Gott in der Apostelgeschichte zu Hananias sprach, er solle seinen Verfolger Saulus aufsuchen, antwortet der Ihm, dass eine solche Mission ein Selbstmordkomando sei (Apostelgeschichte 9:13-14). Weil er nicht verstand, warum er gesandt wurde, wollte er nicht gehorsam sein.

Gott hat uns jedoch nicht dazu berufen, Seine Aufträge zu analysieren, sondern sie auszuführen.
Es war notwendig, dass der Prophet eine gehörige Portion Mut mitbrachte, um die Mission, mit der Gott ihn beauftragt hatte, zu Ende zu bringen. Es ist weder einfach noch angenehm mit widerspenstigen Menschen zu reden, die eigentlich kein Interesse daran haben, zuzuhören. Wenn wir uns von aggressiven und störrischen Personen eingeschüchtert fühlen, bitten wir Gott normalerweise darum, dass Er selbst zu ihnen reden möge, oder – wie Mose – dass Er besser jemand anderen schickt.
Gott stärkte Hesekiels Herz dadurch, dass Er ihm offenbarte, Er würde sein Herz buchstäblich verhärten, damit die Angst ihn nicht besiege. Als Gott seinen Zustand mit dem eines Diamanten verglich, machte ihm der Herr damit deutlich, dass die Härte der anderen seinen eigenen Geist weder beeinträchtigen noch verletzen würde.
Diese Überzeugung und geistliche Stärkung ist unverzichtbar, um schwierigen Situationen, vor denen wir uns sonst lieber verstecken würden, die Stirn bieten zu können. Gott kleidet Leiter mit den nötigen Qualitäten ein, wenn diese bereit sind, Ihm nicht nur in angenehmen Zeiten zu dienen, sondern auch in den Momenten, die großen Mut und Courage erfordern. Er sendet die Seinen nie aus, ohne sie mit allen nötigen Dingen, die sie für die Erfüllung ihrer Aufgabe benötigen, auszurüsten.

Denkanstoß

„Zeige dich, wenn du versucht bist, dich zu verstecken und verstecke dich, wenn du versucht bist, dich zu zeigen."[4] A.B. Bruce

Irrt euch nicht, Gott lässt sich nicht verspotten! Denn was ein Mensch sät, das wird er auch ernten. Denn wer auf sein Fleisch sät, wird vom Fleisch Verderben ernten; wer aber auf den Geist sät, wird vom Geist ewiges Leben ernten.

Galater 6:7-8 (ELB)

Das Gleichnis von Saat und Ernte verliert in unserem zumeist städtisch geprägten Umfeld stark an Ausdruckskraft, weil wir von dieser Realität weit entfernt leben. Dennoch illustriert es auf hervorragende Weise die Prinzipien, die das geistliche Leben regieren.

Dem heutigen Text können wir mindestens zwei Prinzipien entnehmen, die überaus wichtig sind. Auf der einen Seite das unveränderliche Prinzip der Landwirtschaft: Das, was ein Mensch aussät, wird er später auch ernten. Kein Bauer wird Weizen aussäen in der Hoffnung, später frische Äpfel zu ernten. Wenn ich Weizensamen in den Boden bringe, kann ich auch nur erwarten, Weizen zu ernten. Dieses Prinzip lässt sich zu hundert Prozent auf das geistliche Leben anwenden. Was wir aussäen werden wir ernten. Das bedeutet, wenn wir andere verurteilen, Kritik oder Gesetzlichkeit säen, ernten wir genau dies: Verurteilung, Kritik und Gesetzlichkeit.

An diesem Punkt sollten wir als Leiter einen Moment innehalten und reflektieren. Mir fällt oft auf, dass wir als Leiter versuchen, das zu ernten, was wir gar nicht gesät haben. Ich frage mich, wie wir bei einer derart offensichtlichen Gesetzmäßigkeit so naiv sein können. Wenn wir uns den Menschen unserer Gemeinde nicht verpflichten, wie können wir dann von ihnen verlangen, dass sie es tun? Wenn wir uns als Leiter nicht die Zeit nehmen, ihnen zuzuhören und sie zu lieben, wie können wir erwarten, dass sie zu liebenden und mitfühlenden Menschen werden? Verwenden wir keine Zeit darauf, Leiter aus ihnen zu machen, wie können wir uns da-

rüber aufregen, dass wir heutzutage zu wenige Leiter in unseren Gemeinden haben? Wenn wir nicht Leiter „aussäen" können wir nicht erwarten, dass wie von Zauberhand plötzlich Leiter unter uns erscheinen. Dieses Gesetz gilt für alle Lebensbereiche, darum weist uns Paulus darauf hin: *„Gott lässt sich nicht verspotten".* Soll heißen, wir sollten uns nicht auf das dünne Eis begeben zu glauben, dass Er nicht gesehen hat, was wir gesät haben und uns vielleicht eine bessere Frucht schenkt, als wir wirklich verdient haben.
Der zweite Punkt dieses Gleichnisses will uns deutlich machen, dass wir niemals sofort nach der Aussaat ernten können. Wir tun gut daran, dieses Detail ernst zu nehmen, denn genau deshalb nehmen wir unser Handeln auf die leichte Schulter. Ein Bauer, der es gewohnt ist Früchte anzubauen weiß, dass er zunächst über mehrere Monate hinweg keine Frucht erwarten kann. Und so passiert es, wenn wir „im Fleisch säen", dass uns weder ein Engel zurechtweist noch uns ein Blitz vom Himmel trifft, der uns Gottes Gericht ankündigt. Alles geht weiter wie gehabt. Diese Tatsache führt dazu, dass wir glauben, unsere Handlungen würden keine Auswirkungen haben. Aber jeder Landwirt denkt nicht nur an die Gegenwart, sondern auch an die Zukunft. Der weise Mensch versteht, dass seine Handlungen sich auf das Morgen auswirken werden und handelt deswegen schon heute mit Bedacht.

Denkanstoß

„Werdet nicht müde, Gutes zu tun. Es wird eine Zeit kommen, in der ihr eine reiche Ernte einbringt. Gebt nur nicht vorher auf!" (Galater 6:9 HfA)

So sollst du den zum König über dich setzen, den der HERR, dein Gott, erwählen wird. Du sollst aber einen aus deinen Brüdern zum König über dich setzen. Du darfst nicht irgendeinen Ausländer, der nicht dein Bruder ist, über dich setzen. Nur dass er nicht viele Rosse halte und führe das Volk nicht wieder nach Ägypten, um die Zahl seiner Rosse zu mehren, weil der HERR euch gesagt hat, dass ihr hinfort nicht wieder diesen Weg gehen sollt. Er soll auch nicht viele Frauen nehmen, dass sein Herz nicht abgewandt werde, und soll auch nicht viel Silber und Gold sammeln.

5.Mose 17:15-17

Auch wenn Moses Worte mittlerweile fast 4.000 Jahre alt sind, haben die darin enthaltenen Konzepte nichts an Brisanz verloren. Eine einfache Textlektüre zeigt uns die unverzichtbaren Maßstäbe Gottes für alle, die Autorität ausüben.

Zunächst einmal sollte der König aus den eigenen Reihen des Volkes kommen. Dies garantierte, dass der Betreffende die Lebenswirklichkeit der Menschen, die er anführte, kannte. Gewohnheiten, Werte, ihre Probleme und Geschichte waren ihm geläufig. All dies sollte ihn davor bewahren, dem Volk Dinge aufzuerlegen, die es widerwillig machen würde. Das passiert üblicherweise, wenn Personen in eine Autoritätsposition gelangen und die Menschen, über die sie herrschen sollen, nicht gut kennen. Wenn Pastoren von außerhalb kommen, wollen sie oftmals Dinge ändern, die dem Willen der Gemeinde nicht entsprechen. Für alle Menschen in Autoritätsposition ist es maßgeblich, sich den Respekt und den guten Willen derjenigen, die sie leiten wollen, zu verdienen. Nur unter dieser Bedingung werden sie bereit sein ihm zu folgen und bei den Projekten mitzuarbeiten, die er ihnen anbietet, um das Reich Gottes auszubreiten.

Ein zweites Element ist die Nähe des Königs zu seinem Volk. Gott wünschte sich, dass sich der König nicht bereichert, indem er Güter oder Frauen für sich nimmt. Denn diese Dinge führten ihn nur von der Wirklichkeit des Volkes weg, das er regieren soll. Hat jemand Überfluss in seinem Haus, verhärtet sich schnell sein Herz und er verliert denen gegenüber, die in Not leben, sein Einfühlungsvermögen.
Trotz dieses Rates gab es in der Geschichte wohl keinen König, der nicht in purem Luxus schwelgte. Genau darum fiel es den Menschen in leitenden Positionen derart schwer, die Lebensweise Christi zu akzeptieren. Er war der einzige König, der unter den Menschen Seines Volkes lebte. Viele Pastoren haben ihre Position ausgenutzt, um skandalöse Reichtümer anzusammeln, die zu nichts weiter gut waren, als ein Hindernis zwischen sich und den Menschen aufzubauen, denen sie dienen sollten. Damit ein Leiter gut auf seine Schäfchen eingehen kann, sollte er in ähnlichen Lebensumständen leben wie sie.
Als Letztes verlangt Gott von einem König, dass er niemals mit anderen Ländern wie Ägypten kollaborierte, um seine Wünsche zu erfüllen. Stattdessen sollte er seine und die Nöte des Volkes vor Gott bringen und es mit geistlicher Weisheit und Weitblick anführen. Ebenso ruft Gott Leiter auch heute zu einer absoluten Abhängigkeit von Ihm auf, um das, was ihnen selbst fehlt beim Herrn zu suchen. Eine geistliche Aufgabe erfordert ein geistliches Verständnis von Autorität.

Denkanstoß

Lesen Sie Hesekiel 34:1-16 im Licht des heutigen Textes, um zu verstehen, warum Gott die Hirten Israels mit einer solchen Härte verurteilte.

So ermahne ich euch nun, ich, der Gefangene in dem Herrn, dass ihr der Berufung würdig lebt, mit der ihr berufen seid ... und seid darauf bedacht, zu wahren die Einigkeit im Geist durch das Band des Friedens. *Epheser 4:1,3*

Kein Thema, das mit dem Leben in Christus zusammenhängt, ist bei uns so ungenügend behandelt worden wie die Einheit des Leibes. Hauptsächlich weil uns dieser Aspekt fehlt, können wir oft die Welt nicht wirklich von der Guten Botschaft überzeugen. Daher ist es nötig, einmal über die Gründe nachzudenken, die uns die Einheit so erschweren.

Überraschenderweise motiviert uns Paulus dazu, die Einheit zu erhalten, nicht sie zu erschaffen. Es ist wichtig, den Unterschied zu erkennen, denn oft hören wir in der Gemeinde, dass wir auf die Einheit „hinarbeiten" sollen. Die Einheit ist aber in Wirklichkeit ein Geschenk Gottes. Wir gelangen zur Einheit, weil wir mit einem Gott, der in perfekter Einheit lebt, verbunden sind. Das Einzige, was wir tun können, ist diese Einheit zu zerstören. Darum sollte sich unsere Anstrengung darauf richten zu erhalten, was Gott bereits geschaffen hat.

Es fällt uns schwer uns an der Einheit zu erfreuen, weil wir nicht ganz sicher sind, was es mit diesem Konzept auf sich hat. In vielen Köpfen geistert der Gedanke herum, dass Einheit Gleichförmigkeit bedeutet. Also, dass wir alle gleich denken, dieselben Ziele haben und an denselben Projekten arbeiten. Doch das ist keine Einheit, sondern Uniformität. In Gemeinden, denen Uniformität auferlegt wird, kann man schnell beobachten, wie künstlich sich das geistliche Alltagsleben entwickelt. Man darf weder eine andere Meinung als die des Leiters äußern, noch seine eigene haben. Es würde als Zerstörung der Einheit verstanden werden. Diese Situa-

tion spiegelt sich auch im ersten Konzil in Apostelgeschichte 15 wieder. Auch hier wollten einige Leiter den Gemeinden Uniformität aufbürden.
Genau deshalb fällt es uns so schwer, Einheit zu leben. Glaubten wir, dass Einheit sich auf Beziehung mit denjenigen beschränkt, die wie wir denken, wäre unser Beziehungskreis sehr klein. Doch Einheit spiegelt sich nicht in übereinstimmenden Ideen oder Konzepten wider, sondern durch eigene Hingabe. In Einheit zu leben bedeutet, Gottes Ruf zu akzeptieren, sich in der Gemeinde gegenseitig zu lieben und zu ehren, obwohl andere komplett anders als wir selbst sind. Dieses Verständnis basiert auf der Überzeugung, dass sich Ideen und Methoden verändern, aber die Liebe für immer andauert. Wir zerstören Einheit wenn wir glauben, dass die Unterschiede zu anderen uns die Erlaubnis geben sie zu kritisieren, abzuwerten und zu verurteilen.
Bei diesem Thema spielt unsere Haltung als Pastor eine ausschlaggebende Rolle. Die Menschen beobachten unsere Einstellung. Sie nehmen wahr, welche Begrifflichkeiten wir verwenden, wenn wir von anderen reden. Sie analysieren, wie wir jene behandeln, die anders denken und handeln als wir. Vielfach wird unser Beispiel der richtungsweisende Faktor sein, der anderen hilft, die Einheit im Geist nicht zu zerstören. Der Herr wünscht sich vor allem, dass wir für den Überfluss an Liebe in unserem Leben bekannt seien.

Denkanstoß

Wie kann man am Besten mit den Unterschiedlichkeiten anderer umgehen? Wie tolerant schätzen Ihre Mitmenschen Sie wohl ein? Welche Veränderungen sollten Sie in Ihrem Leben angehen, um weiterhin in Einheit zu leben?

Und es wird dir angezeigt und du hörst es, so sollst du gründlich danach forschen. *5. Mose 17:4*

Eine meiner größten Schwächen ist es, eine Situation vorschnell zu beurteilen. Oftmals bereue ich meine anfänglichen Schlussfolgerungen, da sie sich im Nachhinein weder als bewiesen noch gerechtfertigt zeigten. Der Herr weiß, dass dies eine menschliche Schwäche ist, mit der Er umgehen muss und auch kann. Es gibt unzählige Beispiele von Menschen, die zu Gefängnis- oder Todesstrafen verurteilt wurden und sich im Nachhinein als komplett unschuldig erwiesen haben. In manchen Fällen konnten die Beschuldigten zwar nach Jahren ihre Unschuld beweisen und ihre Freiheit wiedererlangen. Doch in den meisten Fällen waren die Menschen bereits tot und das Urteil wurde unwiderruflich. Kurzgefasst, wir besitzen einfach nicht den nötigen Unterscheidungssinn um in jedem Fall gerecht zu entscheiden.

Aus diesem Grund hinterließ Mose klare Anweisungen, wie in all jenen Fällen geurteilt werden müsse, in denen jemand eine Anklage gegen eine andere Person erhebt. Diese Anweisungen drücken aus, dass der Richter seine Informationen über das Problem auch aus dritten Quellen beziehen sollte und nicht nur aus dem Mund des Anklägers. Die Textstelle macht uns darauf aufmerksam, dass die Sicht einer einzigen Person immer durch seinen persönlichen Blickwinkel geprägt ist. Daher konnte ein Mensch nie aufgrund einer einzigen Anklage verurteilt werden, sondern nur durch das übereinstimmende Zeugnis von zwei oder drei Personen (5. Mose 17:6). Jemand der eine Richterfunktion innehat, nähert sich mit größerer Wahrscheinlichkeit der Wahrheit dan, wenn er mehreren Zeugen anhört.

Ein Leiter sollte seine Meinung jedoch nicht ausschließlich auf das stützen, was andere behaupten. Gott erklärte Mose, dass derjenige, der ein Urteil zu fällen hat, eine detaillierte Untersuchung der Sache anstellen muss. Demnach ist anzunehmen, dass das Zeugnis von Dritten offensichtlich nicht ausreichte. Der Richter sollte sich die Arbeit machen, alle Anschuldigung genau zu untersuchen und sich mit allen noch so kleinen Details aufmerksam auseinandersetzen, um eine gerechte Lösung zu finden. Meistens entdecken wir erst in den Details, dass die Sache „doch nicht ganz so war, wie man uns geschildert hat".

Wie wichtig ist es deshalb auch für uns Leiter, dieselbe Einstellung zu besitzen, wenn wir in Konfliktsituationen in der Gemeinde schlichtend eingreifen müssen. Wir sind ziemlich eigensinnige Wesen, die sich die Geschehnisse solange zurechtbiegen, bis sie unserer Sicht der Dinge entsprechen. Der Prophet Jeremia sagt: *„Es ist das Herz ein trotzig und verzagt Ding; wer kann es ergründen?"* (Jeremia 17:9). Wir tun gut daran gelassen zu sein, wenn wir ein Urteil darüber treffen sollen, was wir gesehen oder gehört haben. Indem wir uns auch den kleinsten Aspekt einer Sache ansehen, stehen unsere Chancen weit besser, ein ausgewogenes Urteil zu fällen. Das Neue Testament erklärt uns, dass wir durch den Heiligen Geist die Gabe der Unterscheidung erhalten können. Das bedeutet, dass wir Dinge wahrnehmen, die wir nicht mit unserem eigenen Verstand bemerkt hätten. In der Seelsorge wie auch beim Eingreifen in komplizierte Konflikte ist es wichtig, unser Ohr immer für den Heiligen Geist offenzuhalten. Er kann uns Dinge offenbaren, die wir anders nie entdeckt hätten.

Denkanstoß

„Böse Leute verstehen nichts vom Recht; die aber nach dem HERRN fragen, verstehen alles." (Sprüche 28:5)

Ein weit verbreiteter Fehler

Der (Nikodemus) kam zu Jesus bei Nacht und sprach zu ihm: Meister, wir wissen, du bist ein Lehrer, von Gott gekommen; denn niemand kann die Zeichen tun, die du tust, es sei denn Gott mit ihm. *Johannes 3:2*

Es liegt auf der Hand, dass Nikodemus durch das, was er in Christus sah, beunruhigt wurde. Seine Pharisäerkollegen ließen keine Möglichkeit aus, um ihn in Misskredit zu bringen. Nikodemus jedoch versuchte mit Ihm alleine zu sprechen und unternahm alle Vorsichtsmaßnahmen, um dabei nicht gesehen zu werden.

Der erste Satz aus dem Mund des Pharisäers offenbart einen der typischen Missverständnisse innerhalb unserer Gemeindekultur: zu glauben, dass gute Werke ein ausdrückliches Zeichen für Gottes Wirken in einer Person sind. Aus diesem Grund gibt es so starke Irrtümer darüber, wer wirklich ein Diener Gottes unter uns ist und wer nicht. Es vergeht keine Woche, in der ich nicht mit irgendjemandem spreche, der eine Überfülle von „Wundern" in einem bestimmten Dienst als klaren Beweis dafür erkannt haben will, dass Gottes Geist im Leben des Leiters dieses Dienstes mächtig wirkt.

Wir sollten uns neu vor Augen führen, dass auch der Feind Macht besitzt um Wunder zu wirken. Als Mose vor den Pharao trat und einen Stab in eine Schlange verwandelte, taten die Hofmagier exakt dasselbe. In Matthäus 7:22-23 weist uns Christus darauf hin, dass am Tag des Gerichts Menschen vor ihn treten werden, die Ihm sagen: *„Herr, Herr, haben wir nicht in deinem Namen geweissagt? Haben wir nicht in deinem Namen böse Geister ausgetrieben? Haben wir nicht in deinem Namen viele Wunder getan?"* Von diesen wird Er sagen, Er kenne sie nicht. Wie enttäuscht sie gewesen sein mussten, als Christus sie „Übeltäter" nannte.

Trotz der Dramatik dieses Textes, habe ich in 25 Jahren Dienst zu oft gesehen, wie Gottes Gemeinde immer wieder durch dasselbe Konzept verführt wurde. Es sind unzählige Propheten, Heiler und Wunderwirker durch die Gemeinden gezogen, die uns mit ihren Werken derart blendeten, dass wir es uns nicht zu glauben wagten, dass viele von ihnen gar kein echtes Zeichen eines von Gott geheiligten Menschen tragen könnten. Dieses Zeichen kann Satan weder nachmachen noch fälschen. Christus weist darauf hin, dass es nur EIN Zeichen dafür gibt, dass Gottes Geist am Wirken ist: das ausschließliche Wirken des Heiligen Geistes, der eine neue Geburt schenkt.

Das souveräne Werk des Heiligen Geistes ist es, was im Menschen ein erneuertes Herz erzeugt. Es äußert sich in einem Verhalten, das sich komplett von den Menschen unterscheidet, die in geistlicher Dunkelheit leben. In diesem Leben zeigen sich deutliche Zeichen von Liebe, Freude, Friede, Geduld, Güte, Treue, Sanftmut und Selbstbeherrschung (Galater 5:22-23). Die Bibel ist deutlich darin, dass jeder Mensch an diesen Früchten erkannt wird.

Denkanstoß

Bedeutet dies, dass alle, die Wunder wirken, unser Misstrauen auf sich ziehen sollten? Keinesfalls! Gott hat seinem Volk Zugang zu allen Gaben des Geistes gegeben, was das Wirken von Zeichen und Wundern miteinschließt. Doch sollten wir nicht aufgrund dieser Wunder bewerten, ob ein Dienst echt ist, sondern das Leben des Menschen ansehen, der hinter diesem Dienst steht. Lebt jemand eine enge Beziehung mit Gott, trägt er einen unverwechselbaren Duft von Heiligkeit und zeigt die gleichen Charakteristika wie der Mann aus Galiläa.

Das sage ich euch, damit meine Freude in euch bleibe und eure Freude vollkommen werde. *Johannes 15:11*

Der Ausdruck, dass „eure Freude vollkommen werde", wiederholt sich mehrmals im Neuen Testament. Johannes der Täufer beispielsweise sagte zu seinen Jüngern: *„Wer die Braut hat, der ist der Bräutigam; der Freund des Bräutigams aber, der dabeisteht und ihm zuhört, freut sich sehr über die Stimme des Bräutigams. Diese meine Freude ist nun erfüllt"* (Johannes 3:29). Im heutigen Text erklärt Christus Seinen Jüngern, dass Er ihnen die Gute Nachricht deshalb mitgeteilt habe, damit ihre Freude voll werde. Als Jesus sie darin bestärkte um alles was sie brauchen zu bitten, verdeutlichte Er ihnen: *„Bisher habt ihr um nichts gebeten in meinem Namen. Bittet, so werdet ihr nehmen, dass eure Freude vollkommen sei."* (Johannes 16:24). Ebenso sagte Christus in Johannes 13:17, als Er allein zu seinem Vater betete: *„Nun aber komme ich zu dir und rede dies in der Welt, damit meine Freude in ihnen vollkommen sei"*
Die Vorstellung die Christus von *Freude* hatte, schien sein geliebter Jünger Johannes übernommen zu haben, denn er verwendet ähnliche Formulierungen, wie sein Meister. Zu Beginn seines ersten Briefes schreibt er seinen Lesern: *„Und das schreiben wir, damit unsere Freude vollkommen sei"* (1.Johannes 1:4). Auch im zweiten Brief teilt er sein Verlangen mit: *„Ich hätte euch viel zu schreiben, aber ich wollte es nicht mit Brief und Tinte tun, sondern ich hoffe, zu euch zu kommen und mündlich mit euch zu reden, damit unsre Freude vollkommen sei"* (2. Johannes 1:12).
Welches Element vereint alle diese Formulierungen? Freude erlangt man durch teilen! Soll heißen, dass ein Freudengefühl seine größte Entfaltung erst dann findet, wenn wir andere daran teilhaben lassen. Denken Sie an die Geburt

eines Babys. Kein Vater versucht dieses Ereignis für sich zu behalten, sondern flippt völlig aus, wenn er diese Neuigkeit seinen engsten Freunden mitteilt. Oder denken wir an etwas Alltägliches, wie ein Gespräch über das Tor während eines Fußballspiels. Falls Sie jemals in einem Stadion waren, wissen Sie, dass die Spieler ihren Sieg sofort zelebrieren. Und nicht nur das, sondern ihre Fans feiern wie in einem Rausch gemeinsam, umarmen sich gegenseitig, obwohl sie sich gar nicht kennen.
Wir sind zur Gemeinschaft mit anderen geschaffen. Es lag nicht in Gottes Absicht, dass wir Dinge, die unser Leben am Tiefsten prägen, egal ob es fröhliche oder traurige Momente sind, allein durchleben. Es ist natürlich und völlig normal, dass Menschen ihre größten Glücksmomente mit denen, die gerade um sie herum sind, teilen möchten.
Von dieser Beobachtung können wir auf ein wichtiges Prinzip schließen. Um Freude in seiner ganzen Fülle erleben zu können, müssen wir mit anderen teilen, was diese Freude in uns ausgelöst hat.

Denkanstoß

Könnte dies der Grund dafür sein, warum viele von uns diese völlige Freude nicht erleben? Wir haben Gottes Treue im Überfluss erlebt, doch wir schweigen. Unsere Sprachlosigkeit hemmt den vollständigen Freudenausbruch. Ahmen wir besser Christus nach. Lassen wir unsere Freude dadurch voll werden, indem wir anderen Anteil daran geben, was wir empfangen haben.

Dann legte Jakob ein Gelübde ab: „Wenn der Herr mir beisteht und mich auf dieser Reise beschützt, wenn er mir genug Nahrung und Kleidung gibt und mich wieder heil zu meiner Familie zurückbringt, dann soll er mein Gott sein!
1. Mose 28:20-21 (HfA)

Lesen wir die Geschichten der Patriarchen im 1. Buch Mose, die sich um Abraham, Isaak und Jakob drehen, kommen wir zu dem Schluss: Glaube lässt sich nicht vererben. Abraham, der Vater des Glaubens, lebte seinen Glauben ein Leben lang in enger Nähe mit seinem Gott und fand Wohlgefallen in Gottes Augen. Auch wenn Isaak ein gottesfürchtiger Mann war, sehen wir in ihm schon nicht mehr die Hingabe und Leidenschaft seines Vaters. In Jakob jedoch wird der schärfste Kontrast deutlich. Jakob war ein Mann, der sein Leben lang stets die Methode einsetzte, die ihm am erfolgversprechendsten erschien, um sein Ziel zu erreichen.

In der heutigen Betrachtung erhält Jakob gerade eine göttliche Offenbarung, ähnlich wie es vor ihm schon seinem Vater und seinem Großvater geschehen war. Er empfing nicht mehr und nicht weniger als die bedingungslose Gunsterklärung Gottes: *„Und dein Geschlecht soll werden wie der Staub auf Erden, und du sollst ausgebreitet werden gegen Westen und Osten, Norden und Süden, und durch dich und deine Nachkommen sollen alle Geschlechter auf Erden gesegnet werden. Und siehe, ich bin mit dir und will dich behüten, wo du hinziehst, und will dich wieder herbringen in dies Land. Denn ich will dich nicht verlassen, bis ich alles tue, was ich dir zugesagt habe.“* (1.Mose 28:14-15).

Das Beeindruckende dieses Momentes liegt jedoch nicht in der Wiederholung des Versprechens, eine ganze Nation aus dieser Familie hervorgehen zu lassen, sondern in der Antwort Jakobs. Normalerweise würde der Betreffende nach einer solchen Verheißung vor lauter Dankbarkeit für dieses unverdiente Geschenk Gott sofort anbeten. Doch Jakob verhielt sich anders. Er ließ Gott verstehen, dass er Ihn nur unter bestimmten Bedingungen als Herrn anerkennen würde. Achten Sie auf ein kleines, sich wiederholendes Wort, das beinahe unter den Tisch fällt: *wenn. „Wenn der Herr mir beisteht und mich auf dieser Reise beschützt, wenn er mir genug Nahrung und Kleidung gibt..."* Er gab Gott damit zu verstehen, dass auch er seine Prioritäten hatte. Nur *wenn* sich diese erfüllten, *dann* würde er Gott nachfolgen.

Jakobs Haltung zeigt sich auch in unserem Herzen verwurzelt. Wir glauben Gott so handhaben zu können, wie es uns gerade in den Sinn kommt. Wir stellen die Bedingungen und Gott hat sich uns gefälligst anzupassen. Deshalb fällt es uns so schwer, Ihm konsequent zu folgen, denn Er lässt sich von niemandem Vorschriften machen. Um in Beziehung mit Ihm zu leben, müssen wir bereit sein, uns Ihm völlig zu unterwerfen und so vor Ihm zu beugen, wie Maria es tat: *„ Siehe, ich bin des Herrn Magd; mir geschehe, wie du gesagt hast. Und der Engel schied von ihr."* (Lukas 1:38). Uns widerstrebt dieser Gedanke, weil er in der Konsequenz bedeutet, dass Er die Kontrolle über unser Leben besitzen müsste. Doch im Reich Gottes ist dies der einzige Weg für einen Menschen.

Denkanstoß

Auf welche Art und Weise versuchen Sie mit Gott zu verhandeln? Wiedersetzen Sie sich Seinen Anweisungen? Was steht auf dem Spiel, wenn Sie Ihm völlig nachgeben würden?

Die Hohepriester aber und der ganze Hohe Rat suchten falsches Zeugnis gegen Jesus, dass sie ihn töteten. Und obwohl viele falsche Zeugen herzutraten, fanden sie doch nichts. Zuletzt traten zwei herzu. *Matthäus 26:59-60*

Viele Historiker haben bis ins Detail den Gerichtsprozess der Pharisäer und Ältesten an Jesus untersucht. Die Meisten stimmen darin überein, dass der gesamte Ablauf purer Hohn für das israelische Rechtssystems war. Alle Mitglieder des Rates hatten bereits seit geraumer Zeit die Entscheidung getroffen, Jesus müsse getötet werden, gleichgültig welche Beweise vorgelegen hätten. Dennoch bestanden sie darauf, innerhalb des gesetzlichen Rahmens eine Verhandlung „durchzuspielen".

Damit schließt sich der Rat an eine lange Liste von Tyrannen, Despoten und Diktatoren der Geschichte an, die nach demselben Muster verfahren sind. Die grausamsten Persönlichkeiten des 20.Jahrhunderts, Hitler und Stalin, bestanden darauf, das Gesetz bis aufs i-Tüpfelchen einzuhalten, auch wenn es bereits zu Beginn keinen Zweifel darüber gab, was sie versuchten zu erreichen. Sie wollten damit den Schein der Legalität aufrechterhalten, während sie Schrecken und Terror „zum Wohle des Volkes" verbreiteten.

Jeder von uns hat den tiefen Wunsch, von anderen anerkannt zu sein. Am deutlichsten kommt das zum Ausdruck, wenn wir versuchen uns bis zum Schluss zu rechtfertigen, auch wenn es bereits auf der Hand liegt, dass wir uns geirrt haben. Wir verschlimmern die Sache immer mehr, indem wir neue Ausreden erfinden, damit unsere Lüge nicht aufgedeckt wird. Dieses Verhalten ist leider allzu menschlich und als Leiter müssen wir dies verstehen.

Auch als Leiter wollen wir vor anderen zum einen kein schlechtes Bild abgeben, zum anderen wollen wir auch nicht, dass unsere Pläne unterlaufen werden. Dadurch gelangen wir häufig in eine Zwickmühle: Einerseits möchten wir uns gerne geistlich ausgewogen zeigen, andererseits sicher gehen, dass unsere Entscheidungen nicht in Frage gestellt werden.

Bedenken Sie wie leicht es für einen Leiter ist, eine Diskussion mit verschiedenen Vorschlägen in eine bloße Formalität zu verwandeln. Für viele Pastoren ist die Einladung, um ein Thema „ausführlich zu besprechen“ reine Etikette. Alle wissen, dass es in Wirklichkeit keine zweite Option gibt, wenn der Leiter die Entscheidung bereits getroffen hat. Oder denken Sie daran, wie oft wir ein Planungstreffen mit einem Gebet abschließen, nur um ihm den „geistlichen Anstrich“ zu verpassen. In Wahrheit suchen wir nicht Gottes Willen oder Seine Meinung in unserer Diskussion. Uns ist es viel wichtiger, dass Er dem zustimmt und das absegnet, was wir selbst von vorneherein entschieden haben.

Dies zeigt unser offensichtliches Verlangen, die Kontrolle über unser Leben zu behalten, während wir vor anderen unsere wahren Ambitionen verstecken. Theoretisch wissen wir, dass ein solches Handeln absurd ist, doch praktisch fallen wir ein ums andere Mal in dieselben Muster zurück. Veränderung kann nur geschehen, wenn wir dazu bereit, absolut alles in Gottes Hände zu übertragen. Das bedeutet mit dem „Risiko“ zu leben, dass unsere Pläne über den Haufen geworfen werden – und am Ende nicht unserem, sondern Seinem Willen entsprechen.

Denkanstoß

„Alle Wege des Menschen sind rein in seinen Augen, aber der Herr prüft die Geister.“ (Sprüche 16:2, Schlachter 2000)

Denn wenn diese Dinge bei euch vorhanden sind und zunehmen, so lassen sie euch nicht träge noch unfruchtbar sein für die Erkenntnis unseres Herrn Jesus Christus.

2. Petrus 1:8

Ich bin immer wieder beeindruckt von den Begriffen die Gott in Seinem Wort verwendet, um uns die Wahrheiten des Ewigen verständlich zu machen. Sie sind einfach, aber zutiefst anschaulich.

Petrus beschreibt eine Haltung, die wir unbedingt vermeiden sollten, wenn wir unserer Berufung treu bleiben wollen, mit Hilfe zweier Worte: „träge" und „unfruchtbar". Es ist nicht nötig, sich eingehend mit dem Ursprungswort zu befassen, um ihre Gewichtigkeit zu verstehen, denn ihre Bedeutung ist offenbar.

Trägheit ist keine mangelnde Aktivität, sondern fehlendes Verantwortungsgefühl für unser Tun. Träge Menschen können bei vielen Aktivitäten dabei sein, bringen aber im Grunde nichts zu Stande – die Frucht bleibt aus. Traurigerweise beschreibt das die Situation vieler Christen in der heutigen Gemeinde. Sie sind sehr aktiv, haben aber geringen geistlichen Tiefgang. Ihr Beitrag besteht meistens in der Teilnahme endloser Treffen, die eigentlich ihr Leben bereichern sollen. Manchmal ermutigen diese Treffen aber eher zur Passivität und erzeugen wenig reale Veränderung.

Wir sind nicht dazu aufgerufen, diese Art spirituellen „Müßiggang" zu pflegen, mit dem Ziel uns den größten Segen für uns selbst zu sichern. Wir sind dazu berufen, in das Leben anderer zu investieren. Dieses Prinzip kommt in der „Magna Carta", wie sie einige Bibel-Gelehrte nennen, im 1.Mose 12:1-3, zum Ausdruck. Hier hebt Gott seine Absicht hervor uns zu segnen, *damit* wir andere segnen. Wenn Christen dies aus den Augen verlieren, fangen sie an, unsere Zeit unangemessen auszufüllen, was zu Problemen für uns und mit anderen führt. Uns sollte bewusst sein, dass die meisten Spaltungen und Vorwürfe von Christen ausgehen, die trotz jahrelangem Glauben plötzlich nicht mehr dabei sind, gute Werke zu verrichten.

Petrus sagt uns auch noch, dass wir nicht *unfruchtbar* sein sollen. Dieses Wort meint die Unfähigkeit, neues Leben hervorzubringen. Auch dieser Zustand ist nicht normal für einen Christen, denn wir sind dazu berufen, alle Menschen zu Jüngern zu machen – in welchem Rahmen auch immer. Aber die meisten Christen, die selbst die Gute Nachricht durch das liebende Zeugnis anderer gehört haben, führen ihrerseits kaum jemanden zur Erkenntnis dieser Wahrheit. Das ist nicht normal und der Apostel ermahnt seine Leser, dass bereits: *„wegen dieser Errettung die Propheten gesucht und nachgeforscht"* haben (2. Petrus 1:10).

Unser Leben kann diesen Lastern nur entkommen, wenn wir den Grund für unsere Berufung immer wieder in den Blick nehmen. Wir sollten uns bewussten Schrittes auf dieses Ziel zubewegen. Wir können uns nicht erlauben, uns durch Trägheit vom Kurs abbringen zu lassen. Das Reich Gottes gehört den Kühnen, die sich danach sehnen, zur Fülle ihrer Berufung in Christus zu gelangen.

Denkanstoß

„Darum, liebe Brüder, bemüht euch desto mehr, eure Berufung und Erwählung fest zumachen. Denn wenn ihr dies tut, werdet ihr nicht straucheln und so wird euch reichlich gewährt werden der Eingang in das ewige Reich unseres Herrn und Heilands Jesus Christus." (2. Petrus 10:11)

7. Oktober Von Gott vorbereitete Werke

Da rief er sie herein und beherbergte sie. Am nächsten Tag machte er sich auf und zog mit ihnen und einige Brüder aus Joppe gingen mit ihm. Und am folgenden Tag kam er nach Cäsarea. Kornelius aber wartete auf sie und hatte seine Verwandten und nächsten Freunde zusammengerufen.

Apostelgeschichte 10:23-24

Mit Hilfe der oben stehenden Beschreibung, wird uns der folgende Test sehr viel verständlicher: *„Denn wir sind sein Werk, geschaffen in Christus Jesus zu guten Werken, die Gott zuvor bereitet hat, dass wir darin wandeln sollen"* (Epheser 2:10). Die Geschichte von Petrus und Kornelius zeigt, wie der Vater durch Seinen Geist bereits alle Teile derselben Geschichte zu Seinem Willen zusammenfügt.

Das Ziel dieses Plans war, dass Kornelius samt Familie die Gute Nachricht von Jesus Christus erfahren sollte. Die Bibel beschreibt Kornelius als *„fromm und gottesfürchtig mit seinem ganzen Haus und gab dem Volk viele Almosen und betete immer zu Gott."* (Apostelgeschichte 10:2). Zweifellos war Gottes vornehmliche Absicht, das Herz dieses Mannes zu bewegen, damit dieser Ihn sucht.

Nach einer Weile griff Gott erneut ein und sandte einen Engel, der zu ihm sprach. Dieser Engel gab ihm die Anweisung, nach Petrus zu suchen, damit dieser ihm den richtigen Weg zu Jesus zeige. Während sich Kornelius' Gesandte auf den Weg an die Küste machten um Petrus zu finden, handelte Gott zum dritten Mal, indem Er Petrus in einer Vision erklärte, was der Apostel umzusetzen hatte.

Nach einem kurzen Moment der Verwunderung, willigte Petrus ein sich aufzumachen. Noch während er sich Gott einverstanden erklärte, kamen bereits Kornelius' Gesandte an, die ebenfalls von Gott auf den Weg geschickt wurden. Nach kurzer Zeit erreichten diese drei das Haus des Kornelius. Dort hatte dieser, höchstwahrscheinlich ebenso vorbereitet durch den Heiligen Geist, bereits seine gesamte Familie nebst Nachbarn versammelt. Nun war alles vorbereitet, damit Petrus den Versammelten den Heiland vorstellen konnte.

Das Ende dieser Geschichte ist vorhersehbar! *„Während Petrus noch diese Worte redete, fiel der Heilige Geist auf alle, die dem Wort zuhörten"* (Apostelgeschichte 10:44). Jedes Detail der Ereignisse war von Gott konzertiert worden, um zu diesem Ziel zu gelangen. Und wir können nur von den Einzelheiten reden, die im Bericht festgehalten wurden. Wie viele weitere Dinge mag Gott organisiert haben, um sie zu ihrer Bekehrung zu führen?

Wenn wir uns die Beschreibung von Kornelius' Bekehrung anschauen, erscheint es schon beinahe komisch, welch übertrieben große Rolle wir uns in Gottes Wirken zuschreiben. Oftmals sehen wir uns als diejenigen „die den Karren anschieben müssen". In Wirklichkeit haben wir nur einen sehr kleinen Anteil. Wir ermüden langsamer, wenn wir uns bewusst machen, was Gott tut und nicht in den Glauben verfallen, dass wir die Einzigen sind die arbeiten. Unsere heutige Geschichte lädt uns dazu ein, uns zu entspannen und zu erleben wie Gott in den Vorhaben bereits am arbeiten ist, an denen wir Anteil haben werden. Vor allem lädt Er uns dazu ein, ein Stück zurückzutreten und Ihm die Planung der Werke zu überlassen, an denen wir uns beteiligen sollen.

Denkanstoß

Der Schlüssel um in dieser Art Dienst mitzuwirken liegt darin, dem Geist Gottes gegenüber völlig offen zu sein. Ohne diese Sensibilität tappen und arbeiten wir im Dunkeln.

Ein Dieb kommt nur, um zu stehlen, zu schlachten und umzubringen. Ich bin gekommen, damit sie das Leben und volle Genüge haben sollen. *Johannes 10:10*

Dieser Abschnitt erklärt uns deutlich, den Unterschied zwischen dem guten Hirten und einem Dieb. Je nachdem welchen Schwerpunkt man verfolgt, lassen sich verschiedene Beobachtungen daraus ableiten. Erstes fällt auf, dass der Dieb es nicht darauf anlegt dem guten Hirten zu schaden, sondern den Schafen. Weit verbreiteter Glaube in der Gemeinde ist es, dass es zwischen Gott und Satan einen dauerhaften kosmischen Kampf gibt, der bis zum Tage des Jüngsten Gerichts anhält. Diese Anschauung ist in sich verkehrt, weil Gott Schöpfer und Satan nur Geschöpf ist. Der Feind kann sich nicht stärker gegen Gott erheben, als eine Ameise dies gegen einen Elefanten tun kann. Wir sind das Angriffsziel des Satans, weil wir als Abbild des Schöpfers geschaffen wurden.

Zweitens enthüllt Christus, welches die Ziele des Feindes sind. Er ist nicht gekommen, um uns kurzfristig abzulenken oder um unser Dasein etwas zu erschweren. Auch hat er nicht den Anspruch, unser Leben unterwerfen zu wollen, sondern besitzt viel niederträchtigere Motive. Er will nicht eher ruhen, bis er einen Menschen vollends zerstört hat.

Seine Strategie ist bemerkenswert. Als Erstes stiehlt er. Wenn er das tut, nimmt er all das mit, was unser Erbteil als Schöpfung Gottes ist: unsere Fähigkeit geistliches Leben zu erfahren und Gemeinschaft und Liebe zu teilen, Freude und Frieden zu erleben und das Leben mit Hoffnung anzugehen. Fehlen diese Fähigkeiten, wird unsere Identität direkt angegriffen und führt uns in ein Leben voller Schmerzen und Konflikte. In der zweiten Etappe geht der Dieb direkt zum Mord über. Er will das Leben auslöschen, das Gott für uns vorgesehen hat. Und selbst dann hört er nicht auf, denn sein Ziel ist die vollständige Zerstörung des menschlichen Lebens. Uns muss bewusst sein, dass es sich hierbei um den ewigen Tod handelt, den völligen Verlust dessen, was uns als menschliche Wesen charakterisiert.

Drehen wir jedoch die Beschreibung Jesu für das Handeln des Diebes um, treten die Aufgaben des Gottessohnes zum Vorschein: zu geben, wiederzubeleben und aufzubauen. Gottes Priorität ist es immer, uns zu segnen. Es ist Ihm eine Freude, uns zu beschenken, auch wenn wir es nicht verdienen. Er ist ein Gott, der nicht ruht, und danach sieht, wen Er noch segnen kann. Sein ureigenes Wesen ist grenzenlose Großzügigkeit. Zum Wunsch den Menschen zu segnen, kommt noch das Sehnen danach, dass wir die Fülle in allen Dimensionen des Lebens erfahren. Dies schließt auch die geistliche Dimension mit ein. Auf lange Sicht erschafft sich Christus daraus ein heiliges Volk und ein Königreich der Priester. Wir sind Wesen mit der Ewigkeit als Ziel und genau dorthin führt uns der gute Hirte.

Denkanstoß

Würden Sie sagen, dass Sie ein Leben in Fülle führen? Was führt Sie zu dieser Schlussfolgerung? Wie könnten Sie noch größere Erfüllung in Christus finden?

Und stellt euch nicht dieser Welt gleich, sondern ändert euch durch Erneuerung eures Sinnes, damit ihr prüfen könnt, was Gottes Wille ist, nämlich das Gute und Wohlgefällige und Vollkommene. *Römer 12:2*

A. W. Tozer schreibt über unseren Verstand: *„Wir verwandeln uns bald in das, woran wir denken, wenn unsere Gedanken frei schwelgen können. Unsere Gedanken offenbaren nicht nur, wer wir sind, sondern auch zu welcher Art Mensch wir werden.“*[1]

Die meisten von uns machen sich keine Vorstellungen darüber, wie tief unsere Gedanken unser Leben beeinflussen. Die Bibel weist uns jedoch darauf hin, dass die Erneuerung unseres Sinnes der Schlüssel zu einem veränderten Leben ist. An diesem Punkt sollten wir ansetzen, wenn wir unser Leben täglich tiefer in Gottes Wort verankern wollen.

Wir handeln nicht spontan, auch wenn wir unser Tun manchmal mit dem Satz verteidigen: „Ich habe gar nicht nachgedacht, bei dem was ich gerade getan habe.“ Tatsächlich beruhen alle unsere Handlungen auf vorhergehenden Gedanken, selbst wenn wir uns dieser Gedanken nicht bewusst waren. Jesus erklärt uns in der Bergpredigt, dass Gottes Gericht nicht über unsere Taten, sondern über die Gedanken, die sie ausgelöst haben, urteilen wird. Deshalb entsteht die wahre Sünde des Ehebruchs bereits in der Absicht, die Frau des Nächsten zu verführen. Die Schuld des Mörders beginnt bereits, wenn er einen anderen als Feind oder Idioten ansieht. Wenn wir an diesen Gedanken nichts ändern, entstehen daraus irgendwann Taten.

Paulus ermutigt uns im heutigen Text, dieser Welt zu widerstehen. Der Kampf entscheidet sich jedoch nicht an so einfachen Dingen, wie der Entscheidung nicht zur Disko zu gehen oder nicht zu rauchen. Die Welt möchte uns gerne in den

aktuellen Zeitgeist hineinpressen. Durch Tausende von Botschaften wird versucht, uns das heutige pervertierte System schmackhaft zu machen. Manchmal sind diese Botschaften einfach zu durchschauen, doch in den meisten Fällen liegen sie unter scheinbar ungefährlichen Dingen versteckt.
Deshalb ist es die Aufgabe jedes Gläubigen an der Erneuerung seines Sinnes zu arbeiten. Dies kann auf zweierlei Art passieren. Als Erstes müssen wir die Gedanken identifizieren, die Gott nicht ehren und sie unter den Gehorsam Christi gefangen nehmen (1.Korinther 10:5), sie also innerlich verwerfen. Doch unser Verstand lässt keinen offenen Raum unbesetzt. Dieser nun leere Raum muss also mit anderen Gedanken gefüllt werden, wenn wir nicht zum schuldhaften Denken zurückkehren wollen. Zweitens sollten wir uns mit Gottes Wort erfüllen und damit auseinandersetzen. So entstehen Gedanken, die unseren Charakter komplett verwandeln.

Denkanstoß

„Weiter, liebe Brüder: Was wahrhaftig ist, was ehrbar, was gerecht, was rein, was liebenswert, was einen guten Ruf hat, sei es eine Tugend, sei es ein Lob - darauf seid bedacht!" (Philipper 4:8)

Und du sollst dem HERRN, deinem Gott, das Passa schlachten, Schafe und Rinder, an der Stätte, die der HERR erwählen wird, dass sein Name daselbst wohne. Du sollst kein Gesäuertes dazu essen. Sieben Tage sollst du Ungesäuertes essen, Brot des Elends - denn in Hast bist du aus Ägyptenland geflohen -, auf dass du des Tages deines Auszugs aus Ägyptenland gedenkst dein Leben lang. *5.Mose 16:2-3*

Auch wenn wir im Rückblick auf unser Leben so manches tragische Erlebnis gerne ausradieren würden, zeigt uns der Herr im heutigen Text, dass gerade diese Erfahrungen für unser geistliches Leben von großer Wichtigkeit sein können. Zum Gedenken daran, auf welchem beschwerlichen Weg Gott das Volk Israel begleitet hatte, setzte der Herr ein Fest ein.

Woran genau sollten sich die Israeliten erinnern? Zuerst einmal, dass sie in der Vergangenheit Sklaven gewesen sind, ohne Hoffnung, jemals aus dieser Situation herauszukommen. Die Freiheit an der sie sich nun erfreuten, war nicht selbst erarbeitet oder erkämpft, sondern ihnen geschenkt worden. Zweitens kam ihr Auszug aus Ägypten nur aufgrund des mächtigen Eingreifens Gottes zustande. Doch ihre Freiheit kostete einen hohen Preis. Eine Generation durchlitt alle möglichen Plagen, damit ein Pharao mit verhärtetem Herzen ihnen letzten Endes die Erlaubnis gab auszuziehen. Als drittes verließen sie Ägypten lediglich mit den Kleidern, die sie auf dem Leib trugen. Sie besaßen keinerlei Wohlstand, an dem sie sich nun, da sie im verheißenen Land lebten, erfreuen konnten. Aus einer völligen Mangelsituation kommend, verwandelte Gott sie in eine wohlhabende und große Nation.

Warum sollten sie sich nun an all diese Dinge erinnern? Dieselbe Frage müssten *wir* uns täglich stellen. Wir regen uns schon beim Aufstehen darüber auf, wenn es regnet, weil uns das Essen nicht schmeckt oder wir wieder zur Arbeit müssen. Wir haben dabei aus dem Blick verloren, dass wir auf nichts, was wir besitzen, einen Anspruch hätten, sondern dass es ein reiner Erweis der Güte Gottes ist. Da uns unsere wahre geistliche Situation oft nicht vor Augen steht, werden wir im Herzen undankbar und sind ständig damit beschäftigt, uns zu ärgern und aufzuregen.

Dankbarkeit führt uns nicht nur dazu, uns an jeden Schritt den wir mit der Hilfe Gottes – von dem alles Gute stammt – getan haben zu erinnern, sondern verschafft uns Freude über jedes Erlebnis, jede Tat und jede Beziehung. Da all das, was wir von Ihm empfangen ein Geschenk ist, dürfen wir uns daran als unverdienten Ausdruck Seiner Liebe erfreuen. Wenn wir Gottes Dienst in der Gemeinde tun, vergessen wir manchmal leicht, aus welcher Situation Gott uns befreit hat. Wir können uns schnell in einer Mischung aus Gemecker und Undank verlieren und größeren Respekt oder Privilegien einfordern, so als ob es unser eigener Verdienst war, dass wir von Gott mit dem jeweiligen geistlichen Dienst betraut wurden. Wie gut ist es dagegen, wenn wir uns täglich daran erinnern, dass wir Ihm nur dienen können, weil Er uns dieses Privileg zugestanden hat.

Denkanstoß

(König David) kam und setzte sich vor dem HERRN nieder und sprach: „Wer bin ich, Herr HERR, und was ist mein Haus, dass du mich bis hierher gebracht hast?“ (2.Samuel 7:18)

11. Oktober Gott macht Unmögliches möglich

Der HERR aber wandte sich zu ihm und sprach: Geh hin in dieser deiner Kraft; du sollst Israel erretten aus den Händen der Midianiter. Siehe, ich habe dich gesandt! Er aber sprach zu ihm: Ach, mein Herr, womit soll ich Israel erretten? Siehe, mein Geschlecht ist das Geringste in Manasse, und ich bin der Jüngste in meines Vaters Hause.

Richter 6:14-15

Israel war von einem feindlichen Stamm, den Midianitern, besetzt worden. Mit Hilfe ihrer mächtigen Armee, die 135.000 Krieger umfasste, hatten sie das Volk Gottes völlig unterworfen. Als Tribut nahmen sie sich die besten Ländereien und Viehbestände. Logischerweise war das Volk extrem mut- und hoffnungslos.

Inmitten dieser ausweglosen Situation, während Gideon gerade in einem Versteck Weizen drosch, um es vor den Midianitern zu schützen, erschien ihm ein Engel. Unser heutiger Abschnitt zeigt uns einige Details der Mission, die Gott ihm anvertrauen wollte. Ohne Umschweife machte der Herr ihm einen scheinbar unmöglichen Vorschlag: Gideon, ein Unbekannter des Stammes Manasse, aus einer mittellosen Familie, sollte sich aufmachen um Israel aus den Händen der Midianiter zu befreien.

Würde man Gideons Eigenschaften, die ihn objektiv für diese Mission qualifizieren zusammennehmen, käme man zu dem Schluss, dass Gott sich wohl den falschen Mann ausgesucht haben muss. Wahrscheinlich besaß er weder Militärerfahrung noch irgendeine andere erwähnenswerte. Er war der Jüngste aus einer armen Familie und wohl daran gewöhnt, niemals berücksichtigt zu werden. Rechnet man diesen Schwächen die außergewöhnlich bedeutsame Mission

Gottes für ihn hinzu, hätte man eher noch stärkere Zweifel am Gelingen des Ganzen. Was könnte ein so Unbedeutender wie er einer derart herausfordernden Situation ausrichten? Doch das ist genau Gottes Methode. Er konfrontiert uns überaus gerne mit Vorhaben, deren Umsetzung für uns unmöglich ist. Wir schauen dann auf unsere Fähigkeiten und rufen schockiert: „Das kann ich doch niemals schaffen!" Mose wies Er an, mit zwei Millionen versklavten Israeliten aus ihrer Bedrückung auszuziehen und ein fremdes Land einzunehmen, das von feindlichen Völkern besetzt war. Josua schlug Er vor, eine befestigte Stadt anzugreifen, indem sie Lieder sangen. Er wählte Jonas aus, um einem Volk Demut zu predigen, das sich vorgenommen hatte die Welt zu erobern. Die Apostel sollten alle Nationen der Erde zu Jüngern machen.

Fühlen wir uns völlig überwältigt von den Ausmaßen eines Vorhabens das Gott uns präsentiert, ist dies ein guter Indikator dafür, dass es tatsächlich von Gott stammt. Gott schlägt uns niemals Projekte vor, die wir auch aus eigener Kraft stemmen könnten. Der Herr bringt uns bevorzugt in Situationen, in denen all unsere Gerissenheit, unsere Ressourcen und eigenen Möglichkeiten völlig unbedeutend werden.

Gottes Strategie für uns besteht darin, uns bewusst zu machen, dass unsere eigenen Mittel niemals ausreichen können. Gottes Vorhaben lassen sich auch nur auf Seine Weise umsetzen.

Denkanstoß

Welche Projekte planen Sie zur Zeit? Welchen Herausforderungen stellen sich? Trauen Sie sich, Ihre eigenen Pläne über Bord zu werfen, um im großen Maßstab zu träumen? Nicht nur ein paar weniger Menschen verändern zu wollen, sondern ganze Städte, Länder, sogar die Welt? Wenn andere über Ihre Projekte spotten, ist Gott bereits hinter den Kulissen am Werk.

Gott, du bist mein Gott, den ich suche. Es dürstet meine Seele nach dir, mein ganzer Mensch verlangt nach dir aus trockenem, dürrem Land, wo kein Wasser ist. *Psalm 63:1-2*

Wie viele Generationen wurden bereits von diesen zauberhaften alten Worten inspiriert, welche David vor mehr als 3.000 Jahren verfasste. Dieser Psalm spricht wohl deshalb so sehr zu unserem Herzen, weil der Autor Gefühle auf eine solch präzise Art auszudrücken vermag, wie wir sie kaum in Worte fassen könnten.

Wir sind es gewohnt, dass wir Gott unsere Liebe durch Lieder, Gebete und in Gemeinschaft mit anderen Gläubigen ausdrücken. Wenn es gerade keine größeren Hürden in unserem Leben zu bewältigen gibt, gehen uns diese Worte auch leicht über die Lippen. Ich vermute jedoch, dass unser leidenschaftliches Bekenntnis in diesem Fall eher mit unseren leichten Umständen zusammenhängt als mit einer wahren Hingabe Gott gegenüber.

Als David diesen Psalm verfasste, waren seine Umstände – verglichen mit unseren üblichen – alles andere als normal. Der Untertitel des Psalms sagt aus, dass David ihn in einer seiner beiden Wüstenzeiten schrieb. In der ersten wurde er von Saul verfolgt und musste in Felsspalten und Höhlen dieser Region Zuflucht suchen. Das zweite Mal musste er in die Wüste fliehen, als Absalon gegen ihn rebellierte und Davids Thron an sich riss. Auf seiner Flucht besaß er lediglich die Kleidung, die er am Leib trug. Die Geschichte berichtet uns, dass David schmutzig, müde und hungrig in der Wüste ankam. Halten wir einen Moment inne und denken über diese Szene nach, wird uns bewusst, welch großes Gewicht Davids Worte nun haben. Es ist nicht dasselbe, Gottes Größe zu bezeugen, wenn das Schlimmste, was uns an diesem Tag passiert, ein fehlendes Mittagessen oder ein Regenschauer ist, der uns ohne Schirm überrascht hat. Mir geht es darum zu verdeutlichen, dass unser sogenanntes Leid in den meisten Fällen nichts anderes ist, als eine vorübergehende unangenehme Unterbrechung unseres Tagesablaufs. Wahrscheinlich erlebten die Wenigsten von uns jemals eine lebensbedrohliche Verfolgung. Wir wissen nicht, wie es sich anfühlt, komplett verstoßen zu werden, ohne einen Zufluchtsort oder jemandem, der einem zur Hilfe kommt.

Denken Sie noch einmal über den ersten Satz dieses Gedichts nach: *„Gott, du bist mein Gott, den ich suche."* Dieser Ausspruch ist ein tiefes Bekenntnis, denn David hatte gerade alles verloren. Dennoch bezeugt er, dass das Einzige was im Leben letztendlich zählt, der Herr ist. Er bekräftigt, dass ihm weder Annehmlichkeiten noch Sicherheit, noch die Zukunft wichtig waren, noch nicht einmal sein eigenes Leben. Gott war wahrhaftig sein Gott!

Diese Fähigkeit, sich Gott selbst in den dunkelsten Momenten des Lebens hinzugeben ist es, was einen großen Leiter ausmacht. Im Herzen dieses Leiters ist kein Platz für andere Götter. Für ihn übertrifft Jahwe alle anderen Dinge, sogar den Glanz des eigenen Dienstes.

Denkanstoß

Was war das Geheimnis von Davids Hingabe? Er war ein Mann, für den es natürlich war, ständig Gottes Gemeinschaft zu suchen: *„So schaue ich aus nach dir in deinem Heiligtum"*. Im Laufe der Zeit verwandelte ihn dies in einen Menschen, dessen ganzes Sein sich nach der Herrlichkeit Gottes verzehrte.

Als das der König Herodes hörte, erschrak er und mit ihm ganz Jerusalem und er ließ zusammenkommen alle Hohenpriester und Schriftgelehrten des Volkes und erforschte von ihnen, wo der Christus geboren werden sollte. Und sie sagten ihm: In Bethlehem in Judäa; denn so steht geschrieben durch den Propheten. *Matthäus 2:3-5*

Die Ankunft der weisen Männer aus dem Morgenland erschütterte Jerusalem. Sie kamen aufgrund einer Offenbarung, die keinem anderen der angesehenen Männer dieser Stadt bekannt war. Außerdem hatten sie ihnen etwas wirklich Besorgniserregendes zu verkünden: die Geburt eines neuen Königs der Juden. Alarmiert suchte König Herodes jemanden, der ihm erklären konnte, was vor sich ging und berief die Schriftgelehrten zu sich.

Dieser Vorfall im Palast möchte uns etwas verdeutlichen. Die obersten Priester und Schriftgelehrten zögerten nicht einen Moment und gaben dem König die Antwort, die er hören wollte. Sie kannten die Prophezeiung von Micha sehr gut und wussten, dass der Christus in Bethlehem geboren wird. Sie haben höchstwahrscheinlich die entsprechenden Schriftstellen im Detail studiert, so wie es für die Gelehrten, deren Geistlichkeit eher auf intellektueller Ebene Ausdruck findet, üblich war. Bis ins Detail erforschten sie die verschiedenen Interpretationsansätze, die es von der Prophetie gab. Es ist sogar möglich, dass es verschiedene „Interpretationsschulen" gab. Die einen sagten, er wird in Bethlehem geboren; die anderen behaupteten, er wird seinen Dienst in Bethlehem begründen; und dritte meinten, Bethlehem stünde nur symbolisch für den Stamm, aus dem der Messias kommen würde. Doch trotz der exakten und umfassenden Kenntnis über die Ankunft des Gesandten merkte keiner der „Spezialisten", dass das Ereignis bereits stattgefunden hatte.

In der heutigen Zeit gibt es ein verstärktes Interesse an den biblischen Prophezeiungen, die sich mit der Endzeit befassten. Während einige diese erforschen, untersuchen andere die Weltgeschehnisse um zu entdecken, ob sich die eine oder andere gut bekannte Verheißung erfüllen würde. Die Mutigsten machen gewagte Andeutungen hinsichtlich des Tempelwiederaufbaus, des Antichristen und der genauen Lage von Gog und Magog.

Genau wie die damaligen Priester und Schriftgelehrten sind die heutigen mit der Analyse der biblischen Schriften so beschäftigt, dass sie keine Gelegenheit finden aufzuschauen, um die geistlichen Ereignisse in ihrer Umgebung wahrzunehmen. Wenn wir uns extrem in Studien vergraben wird es unvermeidlich, dass wir zum Opfer unserer eigenen Vorstellung werden und ein automatischer „Film" in unserem Kopf abläuft, wie sich wohl die letzten Ereignisse auf der Welt zutragen werden. Unsere eigenen detaillierten Vorstellungen werden zu Erwartungen, die uns für die wirklichen Ereignisse blind machen, wenn sie eintreffen. Wir werden nur nach dem Ausschau halten, was wir meinen in der Bibel entdeckt zu haben und werden all das ablehnen, was nicht unserer Vorstellung entspricht.

Aus diesem Grund haben auch die Schriftgelehrten und Priester Jesus am Ende kreuzigen lassen. Ihre Vorstellungen, wie der Messias den alten Schriften entsprechend zu sein hatte, versperrte ihnen die Sicht auf den wahren Messias der direkt vor ihrer Nase stand.

Denkanstoß

Es sollte uns beruhigen, dass die Gegebenheiten der geistlichen Welt selten so sind, wie wir sie uns vorstellen. Die Erkenntnis die wir über den Herrn besitzen, so klein sie auch sei, genügt voll und ganz, um Ihn anzubeten.

14. Oktober Glaube, Liebe und Hoffnung

Wir danken Gott allezeit für euch alle und gedenken euer in unserm Gebet und denken ohne Unterlass vor Gott, unserm Vater, an euer Werk im Glauben und an eure Arbeit in der Liebe und an eure Geduld in der Hoffnung auf unsern Herrn Jesus Christus. *1. Thessalonicher 1:2-3*

Dies ist nicht das erste Mal, dass diese drei Aspekte des geistlichen Lebens zusammen genannt werden. Sie werden ebenso im Römerbrief, im Brief an die Galater, Korinther, Kolosser, Hebräer und im ersten Petrusbrief erwähnt. Anscheinend glaubte man in der Urgemeinde, dass die Kombination aus Glaube, Liebe und Hoffnung die größte geistliche Reife hervorbringt. Wir tun also gut daran, wenn wir uns diese Verbindung einmal genauer ansehen.

Zu Anfang erwähnt der Apostel das Werk des Glaubens. Dies ist stark von der Glaubensgerechtigkeit aus Werken zu unterscheiden. Der Apostel stellt klar, dass Glaube eine Gnadengabe Gottes ist, die sich in Werken ausdrückt. Es fällt uns manchmal schwer das anzunehmen, weil wir uns an eine rein intellektuelle Glaubensvorstellung gewöhnt haben, die von einem passiven Glaubensleben begleitet wird. Der biblische Glaube dagegen ist in Bewegung, nicht unruhig, sondern aktiv, weil auch Gott aktiv ist. Um Ihm nachzufolgen, müssen wir die Werke tun, die Er initiiert. Auf diese Weise wird die Gemeinde zu einer Gemeinschaft, die ihre Überzeugungen durch ihren Lebensstil vertritt.

Zweitens führt diese Gemeinde eine Arbeit aus, die auf Liebe basiert. Interessanterweise finden wir auch hier keinerlei Überschneidungen mit unserem Verständnis von Liebe. In unserer westlichen Welt wird Liebe meistens als Gefühl für jemanden gesehen. In der Gemeinde von Thessalonich war Liebe jedoch eine Entscheidung. Die Gläubigen verstanden, dass sie zur Liebe berufen waren und dass dies von jedem eine Anstrengung abforderte. Sich zum Lieben zu bemühen war notwendig, da sich Liebe erst über unzählige Hindernisse hinwegsetzen muss um triumphieren zu können. Christi Weg ans Kreuz, als größter Ausdruck der Liebe, war gepflastert mit schwierigen Umständen, Unannehmlichkeiten und Leid. Die Gemeinde von Thessalonich folgte diesem Beispiel anscheinend, denn Paulus wies darauf hin, indem er hervorhob, sie hätten bis an den Rand der Erschöpfung gearbeitet. Der dritte Schwerpunkt der Gemeinde war ihre unerschütterliche Hoffnung. Hoffnung ist eines der wichtigsten Elemente, um uns Richtung und Ziel zu geben. Mitten in allen Schwierigkeiten, Kämpfen und Hindernissen, hilft uns die Hoffnung unsere Augen fest auf das zu richten, was wir in unserer Beziehung mit Christus erreichen wollen. Wir sehen um uns die Zerstörung und den Schmutz der Sünde und fühlen im Inneren beständig den Kampf zwischen Fleisch und Geist. Doch wir geben nicht auf, denn vor uns liegt die Hoffnung, Reife in Christus zu erreichen, in seine Ruhe einzukehren und unser Leben und unsere Gesellschaft durch das Evangelium grundlegend verändert zu sehen. Ohne Hoffnung werden wir gewiss von unserem Vorhaben Abstand nehmen.

Denkanstoß

„Nun aber bleiben Glaube, Hoffnung, Liebe, diese drei; aber die Liebe ist die größte unter ihnen." (1.Korinther 13:13)

Da sprach er zu seinen Jüngern: Die Ernte ist groß, aber wenige sind der Arbeiter. Darum bittet den Herrn der Ernte, dass er Arbeiter in seine Ernte sende. Matthäus 9:37-38

Neue Mitarbeiter in der Gemeinde heranzubilden, ist eine der großen Herausforderungen für jeden Pastor. Die Ausbildung von Leitern in unseren Gemeinden ist unverzichtbar, wenn wir wollen, dass die Arbeit vorangeht und die Arbeitslast gerecht verteilt wird, gerade wenn wir mal nicht persönlich anwesend sind. Auf diese Weise vermeiden wir auch, dass sich jemand überarbeitet. Um neue Mitarbeiter auszubilden, braucht man deshalb Ernsthaftigkeit und Verantwortungsbewusstsein.

Im heutigen Text aus dem Johannesevangelium sagt Christus zu Seinen Jüngern: *„Hebt eure Augen auf und seht auf die Felder, denn sie sind reif zur Ernte."* (Johannes 4:35). Mit dieser unspektakulären Bewegung, die Augen zu erheben, beginnt die Ausbildung. Sind unsere Augen nur auf den Boden gerichtet spricht das dafür, dass wir in unserer eigenen Welt versunken sind. Wir nehmen die Realität unserer Umgebung einfach nicht wahr. Erheben wir dagegen unsere Augen, sehen wir eine ganze Welt um uns, mit Menschen, die wie wir, mit ihrem Frust mit ihren Problemen und Auseinandersetzungen kämpfen. Jeder von ihnen wurde für eine Beziehung mit dem Vater geschaffen. Wenn wir sie anschauen, sollten wir in unserem Geist denselben Schmerz empfinden wie Christus, der sie als Schafe ohne Hirten sah.

Nur wenn wir unsere Umgebung wahrnehmen, erkennen wir auch das Ausmaß unserer Aufgabe. Christus zeigte seinen Jüngern weite Felder und nicht einen Vorgarten. Die Erde lag ausgebreitet vor ihnen, die Saat war ausgesät und bereit zur Ernte. Es werden viele Hände benötigt, um diese Ernte einzubringen. Anderseits ist es auch wichtig, dass wir

uns im vollzeitlichen Dienst von der Größe dieser Aufgabe nicht abschrecken lassen. Es gibt Leiter, die davon überzeugt sind, dass nur sie allein die ganze Last der Arbeit tragen und vorantreiben, ohne dass ihnen jemand dabei helfen müsste. Diese selbstgenügsame Haltung ist für die Gemeinde kontraproduktiv und steht im Gegensatz zum biblischen Verständnis von der Ausbreitung des Gottesreiches. Kein Mann kann das Feld alleine abernten.
Wenn wir das riesige Ausmaß unserer Aufgabe vor uns sehen, sollte uns das keine Tränen in die Augen treiben, sondern uns auf die Knie zwingen. Jesus sagte Seinen Jüngern, ihre erste Aufgabe sei es, den Herrn der Ernte zu bitten. Wir haben versucht, diese heilige Aufgabe dadurch zu ersetzen, unsere Gemeindeglieder durch Schuldgefühle zur Arbeit „zu motivieren". Gleichwohl ist es Gott selbst, der Seine Gemeinde mobilisiert. Wir tun gut daran, weniger auf die Leute einzureden und öfter mit unserem himmlischen Vater zu reden. Sicher würden wir eine größere Zahl an Mitarbeitern in der Gemeinde sehen, wenn wir mehr Zeit darauf verwenden würden, zu Ihm zu beten.

Denkanstoß

"Es begab sich aber zu der Zeit, dass er auf einen Berg ging, um zu beten; und er blieb die Nacht über im Gebet zu Gott. Und als es Tag wurde, rief er seine Jünger und erwählte zwölf von ihnen, die er auch Apostel nannte." (Lukas 6:12-13)

Da sandte der Pharao hin und ließ Josef rufen, und sie ließen ihn eilends aus dem Gefängnis. Und er ließ sich scheren und zog andere Kleider an und kam hinein zum Pharao. Da sprach der Pharao zu ihm: Ich habe einen Traum gehabt und es ist niemand, der ihn deuten kann. Ich habe aber von dir sagen hören, wenn du einen Traum hörst, so kannst du ihn deuten. Josef antwortete dem Pharao und sprach: Das steht nicht bei mir; Gott wird jedoch dem Pharao Gutes verkünden.

1.Mose 41:14-16

Uns fällt es wahrscheinlich schwer diese dramatische und unerwartete Situation nachzuvollziehen. Josef lebte einsam und vergessen in einem der Gefängnisse des Pharaos, und das, ohne es verdient zu haben. Da er Sklave war, hatte sich sämtliche Hoffnung aus dieser Situation errettet zu werden, verflüchtigt. Niemand hielt sich damit auf, die Rechte eines Sklaven zu verteidigen und schon gar nicht von einem, der von einem der höchsten Richter am Hofe verurteilt worden war.

Während dieser Jahre im Gefängnis hatte Josef die Chance bekommen, die Träume zweier Mitgefangener auszulegen: die des Bäckers und des Mundschenks des Königs. Und plötzlich wurde ihm die Möglichkeit eröffnet, die Träume von niemand Geringerem als dem Pharao, dem mächtigsten Mann auf Erden, auszulegen. Für Josef bedeutete ein Erfolg dieser Unternehmung ein mögliches Ende seines Gefängnisaufenthaltes. Die Treffsicherheit bei der Auslegung der Träume seiner Mithäftlinge hätte ihn, trotz dieser Herausforderung, in gewisser Sicherheit wiegen können. Wie leicht hätte er sich die Fähigkeit Träume zu interpretieren, auf die eigene Fahne schreiben können. Eigentlich war es doch irrelevant, dass diese Gabe nicht von ihm ausging. Der Pharao wusste ja noch nicht einmal wer Jahwe war. Warum sich mit unnötigen Erklärungen aufhalten?

Es passiert schnell, dass wir uns eine Gabe zuschreiben, die eigentlich völlig von Gott kommt. Immer wieder fallen wir in den Glauben, dass mit unserer Person in der Gemeinde alles steht und fällt. In unserer Mitte gibt es Leiter, die ihrer Meinung nach eine „spezielle Salbung" ihr Eigen nennen und die nur sie weitergeben können. Unsere Gedankenhaltung zeigt uns deutlich, wie kreativ wir werden, wenn es darum geht, unseren „Posten" zu verteidigen. Wir vergessen dabei, dass sich in der geistlichen Welt absolut nichts bewegt, wenn Gott es nicht anweist. Im besten Falle sind wir zerbrechliche Gefäße in Seiner Hand.
Auch wenn die Zukunft Josefs auf dem Spiel stand, zögerte der junge Mann nicht eine Sekunde lang und klärte den Hintergrund seiner Situation auf. Er besaß keinerlei eigene Befähigung, um Träume zu interpretieren. Die Gabe kam gänzlich von Gott. Als er diese Erklärung abgegeben hatte, war jedem klar, dass, wenn Gott keine Aufklärung geben würde, es auch niemand anderes tun könnte. Über Gott können wir nicht wie über eine Maschine verfügen. Er ist über alles erhaben und handelt, wie Er es für richtig hält. Wir können nur darauf hoffen, dass Er sich uns in Seiner Gnade offenbart. Wir haben keinerlei Kontrolle über Ihn. Selbst wenn wir in der Vergangenheit eine Million Träume ausgelegt haben, bleibt die Gabe doch Gottes Eigentum.
Es ist so wichtig, dass wir diese Erkenntnis niemals aus den Augen verlieren. Wir sind bloße Kanäle für Gottes Wirken. Solange wir darum wissen, werden wir nützliche Werkzeuge in Seiner Hand sein.

Denkanstoß

„Als Petrus das sah, sprach er zu dem Volk: Ihr Männer von Israel, was wundert ihr euch darüber oder was seht ihr auf uns, als hätten wir durch eigene Kraft oder Frömmigkeit bewirkt, dass dieser gehen kann?" (Apostelgeschichte 3:12)

17. Oktober Das kostbare Gut bewahren

Daran erinnere sie und ermahne sie inständig vor Gott, dass sie nicht um Worte streiten, was zu nichts nütze ist, als die zu verwirren, die zuhören. 2.Thimotheus 2:14

Diese Ermahnung schrieb Paulus an Timotheus bereits in seinem ersten Brief. Am Ende einer ausführlichen Epistel voller Anweisungen für Dienst und Leben seines unerfahrenen Jüngers, verabschiedet er sich mit diesen mahnenden Worten: *„Lieber Timotheus, bewahre das kostbare Gut, das dir anvertraut worden ist, mit aller Sorgfalt!“* (1.Timotheus 6:20, NGÜ). Es lohnt sich gewiss einmal über das Problem etwas eingehender nachzudenken, das der Apostel durch seinen Ratschlag Timotheus gerne ersparen wollte.

So wie das Gesetz der Gravitation, ist es unumstößlich, dass alles Existente einer unvermeidlichen Vergänglichkeit unterworfen ist. Wir könnten darüber spekulieren, warum dem so ist, doch würde uns das nicht bei der Lösung des Problems helfen. Sicherlich trägt der Fakt, dass wir in einer gefallenen Welt unter dem Gericht Gottes leben, direkt dazu bei. Tatsache ist auch, dass wir im Laufe der Zeit normale Abnutzungserscheinungen an uns und um uns entdecken. Unser Körper verliert zusehends an Agilität und Beweglichkeit. Unser Haus konfrontiert uns gnadenlos mit den sichtbaren Zeichen der Vergänglichkeit. Die Wände verfallen, das Dach fängt an zu tropfen, die Abwasserrohre verstopfen. Genauso passiert es mit allen Gegenständen unseres täglichen Lebens, dem Fernseher, dem Küchengerät, dem Laptop oder dem Auto.

Die geistliche Welt ist von diesem Prozess nicht ausgenommen. Nehmen Sie beispielsweise den Verfall, den Jesaja beschreibt: *„Wie geht das zu, dass die treue Stadt zur Hure geworden ist? Sie war voll Recht, Gerechtigkeit wohnte darin;*

nun aber – Mörder. Dein Silber ist Schlacke geworden und dein Wein mit Wasser verfälscht“ (Jesaja 1:21-22). Was zu seiner Zeit prunkvoll war, kann im Laufe der Zeit verfallen und leblos werden. Es reicht aus, wenn wir uns eine beliebige Gemeinde ansehen, die älter als 100 Jahre ist. Früher pulsierte sie vor Leben und steckte andere an. Heute ist sie nichts weiter als ein Relikt aus vergangener Zeit, in der sich kaum ein Dutzend Übriggebliebene finden lassen.

Paulus war anscheinend besorgt, welche Auswirkungen dieser Prozess auf Timotheus haben könnte. Indem er ihn ermutigt zu „bewahren“ was er hatte, macht er deutlich, dass selbst dies verloren gehen kann. Er würde nicht immer vor Eifer und Kraft strotzen. Passte er nicht darauf auf, würde er langsam aber sicher seine Kraft verlieren und sich in jemand Bedeutungsloses verwandeln.

Das geistliche Prinzip, das sich hinter diesem Ratschlag verbirgt drückt aus, dass die gestrige Herrlichkeit nicht die Gegenwart erleuchtet. Egal wie überragend die Erlebnisse der Vergangenheit waren; die einzige Möglichkeit, Leben in die Gegenwart hineinzubringen, ist, mit der Lebensquelle selbst verbunden zu sein. Um das zu bewahren, was wir erhalten haben, müssen wir jeden Tag unsere Beziehung und unsere Verbindlichkeit mit dem Herrn erneuern. Denn als Leiter und Pastoren sind wir besonders vom „Dienstverschleiß“ betroffen. Kann dies der Grund sein, warum es Jesus während Seiner irdischen Tage für nötig hielt sich abzusondern, um mit Seinem Vater allein zu sein?

Denkanstoß

Welche Verschleißanzeichen entdecken Sie in Ihrem eigenen Leben? Wie können Sie Ihre Kräfte erneuern? Wie können Sie die Überbeanspruchung aufhalten.

Und der Engel des HERRN erschien Manoach und seiner Frau nicht mehr. Damals erkannte Manoach, dass es der Engel des HERRN war, und sprach zu seiner Frau: Wir müssen des Todes sterben, weil wir Gott gesehen haben.

Richter 1:21-22

Mich überrascht immer wieder, wie zu biblischen Zeiten auf die Gegenwart Gottes reagiert wurde und wie anders wir das heutzutage in unseren wöchentlichen Treffen tun. Manoachs Reaktion, die wir in den aktuellen Versen finden, ist typisch für eine Person zu Zeiten des Alten Testaments. Als Jakobus mit Gott einen Tag und eine Nacht lang rang, staunte er am Ende: *„Ich habe Gott von Angesicht gesehen und doch wurde mein Leben gerettet“* (1.Mose 32:30). Ebenso ängstlich reagierte auch Gideon, als ihn der Engel des Herrn heimgesucht hatte: *„Ach, Herr HERR! Habe ich wirklich den Engel des HERRN von Angesicht zu Angesicht gesehen? Aber der HERR sprach zu ihm: Friede sei mit dir! Fürchte dich nicht, du wirst nicht sterben“* (Richter 6:22-23). So geschah es auch mit Johannes in der Offenbarung, der, als er den Herrn sah, wie tot vor seine Füßen fiel. (Offenbarung 1:7).

Dies ist nur eine kleine Auswahl aus einer Fülle ähnlicher Geschichten dramatischer Begegnungen mit dem lebendigen Gott. Doch wird daran bereits deutlich, dass jede Person ohne Ausnahme, zu Tode erschrocken war.

In unseren Zusammenkünften wird kaum eine Gelegenheit ausgelassen, in der wir Gott darum bitten, sich uns in Kraft und Macht zu zeigen. Am liebsten wäre es uns, wenn der Heilige Geist wie Feuer auf uns fallen würde. Wird dann noch das entsprechende Ambiente durch besonders emotionale Anbetungsmusik geschaffen, die uns dieses angenehme „Gänsehautgefühl“ gibt, ist der Anbetungsleiter schnell dabei zu erklären, „wie gut sich Gottes Gegenwart gerade anfühlt“ oder „wie stark Gottes Geist unter uns wirkt“. Doch trotz unserer gut gemeinten Bekundung müssen wir daran denken, dass in der Bibel die göttliche Heimsuchung immer ein tiefes Grauen in den Betroffenen hervorgerufen hat.

Was unterscheidet uns von den biblischen Charakteren, dass unser Erleben der Gegenwart Gottes so viel angenehmer und entzückender ist? Ich glaube manchmal, dass wir die Gesamtheit angenehmer Gefühle, während einer geistlichen Zusammenkunft fälschlicherweise als „Gottes Gegenwart unter uns“ bezeichnen. Dass wir diese Erlebnisse mit dem Titel „Gottes Gegenwart“ versehen, macht sie jedoch weder geistlicher noch bedeutungsvoller.

Übernatürliche Manifestationen haben in der Bibel eine ganz andere Charakteristik als unsere „geistlichen Erlebnisse“. Zum einen suchte keine der biblischen Figuren jemals die Heimsuchung Gottes. Jene, die mit Seiner Gegenwart konfrontiert wurden, waren tief davon ergriffen, wie unbedeutend sie im Vergleich zu Gottes unglaublicher Größe sind. Es war keinesfalls ein kuscheliges „Gänsehautgefühl“, sondern ein traumatisches Erlebnis!

Denkanstoß

Wäre es nicht angemessener, wenn wir in Zukunft eine gewisse Achtung an den Tag legten, wenn wir uns Gottes Person nähern? Wer von uns kann Ihn wirklich durchschauen? Woher kommen diese selbsternannten Spezialisten, die so selbstbewusst verkünden, dass „seine Gegenwart“ unter uns ist? Eine so starke „Vertrautheit“ mit Gott erzeugt in mir schnell die Haltung des „Fremdschämens“. Ich für meinen Teil, würde mit meiner Ignoranz lieber nicht noch hausieren gehen.

Aus dem Geist geboren

Wundere dich nicht, dass ich dir gesagt habe: Ihr müsst von neuem geboren werden. Der Wind bläst, wo er will, und du hörst sein Sausen wohl; aber du weißt nicht, woher er kommt und wohin er fährt. So ist es bei jedem, der aus dem Geist geboren ist. *Johannes 3:7-8*

Wie an so vielen Stellen nutzt Jesus auch hier ein sehr einfaches Gleichnis aus dem Alltagsleben, um ein geistliches Prinzip zu erläutern. Dennoch verwirrten Seine Worte Nikodemus. Das Problem lag dabei weder in der Sprache, noch an der Verständlichkeit des Prinzips, das der Meister ihm vermitteln wollte, sondern darin, dass sie von zwei verschiedenen Welten sprachen.

Die Welt in der wir leben hat einen starken Einfluss auf unsere Sicht der Dinge. Alle unsere täglichen Erfahrungen sind mit dieser Perspektive verwoben. Ohne uns unserer „vernebelten" Sicht bewusst zu sein glauben wir, dass die Menschen und das Leben tatsächlich so sind wie wir sie sehen. Für die Person, die misshandelt und verletzt wurde, steckt ihr gesamtes Umfeld voller möglicher Aggressoren. Für andere, die „in Watte gepackt" wurden, existiert alles um sie herum nur, um daraus einen Vorteil zu schlagen.

Wenn wir versuchen, die geistliche Welt aus unserer irdischen Sichtweise heraus zu verstehen, enden wir genauso verwirrt und verblüfft wie Nikodemus. Unser Verstand kann die Dinge der geistlichen Welt nicht aufnehmen, gerade weil sie aus einer anderen Welt stammen. Sie können nur durch das Wirken des Heiligen Geistes teilweise ergriffen werden, weil Er uns das Fenster zu einer Welt öffnet, die für uns bis dato im Dunkeln lag. Wenn Gott uns diesen Einblick nicht gewährt, können wir soviel beobachten und analysieren wie wir wollen und werden doch nichts erkennen können.

In keinem Bereich des Lebens wird dieser Unterschied zwischen Geistlichem und Nicht-Geistlichem so deutlich, wie bei der Neugeburt. Der Prozess, wie aus einem entmutigten, depressiven, an sein Ende gekommenen, im Egoismus gefangenen Menschen ein freudiger, hoffnungsvoller, interessierter und selbstloser Mensch werden kann, ist uns ein komplettes Rätsel. Wir wissen weder in welchem Bereich der Persönlichkeit die Veränderung stattfindet, noch wie tiefgreifend das Wirken das Heiligen Geistes ist. Genau wie bei einem Windstoß, können wir nur das „Vorher und Nachher" feststellen und der Unterschied lässt uns erstaunen. Dies hält uns leider nicht davon ab zu versuchen, den Konvertierungsprozess bis ins letzte Detail zu analysieren und aufzuklären. Wir haben unzählige Traktate unter die Leute gebracht, um ihnen die nötigen Schritte zu erklären, „wie man Jesus in Sein Herz aufnimmt". Damit versuchten wir aus dem was Jesus als Geheimnis beschrieb, eine Methode zu machen. In diesem heiligen Ereignis ersetzten wir den Heiligen Geist und stellen den Menschen an seine Stelle.

Denkanstoß

Als Leiter in Seinem Haus wäre es sinnvoll, wenn wir eine biblische Perspektive auf das Thema Konversion zurückgewinnen könnten. In ihrem Kern bleibt sie ein Wunder. Sie lädt uns ein, mehr Zeit damit zu verbringen, den Gott der Zeichen und Wunder anzurufen, damit Er denen begegnet, die noch im Dunkeln tappen. Wir sollen zwar nicht schweigen, doch sollten wir auf den Erweis warten, der uns anzeigt, dass „der Wind weht".

Da ließ Mordechai Ester antworten: Denke nicht, dass du dein Leben errettest, weil du im Palast des Königs bist, du allein von allen Juden. Denn wenn du zu dieser Zeit schweigen wirst, so wird eine Hilfe und Errettung von einem andern Ort her den Juden erstehen, du aber und deines Vaters Haus, ihr werdet umkommen. Und wer weiß, ob du nicht gerade um dieser Zeit willen zur königlichen Würde gekommen bist? *Ester 4:13-14*

Das Buch Esther beschreibt die außergewöhnliche Geschichte Mordechais, der als unbekannter Israelit das Volk Gottes vor einer furchtbaren Katastrophe – vergleichbar mit Hitlers Diktatur – bewahrt. Mit Hilfe eines königlichen Erlasses konnte sich ein mächtiger Mann des Palastes sämtliche Habseligkeiten des jüdischen Volkes aneignen und wollte es am Ende gänzlich ausrotten. Im heutigen Text lernen wir ein Beispiel für die Wichtigkeit der prophetischen Stimme kennen, die sich auch in unserem bösen Zeitalter gegen alle Ungerechtigkeit erheben sollte.

Es fällt auf, dass Mordechai tief davon überzeugt war, dass sich niemand dieser Verfolgung entziehen könne, nicht einmal Königin Esther, des Königs Favoritin. Er war sich im Klaren, dass die Verfolgung derartige Ausmaße annehmen würde, dass die Verfolger nicht eher ruhen würden, bis das ganze Volk vollständig ausgemerzt sei. Deshalb warnte er die Königin, dass es für niemanden einen sicheren Ort geben würde, noch nicht einmal für die Bewohner des Palastes.

Mordechai verstand die Zeichen seiner Zeit und reagierte deutlich dagegen. Darin unterschied er sich deutlich von dem Verhalten der heutigen Kirche in der Welt, die stattdessen versucht, den Respekt der Gesellschaft zu gewinnen und in friedlicher Co-Existenz mit ihr zu leben. Ich habe in den unterschiedlichsten Ländern Kirchenleute kennengelernt, die versuchen, über weltliche Verantwortungsträger auf eine Gesetzgebung Einfluss zu nehmen, die vorteilhaft für die Kirche ist. Die Geschichte des Gottesvolkes verdeutlicht jedoch, dass die Verbindung mit dem Herrn zu einer Verfolgung durch die Welt führen muss.

Mordechai verstand auch, dass Königin Esther eine prophetische Verantwortung gegen die Ungerechtigkeit dieser Zeit trug, die Berufung ihre Stimme gegen all das zu erheben, was die guten und gerechten Gesetze des Herrn verletzt.

Zu allen Zeiten nahm die Kirche eher eine passive Rolle gegen die Ungerechtigkeit ein und war mehr darum besorgt, dass die Schandtaten nicht ihre eigene Funktionsfähigkeit beeinträchtigten. Doch liegt unsere Aufgabe darin, Menschen zur Buße aufzurufen und zwar so deutlich, wie es Johannes der Täufer getan hat. Mordechai glaubte, dass Esther ihre Königswürde deswegen verliehen wurde, um genau diese Aufgabe zu erfüllen.

Abschließend brachte Mordechai seine starke Überzeugung zum Ausdruck, dass, wenn nicht Esther ihren Platz einnehmen würde, Gott andere Stimmen berufen würde, da Er Ungerechtigkeit nicht tatenlos zusieht. Die Geschichte des Volkes Israel ist voll entsprechender Beispiele. Wenn diejenigen, die sprechen sollten es nicht taten, berief Gott andere, welche die Schweigenden beschämten.

Denkanstoß

Es soll uns eine Ermutigung sein, dass der Herr zu Seiner Entscheidung steht, uns Seine Herzenswünsche mitzuteilen. Er wird gewiss nicht schweigen, selbst wenn er Steine benutzen muss, um uns klarzumachen, was er uns zu sagen hat.

Und als er vorüberging, sah er Levi, den Sohn des Alphäus, am Zoll sitzen und sprach zu ihm: Folge mir nach! Und er stand auf und folgte ihm nach. *Markus 2:14*

Normalerweise spornt es uns an, Gottes Willen zu suchen, da wir Ihm in allem was wir tun, gefallen wollen. Manchmal jedoch, vor Entscheidungen größeren Ausmaßes, ist zeitweise mein ganzes Leben zum Stillstand gekommen, gerade weil ich Gottes Willen für diese bestimmte Situation entschlüsseln wollte. Ich gebe zu, jede Menge Literatur verschlungen zu haben, die versprach, Ratschläge zum Thema „Gottes Willen erkennen" zu geben. Während der letzten Jahre hat sich diesbezüglich in mir eine neue Sichtweise geformt.

Lese ich in der Bibel nach, finde ich kaum Situationen, in denen die Menschen eifrig nach dem Willen Gottes gesucht haben. Es gibt natürlich eine Reihe von Vorkommnissen, besonders im Leben Davids, in denen eine schnelle Entscheidung getroffen werden musste. Beispielsweise, als zu beschließen war, ob sie die Männer, die Ziklag zerstört hatten, verfolgen sollten oder nicht (1.Samuel 30). In dieser Situation ließ David den Efod holen, um den Willen des Herrn herauszufinden. Diese Beispiele scheinen jedoch eher die Ausnahme von der Regel zu bilden.

Das durchgängige Muster in der Bibel ist ein anderes. So wie in unserem heutigen Text entdecken wir Menschen, die inmitten ihrer Alltagsaktivitäten steckten. Sie suchten weder Gottes speziellen Willen, noch schienen sie besonders daran interessiert, ihn zu entdecken. Sie widmeten sich vielmehr ihrem Leben, mit seinen entsprechenden Begrenzungen. Mitten in ihrer Gleichgültigkeit unterbricht sie Gott plötzlich mit einer Offenbarung, die ihr Leben von Grund auf verändert. Die Liste der Leute, die so etwas erlebten ist lang:

Abram, Mose, Gideon, David, Zacharias, Maria, Elisabeth, Josef, Levi, Petrus, Hananias bis zum Apostel Paulus. Bei jedem Einzelnen stellte der göttliche Eingriff das Leben auf den Kopf.

Dies führt mich zur zweiten Beobachtung. Die Offenbarung von Gottes Willen scheint immer mit einer Unterbrechung der alltäglichen Routine der Betroffenen einherzugehen. Nach der göttlichen Begegnung waren sie nie wieder dieselben und gingen auch nicht zur Tagesordnung über. Ihre Lebensrichtung erfuhr eine dramatische Wende, die sie auf einen völlig neuen Weg brachte. Natürlich akzeptierten einige diese Veränderung nicht von Anfang an, sondern diskutierten zuerst mit dem Herrn. Was Er ihnen zeigte, passte einfach nicht in ihren Lebensentwurf hinein.

Denkanstoß

Diese Beobachtungen ermöglichen es mir einen Gedanken zu erläutern, ohne eine „theologische" Diskussion anzetteln zu wollen. Es scheint nicht so, dass die Bibel uns viele Argumente dafür liefert, dass es nötig ist, den Willen Gottes „zu suchen". Es scheint vielmehr, dass Er uns einlädt, uns in der Erkenntnis zu bewegen, die wir bereits haben und es Gott zu gestatten, uns zu korrigieren, während wir auf dem Weg sind. Ich vermute jedoch, dass wir Seinen Willen oft deshalb nicht kennen, weil wir uns stattdessen wünschen, dass Er unseren bereits entschiedenen Weg absegnet. Um Seinen Willen zu erkennen, müssen wir bereit sein, dass Er auf dramatische Weise den Kurs unseres Lebens verändert und Seine Pläne gegen unsere durchsetzt.

Wir tragen allezeit das Sterben Jesu an unserm Leibe, damit auch das Leben Jesu an unserm Leibe offenbar werde.
2.Korinther 4:10

Ein altgedienter Pastor, der bereits viele Jahre im Dienst stand, teilte mir vor Kurzem folgende Beobachtung mit: „Ein Leiter lebt immer in einer Krisensituation. Es kann sein, dass er aus einer herauskommt, mitten in einer steht oder in eine hineingeht, aber er befindet sich immer in der Krise.“ Wenn ich auf meine 25jährige Erfahrung im vollzeitlichen Dienst zurückblicke, wird mir bewusst, wie zutreffend sein Hinweis ist. Einen Großteil der Zeit habe ich damit verbracht, mich den verschiedenartigsten Schwierigkeiten zu stellen. Viele Kollegen bestätigen mir, dass ich mit meiner Erfahrung nicht alleine dastehe. Die Lebensgeschichte vieler biblischer Figuren verstärkt den Eindruck, dass ein Leiter sich immer mit Krisen auseinanderzusetzen hat.

Es ist zwingend zu wissen, wie wir mit Krisen besser umgehen können, wollen wir vermeiden, dass sie unsere geistlichen Reserven vollständig erschöpfen. Ein erster Schritt in diesem Prozess ist anzuerkennen, dass Krisen zum Leben eines Leiters einfach dazugehören. Der Apostel Paulus weist darauf hin, an seinem Körper ständig das Sterben Christi zu tragen. Ohne Einzelheiten seines Lebens zu analysieren wissen wir, dass er sich auf einen permanenten Kampf zwischen Leben und Tod bezieht. Und eine Krise wäre keine, würde sie nicht in unserem Inneren vergrabene Einstellungen und Reaktionen hervorbringen, die in der Gegenwart Christi geläutert werden müssen. Auch wenn die Krise äußeren Ursprungs ist, findet der eigentliche Kampf im Inneren der Person statt. Jesu Erlebnisse im Garten Gethsemane liefern uns dafür den besten Beweis.

Krisen schlagen meistens mit unbarmherziger Härte zu, weil sie in unserem Denken nicht mit Gottes Zielen für unser Leben zusammenpassen: „Warum muss uns so etwas passieren?" rufen wir aus, als wäre es etwas Unnatürliches. Die Unfähigkeit sie annehmen zu können, verursacht meist noch größeren Schmerz als die Krise selbst.
Hier hilft es, uns die zweite Hälfte von Paulus' Aussage vor Augen zu führen: wenn wir unserem alten Leben gestorben sind, kann Jesu Leben in uns offenbar werden. Auf diese Weise können wir die Krise als Gottes geeignetes Mittel erkennen, um sich durch unser Leben zu zeigen. In unserem natürlichen Zustand *„...ist keiner, der verständig ist; da ist keiner, der nach Gott fragt"* (Römer 3:11). Wenn wir dies anerkennen, wird uns auch bewusst, dass Gottes effektivstes Mittel, um uns zu einer heiligen Abhängigkeit von Ihm zu führen, die Krise ist. In Krisenzeiten hat ein Leiter zwei Wahlmöglichkeiten: den Weg der Entmutigung, der ihn zum aufgeben zwingt oder den Weg zum Thron der Gnade, damit der Herr ihm die Hilfe gewähren kann, die er braucht. Zweifelsohne ist jede Krise unangenehm, doch kann sie auch zu einem unschätzbaren Wert im Leben des Leiters werden.

Denkanstoß

„Meine lieben Freunde! Wundert euch nicht über die heftigen Anfeindungen, die ihr jetzt erfahrt. Sie sollen euren Glauben prüfen und festigen und sind nichts Außergewöhnliches." (1.Petrus 4:12, HfA)

23. Oktober — Das Leben in Schwarz und Weiss

Und sie sandten ihre Jünger samt den Herodianern zu ihm, die sprachen: Meister, wir wissen, dass du wahrhaftig bist und den Weg Gottes in Wahrheit lehrst und auf niemand Rücksicht nimmst; denn du siehst die Person der Menschen nicht an. Darum sage uns, was meinst du: Ist es erlaubt, dem Kaiser die Steuer zu geben, oder nicht?

Matthäus 22:16-17 (Schlachter 2000)

Christus erriet sofort die Herzenseinstellung dieser Männer. An Seiner Antwort erkennen wir, dass ihre schmeichelhaften Worte Ihn nicht einen Moment lang beeindruckten. *„Als nun Jesus ihre Bosheit merkte, sprach er: Ihr Heuchler, was versucht ihr mich?“* (Matthäus 22:18)

Es wäre interessant herauszufinden, welche Motivation hinter der Frage der Herodianer gesteckt hat. Ihre Worte sind ein Zeichen für ihre extrem einseitige Lebensperspektive. Sie glaubten, alle Fragen haben nur zwei mögliche Antworten. Die Frage, die sie Jesus stellten, ließ keinen Raum für komplexe Ausführungen oder Grautöne. Die Haltung der Herodianer finden wir auch heute unter der breiten Masse der Gemeinde wieder. Teilweise folgt diese Einstellung unserem Wunsch, die Komplexität der Welt zur verringern, damit wir leichter mit ihr umgehen können. Andererseits zeigt es aber auch unsere anmaßende Haltung, die erwartet, dass die Welt und alles was darauf lebt, von so unbedeutenden Menschen wie uns einfach verstanden werden muss.

Als Leiter können wir leicht vor dieser Haltung einknicken und mit dem Strom schwimmen: „Alle Probleme der Menschheit haben eine einzige Ursache.“ „Befolgen wir diese drei Punkte, werden wir ein explosives Gemeindewachstum erleben." „Für einen Jünger Jesu ist die Sache einfach: entweder lebt er verbindlich oder eben nicht." – Eine solche Haltung führt uns immer zur Verurteilung der Person und Härte ihr gegenüber. Wir nehmen uns keine Zeit für Leute, die nicht dieselbe „Klarheit" besitzen wie wir. Wir werden ungeduldig mit den Zweifelnden, den „Wackeligen", den Sündern. So wird unser Dienst schroff und belastend.

Wenn wir einen Moment innehalten, wird uns bewusst, wie absurd unsere Haltung ist. Unser eigenes Leben ist alles andere als einfach. Wir sind eine Mischung aus Erfolgen und Misserfolgen, Heiligkeit und Schuld, Wahrheit und Lüge. Die Personen, die wir anleiten wollen, sind ebenso komplex wie wir es sind. Zeitweise erleben wir sie im Einklang mit Gottes Geist und manchmal wachsen sie *trotz* unserer „Bemühungen"! Wer von uns kann überzeugend belegen, wie und auf welche Weise Gott wirkt? Stattdessen sollten wir uns an Jesus' Aussage festhalten, dass der Geist ist wie der Wind. Wir wissen nicht woher Er kommt, noch wohin Er geht. Wir können lediglich Seine Auswirkungen bezeugen.

Denkanstoß

Dies alles wird durch das wertvollste Vermächtnis des Evangeliums betont: die Gnade Gottes. Die Gnade stützt, versöhnt und führt jene, die sich von den Eigenarten des Lebens überwältigt fühlen. Sie zu erleben ist unendlich erhebender als alle unsere weitschweifigen Lebenstheorien. Die Gnade lädt uns ein auszuruhen, weil es Einen gibt der uns versteht. Dies zu wissen genügt!

Wahrlich, ich sage euch auch: Wenn zwei unter euch eins werden auf Erden, worum sie bitten wollen, so soll es ihnen widerfahren von meinem Vater im Himmel. Denn wo zwei oder drei versammelt sind in meinem Namen, da bin ich mitten unter ihnen. *Matthäus 18:19-20*

Ich muss zugeben, dass dieser Verse mich beunruhigen. Sie enthalten Aussagen, die weder in meine Auslegung des Evangeliums hineinpassen, noch das widerspiegeln, was ich in der Gemeinde sehe.

Schauen Sie sich einmal diese gewagte Behauptung an: *„Wenn zwei unter euch eins werden auf Erden, worum sie bitten wollen, so soll es ihnen widerfahren von meinem Vater im Himmel.“* Meint Christus damit, dass der Vater das ausführt worauf wir uns auf Erden einigen? Genau dies scheint der Text auszudrücken. Aber wie kann das sein? Ist es wirklich wahr, dass der Vater das tut worum wir Ihn bitten?

Unsere allgemeine Reaktion darauf ist, einzelne Worte besonders hervorzuheben und andere abzuschwächen. Gleichwohl kann jegliche Argumentation unsere Verwunderung nicht auflösen. Diese „Macht“, dass der Himmel mit unseren Bitten in Einklang kommen soll, ist uns gegeben. Doch die Umsetzung dieses Prinzips ist merkwürdig. Weshalb? Weil es zwei oder drei Personen braucht, die übereinstimmen. So einfach die Ansage ist, so schwierig ihre Umsetzung. Unsere ständige Verpflichtung uns selbst gegenüber, führt uns auf unserem Weg an einen unüberwindbaren Abgrund. Wir wollen Eigentümer einer Idee sein, sie auf den Weg bringen, sie kontrollieren, und von allem das Zentrum sein. Genau diese Einstellung macht es uns unmöglich, in einer Entscheidung mit anderen eins zu werden, denn dafür müsste unser Ego sterben.

Und was können wir zum zweiten Teil des Abschnittes sagen? In wie vielen Versammlungen habe ich die selbstbewusste Verkündigung gehört, dass Christus unter uns ist, weil zwei oder drei in Seinem Namen versammelt sind? Doch was geschieht, wenn diese zwei, drei nicht miteinander reden, außer am Sonntag? Wie kann Christus zwischen zweien oder dreien gegenwärtig sein, wenn das Einzige was sie gemein haben das Gebet ist? Als ob dies die Einheit im Geist garantieren würde.
Die Bedingung dafür, dass Christus unter uns ist, wird nicht erfüllt, weil wir zwei oder drei sind. Auch nicht, weil wir uns am selben Ort zusammenfinden. Sie wird dann erfüllt, wenn wir uns in Seinem Namen treffen. Die drei Anwesenden müssen sich einig sein, dass sie sich gemeinsam Seinem Namen unterordnen wollen. Unser Treffen ist also nicht die Summe von meiner Unterordnung plus der Unterordnung meiner Brüder. Als Gemeinschaft beugen wir uns vor Ihm und voreinander. Nur wenn wir bereit sind, denen dieselbe Ehre zu erweisen die mit uns sind, wird es möglich, dass Christus uns begleitet.

Denkanstoß

Das Prinzip das Jesus heute beschreibt, ist überaus interessant. *„...da bin ich mitten unter ihnen."* Er identifiziert sich weder mit einem Einzelnen, noch stellt Er eine Person über eine andere. Er ist mitten unter ihnen. Er ist der Gott der Glaubensgemeinschaft, für alle gleich zugänglich, gleichermaßen will er jeden segnen.

Petrus aber antwortete ihm und sprach: Herr, bist du es, so befiehl mir, zu dir zu kommen auf dem Wasser. Und er sprach: Komm her! Und Petrus stieg aus dem Boot und ging auf dem Wasser und kam auf Jesus zu. Matthäus 14:28-29

Ich habe Dutzende Predigten über diesen Abschnitt gehört und ihn selbst mehr als einmal in einer Predigt verwendet. In den meisten Betrachtungen wird das Augenmerk jedoch sehr einseitig auf Petrus' Fehler gerichtet. Wir benutzen sein Abenteuer, um hervorzuheben wie wichtig es ist, seine Augen fest auf Jesus zu richten, damit wir mit unseren Projekten keinen Schiffbruch erleiden. Wir dürfen bloß nicht auf die Wellen schauen, so wie er es tat. Das stimmt zwar, doch wenn wir uns lediglich auf diese Problematik konzentrieren, geht uns die Fülle verloren die im Erlebnis des Petrus steckt.

Die Lehre eines Freundes, der ein ausnahmslos guter Bibelausleger ist, führte mich dazu, diesen Abschnitt aus anderer Perspektive zu betrachten. Als Erstes fällt auf, welch gutes Beispiel Petrus jedem gibt, der etwas Neues beginnt. Wenn wir von Begeisterung überwältigt sind, beginnen wir üblicherweise mit einem Projekt, ohne es wirklich abgewogen zu haben. Bereits auf dem Weg bitten wir schnell um Gottes Befürwortung, obwohl wir eigentlich bereits entschieden haben, das Projekt auf jeden Fall durchzuziehen. Als Petrus Christus verriet, bezahlte er für diese Haltung.

Doch in dieser Geschichte wünschte sich Petrus dasselbe zu tun wie sein Freund Jesus. Achten Sie darauf, dass er dennoch nicht sofort aus dem Boot sprang. *„Herr, bist du es, so befiehl mir, zu dir zu kommen auf dem Wasser."* Dies ist die korrekte Weise für jede Unternehmung, die wir umsetzen wollen. Bevor wir losmarschieren, sollten wir innehalten und Gott fragen, ob Er uns sein OK gibt weiter in diese Richtung zu gehen, auch wenn bereits alle Umstände darauf hinweisen, dass wir vor einer einzigartigen Möglichkeit stehen. Diese Lektion ist besonders wichtig, wenn wir als Leiter mehrere Dienste oder Bereiche verantworten. Es ist überaus einfach, Pläne für Gott zu schmieden und zu glauben, dass alles was wir in Seinem Namen tun, automatisch Seinen Segensstempel bekommt. Doch unsere Wege sind nicht Seine Wege. Die Disziplin sich zurückzuhalten und Gottes Einverständnis abzuwarten, ist eine der ausschlaggebendsten Bedingungen für einen wirkungsvollen Dienst.

Zweitens ist es bemerkenswert, wie kühn sich Petrus verhält. Er wollte sich diese Chance unter keinen Umständen entgehen lassen. Als er die Einladung hörte, stieg er auch schon aus, um über die Wellen zu gehen.

Es stimmt zwar, dass er unterging, aber er verpasste auch nicht die Möglichkeit etwas Extraordinäres mit seinem Herrn zu erleben. Die anderen elf verblieben in der Sicherheit des Bootes. Diese Szene beschreibt ein bisschen das Leben in der Gemeinde. Die Mehrheit von uns schätzt die Sicherheit des Bootes und kritisiert diejenigen, die etwas Neues ausprobieren. Einige Wenige, mutig im Glauben, suchen lieber das Abenteuer, Christus dorthin zu folgen wo Er hingeht.

Stellen Sie sich einmal ein Wiedersehenstreffen der Jünger vor, mittlerweile hochbetagt. Die Elf können anderen vielleicht erzählen: „Wir kannten mal einen Mann, der über das Wasser ging". Aber nur Petrus kann berichten: „Einst, als ich jung war, bin ich über das Wasser gegangen."

Denkanstoß

„Ein mutiger Mann formt die Mehrheit."[2] (Andrew Jackson)

So sandte Ahab hin zu ganz Israel und versammelte die Propheten auf den Berg Karmel. Da trat Elia zu allem Volk und sprach: Wie lange hinkt ihr auf beiden Seiten? Ist der HERR Gott, so wandelt ihm nach, ist's aber Baal, so wandelt ihm nach. Und das Volk antwortete ihm nichts.

1.Könige 18:20-21

Als Elias das Volk auf dem Berg Karmel zur Rede stellte, hatten die Israeliten bereits eine lange Geschichte der Prostitution mit den Göttern der Erde hinter sich. Bevor er jedoch die Baalspropheten herausforderte, konfrontierte er das eigene Volk mit den Worten, die wir in unserem heutigen Text vorfinden. Auch wenn die Führer das Volk Gottes in eine unpassende Richtung gelenkt hatten, konnte sich niemand dadurch aus der eigenen Verantwortung stehlen. Elias machte mit seiner Frage deutlich, dass am Ende jeder für seine eigene Sündhaftigkeit vor Gott gerade stehen muss.

Der Schlüssel für die Situation, in der sich das Volk gerade befand, findet sich im Wort „hinken". Schauen wir in das Wörterbuch, finden wir eine Reihe von Synonymen wie: schwanken, zögern, schaukeln, schwingen. Alle diese Wörter reflektieren deutlich in welchem Zustand sich das Volk gerade befand. Sie folgten keiner bestimmten Richtung und fühlten sich zu nichts verpflichtet. Sie besaßen nicht die unverrückbare Überzeugung von jemandem, der mit beiden Beinen fest auf der Erde steht.

Besonders für Menschen die sich zu Gottes Volk zählen, kann „zu hinken" schwerwiegende Folgen haben. Entscheidet sich jemand bewusst gegen Gott, ist er durch seine Entscheidung direkt den Mächten der Dunkelheit übergeben. Er spürt nichts weiter, außer einem gelegentlichen Zögern, das von seinem Gewissen ausgeht. Die meiste Zeit jedoch

läuft er in dieselbe Richtung wie alle um ihn herum. Weil es der Weg der Mehrheit ist, besteht für ihn kein Grund, diesen in Frage zu stellen.
Doch Unentschlossenheit ist der unglücklichste aller Zustände. Er ist weder eins noch das andere. Obwohl mancher das Leben aus Gottes Hand probiert hat, entscheidet er sich wieder auf den Weg zurückzukehren, dem er zuvor abgeschworen hatte. Er schafft es jedoch auch nicht, Jahwe und was er mit Ihm erlebt hat, völlig zu vergessen. So wird es diesen Menschen unmöglich, ihre alten Wege so zu genießen, wie sie es früher einmal getan haben. Ebenso wenig können sie aber die Gemeinschaft mit dem Vater genießen, denn ihre Herzen sind mit Sorgen vergiftet, die jeder hat, der sich in Dunkelheit bewegt.
Salomon, ein König dessen Herz Gott niemals ganz gehörte, ist der beste Beleg für eine solche unheilvolle Situation. Er versuchte lebenslang beide Wege zu gehen. Seine Schlussfolgerungen können wir im Buch der Prediger nachlesen, in dem er wieder und wieder erklärt: „Nichtigkeit der Nichtigkeiten, alles ist Nichtigkeit“ (Prediger 1:2, ELB).
Elias lädt das Volk zu einem Leben ein, das sich vollständig hingibt, entweder für die eine Seite oder für die andere. Unentschlossenheit lähmt uns und füllt uns mit Zweifeln und Ängsten. Entscheiden wir uns für einen Weg, ist es gut wenn wir ihn nicht mehr in Frage stellen, sondern festen Schrittes in die Richtung voran gehen, die wir für die Richtige halten.

Denkanstoß

„Ein solcher Mensch denke nicht, dass er etwas von dem Herrn empfangen werde. Ein Zweifler ist unbeständig auf allen seinen Wegen.“ (Jakobus 1:7-8)

27. Oktober — Eine feuerfeste Verbindlichkeit

Da fingen an Schadrach, Meschach und Abed-Nego und sprachen zum König Nebukadnezar: Es ist nicht nötig, dass wir dir darauf antworten. Wenn unser Gott, den wir verehren, will, so kann er uns erretten; aus dem glühenden Ofen und aus deiner Hand, o König, kann er erretten. Und wenn er's nicht tun will, so sollst du dennoch wissen, dass wir deinen Gott nicht ehren und das goldene Bild, das du hast aufrichten lassen, nicht anbeten wollen. *Daniel 3:16-18*

Wie einfach fällt es uns, diese Geschichte von unserem gemütlichen Sessel aus zu lesen und bereits vorher zu wissen wie sie ausklingt. Unsere *Happy-End-Mentalität* lässt uns glauben, dass jede Geschichte spektakulär ausgehen wird, wenn wir Gott nur unsere Treue versichern. Aber dann fallen uns Namen wie Stephanus, Johannes Hus, Bonhoeffer oder Watchman Nee ein, die für ihren Glauben mit dem Leben bezahlen mussten.

Ebenso erteilen uns die drei kühnen Protagonisten der heutigen Geschichte eine wichtige Lehre über die richtige Haltung in Zeiten der Verfolgung. Auch wenn unsere Bedrückung nicht so stark ist wie bei Schadrach, Meschach und Abed-Nego erleben wir täglich einen ähnlichen Druck wie sie, wenn auch auf andere Art. Wir sollten nicht eine Sekunde daran zweifeln, dass auch in unseren Tagen dieselben bösen Mächte versuchen, uns das Bild der heutigen Welt aufzuzwingen. Ob wir in der Versuchung stehen Steuern zu hinterziehen, bei einer Prüfung zu schummeln, mit jemanden an einem zweifelhaften Projekt zu arbeiten oder uns dem heutigen Mainstream kritiklos anzupassen.

Mit zwei Argumenten standen die drei Israeliten gegen Nebukadnezar an. Erstens waren sie völlig davon überzeugt, dass ihr Schicksal nicht in den Händen des babylonischen Königs, sondern des ewigen Gottes liegt. Dieselbe Haltung legte Christus gegenüber Pilatus an den Tag, der Ihn davon überzeugen wollte, er habe Macht über Jesus. Doch dieser antwortete: *„Du hättest keine Macht über mich, wenn es dir nicht von oben her gegeben wäre. Darum: der mich dir überantwortet hat, der hat größere Sünde“* (Johannes 19:11). So braucht kein Kind Gottes in der Stunde der Prüfung Angst davor haben, Gott hätte die Kontrolle über die Situation verloren. Sogar in den grauenvollsten Begebenheiten die uns passieren können bleibt Gott souverän, ohne dessen Erlaubnis nicht einmal der Allerschlimmste handeln kann.

Die drei Tapferen unserer Geschichte hielten noch an einer weiteren Überzeugung fest. Sie glaubten, dass alle Kinder Gottes zu einem Leben unbegrenzten Gehorsams berufen sind. Als ihr Wohlstand auf dem Spiel stand, zögerten sie nicht und entschieden sich Gott gegenüber treu zu bleiben. Sie machten ihren Gehorsam nicht von äußeren Faktoren oder Personen abhängig. Dank dieser Haltung erlebten sie die unglaublichsten Manifestationen der Gnade Gottes. In ihrem Fall gingen sie unbeschadet durch das Feuer. Im Fall Stephanus konnte dieser, während er starb, das Ziel seiner Treue sehen: Die Arme dessen, dem er nicht abschwören wollte.

Denkanstoß

Das letzte Wort in der Menschheitsgeschichte hat Der, in dessen Händen sich das Leben selbst befindet.

Furcht ist nicht in der Liebe, sondern die vollkommene Liebe treibt die Furcht aus; denn die Furcht rechnet mit Strafe. Wer sich aber fürchtet, der ist nicht vollkommen in der Liebe. *1. Johannes 4:18*

Weil uns Disziplin zu Kindeszeiten falsch beigebracht wurde, erleben wir nun als Erwachsene Disziplin als etwas Negatives. Viel zu oft sind disziplinarische Maßnahmen im Haus von Wut verseucht worden, was zu unangemessener Strafe führte anstatt zu korrigieren und wiederherzustellen. Als Konsequenz hörte das Kind am Ende tatsächlich, jedoch lediglich aus Angst, nicht aus Einsicht. Auch wenn diese Art „Motivation" während der Kindheit ihren Erfolg haben kann, sollte im Reifeprozess eines jeden Menschen die Zeit kommen, in der er aufgrund eigener Entscheidung gehorsam ist und nicht aus Zwang.

Die heutige Bibelstelle macht deutlich, warum dieser Zustand in einem Kind Gottes wünschenswert ist. Ein Gehorsam aus Angst heraus bewahrt eine Person zwar vor Strafe, es kommt jedoch nicht zu einer tiefgreifenden Lebensveränderung.

Wir müssen zwischen diesen beiden Motivationen klar unterscheiden lernen. In vielen Gemeinden werden Menschen durch geistlich gekleidete Drohungen eingeschüchtert, damit sie dem folgeleisten, was sich die Gemeindeleitung wünscht. Im Großteil der Gemeinde wird dies genügend Angst schüren, um der Leiterschaft die allgemeine Unterordnung zuzusichern. Widersetzt sich eine Minderheit diesem Druck, stellen sie damit die Absichten der Leiterschaft in Frage und werden über kurz oder lang die Gemeinde verlassen. Durch die Furcht die auf der Mehrheitsgruppe lastet, wird die andere Gruppe stets als „Rebellen" angesehen.

Als Leiter ist es nicht unsere Aufgabe, die Gemeinde „auf Linie“ mit der Gemeindeleitung oder Kirchenstruktur zu bringen und Loyalitätsbekundungen einzufordern. Stattdessen müssen wir uns dafür einsetzen, anderen in ihrem Veränderungsprozess zur Seite zu stehen. Das ist eine Priorität des Heiligen Geistes für uns. Wir bemühen uns und arbeiten darauf hin, *„damit wir einen jeden Menschen in Christus vollkommen machen“* (Kolosser 1:28). Es ist auf Dauer unmöglich dieses Ziel zu verfolgen, wenn unsere einzigen Mittel dafür Angst und Strafe sind. Dies waren die bevorzugten Instrumente in den Händen der Pharisäer und eine ganze Nation zeigte durch ihren Lebenswandel wie ungeeignet sie waren, um wirkliche Veränderung in Menschen hervorzurufen. Nur eine Handvoll Fanatiker konnte die endlose Liste aus Regeln und Ordnungen befolgen, um sich von Gott „angenommen“ zu fühlen.

Achten Sie einmal darauf, wie wirkungsvoll die Liebe im Dienst Jesu war. Sie war der Grund dafür, dass sich ein verhärteter Materialist wie Zachäus grundlegend änderte und dass eine verurteilte und abgelehnte Prostituierte umkehrte und Jesu Füße bei einem öffentlichen Mahl küsste. Es war die Liebe, die einer Handvoll Aufständischer (dessen Sprache Hass und Rache war) neues Leben gab und zum Herzen einer Frau sprach die Ehebruch beging. Liebe ist das effizienteste Werkzeug auf Erden und sollte aus diesem Grund das auserwählte Instrument eines jeden Dieners Gottes sein.

Denkanstoß

Die Mutter eines Freundes sagte immer: „Es ist leichter Fliegen mit Honig zu fangen, als mit Essig.“ Wie wahr!

Die andere Hälfte des Evangeliums

Denn wenn du mit deinem Munde bekennst, dass Jesus der Herr ist, und in deinem Herzen glaubst, dass ihn Gott von den Toten auferweckt hat, so wirst du gerettet. Denn wenn man von Herzen glaubt, so wird man gerecht; und wenn man mit dem Munde bekennt, so wird man gerettet.

Römer 10:9-10

Es ist interessant, welche Bedingungen Paulus für die Errettung ansetzt. Der Unterschied zur Formulierung unserer „Lebensübergabegebete“ ist offensichtlich. Wenn wir eine Person mit dem Evangelium bekannt machen, bekräftigen wir in den meisten Fällen die Wichtigkeit von Jesu Tod am Kreuz zur Vergebung unserer Schuld. Die biblischen Beweise dafür sind bekannt und reichlich vorhanden. Mir ist allerdings wichtig hervorzuheben, dass der Kreuzestod lediglich die eine Hälfte des Evangeliums darstellt. Die andere Hälfte hängt mit dem dramatischsten Ereignis der Geschichte zusammen: Christus wurde von den Toten auferweckt und sitzt nun zur Rechten des Vaters, von wo aus Er bis heute regiert.

Wenn sich unsere Sicht des Evangeliums allein auf das Kreuz beschränkt, werden wir am Ende nur noch auf einen historischen Jesus verweisen können. Das Ereignis, das uns von der Schuld befreite, fand vor 2000 Jahren statt. So fällt es leicht, sich von diesem Meister, der durch Palästina wanderte, zeitlich und räumlich so sehr getrennt zu fühlen, dass Er zu einem weisen Meister zusammenschrumpft, der uns aus der Vergangenheit heraus unsere heutigen Schritte erleuchtet. Wir kommen dann nicht umhin zu glauben, in diesem Leben völlig auf uns allein gestellt zu sein, sodass jeder ver-

suchen muss, seine geistliche Erfüllung auf eigene Weise zu erringen.
Wie anders sind dagegen Paulus Verse in denen er bekräftigt, dass zur Errettung zwei Dinge nötig sind. Zum Einen mit dem Mund zu bekennen, dass Jesus Herr ist. Bemerkenswert ist hierbei, dass dieses Bekenntnis formuliert und ausgesprochen werden muss. Für Menschen, die zu Paulus Zeiten lebten, bedeutete jemanden zum Herrscher über sich machen, ihn als Eigentümer seines Lebens anzuerkennen. Dieser Eigentümer war nicht einfach ein Manager, ein Direktor oder ein Leiter. Diese Person hatte das absolute Recht über das Leben einer Person und konnte über dessen Zeit und Besitztümer so verfügen, wie er es für richtig hielt. Es versteht sich von selbst, dass ein Toter niemandes Herr sein kann, sodass sich diese Erklärung auf den lebendigen Christus bezieht.
Die zweite Bedingung ist, in seinem Herzen zu glauben, *„dass ihn Gott von den Toten auferweckt hat".* Denken Sie noch einmal an die Ereignisse, die nach dem Tod Jesu geschahen. Zu glauben, dass Er *damals* von den Toten auferweckt worden sei, bedeutet automatisch, dass Er *heute* lebt! Und *das* ist die wahre Hoffnung aller Christus-Gläubigen: *„Ich lebe, doch nun nicht ich, sondern Christus lebt in mir"* (Galater 2:20), erklärt der Apostel im Galaterbrief. Das christliche Leben besteht darin herauszufinden, wie der auferstandene Christus mir heute im 21. Jahrhundert begegnen will, wie Er in mir und durch mich wirkt.

Denkanstoß

Die Auferstehung hat für unseren Glauben dieselbe Bedeutung, wie das Wasser für den Ozean, die Steine für das Gebirge und das Blut für den Körper.[3] (Raymond Linquist)

Meine lieben Freunde! Ihr habt immer befolgt, was ich euch geraten habe. Hört aber nicht nur auf mich, wenn ich bei euch bin, sondern erst recht während meiner Abwesenheit. Arbeitet mit Furcht und Zittern an eurer Rettung. Und doch ist es Gott allein, der beides in euch bewirkt: Er schenkt euch den Willen und die Kraft, ihn auch so auszuführen, wie es ihm gefällt. *Philipper 2:12-13 (HfA)*

Die Formulierung die Paulus hier verwendet, *„Arbeitet mit Furcht und Zittern an eurer Rettung"*, hinterlässt Fragezeichen in unserem Gesicht. In unseren modernen Gemeinden haben wir uns an die Denkweise gewöhnt, die Errettung sei ein einmaliges Ereignis zu einem bestimmten Zeitpunkt im Laufe unseres irdischen Lebens.
Doch es ist Tatsache, dass dieser Text nicht der einzige im Neuen Testament ist, der die Errettung als Prozess beschreibt. Der Apostel Paulus erklärt: *„Wie neugeborene Kinder nach Milch schreien, so sollt ihr nach dem unverfälschten Wort Gottes verlangen, um im Glauben zu wachsen und das Ziel, eure Rettung, zu erreichen"* (1.Petrus 2:2, GN). Paulus schreibt ebenso an die Römer: *„Denn wenn wir mit Gott versöhnt worden sind durch den Tod seines Sohnes, als wir noch Feinde waren, um wie viel mehr werden wir selig werden durch sein Leben, nachdem wir nun versöhnt sind"* (Römer 5:10). In 1. Korinther 15:2 (EÜ) macht er deutlich: *„Durch dieses Evangelium werdet ihr gerettet, wenn ihr an dem Wortlaut festhaltet, den ich euch verkündet habe. Oder habt ihr den Glauben vielleicht unüberlegt angenommen?"*
Die Vorstellung, dass eine einzige Entscheidung für immer unsere geistliche Situation klären soll, entspricht unserem modernen Verständnis. Es ist das Ergebnis eines „Instant-Christentums", wie A.W. Tozer es nennt. Wir behandeln unsere Bekehrung, als würden wir einen weiteren

Vertrag abschließen. Egal ob wir ein Haus kaufen wollen, einen Telefonanschluss benötigen oder das Neugeborene ins Familienbuch eintragen, für jeden Vorgang gibt es das entsprechende Formular. Ist es einmal unterschrieben, müssen wir es nicht ständig wiederholen, denn der Vertrag wurde bereits geschlossen. So wird auch der „Errettungsvertrag" mit Gott einmalig abgeschlossen.
Das Problem ist, dass es sich hierbei nicht um eine weitere Nebensächlichkeit des Lebens handelt. Wenn wir von der Errettung reden, meinen wir die Realität eines anderen Königreiches, mit völlig anderen Dimensionen als den uns bekannten. Anzunehmen, eine Person wäre bloß deswegen errettet, weil sie sich zu einem bestimmten Zeitpunkt für Christus „entschieden" hat, obwohl sie ihr ganzes Leben so lebte, wie sie wollte, offenbart eine tiefsitzende geistliche Naivität.
Paulus ermahnt uns, an unserer Rettung mit Furcht und Zittern zu arbeiten, weil Gott selbst in uns das Wollen und Vollbringen wirkt. Der Apostel möchte damit sagen, dass sämtliche Veränderung in uns nur durch göttlichen Eingriff entstehen kann. Es ist, als wenn wir ein Geschenk erhalten. Derjenige, der uns beschenkt, wünscht sich, dass wir Gebrauch davon machen, es so verwenden wie es vorgesehen ist. Die Errettung ist kein einzelnes Erlebnis, sondern der Ruf zu einem neuen Lebensstil. Es wird von uns erwartet, dass wir unser Leben entsprechend den Grundsätzen Gottes ausrichten und danach leben.

Denkanstoß

„Wie wollen wir entrinnen, wenn wir ein so großes Heil nicht achten, das seinen Anfang nahm mit der Predigt des Herrn und bei uns bekräftigt wurde durch die, die es gehört haben?" (Hebräer 2:3)

„Da gab der König dem Volk eine harte Antwort und kehrte sich nicht an den Rat, den ihm die Ältesten gegeben hatten, und redete mit ihnen nach dem Rat der Jüngeren und sprach: Mein Vater hat euer Joch schwer gemacht, ich aber will's euch noch schwerer machen. Mein Vater hat euch mit Peitschen gezüchtigt, ich aber will euch mit Skorpionen züchtigen."

1. Könige 12:13-14

Wenn jemand in eine neue Verantwortungsposition gelangt, die er nie zuvor innehatte, tut er gut daran, sich eine andere Person zu suchen, die ihm Orientierung gibt. Und dies war im Prinzip die einzige richtige Wahl die Rehabeam getroffen hat, nachdem sein Vater Salomo gestorben war. Bevor er sich entschied, wie er als König regieren wollte, suchte er den Ratschlag seiner nahestehenden Berater. Die Ältesten, die sich noch gut an die Exzesse Salomos erinnerten, empfahlen ihm größeres Mitgefühl und Freundlichkeit mit dem Volk. Die Jüngeren, die sich bereits „wichtig" fühlten, nur weil sie um Rat gefragt wurden empfahlen, mit „eiserner Hand" zu regieren.

Diese konträren Positionen verdeutlichen, wie groß der Graben zwischen zwei Generationen sein kann. Die Jungen, mitten in ihrer idealistischen Phase, geprägt von vielen Träumen, glauben oft, sie würden einen neuen Weg entdecken, den noch niemand vor ihnen gegangen ist. Sie werten die Vorschläge anderer ab, weil sie glauben, dass ihr Vorschlag so noch nie umgesetzt wurde. Sie glauben an das Unmögliche: eine friedliche Welt, ein Land frei von Umweltverschmutzung und eine Gesellschaft, die von Liebe regiert wird. Alle ihre Vorschläge kranken jedoch an derselben Stelle: sie haben noch nicht die Feuerprobe in der Praxis bestanden und sind daher nichts weiter als unschuldige Wünsche. Auf der anderen Seite stehen die Ältesten, die bereits eine gute Wegstrecke im Leben hinter sich haben. Das Leben hat seine Spuren an ihnen hinterlassen und sie haben zahllose Rückschläge, Hindernisse, Unglücke und Ungerechtigkeiten erleiden müssen. Sie waren gezwungen anzuerkennen, dass das Leben nicht so einfach und geschmeidig vonstattengeht, wie sie es sich erhofft hatten. Sie wurden schon mit den verschiedensten Situationen konfrontiert und haben dadurch ausreichende Lebenserfahrung gewonnen, um zu einem Thema eine passende Meinung abzugeben, selbst wenn sie darin keine Experten waren.

Im heutigen Text empfehlen die Ältesten weder etwas Revolutionäres noch besonders Außergewöhnliches. Sie schlugen einen schlichten Weg voller Demut und Rücksichtnahme vor. Die Idee der Jungen erschien gewagter und garantierte kurzfristig überwältigende Ergebnisse. Unglücklicherweise entschied sich Rehabeam für den zweiten Weg. Als Konsequenz wurde die Beziehung zu den Nordstämmen für immer zerstört. Unzufriedenheit bewirkte letztendlich eine unüberwindbare Trennung in der israelischen Nation.

In unserer heutigen Zeit werden Menschen mit großer Lebenserfahrung jeden Tag weniger wertgeschätzt. Ältere Menschen werden eher bedauert als mit Respekt behandelt. Ihre Meinung wird als „nicht mehr zeitgemäß" abgelehnt. Gottes Wort weist uns jedoch darauf hin, die Lebenserfahrung der Älteren zu schätzen und ihnen dafür Respekt zu erweisen, dass sie einen weitaus längeren Lebensweg zurückgelegt haben, als wir. Dies soll nicht bedeuten, dass wir gezwungen sind zu tun, was sie vorschlagen. Aber es spricht für persönliche Reife, wenn man ihnen aufmerksam zuhört. Ihre Sichtweise wird uns mit Sicherheit bereichern, wenn nicht sogar vor unnötigen und schwerwiegenden Fehlern bewahren.

Denkanstoß

Welchen Stellenwert haben die Ältesten in Ihrer Gemeinde? Wie können sie sich am Gespräch beteiligen? Wie erweisen Sie ihnen Respekt?

1. November Täglich will ich dich preisen

Ich will dich erheben, mein Gott, du König, und deinen Namen loben immer und ewiglich. Ich will dich täglich loben und deinen Namen rühmen immer und ewiglich.

Psalm 145:1-2

Wir wissen nicht, in welcher Lebensphase David diesen Psalm geschrieben hat, doch deutlich wird, dass seine in den oberen Versen formulierte Entscheidung seiner Lebenshaltung entspricht. Es steht ebenso außer Frage, dass seine Beständigkeit, Gottes Größe in jeglicher Lebenslage zu preisen, ihn geistlich stärkte und ihm half ein gottgeweihtes Leben in einer derart intensiven Beziehung mit dem Herrn zu führen.

Wenn wir uns diese beiden Verse etwas näher anschauen, entdecken wir in ihnen einen Schwur, eine Verpflichtung, die das zukünftige Verhalten des Psalmisten geprägt hat. Der Sinn dieses Paktes ähnelt dem unseres Eheversprechens. Wir versprechen unserem Partner, egal was passiert, für alle Zeiten die Treue zu halten. Wer schon etwas Erfahrung im Eheleben besitzt weiß, wie schwer es ist dieses Versprechen zu halten. Ebenso beruht auch unser geistliches Leben auf einem Pakt. Dieser soll es ein Leben lang lebendig halten. Ein Pakt ist ein Versprechen auf die Zukunft hin, einer bestimmten Haltung oder Überzeugung treu zu bleiben. Er besitzt keinerlei Klauseln oder Bedingungen, die eine Erfüllung garantieren würden. Die Person richtet sich auf die Zukunft aus und setzt sich Lebensregeln, die von nun an ihre Gültigkeit behalten, egal welches Ereignis sich ihr in den Weg stellt.

Kein Mensch weiß, was die Zukunft bringt. Schauen wir uns aber das Leben im Allgemeinen an, stellen wir fest, dass es eine Mischung aus positiven und negativen Erlebnissen, Momenten voller Freude aber auch Trauer, Siege und Niederlagen, Überfluss und Not bereithält. Jeder Mensch muss sich diesen wechselnden Gegebenheiten stellen, da sie zu unserer gefallenen Welt dazugehören.

Im Falle Davids sehen wir ein Leben, dass von vielfältigen Schwierigkeiten geprägt war. Er musste sich der schweren Verfolgung durch Saul stellen und die daraus folgende Einsamkeit und Ablehnung in Kauf nehmen. Er durchlebte die vollen Konsequenzen seines Ehebruchs und musste den bitteren Kelch trinken, mitzuerleben, wie sein eigener Sohn ihn verriet. In dieser langen Folge von Schicksalsschlägen blieb er dennoch fest in seiner Entscheidung, Gott jederzeit anzubeten.

Wie sehr unterscheidet sich seine Haltung von der in unserer Kultur gelebten, die sich hauptsächlich nach ihren Gefühlen richtet. Wir glauben besonders „echt“ zu sein, wenn wir die Dinge nur dann machen, wenn wir wirklich *fühlen*, dass wir sie tun sollten. Dementsprechend beten wir Gott nur an, wenn uns unsere Gefühle die Erlaubnis dazu gegeben. David zeigt uns wie wichtig es ist, unsere Gefühle dem Willen unterzuordnen und geistliche Übungen einzuhalten, auch wenn unser Inneres dagegen angeht. Es gibt wahrscheinlich nichts, was unser geistiges Leben stärker wachsen lässt, als beständige Übungen in Zeiten der Anfechtung.

Denkanstoß

Wie wichtig sind Gefühle für Sie? Inwiefern haben Sie auf Ihr geistliches Leben einen negativen Einfluss? Was können Sie dafür tun, dass sich Ihre Gefühle stärker aus Ihrer gelebten Beziehung mit dem Herrn heraus entwickeln und nicht umgekehrt?

2. November Unsere „Suche“ nach Gott

Mein Herz hält dir vor dein Wort: »Ihr sollt mein Antlitz suchen.« Darum suche ich auch, HERR, dein Antlitz.

Psalm 27:8

In unserem heutigen Psalm bekommen wir eine wichtige Einsicht, die uns dabei hilft unser geistliches Leben sichtbar zu machen. Als eine der Folgen der Sünde glauben wir, in allem was um uns geschieht, die Hauptrolle zu spielen. Durch unsere egozentrische Einstellung halten wir uns für den Nabel der Welt. Es fällt uns schwer zu glauben, dass sich die Erde auch ohne uns weiterdreht.

Diese Denkweise erschwert unser geistliches Leben ungemein, weil wir glauben *wir* seien der Triebkraft unserer Frömmigkeit. Durch unsere verschobene Perspektive stellen wir uns an die Stelle, die eigentlich Gott gehört, weshalb wir viel Zeit mit dem Versuch verlieren Dinge zu erreichen, die gar nicht in unserer Verantwortung liegen. Um es auf den Punkt zu bringen: Wir denken, dass unser geistliches Leben davon abhängt, wie sehr *wir* uns anstrengen Gott näher zu kommen. Da wir nicht über die ausreichende Disziplin verfügen, diese Beziehung in genügender Tiefe und Intensität aufrechtzuerhalten, sind wir schnell entmutigt. „Ich suche Gott ja“ beklagen wir uns, „aber ich schaffe es nicht, eine tragfähige Beziehung mit Ihm auf die Beine zu stellen.“ Wir verurteilen uns für unsere mangelnde Frömmigkeit und versprechen wieder und wieder, es beim nächsten Mal besser zu machen. Aber in unserem Bemühungen enden wir immer an derselben Stelle: den Herrn zu erreichen erscheint so unendlich schwierig!

Der Psalmist kannte das Wirken des Geistes Gottes nicht so wie wir dies heute tun. Trotzdem drückt er aus, dass er eine Botschaft in seinem Herzen gehört habe: *„Ihr sollt mein Antlitz suchen“.* Diese innere Stimme ist nichts Geringeres, als

Gottes Stimme, denn die Worte drücken eine göttliche Einladung aus. Der Autor des Psalms antwortet auf diese Einladung und erfreut sich an der Gegenwart Gottes. Achten Sie darauf wie einfach dieser Vorgang ist; und wie leicht Gott so zu „begegnen“. Es ist deswegen so einfach, weil Gott selbst uns sucht, und zwar lange bevor wir uns dazu entschlossen hatten Ihm zu begegnen!

Worin besteht nun also die Beziehung mit dem Herrn? Welche Dynamiken lassen sich in diesen geistlichen Begegnungen finden? Als Erstes sollten wir unsere eigenen Techniken und Methoden, eine Beziehung mit ihm „erzeugen“ zu wollen, über Bord werfen. Nicht wir stoßen eine Beziehung mit Ihm an, sondern Er tut es. Wir dürfen entspannen und uns durch Seine Einladung gewinnen lassen. Wir müssen lernen, den inneren Lärm, der unser tägliches Leben antreibt, zur Ruhe kommen zu lassen. Der Vater sehnt sich nach dieser Art Beziehung mit uns und versucht uns auf 1000 verschiedene Weisen, dieselbe Botschaft wie dem Psalmisten näher zu bringen *„Ihr sollt mein Antlitz suchen“*.

Wird uns bewusst, dass Er die ganze Zeit versucht uns näher zu kommen, erkennen wir, wie nutzlos all unsere eigenen Anstrengungen sind. Wir müssen Ihn nicht an irgendeinem Ort suchen. Er ist bereits gekommen, um uns zu finden! In dieser Haltung der inneren Ruhe können wir anfangen, der verlockenden Einladung zuzuhören und können darauf antworten: *„Darum suche ich auch, Herr, dein Antlitz“*.

Denkanstoß

Wir sind nicht dazu aufgerufen Ihn zu suchen, sondern uns von Ihm finden zu lassen!

Mein Volk ist dahin, weil es ohne Erkenntnis ist. Denn du hast die Erkenntnis verworfen; darum will ich dich auch verwerfen, dass du nicht mehr mein Priester sein sollst. Du vergisst das Gesetz deines Gottes; darum will auch ich deine Kinder vergessen. *Hosea 4:6*

Der Herr ließ das Volk Israel durch Seine Propheten wissen, warum Er sie verstoßen und ins Exil geschickt hatte. Einen der Gründe finden wir im heutigen Text. Doch ist dies gewiss nicht die einzige Stelle, in der Gott das Fehlverhalten Seines Volkes betont.
Es ist wichtig, uns die Frage zu stellen, warum wir heute in der Gemeinde denselben Mangel an Erkenntnis und Lehre über das Wort Gottes beklagen müssen. Es ist eine Art zu predigen in Mode gekommen, in der die Prediger verstärkt ihr eigenes Konzept eines geistlichen Lebens vermitteln. Diese Beispiele werden dann mit ein paar Bibelstellen „gewürzt“, mit dem Ziel, dem Zuhörer leichter ins Ohr zu gehen. Fehlt einem Volk Erkenntnis, öffnet es sich automatisch jeder philosophischen Meinung, die in der Gesellschaft gerade auftaucht. Paulus beschreibt diese Situation in dem Brief an die Epheser: *„damit wir nicht mehr unmündig seien und uns von jedem Wind einer Lehre bewegen und umhertreiben lassen durch trügerisches Spiel der Menschen, mit dem sie uns arglistig verführen. Lasst uns aber wahrhaftig sein in der Liebe und wachsen in allen Stücken zu dem hin, der das Haupt ist, Christus“* (Hebräer 4:14-15). Und genau diese Tendenz können wir in vielen Gemeinden beobachten. Die Menschen folgen jeder neuen „geistlichen Modewelle“, die ihnen schmackhaft gemacht wird und lassen sich von menschlichen Worten verführen, weil sie nicht über die nötigen Werkzeuge verfügen, um den Wahrheitsgehalt des Gehörten richtig einzuschätzen.

Die Verantwortung für diese Situation tragen diejenigen, denen die Zurüstung der Gemeindeglieder anvertraut ist: die Pastoren. Hosea beklagt, dass die Propheten die Erkenntnis „verworfen" haben. Das Grundproblem liegt in der Ablehnung des Wortes Gottes. Der Grund hierfür kann darin liegen, dass viele die biblische Botschaft als weniger attraktiv im Vergleich zu den Botschaften empfinden, die uns auf Tagesbasis begegnen. Vielleicht sehen wir die Bibel als überholt und „aus der Mode gekommen" an. Stattdessen suchen wir eine passende, zeitgemäßere Botschaft.

Meine Vermutung ist vielmehr, dass die Bibel daher von der Gemeinde geringgeschätzt wird, weil wir als Pastoren unserer Verpflichtung nicht mehr ausreichend nachkommen, uns mit dem Wort auseinanderzusetzen, um zu erkennen welche Botschaft Gott seiner Gemeinde mitteilen möchte. Denn dieser Aufwand lässt sich leicht vermeiden, in dem wir uns nach wie vor nur mit unseren Lieblingsthemen beschäftigen und darüber sprechen.

Doch die Gemeinde braucht Gottes Wort in seinem ganzen Umfang und keine seelischen Streicheleinheiten. Nur Sein Wort kann unser Leben und unsere Schritte erleuchten. Nur durch die Bibel erleben wir diese geistliche Veränderung in unserem Leben, ohne die wir dem Vater nicht gefallen können.

Denkanstoß

Unsere Aufgabe als Pastoren ist nicht, die Leute zu unterhalten, sondern sie in das Ebenbild Gottes zu verwandeln. Nur durch das Wort selbst kann dies gelingen.

Hoffnung, die sich verzögert, ängstet das Herz; wenn aber kommt, was man begehrt, das ist ein Baum des Lebens.
Sprüche 13:12

Hoffnung ist mit unserer Existenz derart stark verwoben, dass wir uns dessen gar nicht richtig bewusst sind. Dennoch spielt sie eine tragende Rolle in unserem Leben.
Hoffnung bezieht sich auf eine zukünftige Situation oder Begebenheit, die verspricht besser oder angenehmer zu werden, als die Gegenwärtige. Weil zum Leben vielfältige Enttäuschungen und Schwierigkeiten gehören, schaffen wir es mit Hilfe der Hoffnung, diese Momente der Desillusion und Mutlosigkeit zu überstehen, die aus negativen Erlebnissen resultieren. Unsere Zuversicht kann sich auf relativ unwichtige Dinge richten: das Wetter, das Essen oder das Fernsehprogramm. Doch sie kommt auch in existenzielleren Situationen zum Tragen, z.B. in dem Wunsch, eine Arbeitsstelle zu finden, sich wieder mit einem Bekannten zu versöhnen oder die Beziehung in unserer Familie zu verbessern. In all diesen Dingen sehnt sich unser Herz danach, dass unsere Hoffnung eines Tages Realität wird.
Aus diesem Grund bezeichnet der Autor den Zeitpunkt, wenn die Sehnsucht erfüllt worden ist, mit der Formulierung: *„das ist ein Baum des Lebens."* Es erzeugt ein Behagen, das sich mit der Wirkung eines fruchtbaren Baumes auf das umliegendes Stück Land hat, vergleichen lässt. Er verschönert die Gegend nicht nur, sondern spendet gleichzeitig Schatten und liefert seine Früchte. Dadurch wird er zum Segen für seinen Besitzer.
Wenn Hoffnung schon für jeden gottesfernen Menschen wichtig ist, wie viel mehr für einen der bereits von Gottes Gnade erreicht wurde. Das Neue Testament sieht in ihr ei-

nen wichtigen Bestandteil eines erfüllten Lebens in Christus. Der Apostel Paulus fand sie so wichtig, dass er speziell für die Gemeinde in Ephesus bat: *„Er öffne euch die Augen des Herzens, damit ihr erkennt, was für eine Hoffnung Gott euch gegeben hat, als er euch berief, was für ein reiches und wunderbares Erbe er für die bereithält, die zu seinem heiligen Volk gehören"* (Epheser 1:18, NGÜ). Er glaubte, wenn sie das Konzept der Hoffnung in Christus nicht gänzlich verstanden haben, dass sie auf ein zeitliches und brüchiges Fundament bauen würden, welches sich stärker auf die Dinge dieser Welt als auf das Reich Gottes konzentriert. Wenn wir als Gemeinde dieses Konzept nicht verinnerlicht haben, werden wir unsere Träume und Zielstrebigkeit auf andere und vergängliche Dinge richten, wie eine neue Bestuhlung, ein neues Soundsystem oder ein Gebäude.

Für uns als Leiter ist ebenso ausschlaggebend zu verstehen, wie wichtig Hoffnung für unser eigenes Leben ist. Möglicherweise gelingt es dem Heiligen Geist dadurch das Leben aller seiner Mitarbeiter im Dienst zu verändern. Genauso stellen wir fest, wie schwierig sich das Leben gestaltet, wenn das Ziel, auf das sich die Hoffnung ausrichtet, in immer weitere Ferne rückt. In vielen Gemeinden wurden die Versprechen der Leiter mit der Zeit zu immer hohleren Phrasen. Zu Anfang halten sich die Leute noch daran fest von der Zukunft zu träumen, doch mit der Zeit werden sie immer resignierter, was sich schwierig umkehren lässt. Wir dürfen die Bedeutung, die Hoffnung für die Gemeinde hat, nicht unterschätzen.

Denkanstoß

„Richtet euch daher ganz auf Jesus Christus aus; lebt so, dass ihr für sein Kommen bereit seid! Bleibt wachsam und besonnen und setzt eure Hoffnung völlig auf die Gnade, die euch erwiesen wird, wenn er in seiner Herrlichkeit erscheint" (1.Petrus 1:13, NGÜ).

Und als sie auf dem Wege waren, sprach einer zu ihm: Ich will dir folgen, wohin du gehst. Und Jesus sprach zu ihm: Die Füchse haben Gruben und die Vögel unter dem Himmel haben Nester; aber der Menschensohn hat nichts, wo er sein Haupt hinlege. *Lukas 9:57-58*

Bei Jesu Begegnung mit einem möglichen zukünftigen Jünger stoßen wir auf ein paar interessante Aspekte.

Es fällt auf, dass die Person scheinbar mit einem mehr als großzügigen Angebot auf Jesus zukommt: „Ich will dir folgen, wohin du gehst." Der Mann spricht hier von einer bedingungslosen Hingabe, der Bereitschaft, sich völlig auf Christus zu einzulassen, egal was auch passiert. Sein Schwur zur bedingungslosen Nachfolge ähnelt ein bisschen den Lippengeständnissen, die wir in der Gemeinde von uns geben, wenn wir Jesus ewige und bedingungslose Treue und Hingabe anbieten.

Jesu Antwort darauf überrascht uns, weil sie nicht viel mit der Frage zu tun zu haben scheint. Wir verstehen ihren Sinn besser, wenn wir uns daran erinnern, dass Gott, anders als wir, sich nicht von Worten beeindrucken lässt. Er weiß, dass aus unserem Mund manchmal Bekenntnisse kommen, die wenig mit dem zu tun haben, was in unserem Herzen vor sich geht.

Dieser Mann, der so hingegeben scheint, hat in Wahrheit ein echtes Problem und Christus hat dies bereits erkannt. Er sehnt sich nach einem erfüllten geistlichen Leben, ist aber nicht bereit seine Bequemlichkeit dafür aufzugeben. Er möchte auch keine Situationen erleben, die ihn in Unannehmlichkeiten bringen könnten. Aus diesem Grund macht Christus deutlich, dass jeder der zu Seiner Gruppe gehören

möchte bereit sein muss, denselben Weg zu gehen den Er geht.
Dieser Weg schließt so elementare Dinge mit ein, wie kein Dach über dem Kopf zu haben oder kein Bett zum Schlafen. Die Mönchsbewegung des Mittelalters verstand, dass es ein Aufruf zur Enthaltsamkeit von aller Bequemlichkeit ist. Sie ordneten ihren Körper sogar jeglicher Art von Schmerz unter. Bernard de Clairveaux, Begründer eines hingegebenen Mönchsordens verlor beinahe sein Leben, weil er so eifrig dabei war sich von allem zu enthalten. Diese Methoden zeigen aber wie erfolglos es ist, wenn wir unser Fleisch auf unsere Weise Gott Untertan machen wollen. Christus hat uns nie dazu aufgerufen unseren Körper zu schlagen. Er wollte vielmehr, dass wir verstehen wie notwendig es ist, unsere Bequemlichkeit aufzugeben um ihm nachzufolgen.
Der Aufruf Christi geht uns durch Mark und Bein, denn die persönliche Bequemlichkeit ist eine der höchsten Werte in unserer Kultur. Es reicht der Versuch aus von einer Mahlzeit zu fasten, um zu merken, wie gering unsere Kapazität ist, auch nur die kleinste Enthaltsamkeit auszuhalten. Jesus lädt uns ein Ihm nachzufolgen, wenn Er sich bei übel riechenden Menschen aufhält, in unordentlichen Häusern und ohne gemachte Betten. Wenn wir Ihm immer noch folgen wollen, müssen wir bereit sein, diese Bequemlichkeiten aufzugeben. Unser Eifer, unser eigenes Wohlergehen zu sichern, kann sich in einen echten Mühlstein verwandeln, wenn es darum geht Ihm zu nachzufolgen.

Denkanstoß

Wie finden wir heraus, wie wichtig uns unsere Bequemlichkeit ist? Was können wir tun, um eine stärkere Unterordnung unter Christus zu leben? Welche Dinge in unserem Leben sind überflüssig?

Und er sprach zu einem andern: Folge mir nach! Der sprach aber: Herr, erlaube mir, dass ich zuvor hingehe und meinen Vater begrabe. Aber Jesus sprach zu ihm: Lass die Toten ihre Toten begraben; du aber geh hin und verkündige das Reich Gottes! *Lukas 9:59-60*

In den drei verschiedenen Begegnungen, von denen der Evangelist Lukas berichtet, treffen wir in diesem Text auf eine Person, der wir auch heute auf der Straße begegnen könnten. Er bot sich Jesus nicht wie sein Vorgänger als Jünger an, sondern wurde gerufen. Es wird sich im Verlauf verdeutlichen, dass es im Reich Gottes keine Freiwilligen gibt, sondern nur Berufene.

Jesus beruft diesen Mann auf dieselbe Weise wie Dutzende vor ihm: „Folge mir nach!" In diesen drei Worten finden wir zusammengefasst, was es heißt ein Jünger zu sein. Es ist kein Ruf, sich einer Religion anzuschließen, noch an einer Reihe von Treffen teilzunehmen oder mit einigen geistlich besonders Begabten über die Tiefen des christlichen Lebens nachzugrübeln. Es ist eine Einladung sich in Bewegung zu setzen und mit Christus zu den Menschen zu gehen, die Er berühren will. Der Jünger entscheidet weder die Richtung noch das Wann oder Wie. Die einzige Entscheidung die er treffen muss ist, sich aufzumachen und mit dem Herrn unterwegs zu sein.

Die Person, die im Mittelpunkt der heutigen Geschichte steht, war zwar bereit dem Herrn zu folgen, allerdings erst nachdem sie ihre Familienangelegenheiten geregelt hatte. Als Fußnote bleibt festzuhalten, dass der Mann nicht darum bat, seinen Vater sprichwörtlich zu begraben. Die Formulierung die er verwendete bedeutet, sich solange um seine Eltern zu kümmern bis diese sterben. Erst wenn die Eltern nicht mehr am Leben wären, hätte die Person die Freiheit Christus nachzufolgen.

Würden wir die Bitte dieses Mannes in unsere heutige Sprache übersetzen, würde er sagen: „Herr ich würde dir sehr gerne folgen, aber ich habe vorher noch ein paar Dinge zu erledigen“. Wie oft habe ich von Menschen, denen ich das Evangelium erzählt habe, gehört: „Das ist eine super Idee, aber lass mich vorher noch ein bisschen mein Leben genießen.“

In der Antwort des Mannes liegt eines der größten Hindernisse für die Christusnachfolge verborgen. Es ist unser Wunsch, das „Wann“ zu bestimmen. Es geht nicht um die Frage Gott ungehorsam zu sein. Im Gegenteil! Wir wollen ja tun, worum man uns bittet. Der einzige Unterschied liegt darin, dass *wir* bestimmen wollen, wann es am Bequemsten für uns ist. Leider ist es dasselbe wie Ungehorsam. Das beste Beispiel dafür ist das Volk Israel, als es, durch den negativen Bericht der zehn Spione abgeschreckt entscheidet, nicht in das verheißene Land einzuziehen. Als Gott das Gericht über sie ankündigte, überdachten sie ihre Entscheidung und machten sich doch auf den Weg. Doch nun war Gott nicht mehr mit ihnen, denn der Zeitpunkt gehorsam zu sein war bereits verstrichen (4. Mose 14:40-45).

Der Wunsch für seine Eltern zu sorgen, hat an sich absolut nichts Verwerfliches. Doch darin liegt genau das Problem: Die Dinge, die uns vom absoluten Gehorsam abhalten, sind meistens nicht schlecht. Manche sind sogar sehr löblich. Nichtsdestotrotz sollte alles, was sich zwischen uns und Christus stellt, verworfen werden.

Denkanstoß

„Wer Vater oder Mutter mehr liebt als mich, der ist meiner nicht wert; und wer Sohn oder Tochter mehr liebt als mich, der ist meiner nicht wert.“ (Lukas 10:37)

7. November — Nicht lohnenswerte Beziehungen

Und ein andrer sprach: Herr, ich will dir nachfolgen; aber erlaube mir zuvor, dass ich Abschied nehme von denen, die in meinem Haus sind. *Lukas 9:61*

Im heutigen Text stellt uns Lukas eine dritte Person vor. Wie wir bereits festgestellt haben, kennt das Reich Gottes keine Freiwilligen, obwohl wir es gerne so hindrehen, als ob wir Gott erwählen würden. Das Neue Testament zeigt uns deutlich, dass alle sich nur auf dem Weg mit Ihm befinden, weil sie von Seiner Gnade erreicht wurden.

Die Person im obigen Vers wollte sich auch in die Gruppe der Nachfolger Christi einreihen. Hatte er vielleicht damit gerechnet, dass der Herr von seiner Aufopferungsbereitschaft besonders beeindruckt ist? Egal, was seine Motivation auch war, er stellte als Bedingung für seinen Einsatz ein „Aber". Wir wissen jedoch, dass wir dem Eigentümer unseres Lebens keine Bedingungen abverlangen können.

Es ist sehr anerkennenswert, dass der Mann sich von seinen Angehörigen und Freunden vor Antritt seiner großen abenteuerlichen Reise noch verabschieden wollte. Doch Christus entdeckte in den Winkeln seines Herzens Beziehungen zu seinem Umfeld, die nicht gesund waren. Vielleicht hätten sie bei seiner Verabschiedung versucht ihn von seinem Vorhaben abzubringen oder mit anderen Aktivitäten abgelenkt, die seinen Fortgang unnötig verzögert hätten. Tatsache ist, dass diese Menschen eine Gefahr für jemanden waren, der eine klare und unumstößliche Entscheidung treffen musste Christus zu folgen.

Wie so oft verwendete Jesus ein Alltagsbeispiel um aufzuzeigen worin das Risiko lag. Wer von den Zuhörern hatte noch nicht gesehen, wie ein Bauer mit seinem Ochsengespann das Feld pflügt? Der schwere Pflug erfordert die ganze Kraft der Tiere, um ihn durch die Erde vorwärts zu ziehen und die volle Konzentration des Sämanns, damit die Furchen gerade verlaufen und so die Aussaat erleichtern. Kein Bauer kann die Erde richtig pflügen, wenn er sich ständig umschaut.

Die Botschaft ist deutlich. Christus nachzufolgen erfordert eine Verpflichtung, die sich durch nichts ablenken lässt. Es bedeutet, uns genau Seinen Vorgaben, Seinen Worten und den Veränderungen zu fügen, die Er in uns erzeugen will. Das ist kaum möglich, wenn wir uns von anderen Dingen ablenken lassen, die nichts mit Gottes Reich zu tun haben. Es ist ungefähr so, als versuche man die Aufmerksamkeit eines Kindes zu bekommen, wenn es gerade von seinem Lieblingsspielzeug völlig eingenommen ist. Genauso ist unser Alltag häufig von Ablenkungen und Zerstreuung geprägt, die uns von unserer Nachfolge abbringen.

Denkanstoß

Stehen wir in der Leitungsverantwortung eines Dienstes, der andere in der Nachfolge trainiert, ist es wichtig, klare Ziele zu definieren an denen wir uns ausrichten können. Es gibt genügende Aktivitäten in der Gemeinde, die bloße Ablenkung sind. Der weise Mitarbeiter wird niemals die Aufgabe, das Leben anderer zu verändern, aus den Augen verlieren. Alles was wir tun, sollte diesem Anliegen dienen.

Wer ist weise und klug unter euch? Der zeige mit seinem guten Wandel seine Werke in Sanftmut und Weisheit.

Jakobus 3:13

Wir alle, besonders diejenigen in Leiterverantwortung, sollten einmal über diese Frage des Jakobus nachsinnen. Der Apostel hat die Frage nicht in den leeren Raum gestellt. Im ganzen Kapitel erläutert er zu welchen Schäden es führt, wenn wir unsere Zunge falsch benutzen. Er erklärt: *„Auch die Zunge ist ein Feuer, eine Welt voll Ungerechtigkeit. So ist die Zunge unter unsern Gliedern: sie befleckt den ganzen Leib und zündet die ganze Welt an und ist selbst von der Hölle entzündet“* (Jakobus 3:6). Es braucht keine Tiefenanalyse um zu erkennen, dass die Frage des Titelverses eine Fortführung desselben Themas ist.

Tatsache ist, dass die Welt zu Jakobus' Zeiten unter starkem Einfluss der griechischen Kultur stand. Dies hat sich bis heute nicht geändert. Diese Kultur erhob den menschlichen Intellekt zu ihrem höchsten Gut. Die „Stars“ der hellenistischen Kultur waren die großen Redner, die mit ausgefeilter Dialektik, komplexe und tiefgreifenden Themen ihren Zuhörern enthüllen konnten. in ausführlichen Diskursen stellten die ausgewähltesten Denker ihre Weisheit zur Schau.

Ist es so nicht auch bei uns? Nur selten wählen wir Menschen aufgrund ihrer praktischen Erfahrung für unsere Seminare und Institute aus. In aller Regel werden zuerst Frauen und Männer eingeladen, die umfassendes intellektuelles Wissen über den jeweiligen Fachbereich angesammelt haben. In der Gemeinde sind wir oft Zeugen von hitzigen Debatten zwischen den Leuten, die versuchen, die Richtung oder Doktrin in einem gemeindlichen Vorhaben zu bestimmen. So kommen wir fälschlicherweise zu der Annahme, dass je eloquenter die Argumentation, desto mehr Weisheit darin enthalten sein muss.

Jakobus drückt aus, dass diese sogenannte Weisheit im Reich Gottes nichts wert ist. In Gottes Reich greifen Prinzipien, die zum Teil im direkten Gegensatz zu unseren geschätzten irdischen Grundsätzen stehen. Die biblische Weisheit zeigt sich in Taten, nicht durch Worte. Diese Weisheit wird nicht mit übertriebenen Argumenten geschmückt, sondern kleidet sich in Demut. Ja sie zeigt sich sogar bevorzugt in Momenten, in denen wir schweigen!

Eine solche Weisheit legte Abraham an den Tag, als er auf den Berg stieg um Isaak zu opfern. Er reagierte auf die Frage seines Sohnes nicht mit weitschweifigen Antworten, sondern in Einfachheit: *„Gott wird schon dafür sorgen, mein Sohn!"* (1.Mose 22:8). Auch Mose zeichnete sich während der Rebellion von Korah mit Weisheit aus, indem er sich auf der Erde niederwarf. Die Demut dieser Männer ließ erkennen, dass sie die höchsten Ebenen geistlicher Erkenntnis erreicht haben. Der höchste Punkt der Erkenntnis ist sich bewusst zu werden, wie nichtig man ist. Aus diesem Grund sollten wir sparsam mit unseren Worten umgehen.

Denkanstoß

Wie wichtig ist es, einen Leiter mit einem solchem Charakter zu haben? Unsere Werke predigen 1000mal lauter als jedes Wort und unsere Haltung redet lauter zu Gott als unser Mund. Versuchen wir uns in Demut zu kleiden, und Christus „anzuziehen".

Wehe dem, der seinen Schöpfer anklagt! Er ist doch in Gottes Augen nicht mehr als ein Tonkrug unter anderen. Fragt denn ein Tonklumpen den Töpfer: „Was tust du da mit mir?" Oder macht er sich lustig und sagt: „Mein Meister hat zwei linke Hände!"? Wehe dem, der seinem Vater vorwirft: „Warum hast du mich gezeugt?", und der Mutter: „Weshalb hast du mich in die Welt gesetzt?" *Jesaja 45:9-10*

Als eines meiner Kinder noch sehr klein war schlug es vor, dass wir uns etwas kaufen, was sehr viel Geld kostete. „Kind, dafür haben wir wirklich kein Geld übrig", erklärte ich ihm. Mein Kind schaute mich überrascht an, warum ich nicht selbst auf die einfachste Lösung für dieses Dilemma käme. „Papi", klärte es mich auf, „dann sollten wir zur Bank gehen und das Geld von dort holen." Sein unschuldiger Vorschlag ließ mich schmunzeln. Er wusste, dass eine Bank sehr viel Geld hat. Doch war er noch zu jung, um die komplexen Vorgänge zu verstehen, die für eine Kreditaufnahme nötig sind.

So passiert es auch uns schnell, dass, wenn wir von Dingen reden, von denen wir keine oder kaum Ahnung haben, gar nicht merken, wie komplett daneben wir liegen. Vielleicht sind Ihnen schon einmal Personen begegnet, die, egal zu welchem Thema, immer etwas zu bemerken hatten. Diese Menschen, weit davon entfernt irgendjemand mit ihrem Halbwissen zu beeindrucken, werden mit der Zeit lästig. Denn allen anderen wird klar, dass sie nicht den leisesten Schimmer davon haben, worum es eigentlich geht. Dennoch lassen sie kein Fettnäpfchen aus, um mit ihrer Unwissenheit zu prahlen.

Eine solche kuriose Szene schildert Jesaja in der heutigen Reflexion. Stellen Sie sich folgende Begebenheiten vor: Ein Ziegelstein streitet mit dem Maurer, welches der richtige

Platz für ihn im Gebäude wäre. Ein Nagel diskutiert mit dem Zimmermann, warum er nicht in ein anderes Möbelstück geschlagen wird. Das Salz hat eine Auseinandersetzung mit der Köchin und ist der Meinung, dass es beim heutigen Essen nicht benötigt wird. Lächerlich, oder? Allein die Vorstellung, dass diese Gegenstände sprechen, erscheint absurd. Wie kann der Ton dem Töpfer vorschreiben wollen, wo er am Besten einzusetzen wäre? Mit welchem Recht könnte ein Baby im Moment seiner Geburt mit der Mutter darum feilschen, doch noch etwas länger im Mutterleib zu bleiben? Trotzdem wir erkennen, wie lächerlich diese Szenen sind, hält dies weder Sie noch mich davon ab zu glauben, wir hätten das Recht dazu Gottes Handlungsweise in Frage zu stellen. „Ich verstehe nicht, wie Er das zulassen konnte", werfen wir Ihm vor. „Wenn Gott mich liebt" argumentieren wir, „dann würde Er eingreifen." Selbst, wenn wir derartige Fragen nicht stellen, haben wir wohl schön öfter gemeint, jemandem Gottes Handeln perfekt erklären zu können. Wir erläutern ein Thema mit einer Naivität, die schon fast ans Absurde grenzt, so als ob wir Experten auf diesem Gebiet wären. In Wahrheit sind wir von Gott genauso weit entfernt, wie der Tonklumpen vom Töpfer. Wie viel versteht der Ton davon, was der Künstler herstellen will? Was weiß ein Neugeborenes über Zeit und Gegebenheiten einer Geburt? Nichts! So geht es auch uns. Schweigen wir lieber vor unserem Schöpfer!

Denkanstoß

„Doch es gibt Leute, die das bestreiten und sich lieber mit nutzlosem Geschwätz abgeben. Sie bilden sich ein, Lehrer des Gesetzes zu sein; dabei verstehen sie nicht einmal das, was sie selbst reden, und haben keine Ahnung von dem, was sie so kühn behaupten." (1.Timotheus 1:6-7)

Übertriebene Vorsicht

Wer auf den Wind achtet, der sät nicht, und wer auf die Wolken sieht, der erntet nicht. *Prediger 11:4*

Einige von uns haben sich in ihrer Arbeit einen hohen Anspruch bis hin zum Perfektionismus angewöhnt, der sich am Ende gegen sie wendet. Dies bedeutet im Praktischen, dass der Betroffene es nicht ertragen kann, wenn ein Vorhaben einmal nicht zu seiner vollsten Erwartung ausgeführt wird. Will er sich durch dieses Vorhaben auch noch möglichst gut selbst darstellen, ist es für andere praktisch unmöglich seinen überzogenen Erwartungen gerecht zu werden. Um an den Punkt zu gelangen, der nicht mehr zu verbessern ist, geht wertvolle Zeit und Kraft verloren. Und nicht nur das. Manchmal wird die gesamte Arbeit hinfällig, weil unser Anspruch den Start des Projektes derartig verzögert, sodass das eigentliche Ziel des Projekts schon nicht mehr existiert.

Vielleicht hat der Autor beim Schreiben des heutigen Verses nicht an Perfektionisten gedacht. Dennoch enthält sein weiser Rat einen praktischen Baustein, der uns bei neuen Projekten hilfreich sein kann. Um die Saat in die Erde zu bringen gibt es einen bestimmten Zeitraum im Jahr, der jedem Bauern wohl bekannt ist. Es ist ein Unterschied, ob man im Frühjahr oder im Herbst aussät. Jede Pflanzenart hat ihre feste Saatzeit, innerhalb der es einen gewissen Spielraum gibt. Der Bauer kann sich vielleicht mit der Aussaat um ein bis zwei Wochen verspäten. Verstreicht jedoch mehr Zeit, ist seine Chance auf eine gute Ernte verloren. Gott hat die Natur mit ihren speziellen Zyklen geschaffen, die auf niemanden warten.

Abgesehen davon, suchen vielleicht einige Landwirte nach dem „perfekten“ Zeitpunkt, um ihre Saat in die Erde zu bringen. Sie beobachten die Winde und analysieren die Wolkenformation, um den Moment abzuwarten, wenn der rechte Regen fällt, damit die Saat am schnellsten treibt. Der Prediger warnt jedoch. Wartet man zu lange auf den richtigen Moment, verpasst man den Zeitpunkt der Aussaat und kann somit am Ende die ganze Ernte verlieren. Für ein Volk, das wie die Israeliten von der Landwirtschaft abhängig war, gäbe das wirklich eine Katastrophe.

Das Prinzip in diesem Vers ist für uns genauso wichtig wie für jeden Landwirt. Dass wir bei unserer Arbeit ein bestimmtes Maß an Vorsicht walten lassen sollen, stimmt einerseits. Ich war oft genug Zeuge von gemeindlichen Projekten, die aufgrund einer vorschnellen und improvisierten Planung und Struktur kaum Frucht brachten. Das andere Extrem wirkt jedoch noch schlimmer: der Glaube, man müsse erst alle Bedingungen erfüllt haben, bevor ein Vorhaben gestartet wird. Im Reich Gottes ist es sehr selten der Fall, dass uns alles gegeben ist, bevor wir mit etwas Neuem beginnen. Darin besteht das Abenteuer, sich im Glauben auf den Weg zu machen. Wir bewegen uns in Situationen vorwärts die nicht perfekt sind, mit der Überzeugung im Herzen, dass der Herr uns die Anweisung gegeben hat uns in Bewegung zu setzen. Wie man so schön sagt: Wer zu spät kommt, den bestraft das Leben.

Denkanstoß

„Ich bin davon überzeugt, dass die größte Tragödie nicht in den Sünden liegt, die wir begehen, sondern in einem Leben, das wir nicht leben."[1] (Erwin McManus)

Entschlossen das Ziel verfolgen

Es begab sich aber, als die Zeit erfüllt war, dass er hinweggenommen werden sollte, da wandte er sein Angesicht, stracks nach Jerusalem zu wandern. *Lukas 9:51*

Der Vers unserer heutigen Andacht gibt uns einen interessanten Blick auf den Dienst Jesu frei. Gottes Sohn machte auf Seinem irdischen Weg immer wieder deutlich: Ihm sei nur wichtig, den Willen Seines Vaters zu erfüllen. *„Meine Speise ist die, dass ich tue den Willen dessen, der mich gesandt hat, und vollende sein Werk...Denn ich bin vom Himmel gekommen, nicht damit ich meinen Willen tue, sondern den Willen dessen, der mich gesandt hat.“* (Johannes 4:34; 6:38). An seiner Aussage erkennen wir, wie deutlich Ihm Seine Mission vor Augen gestanden hat, ebenso wie der bevorstehende Kreuzestod für seine Geliebten.

Unser heutiger Abschnitt zeigt uns, wie wir eine Mission auszuführen haben. Es ist deshalb ein wichtiges Thema, weil ein Leiter zwar sein Projekt kennt, sich aber in dessen Umsetzung verfangen kann. So erging es auch Mose, dem Gott mit 80 Jahren dieselben Ziele aufgab, wie schon mit 40: Die Befreiung des Volkes Israel vom ägyptischen Joch. Mose beging jedoch den schweren Fehler zu glauben, der Zweck heilige die Mittel und verspielte dadurch vier Jahrzehnte in der Erfüllung dieses Auftrages.

Der Text zeigt uns einerseits, dass Christus die vom himmlischen Vater festgesetzte Zeit für die Umsetzung Seines Planes verstanden hatte. Unsere Verantwortung als Leiter liegt darin festzustellen, wann die richtige Zeit gekommen ist, um sich in Bewegung zu setzen. Als der Geist Paulus davon abhielt nach Asien zu gehen (Apg. 16:9-10), bedeutete dies nicht, dass Er kein Interesse daran hatte, dass den Menschen

Asiens die Gute Nachricht etwa nicht hören sollen. Sondern es war die perfekte Zeit für eine andere Region, Mazedonien nämlich, die auf Paulus' Besuch warteten, weil der Heilige Geist sie bereits vorbereitet hatte. Ebenso hatte Jesus wahrgenommen, dass es an der Zeit sei, sich Richtung Jerusalem zu bewegen. Zuvor hatte Er Seinen Jüngern mitgeteilt: *„Geht ihr hinauf zum Fest! Ich will nicht hinaufgehen zu diesem Fest, denn meine Zeit ist noch nicht erfüllt"* (Johannes 7:8). Wir sehen also, wie wichtig es für uns ist, Gottes Timing für die Effizienz unserer Projekte zu verstehen.

„Da wandte er sein Angesicht" um nach Jerusalem zu gehen, steht im zweiten Teil unseres Verses. Uns wird bewusst, wie entschlossen Jesus war. Er befand sich nicht auf einem Spaziergang in die große jüdische Stadt. Jesus verstand, dass Er an der Schwelle der schwierigsten Etappe Seiner Reise angekommen war. In dieser stand Ihm nicht nur eine wachsende Gegnerschaft gegenüber sondern auch Seine eigene Furcht vor dem Kreuz. Um festen Schrittes auf den Kelch zuzugehen, den der Vater für Ihn vorgesehen hatte, brauchte Er einen entschiedenen Geist um all die Dinge zu meiden, die Ihn von Seinem Vorhaben ablenken würde. Auch wenn Ihm die vor Ihm liegenden Herausforderungen bewusst waren, entschied Er sich dafür, sich durch sie nicht von der Erfüllung Seiner Mission abbringen zu lassen. Diese Entschlossenheit braucht jeder Leiter, der in seiner Arbeit erfolgreich sein möchte, denn eins ist sicher: es werden ihm genügend Hindernisse auf seinem Weg begegnen.

Denkanstoß

„Sei nur getrost und ganz unverzagt, dass du hältst und tust in allen Dingen nach dem Gesetz, das dir Mose, mein Knecht, geboten hat. Weiche nicht davon, weder zur Rechten noch zur Linken, damit du es recht ausrichten kannst, wohin du auch gehst." (Josua 1:7)

12. November Eine unerschütterliche Überzeugung

Siehe, er wird mich doch umbringen, und ich habe nichts zu hoffen; doch will ich meine Wege vor ihm verantworten. Auch das muss mir zum Heil sein; denn es kommt kein Ruchloser vor ihn. *Hiob 13:15-16*

Gott bezeichnete Hiob als *„fromm und rechtschaffen, gottesfürchtig und meidet das Böse"* (Hiob 1:8). Im oberen Vers können wir die Gründe dafür entdecken. Wir stoßen auf das großartige Zeugnis eines Lebens, das nach Gottes Willen trachtet.

Er legte dieses Bekenntnis nach einem längeren Austausch mit seinen Freunden ab, die gekommen waren, um ihn zu trösten: Elifas von Teman, Bildad von Schuach und Zofar von Naama. Sie schwiegen mit ihm sieben Tage lang, aber gleich danach fühlten sie sich genötigt, ihm die Gründe für die Plagen, die über sein Leben gekommen waren, im Detail zu erklären. Mit derselben Überzeugungskraft wie einige Leiter heute glaubten diese drei, dass sein Leiden direkt mit einer unbekannten Sünde in seinem Leben zu tun hatte. „Wer gerecht ist" bekräftigten sie, „erlebt kein Unglück." Es ist unnötig, tiefer auf diese unpassende Begründung einzugehen, denn der Sohn Gottes selbst musste durch die schwersten Leidensproben gehen (Hebräer 5:8).

Einige Übersetzungen tun Hiob Unrecht, denn sie vermitteln dadurch: „Selbst wenn Er mich umbringt, werde ich meinen Standpunkt nicht ändern". Diese Haltung reflektiert jedoch nicht den demütigen und ehrfurchtsvollen Charakter dieses Gottesmannes, sondern weist eher auf Arroganz und Hartnäckigkeit hin.

In Wirklichkeit verstand Hiob nicht, warum ihm und seiner Familie diese Ungnade widerfahren war. Obwohl wir Einblick

in diesen unglaublichen Austausch zwischen Gott und Satan haben, verstehen auch wir meiner Meinung nach nicht richtig, was vor sich geht und weshalb. Wir wissen, dass Gott Hiob etwas zeigen wollte. Betrachten wir jedoch das Ganze mit menschlichen Augen, erscheint uns die Haltung des Allerhöchsten grausam. Hiob scheint anderer Ansicht zu sein. Er wusste, dass Gott gerecht und gut ist, auch wenn Er für ihn völlig unverständliche Dinge tat.
Lesen wir das ganze Buch Hiob wird uns bewusst, dass auch Hiob selbst von den Vorfällen ganz durcheinander war. Inmitten dieser leidvollen Situation, bewahrt er sich jedoch diese Sicherheit: *„Auch das muss mir zum Heil sein; denn es kommt kein Ruchloser vor ihn".* Aus dieser unerschütterlichen Überzeugung schöpft Hiob den Glauben, der dem himmlischen Vater so gefällt. Auf dieser Erde kommt es immer wieder vor, dass wir durch Leid und Angstmomente gehen müssen. Doch eines was sich nie in uns verändern sollte ist unsere Überzeugung, dass Gott gut und gerecht ist. Auch wenn alles dagegen spricht wissen wir, dass Er nie ein Unrecht begeht, noch sich irgendein Übel in Seiner Person findet.

Denkanstoß

Wenn diese Überzeugung zum Fels unseres Glaubens wird, können wir das Leben ganz anders angehen. Werden wir leiden? Auf jeden Fall! Aber wir erleiden nicht mehr die Qualen und Ängste derer, die glauben, Gott habe sie verlassen. Auch inmitten der Tränen können wir ausrufen: *„Ich weiß, dass mein Vater gut ist und es in Ihm keine Ungerechtigkeit gibt!"*[2] (Martin Luther)

Da wurde Naaman zornig und zog weg und sprach: Ich meinte, er selbst sollte zu mir herauskommen und hertreten und den Namen des HERRN, seines Gottes, anrufen und seine Hand hin zum Heiligtum erheben und mich so von dem Aussatz befreien. Sind nicht die Flüsse von Damaskus, Abana und Parpar, besser als alle Wasser in Israel, sodass ich mich in ihnen waschen und rein werden könnte? Und er wandte sich und zog weg im Zorn. 2. Könige 5:10-12

Es passiert schnell, dass wir im heutigen Abschnitt überlesen, wie Naaman von Elisa empfangen wurde. Der Kommandant war es gewöhnt, dass man ihm Ehrerbietung zollt, da er einen wichtigen Posten am Königshof innehatte. Üblicherweise wurde er mit den respektvollsten Gesten empfangen, wo immer er erschien. Darum überrascht es nicht, dass er sich für wichtiger hielt als er es tatsächlich war. Mit seinem Verhalten unterscheidet er sich kaum von uns, denn auch uns steigt unsere scheinbare Wichtigkeit schnell zu Kopf.

Als er im Haus des großen Propheten Elisa ankam, ging dieser nicht einmal zur Tür um ihn in Empfang zu nehmen. Er sandte lediglich seinen Diener mit einer Botschaft an den Kriegsherrn. Zweifellos gehört zu Gottes Umgang mit uns, dass wir gelegentlich demütigende Momente erleben. Auch wenn Naaman sich durch eine solche Demütigung beleidigt fühlte, war das größte Hindernis auf dem Weg seiner Heilung ein anderes: sein verletzter Stolz. Er selbst spricht den Grund für seine Wut aus: „Ich meinte, er selbst solle…" Dies bedeutet, dass Naaman bereits eine bestimmte Vorstellung davon besaß, wie Gott zu wirken hätte. Uns kann es ähnlich gehen. Wenn wir uns erst einmal eine feste Vorstellung darüber gebildet haben, wie Gott handeln *solle*, ist es uns fast unmöglich, Sein Wirken auf andere Art und Weise zu erkennen. Wenn wir uns innerlich zu voreilig auf eine bestimmte Handlungsweise Gottes festlegen, sind wir für alle anderen Möglichkeiten Gottes blind und auf unsere Erwartungen beschränkt. Doch der Herr ist bekanntermaßen äußerst kreativ und unvorhersehbar, sodass wir niemals voraussagen können wie er handeln wird. Da wir wissen, dass Seine Möglichkeiten einzuschreiten unbegrenzt sind, ist es vorteilhafter im Geist offen zu bleiben, bereit, jederzeit von Seinem außergewöhnlichen und unerwarteten Eingreifen überrascht zu werden.

Zweitens gab Naaman zu verstehen, wie lächerlich er die Antwort des Propheten fand. Wäre es nur ums Baden gegangen, hätte er genügend Möglichkeiten dafür in seinem eigenen Land gehabt. Wäre ihm vorher bewusst gewesen, was für einen grotesken Vorschlag man ihm machen würde, hätte er sich die ganze Reise sparen können. Doch genau an diesem Punkt versagen die Menschen, die ansonsten mit größten intellektuellen Fähigkeiten glänzen. Sie glauben, dass Gottes Pläne nach demselben Muster abzulaufen haben wie die menschlichen. Legen wir diesen Maßstab an, stellen wir fest, dass die meisten Anordnungen Gottes, offen gesagt, auf uns eher planlos wirken. So jedenfalls erkennen wir es wieder und wieder in der Geschichte des Gottesvolkes. Wer mit Ihm unterwegs ist, sollte bereit sein sich für Ihn zum Gespött der Leute zu machen.

Denkanstoß

„Ich weiß nicht auf welchem Wege Gott mich leitet, doch kenne ich Den, der mich führt." (Martin Luther)

Ich will dich unterweisen und dir den Weg zeigen, den du gehen sollst; ich will dich mit meinen Augen leiten. „Seid nicht wie Rosse und Maultiere, die ohne Verstand sind, denen man Zaum und Gebiss anlegen muss; sie werden sonst nicht zu dir kommen". Psalm 32:8-9

Psalm 32 gehört zu den drei Psalmen, die den breitesten Überblick über die Auswirkung der Sünde auf das menschliche Leben geben (vgl. Psalm 36 und 51). In diesem Text hebt der Psalmist besonders die Erleichterung hervor, die die Beichte verschafft und dazu ermutigt, dass *„alle Heiligen zu dir beten zur Zeit der Angst"* (Psalm 32:6).
Wegen der Schwere der Sünde ist es notwendig, dass wir zu einem Volk werden, dass sich an eine tägliche Beichte gewöhnt. Dies ist die einzige Möglichkeit in der Heiligung zu wachsen, da wir Gott täglich auf verschiedenste Arten verletzen. Im Text schließt der Psalmist ein Wort ein, das der Herr selbst gesprochen hat. Er zeigt uns dadurch quasi eine Präventivmaßnahme um zu vermeiden, dass wir ständig der Sünde verfallen.
Welche Lösung schlägt der himmlische Vater vor? Wir sollen zu einem Volk werden das bereit ist, den Weg zu gehen, *„den du gehen sollst".* Schuld entsteht häufig, weil wir Gottes Wege nicht kennen. Doch möchte Er uns auf dem Weg vorausgehen, der Sein Herz erfreut. So wie ein Vater, der seinem Kind die ersten Schritte beibringt, hat sich unser Gott verpflichtet Seine Augen über uns offen zu halten. Er wacht über unseren Weg. In jeder Situation, in der wir stürzen könnten, gibt Er uns die richtige Anweisung um weiterzugehen. Im gewissen Sinne ist dies ein Bild für dieselbe sanfte Fürsorge, mit der Christus den Dienst des Trösters in Johannes 14 und 16 beschreibt.

Dennoch kennt der Herr unser eigensinniges und starres Herz. Er weiß auch, dass unsere Sünden oftmals ihre Ursache nicht im Unwissen, sondern in der Rebellion gegen Ihn haben. Wie in so vielen anderen Lehren in der Bibel greift der Herr zu einem Bild, um uns vor Augen zu führen, welche Haltung wir vermeiden sollten: *„Seid nicht wie Rosse und Maultiere, die ohne Verstand sind, denen man Zaum und Gebiss anlegen muss; sie werden sonst nicht zu dir kommen"*. Der Trotz des Esels und die heißblütige Art des Pferdes lassen erahnen, wie schwer es der Mensch auf seinem Weg mit Gott hat. Wir gehen lieber unseren eigenen Weg als den des Herrn. Wir halten eher an unserem eigenen Wissen fest als an der Weisheit Jahwes. Gerade deswegen ermutigt Er uns, unserem Hang zur Rebellion zu widerstehen, damit es nicht nötig wird, dass man uns *„Zaum und Gebiss anlegen muss"*. Weil diese starrsinnige Haltung typisch für uns ist müssen wir darauf achten, auf welche Weise sie sich äußert. Jedes Mal, wenn wir Widerstand in uns spüren, sollten wir innehalten und die Leitung unseres guten Vaters suchen. Nur so können wir von Ihm unterwiesen werden.

Denkanstoß

Ein Dummkopf weiß immer alles besser, ein Kluger nimmt auch Ratschläge an." (Sprüche 12:15, HfA)

15. November Das Gewicht des Einflusses

Wenn ein Herrscher auf die Worte von Lügnern hört, werden alle seine Untergebenen zu Betrügern!

Sprüche 29:12 (HfA)

Das Prinzip dieses Verses ist einfach und dennoch außerordentlich wichtig für jeden Verantwortungsträger: die Gefolgsleute werden zum Abbild ihrer Leiter. Ist die Regierung korrupt, werden auch ihre Untergebenen korrupt. Ist die Regierung gerecht und aufrichtig, wird auch das Volk diese Eigenschaften annehmen. Warum werden die Menschen von dem Leben und den Überzeugungen ihres Leiters angesteckt? Diese „Übertragung eines Lebensstils" ist so schwer greifbar, dass wir uns nur dessen bewusst werden, wenn wir Charakteristika eines Leiters in seinen Nachfolgern wiederentdecken. Deswegen beschreibt ein Autor Einfluss als die „Kraft, die sich auf Menschen, Dinge oder Ereignisse auswirkt, ohne eine zielgerichtete Anstrengung dahinter."[3]

Diese Konzept wird zum Schlüssel um zu verstehen, wie wir Einfluss auf gute Weise nutzen können. Wir üben zwar keine direkte Kontrolle über einen Menschen aus, doch können wir dazu beitragen, dass sich unser Einfluss positiv auf ihn auswirkt. Das Geheimnis des Einflusses liegt im Charakter des Leiters verborgen. Er ist maßgeblich für die Qualität, den sein Einfluss auf seine Nachfolger hat.

Diese Tatsache greift in jedem Bereich, in dem eine Person andere anleitet. Ob es eine kleine Gruppe wie die Familie oder ein multinationaler Konzern ist, in der man von *Corporate Culture* (Firmenkultur) spricht. In beiden Fällen ist das Ergebnis dasselbe: Der Charakter der Führungsperson spiegelt sich im Wesen der Gefolgschaft wieder.

Die Gemeinde kann sich diesem Gesetz nicht entziehen. Auch sie spiegelt die Persönlichkeit ihres Pastors wieder.

Deswegen halte ich an meiner Meinung fest, dass Versuche die Gemeinde als Ganzes verändern zu wollen, ins Leere laufen. Verändert sich dagegen der Leiter, wird es auch die Gemeinde fast automatisch tun. Ist der Pastor ein Mann des Gebets, muss er nicht seine ganze Zeit darauf verwenden, seine Gemeinde zum beten anzuhalten. Sie lassen sich durch seinen Gebetsgeist anstecken.
Genauso gilt dies für das Gegenteil. Ist der Pastor korrupt, werden es auch seine Mitarbeiter. Es ist noch nicht einmal nötig, dass sie über die verdeckten Machenschaften des Leiters Bescheid wissen, sie werden es auch so wahrnehmen. In einer mir bekannten Gemeinde lebte der leitende Pastor über Jahrzehnte in Ehebruch. Niemand wusste davon und dennoch kam es immer wieder zu Sex-Skandalen zwischen Ältesten und Diakonen. Es schien als ob die Gemeinde in dieser Angelegenheit eine besondere Schwäche hatte und tatsächlich war es auch so. Die fehlende Moral des Pastors hatte sich auf die Gemeinde übertragen.

Denkanstoß

Als Leiter ruht auf unseren Schultern die Verantwortung ein Leben in Heiligung und Verbindlichkeit gegenüber unseren Mitarbeitern zu führen. Wir können ihnen kein besseres Geschenk machen. Unser Einfluss auf sie wird viel zweckmäßiger sein als die weltweit besten Trainingsprogramme.

Und sie nahmen den Stier, den man ihnen gab, und richteten zu und riefen den Namen Baals an vom Morgen bis zum Mittag und sprachen: Baal, erhöre uns! Aber es war da keine Stimme noch Antwort. Und sie hinkten um den Altar, den sie gemacht hatten. *1. Könige 18:26*

Die Konfrontation des Elias mit den 400 Baalspropheten zeigt uns eine der gewagtesten Abenteuer der ganzen Schrift. Sicherlich sind sie vom Höhepunkt der Geschichte genauso fasziniert wie ich – dem Kampf zwischen Licht und Finsternis. Der Abenteurer in uns träumt davon, wie sich in unserer Gemeinde einmal ähnliches zutragen könnte: Wir als Kämpfer für die Ausbreitung des Königreiches schlagen eine erfolgreiche Schlacht nach der anderen. Vielleicht fällt es uns deshalb leicht zu träumen, weil wir bereits den Ausgang der Geschichte kennen.

In der heutigen Betrachtung sehen wir die unterschiedlichen Gebetsformen, die Elias und die Baalspriester nutzen, gegenübergestellt. Wir wissen natürlich, dass ihre Gebete keinen Erfolg haben konnten, weil sie sich an einen nicht existenten Gott wendeten. Selbst nach wochenlangem Flehen hätten sie keine Antwort erhalten, da sie niemand hätte erhören können.

Diese Priester stehen jedoch für ein religiöses System, das uns auch heute beeinflusst und versucht sich in unser Leben einzuschleichen. Sie fingen morgens an zu beten und machten ohne Pause bis zum Mittag weiter. Diese Hingabe und Beharrlichkeit halten wir im besten Falle für übertrieben. Ohne eine Antwort zu erhalten, hielten sie voller Eifer bis in die frühen Abendstunden durch. Was hatte sie dazu bewegt? Es lag an der Überzeugung, dass ihr Gott um so mehr wirkt, je mehr sie ihn bitten. „Mehr“ bezieht sich dabei nicht

auf die geistliche Tiefe, sondern auf die schiere Wortmenge verbunden mit der zeitlichen Länge.
Auch wenn Christus in Matthäus 6:7 deutlich sagt, dass wir das Modell der Heiden nicht als Vorbild nehmen sollen, rutschen wir immer wieder in die Vorstellung hinein, dass, je länger wir beten, wir um so schneller erhört werden. Wir krönen Gebetshelden, die täglich stundenlang im Gebet verbringen, als wenn dieser Akt allein bereits eine Errungenschaft wäre. Verstehen Sie mich nicht falsch. Viele dieser Menschen besitzen eine Hingabe, die beneidenswert ist. Aber wenn man sie nur von außen betrachtet, gelangt man schnell auf die falsche Schiene zu glauben, dass das Geheimnis eines tiefen Gebetslebens in seiner Dauer besteht.
Wie hat Elias gebetet, nachdem die Propheten ihre Show beendet hatten? Sein Gebet umfasst gerade einmal 55 Worte. Doch es genügte, damit im Anschluss Feuer vom Himmel fiel und den Altar vollkommen verbrannte. Sein Gebet wurde nicht nur erhört, weil er zum richtigen Gott betete, sondern weil er wusste, dass er sich im Willen Gottes befand. Er verschwendete weder Zeit mit unnötigem Geschwafel, noch damit, andere mit seiner Geistlichkeit zu beeindrucken. Er bat Gott einfach und Gott handelte. Gefällt Ihnen dieses Vorbild? Wir können viel von Elias bezüglich des Gebetes lernen.

Denkanstoß

„Wahrlich, ich sage euch: Wenn ihr nicht umkehrt und werdet wie die Kinder, so werdet ihr nicht ins Himmelreich kommen." (Matthäus 18:3)

17. November — Heute sollt ihr auf Seine Stimme hören...

Ermutigt einander jeden Tag, solange es »Heute« heißt, damit keiner von euch von der Sünde überlistet wird und hart wird gegen Gott! Denn wenn wir bis zum Ende treu bleiben und Gott genauso fest vertrauen wie in der ersten Zeit unseres Glaubens, wird Christus uns an allem Anteil geben. Aber vergesst nicht das Wort der Schrift: »Heute sollt ihr auf seine Stimme hören. Verschließt eure Herzen nicht gegen ihn, wie die Israeliten es taten, als sie sich auflehnten.«

Hebräer 3:13-15 (NL)

Die Formulierung „verhärtetes (oder verschlossenes) Herz" wird häufig in der Bibel für Menschen verwendet, die kaum oder keine Wahrnehmung für Gottes Angelegenheiten besitzen. Verharren wir in diesem Zustand wird es unmöglich, dass Gott an uns arbeitet. Dies wirkt sich auch auf den Umgang mit unseren Geschwistern aus, weil wir uns zunehmend grob und feindselig ihnen gegenüber verhalten. So wird unser verhärtetes Herz zu einem unüberwindbaren Hindernis in unserer Beziehung zu unserem himmlischen Vater. Wir sind in einer Situation, die wir nicht verbessern können, wie gefangen, denn wir empfinden es als ungerecht, dass man von uns etwas erwartet, was wir nicht geben können.

Die Ironie an der Sache ist, dass die Herzenshärte am selben Ausgangspunkt beginnt, der auch in eine tiefere Gottesbeziehung hätte führen können: mit der Offenbarung von Gottes Willen. Jeder von uns hat die Möglichkeit, sein Leben mit den Richtlinien Gottes in Einklang zu bringen. Niemand kann sich damit entschuldigen, er sei Opfer seiner Umstände, denn selbst in dem Moment, wenn wir tief in Schuld versunken sind, hat Gott bereits die Bresche für uns geschlagen,

um zu Ihm zurückkehren zu können. Seinem missionarischen Herzen folgend, ergreift Er immer die Initiative Sein Volk einzuladen Ihm näher zu kommen. Jeder von uns kann immer wieder auf Seine einladende Stimme reagieren.
Trotzdem, so erklärt uns der Autor des Hebräerbriefes, kann Seine Stimme in uns auch zur Ablehnung führen, wenn wir „von der Sünde überlistet" werden. Wir fühlen uns in unserer Haltung gerechtfertigt, Gottes Wort für uns in Frage zu stellen, zu bestreiten und zu widersprechen. Wir glauben eine Alternative zu Gottes Willen finden zu können und überlegen uns die Optionen. Von unserem eigenen Intellekt überzeugt, entscheiden wir uns dann, nach unseren eigenen Maßgaben zu handeln. In diesem Moment formt sich in uns ein hartes Herz, wodurch wir uns von Gott entfernen. Er hat zu uns gesprochen und auf Seine Wege eingeladen. Wir haben Seinen Vorschlag gehört und verstanden, doch entscheiden uns dafür, unser „eigenes Ding zu drehen."
Wenn wir diesen Prozess an uns wahrnehmen, können wir darauf reagieren. Der weise Mensch wird energisch mit aller Kraft dagegen kämpfen: *„Mit diesen Waffen zerschlagen wir all die hochtrabenden Argumente, die die Menschen davon abhalten, Gott zu erkennen. Mit diesen Waffen bezwingen wir ihre widerstrebenden Gedanken und lehren sie, Christus zu gehorchen"* (2.Korinther 10:5, NL). Wir müssen begreifen, dass der Schlüssel zu einer engen Beziehung mit dem Vater darin liegt, Ihm unseren Willen vollständig auszuliefern. Wir können es nicht darauf anlegen erst zu probieren, ob uns gefällt, was Er von uns fordert oder nicht. Wir müssen uns für den Gehorsam entscheiden. Nur so wird unser Herz wieder weich.

Denkanstoß

Ich habe größere Furcht vor meinem Herzen, als vor dem Papst mit all seinen Kardinälen. (Martin Luther)

18. November Die Hoffnung aller, die auf Gott harren

Wer ist denn Gott außer dem Herrn? Und wer könnte ein Fels sein als allein unser Gott? Gott ist es, der mich mit Kraft ausrüstet, der mir hilft, auf dem richtigen Weg zu bleiben.
Psalm 18:32-33

Viele von uns wachsen mit Predigten auf, die uns erklären wie wichtig es ist Gottes Willen für unser Leben zu entdecken. Wenn wir nur den Willen des Vaters kennen, werden wir ein erfolgreiches Leben führen können, lautet die Überzeugung hinter dieser mittlerweile populär gewordenen Idee. Als Seelsorger bin ich jedoch Menschen begegnet die wie gelähmt waren, aus Angst, sie könnten den falschen Weg einschlagen. Sie denken, es gäbe nur einen einzigen Weg und wenn sie diesen verfehlen, könnten sie nie mit dem Segen Gottes rechnen.

Im Laufe der Jahre bin ich daher dieser Strömung gegenüber skeptisch geworden. Die Fehlertoleranz ist dermaßen gering, dass sich die Mehrheit der Leute bereits auf ein Scheitern einstellen kann. So werden nur ein paar „Auserwählte" den für sie „geplanten Weg" entdecken. Der Rest von ihnen ist zu einem Leben in Mittelmäßigkeit verdammt, da sie es anscheinend nicht fertigbringen, Gottes Weg für sich herauszufinden.

Der Psalmist hält uns eine ganze andere Sichtweise auf dieses Thema vor Augen. Er erklärt, dass es Jahwe ist, der „hilft, auf dem rechten Weg zu bleiben". Mir gefällt die *Gute Nachricht* Übersetzung, die von einem „geraden, gut gebahnten Weg" Weg spricht. Damit wird der Gedanke verdeutlicht, dass sich der Herr um den Weg kümmert, egal wo wir gerade stehen. Der Mann und die Frau, die Gott fürchten, können sich sicher sein, dass Er ihnen vorausgeht und

ihren Weg begradigt, egal ob sie sich ihrer Richtung gerade sicher sind oder nicht.
Der Schlüssel zu diesem Thema liegt in der Person, die sich auf dem Weg befindet. Dieses Prinzip ist nicht auf jede Person anwendbar, sondern nur auf die, welche von ganzem Herzen das Richtige in Gottes Augen tun wollen. War das nicht auch Josefs Erfahrung? Ich kann mir nicht vorstellen, dass er wusste, welchen Weg er zu gehen hatte, auch weil er keine großen Wahlmöglichkeiten besaß. Dennoch bestätigt uns die Bibel, dass Gottes Hand auf Josef lag und Er ihn in allen Dingen segnete (1.Mose 39:3,21).
Es scheint Gott weniger daran zu liegen, dass wir Seine spezielle Absicht für uns entdecken, als vielmehr, dass wir ein Leben führen, das Ihn ehrt, egal welche Umstände wir gerade bewältigen müssen. Sein „Plan“ bezieht sich also in erster Linie nicht auf unser Tun, sondern darauf wer wir sind. Die Hand des Herrn wird über dem Menschen sein, der ein Leben in Heiligkeit führen möchte, egal ob in der Schule, auf der Arbeit oder zu Hause. Als Folge dieses angestrebten Lebenswandels wird alles, was er anfasst gesegnet, sogar – wage ich zu behaupten – seine Fehlentscheidungen werden zum Guten dienen.
Die Überzeugung, dass der Herr seine Schritte ausrichten wird, führt den Psalmisten zur Anbetung und zum Lobpreis Gottes. Wem bewusst ist, dass der Allerhöchste über seine Schritte wacht, erreicht eine Ebene der Freiheit und Entspannung, die sich mit Worte nicht beschreiben lässt.

Denkanstoß

„Der Wille Gottes ist keine Straßenkarte, sondern eine Haltung.“[5]
W. Dhuse

Nachdem Mose, der Knecht des HERRN, gestorben war, sprach der HERR zu Josua, dem Sohn Nuns, Moses Diener...
(Josua 1:1)

Wir könnten diesen Abschnitt als eine typische Einleitung der Bibel zum Haupttext theoretisch ignorieren. Bei genauerem Hinschauen finden wir in diesem einen Satz jedoch ein Beispiel dafür, wie ein neuer Leiter auszubilden ist. Ein Prozess den jeder zu durchlaufen hat, der letzten Endes einen verantwortungsvollen Posten im Reich Gottes übernehmen möchte.

Der Autor beschreibt Mose als Diener Jahwes, auch wenn es nicht immer die Realität des großen Befreiers Israels beschrieb. Ein großer Teil seines Lebens verstrich, ohne dass Mose diese Ehre zuteil geworden wäre. Es lag nicht daran, dass Gott es ihm verwehrt hätte, sondern weil er vorher eine Schule zu durchlaufen hatte, in der er lernen musste sich selbst zu sterben. Ohne diese Erfahrung wäre er nie „Diener Gottes" genannt worden, denn dieser Titel bedeutet, Gott völlig zur Verfügung zu stehen und zwar gänzlich ohne eigene Ambitionen.

Der Text beschreibt auch Josua, den Sohn Nuns, als Moses rechte Hand. Es ist anzunehmen, dass er ihm zumindest 40 Jahre lang gedient hat, was nicht bedeutet, dass er nicht dem Herrn gedient hätte. Er tat dies, indem er Mose unterstützte. Während dieser Jahre stand er dem großen Leiter immer zur Verfügung. Im Gegensatz zu seinem Mentor besaß er kein eigenes Lebensprojekt, sondern hatte alle seine Ressourcen und Gaben Mose zur Verfügung gestellt. Sein Bestreben war, ihm in allem nützlich zu sein und, wie uns die Bibel zu verstehen gibt, tat er dies mit einzigartiger Freude und Hingabe.

Solch ein Dienst ist eine gute Schule für einen jungen Menschen. Ein weiser Leiter plant in seinem Leben Platz für diese Art Zurüstung ein und lässt ihn an seiner Seite lernen. Nach dem 5. Buch Mose haben Mose mehrere junge Menschen auf diese Weise gedient (5.Mose 11:28). Sie stellten sich ihm zur Verfügung und er ließ sie an vielen Vorhaben teilhaben, die ihm Gott aufgetragen hatte. In allem nutzte er die realen Lebensumstände, um ihre Fertigkeiten und Charaktereigenschaften zu schulen, die sie später dazu befähigen würden, eine wichtige Verantwortung im Gottesvolk zu übernehmen.
Heute scheint dieser langsame und ausgedehnte Trainingsprozess überholt zu sein. Wir sind viel zu hastig dabei, den *Dienst* auszuweiten, um wirklich in das Leben von Nachfolgern investieren zu können. So überrascht es nicht, dass diese halbfertigen Mitarbeiter der Gemeinde eher schaden als nützen. Was wir zuerst an Zeit gewinnen, wir schließlich an Qualität im Dienst einbüßen. Der weise Leiter weiß, dass diese langsame Arbeit eine der besten Investitionen für die Zukunft der Gemeinde ist. Es ist keine Kleinigkeit, einen Josua oder Timotheus auszubilden. Sie stehen für eine neue Generation von Leitern, die Gottes Arbeit fortführen, wenn wir den Lauf beendet haben.

Denkanstoß

Die Lehren die ein Mensch sammelt, während er jemand anderem dient, sind die wertvollsten Prägungen, die eines Tages die Grundlagen für seinen eigenen Dienst bilden werden.

Buße aus tiefstem Herzen

Doch auch jetzt noch, spricht der HERR, bekehrt euch zu mir von ganzem Herzen mit Fasten, mit Weinen, mit Klagen! Zerreißt eure Herzen und nicht eure Kleider und bekehrt euch zu dem HERRN, eurem Gott! Denn er ist gnädig, barmherzig, geduldig und von großer Güte, und es gereut ihn bald die Strafe. *Joel 2:12-13*

Wir laufen immer wieder Gefahr, dass sich Religiosität in unseren Herzen festsetzt, weil uns so anspricht. Sie verschafft uns ein ruhiges Gewissen im Austausch für ein paar religiöse Übungen, die, zumindest in der Theorie, die Wünsche des Herrn befriedigen sollen. Die Bibel sagt uns jedoch klar, dass wir zu einer lebendigen und innigen Beziehung mit unserem himmlischen Vater berufen sind. Wir können mit niemandem eine tiefe Beziehung eingehen, wenn wir sie auf einige wenige Alltagsroutinen beschränken. Die bedeutsamsten Beziehungen entstehen aus einer Mischung von Hingabe und aktiver Beteiligung, wobei eine verbindliche Herzensentscheidung die Grundlage bildet.

Auf diese Art Verbindlichkeit bezieht sich der Prophet Joel, als er dem Gottesvolk eine Botschaft von ihrem Gott weitergibt: *„Zerreißt eure Herzen und nicht eure Kleider"*. Die einzige Buße, die geistlich etwas wert ist, zerstört die Härte in unserem Herzen und führt uns zu einer echten inneren Zerbrochenheit über die Last unserer Schuld. Fasten, Weinen und Klagen, sind dabei äußere Zeichen eines echten inneren Kummers.

Wer die geistlichen Prozesse im Menschen auch nur ansatzweise versteht weiß, dass wir Buße nicht auf natürliche Art und Weise hervorrufen können, sondern es das souveräne Wirken Gottes benötigt. Jesaja erlebte es, als er Gott in Seinem heiligen Tempel sitzen sah (Jesaja 6:1-13) und Petrus, als er auf seine Füße fiel und seine eigene Unwürdigkeit erkannte (Lukas 5:8). Nur Gott selbst kann echte Buße in uns hervorrufen (2.Timotheus 2:25). So ist es sinnvoll sich zu fragen, wenn wir schon nicht diese Zerbrochenheit erzeugen können, was dann unser Anteil an diesem Vorgang ist?

Als Erstes sollten wir alle vorgefertigten Bußformulierungen sein lassen. Manchmal verwenden wir in unseren eigenen Gebeten Phrasen wie: „Herr, bitte vergib mir alle Sünden, die ich gegen dich getan habe." Solche Formulierungen sind zu allgemein gehalten, als dass sie einen Wert hätten. Sünde ist eine zu ernste Angelegenheit, um sie in einem Satz abzuschließen.

Zweitens, da wir wissen, dass Umkehr durch Wirken des Heiligen Geistes in Gang gesetzt wird, ist es nötig, am Tag Zeitfenster zu schaffen, in denen Er zu uns sprechen und zur Umkehr führen kann. Das bedeutet, wir müssen dem Geist erlauben, unser Herz zu prüfen und die Dinge ans Licht zu befördern, die Gott nicht ehren. Es genügt schon, Ihn um Unterscheidung zu bitten und wir werden erleben, wie sehr dem Herrn daran liegt, uns zu reinigen. Er wird unsere Bitte sehr bald beantworten.

Drittens müssen wir wissen, dass wahre Buße äußere Zeichen aufweist, die man nicht *machen* kann: Zerbrochenheit, Klage und Tränen. Diese Zeichen helfen uns, oberflächliche Buße von jener zu unterscheiden, die tief aus unserem Herzen kommt. Suchen wir also Gottes Nähe, die in uns ein sensibles und demütiges Herz erzeugen wird.

Denkanstoß

Umkehr bedeutet viel mehr, als Gott lediglich um Verzeihung zu bitten. (Quelle unbekannt)

21. November Ein Mittel gegen Spaltung

Vielmehr sind gerade die Teile des Körpers, die schwach und unbedeutend erscheinen, besonders wichtig.
1.Korinther 12:22 (HfA)

In jeder Gemeinde gibt es zumindest zwei, drei Personen, die wir von vorneherein mit den Attributen „schwach“ oder „problematisch“ versehen würden. Sie wissen schon, das sind diejenigen, die andauernd Probleme verursachen, immer aus dem Rahmen fallen und durch ihr Verhalten oder unangenehme Kommentare negativ auffallen. Der Rest von uns lebt irgendwie mit ihnen zusammen und reagiert auf sie mit einer Mischung aus Toleranz und Bedauern. Doch einen Moment! Ist es nicht so, dass wir eigentlich zum Mitgefühl berufen sind?

Selbst wenn wir dies bejahen, verwirrt uns Paulus' Aussage. Was bedeutet es denn, dass die schwächsten Teile des Körpers besonders wichtig seien? Wir haben uns daran gewöhnt, den Wert eines Menschen danach zu beurteilen, was er in unser Leben einbringt. Nach dieser Werteskale zählen unsere „Geschwisterchen“ ganz gewiss nicht zu den besonders Wichtigen. Die wirklich Wichtigen, die das funktionieren des Leibes garantieren sollen, sind schließlich der Pastor, Älteste und Diakone. *Sie* sind es doch, die der Gemeinde mit ihren Gaben und Talenten dienen!

Das Problem liegt darin, dass wir Paulus' Aussage durch die falsche Brille betrachten. Solange wir den Wert eines Menschen danach bemessen welchen Nutzen er uns bringt, ergibt Paulus' Erklärung für uns tatsächlich keinen Sinn. Dazu kommt noch, dass der Apostel nicht daran dachte, was diese problematischen Geschwister uns zu geben haben, sondern vielmehr daran, was wir ihnen zu geben hätten. Achten Sie darauf, wie der Text fortfährt: *„... und die uns am wenigsten ehrbar zu sein scheinen, die umkleiden wir mit besonderer*

Ehre; und bei den unanständigen achten wir besonders auf Anstand; denn die anständigen brauchen's nicht" (1.Korinther 12:23-24). Führen Sie sich besonders die Worte „umkleiden" und „achten" vor Augen. Es ist unsere Aufgabe dies vor allem bei den Schwächsten in die Tat umzusetzen.
Wir tun dies jedoch nicht, weil es sich irgendein schlauer Kopf ausgedacht hat, sondern weil Gottes eigene Handschrift darin steckt. *„Aber Gott hat den Leib zusammengefügt und dem geringeren Glied höhere Ehre gegeben, damit im Leib keine Spaltung sei, sondern die Glieder in gleicher Weise füreinander sorgen"* (1.Korinther 12:24-25). Gott in seiner wunderbaren Weisheit hat bereits einkalkuliert, dass für uns die einzige Möglichkeit echte Liebe und wahres Mitgefühl zu entwickeln die ist, Menschen unter uns zu stellen die diese Liebe benötigen. Genauso, wie wir ein zartes oder verletztes Körperteil besonders pflegen und schützen, möchte Gott in uns wahre Sanftmut denen gegenüber erwecken, die scheinbar weniger geistliche Reife besitzen. Wir brauchen sie unter uns, denn nur durch sie erlernen wir Geduld und Güte.
Als Leiter können Sie in Ihrer Gemeinde mit gutem Beispiel vorangehen. Setzen Sie sich nicht immer zu den Leuten, mit denen Sie auf einer Wellenlänge liegen und durch die Sie selbst ermutigt werden, sondern geben Sie denen Vorrang, die es Ihrer Meinung nach am wenigsten verdienen. Wenn Sie mit dieser Perspektive leben, drücken Sie damit Gottes Liebe für die Menschen am besten aus, denn auch Er kam zu uns, obwohl *wir* es am wenigsten verdienten.

Denkanstoß

Spaltung kommt, wenn wir eine Person vor einer anderen bevorzugen. Sind Schwache unter uns, zwingt uns das dazu, an alle zu denken und nicht nur an ein paar Wenige.

22. November — Das richtige Gleichgewicht finden

Zweierlei bitte ich von dir, das wollest du mir nicht verweigern, ehe denn ich sterbe: Falschheit und Lüge lass ferne von mir sein; Armut und Reichtum gib mir nicht; lass mich aber mein Teil Speise dahinnehmen, das du mir beschieden hast. Ich könnte sonst, wenn ich zu satt würde, verleugnen und sagen: Wer ist der HERR? Oder wenn ich zu arm würde, könnte ich stehlen und mich an dem Namen meines Gottes vergreifen. *Sprüche 30:7-9*

Ich glaube, ich habe noch in keiner Gemeinde jemanden auf diese Weise beten hören. Ich kann mich aber auch nicht daran erinnern, jemals selbst so gebetet zu haben. Der Autor zeigt durch dieses Gebet, dass er selbst einen tiefen Einblick in die menschliche Natur bekommen hat, von dem auch wir profitieren können.

Der Beter erkennt die Gefahr, die in jeglicher Art von Extremen liegt, nicht nur beim Geld. Sind wir mit Christus unterwegs, gibt es eine Reihe geistlicher Prinzipien, die nur Segen bringen wenn sie ausgewogen sind. Die Gnade findet ihr Gleichgewicht in der Disziplin, Glaube muss sich mit Taten ausgleichen, die Wahrheit durch den Geist. Arbeit braucht Ruhe als Gegenpol und die Kraft der Jungen muss durch die Weisheit der Alten ergänzt werden. Jedes Element kommt nur durch sein scheinbares „Gegenteil" zur vollen Blüte, weil es dadurch ergänzt wird.

Sicherlich sind sich die meisten von uns einig darüber, dass es dieses feine Gleichgewicht in unserem Leben gibt und geben muss. Was uns vielleicht nicht so offensichtlich erscheint, greift der Autor unserer heutigen Verse auf. Nämlich, dass wir auch im wirtschaftlichen Bereich zu Extremen neigen. Es liegt auf der Hand, dass extreme Armut Menschen in eine derartige Verzweiflung treiben kann, dass sie die im Text genannte Sünde begehen; sie stehlen, um die Familie ernähren zu können. Tatsächlich ist dies zu einer Geißel in verschiedenen Ländern weltweit geworden. Die Gewalt wurde in den Großstädten zum Alltag und die Bevölkerung lebt in diesen Gebieten in permanenter Unsicherheit. Der Autor bittet Gott, dass Er ihn vor einer derartigen Verzweiflung bewahrt, die ihn zu einer entsprechenden Handlung führen könnte.

Vielleicht fällt es uns schwerer, die Gefahr im Überfluss zu erkennen. In unserer Zeit ist das Streben nach Wohlstand zu einem der wichtigsten Lebensziele der Menschen unserer Kultur geworden. Die Kirche, immer offen dafür von ihrem Umfeld beeinflusst zu werden, hat ihre eigene Wohlstandstheologie entwickelt und viele haben diese ohne Zögern zu ihrem Lebensziel gemacht. Die Sprüche helfen uns die wahre Gefahr des Überflusses zu erkennen: Wer viel besitzt, vergisst Gott schnell. Es genügt, sich die geistliche Härte in den Industrieländern anzuschauen, um sich bewusst zu werden, wie zutreffend diese Aussage ist.

Zu welcher Schlussfolgerung können wir also gelangen? Ein Leben anzustreben, in dem alles sein richtiges Maß findet.

Denkanstoß

„Ich kann niedrig sein und kann hoch sein; mir ist alles und jedes vertraut: beides, satt sein und hungern, beides, Überfluss haben und Mangel leiden; ich vermag alles durch den, der mich mächtig macht. Doch ihr habt wohl daran getan, dass ihr euch meiner Bedrängnis angenommen habt." (Philipper 4:12-13)

Doch soll der Betreffende seine Bitte in einer Haltung des Vertrauens vorbringen und nicht in der Haltung des Zweiflers; denn wer zweifelt, gleicht einer Meereswoge, die – vom Wind aufgepeitscht – einmal hierhin und dann wieder dorthin getrieben wird. Ein solcher Mensch soll nicht meinen, er werde vom Herrn etwas bekommen, denn er ist in seinem Innersten gespalten, und seine Unbeständigkeit kommt bei allem, was er unternimmt, zum Vorschein.

Jakobus 1:6-8 (NGÜ)

Ich werde immer wieder von der Bibel überrascht, wenn ich merke wie pädagogisch ausgereift ihre Gleichnisse sind. Nicht umsonst gibt es das Sprichwort: „Ein Bild sagt mehr als tausend Worte“. Um zu verdeutlichen, wie sehr Zweifel das Leben eines Jüngers ins Schwanken bringen können, vergleicht Jakobus ihn mit dem Verhalten von Meereswogen. Jeder, der schon einmal an der Brandung gestanden hat versteht das Prinzip, das hier angedeutet wird. Stellen Sie sich Meereswellen vor. Sie besitzen eine unbeschreiblich Kraft und können, wenn sie „vom Wind aufgepeitscht“ werden, extreme Zerstörungskraft aufbauen. Jeder, der etwas Erfahrung in der Seefahrt hat weiß, dass es nicht ratsam ist, sich während eines Sturmes auf das offene Meer zu wagen. Denn auch wenn die Wellen unheimlich kraftvoll sind, besitzen sie doch weder Richtung noch eigene Willenskraft. Die geballte Kraft aus Wind und Gezeiten werden in den Wellen sichtbar und bestimmt deren Größe und Richtung. Ebenso ergeht es auch dem Jünger, der voller Zweifel steckt. Er fällt vom Kurs ab und gerät unter den Einfluss der verschiedenen philosophischen Strömungen. Gießt Satan auch noch sein Öl in das Feuer dieser Philosophien, kann dieser Mensch, ebenso wie eine Welle, zu einem richtigen Zerstörungsinstrument werden.

Damit deutlich wird, welchen Typus Jakobus meint, beschreibt er ihn uns eingehend: *„er ist in seinem Innersten gespalten, und seine Unbeständigkeit kommt bei allem, was er unternimmt, zum Vorschein."* Dies sind genau die Symptome vieler Gläubiger heute. Ein im Inneren gespaltener Mensch legt ein sich ständig änderndes Verhalten an den Tag. Heute glaubt er dies, morgen das. Seine Überzeugungen sind wie die Fahne im Wind und lassen ihn zu einer unbeständigen Persönlichkeit werden. Sie hält in keiner Sache durch, da ihre Überzeugungen – die Basis für Beständigkeit – beliebig austauschbar sind.
Geht es uns manchmal auch so? Wir bezweifeln zwar nicht Gottes Plan, selbst wenn dieser nicht immer schlüssig für uns ist, sondern wir zweifeln an Gottes ureigener Person. Wir übertragen die Unvollkommenheit, die wir von Menschen kennen auf Ihn und entziehen Ihm unser Vertrauen. Weiß Er wirklich, was Er tut? Hat Er auch alle Möglichkeiten bedacht? Weiß Er um die Besonderheiten unserer Umstände? Das Leben erscheint uns dermaßen schwierig, dass es uns schwer fällt zu glauben, dass es für Gott ein Leichtes ist, die undurchsichtigen Netze zu entwirren, die uns die Sicht einschränken und so viele Sorgen bereiten.

Denkanstoß

Der Glaube trennt die Realität dieser Welt von der himmlischen. Er erfordert unsere Hingabe zum Allerhöchsten und teilt sie mit niemandem sonst. Er widersteht dem Wanken und Schwanken, was dem Menschen so typisch ist. Er glaubt, weil Unglaube in Gottes Reich keinen Platz hat.

Als David aufgehört hatte, mit Saul zu reden, verband sich das Herz Jonatans mit dem Herzen Davids, und Jonatan gewann ihn lieb wie sein eigenes Herz. Und Saul nahm ihn an diesem Tage zu sich und ließ ihn nicht wieder in seines Vaters Haus zurückkehren. Und Jonatan schloss mit David einen Bund, denn er hatte ihn lieb wie sein eigenes Herz.

1. Samuel 18:1-3

Jonatan und David geben uns eines der besten Beispiele für die Freundschaft zweier Menschen. Auch wenn sie den Großteil ihres Lebens getrennt waren, zeigt uns die Bibel, wie stark ihre gegenseitige Verbindlichkeit war. Sie kann für unsere Beziehungen in der Gemeinde ein vorzügliches Vorbild abgeben.

Im heutigen Text finden wir die Formulierung: *„...(es) verband sich das Herz Jonatans mit dem Herzen Davids“.* Wir können daraus schlussfolgern, dass diese beiden jungen Männer viele Sachen gemein hatten, wenn sie das natürliche Bedürfnis verspürten eine so tiefe Freundschaft zu schließen. Die Worte „verband sich das Herz Jonatans mit dem Herzen Davids“ lassen jedoch darauf schließen, dass sich in Davids Herzen etwas zutrug, was über die normale Verbindung zweier ähnlicher Persönlichkeitstypen hinausging. Wahre Freundschaft entsteht in geistlicher Übereinstimmung, die in den Tiefen der Seele gegründet ist. Diese geistliche Verbindung setzt in der Beziehung zweier Personen eine Stärke frei, die ihnen ermöglicht, sich sowohl jeder Herausforderung zu stellen, als auch den im Laufe der Zeit entstehenden Verschleiß in der Beziehung zu überwinden. Diese Einheit in einer Freundschaft, kann nur von Gott selbst geschaffen werden, doch ihre Umsetzung erleben wir lediglich in Herzen die bereit sind, die übliche Oberflächlichkeit in Beziehungen hinter sich zu lassen. Menschen, die zu sehr von sich selbst eingenommen sind und andere nur für ihre eigenen Interessen einspannen wollen, werden diese Art der Beziehung nie erleben können. Nur Personen, die andere von Herzen wertschätzen und die ganze Schönheit entdecken wollen, die Gott in den Nächsten gelegt hat, können diese Dimension der Freundschaft erleben.

Doch auch wenn eine Freundschaft eine geistliche Ebene zur Grundlage hat, ist das keine Garantie dafür, dass sie ewig hält. An diesem Punkt kam die Reife beider Männer ins Spiel, sodass sie sich dazu entschlossen ihren Freundschaftsbund mit einem Pakt zu besiegeln. Ein Pakt ist ein Entschluss, der uns von gefühlsgeleiteten Schwankungen befreit, ein Versprechen füreinander Sorge zu tragen und die Freundschaft in guten wie in schlechten Zeiten zu pflegen. Er erlaubt zwei Menschen auf Basis einer bewussten Entscheidung in Freundschaft zusammen zu wachsen. Auf diese Art trägt jeder der Beteiligten dazu bei, dass die Freundschaft wächst, anstatt darauf zu hoffen, dass sie dies von alleine tut. Wer sich auf verbindliche Freundschaft einlässt wird die kostbarsten Früchte ernten, die in zwischenmenschlichen Beziehungen existieren.

Denkanstoß

Mit wem sind Sie diese Art von Beziehung eingegangen? Wie bauen Sie weiter an dieser Freundschaft? Welche geistlichen Aspekte trägt diese Freundschaft?

Saul aber redete mit seinem Sohn Jonatan und mit allen seinen Großen davon, dass er David töten wolle. Aber Jonatan, Sauls Sohn, hatte David sehr lieb und sagte es ihm weiter und sprach: Mein Vater Saul trachtet danach, dich zu töten. Nun, so hüte dich morgen früh und verstecke dich und bleibe verborgen. *1.Samuel 19:1-2*

Wir wissen nicht, was in König Sauls Kopf vorgegangen und den Tod seines angesehensten Offiziers veranlasste. Er hatte schließlich Israels Ehre gerettet, als er Goliath tötete. Doch wir können an dieser Geschichte erkennen, welch schreckliche Entstellung Schuld in unserem Leben bewirkt, wenn sie in unserem Herzen Neid, Missgunst und Hass aussät und sogar dazu führt, unsere Liebsten anzugreifen. Der Befehl des Königs von Israel war keine unbedeutende Anweisung irgendeines Verwirrten. Saul war ein unerbittlicher Mann, bereit bis zum Letzten zu gehen um sich Davids zu entledigen. Die Tage des jungen Hirten aus Bethlehem waren gezählt, solange er sich in der Nähe des Königs aufhielt.

Wir dürfen auch nicht vergessen, dass jeden, der David zu Hilfe eilte, dasselbe Schicksal erwartete, selbst wenn es der Königssohn persönlich war. Im Kapitel 20 des Buches Samuel finden wir den erschütternden Bericht Sauls, der versucht hatte, Jonatan mit einer Lanze aufzuspießen, als dieser seinen Freund verteidigen wollte. Jonatan war sich der Gefahr bewusst, als er David vor den Absichten seines Vaters warnte. Dennoch zögerte er nicht ihn aufzusuchen.

Dies ist eines der Unterscheidungsmerkmale wahrer Freundschaft. Wir erhalten nicht nur das Geschenk, Nähe und Zuneigung unseres besten Freundes zu erleben, sondern auch die Verantwortung sein Wohlergehen zu schützen. Wird uns bewusst, dass er sich, egal aus welchem

Grund, in Gefahr befindet, tragen wir die Verantwortung, ja die Verpflichtung, zu ihm zu gehen und mit ihm zu reden. Dies fällt uns manchmal aus zweierlei Gründen schwer. Zum Einen erkennen wir die Gefahr auf die sich der andere zubewegt, gehen jedoch davon aus, dass er sich dessen ebenso bewusst ist. Diese Gefahr kann beispielsweise das Eingehen einer ungesunden Beziehung sein oder sich Pornografie im Internet anzuschauen. Egal worum es sich handelt, jede solcher Situationen kann das geistliche Leben des anderen angreifen und die Beziehungen zu engen Freunden gefährden. Wir müssen uns vor Augen halten, dass die für uns offensichtlichen Dinge selten von der betroffenen Person ebenso deutlich wahrgenommen werden. Aus diesem Grund stellt uns der Herr Brüder und Schwestern an die Seite, die bereit sind, im richtigen Moment den Mund aufzumachen.

Der zweite Grund, der uns Schweigen lässt, ist die Angst vor Konsequenzen. Vielleicht fürchten wir die Antwort des Anderen oder haben Angst seine Freundschaft zu verlieren. Möglicherweise glauben wir, dass uns andere für neugierig halten oder dass unsere Wahrnehmungen übertrieben sind. Leider hindert uns diese Angst daran, zum richtigen Zeitpunkt zu reden. Ein guter Freund weiß jedoch, dass die Liebe uns dazu auffordert, über dem Wohlergehen des Anderen zu wachen. Sehen wir ihn in Gefahr, ist es Zeit zu handeln! Seine Zukunft mag davon abhängen.

Denkanstoß

Ein Freund ist jemand der auftaucht, wenn alle anderen abgetaucht sind. (Quelle unbekannt)

HERR, du hast mich betört, und ich habe mich betören lassen. Du hast mich ergriffen und überwältigt. Ich bin zum Gelächter geworden den ganzen Tag, jeder spottet über mich. *Jeremia 20:7 (ELB)*

Das Kapitel 20 aus dem Jeremia-Buch stellt einen Tiefpunkt im Leben des Propheten dar. Interessanterweise wurde er aber weder von Schuld eingeholt, noch hatte er eine falsche Entscheidung getroffen. Stattdessen ist er in eine Phase tiefer Depression gefallen, in der er von ganzem Herzen mit der Pein, die ihm sein Dienst verursachte, abschließen wollte. Diese Niedergeschlagenheit kommt bei Leitern, die Gott in Seinen Dienst gerufen hat, öfter vor und jeder Leiter wird mindestens einmal in seinem Leben an den Punkt kommen, alles hinwerfen zu wollen.

Jeremias Worte geben uns einen interessanten Einblick in den Ursprung von biblischer Leiterschaft. Ein echter Leiter wird selten danach streben, Leiter sein zu wollen. Im Gegenteil. Die meisten der biblischen Leiterfiguren wollten Gottes Berufung für ihr Leben nicht annehmen. Sie wären lieber an einen anderen Ort gezogen oder mit einer anderen Aufgabe betraut worden, als das, was Gott ihnen vorgeschlagen hatte. Mose diskutierte mit Gott lang und breit, um Ihn davon zu überzeugen, dass er auf gar keinen Fall die richtige Person sei um mit dem Pharao zu sprechen. Gideon verspätete sich, weil er Gott zuerst verschiedene Prüfungen stellte, bevor er auf die Herausforderung des Engels einging. David war völlig damit beschäftigt die Schafe zu hüten, als Samuel kam, um ihn zum König zu salben. Jeremia, wie uns der heutige Text erklärt, wurde betört. Zusammenfassend kann man sagen: Jene Männer wurden zu Leitern, nicht wegen, sondern trotz ihrer unermüdlichen Einsprüche.

Dieser kurze Überblick zeigt, wie sehr sich biblische Leiterschaft von weltlicher, die sich auf persönlichen Ambitionen gründet, unterscheidet. Ich habe sehr oft gehört, wie sich Menschen in der Gemeinde ärgern und darüber beschweren, dass sie eigentlich „zu Höherem berufen sind“. Ihr Dienst ist von endlosen Klagen durchzogen, dass andere ihnen die Möglichkeiten nicht einräumen, auf die sie ein Recht hätten. Leiter die dagegen sehr erfolgreiche Dienste führen, wünschten sich oft woanders zu sein.

Auch für mich wurde dies zur bitteren Wahrheit, als ich vor einigen Jahren mit einer Gemeinde in Kontakt kam, die ihren Pastor verloren hatte. Die Gemeinde hatte eine fähige Gruppe Ältester, doch als sie darüber diskutierten wer der Nachfolger werden sollte, kam es zu einer wahren Schlacht. Die persönlichen Ambitionen der einzelnen Männer nahmen ihren Diensten die Kraft und stürzten die Gemeinde in eine tiefe Krise. Das Interessante hierbei war, dass der Einzige unter ihnen, der selbst nicht Pastor werden wollte, zum Wunschkandidaten der Gemeinde wurde.

So läuft es in Gottes Reich. Diejenigen die unbedingt wollen, werden nicht berücksichtigt und die Unwilligen werden berufen. Dies ist die wirkungsvollste Art des Herrn zu verhindern, dass der Dienst nicht von persönlichen Ambitionen angetrieben wird, sondern durch die Erkenntnis, dass nur Er beruft.

Denkanstoß

„Ein wahrer Leiter drängt nicht in eine Leitungsposition, sondern wird durch den Druck des Heiligen Geistes und der gegebenen Umstände dazu gezwungen.“[6] (A.W. Tozer)

Da machte sich Jonatan, Sauls Sohn, auf und ging hin zu David nach Horescha und stärkte sein Vertrauen auf Gott und sprach zu ihm: Fürchte dich nicht! Sauls, meines Vaters, Hand wird dich nicht erreichen und du wirst König werden über Israel, und ich werde der Zweite nach dir sein; auch mein Vater weiß das sehr wohl. Und sie schlossen beide einen Bund miteinander vor dem HERRN. David blieb in Horescha, aber Jonatan zog wieder heim.

1.Samuel 23:16-18

Unsere heutige Andacht zeichnet uns ein wunderschönes Bild einer nach Gottes Prinzipien gereiften Freundschaft. Um jedoch das Gewicht von Jonatans Worten ermessen zu können, ist es wichtig sich den Zusammenhang anzuschauen.

Wir wissen nicht genau wie viel Zeit verstrichen war, seitdem sich Sauls Abneigung David gegenüber entwickelt hatte. Tatsache aber ist, dass der junge Hirte aus Bethlehem bereits nicht mehr im Palast wohnte, so wie er es seit dem Sieg über Goliath getan hatte. Sauls Eifersucht David gegenüber wurde immer feindseliger, sodass der junge Krieger schon bald aus dem Palast fliehen musste. Die Ungerechtigkeit gegen ihn führte dazu, dass sich auch andere Verfolgte ihm anschlossen, aus deren Reihen sich bald eine Bande von 400 Männern formierte.

Der Geschichtsschreiber berichtet aus dieser Zeit: *„David aber blieb in der Wüste auf den Bergfesten; und zwar blieb er im Gebirge in der Wüste Sif. Und Saul suchte ihn die ganze Zeit; aber Gott gab ihn nicht in seine Hände“* (1.Samuel 23:14).

Als in diesem Moment Davids Zukunft vollkommen im Dunkeln lag, kam Jonatan und bot seinem Freund, der sich bereits nicht mehr in der Öffentlichkeit blicken lassen konn-

te, Hilfe an. Der Autor beschreibt, dass Jonatan hinging *„zu David nach Horescha und stärkte sein Vertrauen auf Gott."* Hier lesen wir ein wunderbares Beispiel, wie ein Mensch, der für die Leitung des Heiligen Geistes offen ist, von Gott gebraucht wird um einem anderen Mut zu machen.
Was gibt es dabei zu beachten, wenn man einem Freund geistlich dienen möchte? Als Erstes muss man zur rechten Zeit bei der bedrückten Person sein. Zweitens die Bereitschaft haben etwas zu sagen, wenn Gott es entsprechend anzeigt. Und drittens braucht man das nötige Einfühlungsvermögen auszusprechen, was auf Gottes Herzen liegt und nicht was uns gerade in den Sinn kommt. Besonders beim letzten Punkt versagen wir für gewöhnlich, Instrumente in Gottes Hand zu sein. Nicht nur weil wir versuchen, mit ausschließlich menschlichen Worten zu trösten, sondern dies auch noch zum falschen Zeitpunkt tun.
Schauen wir uns den Inhalt von Jonatans Worten an, können wir darin die innere Größe eines Mannes finden, dessen Bestimmung es war, den Thron seines Vaters zu erben. Doch nun verstand er, dass Gott sich einen anderen Mann ausersehen hatte und war bereit, sich diesem unterzuordnen und ihm zu folgen. Es gibt nur sehr wenige Menschen, die willens sind, ihrer vielversprechenden Zukunft uneigennützig abzusagen und gerade dem zu helfen, der sie ersetzen wird. Wir entdecken den reinsten Ausdruck der Nächstenliebe darin, wenn es uns wichtiger ist, dass es den uns nahestehenden Menschen besser geht als uns selbst.

Denkanstoß

„In einer Freundschaft gibt es eine Seele, aber zwei Körper."[7]
(Richard Sibbes)

28. November Diszipliniertes Zuhören

Wer antwortet, bevor er überhaupt zugehört hat, zeigt seine Dummheit und macht sich lächerlich.

Sprüche 18:13 HfA

Jede Leiterpersönlichkeit sollte die Kunst der Kommunikation beherrschen, denn nur durch sie kann er mit denen in Beziehung treten, denen er dienen möchte. Ohne tiefgreifende Gespräche können wir keine Einzelheiten über die Personen erfahren und ihre Kämpfe und Sorgen bleiben uns verborgen. Als Folge würde sich der gesamte Dienst von den Menschen entfernen, ihnen kaum Lebensbezug bieten und nicht mehr wirklich helfen.

Jeder, der die Kunst der Kommunikation beherrschen möchte, sollte vor allem lernen anderen zuzuhören, gerade weil es um einen Austausch zweier Personen geht und nicht um einen Monolog des Leiters. Leider kommt mir immer häufiger die allgemeine Klage zu Ohren, dass die meisten Leute erzählen wollen, es aber nur Wenige gibt die Willens sind zuzuhören.

Der Autor der Sprüche verwendet deutliche Worte, um jemanden zu beschreiben der reinredet bevor der andere ausgesprochen hat. Er nennt denjenigen dumm und lächerlich. Warum findet er dermaßen starke Worte für eine simple Unterbrechung? Zum Einen zeigt die Unterbrechung, wie wenig wir den anderen schätzen. Wir vermitteln ihm damit, dass seine Worte unwichtiger sind als das was wir zu sagen haben. Unsere Information scheint so brennend, dass wir dem anderen das Wort abschneiden müssen.

Zum anderen laufen wir Gefahr das Gegenüber misszuverstehen, wenn ich ihm nicht bis zum Schluss zuhöre. Fehlen mir Teile seiner Erzählung, kann ich nicht entsprechend auf ihn eingehen. Wir meinen oft zu wissen, was der andere sagen will, bevor er es ausgesprochen hat. Wir fallen ihm sogar mit der entsprechenden Bemerkung ins Wort: „Ich weiß schon was du sagen willst...“, als ob wir irgendwelche hellseherische Fähigkeit besitzen würden. Manchmal versuchen wir auch das Gespräch anzutreiben, indem wir den Satz des Gegenübers vollenden. Doch meistens erzählen wir etwas ganz anderes, als unser Gesprächspartner uns mitteilen wollte.

Viel sinnvoller ist dagegen, zu schweigen und abzuwarten. Das meint nicht nur den anderen nicht zu unterbrechen, sondern auch mit den Gedanken ganz bei ihm zu bleiben, ihm nicht vorauszueilen und die Antwort schon bereitzuhalten. Wenn wir uns ganz darauf einstellen, dem anderen zuzuhören, beantworten sich unsere Fragen meistens von allein. Und nicht nur das, wir bekommen Stück für Stück Einblick in das Herz der Person, in ihre Motive und die Botschaft hinter ihren Worten. Dies ist zu guter Letzt die wertvollste Information, mit deren Hilfe wir zur gegebenen Zeit zu ihrem Herzen sprechen können. Auch der Meister aus Galilea machte sich dies zur Praxis, was eine der Gründe war, warum Seine Worte immer mitten ins Herz seiner Zuhörer trafen.

Denkanstoß

Wie ist Ihr Redeumgang mit anderen? Wodurch wird Ihr Interesse am Gesagten des anderen sichtbar? Wie können Sie der Versuchung widerstehen, andere zu unterbrechen?

Und Saul und die Männer Israels kamen zusammen und lagerten sich im Eichgrund und rüsteten sich zum Kampf gegen die Philister. Und die Philister standen auf einem Berge jenseits und die Israeliten auf einem Berge diesseits, sodass das Tal zwischen ihnen war. 1.Samuel 17:2-3

Unser heutiger Text ist der Einstieg zur Geschichte des Sieges Davids gegen Goliat. Wie uns bekannt ist, war dies nur einer von zahlreichen Konflikten zwischen den beiden verfeindeten Völkern. In diesem Zwischenfall erleben wir die Israeliten jedoch wie gelähmt von ihrer Angst. Während vierzig endlos wirkender Tage kam der Riese zweimal täglich, vormittags und nachmittags nach draußen, um Sauls Männer herauszufordern. Doch keiner wollte dem Philister die Stirn bieten. Die Israeliten waren zum Kampf vereint, blieben jedoch wie erstarrt.

Doch Schlachten gewinnt man nicht, indem man lediglich die Armee aufstellt. Es gehört mit zur Vorbereitung die Soldaten einzuberufen, um sich für den Feind bereit zu machen. Wenn man sich danach aber nicht in Marsch setzt, um die Kampfhandlungen aufzunehmen, hat die Aufstellung keinerlei Sinn. Selbst wenn die eigene Armee stärker als ihr Feind ist, kann der Kampf nur gewonnen werden, wenn man tatsächlich in die Schlacht eintritt.

Das Bild der Israeliten – unentschlossen und passiv in dem entscheidenden Moment als sie stark sein sollten – ist ein gutes Beispiel für die heutige Gemeinde, die ihren Kurs verloren hat. Ehrlicherweise muss man zugeben, dass die Kirche immer gegen die Versuchung angehen musste, ihre Treffen als Selbstzweck zu sehen und stattdessen mit dem Ziel zusammenzukommen, die Truppen für den Kampf bereit zu machen. Leider besteht in unzähligen Gemeinden die Verpflichtung der Gemeindemitglieder lediglich darin, sich zu treffen, um gleich darauf wieder auseinanderzustieben. Dieses Verhalten jagt keinem Feind Angst ein. Wenn die Gemeinde in ihrer Bewegungslosigkeit verharrt und nicht ihren Platz in der Gesellschaft einnimmt, dient sie den Feinden bestenfalls als Belustigung.

Der Grund für die Existenz der Kirche ist jedoch, Salz und Licht auf der Erde zu sein, *„dass ihr verkündigen sollt die Wohltaten dessen, der euch berufen hat von der Finsternis zu seinem wunderbaren Licht"* (1.Petrus 2:9). Es ist nichts weiter als die Fortführung des Gottesplanes, sich ein eigenes Volk zu erschaffen. Den Segen, den er auf dieses auserwählte Volk gelegt hatte, sollte dadurch zu allen anderen Völkern und Nationen fließen (1.Mose 12:13).

Als Leiter müssen wir diese Tatsache im Blick behalten. Es ist nicht unsere Aufgabe, eine unendliche Abfolge von Treffen zu organisieren, um das Volk bei Laune zu halten, sondern *„damit die Heiligen zugerüstet werden zum Werk des Dienstes. Dadurch soll der Leib Christi erbaut werden."* (Epheser 4:12). Sie in einem Zustand der Passivität zu halten wirkt dem Zweck, weshalb sie in die Gefolgschaft Jesu gerufen wurden, genau entgegen.

Funktioniert die Kirche mit der richtigen Dynamik, ist sie bereit hinauszugehen, um neues Feindesland einzunehmen. Darin liegt ihre Berufung und nicht einmal die Pforten der Hölle werden sie überwältigen können.

Denkanstoß

„So wie die Flammen das Feuer nähren, nährt die Mission die Kirche."[8] (Emil Brunner)

Du lehrst nun andere und lehrst dich selber nicht? Du predigst, man solle nicht stehlen, und du stiehlst? Du sprichst, man solle nicht ehebrechen, und du brichst die Ehe? Du verabscheust die Götzen und beraubst ihre Tempel?

Römer 2:21-22

Der Weg eines Leiters wird ihn immer wieder an Pfaden voller Schmerz und Angst vorbeibringen, die er lieber umgangen wäre. Sie können durch bittere Erlebnisse wie Opposition, Einsamkeit oder Verrat verursacht worden sein. Jesus teilt diese leidvollen Erfahrungen mit uns und ging voraus, um uns den Weg zu zeigen. Der reife Leiter hat begriffen, dass dies zu seiner Berufung gehört und akzeptiert, dass es Teil der Verantwortung ist, wenn man auf andere Einfluss hat.

Der Apostel Paulus beschreibt im heutigen Abschnitt jedoch einen Umstand, der für einen Leiter schwieriger zu schultern ist. Es geht um die Angst die jeden überkommt, der einer Gemeinde bestimmte Prinzipien vermittelt, jedoch selbst nicht nach ihnen lebt. Obwohl Paulus zu den Juden spricht, ist es auch auf uns, die wir den Jüngerschaftsauftrag in der Gemeinde umsetzen wollen, zutreffend. *„Wenn du dich aber Jude nennst und verlässt dich aufs Gesetz und rühmst dich Gottes und kennst seinen Willen und prüfst, weil du aus dem Gesetz unterrichtet bist, was das Beste zu tun sei, und maßt dir an, ein Leiter der Blinden zu sein, ein Licht derer, die in Finsternis sind, ein Erzieher der Unverständigen, ein Lehrer der Unmündigen, weil du im Gesetz die Richtschnur der Erkenntnis und Wahrheit hast“* (Römer 2:17-20).

Weil wir ein besseres Verständnis von der Bibel haben, kann uns das schnell dazu verleiten anzunehmen, wir seien auch geistlicher als unsere Vorväter. Bloß weil wir ein bisschen mehr studiert haben und einen Titel tragen, um andere anzuleiten, ist es noch lange nicht dasselbe, wie nach den Prinzipien zu leben, zu denen wir andere aufrufen. Selbst unsere Kommunikationsfähigkeit kann uns nicht darüber hinwegtäuschen, dass Gottes Geist in uns immer wieder darauf hinweist, dass wir nicht an dem Punkt sind an dem Gott uns haben möchte. Leiter mit geistlicher Sensibilität werden diesen inneren Widerspruch nicht sehr lange aushalten können.

Bedeutet dies, dass wir nicht über Themen lehren sollten, mit denen wir selbst keine Erfahrung haben? Keinesfalls! Man muss nicht durch eine Scheidung gegangen sein, um mit Autorität über dieses Thema zu sprechen. Doch uns sollte klar sein, dass unsere Autorität direkt mit unserer Verpflichtung verknüpft ist, entsprechend unserer eigenen Lehre zu leben. Sie werden viel bessere Reaktionen von Ihren Zuhörern erhalten, wenn Ihr Leben hinter Ihrer Botschaft steht, als durch jede wortgewandte Rede und noch so umfassendes Bibelwissen.

Denkanstoß

„Das Gesetz des Lehrens besteht auf den Punkt gebracht aus Folgendem: Wenn du heute aufhörst persönlich zu wachsen, wirst du morgen nichts mehr zu vermitteln haben."[9] (Howard Hendricks)

Es begab sich eines Tages, dass Jonatan, der Sohn Sauls, zu seinem Waffenträger sprach: Komm, lass uns hinübergehen zu der Wache der Philister, die da drüben ist. Aber seinem Vater sagte er nichts. *1.Samuel 14:1*

Falls Sie noch keine Gelegenheit hatten das Kapitel 14 aus dem ersten Buch Samuel zu lesen, ist heute der passende Zeitpunkt gekommen. Nur wer sich mit Gott im Glauben auf den Weg macht kann Zeuge einer solch unglaublichen und kühnen Geschichte werden, wie sie uns im heutigen Abschnitt begegnet. Wir treffen dabei lediglich auf zwei Figuren: Jonatan und seinen Waffenträger. Der unsichtbare Hauptdarsteller ist wie immer der Herr der Heerscharen.

Wieder einmal hatten sich die Philister gegen das Volk Israel zusammengerottet, das bei Michmas lagerte. Saul zeigte seine Unfähigkeit die Leitung in Krisenzeiten in die Hand zu nehmen. Dies was bereits eines der untrüglichen Zeichen, die das Ende seiner Herrschaft andeuteten. Da die Philister über das Monopol in der Schwertherstellung verfügten, führte das zu einem Mangel an entsprechenden Waffen bei den Israeliten. Bald wurde die 600 Mann starke Truppe von derselben Unentschlossenheit befallen wie ihr Monarch. Inmitten des allgemeinen Zögerns ergreift Jonatan die Initiative und überfällt mit einem der beiden einzigen Schwerter die Israel besaß die Philister. An dieser Stelle beginnt das Kapitel.

Jonatans Mut wird in der Schrift stark hervorgehoben. Dabei erhalten wir jedoch absolut keine Informationen über den Waffenträger, der ihn bei diesem verwegenen Abendteuer begleitet. Auch wenn er in der Anonymität bleibt, obwohl seine Heldentat unter den größten israelitischen Kriegshelden aufgeführt wurde, ist ihm zweifellos ein Ehrenplatz in der Himmelswelt sicher.

Abgesehen davon, dass wir weder Details über das Leben dieses Helden kennen noch woher er stammt, würde ich gerne seine Rolle beim Sieg Israels über die Philister etwas eingehender beleuchten.

Es besteht kein Zweifel daran, dass er ein noch junger und im Kampf unerfahrener Diener Jonatans war. Genau deshalb hatte man ihm lediglich die Verantwortung für die Waffen der erfahrenen Kämpfer übertragen. Jeder Leiter, der im Kampf für den Herrn steht, benötigt einen „Waffenträger", auch wenn dessen Aufgabe unbedeutend erscheint. Ein solcher Waffenträger hat normalerweise keine eigenen Ambitionen, aber führt die ihm übertragene Aufgabe in Demut treu aus. Er versteht, dass ihn seine Loyalität mit der Zeit zu verantwortungsvolleren Aufgaben führt. Tatsächlich hatte dieser Waffenträger durch seine Treue Teil am Sieg Jonatans, denn der Text sagt uns: *„Da fielen sie zu Boden vor Jonatan und sein Waffenträger hinter ihm tötete sie. So traf der erste Schlag, den Jonatan und sein Waffenträger taten, ungefähr zwanzig Mann etwa auf einer halben Hufe Acker, die ein Joch Rinder pflügt"* (1.Samuel 14:13-14).

Der weise Leiter weiß die Hilfe seiner „Waffenträger" zu schätzen und lässt sie an seinen Erfolgen teilhaben. Er achtet darauf, seine Zeit speziell in sie zu investieren, denn durch Gottes Gnade werden sie zu den Kämpfern von morgen.

Denkanstoß

Es gibt keine Grenzen dafür, wie viel Gutes ein Mensch tun kann, wenn es ihm egal ist, wer den Ruhm dafür bekommt. (Quelle unbekannt)

Auch die Hebräer, die vorher bei den Philistern gewesen und mit ihnen ins Feld gezogen waren, gingen über zu denen von Israel, die mit Saul und Jonatan waren.

1.Samuel 14:21

Im 1. Samuel finden wir die Geschichte von Jonatans außerordentlicher Heldentat, als er, nur von seinem Waffenträger begleitet gegen die Philister in den Kampf zog. Der Herr belohnte seinen Mut mit einem derartigen Sieg, dass es die gesamte in Lethargie verfallene Truppe Sauls erneut zum Kampf motivierte. Die Initiative des jungen Kriegers führte zu einer Serie von Ereignissen. Mit einem Detail daraus beschäftigt sich unsere heutige Betrachtung. Es geht um die Israeliten, die sich zuerst an den Feind verkauft hatten und nun wieder zu ihren Landsleuten zurückkehren.

Warum hatten diese Männer mit dem Feind zusammengearbeitet? Wie konnten sie zu denjenigen überlaufen, die eine permanente Qual für das Gottesvolk waren? Um ihre Entscheidung nachvollziehen zu können, müssen wir wissen, dass sich Israel in einer ziemlich aussichtslosen Lage befand. Die Philister besaßen das Monopol zur Waffenherstellung im Land und hatten sich bereit gemacht die Israeliten anzugreifen. Von den 600 Männern, die den unglücklichen König begleiten mussten, besaßen nur zwei von ihnen Schwerter – der König selbst und sein Sohn. Wie sollten sie also diesem hoffnungslos überlegenen Heer die Stirn bieten? Einige der Hebräer erkannten diese aussichtslose Lage und versuchten ihr Glück bei der Armee, die am ehesten triumphieren würde – bei den Philistern. Sie wollten auf keinen Fall zu den Verlierern gehören.

Ihre Entscheidung zeigt, wie tief unser Verlangen danach ist, im Leben zu den Siegern zu gehören. Denn Erfolg geht qua-

si immer Hand in Hand mit Respekt und Anerkennung derer die uns umgeben. Und weil wir in einer gefallenen Welt leben, stillt das unseren Wunsch nach Anerkennung. Das Problem daran ist, dass wir den Preis, den wir für diese Anerkennungssucht zahlen müssen, nicht richtig kalkulieren. So kann es vorkommen, dass man das Erstgeburtsrecht für einen Teller Linsen verspielt (1.Mose 25:29-34).
Als Leiter müssen wir auf der Hut davor sein, anderen gefallen zu wollen. Manchmal wünschen wir uns so sehr, dass unsere Projekte erfolgreich sind, unsere Gemeinde wächst und unsere Programme gut besucht sind. Wir sind bereit jede Möglichkeit zu nutzen, um unser Ziel zu erreichen. Ohne es zu merken fangen wir an, Gottes Prinzipien für einen erfolgreichen Dienst zur Disposition zu stellen. Das kann soweit gehen, dass wir sogar die Feindeslinien überschreiten und Philosophien, Techniken und Prinzipien anwenden, die uns den weltlichen Erfolg „garantieren". So wird mancher Pastor, der zuvor Diener war, zum Manager. Doch wir sind dazu aufgerufen, den Prinzipien des Reiches Gottes treu zu bleiben. Wir haben uns bereits auf Jesus festgelegt und brauchen nicht mehr in unser altes Leben zurückkehren, auch wenn es den Anschein macht, dass uns der Feind umzingelt hat. Die Prinzipien Gottes sind nicht verhandelbar und Gott steht zu denen, die ihm treu bleiben, selbst wenn sich die Mehrheit dem Feind verkauft hat. Durch Ihn werden wir dennoch zu den Siegern gehören.

Denkanstoß

„Wohl dem, der seine Hoffnung setzt auf den HERRN und sich nicht wendet zu den Hoffärtigen und denen, die mit Lügen umgehen!" (Psalm 40:5)

Wer aber durchschaut in das vollkommene Gesetz der Freiheit und dabei beharrt und ist nicht ein vergesslicher Hörer, sondern ein Täter, der wird selig sein in seiner Tat.

Jakobus 1:25

Der bemerkenswert praktische Lehrmeister Jakobus gibt uns in seinen neutestamentlichen Schriften Schlüssel, damit wir nicht zu „vergesslichen Hörern" werden, wie die Lutherübersetzung es ausdrückt. Sein Satz weist uns in beeindruckender Schlichtheit darauf hin, nicht die Dinge zu vergessen, die für unser tägliches Leben wichtig sind. Unsere Vergesslichkeit kann sich in Kleinigkeiten äußern, wenn wir beispielsweise in ein Zimmer gehen und uns nicht mehr daran erinnern, was wir eigentlich dort wollten. Oder in viel schwerwiegenderen Fällen durch Totalverlust des Gedächtnisses, wie es bei der Alzheimer-Krankheit der Fall ist. Egal wie schwerwiegend, die Resultate sind die Gleichen; man verliert die Orientierung und weiß nicht, wie man weitermachen soll.

Gleiches trifft auf Menschen zu, die Gottes Wort nicht in sich tragen. Sie proklamieren lautstark Bibelverse, doch wenn sie diese praktisch in ihrem Leben anwenden sollen, wissen sie nicht wie. Genauso wie das Manna in der Wüste ungenießbar wurde, wenn die Israeliten es für mehr als einen Tag auf Vorrat sammelten, so „verfällt" auch das Wort in ihnen und wird schnell vergessen. Selbst wenn wir mit der Bibel heutzutage nahezu „übersättigt" werden, scheint es, als würden wir sie nur umso schneller wieder vergessen.

Jakobus gibt uns klare Anweisungen wie wir in ALLEM, was wir tun, gesegnet sein können. Es steht deshalb in Großbuchstaben, weil Gottes Wort für jeden, der danach lebt, Segen „im Überfluss" bereithält, wie Christus uns bestätigt. Damit ist nicht ein Leben ohne Probleme gemeint, wie man einfach schlussfolgern könnte. Doch Gott verspricht, dass Er hinter denen steht die sich an sein Vorbild halten, selbst wenn sie durch schwierige Zeiten gehen. Es sollte uns dabei nicht entgehen, dass dieses Versprechen denen gilt die das Wort *tun*, nicht denen die es hören, studieren oder auswendig lernen. Es gibt einen großen Unterschied zwischen einer bloßen intellektuellen Auseinandersetzung und dem Prozess, unsere Gedanken *und* Taten tatsächlich den ewigen Prinzipien der Bibel unterzuordnen. Welche Umsetzung legt uns Jakobus nun ans Herz?

Als Erstes sollen wir uns Gottes perfektes Gesetz bewusst anschauen. Das bedeutet, sich mit allen Sinnen darauf zu konzentrieren und nicht nur oberflächlich über den Text hinweg zu lesen. Wir erreichen eine solche Ausrichtung nur, wenn wir uns bewusst sind, welchen Schatz wir vor uns haben und wenn wir bereit sind, ihn zu suchen und ihn uns durch den Heiligen Geist aufschließen zu lassen.

Zum Zweiten fordert uns Jakobus heraus, zu „Tätern des Wortes" zu werden. Es genügt nicht, uns in Gottes Wort zu informieren, sondern es dient dazu unsere konkreten Handlungen auf seine Prinzipien auszurichten. Die Vertiefung in Gottes Wort soll uns zum Handeln bewegen! Langsam aber sicher werden wir uns dadurch zu Menschen entwickeln, die Gottes Wort ausleben und dadurch Seine Wirkungsmöglichkeiten am eigenen Leib erfahren (Johannes 14:12).

Denkanstoß

Wir brauchen Durchhaltevermögen, denn weder unser Fleisch, noch diese Welt helfen uns dabei, im Licht zu leben. Nur wer nicht von dem abweicht, was er sich vorgenommen hat, wird am Ende den Sieg davontragen.

Da, wo es nichts zu hoffen gab, gab er die Hoffnung nicht auf, sondern glaubte, und so wurde er der Vater vieler Völker. Es war ihm ja vorausgesagt worden: »So zahlreich werden deine Nachkommen sein.« Abraham war damals fast hundert Jahre alt und konnte keine Kinder mehr zeugen; in dieser Hinsicht war sein Körper gewissermaßen schon tot. Nicht anders war es bei seiner Frau Sara, denn auch sie konnte keine Kinder mehr bekommen. Und obwohl Abraham seine Augen nicht vor dem allem verschloss, ließ er sich in seinem Glauben nicht entmutigen. *Römer 4:18-19 (NGÜ)*

Es fällt uns nicht immer leicht, die umfassenden Bewährungsproben nachzuvollziehen durch die unsere großen Glaubenshelden gehen mussten. Teilweise ist das so, weil wir uns schwer damit tun uns in das Leid unserer Geschwister hineinzuversetzen. Es hilft uns auch nicht, dass wir bereits das Ende der Geschichte kennen, denn dadurch erscheint uns die Lösung einfacher als sie es eigentlich war.

Unsere heutige Betrachtung gibt uns einen guten Einblick in den Kampf des Patriarchen. Der Herr hatte ihm einen Nachfolger versprochen und dass er zum Vater vieler Völker werden würde. Doch bis es soweit war, verfiel Abrahams Körper zusehends. Wer von uns bereits einige Jährchen auf dem Buckel hat, kann Abrahams Zustand nachempfinden. Es genügt ein kurzer Blick in den Spiegel um uns daran zu erinnern, dass wir uns bereits in unserem „zweiten oder dritten Frühling“ befinden. Als ob das nicht ausreichend wäre, bemerken wir täglich die schmerzhaften körperlichen Einschränkungen, die sich im Laufe der Jahre automatisch einstellen. Wir kommen schneller aus der Puste, müssen auf die überschüssigen Pfunde achten und uns vor Verkühlung hüten. So manche kulinarische Köstlichkeit, scheint sich gegen uns verschworen zu haben, denn sie lässt sich nicht mehr so einfach und in solcher Fülle genießen wie noch vor ein paar Jahren. Versuchen wir Zeitungsartikel zu entziffern scheint es, als ob unsere Arme mit den Jahren kürzer geworden wären und die Schrift immer kleiner. Wir merken, wie die Jahre ihre Spuren an uns hinterlassen haben.

Als Gott ihm die erfreuliche Verheißung eines Sohnes gab, konnte Abraham nicht anders reagieren, als auf seine stark eingeschränkte körperliche Verfassung zu schauen. Im Laufe der Jahre nahm nicht nur der Verdruss wegen seines Alters zu, sondern auch die endlosen Bemühungen um eine Schwangerschaft Saras. Vielleicht fühlte er sich durch Gottes Verheißung mit der Zeit sogar gequält oder verspottet. Wir sollten uns jedoch im Klaren darüber sein, dass Gott meistens auf diese Art vorgeht. Es scheint, Er habe Seine Freude daran, Frauen und Männer auszuwählen, die absolut untauglich für die ihnen übertragene Aufgabe zu sein scheinen. Einige dachten, dass Gott mit ihnen wohl einen Fehler gemacht haben muss. Wie konnte Er beispielsweise einen Stotterer wie Mose für eine solch delikate Aufgabe wie den Diplomatendienst für den Pharao auswählen?

Gott irrt sich nicht mit Seinen Berufungen, mein Freund! Sie und ich sind aufgrund unseres Mangels für den Dienst des Herrn ausgewählt worden, damit wir vollständig von Seiner Gnade abhängen. Fühlt man sich unzureichend, hat Ängste und Zweifel, sind das die besten Grundlagen, um erfolgreich in Gottes vorbereiteten Werken voranzugehen. Lassen Sie uns daher den Glauben Abrahams nachahmen, der seine eigenen Einschränkungen Gott nicht vorhielt, sondern gegen besseres Wissen Gott glaubte. Und es wurde ihm als Gerechtigkeit angerechnet.

Denkanstoß

Wie reagieren Sie, wenn Sie sich für eine Aufgabe als ungeeignet empfinden? Wie können Sie Ihre Schwächen in Stufen zum Erfolg umwandeln?

Wir tun euch aber kund, liebe Brüder, die Gnade Gottes, die in den Gemeinden Mazedoniens gegeben ist. Denn ihre Freude war überschwänglich, als sie durch viel Bedrängnis bewährt wurden, und obwohl sie sehr arm sind, haben sie doch reichlich gegeben in aller Einfalt. Denn nach Kräften, das bezeuge ich, und sogar über ihre Kräfte haben sie willig gegeben und haben uns mit vielem Zureden gebeten, dass sie mithelfen dürften an der Wohltat und der Gemeinschaft des Dienstes für die Heiligen. *2.Korinther 8:1-4*

Es gibt kaum einen besseren Maßstab für die Ernsthaftigkeit unserer Gottesbeziehung als unser Umgang mit dem Geld. Viele Christen legen eine beispiellose Unkenntnis an den Tag, wenn es um die Verwaltung der uns von Gott anvertrauten Güter für Sein Reich geht. Auch wenn wir landläufig unsere Gemeinden mit dem folgendem Text: „Einen fröhlichen Geber hat Gott lieb" (2.Korinther 9:7) zum Geben ermutigen, ist uns die Dynamik einer Gabe, die aus dem Geist kommt, weitgehend unbekannt. Unser heutiger Text hilft uns, in diesem Thema Orientierung zu finden.

Paulus erklärt, dass die Gabe der Gemeinde in Mazedonien von der Gnade Gottes motiviert war. Das ist sehr bedeutsam, da es weder typisch noch normal für den Menschen ist etwas zu geben, im Gegenteil. Der Mensch denkt zuerst an sich selbst. Auch wenn Christus diese selbstsüchtige Einstellung in uns gebrochen hat, brauchen wir immer wieder Gottes Gnade, um unser Herz und unsere Brieftasche zu öffnen und anderen gegenüber großzügig zu sein.

Die Gemeinde in Mazedonien, die uns als Vorbild an Großzügigkeit vorgestellt wird, ging durch eine Zeit tiefer Not. Der Grund dafür kann mit der immer massiver werdenden Verfolgung der Urgemeinde im ganzen Reich zusammen-

hängen. Es fällt dabei auf, dass selbst die Verfolgung es nicht schaffte, die Gemeinde von ihrem Auftrag abzubringen. Wer schon einmal durch Zeiten großer Angst gegangen ist weiß, wie leicht man unter diesen Umständen die Nöte anderer komplett ausblendet.
Die Menschen der Gemeinde geben, „obwohl sie sehr arm sind“. An diesem Punkt unterscheiden wir uns wohl besonders von ihnen. Wenn wir wirtschaftliche Mangelsituationen erleben wird als erstes das Opfer geopfert. Die Mazedonier wussten, dass das beste Mittel gegen Bitterkeit und Sorgen um das eigene Wohlergehen absolute Großzügigkeit ist. Dadurch vermieden sie, dass das Geld weder ihre Freude kontrollierte noch zu ihrer Sicherheit wurde.
Vor seinem Abschied flehten sie Paulus förmlich an, geben zu dürfen. Ein beeindruckendes Beispiel! Keiner musste sie zum Geben überreden. Sie wollten sich nicht des Segens berauben, der im Geben steckt. Diese Haltung kann nur aus dem Geist erwachsen. Denn wir kämpfen immer mit der unterschwelligen Angst, dass Geben gleich Verlust bedeutet. Sie wussten dagegen, dass eine Gabe sich in großen Gewinn verwandeln würde.

Denkanstoß

„Da ist einer, der ausstreut, und er bekommt immer mehr, und einer, der mehr spart, als recht ist, und es gereicht ihm nur zum Mangel.“ (Sprüche 11:24, ELB)

Sondern was sagt sie? »Das Wort ist dir nahe, in deinem Munde und in deinem Herzen.« Dies ist das Wort vom Glauben, das wir predigen. Denn wenn du mit deinem Munde bekennst, dass Jesus der Herr ist, und in deinem Herzen glaubst, dass ihn Gott von den Toten auferweckt hat, so wirst du gerettet. Denn wenn man von Herzen glaubt, so wird man gerecht; und wenn man mit dem Munde bekennt, so wird man gerettet. *Römer 10:8-10*

Um besser zu verstehen, wie der menschliche Körper funktioniert ist es sinnvoll, sich seine einzelnen Bestandteile anzuschauen. Der Mensch ist Geist mit einer Seele und einem Verstand, der in einem Körper wohnt. Eine vollständige Person hat es geschafft, alle diese Bereiche zu entwickeln. In unserer heutigen Zeit ist es jedoch auffällig, dass einzelne Bereiche im Menschen immer unausgeglichener entwickelt sind, was zu einem großen Ungleichgewicht im Leben selbst führt.

Betrachten wir den heutigen Durchschnittsmenschen, können wir eine sehr ausgeprägte Entwicklung im intellektuellen Bereich beobachten. Der übliche Bildungsweg, der hauptsächlich den Intellekt anspricht, nimmt in der Regel 1/3 unserer Lebenszeit in Anspruch. Gegenwärtig hat der Zugang zu jeglicher Art von Information extrem zugenommen. Richard Swenson hat beobachtet, dass eine beliebige Großstadtzeitung mehr Informationen enthält, als einem Menschen im 17. Jahrhundert während seines ganzen Lebens zugänglich war.[1]

Erstaunlicherweise hat diese Informationslawine weder gesündere noch ausgeglichenere Menschen hervorgebracht. Im Gegenteil scheint es eher so, dass die Kluft zwischen Geist, Emotionen und Intellekt immer größer wird. Dieses Ungleichgewicht zwischen den unterschiedlichen Facetten

unseres Menschseins hat ein alarmierendes Niveau erreicht und Menschen hervorgebracht, die zwar intellektuelle Riesen, aber emotional und geistlich Zwerge geblieben sind. Möchte jemand eine tiefere Geistlichkeit erleben, kann diese Tatsache zu einem echten Hindernis werden. Die „Muttersprache" des Himmels ist eine geistliche und doch haben wir ihrer Ausbildung kaum Aufmerksamkeit geschenkt.
Im heutigen Text stellt Paulus jedoch heraus, dass Glaube hauptsächlich Herzenssache ist. Der Glaube ist eine geistliche Überzeugung, die jede intellektuelle Struktur, die wir normalerweise zur Analyse aller Dinge verwenden, herausfordert. Im intellektuellen Bereich bewegt sich unser Verstand in gewohnten Bahnen, solange wir es mit normalen Beanspruchungen der sichtbaren Welt zu tun haben. In der geistlichen Welt muss er sich jedoch mit einer Nebenrolle begnügen. Das soll nicht heißen, dass der Verstand seine Funktion verliert. Doch ist seine Aufgabe, wenn es darum geht, die Geheimnisse Gottes zu entschlüsseln, stark begrenzt. Eine in Christus gereifte Person erreicht dieses Wachstum, nicht weil sie Gottes Pläne logisch verstanden hat, sondern weil sie eine Wahrnehmung ausgebildet hat, die in der Beziehung mit unserem Herrn entstanden ist.

Denkanstoß

Die geistliche Gesinnung eines Jüngers ist direkt mit seiner Nähe zu Christus verknüpft. Je größer die Nähe zu Ihm, desto sicherer können wir sein, dass der Weg, den der Heilige Geist uns zeigt, der richtige ist.

Da wir aber verschiedene Gnadengaben haben nach der uns gegebenen Gnade, so lasst sie uns gebrauchen: Es sei Weissagung, in der Entsprechung zum Glauben; es sei Dienst, im Dienen; es sei, der lehrt, in der Lehre; es sei, der ermahnt, in der Ermahnung; der abgibt, in Einfalt; der vorsteht, mit Fleiß; der Barmherzigkeit übt, mit Freudigkeit.
Römer 12:6-8 (ELB)

Während seiner letzten Phase auf Erden erklärte Jesus Seinen Jüngern das Gleichnis der Talente. In diesem Gleichnis (Matthäus 25:14-30) macht Er deutlich, dass, auch wenn Er nicht mehr bei ihnen ist, Er sich von ihnen einen guten Einsatz ihrer Gaben wünscht. Er erwartet nicht von jedem Seiner Diener dasselbe Ergebnis, sondern entsprechend dem was sie empfangen haben. Jeder ohne Ausnahme, würde jedoch seinen Preis für die gute Verwaltung der Güter des Königs erhalten.
Paulus weist im heutigen Abschnitt auf eine ähnliche Sache hin. Jeder Mensch der zum Leib Christi gehört hat spezielle Gaben empfangen. Niemand von uns kann sich seine Lieblingsgabe aussuchen, sondern der Herr selbst verteilt sie nach eigenem Gutdünken und entsprechend den Bedürfnissen der Gemeinde (1.Korinther 12:11). Da der Vater uns besser kennt als wir uns selbst, hat Er uns Gaben gegeben, die sowohl mit unserer Persönlichkeit harmonieren als auch mit unserer persönlichen Geschichte einhergehen.
Der Apostel möchte den Geschwistern in Rom klarmachen, dass sie bereit sein müssen, ihre empfangenen Gaben zu Gottes Ehre einzusetzen. Das bedeutet, dass die Gabe dann zu ihrer vollen Blüte kommt, wenn sie durch eine entsprechende Haltung verstärkt wird: Prophetie soll vom Glauben begleitet werden, die Gabe zu dienen durch eine ermuti-

gende Haltung, Verwaltung durch einen mitfühlenden und großzügigen Geist, etc.
Dies muss deswegen deutlich hervorgehoben werden, weil es dem Leiter leicht fällt, seinen Dienst nur mit Hilfe seiner Gabe voranzutreiben. Ein gutes Beispiel dafür ist Salomo, der Gott um Weisheit gebeten hat, um das Volk gerecht zu regieren (1.Könige 3:10-15) und Jahwe gefiel die Bitte Salomos, so dass Er einwilligte. Dennoch entfernte sich Salomo bald von den Wegen seines Vaters. Er nahm sich Frauen aus anderen Völkern, was im Widerspruch zum Gesetz stand und investierte Unsummen in einen eigenen Luxuspalast. Die erhaltene Weisheit war ihm nicht länger nützlich und am Ende schrieb er seine schwarz mahlende Botschaft über die „Eitelkeit des Lebens“ im Buch der Prediger auf.
Jeder Leiter trägt die Verantwortung, die ihm anvertrauten Gaben gut zu verwenden. Damit seine Talente das maximale Potential entfalten können, muss er sie diszipliniert einüben und einsetzen. So kann der Leiter sicher darauf vertrauen, dass Gott seinen Dienst segnet und unterstützt.

Denkanstoß

Welche Gabe habe ich von Gott bekommen? Welche Schritte bin ich bis jetzt gegangen, um sie zu entwickeln? Was kann ich tun, um das Talent weiter zu entwickeln?

8. Dezember — Die Gefahr, alleine unterwegs zu sein

Wer sich absondert, der sucht, was ihn gelüstet, und gegen alles, was gut ist, geht er an. *Sprüche 18:1*

Eine große Herausforderung, die sich jedem Leiter früher oder später stellt, ist sein Umgang mit der Einsamkeit. Die Last, Gottes Absichten für die Gemeinde zu ergründen und sie auf dem Weg zu führen, der sie ans Ziel führt, ruht in letzter Instanz auf seinen Schultern. Auch wenn er Ratgeber und Mitarbeiter an seiner Seite hat, liegt die Endverantwortung in seinen Händen. Das führt dazu, dass er in einigen Bereichen alleine dasteht. So erging es Mose, der für sein Volk in die Fürbitte ging, weil es vor dem goldenen Kalb Götzendienst geleistet hat. Genauso erlebte es auch Jesus, der Seine tiefe Furcht im Garten Gethsemane alleine durchstehen musste. Vielleicht fehlte es Seinen Jüngern an Einfühlungsvermögen für das enorme Gewicht, das auf den Schultern ihres Lehrers ruhte, sodass sie am Ende einschliefen.

Es gibt jedoch eine Art Einsamkeit, die nicht durch den Dienst kommt sondern durch unsere gefallene Natur. Diese Situation beleuchtet der Autor der Sprüche in unserer heutigen Betrachtung. Die *Hoffnung für Alle* – Übersetzung gibt den Vers folgendermaßen wieder:

„Wer andere Menschen meidet, denkt nur an sich und seine Wünsche; heftig wehrt er sich gegen alles, was ihn zur Einsicht bringen soll“ (Sprüche 18:1). Sofort wird uns klar, worum es in dem Text geht. Täglich können wir die negativen Auswirkungen von egoistischem Verhalten nicht nur bei anderen sondern auch bei uns selbst entdecken. Das Lebensmotto eines Egoisten kann in einem Wort zusammengefasst werden: ICH! Das Einzige, was ihn interessiert, ist seine ei-

gene Person. Er redet nur von sich, bedient sich selbst und arbeitet nur für seinen Vorteil.
Mir gefällt auch die Übersetzung der *Guten Nachricht*, denn sie spiegelt das Wesen des Egoisten am besten wieder: *„Der Eigenbrötler tut nur, was ihm in seinen Kram passt; heftig wehrt er sich gegen jede bessere Einsicht"*. Isoliert leben führt uns in eine Haltung, in der wir es vermeiden mit anderen in Kontakt zu treten. Die Stelle spricht nicht von der Einsamkeit einer Person, die fernab jeglicher Zivilisation lebt. Es handelt sich vielmehr um eine Trennung aus dem Wunsch heraus, tiefergehende Beziehungen zu vermeiden, da sie uns an Grenzen bringen und uns zur Veränderung zwingen. Lebt jemand allein, möchte er Eingriffe in sein Leben vermeiden, da er nur seinen eigenen Wünschen nachgehen möchte und sich einredet, dass niemand ihn versteht.
Natürlich sind Sie und ich *keine* Egoisten! Zumindest möchten wir uns das glauben machen. Um die Wahrheit herauszufinden, können wir den heutigen Vers umdrehen. Suchen wir zuerst nach dem Grund, warum wir uns über jeden Ratschlag aufregen, der unserer Auffassung widerspricht, dann wissen wir, zu welcher Kategorie Mensch wir gehören. Wer entsprechend reagiert, hat sich bereits – zumindest innerlich – isoliert, um seinem eigenen Willen nachzugehen.
Lebt ein Leiter in Einsamkeit ist das besonders gefährlich, weil er die Menschen die hinter ihm stehen in seinen Egoismus hineinzieht. Am Ende bezahlen diese Menschen für die daraus entstehenden Konsequenzen, die der Leiter fälschlicherweise auf seinen Dienst schiebt. Das ist keine Einsamkeit mehr, sondern Dummheit.

Denkanstoß

Wer berät Sie? Wie reagieren Sie auf die Ratschläge anderer? Wann haben Sie zum letzten Mal einen Ratschlag bekommen, der ein Gewinn für Ihr Leben war?

Der Schmelztiegel für das Silber und der Ofen für das Gold, und ein Mann wird beurteilt nach seinem Ruf.

Sprüche 27:21 (ELB)

Der Reinigungsprozess wertvoller Metalle ist nicht sehr komplex und war schon zu biblischen Zeiten bekannt. In seinem ursprünglichen Zustand ist Metall mit vielen unreinen Mineralien vermischt. Daher muss es einem intensiven Entschlackungsprozess unterzogen werden. Die Hitze trennt die Mineralien je nach Schmelzpunkt und hinterlässt reines Gold bzw. Silber.

Die Beschreibung im heutigen Leitvers hilft uns zu verstehen, dass sich ein ähnlicher Prozess auch im Menschen abspielt. Wir vertrauen ziemlich leichtfertig darauf, dass wir unser Herz korrekt einschätzen können. Doch der Autor der Sprüche stellt uns dazu eine Frage:

„Wer kann sagen: Ich habe mein Herz gereinigt; ich bin rein geworden von meiner Schuld?" (Sprüche 20:9, NL). Es ist unmöglich, dass ein Mensch sein eigenes Herz reinigt, besonders wenn es um das Thema Stolz geht.

Unser heutiger Text bietet uns eine vertrauenswürdigere Lösung an. Um herauszufinden, zu welchem Menschenschlag wir oder unsere Nächsten gehören, braucht man lediglich zu beobachten wie wir oder sie mit Lob umgehen. Beifall, wie auch schwierige Umstände, bringen ans Licht, welche Motive und Haltungen in unserem tiefsten Inneren verborgen liegen.

Man kann auf zwei unterschiedliche Arten mit einem Lob umgehen, die uns nachdenklich machen sollten. Eine Möglichkeit ist, sich selbst als Macher seines Erfolges aufgrund eigener Kraft und Intelligenz darzustellen. Eine solche Person befindet sich auf einem gefährlichen Weg, denn sie hat vergessen, dass alles was sie ist und hat ein Geschenk Gottes und Zeichen Seines Bundes mit uns ist. Wir können uns keinen Verdienst auf unsere eigene Fahne schreiben, denn alles, was gut und vollkommen ist, kommt vom Herrn. Johannes der Täufer sagt: *„Ein Mensch kann nichts nehmen, wenn es ihm nicht vom Himmel gegeben ist“* (Johannes 3:27). Jesus erinnert uns an dieses Prinzip, als Er das Gleichnis vom Diener erzählt, der nicht nur auf dem Feld treu war sondern auch im Haus. Sollte ihm sein Herr nun besonderen Dank schulden? Seine Antwort ist deutlich: *„So auch ihr! Wenn ihr alles getan habt, was euch befohlen ist, so sprecht: Wir sind unnütze Knechte; wir haben getan, was wir zu tun schuldig waren“* (Lukas 7:10).

Die zweite Haltung, vor der wir uns hüten sollten, ist eine übertrieben demütige. Sie weist sämtliche Beteiligung an einem erfolgreichen Projekt von sich weg. Auch diese Einstellung hat ihre eigene Form von Stolz, da sie Dank und Komplimente nicht annehmen kann. Die wahre Demut weiß zu geben aber kann auch empfangen.

Wir dürfen also Dank entgegennehmen und ihn dann mit so wenig Getue wie möglich an Gott weitergeben. Am besten geht man mit einem Lob um, indem man ihm nicht zu viel Aufmerksamkeit zukommen lässt.

Denkanstoß

„Der Stolz hasst den Stolz ... in anderen.“[2] (Benjamin Franklin)

Auch machte sich Absalom des Morgens auf und trat an den Weg bei dem Tor. Und wenn jemand einen Rechtshandel hatte und deshalb zum König vor Gericht gehen wollte, rief ihn Absalom zu sich und sprach: Aus welcher Stadt bist du? Wenn der dann sprach: Dein Knecht ist aus dem und dem Stamm Israels, so sprach Absalom zu ihm: Siehe, deine Sache ist gut und recht; aber du hast keinen beim König, der dich hört. Und Absalom sprach: Oh, wer setzt mich zum Richter im Lande, dass jedermann zu mir käme, der eine Sache und Gerichtshandel hat, damit ich ihm zum Recht hülfe! *2. Samuel 15:2-4*

Absaloms Strategie, sich das Wohlwollen seines Volkes zu sichern zeigt uns, wie jemand mit List und Tücke die Arbeit eines Leiters zerstören kann. Er griff David nicht direkt an sondern arbeitete heimlich an den Herzen der Menschen, die diesem am Nächsten standen. Satan geht auf dieselbe Weise vor. Auch er arbeitet im Verborgenen an den Herzen der Menschen, damit sie nicht den Willen des Vaters tun. Davids Sohn stellte sich an den Eingang zur Stadt und täuschte ernsthaftes Interesse an den Personen vor, die zu seinem Vater wollten.

An dieser Stelle muss man jedoch unterstreichen, dass Absaloms Taktik nicht möglich gewesen wäre, wenn der König selbst ein Ohr für die Nöte seines Volkes gehabt hätte. Im Laufe der Jahre hatte sich der Monarch stattdessen immer weiter von seinem Volk entfernt und kümmerte sich nicht mehr darum, wie es seine Aufgabe gewesen wäre. Unzufriedenheit und Frust im Volk bildeten einen fruchtbaren Boden, in den Absalom seine Zwietracht aussäen konnte.

Es ist viel schwieriger das Herz einer Person zu rauben, die sich geliebt und umsorgt fühlt. Wenn ein Pastor mit dieser Art Problem in seiner Gemeinde konfrontiert ist, bedeutet das oft, dass er sich nicht ausreichend um seine „Herde“ kümmert. Einer meiner Professoren sagte einmal: „Es ist schwer, fette Schafe zu stehlen“. Das bedeutet, nur die Schafe, die auf ihrer eigenen Weide nicht genügend Nahrung finden, lassen sich leicht für das grünere Gras auf der anderen Seite begeistern.

Wie kann man nun weiter mit dem Anti-Leiter verfahren? Aggressiv gegen die „Absaloms“ unter uns vorzugehen, ist wenig erfolgversprechend. Besser ist es, unsere eigene Arbeitsweise als Pastor entsprechend zu verändern und sicherzustellen, dass die Leute in der Gemeinde die nötige Fürsorge erhalten. Das bedeutet nicht, dass wir ab Morgen den perfekten Dienst haben werden, sondern der Aufgabe Priorität einzuräumen, Jesu Liebe und Gnade weiterzugeben. Wenn sich die Menschen von ihrem Pastor geliebt und geschätzt wissen, ist es sehr unwahrscheinlich, dass sie denen folgen, die sie auf die andere Seite bringen wollen.

Denkanstoß

Wie zeigen Sie den Menschen Ihrer Gemeinde gegenüber Nächstenliebe? Wie müssen Sie Ihren Dienst verändern, um sich besser um sie kümmern zu können? Wen beziehen Sie mit ein, der Ihnen dabei hilft, sich um die Leute zu kümmern?

Von da an wandten sich viele seiner Jünger ab und gingen hinfort nicht mehr mit ihm. Da fragte Jesus die Zwölf: Wollt ihr auch weggehen? *Johannes 6:66-67*

Unser Leiterstil unterscheidet sich heutzutage grundlegend von der Führungsart Jesu'. Besonders in der Weise, wie wir Gottes Wahrheit vermitteln. Obwohl Er niemand vorsätzlich beleidigen wollte, fürchtete sich Jesus nicht davor, Seinen Zuhörern auch die radikalsten Forderungen des Reiches Gottes nahezubringen. Wir dagegen wollen in unserer heutigen Zeit niemanden mit zu harten Worten verschrecken. Dadurch vermitteln wir ein Evangelium, das viele Vorteile verspricht und im Gegenzug dem Nachfolger möglichst wenig abverlangt.

In den Evangelien treffen wir auf unterschiedliche Stellen, in denen die Lehren Jesu von Seinen Zuhörern als Beleidigung zurückgewiesen wurden. Es scheint, als hätten sich auch seine Jünger darüber Gedanken gemacht. Denn bei mehreren Gelegenheiten sprachen sie Ihm ins Gewissen und wiesen Ihn darauf hin, welche Reaktionen Er verursacht hatte. Sie hatten die Hoffnung, Er würde Seine Worte zurücknehmen (Matthäus 15:12). Auch unser heutiger Abschnitt fängt einen dieser Momente ein, in denen die Worte des großen Lehrers Seinen Hörern zu viel abzuverlangen schienen. Von diesem Moment an, so berichtet der Evangelist, verließen Ihn viele Anhänger.

Doch scheint Jesus über dieses Ereignis nicht im Geringsten beunruhigt. Er rannte ihnen nicht hinterher um sie zu beschwichtigen oder sie um jeden Preis zurückzuholen. Er wusste, dass, wenn es nicht die fest gegründete Entscheidung in ihrem Herzen gab ihrem Meister in jeder Situation nachzufolgen, sie irgendwann in ihrem geistlichen Leben lau und mittelmäßig werden würden. Er schien alles andere

als besorgt zu sein, als Er Seine Jünger fragt: *„Wollt ihr auch weggehen?"* und sie damit zu einer klaren Positionierung herausfordert.
Jesu Worte klingen in unseren zarten postmodernen Ohren etwas rau, doch sie haben ihren Grund. Ein Jünger Christi sollte sich nicht nur im Klaren darüber sein, dass seine Nachfolge mit einem Preis verbunden ist, sondern er sollte auch bereit sein diesen Preis zu zahlen. Ist er das nicht, wird er sein Leben lang darauf angewiesen sein, dass andere ihn im Glauben unterstützen.
Aus diesem Punkt lässt sich eine wichtige Schlussfolgerung für unser eigenes Leben ziehen. In unserem Eifer andere zu Jüngern zu machen, können wir durch unsere Kraftanstrengung versuchen sie zu einer Entscheidung für Jesus „zu bewegen". Nach meiner pastoralen Erfahrung sind die Resultate selten von Dauer wenn nur wir es sind, die alle Anstrengung aufbringen. Früher oder später muss der Betreffende selbst an den Punkt gelangen zu entscheiden, ob er an seinem eigenen Leben arbeiten möchte oder nicht, egal wie hoch der Preis dafür sein mag.
Petrus antwortet im Namen aller Jünger: *„Herr, wohin sollen wir gehen? Du hast Worte des ewigen Lebens"* (Johannes 6:68). Er war sich dessen bewusst, dass sie in ihrem Leben auf viele Herausforderungen treffen würden, aber genauso gut wusste er, dass ein Leben ohne Jesus bedeuten würde, alles zu verlieren. So ergriffen sie diese Wahrheit in ihrem Herzen und entschlossen sich, ihrem Meister um jeden Preis zu folgen.

Denkanstoß

Wie sieht Ihr Leiterstil aus? Wie viele Opfer bringen Sie für die Menschen, die Ihnen anvertraut sind? Wie viel opfern diese, um im Glauben zu reifen?

Ich hatte einen Bund gemacht mit meinen Augen, dass ich nicht lüstern blickte auf eine Jungfrau. *Hiob 31:1*

Hiob verwendet hier eine geschickte Formulierung, um seinen Wunsch zu verdeutlichen, nicht mit seinen Augen zu sündigen. Dadurch bekommen wir einen Einblick in die Entscheidung des Patriarchen, an einem bestimmten Punkt seines Lebens seine Augen zu schützen, damit sie ihn nicht zur Sünde verleiten. Abgesehen davon, dass er zu einer Zeit lebte, in der es kaum visuelle Reize (so wie sie heute regelrecht unsere Sinne überfluten) gab, wusste er um die Gefahr eines unanständigen Blickes.

Wenn uns bewusst ist, dass Sünde eigentlich unseren Geist angreift, scheint es unnötig eine solche Vorsichtsmaßnahme für seine Augen zu treffen. Doch Hiob hatte erkannt, dass Augen wie Fenster sind, durch die Bilder hindurchgelangen und direkt unser Herz treffen. Denken wir einmal darüber nach wie ein Mensch funktioniert, bemerken wir schnell, wie wichtig diese Erkenntnis ist. Ladenbesitzer investieren viel Zeit und Geld um ansprechende Schaufenster einzurichten, denn sie wissen, dass ein attraktiver Eingangsbereich viele Kunden anzieht. An einem Zeitschriftenkiosk finden wir Hochglanzmagazine, alle in 1A-Qualität gedruckt und fein säuberlich aufgereiht. Studien haben gezeigt, dass die Titelseite der ausschlaggebende Faktor für einen Kauf ist. Ebenso bemerken wir beim genaueren Hinsehen, wie viel Aufwand betrieben wird, um ein formschönes Auto zu entwickeln, elektrische Geräte zu designen oder uns Reisen in entsprechenden Magazinen noch schmackhafter zu machen. All das spricht den tief in uns verwurzelten Sinn für all das Schöne an, was wir über unsere Augen aufnehmen.

So wie alles, was von Sünde vergiftet worden ist, können auch unsere Augen zum Eintrittstor für die sich ausbreitende

Sünde in unserem Herzen werden. Wir sind von verführerischen Bildern umgeben, die zwar unsere tiefsten Sehnsüchte ansprechen, aber Gott nicht ehren. Der Psalmist beobachtet die Heiden und stellt fest: *„Ihre Augen blicken aus einem fetten und feisten Gesicht, aus ihren Herzen quellen böse Pläne hervor"* (Psalm 73:7, NGÜ). Mit anderen Worten: Sie legen Hand an alles wonach ihnen der Sinn steht, ohne die Konsequenzen zu bedenken.

Die Bibel lädt uns dazu ein, unsere Augen zu beherrschen und sie nach Gottes Maßstäben für ein reines Leben zu gebrauchen. David bittet den Herrn: *„Wende meine Augen ab, dass sie nicht sehen nach unnützer Lehre, und erquicke mich auf deinem Wege"* (Psalm 119:37). Ebenso ermutigt uns der Autor der Sprüche: *„Lass deine Augen stracks vor sich sehen und deinen Blick geradeaus gerichtet sein"* (Sprüche 4:25).

Im Neuen Testament bezeichnet Johannes die Augen als eine der Hauptgefahren im Leben eines Christen: *„Habt nicht lieb die Welt noch was in der Welt ist. Wenn jemand die Welt lieb hat, in dem ist nicht die Liebe des Vaters. Denn alles, was in der Welt ist, des Fleisches Lust und der Augen Lust und hoffärtiges Leben, ist nicht vom Vater, sondern von der Welt"* (1.Johannes 2:15-16)

Denkanstoß

Unsere Sicht ist eines der wertvollsten Geschenke Gottes für uns. Nun sind wir dran, zu lernen, damit so umzugehen, sodass sie uns zum Guten dient. Mit eiserner Disziplin können wir erlernen was gut ist und das Böse vermeiden.

Wer nun weiß, Gutes zu tun, und tut's nicht, dem ist's Sünde. *Jakobus 4:17*

Innerhalb der Gemeinde legen wir gewöhnlich viel Wert darauf, dass ein Jünger Jesu versuchen sollte nicht zu sündigen. Mithilfe dieses Konzeptes will man im Allgemeinen Verhalten oder Taten vermeiden, welche die Bibel als Sünde auflistet. Auf diese Art versucht Gottes Volk Verhaltensweisen wie Lüge, Betrug, Bestechung oder Ehebruch aus dem Weg zu gehen, die seine Beziehung zu Gott belasten oder zerstören.

Gelingt es uns diese offensichtlichen Sünden zu vermeiden, die uns in ein schlechtes Licht rücken könnten, wiegen wir uns in der Sicherheit ein ordnungsgemäßes Leben zu führen. Der Apostel Jakobus verschärft jedoch das Konzept eines sündlosen Lebens um ein Vielfaches. Er sagt uns, dass es nicht ausreicht das Böse zu vermeiden, um ein vom Gott genehmes Leben zu führen, obwohl es natürlich einen wichtigen Teil unserer Gottesbeziehung ausmacht. Um unser geistliches Leben in Fülle zu leben, müssen wir willens sein, auch das Gute zu tun. Mit anderen Worten: Unser Leben kann nicht nur aus der Defensive heraus gelebt werden. Der Herr ruft uns auf die Initiative zu ergreifen und bewusst für das zu kämpfen was richtig ist.

Wenn wir diese Wahrheit ergreifen, zieht sie uns aus der Bequemlichkeit heraus aus dem Ansatz zu leben, lediglich das Falsche zu vermeiden. Gott beruft uns dazu, aktiv das Gute zu fördern und Sein Reich auszuweiten. So wie unser Vater sich aus Hingabe dazu entschlossen hat, etwas gegen unsere verlorene Lage als Sünder zu tun, indem Er Jesus sandte, so sollen wir diese Hingabe des Vater nachahmen. Wenn wir Menschen um uns herum in Sünde und Leid verstrickt sehen, sollten wir unsere eigene Tagesordnung zur Seite legen und aktiv daran gehen unserem Nächsten zu helfen.

Jakobus möchte uns vermitteln, dass, wenn wir *nicht* das Richtige tun, es genauso Sünde ist, wie wenn wir das Falsche tun. Denken Sie an das Gleichnis des guten Samariters. Wir entdecken im Vorbeigehen des Leviten und des Priesters am Verwundeten bestenfalls eine Fahrlässigkeit. Doch im Licht von Jakobus' Aufforderung ist ihre ausbleibende Hilfe ebenfalls Sünde. Sie wussten, was zu tun ist, aber sie taten es dennoch nicht.

Das hat tiefgreifende Auswirkungen auf den Leib Christi. Die Gemeinde sollte immer aktiv handeln und eine sichtbare Kraft in der sie umgebenden Gesellschaft sein. Sie erfüllt ihre Funktion, wenn sie bereit ist, die Initiative für die Dinge zu ergreifen, von denen sie weiß, dass sie gut sind. Gott fordert uns Leiter dazu auf, unsere Gemeinden ständig dazu zu ermutigen, ihren Platz in Gottes Plan, an der Seite ihres Nächsten, ihres Arbeitskollegen, ihrer Freunde und all derer einzunehmen, die ihren Weg täglich kreuzen.

Denkanstoß

„Jeder Mensch ist der guten Taten schuldig, die er unterlassen hat."[3] Voltaire

Gott aber sei gedankt, der uns allezeit Sieg gibt in Christus und offenbart den Wohlgeruch seiner Erkenntnis durch uns an allen Orten! Denn wir sind für Gott ein Wohlgeruch Christi unter denen, die gerettet werden, und unter denen, die verloren werden: diesen ein Geruch des Todes zum Tode, jenen aber ein Geruch des Lebens zum Leben. Wer aber ist dazu tüchtig? *2.Korinther 2:15-16*

Der Apostel Paulus verwendet ebenso wie Christus häufig Gleichnisse aus dem Alltag, um die großen Prinzipien des Evangeliums zu versinnbildlichen. Wenn uns nicht bewusst ist, dass es sich um ein Gleichnis handelt, können wir einen Großteil des Reichtums des Textes einbüßen.

Das Gleichnis im heutigen Text tammt aus der Zeit der vielen Militäraufmärsche des unbesiegbaren römischen Reiches. Die meisten römischen Bürger konnten Zeuge dieser großen Ereignisse werden. Andere hatten zumindest von diesen unvergesslichen Spektakeln gehört. Es ging um jene Triumphparaden, die zu Ehren der römischen Offiziere, die von der gewonnenen Schlacht gegen ein Feindesheer zurückkehrten, abgehalten wurden.

Wenn es ihnen gelang einen Aufstand, wie den jüdischen Aufstand im Jahre 70 n.Chr., zu ersticken oder einen Eroberungsfeldzug beendet hatten und ein neues Volk dem römischen Reich angegliedert wurde, zog das siegreiche römische Heer mit einem riesigen Triumphzug in die Hauptstadt ein. Diesem Spektakel wohnten alle Bewohner bei, die sich mit ihren eigenen Augen vom Sieg der Militäraktion überzeugen wollten.

Diese unglaublichen Prozessionen waren vom überladenen Pomp der für Rom üblichen Zeremonien begleitet. Allen voran gingen die Priester, die einer Vielzahl von Gottheiten huldigten und Weihrauchgefäße bei sich trugen, so dass sich entlang des ganzen Festzuges ein sehr intensiver Duft verbreitete. Hinter ihnen reihten sich die siegreichen, vom Volk bejubelten Truppen ein. Den Soldaten folgte die besiegte Armee, die Rom bereits in Ketten gelegt erreicht hatte, um später als Sklaven verkauft oder zum Gladiatorenkampf vorbereitet zu werden. Das Ende des Umzugs bildete der Wagen des Generals, der die siegreichen Truppen befehligt hatte.

Jeder Teilnehmer des Umzugs konnte das Parfum riechen, das die Priester verströmen ließen, doch für jeden hatte es eine andere Bedeutung. Den siegreichen Truppen versüßte das Parfum ihren Sieg noch mehr. Den Besiegten verkündete es jedoch ein Leben in Gefangenschaft oder den baldigen Tod.

Ebenso verströmt auch Christus Seinen Duft in unserer Gesellschaft. Seine Kirche ist der Zerstäuber, der den Duft Seines Triumphes verbreitet. Einige, die diesen lieblichen Geruch wahrnehmen, entdecken den siegreichen Christus im Leben Seiner Kinder. Für andere jedoch bedeutet die Torheit vom Kreuz nichts weiter als die Ankündigung ihres geistlichen Todes. Egal welche Botschaft der Duft Christi den Leuten bringt, es ist an uns, den Sieg unseres Herrn zu bezeugen. Lassen Sie uns den Geruch Seiner Heiligkeit verströmen, indem wir so leben, wie es unseren Gott ehrt. So erreichen wir, dass andere den Messias durch unsere Worte, Taten und unser Verhalten erkennen.

Denkanstoß

Der Triumphmarsch ist nicht für die Zukunft reserviert, sondern bereits jetzt eine sichtbare Wirklichkeit an all den Orten, an denen die Gemeinde siegreich gegen die Dunkelheit voranschreitet.

Da antwortete Jesus und sprach zu ihnen: Wahrlich, wahrlich, ich sage euch: Der Sohn kann nichts von sich aus tun, sondern nur, was er den Vater tun sieht; denn was dieser tut, das tut gleicherweise auch der Sohn. Denn der Vater hat den Sohn lieb und zeigt ihm alles, was er tut, und wird ihm noch größere Werke zeigen, sodass ihr euch verwundern werdet. *Johannes 5:19-20*

Anhand des Textes wird uns bewusst, warum Jesu Dienst derart erfolgreich war. So konnte Er, als die Stunde gekommen war ans Kreuz zu gehen verkünden, dass Er den Ihm übertragenen Auftrag erfüllt habe. Das ist nicht das Gleiche, wie „sich bemüht" zu haben. Das Geheimnis, wie Jesus Seinen Dienst erfolgreich bis zum Ende führen konnte, lässt sich auf die absolute Einheit zurückführen, die zwischen Ihm und Seinem Vater besteht.

Als Erstes fällt auf, dass der Gottessohn niemals eigene Ambitionen verfolgte, sondern dass Er sich den Bestrebungen Seines himmlischen Vaters anschloss. Dieser Punkt ist ein Schlüssel für jeden, der im Dienst steht. Natürlich ist es wesentlich leichter, ein eigenes Vorhaben zu Gottes Ehre auf die Beine zu stellen und Gott abschließend um Seinen Segen zu bitten. Doch nur solche Unternehmungen bringen langfristige Frucht, wenn sie voll und ganz mit dem Willen des Vaters für diese jeweilige Situation übereinstimmen. Tatsache ist, dass wir keine Kapazität besitzen, um aus uns selbst heraus die Absichten oder Gedanken unseres himmlischen Vaters feststellen zu können. Wenn Er sie uns nicht aufschließt, tappen wir für immer im Dunkeln. Darum ist es so grundlegend für jeden Dienst, Gottes Willen zu erkennen, wenn wir mit Seiner Unterstützung rechnen wollen.

Im zweiten Teil des Textes finden wir Hinweise darauf, wie Jesus zu dieser Erkenntnis kommt. Der Vater selbst, der

durch die Liebe mit Seinem Sohn so eng verbunden ist, offenbarte ihm Seine Pläne. Mit anderen Worten waren Vater und Sohn durch das Band der Liebe derart eng verbunden, dass der Vater Seinem Sohn Einblick in die intimsten Bereiche Seines Herzens gab. Die Liebe des Vaters gründete sich auf dem absoluten Gehorsam, den Jesus lebte.
Welchen Einfluss hat diese enge Beziehung auf unseren eigenen Dienst? Wir können keine Fortschritte machen, wenn wir nicht tief in Gottes Absichten verwurzelt sind. Um dieses Fundament zu bekommen, müssen wir Gottes Herz kennen. Das offenbart Er aber nur denjenigen, die sich zu Seiner Liebe bekennen und sich Ihm völlig hingeben. An die Erkenntnis Seines Herzens gelangen wir also nicht durch das Gebet – auch wenn es Teil unserer Beziehung mit Ihm ist – sondern sie wächst aus einer engen Beziehung zwischen Zweien, die sich lieben.
Die Tatsache, dass diese nahe Beziehung allen offensteht, die sich danach sehnen, sollte unser Herz als Leiter mit überquellender Freude erfüllen. Jesus sagte zu seinen Jüngern: *„Wer meine Gebote hat und hält sie, der ist's, der mich liebt. Wer mich aber liebt, der wird von meinem Vater geliebt werden, und ich werde ihn lieben und mich ihm offenbaren"* (Johannes 14:21).

Denkanstoß

„Ich sage hinfort nicht, dass ihr Knechte seid; denn ein Knecht weiß nicht, was sein Herr tut. Euch aber habe ich gesagt, dass ihr Freunde seid; denn alles, was ich von meinem Vater gehört habe, habe ich euch kundgetan." (Johannes 15:15)

Aber das alles von Gott, der uns mit sich selber versöhnt hat durch Christus und uns das Amt gegeben, das die Versöhnung predigt. Denn Gott war in Christus und versöhnte die Welt mit sich selber und rechnete ihnen ihre Sünden nicht zu und hat unter uns aufgerichtet das Wort von der Versöhnung. So sind wir nun Botschafter an Christi statt, denn Gott ermahnt durch uns; so bitten wir nun an Christi statt: Lasst euch versöhnen mit Gott! 2.Korinther 5:18-20

Unser heutiger Andachtstext schildert in sehr klaren Worten, worin wir unsere Identität finden und mit welcher Aufgabe wir durch Gottes Gnade betraut sind. Der Apostel Paulus hält fest, dass jeder von uns ein Botschafter Christi ist und dass unsere Aufgabe der des Sohnes gleich ist, nämlich den Verlorenen in der Welt zu dienen. Als Botschafter haben wir die Aufgabe, die Interessen der Person zu vertreten, die uns sendet. Das bedeutet nicht nur, die Anliegen unseres Königs bekannt zu machen und für Seine Interessen einzutreten, sondern sich so zu verhalten, dass es ihn ehrt und würdigt.

Diese Dinge sind zwar allgemein bekannt und dennoch wichtig zu wiederholen, dass unser erstrangiges Ziel im Leben nicht darin liegt ein Auskommen für uns zu erwirtschaften, sondern für Den zu arbeiten, der uns gesandt hat. Alle unsere Anstrengungen gelten Ihm. Unsere Erfolge ebenso. Unsere Entscheidungen sollten die gleichen sein, die Er treffen würde. Das Bild, das wir abgeben, die Sprache, die wir verwenden und die Art, wie wir uns verhalten, sind die Grundlage dafür, wie andere Den wahrnehmen, der uns sendet. Es passiert schnell, dass wir vom Weg abkommen und anfangen zu glauben, dass wir eigentlich für die Gemeinde bzw. unsere Konfession oder Organisation die wir repräsentieren, arbeiten. Noch leichter passiert es, dass ein Leiter anfängt, sein eigenes Bild und Interesse in den Vordergrund zu stellen und die Erfolge für seine eigenen Bestrebungen zu verwenden. Um diese Gefahr zu vermeiden, sollten wir von Zeit zu Zeit innehalten, um wieder zu einer gesunden Perspektive unseres Lebens und Dienstes zu gelangen: Wir sind nicht mehr als Repräsentanten dessen der uns sendet. Welches ist unser wichtigster Dienst zu dem wir berufen sind? Paulus beschreibt ihn als Dienst der Versöhnung, dem Versuch Beziehung zwischen zwei getrennten Parteien neu zu etablieren. Dabei geht man davon aus, dass eine Seite die Beziehung mit der anderen wieder aufnehmen will, was für Gottes Seite absolut zutreffend ist. *„Aber Gott, der reich ist an Barmherzigkeit, hat in seiner großen Liebe, mit der er uns geliebt hat, auch uns, die wir tot waren in den Sünden, mit Christus lebendig gemacht - aus Gnade seid ihr selig geworden"* (Epheser 2:4-5). Doch vielleicht hat die Gegenseite kein Interesse an Versöhnung? Was ist, wenn die andere Seite noch nicht einmal mitbekommen hat, dass die Beziehung zerstört ist?

Und genau hier setzt die einfühlsame und geduldige Arbeit des Botschafters an. Er begleitet den distanzierten Menschen und beginnt den Prozess der vorsichtigen Annäherung. Gleichzeitig muss er einen „guten Draht" mit seinem Sender pflegen, um Weisung und die nötige Erkenntnis zu bekommen, damit die Unternehmung am Ende ein Erfolg wird. Wir können es uns nicht leisten, mit leeren Händen heimzukehren, denn der uns gesandt hat, wartet sehnsüchtig auf den Neuanfang dieser zerstörten Beziehung.

Denkanstoß

Der deutlichste Liebesbeweis wird in der Bereitschaft deutlich, für die zu leiden, die man liebt. (Quelle unbekannt)

Petrus aber und Johannes antworteten und sprachen zu ihnen: Urteilt selbst, ob es vor Gott recht ist, dass wir euch mehr gehorchen als Gott. Wir können's ja nicht lassen, von dem zu reden, was wir gesehen und gehört haben.

Apostelgeschichte 4:19-20

Wenn wir uns einen Moment Zeit nehmen, um die Geschichte von Petrus' Verrat an Jesus in Matthäus 26 zu lesen, wird es uns schwerfallen zu glauben, dass ein und derselbe Mann auch unseren heutigen Text geschrieben haben soll. Die Umstände sind im Prinzip dieselben. In beiden Vorfällen wurde der Apostel von Menschen konfrontiert und hatte die Möglichkeit zu bezeugen, dass er ein Nachfolger Christi sei. In der ersten Geschichte erleben wir einen zu Tode erschreckten Petrus, zu ängstlich, um seinen Mund zu öffnen und zu bekennen, dass er zu Jesus gehört. Mit der Verzweiflung eines Mannes, der einmal dem Meister aus Galilea nachfolgte und nun mit dem Rücken zur Wand steht, entschied sich Petrus, Ihn nicht nur ein-, sondern dreimal zu verleugnen. Der Petrus, den wir im heutigen Text antreffen, ist von Grund auf verändert. Ohne sich auch nur ein bisschen von den Drohungen des Hohen Rates einschüchtern zu lassen, stellt er sich ihnen kühn entgegen und gibt zu verstehen, dass er niemals wieder den Weg einschlagen wird, den er einmal gegangen war. Niemals wieder würde er schweigen. Wie kann man sich einen solchen dramatischen Wandel im Leben des Apostels erklären? Ich glaube die Antwort liegt in der Begegnung, die Petrus mit dem auferstandenen Jesus am See Genezareth hatte. Er hatte bereits den bitteren Kelch aus den Konsequenzen seiner Handlung trinken müssen. Er war von sich selbst tief enttäuscht und untröstlich. Er glaubte wahrscheinlich, dass sich damit all seine Träume, Teil der Bewegung um Jesus zu werden, in Luft aufgelöst hätten. Sein tiefer Fall legte aber den Grundstein für seine überraschende Wandlung, nachdem Christus in den Himmel aufgefahren war. Die Begegnung mit Jesus brachte das gesamte Potential zum Vorschein, das in ihm steckte. Aus diesem Grund, hatte der himmlische Vater ihn überhaupt zur Gruppe der Zwölf hinzugefügt.

Bei Seiner letzten Begegnung mit Petrus gab der Herr ihm klare Anweisungen: *„Weide meine Schafe!“* (Johannes 21:17). Er sollte die Arbeit tun, zu der er berufen war. Diesen einzigartigen Auftrag können wir schlecht nachvollziehen, da wir es gewöhnt sind Menschen entsprechend ihren Erfolgen zu beurteilen. Ich kann ziemlich sicher sagen, dass in unseren heutigen Gemeinden jemand mit einem Fehler wie ihn Petrus sich geleistet hat, ganz sicher vorübergehend vom Dienst „beurlaubt“, wenn nicht für immer davon ausgeschlossen worden wäre. Christus zeigt uns dagegen durch diese Geschichte, dass selbst unsere größten Fehlschläge Gottes Handeln nicht beeinträchtigen. Das, was Gottes Werke auf Erden am Laufen hält ist nicht unsere Treue, sondern die Treue Gottes der uns berufen hat. Auf eine ziemlich bodenständige Art gibt Jesus dem enttäuschten Jünger zu verstehen: „Steh auf! Ich glaube immer noch an dich!“

Erst wenn wir begreifen, wie überaus groß Gottes Gnade für uns ist, eröffnet sich uns unser ganzes Potential in Christus. Niemand versteht dies besser als jemand, der sich einmal einen übergroßen Fehltritt geleistet hat. Daher sind die unerschrockensten Glieder des Leibes Christi meistens diejenigen, die aus den schlimmsten Situationen befreit wurden.

Denkanstoß

„Es ist unglaublich, wie stark wir werden können, wenn wir erst einmal erkannt haben, wie schwach wir sind“[4] (Francois Fénelon)

18. Dezember Manchmal ist es besser zu fliehen

Es begab sich eines Tages, dass Josef in das Haus ging, seine Arbeit zu tun, und kein Mensch vom Gesinde des Hauses war dabei. Und sie (Potifars Frau) erwischte ihn bei seinem Kleid und sprach: Lege dich zu mir! Aber er ließ das Kleid in ihrer Hand und floh und lief zum Hause hinaus.

1.Mose 39:11-12

Es hat sich in unserer Kultur die Ansicht festgesetzt, dass Flucht nur etwas für Weicheier ist, für solche, die keinen Schneid haben, um das Leben in den Griff zu bekommen. Ergreift man die Flucht, kann man nie auf der Gewinnerseite stehen, denn der Sieg gehört nur denen, die sich gegen alle Widrigkeiten durchsetzen. Oftmals übertragen wir diese Sichtweise direkt auf unseren Dienst und pflegen dadurch einen eigensinnigen Durchhaltewillen in dem was wir tun. Manchmal, wie wir an Josefs Geschichte erkennen, kann uns diese Haltung direkt in den Abgrund führen.

Manche könnten dagegenhalten, dass Josef als Folge seiner Flucht schließlich ins Gefängnis musste. Doch sein Herz wurde währenddessen auf die immensen Aufgaben vorbereitet, die Gott ihm in den nächsten Jahren übertragen wollte. Kurzfristig erschien seine Flucht wie eine Niederlage, doch auf lange Sicht bildete seine Entscheidung die Grundlage für ein Leben mit großer Bedeutung für Gottes Absichten.

Warum lief Josef davon? Wir können in der Textstelle herauslesen, dass es Josefs größtes Verlangen war, seinen Gott zu ehren. Sein Streben danach, Jahwes Namen nicht in den Schmutz zu ziehen schloss ein, auch Potifar zu ehren, der ihn als Verwalter über sein Hab und Gut gesetzt hatte. Auf die eindringlichen Anbiederungen von Potifars Frau, erwiderte

Josef: *„Wie sollte ich denn nun ein solch großes Übel tun und gegen Gott sündigen? Siehe, mein Herr kümmert sich, da er mich hat, um nichts, was im Hause ist, und alles, was er hat, das hat er unter meine Hände getan; er ist in diesem Hause nicht größer als ich und er hat mir nichts vorenthalten außer dir, weil du seine Frau bist. Wie sollte ich denn nun ein solch großes Übel tun und gegen Gott sündigen?"* (1. Mose 39:8-9). Doch dann war Josef mit der Frau Potifars allein, eine Situation, die für jeden Mann höchst gefährlich ist, wenn er im Herzen rein bleiben möchte. Sie begnügte sich nicht mit ihren Verführungsspielen, sondern schlug alle Vorsicht in den Wind und wollte ihn sich mit Gewalt nehmen. Josef wusste, dass ihn seine Disziplin und klarer Verstand jeden Moment im Stich lassen würden. So versuchte er nicht länger dieser Versuchung menschlichen Widerstand entgegenzusetzen, sondern entschloss sich die Flucht zu ergreifen. Hierin liegt der Schlüssel, der zu seiner Entscheidung führte: Er kannte seine eigenen Grenzen und wusste, durch welche Tür der Feind eindringen konnte. Der weise Leiter kennt die Momente, in denen er nicht die notwendige Beherrschung aufbringen kann, um in seiner Berufung standhaft zu bleiben. Er versucht nicht einmal zu kämpfen, weil ihm bewusst ist, dass es kein Gleichgewicht der Kräfte gibt. Die Entscheidung zu fliehen bedarf größerer Courage, als der naive Glaube man würde siegen können. Daran sind schon stärkere Persönlichkeiten als wir gescheitert.

Denkanstoß

„Fliehe die Begierden der Jugend! Jage aber nach der Gerechtigkeit, dem Glauben, der Liebe, dem Frieden mit allen, die den Herrn anrufen aus reinem Herzen." (2.Timotheus 2:22)

Sorgt für die Gemeinde Gottes, die euch anvertraut ist, wie ein Hirte für seine Herde. Seht in der Verantwortung, die ihr für sie habt, nicht eine lästige Pflicht, sondern nehmt sie bereitwillig wahr als einen Auftrag, den Gott euch gegeben hat. Seid nicht darauf aus, euch zu bereichern, sondern übt euren Dienst mit selbstloser Hingabe aus. Spielt euch nicht als Herren der Gemeinden auf, die Gott euch zugewiesen hat, sondern seid ein Vorbild für die Herde.

1.Petrus 5:2-3 (NGÜ)

Die Wurzel des Wortes „korrupt" bezeichnet etwas, das seinen ursprünglichen reinen Zustand verloren hat. In diesem Sinne macht dieser Abschnitt aus dem ersten Petrusbrief deutlich, auf welche Arten die Berufung eines Leiters kompromittiert werden kann. Es passiert genau dann, wenn man einen Leitungsstil annimmt, der in krassem Gegensatz zu Jesus steht, unserem Meister-Leiter.

Petrus stellt heraus, dass es die Aufgabe des Hirten sei, seine Schafe auf sanfte und freiwillige Art und Weise zu hüten. Das bedeutet, dass kein Leiter seine Aufgabe aus Zwang tun sollte, sondern aus reiner persönlicher Überzeugung, die aus einer himmlischen Berufung herauswächst. Denn wer sich lediglich verpflichtet fühlt, wird nur das Nötigste tun, aber sein Herz aus dem Spiel lassen, denn er ist von dem was er tut nicht überzeugt.

Ebenfalls wirkt es sich schädlich auf einen Leiter aus, wenn er seine Arbeit nur leistet, um einen persönlichen Vorteil daraus zu ziehen. Auch wenn Petrus von ökonomischen Vorteilen spricht, wollen wir uns nicht auf sie beschränken, da das Amt eines Leiters sich hervorragend dazu eignet seine Reputation zu verbessern, die Zuneigung von Menschen zu gewinnen und Zugang zu einigen Privilegien zu bekommen, die mit diesem Posten verbunden sind. All dies lenkt den

Diener von seiner eigentlichen Funktion ab – sich für die Interessen der ihm Anvertrauten einzusetzen.
Petrus warnt uns auch vor einer anderen Geißel unserer Zeit: sich zum Herrn über die Gemeinde zu ernennen. Dieser Typ Leiter glaubt, dass ihm die Menschen der Gemeinde gehören und dass Gemeindeglieder nichts tun dürften bevor es nicht von der Leitung abgesegnet wurde. Ein solches Modell unterscheidet sich grundlegend vom israelitischen Hirten, denn selten war er auch der Besitzer der gehüteten Schafe. Stattdessen arbeitete er im Auftrag von jemandem, der es sich wegen seines guten Einkommens leisten konnte diese Arbeit nicht selbst verrichten zu müssen. Ebenso ist der Leiter im Reich Gottes nicht Eigentümer der „Herde", sondern dazu da, sie an Jesu Stelle zu hüten und zu versorgen, da Er sie mit Seinem eigenen Blut erkauft hat. Ein Leiter sollte nicht einen Augenblick davon träumen sich zum „Herrn" über sie zu machen, denn dieser Titel ist allein dem Sohn Gottes vorbehalten. Hält sich ein Leiter an diese Parameter, wird sein Dienst Gnade und Mitgefühl ausstrahlen, denn er weiß, dass jedem seiner „Schäfchen" dieselbe Entscheidungsfreiheit zusteht, wie Gott sie auch ihm zugesteht. Er liebt jeden einzelnen in seiner Gemeinde aus tiefstem Herzen, aber er erhebt sich über niemanden. Wer andere kontrollieren und einschränken muss, zeigt damit, wie dürftig und ängstlich seine Liebe ist.

Denkanstoß

Pflichtgefühl lässt uns unsere Arbeit gut machen, aber durch die Liebe tun wir sie von ganzem Herzen."[5] (P. Brooks)

Er aber sprach zu ihm: Es war ein Mensch, der machte ein großes Abendmahl und lud viele dazu ein. Lukas 14:16

Dies ist eine der vielen Geschichten, in denen uns Jesus die Prinzipien des Gottesreiches näherbringt. Wie jede gute Illustration ist sie kurz und einfach gehalten, was dabei hilft die Botschaft zu vermitteln und sie in die Herzen der Zuhörer einzuprägen. Falls Sie sich nicht an alle die Einzelheiten erinnern, nehmen Sie sich jetzt ruhig die Zeit und lesen die Geschichte noch einmal komplett.
Die Erzählung hält viele interessante Details für uns bereit. Zuerst einmal fällt auf, dass ein Mann sich selbst dazu entschloss eine Feier zu veranstalten. Wir kennen zwar nicht seine Gründe dafür, doch scheint sein Wunsch dieses Fest zu veranstalten, sehr stark zu sein. Unserem Herrn geht es genauso. Wir werden wohl nie bis ins Letzte Gottes Grund dafür verstehen, dass Er den Menschen schuf; auch wenn uns die biblische Geschichte Hinweise darauf liefert, dass Er die Freude zwischen Vater, Sohn und Heiligem Geist einfach teilen wollte. Unseren Herrn erfüllt es mit unsagbarer Freude, wenn Er mit Seinen Geschöpfen Gemeinschaft hat und sie segnen kann.
Zum Zweiten fällt es einem ins Auge, mit welchen Entschuldigungen sich die Freunde des Gastgebers herausredeten. Jeder von ihnen hatte legitime Gründe vorzuweisen, die mit ihrem Leben oder bestimmten Verantwortungen zusammenhingen und es ihnen unmöglich machten zu dieser Feier zu erscheinen. Die Situation verdeutlicht, wie groß die Gefahr für uns als Jünger ist, uns vom Alltäglichen vereinnahmen zu lassen und das übernatürliche Leben, das der himmlische Vater für uns bereits hält, aus dem Blick zu verlieren. Das drastischste Beispiel dafür finden wir bei Marta (Lukas 10:41). Es gab nichts daran auszusetzen, dienen zu wollen.

Problematisch wurde es erst, als sie den Moment verpasste ihre Hausarbeit zur Seite zu legen, um die Gemeinschaft mit Jesus zu genießen. Auch wir können dermaßen von unseren Aufgaben und Plänen eingenommen sein, dass uns eine Einladung von Jesus als lästige Unterbrechung erscheint, anstatt sie als Möglichkeit zu sehen in eine andere Dimension des Lebens vorzustoßen.

Wären wir die Gastgeber gewesen, hätten wir die ganze Feier mangels Beteiligung wahrscheinlich abgesagt. Wie kann man eine Party feiern, wenn die Menschen, die man bewirten möchte, nach der Einladung das Weite suchen? Doch dieser Gastgeber zog diese Möglichkeit nicht einmal in Erwägung. Stattdessen entschloss er sich dazu seine Einladungsliste zu ergänzen! Und hier kommen wir zum Höhepunkt der Geschichte: Gott wird feiern, ob mit oder ohne uns. So müssen wir schmerzhaft einsehen, dass niemand von uns das Zentrum der Geschichte ist. Wir sind nicht dermaßen unverzichtbar, dass unsere Abwesenheit Seine ganzen Pläne über den Haufen werfen würde. Unser Herr ist Anfang und Ende aller Dinge. Der Einzige ohne den nichts geht. Es liegt nun an uns, ob wir die Einladung zu Seiner Feier annehmen und das Leben zusammen mit unserem großen Gott genießen.

Denkanstoß

Wie nehmen Sie die Einladung Gottes wahr, sich Seinen Vorhaben anzuschließen? Wie reagieren Sie darauf? Was sagt Ihre Reaktion über Ihre Prioritäten aus?

21. Dezember — Dienen und bedient werden

Denn mich verlangt danach, euch zu sehen, damit ich euch etwas mitteile an geistlicher Gabe, um euch zu stärken, das heißt, damit ich zusammen mit euch getröstet werde durch euren und meinen Glauben, den wir miteinander haben.

Römer 1:11-12

Lange Zeit hegte Paulus in seinem Herzen den Wunsch, die Christen in Rom zu besuchen. Es war unvermeidbar, dass der Apostel, der so viel zur Ausdehnung des Reiches Gottes beigetragen hatte, sich nun auf die Hauptstadt des riesigen römischen Reiches konzentrierte. Im heutigen Abschnitt finden wir den Grund, warum er sich auf eine derart herausfordernde Reise eingelassen hat. Paulus wünschte sich, auch in Rom Gottes Wort zu verbreiten und die Glaubensgeschwister zu ermutigen, so wie er es schon an anderen Orten getan hatte. Wer wirklich eine pastorale Gabe besitzt, kann es nicht vermeiden, sie überall auszuüben wo er sich gerade aufhält. Sie ist eben nicht nur ein Beruf, sondern eine Berufung. Aus diesem Grund sehnt sich der Apostel danach in die Hauptstadt zu gelangen, damit er den Geschwistern *„etwas mitteile an geistlicher Gabe“*. Er wollte also die Gemeinde auferbauen, sodass sie zur Fülle ihrer Fähigkeiten in Christus gelangen würde. Das schloss mit ein, dass sie die Gaben, die Gott ihr zugeteilt hatte empfing und lernte mit ihnen umzugehen.

Es lohnt aber, sich auch den Rest des Textes anzusehen. Paulus wollte nicht nur zur Gemeinde gelangen um ihnen zu dienen, sondern auch, um von ihnen zu empfangen, was sie ihm zu geben hatten. Sein Wunsch drückt ein ausgereiftes Verständnis für den Charakter der Gemeinde aus. Wir sind dazu da, einander zu bestärken und zu ermutigen, um als gesamter Leib Christi zu wachsen.

Die Offenheit, das Priestertum aller Gläubigen zu akzeptieren, besitzen die meisten Pastoren und Leiter nicht. Es passiert sehr leicht, dass sich der Pastor in der alleinigen Rolle sieht den Leib zu erbauen, anzuleiten und alle(i)n zu dienen. Hat sich dieser Blickwinkel erst einmal in einem Leiter festgesetzt, fällt es ihm schwer sich in der Gegenwart anderer Gemeindemitglieder auch einmal zu entspannen und „den Talar auszuziehen", um sich als ganz normaler Teil der Gemeinde zu fühlen. Gelegentlich legen einige Leiter diese Haltung auch zu Hause an den Tag. Sie behandeln ihre Frau und Kinder, als wären sie ihm untergebene Gemeindeglieder.

Das Gefährliche an dieser Haltung ist zu glauben, dass sich in der Gemeinde niemand befindet, der uns dienen könnte. Auf diese Weise wird unser Umgang mit ihnen zu einer Einbahnstraße. Wir geben immer, während die anderen nur empfangen. Der Apostel Paulus dagegen, obwohl er in der Gemeinde des ersten Jahrhunderts ein unvergleichliches Ansehen innehatte, besaß ein offenes und demütiges Herz dafür, was ihm seine Geschwister von Gott her zu geben hatten.

Ein solcher Leiter ist die größte Inspiration für seine Nachfolger, weil er sich selbst nicht für perfekt hält sondern weiß, dass auch er in einer lebenslangen Ausbildung steckt. Statt an Autorität einzubüßen, führt eine solche Haltung zu größerem Respekt gegenüber dem Leiter und wird zum Segen in seinem Leben.

Denkanstoß

„Das Auge kann nicht sagen zu der Hand: Ich brauche dich nicht; oder auch das Haupt zu den Füßen: Ich brauche euch nicht." (1. Korinther 12:21)

So wahr ich lebe, spricht der Herr, HERR, wenn deine Schwester Sodom, sie und ihre Töchter, jemals getan haben, wie du getan hast, du und deine Töchter! Siehe, das war die Schuld deiner Schwester Sodom: Hochmut, Fülle von Brot und sorglose Ruhe hatte sie mit ihren Töchtern, aber die Hand des Elenden und des Armen stärkte sie nicht.
Hesekiel 16:48-49 (ELB)

Es ist hilfreich, wenn man sich einmal die unterschiedlichen Berichte biblischer Autoren über historische Begebenheiten durchliest. Sie können uns auf diese Weise eine erweiterte Sicht auf die Geschehnisse eröffnen, die uns im Originalbericht verborgen blieben. So können wir beispielsweise in Psalm 78 den Auszug der Israeliten aus Ägypten und ihre 40jährige Wanderung durch die Wüste nachlesen. Ähnlich verhält es sich auch im heutigen Abschnitt, in dem wir eine andere Sichtweise auf die Zerstörung Sodoms finden, die den Originalbericht aus dem 1. Buch Mose vervollständigt.

Würde ich in einem Gottesdienst die Zuhörer fragen, was der Grund für die Zerstörung Sodoms und Gomorras war, bin ich mir sicher, dass die Mehrheit etwa Folgendes antworten würde: Der Herr hatte genug von den Bewohnern dieser beiden Städte, die moralisch verfallen waren und verwerfliche sexuelle Praktiken ausübten, die uns selbst heutzutage noch abscheulich vorkommen.

Obwohl es so aussieht, als ob die Dekadenz das offensichtliche Problem war, erwähnt sie der Prophet Hesekiel in unserem heutigen Text nicht einmal. Ihre verwerflichen Praktiken waren nämlich nicht die Ursache für ihren Zustand, sondern lediglich ein Symptom. Die Zügellosigkeit ihres ausschweifenden Lebens war das Resultat viel gravierenderer Verfehlungen, die im Text genannt sind. Der Prophet benennt vier

Aspekte im Leben der Stadtbewohner, die uns auf die Spur ihres wirklichen Problems bringen.
Als Erstes zählt er die Überfülle an Brot auf. Daran erkennen wir, dass Gott sie über alle Maßen mit materiellen Gütern gesegnet hatte und sie den Wohlstand genossen, den sie durch ihrer Hände Arbeit geschaffen hatten. Zusammen mit ihren materiellen Besitztümern wurden Charakterschwächen sichtbar, die typisch für reiche Leute sind: Stolz und Trägheit. Arroganz tritt immer dann auf wenn wir glauben, dass all unser Vermögen auf unseren eigenen Fähigkeiten und unserem Intellekt beruht. Wir erinnern uns einfach nicht mehr an die treue Versorgung des Allerhöchsten, wenn wir ein gewisses Niveau an Wohlstand erreicht haben. Wir werden träge, wenn wir so viel Reichtum angehäuft haben, dass wir es nicht mehr nötig haben zu arbeiten um unser tägliches Brot zu verdienen. Man fängt an, sich von der Leere im eigenen Leben mit soviel Spaß wie möglich abzulenken und seine Zeit und Geld „auf den Kopf zu hauen".
Hesekiel zeigt auf, dass die Bewohner der Städte Gottes Willen nicht darin folgten, mit ihrem Reichtum jene zu segnen die nichts hatten. Die Bewohner Sodoms sorgten weder für die Elenden noch für die Armen. Dadurch kommt die Wurzel ihres Problems zum Vorschein. Sie wussten nicht, wie sie treu die Dinge verwalten sollten, die Gott ihnen anvertraut hatte. Weil sie es ablehnten andere zu unterstützen, verfielen sie in den absoluten Egoismus.

Denkanstoß

Gott segnet uns nie einzig für unser eigenes Wohlergehen. Was wir empfangen, hat ein gemeinschaftliches Ziel im Sinn und soll als Segen für viele dienen. Dazu sind wir berufen.

Glücklich ist der Mensch, dessen Stärke in dir ist, in dessen Herz gebahnte Wege sind! Sie gehen durch das Tränental und machen es zu einem Quellort. Ja, mit Segnungen bedeckt es der Frühregen. Sie gehen von Kraft zu Kraft. Sie erscheinen vor Gott in Zion. *Psalm 84: 5-7 (ELB)*

Es ist wirklich erfrischend von Zeit zu Zeit die Psalmen zu lesen, um von den Kämpfen und Siegen derjenigen zu lernen, die vor uns den Weg des Glaubens gegangen sind. Unser heutiger Psalm ist deshalb von besonderem Wert, weil er im Detail die tiefsten Empfindungen unseres Menschenseins beschreibt, für die wir selbst manchmal keine Worte finden können. Diese „Herzenslieder“ geben uns die Gewissheit, dass viele andere dieselben Prüfungen zu durchlaufen hatten wie wir heute.

Der Psalmist schreibt wie glücklich der Mensch ist, der seine Sicherheit im Herrn findet und Gott zu seiner Festung gesetzt hat. Dieser Mensch kämpft mit denselben Schwierigkeiten wie alle anderen auch. Er erlebt Feindseligkeit, Ungerechtigkeit und persönliche Herausforderungen. Das Geheimnis wie er dennoch im Leben triumphiert liegt jedoch nicht in seinen Lebensumständen, sondern in seinem persönlichen geistlichen Wachstum. Er ist innerlich derart reich gefüllt, dass er das Leben mit anderen Augen betrachten kann als sein Umfeld. Aus Situationen, die andere völlig aus der Bahn werfen und sie entmutigen, geht dieser erhobenen Hauptes und verändert heraus.

Das „Tränental“, von dem der Autor berichtet, gibt es tatsächlich und ist ein Ort voller Leid und Angst, an dem die Trockenheit lebensbedrohlich ist. Doch wer seine Stärke im Herrn findet und sich auf Seinen Wegen bewegt, kann diesen Todesort durchqueren und sogar noch Segen daraus gewinnen. Wo es keine Hoffnung mehr gibt, bringt er gute

Nachrichten. Wo Traurigkeit regiert, teilt er seine Freude. Wo Fluch herrscht, segnet er.
Dies kann nur Gottes Handeln im Leben eines Menschen zustande bringen. Gott segnet jene, die sich Ihm ganz hingeben nicht nur, sondern verwandelt sie außerdem in ein Instrument des Segens für andere und schließt damit den Kreislauf des Lebens. Darum verkündet der Psalmist auch voller Vertrauen, *„sie gehen von Kraft zu Kraft"* und damit von Herrlichkeit zu Herrlichkeit, selbst in schwierigsten Umständen. Sie erleben den täglichen Sieg als Sichtbarwerden einer bereits in ihrem Inneren existierenden Realität, die durch keine äußerliche Gegebenheit verändert werden kann.
Was aber hat es mit der Formulierung *„Glücklich ist der Mensch, dessen Stärke in dir ist"* auf sich? Erfreuen wir uns am Gesetz des Herrn und bleiben auf Seinen *„gebahnten Wegen"*? Haben wir die Überzeugung verinnerlicht, dass, nur ein Leben in Gott Sinn hat? Ist dies der Fall, dann dreht sich das Leben nicht mehr darum, dass Gott meine Pläne und Absichten segnet, sondern, dass ich mit jedem Schritt versuche, mich den göttlichen Anweisungen entsprechend zu verhalten. Ein solcher Mensch hat ein gesundes Misstrauen gegenüber seiner eigenen Erkenntnis. Er weiß, dass selbst wenn die einzuschlagende Richtung offensichtlich erscheint, es sich immer lohnt vorher Gottes Angesicht zu suchen.

Denkanstoß

Doch die, die auf den Herrn warten, gewinnen neue Kraft. Sie schwingen sich nach oben wie die Adler. Sie laufen schnell, ohne zu ermüden. Sie werden gehen und werden nicht matt. (Jesaja 40:31, NL)

Denn das Gebot, das ich dir heute gebiete, ist dir nicht zu hoch und nicht zu fern... Denn es ist das Wort ganz nahe bei dir, in deinem Munde und in deinem Herzen, dass du es tust. *5.Mose 30:11, 14*

Egal in welche christliche Buchhandlung wir gehen, wir finden immer reichlich Literatur zum Thema geistliches Leben. Viele von ihnen versprechen uns das richtige „Rezept", um uns den Segen Gottes für unser Leben zu sichern. Man könnte fast vermuten, dass der Grund für eine derart inflationäre Ausbreitung dieser Literatur darin liegt, dass Christen ratlos sind wie sie ihr geistliches Leben gestalten können. Vergleichen Sie den endlosen Berg an Büchern, die es zu diesem Thema gibt, mit dem kurzen Abschnitt unserer heutigen Betrachtung. Fällt ihnen ein kleiner Unterschied auf? Es scheint, als würde die große Auswahl an Lektüre uns von der Einfachheit der Absichten Gottes für unser Leben manchmal eher ablenken.

Verstehen Sie mich nicht falsch. Ich sage nicht, dass diese Bücher nichts taugen oder dass die Arbeit der Autoren umsonst sei. Ich bin selbst ein Anhänger guter Bücher und möchte meine Gewohnheit, aus segenbringender Lektüre Nutzen zu ziehen, weiterhin pflegen. Es geht mir vielmehr um Folgendes. Die Fülle an geschriebenen Material hat die Tendenz uns glauben zu machen, das christliche Leben sei etwas extrem Schweres. Stattdessen sind die Anforderungen für ein Leben in Christus so einfach, dass sie sich in einem Wort zusammenfassen lassen: Gehorsam!

Denken Sie daran, was Gott dem Volk Israel nach seiner vierzigjährigen Wüstenwanderung gesagt hatte: *„Denn das Gebot, das ich dir heute gebiete, ist dir nicht zu hoch und nicht zu fern".* Es war für alle umsetzbar, die gerne ein gottgefälliges Leben führen wollten. Erst durch die gekünstelten

Auslegungen der angeblichen Schriftgelehrten wurde es verkompliziert. Die Schwierigkeit liegt jedoch woanders: im hartnäckigen Widerstand unseres menschlichen Wesens, Anweisungen von anderen zu befolgen.
Gott zeigte Seinem Volk, dass Sein Wort stets in ihrem Herzen und in ihrem Mund sein wird. Gottes Geist befähigte sie, die Wahrheiten Gottes, die sie für ein heiliges Leben benötigten, in ihrem Geist zu hüten. Bemerkenswert dabei ist, dass Gott diese Bestätigung einem Volk gab, das weder Bücher noch eine Bibel besaß. Obwohl sie auf keine schriftlichen Quellen zurückgreifen konnten, war das offenbar kein Hindernis dafür Gott gegenüber gehorsam zu leben. So konnte sich niemand „dumm stellen“, denn Gott selbst zeichnete dafür verantwortlich, dass Sein Wort ihnen stets nahe war.
Dieser Text zeigt uns einmal mehr, wie treu unser Gott ist. Es liegt Ihm viel mehr als uns am Herzen, dass wir ein Ihm wohlgefälliges Leben führen. Darum hat Er ausreichend für uns vorgesorgt, indem Er Sein Wort für alle verfügbar machte die Ihn wirklich lieben. Zusätzlich stellt Er uns den Heiligen Geist als Helfer zur Seite, der uns auf Schritt und Tritt an Gottes Gebote erinnert. Wie könnten wir mit einer derartigen Ausstattung kein siegreiches Leben führen?

Denkanstoß

"Eine Tat im Gehorsam, ist mehr wert als hundert Predigten."[6] (Bonhoeffer)

Hoffnung für die „Vergessenen“

Da sandte der Pharao hin und ließ Josef rufen, und sie ließen ihn eilends aus dem Gefängnis. Und er ließ sich scheren und zog andere Kleider an und kam hinein zum Pharao. Da sprach der Pharao zu ihm: Ich habe einen Traum gehabt und es ist niemand, der ihn deuten kann. Ich habe aber von dir sagen hören, wenn du einen Traum hörst, so kannst du ihn deuten. *1.Mose 41:14-15*

Während der Jahre im seelsorgerlichen Dienst habe ich häufig enttäuschte Mitarbeiter, überwiegend junge, betreut. Auch wenn jeder von ihnen eine individuelle Geschichte hatte, gab es doch ein sich wiederholendes Muster: „Ich wollte meinen Dienst in der Gemeinde gerne entwickeln, doch die Leiter gaben mir keinerlei Unterstützung.“ Aus der Perspektive dieser Person ist ihr Weiterkommen im Dienst durch diejenigen versperrt, die ihr aus irgendeinem Grund die entsprechende Umsetzung verweigern.

Wäre diese Sichtweise korrekt, würde ich gerne folgende Frage stellen: Welche Chance hatte Josef, der als unbedeutender Sklave schon lange in einem ägyptischen Gefängnis saß, jemals wieder etwas Bedeutsames mit seinem Leben anfangen zu können? Wir können sofort vergessen, dass er seine Situation aus eigener Kraft hätte verbessern können. Josefs einzige Hoffnung auf Hilfe hätte von außen kommen müssen. Aber wer würde für einen hebräischen Sklaven den Kopf hinhalten, der von einer derart mächtigen Persönlichkeit wie Potifar verurteilt wurde? Josef hatte für den Rest der Welt sprichwörtlich aufgehört zu existieren.

Vielleicht begreifen Sie, wie völlig aussichtslos Josefs Situation in diesem Moment war. So scheint es auch uns manchmal zu gehen, wenn alle Wege, die wir gehen wollen, in eine Sackgasse zu münden scheinen. Im Gegensatz zu Josef schieben wir jedoch schnell die Schuld auf die scheinbar Verantwortlichen unserer Lage. In unserem Herz breiten sich Groll und Wut gegen sie aus. Wäre sie nicht so gemein zu uns, würde es uns viel besser gehen, glauben wir.

Lassen Sie mich das Prinzip in unserem heutigen Text zusammenfassen: Gott ist es, der die Türen zu unseren Möglichkeiten öffnet und verschließt. Niemand kann Ihn aufhalten wenn Er entschieden hat, eines Seiner Kinder in eine bestimmte Verantwortungsposition zu bringen, egal, ob in der Gemeinde, in der Arbeitswelt oder in jedem anderen Lebensbereich. Wir könnten im Gefängnis vor uns hinschmachten, scheinbar von Gott und der Welt vergessen doch wenn Gott Seine Augen über uns hält kann uns niemand aufhalten. Machen Sie nicht den Fehler zu glauben, dass irgendjemand anderes auf der Erde eine derartige Macht besitzt. Nur der Herr selbst schafft die Möglichkeiten, die wir brauchen, um in Seinen Plänen voranzukommen.

Wie sollte also unsere Haltung sein? Wir sollten nicht die angreifen, die nicht das letzte Wort darüber haben was in unserem Leben passiert. Ihre Wirkungsmöglichkeiten sind genauso beschränkt wie unsere. Unsere Aufgabe ist es, auf Gottes Zeitpunkt zu warten. Im Bild gesprochen: Der richtige Zeitpunkt ist da, wenn der Botschafter des Pharaos eintrifft und uns zu den Herrschern und Regierenden bringt. Doch bis dahin sollten wir es Josef gleichtun und vorbildliche „Gefangene“ an dem Ort sein, an dem wir uns gerade befinden.

Denkanstoß

Wenn Gott anhält, kann Ihn niemand bewegen. Wenn Gott sich bewegt, kann Ihn niemand aufhalten.

Wodurch hält ein Jüngling seinen Pfad rein? Indem er sich bewahrt nach deinem Wort. *Psalm 119:9 (ELB)*

Die Frage, die uns der Psalmist stellt, ist für uns ausgesprochen wichtig. Zum Einen, weil Reinheit ein grundlegender Bestandteil des geistlichen Lebens ist. Der Apostel Petrus schreibt an die Gemeinden: *„Richtet euch als gehorsame Kinder Gottes nicht mehr nach den eigensüchtigen Wünschen aus jener früheren Zeit, als ihr noch nichts von Christus wusstet. Der, der euch berufen hat, ist heilig; darum sollt auch ihr ein durch und durch geheiligtes Leben führen. Es heißt ja in der Schrift: Ihr sollt heilig sein, denn ich bin heilig"* (1.Petrus 1:14-16, NGÜ). Das stellt die Gemeinde heute vor eine große Herausforderung, denn durch ihre Reinheit soll sie auf die unreine Welt spürbare Auswirkung haben.

Aber es gibt noch einen Grund, warum Davids Frage für uns so wichtig ist. Er möchte gerne wissen, wie ein *junger* Mensch auf einem reinen Weg bleiben kann. Dies schließt die ältere Generation jedoch nicht aus. Doch ist es besonders wichtig, dass ein Mensch bereits während seiner Jugend das Geheimnis entdeckt, wie er sich rein hält; denn besonders in diesem Alter sind die alltäglichen Versuchungen besonders verführerisch. Der Grund dafür liegt darin, dass ein junger Mensch noch nicht die Reife und Fähigkeit erlangt hat, die Konsequenz vieler zweifelhafter Angebote abzuschätzen. Die Weisung des Psalms hierzu ist kurz und bündig: Er muss sich an Gottes Wort halten.

Ich möchte aber auch gerne etwas hervorheben, was nicht in dieser Antwort steckt. David meinte nicht, dass man rein wird wenn man Bibelverse auswendig lernt, auch wenn diese Angewohnheit ein großer Segen für uns ist. Weiterhin sagt er nicht, dass man durch ein ausuferndes Bibelstudium Reinheit erlangt. Selbst wenn wir endlose gute Predigten hören oder exzellente Bibelkommentare durcharbeiten, lässt uns das nicht automatisch zu einem reinen Menschen werden. Alle diese Tätigkeiten sind natürlich hilfreich, aber keine kann die Aufgabe ersetzen, die der Psalmist genannt hat.

Ich glaube es ist wichtig dies zu erwähnen, denn wir verwechseln leicht die üblichen Bibel-basierten Veranstaltungen und meinen, sie wären dasselbe wie der Weg, den der Psalmist gemeint hat. Davids Weisung lässt hier keinen Spielraum: Reinheit erlangt man, indem man Gottes Wort bewahrt. Was ist nun mit „bewahren" gemeint? Erfüllen, befolgen, umsetzen, ausführen, tun, ausüben... Ich denke, die Richtung wird ersichtlich. Reinheit erreicht ein Mensch, wenn er die Verantwortung übernimmt, jede seiner Handlungen an jedem neuen Tag und in jedem Moment an Gottes ewigen Vorgaben auszurichten.

Achten Sie darauf, dass Reinheit nicht durch eine ausgeklügelte Strategie zur Vermeidung des Bösen erreicht wird. In vielen Gemeinden liegt das Augenmerk auf einer langen Liste der zu vermeidenden Sünden. David dagegen zeigt auf, dass sich Reinheit automatisch einstellt, wenn man in der Wahrheit lebt; ein Prinzip, das für uns wesentlich ansprechender und gesünder ist. Wenn wir dafür leben das Gute zu tun, schließen wir das Böse automatisch aus unserem Leben aus. Es lohnt sich, Gottes Wort zu bewahren!

Denkanstoß

Welches Wort legt Ihnen Gott in dieser Zeit besonders aufs Herz? Was tun Sie, um dieses Wort zu bewahren? Welche Ergebnisse können Sie schon erkennen?

27. Dezember — Das „aggressive" Evangelium

*Als aber das seine Jünger Jakobus und Johannes sahen, sprachen sie: Herr, willst du, so wollen wir sagen, dass Feuer vom Himmel falle und sie verzehre (wie auch Elia tat). Jesus aber wandte sich um und wies sie zurecht (und sprach: Wisst ihr nicht, welches Geistes Kinder ihr seid? Der Menschensohn ist nicht gekommen, das Leben der Menschen zu vernichten, sondern zu erhalten.) (*Anm.: Texte in Klammern sind nur in einigen Handschriften zu finden*)*

Lukas 9:54-55

Der Menschheit ist es schon immer sehr schwergefallen, Andersdenkende zu tolerieren. Intoleranz führt heute zur Diskriminierung an Schulen, in der Arbeit und der Gesellschaft. Wird es bis zu seinem schlimmsten Extrem weitergeführt, entstehen Kriege und Völkermorde. Das belegt, wie weit der Mensch sich vom großzügigen Herzen seines Schöpfers entfernt hat. Doch so sehr wir diese Taten auch verurteilen, sie sollten uns nicht überraschen.

Was uns jedoch erstaunen sollte ist, wenn sich Intoleranz im Schoß der Gemeinde festsetzt, anstatt die Gnade Gottes für die gefallene Schöpfung sichtbar werden zu lassen. Als Jesus auf dem Weg nach Jerusalem unterwegs war, schickte Er Seine Jünger voraus, damit sie in einem der Dörfer, an denen sie vorbeikommen würden, ein Lager vorbereiteten. In einem samaritanischen Dorf wurde ihnen Herberge verweigert. Die feindselige Reaktion der Dorfbewohner führte zu jener Erwiderung der Jünger, die wir im heutigen Text finden. Uns fällt dabei auf, dass sich die Jünger auf einen alttestamentarischen Zwischenfall beziehen, um ihren fragwürdigen Vorschlag an ihren Meister zu untermauern. Sie verstanden nicht, dass der Geist, in dem Elia den Baalspropheten begegnete, ein anderer war als der, den sie nun zeigten. Zu seiner Zeit stand Elia religiösen Leitern gegenüber, die versuchten, die gesamte Nation zum Götzendienst zu verleiten. In unserem Fall waren die Samaritaner lediglich nicht bereit, Christus willkommen zu heißen. Hierbei entfachte eine banale Antwort in den Jüngern ungezügelte Rachegelüste.

Jesus wies sie darauf hin, dass sie nicht wüssten wem sie dienen, denn mit ihrer Reaktion hatten sie sich klar gegen Christus positioniert. Er war nicht gekommen, um Verdammnis über die Menschen zu bringen, sondern Leben. Das ist der Kern des Evangeliums, den wir nicht immer so klar treffen. Vielleicht erinnern wir uns daran, wie geduldig der Herr mit uns war, bevor wir Seine Einladung, uns Seiner Familie anzuschließen, akzeptiert haben. Mit diesem Gedanken im Hinterkopf können wir mit denen, die Gott nicht kennen, auch gnädiger umgehen. Bekehrung ist eher ein Prozess, als ein einmaliges Ereignis und die Sache, die den Menschen am ehesten zu Gott zieht, ist die Liebe.

Eben weil uns diese Liebe oftmals fehlt, nehmen uns die Menschen nicht ab, was wir ihnen über Gott erzählen. Sie nehmen wahr, dass sie von uns abgelehnt werden, wenn sie den Glauben nicht annehmen. Sie merken, dass uns nicht die reine Liebe antreibt. Darum erreichen wir ihre Herzen nicht. Stattdessen sollten wir versuchen, wenn wir zu Beginn Widerstand gegenüber dem Glauben wahrnehmen, trotzdem in Liebe an diesem Menschen dranzubleiben. Es wird ihnen gewiss auffallen, dass wir sie weiterlieben, egal ob sie anfangen zu glauben oder nicht. Vielleicht wird genau das schließlich dazu führen, dass sie sich mit Gott versöhnen lassen.

Denkanstoß

„Wer Gnade einfordert und keine zeigt, zerstört die Brücke, über die er selbst gehen muss."[7] (Thomas Adams)

Während des Passahfestes in Jerusalem erlebten viele Menschen die Wunder, die Jesus vollbrachte, und glaubten deshalb an ihn. Aber Jesus vertraute sich ihnen nicht an, weil er sie genau kannte. Ihm brauchte niemand etwas über die Menschen zu sagen, denn er wusste, was in jedem Menschen vor sich geht. *Johannes 2:23-25 (HfA)*

Wie leicht lassen wir uns von der Begeisterung unserer Mitmenschen mitreißen. Wenn wir erleben, wie Menschen voller Eifer bei einer Veranstaltung auf die Predigt mit Lebensübergabegelöbnissen und Erneuerungsschwüren ihrer Gottesbeziehung reagieren, ergreift die ganze Versammlung eine Art Massenrausch. Vielleicht ist es daher zum Trend unter Predigern geworden, Menschen zu öffentlichen Entscheidungen aufzurufen, auch um die Zustimmung zu ihrer Predigt zu messen.

Die Menschen reagierten auch auf Jesus voller Enthusiasmus. Der Evangelist berichtet, dass viele glaubten als sie die Wunder sahen die Er vollbrachte. Doch Johannes macht deutlich, welche Position Jesus diesen sich schnell ändernden Emotionen gegenüber vertrat: Gottes Sohn verlässt sich nicht auf sie. Er war weder von den Gelübden der Menschen in diesem Moment beeindruckt, noch machte Er sich etwas daraus, wie die Leute auf ihn reagierten. Was war der Grund für seinen Zweifel? *„Ihm brauchte niemand etwas über die Menschen zu sagen, denn er wusste, was in jedem Menschen vor sich geht.“*

Dieser Satz stellt klar, warum Jesu Handeln sich dermaßen von unserer Reaktion auf vergleichbare Situationen unterscheidet. Jesus wusste, dass die innere Rebellion, die im Herzen des Menschen verwurzelt ist, sich nicht durch ein spontanes religiöses Hochgefühl entfernen lässt. Nur das stetige und intensive Arbeiten des Heiligen Geistes schafft es, das Böse im Menschen in etwas Gutes zu verwandeln und Raum für die Gnade des Vaters zu schaffen. In diesem Sinne verändert sich eine Person üblicherweise nicht sprunghaft sondern gemächlich mit viel Geduld im Alltag. Es ist wichtig, dass wir als Verantwortungsträger die Gemeinde zu solchen Schnellschüssen nicht ermutigen. Ich schließe damit nicht aus, dass es manchmal sinnvoll ist die Gemeindeglieder zu einem öffentlichen Zeugnis ihres Glaubens und geistlichen Wachstums aufzufordern. Schwierig wird es nur, wenn es zu einem wöchentlich wiederkehrenden, leeren Ritual wird, das die Gemeindeglieder glauben macht, darin läge der eigentliche Moment geistlicher Veränderung. Denn die Realität ist eine andere. Große Veränderungen werden in uns dann sichtbar, wenn wir das Wort Gottes in unserem täglichen Leben in die Tat umsetzen. Wenn die Gemeinde das nicht versteht, wird sie abhängig von den Geschehnissen in Massenevents. Unsere Verantwortung ist, ihnen eine alltagstaugliche Perspektive zu geben, wie man sein neues Leben gestaltet.

Denkanstoß

„Gott ist unser Herz viel wichtiger, als unsere Emotionen."[8] (A.W. Tozer)

29. Dezember — Den Verlorenen Hoffnung geben

Jesus aber richtete sich auf und fragte sie: Wo sind sie, Frau? Hat dich niemand verdammt? Sie antwortete: Niemand, Herr. Und Jesus sprach: So verdamme ich dich auch nicht; geh hin und sündige hinfort nicht mehr.

Johannes 8:10-11

Als die religiösen Leiter Jerusalems diese Frau beim Ehebruch erwischten, sahen sie den perfekten Zeitpunkt gekommen um Jesus in die Falle zu locken. Doch der Herr überraschte sie mit einer unerwarteten Antwort: *„Wer unter euch ohne Sünde ist, der werfe den ersten Stein auf sie"* (Johannes 8:7). Plötzlich lag alle Aufmerksamkeit auf den Anklägern. Diese hatten keinerlei Interesse an der Frau, sondern wollten sie lediglich für ihre bösartigen Absichten benutzen. Für Jesus dagegen war sie genau die Art Person, für die Er gekommen war um sie aus den Fängen der Sünde zu befreien. Obwohl die Pharisäer keinerlei Hemmungen hatten die Frau auf solch eine Weise zu gebrauchen, waren sie doch nicht mutig genug um den ersten Stein zu werfen. Stattdessen ging einer nach dem anderen davon.
Wie gelangt man üblicherweise zu einer Verurteilung? Die Verurteilung steht am Ende eines gerichtlichen Prozesses. Er folgt auf eine langwierige Prozedur, bei der ermittelt wird wer in einem Fall schuldig ist und wer nicht. Liegen alle Beweise vor, verkündet die Jury ihren Urteilsspruch und dem Schuldigen wird vom Richter seine Strafe verlesen. Im Moment der Verurteilung sind für die betreffende Person alle Hoffnungen verflogen, das Entscheidungsgremium doch noch umzustimmen.

Christus vertritt die Position, dass im Reich Gottes nur die Unschuldigen das Recht besitzen über andere ein Urteil zu

fällen. Nicht nur die Pharisäer und Gesetzeslehrer sind vom Richten ausgeschlossen; auch uns ereilt dasselbe Urteil wie die Ehebrecherin: Unser Herz ist von Grund auf böse.
Doch dieser Umstand beeinträchtigt den Sohn Gottes nicht. Er hätte jedes Recht gehabt die Frau zu verurteilen, denn Er war ohne Sünde. Nichtsdestotrotz sprach Er zu den Pharisäern: *„Ihr richtet nach dem Fleisch, ich richte niemand“* (Johannes 8:15). Er kam nicht in die Welt um sie zu verurteilen, sondern um sie zu erretten (Johannes 12:47).
In dieser Aussage finden wir die deutlichste Erklärung dafür, was Mitgefühl bedeutet. Jesus verabscheut die Sünde die uns allen zu schaffen macht, aber liebt diejenigen von ganzem Herzen die darin gefangen sind. Jesus besteht darauf sich Sündern zu nähern, denn Er hat genügend Glauben, dass solange ein Mensch atmet, es auch Hoffnung für seine Umkehr gibt. Verdammnis ist nur denen Vorbehalten, die bereits aus diesem Leben gegangen sind.
Als Leiter brauchen wir diese Haltung. Wir können den Menschen Gottes Errettung nicht anbieten wenn wir glauben, dass es für sie keine Hoffnung mehr gibt. Das Evangelium lehrt uns, dass ein Mensch immer die Chance hat sich von der Sünde abzuwenden und die freisetzende Hoffnung des Kreuzes anzunehmen, egal wie tief er auch gesunken sein mag.

Denkanstoß

„Wenn Gott nicht viel mehr Gnade für uns hätte, als wir Barmherzigkeit mit unserem Nächsten, was sollte bloß aus uns werden?“[9] (Thomas Fuller)

Wer sich absondert, sucht sein Begehren, gegen alle Umsicht platzt er los. *Sprüche 18:1 (ELB)*

Das Buch der Sprüche hält echte Weisheit und nützliche Ratschläge bereit, wenn man seinen Lebensweg Gottes Ordnungen entsprechend führen will. Im heutigen Andachtstext finden wir einen solche Schatz an Weisheit, den Gott für Seine Gemeinde vorbereitet hat.
Die Bibelversion *Gute Nachricht* übersetzt den heutigen Bibeltext folgendermaßen: *„Der Eigenbrötler tut nur, was ihm in seinen Kram passt; heftig wehrt er sich gegen jede bessere Einsicht."* Diese einfache aber deutliche Formulierung beschreibt uns das Verhalten vieler Menschen, die wir tagtäglich erleben. Doch es gibt eine Falle, in die wir mit diesem Text tappen können: In Gedanken können wir all die Menschen aufzählen auf die dieses Bild passt und dabei übersehen, den Text auf uns selbst zu beziehen, was uns nützlicher sein würde.
Es ist augenscheinlich, dass der isoliert lebende Mensch sich hauptsächlich mit seinen eigenen Bedürfnissen beschäftigt. Um ein mitfühlendes und gütiges Herz für andere zu entwickeln, ist es unumgänglich mit anderen Menschen in Kontakt zu stehen. Es liegt in unserer gefallenen Natur, dass wir es vorziehen alleine zu sein. Das Erste was Adam und Eva nach dem Sündenfall taten war, sich von ihrem Schöpfer abzuwenden. Auch wir können von Menschen umgeben leben und dennoch innerlich von ihnen getrennt sein. Denken wir z.B. an den Gläubigen, der den Kontakt mit Nicht-Christen vermeidet, an die Gemeinde, die nicht mit anderen Gemeinden zusammenarbeitet oder an die Grüppchenbildung innerhalb einer Gemeinde, in denen man nur seinesgleichen sucht. Da es uns so leicht fällt uns zu isolieren, bemühen

wir uns auch nicht sonderlich, viel Kraft dem entgegen zu setzen.
Der Autor der Sprüche bringt uns auf eine interessante Spur wie wir erkennen können, ob wir dem Kontakt mit anderen aus dem Weg gehen oder nicht. Er beschreibt, wie der Betroffene „gegen alle Umsicht" losplatzt, das heißt: er lässt seinem Temperament freien Lauf. Diese Reaktion sollte uns nicht überraschen. Denn wenn jemand von anderen isoliert lebt, kann er sich auch nicht an der Weisheit und Lebensfülle erfreuen, die man nur im Austausch mit anderen erlebt. Es ist unvermeidbar, dass die Ratschläge der anderen mit den eigenen Interessen kollidieren, weshalb der Betroffene immer unangemessen reagieren wird. Genau aus diesem Grund können wir anhand seiner Reaktionsweise ablesen, wo er mit seinem eigenen Herzen gerade steht.

Denkanstoß

Wie reagieren Sie auf die Ratschläge anderer? Können Sie diese mit Dankbarkeit annehmen? Verfangen Sie sich in Rechtfertigungen und Ausflüchten für Ihr Verhalten? Anhand Ihrer Reaktion können Sie am besten erkennen, ob Sie von anderen isoliert sind oder ob Sie gute, tiefgehende Beziehungen zu den Menschen um sich herum pflegen. Wenn wir bereits seit langer Zeit im Dienst stehen, glauben wir manchmal, dass nur wir wissen, wie man die Dinge zu tun hat. Der reife Leiter dagegen ist nicht nur bereit Ratschläge anzuhören, sondern diese auch anzunehmen und umzusetzen.

Entsprechend gilt für euch Männer: Zeigt euch im Zusammenleben mit euren Frauen verständnisvoll und nehmt auf ihre von Natur aus schwächere Konstitution Rücksicht. Sie sind ja durch Gottes Gnade Erben des ewigen Lebens genau wie ihr. Respektiert und achtet sie also, damit der Erhörung eurer Gebete nichts im Weg steht. 1.Petrus 3:7 (NGÜ)

Dieser Vers im ersten Petrusbrief ist der glaubhafteste Beleg dafür, dass geistliches Leben immer im Zusammenhang mit dem Alltag betrachtet werden muss. Obwohl viele Christen ein Doppelleben innerhalb und außerhalb der Gemeinde führen, bleibt unser Leben in den Augen des Herrn eins. Wenn das Leben eines Jüngers Jesu in der sogenannten säkularen Welt seinem Glaubensbekenntnis in der Gemeinde widerspricht, ist seine Beziehung mit Gott ernsthaft in Mitleidenschaft gezogen.

Petrus versucht dies am Beispiel der Ehe zu erläutern. In diesem Spannungsfeld lässt sich unsere geistliche Verbindlichkeit am Besten messen. Es ist einfach diejenigen „zu lieben", mit denen wir nur wenige Stunden pro Woche verbringen. Dagegen ist es sehr viel herausfordernder, denen Liebe und Mitgefühl zu zeigen, die sich nicht so leicht von unseren Worten beeindrucken lassen. Daher ermutigt uns Gott, unsere größte geistliche Reserve für zu Hause aufzuheben, denn dort sehen wir am ehesten wie weit her es mit unserer Geistlichkeit wirklich ist.

Dies ist nicht nur deshalb wertvoll weil wir viel daraus lernen können, sondern auch, weil es unsere Beziehung mit dem Herrn beeinflusst. Eheleute sollten laut Petrus verständnisvoll miteinander umgehen (NGÜ). Für den Mann bedeutet das, sich auf die Welt seiner Frau einzulassen und der Versuchung zu widerstehen mit ihr so umzugehen, als sei sie

ein Mann. Versteht der Mann erst einmal die Welt aus der Frauensicht, dann fängt er wirklich an sie zu lieben.
Nähert sich das Paar mit dieser Haltung einander an ist es garantiert, dass Ihre Gebete erhört werden. Was will der Apostel damit sagen? Meiner Meinung nach spricht er von Gebeten, die ganz natürlich auf den Vater hin vom Geist geleitet und mit Kraft ausgerüstet sind. Jedes wirksame Gebet findet seinen Ursprung in Gott. Daher bedeutet „Gebet, dessen Erhörung nichts im Wege steht“: aufmerksam für die Vorgaben und Lasten zu sein, die uns das Herz Gottes verdeutlicht. Nur wer seinen natürlichen Egoismus beiseite legen kann findet die Freiheit in diese Art Gebet einzusteigen. Sie kann nur entstehen, wenn die Wogen des täglichen Ehelebens geglättet sind.
Dieses Prinzip kann auch auf andere Lebensbereiche übertragen werden. Wenn jemand mit einem bitteren Herzen betet, wird er sich nicht an einem lebendigen geistlichen Leben erfreuen können. Ein Jünger der versucht Gott näher zu kommen, aber nicht das tut, was Gott ihm bereits gezeigt hat, wird sich Ihm nicht in Freiheit nähern können. Es ist für jeden Christen, aber besonders für uns Pastoren und Leiter unerlässlich, unser geistliches Leben nicht von unserem Alltagsleben zu trennen. Der beste Zeitpunkt für das Gebet ist genau dann, wenn wir den ganz normalen Alltag bewältigen.

Denkanstoß

Wie verläuft Ihr Alltag? Welche Macken können die Menschen in Ihrer Nähe an Ihnen wahrnehmen? Was sagt dies darüber aus, wie sie Ihr geistliches Leben gestalten?

Quellennachweise

Januar:

1. Richard Foster, Prayer, (San Francisco: Harper Collins, 1992) S.9, ISBN: 978-0310595182
2. Thomas Goodwin in John Blanchard, ed., Gathered Gold (Durham, Uk: Evangelical Press, 1984), S. 202, ISBN-13: 978-0852346440
3. Christian Schwarz, Die natürliche Gemeindeentwicklung, (C & P Verlagsgesellschaft 1. Juli 1996), ISBN-13: 978-3928093484
4. Samuel Wilberforce in John Blanchard, ed. More Gathered Gold (Herthfordshire, UK: Evangelical Press, 1986), S.158, ISBN 13: 9780852342190
5. Howard Hendricks, The Seven Laws of a Teacger (Atlanta: Walk Thru the Bible Ministries, 1987), S. 27, ASIN: B000M-BXWPW
6. Norman Grubb, The Deep Things of God (Fort Washington, PA: Christian Literature Crusade, 1958) Kap. 2, ISBN-13: 978-0875082097
7. Henri Nouwen, The Life of the Beloved (New York: Crossroad, 1995), S. 67, ISBN-13: 9780867165272
8. Larry Crabb, Finding God (Grand Rapids Zondervan, 1993), S. 29 ISBN 13: 9780310205449

Februar:

1. Foster, Prayer, S.191
2. Gordon MacDonald, Ordering your Private World (Nashville: Oliven Nelson Books, 1985), S.76, ISBN 13: 9780840795496
3. Matthew Henry in Blanchard, ed., More Gathered Gold, S. 204, ISBN 13: 9780852342190
4. Cyrill Power, Secrets of Answered Prayer (New York: Thomas Y. Crowell Company 1958), S. 72, ASIN: B0028QD0NS
5. D.L. Moody, unbekannte Quelle
6. Hendricks, The Seven Laws of a Teacher, S. 98
7. Thomas Kelly, A Testament of Devotion (New York: Harper and Brother, 1941), S. 29-30, ISBN: 9780060643614
8. Donald Barnhouse in Blanchard, ed., Gathered Gold, S. 294

9. Gordon MacDonald, unbekannte Quelle
10. Dick Eastmann, No Easy Road (Grand Rapids: Baker, 1983), S. 100, ISBN-13: 978-0800793364
11. W.E. Sangster in Blanchard, ed. Gathered Gold, S. 225
12. Dwight L. Moody in Charles Swindoll, „Moses: God's Man for a Crisis“ (aufgenommene Predigt). Als Broschüre veröffentlicht durch W. Publishing Group, Nashville, 1986
13. Oscar Wilde in „Annabelle's Quotation Guide“, http://annabelle.net/topics/author.php?firstname=Oscar&lastname=Wilde (19. September 2013)
14. Henry Blanchard, ed., Gathered Gold, S. 134

März:

1. Martin Luther, in Blanchard, ed., Gathered Gold, S. 138
2. Augustinus, unbekannte Quelle
3. Charles Swindoll, Strengthening Your Grip (Nashville: Thomas Nelson, 2003), ISBN-13: 978-0849943997
4. Henry Blanchard, ed., More Gathered Gold, S. 338
5. David Sarnoff in Blanchard, ed. More Gathered Gold, S. 221
6. Unbekannte Quelle
7. Augustinus, unbekannte Quelle
8. Dr. J. Robert Clinton, unbekannte Quelle
9. Oswald Chambers in Blanchard, ed., Gathered Gold, S. 286
10. Paul Moody in Blanchard, ed., Gathered Gold S. 292
11. Robert Murray M› Cheyne in Blanchard, ed., Gathered Gold, S. 155
12. Phillips Brooks in Blanchard, ed., More Gathered Gold, S. 158
13. Hendricks, The Seven laws of the Teacher, S. 62
14. D.L. Moody in Blanchard, ed., More Gathered Gold, S. 193
15. Richard Foster, Celebration of Discipline (San Francisco: Harper and Row, 1978), S. 164, ISBN 13: 9780340329894

April:

1. Richard Foster, Prayer
2. John A. James in Blanchard, ed. More Gathered Gold, S. 293
3. Augustinus in Foster, Prayer, S. 1
4. Foster, Prayer, S. 1

5. Ignacio Larrañaga, Encuentro (Santiago de Chile, Ediciones San Pablo, 1984), S. 19, ISBN-13: 978-8428510080
6. Crabb, Finding God, S. 172
7. Henry Smith in Blanchard, ed., More Gathered Gold, S. 297
8. Willam Plumer in Blanchard, ed., Gathered Gold, S. 111
9. Henry and Richard Blackaby, Spiritual Leadership (Nashville: Broadman and Holman, 2001) S. 42, ISBN 13: 9789810448349
10. Dallas Willard, The Spirit of the Disciples (San Francisco: Harper and Row, 1988), S. 179, ISBN 13: 9781596444966
11. Dietrich Bonhoeffer, unbekannte Quelle
12. A.W.Tozer in Blanchard, ed., More Gathered Gold, S. 49

Mai:

1. Charles Hodge in Blanchard, ed., Gathered Gold, S. 130
2. Jim Kouzes and Barry Posner in Blackaby and Blackaby, Spiritual Leadership, S. 104
3. Henry in Blanchard, ed., More Gathered Gold, S. 251
4. Elisabeth Elliot in Blanchard, ed., Gathered Gold, S. 94
5. Foster, Prayer, S. 19-20

Juni:

1. Colin Brown, ed., The New International Dictionary of New Testament Theology, Vol. II (Grand Rapids, Zondervan, 1977) S. 115, ISBN-13: 978-0310219002
2. Thomas Chisholm, «Great is thy faithfulness» (Hymne), 1923
3. Zitat allgemein bekannt als «John Wesley›s Rule», http://www.myfaithjourneys.com/pdfs/Protestant/Protestant_Heritage_Tour.pdf (Oktober 2013)
4. Augustus Strong in Blanchard, ed., Gathered Gold, S. 134
5. J.C. Ryle in Blanchard, ed. More Gathered Gold, S.276
6. Augustinus in Ignacio Larrañaga, Muéstrame tu Rostro (Mexico City: Liberería Parroquial, 1996), ISBN-13: 978-8428518512
7. J.A. Motyer in Blanchard, ed., Gathered Gold, S. 219
8. Charles H. Spurgeon in Blanchard, ed., Gathered Gold, S. 144

Juli:

1. Walter Hendrichsen, Disciples are made not born (Victory Books, Wheaton, 1974), ISBN-13: 978-0896934429
2. Juan Carlos Ortiz in Blanchard, ed., Gathered Gold, S. 144
3. Hendricks, The Seven Laws of a Teacher, S. 104
4. Bruce Wilkinson, The Seven Laws of a Learner, Course Notebook (Atlanta: Walk Thru the Bible Ministries, 1988), S. 28 ASIN: B0007295HU
5. Moody in Blanchard, ed., Gathered Gold, S. 19
6. John Wesley in Blanchard, ed., Gathered Gold, S. 16
7. Vance Havner in Blanchard, ed., Gathered Gold, S. 76
8. Thomas Manton in Blanchard, ed., Gathered Gold, S. 202
9. Watchman Nee, unbekannte Quelle
10. http://ibrahimmau.wordpress.com/2012/06/30/devocionales-julio/ (Oktober 2013)

August:

1. Foster, Celebration of Discipline, S. 30
2. Henry Blackaby, Spiritual Leadership, S. 30
3. Martin Luther, Buch unbekannt
4. Foster, Celebration of Discipline, S. 98
5. Booklet on New Testament gifts by British theologian, Unbekannte Quelle
6. Johannes Calvin, Unterricht in der christlichen Religion (Institutio Christianae religionis), übers. und bearb. von Otto Weber
7. Thomas von Kempen, Buch unbekannt

September:

1. Thomas Watson in Blanchard, ed., More Gathered Gold, S. 297
2. Elisabeth Elliot, unbekanntes Buch
3. Foster, Celebration of Discipline, S. 86
4. Alexander Balmain Bruce in Blanchard, ed., More Gathered Gold, S. 160

Oktober:

1. A.W. Tozer, The Best of A.W. Tozer (Harrisburg: Christian Publications, 1978), S. 43, ISBN-13: 978-1600660436
2. Andrew Jackson in Blanchard, ed., Gathered Gold, S. 62
3. Raymond Lindquist in Blanchard, ed., More Gathered Gold, S. 269

November:

1. Erwin Raphael McManus, Seizing Your Divine Moment (Nashville: Thomas Nelson Publishers, 2002), S. 34, ISBN-13: 978-0785264309
2. Luther in Blanchard, ed., More Gathered Gold, S. 135
3. J. Oswald Sanders, Spiritual Leadership (Chicago: Moody Publishers, 1994), ISBN-13: 978-1596441804
4. Martin Luther, Buch unbekannt
5. Andrew Duhse in Blanchard, ed., Gathered Gold, S. 333
6. Tozer, The Best of A.W. Tozer, S. 74
7. Richard Sibbes in Blanchard, ed., More Gathered Gold, S. 107
8. Emil Brunner in Blanchard, ed., More Gathered Gold, S. 36
9. Hendricks, The Seven Laws of the Teacher, S. 27

Dezember:

1. Richard Swenson M.D., Margin (Colorado Springs: Navpress, 1992), S. 85, ISBN-13: 978-1576836828
2. Benjamin Franklin in Blanchard, ed., Gathered Gold, S. 247
3. Voltaire in Blanchard, ed., More Gathered Gold, S. 301
4. François Fénelon, unbekannte Quelle
5. Brooks in Blanchard, ed., Gathered Gold, S. 189
6. Dietrich Bonhoeffer in Blanchard, ed., Gathered Gold, S. 209
7. Thomas Adams in Blanchard, ed., Gathered Gold, S. 202
8. Tozer in Blanchard, ed., More Gathered Gold, S. 139
9. Thomas Fuller in Blanchard, ed., More Gathered Gold, S. 204

Verwendete Bibelversionen von www.bibleserver.com:

HfA – Hoffnung für Alle
GN – Gute Nachricht Bibel
ELB – Elberfelder Bibel
SLT – Schlachter 2000
NGÜ – Neue Genfer Übersetzung
EU – Einheitsübersetzung
NLB – Neue Leben Bibel
NeÜ – Neue evangelistische Übersetzung

Über den Autor

Christopher Shaw ist Direktor von *Desarollo Cristiano Internactional* (*Dienst für geistliches Wachstum)* und Verlagsredakteur des Magazins *Apuntes Pastorales* (*Hinweise für den pastoralen Dienst*). Er schöpft aus einer mehr als 30 jährigen Erfahrung im Leitertraining auf dem gesamten südamerikanischen Kontinent, u.a. als Dozent des Bibelinstitutes in Buenos Aires (Argentinien) an dem er auch seinen Bachelor der Theologie erhielt. Später schloss er sein Studium am Fuller Theologischen Seminar in Los Angeles (Kalifornien) mit einem Master- und Doktortitel der Missionswissenschaften ab. Christopher und seine Frau Iris haben drei Kinder: Melanie, Timothy und Jonathan. Er lebt mit seiner Familie in seinem Geburtsland Argentinien.